U0136153

歷史的教訓

舊約歷史書系列研讀：約書亞記到以斯帖記

劉先康　著

蘭臺出版社

自　序

　　這是十多年前我教學的講章，一直沒有時間整理。2006 年五月九日我因胃不適住進醫院，最初發現的是嚴重的胃潰瘍，再經多方檢查，是我十年前的胰臟癌復發了。我對癌的認知，它是一種魔鬼的武器，至今科學界還不知它是從何而來。只要發現有它的蹤跡，就可看出它的摧毀能力無限，直到人在最痛苦中死亡。對付它，科學界還沒有防禦和抵抗的最佳武器。病人一聽到得了癌症，似乎就聽到了宣判死刑。但對我而言，好像聽到牧童再次喊「狼來了」一樣，因為二十年前，醫生曾對我說你得了腸癌；十年前醫生再次宣佈我得了胰臟癌，有沒有這回事呢？有！但醫生沒有用藥物為我殺死癌細胞。十年前完全是靠著　神的憐憫，聽了懇切的禱告，祂伸出那醫治的手來，使我能夠健健康康的再活著服侍祂十年。這回是否又是「狼來了」呢？我不用去理會，因為這不是今天醫學有能力解決的事；我只有求主憐憫，額外施恩，給我再活四、五年，讓我能完成過去有系統的讀經的成果，好提供眼前中國廣大教會有系統的培訓資料。這些資料可用做主日學教材、查經資料、日日靈修，希望對追求的弟兄姐妹們有所幫助。

　　我曾求　神讓我在有生之年，能將這些研究的資料分享大眾。這次醫院手術很是危險，引起很多人的關心，但我在動手術簽字前，向　神最後一次祈求：「我的主，我向祢求額外的恩典，只求這一次，原是不配的。這麼多年日，沒有做到我對祢應做的。現在求　祢對我額外施恩，再給我短短的年日，讓我完成曾對祢許下的心願。」就是將這兩本小冊子向祢獻上。但這小冊子不是學術研究作品，乃是以講義教學提供教會

每季主日學、查經班有系統的教材。原則上是把每卷聖經分成十三個講章，以配合各教會每季教學的進度。其中引用其他的著作資料，因是講述式，故多未引出原文出處，先進學者寬諒，本書是我在醫院三次手術經歷下，不斷哀求　神所賜給的憐憫。因此，我將善用這寶貴的日子完成它，好預備見主面。願主使用它，也願讀者深入發覺它。

主僕劉先康於
美國爾灣迦南基督教會
2006 年 7 月 3 日
時年八十又五

目　次

以色列歷史引言

　　遠古民族興起都是因逐水草而居，語言相通、信仰相近、彼此通婚、安全協防、急難相助，漸漸形成較大規模的民族。中華民族起源於黃河流域，就是這樣，其他各民族也是因此相繼出現。唯獨以色列民族是奇特的，它是神在罪惡世界中一手興起的。為了實現神的救贖計劃，神的方法是奇妙的；在萬民中揀選了一對老而無子的夫婦，使他們成為不一樣的、屬神的民族。丈夫名叫亞伯蘭，後由神改名為亞伯拉罕；妻子撒萊，後由神改名為撒拉。他們隨父親他拉從迦勒底的吾珥出來住在哈蘭。迦勒底的吾珥是個敵擋神、熱心拜偶像的地方。一批反抗神的人曾在此聚集，要造一座巴別塔，塔頂通天，「好要傳揚我們的名」。在這樣一個不要神，拒絕神的地方，出現了這一對順服神；倚靠神的老夫婦。神看他們真是可愛極了，於是親自應許要將各樣的福氣賜給他，並且應許(1)我必叫你成為大國；(2)必叫你的名為大；(3)你也要叫別人得福；(4)地上的萬族都要因你得福。這是神揀選他的目的，在他的子孫中，救主基督要降臨，拯救全世界的罪人。

　　經上記著說：「亞伯蘭就照著耶和華的吩咐去了」。在希伯來書 11：8 說：「亞伯拉罕因著信，蒙召的時候，就遵命出去，往將來要得為業的地方

去。出去的時候，還不知往那裡去。」亞伯蘭出哈蘭的時候，年七十五歲。耶和華對亞伯蘭說，你的後裔將如天上的星那樣的多。這時，他還老而無子，他們就信了。耶和華以此為他的義，他就成了所有因信稱義的信心之父。亞伯蘭九十九歲的時候，「上帝親自與他立約，改名叫亞伯拉罕，立他為多國的父。」至今世界三大宗教，猶太教、回教、基督教都尊亞伯拉罕是先祖。神進一步，應許他的後裔極其繁多，有如天上的星、地上的沙、「國度從你而立，君王從你而出」，並且要將全迦南地「賜給你和你的後裔，永遠為業」。今天以色列人對迦南地如此重要，他們認為是早在四千五百年前神已把這塊地賜給他們了。不要忘記，這時的亞伯拉罕已年九十九歲，妻子撒拉已九十歲，未生一個兒子。在人看來延續後裔已是絕望，不可能發生了。但是，神既親口應許，祂就必親手成就。第二年亞伯拉罕正當一百歲的時候，神叫撒拉生了一個兒子，是獨生子，取名叫以撒，使這無後的亞伯拉罕有了子嗣。自此以色列民族開始萌芽了，這是亞伯拉罕夫婦一件多麼感恩的事。孩子漸長，非常可愛。一天，耶和華上帝要試驗亞伯拉罕，呼叫他說：「你帶著你的兒子，就是你獨生的兒子，你所愛的以撒，往摩利亞地去，在我所要指示你的山上，把他獻為燔祭。」燔祭就是將祭物殺了，將肉切成塊狀，放在祭壇上，用火燒光。這是神的呼叫嗎？有沒有聽錯？這是何等殘酷，何等的不合理啊！可是亞伯拉罕並沒有去向神求證，或對神討價還價，他就這樣的信了。第二天清早，他就因著信帶著心愛的兒子，獨生的兒子，走了三天的路程去到摩利亞山。兒子已經很懂事了，對父親說：「火與柴都有了，但燔祭的羊羔在那裡呢？」他們到了目的地，亞伯拉罕將心愛的兒子捆綁起來，舉刀要殺他的兒子。就在千鈞一髮之際，耶和華呼叫他說：「你不可在這童子身上下手。現在我知道你是敬畏上帝的了。因為你沒有將你的兒子，就是你獨生的兒子，留下不給我。」這時發現旁邊的樹叢中有一隻公羊被困在那裡，亞伯拉罕使用牠來代替了他的兒子，這是基督教特有的教義。世界上所有的宗教，沒有一個教主肯為罪人付上代價，代替罪人受死，只有基督教耶穌基督降臨，為了拯救罪人，甘心走上十字架為我們擔當罪孽，叫罪人只要因信就可以得救。在此亞伯拉罕的信心、順服，使得耶和華上帝從天上對他說：「你既行了這事，不留下你的兒子，就是你獨生的兒子。我便指著自己起誓說，論福，我必賜大福給你；

論子孫，我必叫你的子孫多起來，如同天上的星、海邊的沙……並且地上萬國都必因你的後裔得福，因為你聽從了我的話。」這個「你的後裔」在加拉太書 3：16 解釋，「不是說眾子孫、指著許多人，乃是說你那一個子孫，指著一個人，就是基督。」

　　亞伯拉罕在世一生的年日是一百七十五歲，他七十五歲出哈蘭在迦南寄居了一百年。他的獨生子以撒生了以掃、雅各。雅各又生了十二個兒子就是流便、西緬、利未、猶大、但、拿弗他利、迦得、亞設、以撒迦、西布倫、約瑟和便雅憫，以後稱為十二個支派。十三年前除了約瑟十七歲的時候被他的哥哥們賣去埃及，其餘的子孫都住在迦南，以畜牧為業。約瑟是神為以色列民族預備的救主。十三年後，法老賞識他的智慧；提升他為埃及尊貴的宰相。此時迦南地天旱無雨，人畜難以生存。雅各不得不派遣他的兒子們下埃及購糧，才知約瑟已成為埃及尊貴的宰相。於是，雅各就帶領這一新興的民族下到埃及，在埃及連同約瑟家四口，共計七十人。在埃及時代，他們住在水草豐富的哥珊地。神與亞伯拉罕立約至出埃及時是四百三十年，從立約到下埃及已過兩百一十五年，亞伯蘭與神立約時是七十五歲，一百歲生以撒，以撒六十歲生雅各；雅各一百三十歲下埃及，這已過了兩百一十五年。住埃及的時候只不過兩百一十五年，而出埃及的時候，人丁已超過了兩百萬，成為一支壯大的民族了。埃及有新興的王起來，不紀念約瑟，為了對付以色列人暴增的威脅，實行虐待政策，使以色列人不能安居生活，苦不堪言。於是耶和華上帝就差遣摩西為解救民族的領袖。摩西藉神的能力給埃及降下十災，迫使法老不得不釋放這一支神興起的選民，以色列人就在驚懼的黑夜中離開埃及，要去迦南得地為業。他們在一無所有的曠野裡奔走，日間神用雲柱為他們引路，夜間神用火柱保護他們。曠野寸草不生，兩百多萬人的食物從何而來？神每晨降嗎哪於營外，供全民採食；曠野缺水之地，神擊打磐石出水，供他們飲用。神如此豐富的恩典，他們竟不知感恩，又失去信心，故神叫他們在曠野裡多走了三十八年，他們行曠野路共四十年。這是神在磨練祂的百姓，在這四十年中摩西為以色列人傳律法，即（1）誡命─叫他們過一個道德的生活，與神建立聖潔的關係；（2）律例─叫他們過一個良好的社會生活，人與人間的和諧關係；（3）典章─宗教生活，就是獻祭、守節，成為以色列人幾千年來牢不可破的宗

教信仰。接著從約書亞記起十二卷歷史書，道盡了以色列人歷史的光與暗；順服與悖逆；榮耀與羞辱，但神的恩與愛都不離開他們。耶和華上帝對以色列人說：「因為你歸耶和華你上帝為聖潔的民，耶和華你上帝從地上的萬民中揀選你，特做自己的子民，耶和華專愛你們，揀選你們，並非因你們的人數多於別民，原來你們的人數在萬民中是最少的，只因耶和華愛你們，又因要守祂向你們列祖所起的誓。」（申7：7-8）

以色列民族起源卑微，它是神在罪惡的萬國萬民中所定的救贖計劃，神為要藉這一支民族帶來救恩，使人人都是「被揀選的族類，是有君尊的祭司，是聖潔的國度，是屬上帝的子民。」（彼得前書2：9）

卷一　約書亞記

第一講　約書亞記介紹

約書亞記是摩西五經的補編，又是以色列人十二卷歷史書的導論（約書亞到以斯帖）。摩西是把以色列人帶到迦南門口，約書亞接著把以色列人帶進迦南地，跟著十一卷歷史書就講到以色列人在迦南的歷史，因此約書亞記就成為五經與歷史書的連結環扣，時間包括了廿五年。

約書亞曾任摩西的助手，是派往迦南十二探子之一，也是軍中的將領。摩西離開前，神選召了他繼承摩西的工作，原名何西阿，在民數記 13：16 改名約書亞，意即救主，與希臘文耶穌同義。約書亞帶領神的子民進入地上的迦南，正預表耶穌基督領神的子女進入屬靈的迦南。不靠律法（因為摩西死了）而進入美地。

約書亞記的信息中心是表一個基督徒的靈程，進到那成聖得勝的地步：

1.「出來」以色列人從埃及出來，基督徒則從世界中出來。

2.「經過」以色列人經過曠野生活，基督徒也曾經過曠野生活。

3.「進入」以色列人進入屬地的迦南，基督徒要進入屬靈的迦南。

約書亞記在記述迎戰、得勝、分地土安頓下來，即進入、征服、佔領三個階段，主題就是「信心的勝利」。它與民數記恰成強烈的對比。民數記

是以色列人完全的失敗，因沒有信心，他們不能進入；不能征服；不能佔領，信心完全破產。

在屬靈的意義上，以色列人在約書亞帶領下凱旋，正是宣告新約的真理。約一 5：4「因為凡從神生的，就勝過世界；使我們勝了世界的，就是我們的信心。」約書亞記每一個勝利，都叫我們看到。不是靠車、不是靠馬、不是靠人的臂膀，那都是信心的勝利。且看約書亞記裡的信心：

1. 信心生命的過渡：以色列人要獲得迦南地，就必須要過約但河。那時約但河正漲大水。他們聽了神的命令，祭司憑信心抬著約櫃往河裡衝。祭司的腳一碰到水，神蹟就出現，河水竟斷流，讓男女老少約 200 萬人從河底乾地過去。他們在曠野四十年不開步，就四十年不能渡河，四十年見不到神的榮耀。祭司腳入水，神榮耀顯現，這一過渡，就是他們信心的過渡。

2. 信心攻戰的勝利：他們攻耶利哥城，像是一場兒戲，那裡像打仗？殊不知這正是哥林多後書 10：4 說的「我們爭戰的兵器，本不是屬血氣的，乃是在上帝面前有能力，可以攻破堅固的營壘。」他們抬著約櫃繞城，即是與主同行。他們吹起號角，就是吹起信心的號角，他們繞城七日，每日一轉，第七日繞成七轉，這是自始至終遵行神的命令到底，於是城就倒了。

3. 信心祈禱成功：約書亞要求日頭停留，月亮止住。日頭在當天不急速落下，約有一日之久，看來很不合科學，也不合常理。但事實就是如此，使得約書亞乘勝追擊，將五個亞摩利王剿滅，這完全是約書亞信心的祈禱的果效。

4. 信心接受的事實：約書亞除滅迦南卅一個王後，佔領了迦南，但還有許多地方沒有實際佔領。耶和華對約書亞說：「你年紀老邁了，還有許多未得之地。」於是約書亞命以色列各支派前來拈鬮分地。除流便、迦得和瑪拿西半支派已在約但河東分得地業外，約書亞將迦南地分給九個半支派。雖然地尚未佔有，但各支派即憑信心拈鬮接受。「這樣，耶何華將從前向他們列祖起誓所應許的全地，賜給以色列人，他們就得了為業，住在其中……耶何華應許賜福給以色列家的話，一句也沒有落空，都應驗了。」

約書亞記也是一本救恩的福音書。約書亞代表什麼？迦南又代表什麼？

（一）約書亞預表什麼？預表耶穌基督。他們有幾點相同：

1. 名稱相同。

2. 出現於摩西之後，按摩西乃是傳律法的，是律法的代表。約書亞是救主，是福音顯現。「摩西死了……」是指人不再去靠律法。「約書亞起來……」是指福音出現了，這在表明律法絕不能使人得勝，不能使人承受基業。什麼時候不靠律法，什麼時候即可接受因信稱義的福音。

3. 是得勝的元帥（來 2：10，林後 1：10）。羅馬書 8：37「然而靠著愛我們的主，在這一切的事上，已經得勝有餘了。」

4. 為人的中保（書 7：5-9）。約一 2：1「我小子們哪，我將這些話寫給你們，是要叫你們不犯罪。若有人犯罪，在父那裡我們有一位中保，就是那義者耶穌基督。」

5. 為進入迦南的領袖。約書亞領人進入可見的迦南，耶穌領人進入屬靈的迦南。

（二）迦南預表什麼？原是表明我們在基督裡，所得各樣屬靈的福氣。神的應許以色列人的福氣，都是屬世的，可見的。基督徒的地業是屬靈的，不可見的，卻藉以色列人可見的事，表明信徒不可見的事。所以迦南美地，正是表明我們在基督裡，所得屬靈的福氣。因為它是——

1. 應許地：是亞伯拉罕憑信心所得的，憑著應許，來到迦南，終身為客旅。但他心中，卻憑信接受了。基督徒所得的地業，也是憑信心去接受。

2. 得勝地：迦南是以色列軍的得勝地，戰勝全地卅一個王。今日凡在基督裡，渡過約但河的基督徒，都是得勝的信徒。曠野的生活，多是表顯基督徒的失敗生活，進到迦南即成為得勝的人了。

3. 福氣地：迦南是個流奶與蜜的福氣地，有如神的伊甸園。這正表明信徒在基督裡，所得各樣的靈恩厚賜，是豐富滿溢享受不盡的。

4. 安息地：在希伯來書裡，特別提到那些倒斃在曠野不得進入安息的人，都是因為不信（來 3：11，詩 95：11）。只要我們憑著信，就可

進入那安息地。

5. 是聖地：是神子誕生之地，猶太三省，都被耶穌的腳踏過了，留下佳美的行蹤。當主二次再來，還要腳踏猶太的橄欖山，親自在猶太建立祂的國度，為天國之王。所以猶太地是聖地。我們在基督裡所得的地業，更神聖，是屬天屬靈的，人間福樂不足比，是世界苦難不能擾害的。神正在基督裡為我們敞開迦南之門，那裡有肥沃芳香，是陽光普照的美地，滿了五谷新酒，流奶與蜜，正等待我們進去。

今天研讀約書亞記，看以色列人都是憑信心就可得著。神給我們所預備的豐盛恩典，也是要我們用信心行動去接受。

我們研讀約書亞記，可以得到什麼屬靈的教訓？

1. 我們信到那裡，就可得到那裡：亞伯拉罕憑信心來到迦南；約瑟憑信心回葬迦南（創 50：25）；摩西憑信心領以色列人奔向迦南；最後約書亞憑信心領以色列人進入迦南。我們今天要得屬靈的迦南地業，更要憑信心。信心有多大，得的福氣就有多大，如保羅說「照著神所分給各人的信心大小」來蒙恩。

2. 我們的眼看到那裡，就得到那裡：神命亞伯拉罕在希伯崙山岡上舉目向東西南北觀看說，「凡你所看見的一切地，我都要賜給你和你的後裔……」（創 13：14-15）。摩西臨終時，神叫他登尼波山頂，將猶太全地「都指給他看……說……我必將這地賜給你（亞伯拉罕）的後裔。」（申 34：1-4）今天我們要得屬靈的地業，也是先要看到，然後才得到。人不能得到他所沒有看到的。

3. 踏到那裡，就得到那裡：創 13：17 神對亞伯拉罕說「你起來，縱橫走遍這地……我必把這地賜給你。」書 1：2-3 神對約書亞說「現在你要起來，和眾百姓過這約但河，往我所要賜給以色列人的地去。凡你們腳掌所踏之地，我都……賜給你們了。」我們要得地，只憑信心還不夠，憑信心再加屬靈的眼光也還不夠，還要加上行動。若不實踐，必不能得到。

4. 戰到那裡，就得到那裡：神固然要將迦南地賜給以色列人，但還須他們去爭戰，驅逐仇敵，才能得地。我們今天要得神所賜屬靈的地業，也必須盡力去爭戰，沒有不盡力交戰，便能把自己心目中的迦

南人除滅的。

5. 生命經歷到那裡，就得到那裡：過約但河，攻耶利哥城，戰伯和崙都是代表我們生命的經驗。生命經驗到那一步，就得到那一步。

6. 接受到那裡，就得到那裡：拈鬮分地，有些還在迦南人手中，還未將迦南人驅逐出去，他們卻以信心接受了。如耶穌分五餅二魚，手拿多少，就得多少。神對約書亞說，不要懼怕，無論你往那裡去，耶和華你的神必與你同在。我們今天要得屬靈的地業，惟有把信心擴大；靈眼睜大；親身實踐；與仇敵魔鬼爭戰，靠著我們的元帥耶穌基督，必能得勝。（帖前 5：24「那召你們的本是信實的，他必成就這事。」）

第二講　紅繩的拯救　第 1-2 章

約書亞記是一本歷史書，但聖經的歷史不同於一般的歷史。一般的歷史不過記載一些人的政治生活、事業、人格、品行和人的計劃成敗、興衰。而聖經歷史，除了這些外，還要加上神超乎自然的能力。聖經歷史是一種啟示，讓人知道神的品行、事業和祂的計劃。所以，聖經是聖靈感動人寫的歷史，主要的目的是要將神的計劃啟示給一個民族看，他們要怎樣接受神的啟示；這啟示在他們身上會發生怎樣的效果，讀聖經歷史的人，就不能不承認神有超乎自然的能力；不能不承認那啟示的神是一位創造天地萬有的主宰，是祂在掌管著人的歷史。

1：1-2 一開始就說「摩西死了以後，耶和華曉諭……約書亞，說，現在你要起來，和眾百姓過這約但河，往我所要賜給以色列人的地去……」摩西死了，約書亞起來。摩西代表律法，約書亞這個名字在希伯來文的意思是救主。律法過去了，福音便出現。律法是叫人知罪，帶領人近到基督面前。律法代表舊約，約書亞記代表新約。舊約是新約的預備，新約是舊約的成全。所以，摩西的事工若沒有約書亞繼承，那些以色列人只有永遠在曠野，絕無進迦南的希望。

神呼召約書亞有四個使命：(1)過約但河；(2)當剛強壯膽；(3)使百姓承受那地為業；(4)謹守遵行一切律法，就是行在神的旨意裡。全部約書亞記都在這四個使命中。

：2 第一個命令「你要起來和眾百姓過這約但河」。約但河是迦南地東邊的屏障；春季河水氾濫；河面寬有一公里；水流湍急。而枯水季節，不過五十公尺，淺處水流及膝。神不選擇枯水季節，卻命令約書亞在春季收割的日子，陽曆四、五月間，正在河水氾濫時預備渡河。這是要試驗他們的信心如何。神說，「往我所要賜給以色列人的地去，凡你們腳掌所踏之地，我都要照著我所應許摩西的話賜給你們了。」腳掌，代表權力，被踏在腳下表示征服。神給他們劃的疆界是當年應許亞伯拉罕後裔的土地（創 15：18，申 11：24），北起黑門山；南至西乃半島；東起伯拉大河（幼發拉底河）；西至地中海。這疆界直到所羅門時代才完全取得。神說，「我必不撇下你」，

即絕不丟開你不顧，神要與他們同行。

神第二個命令，「你當剛強壯膽」，這時約書亞已八十歲了。雖身經百戰，但初當摩西重任，難免膽怯。神叫他，「你當剛強壯膽」。

神第三個命令，「因為你必使這百姓承受那地為業」，雖有強敵，卻不要驚惶。因為神有應許，我必與你同在。

神第四個命令，「謹守遵行一切律法」，不僅字句，更要精義，完全遵行神的旨意。約書亞進攻迦南不是侵略者，乃是聽從神的命令去打一場神聖的戰爭，清除神所厭棄的邪惡、敗壞人民。於是，約書亞立刻做了三件事：(1)頒發總動員令；(2)說服約但河東兩個半支派同心參戰；(3)從什亭暗暗派出兩個探子去探耶利哥軍情。什亭在約但河東岸的摩押地，與約但河對岸的耶利哥遙遙相對，是摩西的軍事指揮總部。這時約書亞派遣兩個探子，因卅八年前派了十二個探子，人多，結果壞了神的事；不如人少一致。耶利哥低於地中海 750-820 呎，亞熱帶地中海氣候，四季如春；水泉豐富；物產茂盛，是世界最古老的美麗城市。兩個探子來到一個妓女，名叫喇合的家住宿。喇合是聖經裡有名的女人，希伯來書稱她信心偉人。來 11：31「妓女喇合因著信，曾和和平平的接待探子，就不與那些不順從的人一同滅亡。」我們不能以國家主義的眼光去批評 3,500 年前的古人，說她不愛國，不忠於君王。實則耶利哥是罪惡之城，是上帝所憎惡的，該滅絕的，是將亡之城。喇合不願與城內眾人一同滅亡。從字面上看，她是妓女。如果真是妓女，她則是罪人中之罪人了。耶利哥的居民，罪惡滔天，妓女理當與城一同滅亡，為何喇合會得救，還稱為信心的偉人？可能她早為迦南邪神廟中之神妓，雖已悔改，乃稱她為妓女。若她真是妓女，主說，「我來不是救義人，乃是救罪人悔改。」主對法利賽人也說過，「稅吏娼妓要比你們先進天國」。喇合在滅亡的邊緣得救，乃是因了她的信仰。2：8-14 喇合冒生命危險來救敵軍探子，而聖經稱為信心偉人，是她信耶和華不但是希伯來人的神，不但是諸神最高的神，更進一步，她信耶和華是上天下地的神。她離棄偶像，歸向又真又活、上天下地的神。她的信仰是有根據的。因她在 2：10-11 說：「因為我們聽見你們出埃及的時候，耶和華怎樣在你們前面使紅海的水乾了，並且你們怎樣待約但河東的兩個亞摩利王西宏和噩，將他們盡行毀滅。」她不是哲學家，不是神學家，但她有知識，看見

了果，就深信必有因。她知道使以色列人出埃及、過紅海、走曠野，唯有那上天下地的神才能成就，這就是因她之所以能知道外面的消息這樣多，似乎又不是困在家中做妓女所可得的知識，故有人說她是一個商店的主人。早期教會歷史家也有說她是一個「客店的女主人」，非操淫業的人。她家在耶利哥城牆上，這是做客店的最好位置，好方便進出城門。兩名探子投宿，要掩人耳目，他們怎知喇合是妓女家？因此，投宿客店比較更合理。當時的客店很簡陋，住宿在城牆上的客店，也方便離開。

　　2：2「有人告訴耶利哥王」。迦南地並不大，從東到西不過 90 哩，從南到北不過 150 哩，其中居住有七族人，分據許多大小城邦。每一個城邦就有一個王統治，共有卅一個王。耶利哥城既堅固且高大，易守難攻，可算迦南諸王中的一個大王，當然知道有間諜來了。耶利哥王打發人去見喇合，「要她交出探子」，公安、特工、警察查戶口，搜捕間諜，都是先查客店。但喇合這時冒著生命危險，不說出探子的下落，這不是賣國，不是漢奸。這是因她的信仰，為了信仰，不能苛責於她。她信耶和華是真神，她不但有信心，她也有信心的行為。竟敢將兩個探子隱藏起來，回答說：「那人果然到我這裡來」，這是誠實話，「他們是那裡來的我卻不知道」。這有一半對，一半不對，「天黑，要關城門的時候，他們出去了。……」這完全在說謊。她如果不說謊話，兩個探子就完了。往往撒但自以為成功了。撒但是說謊人之父，常叫人說謊話。但他不知不覺竟做了神的器皿，成就了神的旨意。喇合付上代價，救了兩個探子脫險，她與探子立約，不但希望個人得救，也是趁機救人。她自己和她全家都因此得救。聖經論到喇合的得救，雅各書 2：25「妓女喇合接待使者，又放他們從別的路上出去，不也是一樣因行為稱義麼？」希伯來書 11：31 也說，喇合因著信接待探子，這不是稱讚她的話，乃在說明她因有行為的信心而稱義，因之而得了拯救。基督徒得救的信心是活信心，不是死的信心。（雅 2：17-26）：12 喇合對探子說：「現在我既是恩待你們，求你們指著耶和華向我起誓，也要恩待我父家，並給我一個實在的證據，要救活我的父母、弟兄、姐妹、和一切屬他們的，拯救我們性命不死。」她向兩人要得救的憑據。2：14「二人對她說，你若不洩露我們這件事，我們情願替你們死。」這也是福音的表徵。因為耶穌基督正是情願替罪人死，用祂的性命來拯救我們的性命。祂的不該死，代

替了我們的該死。

　　他們對喇合的保證憑據，就是「紅繩」那條朱紅色的繩子。2：15-21看到紅繩的果效，紅繩是流血的表徵，喇合用紅繩將兩個探子從窗口縋下城去，兩人得救了，喇合自己和全家也因紅繩作標記而得救。這正是表明我們唯有靠主的寶血才能得救。正如以色列人出埃及時，各家都有血抹在門楣上和門框上，就可越過神的忿怒。我們今天是否常有這朱紅色繩子，繫在各人的心上？是否用紅繩將一些墮落的罪人用紅繩將他們救出來？喇合以紅繩繫在窗口上而全家得救，我們也是依賴神的寶血而得生。（羅馬書3：25）

　　喇合得救的結果，不但救了全家，而且後來作了猶大支派撒門的妻子，生了一個兒子，就是波阿斯，波阿斯的兒子叫俄備得，就是耶西之父，大衛之祖。馬太福音所記耶穌的家譜，喇合是被提到名字的四位偉大女性中之一。（太1：5-6）她是路得丈夫波阿斯的生母，大衛的太祖母。（路得記4：18-22 大衛的家譜）從此事可見她所經營的是客店，而非淫業。因為猶太人是特別尊崇道德的，第一，撒門不可能去娶一個操淫業的妓女；第二，探子也不可能身負重任，進入虎穴，在這危險任務中而有心情去尋花問柳。歷史學家約瑟夫也認為，喇合開客店是正確的。

　　這次刺探軍情的結果，給約書亞大大增添了信心，2：9-11 喇合把耶利哥城的人心說出來了。「因你們的緣故我們都驚慌了，這地的一切居民，在你們面前心都消化了，並無一人有膽氣。」這個消息，反應出城裡的人心渙散，無心戀戰，信心破產了。

　　2：24 探子的結論說，「耶和華果然將那全地交在我們手中」。這消息給約書亞和以色列人大大剛強壯膽。正如基甸下到米甸營中窺探敵軍，聽到一個戰士將夢中的情形告訴另一個同伴說，我夢見一個大麥餅，滾入米甸營中，撞倒帳幕，這是他們心中懼怕。因此基甸就大著膽量，竟率領了三百人去打敗了像蝗蟲那麼多的米甸和亞瑪力人的大軍一樣。神藉著喇合口裡洩露出來的軍情，就使約書亞渡河更加剛強壯膽了。

第三講　過約但河　第 3-4 章

舊約時代，神的選民稱希伯來人，希伯來即過渡的意思。新約有希伯來書，不但是寫給希伯來人，且是表明屬靈的過渡。基督徒在靈程中，有經歷屬靈的過渡，才是真希伯來人。

約但河是耶利哥的天險；耶利哥又是迦南的門戶，若攻佔這城，迦南的門戶洞開。這時，耶和華領以色列人憑信心渡河，一方面給我們留下最深的屬靈教訓；一方面也給當時的以色列人去得地為業，勝利在望。

在希伯來民族歷史上有三次的過渡：

1. 過伯拉大河（書 24：2-3，創 14：13）：當日亞伯蘭渡過伯拉大河（幼發拉底河），迦南人以為奇，稱他是過河之人，即希伯來人。他離開父家迦勒底的吾珥，吾珥是個拜偶像罪惡之地。事實上，這次過渡僅形式而已，他們在生活上並沒有與神發生實質的關係。雖然，按盟約他們是屬神的子民，但他們與世人沒有兩樣。他們樂於下埃及（世俗），住埃及。因此，過伯拉大河對我們基督徒而言：(1)沒有真出吾珥（脫離罪惡）；(2)仍在過世俗生活（住埃及）；(3)是個名義上的基督徒而已。

2. 過紅海：是重要的。過了紅海便是一個得救的人。過紅海在表一個屬靈的意義：就是在海中、雲中下受浸，作一個有新生命的人（林前 10：1-4）。入於海中預表與基督的死有份；在雲下受浸預表與聖靈有份。「都在雲裡、海裡受洗歸了摩西。」摩西在預表基督，歸於摩西就是歸於基督，成為得救之人。以色列人出埃及、過逾越節是得「贖」；過紅海是得「救」。作基督徒也必須經過海中雲中，才有新生命。

3. 過約但河：這是靈性上最後的過渡。第一個過渡是離開罪惡，接受耶穌，成為一個新人，真希伯來人。第二個過渡是過紅海，即進入水又出於水。這在表與耶穌同死、同埋葬、同復活。在雲中受浸是與聖靈發生關係，受靈浸，成為真得救的人。第三個過渡，若不過約但河，那還是站在約但河東外邦人的摩押地上，成為半生不熟的

基督徒。如果過了約但河，即可進入屬靈的迦南。以色列人在曠野飄流四十年，失敗了再失敗；跌倒了再跌倒，犯罪後悔改；悔改後再犯罪，這在表那沒有過約旦河的基督徒，沒有進入屬靈的迦南，即沒有經過信心的鍛煉，不能成聖得勝。

第三章裡，約書亞吩咐眾人等候過河，又吩咐祭司利未人抬著約櫃走在會眾前面。「祭司利未人」是指利未支派裡亞倫的後裔作祭師的。在曠野時，抬約櫃的都是利未族哥轄的子孫。此時最要緊，所以叫祭司親自抬。約櫃是神的座位，約櫃先行，表示神在前引導。

以色列人到了河邊，無橋、無船。但約書亞對眾人說，你們要從這裡過河去。如何過？

1. 主的同在加上人的聖潔：約書亞吩咐百姓說：「你們要自潔，因為明天耶和華必在你們中間行奇事。」（：5）如何能得神同在？必須自潔。來12：14「非聖潔沒有人能見主」。

2. 主的能力加上人的信心：將水分開原是出於神的大能，神雖大能，人若沒有信心配合，神的能力就無從顯出來。在過約旦河這件事上，讓我們看出什麼是信心。信心不是衝動，乃是聽神的聲音。如果沒有神的話，只憑個人魂的感覺冒然衝進水裡，那就是個人衝動的感情。他們既聽到神的聲音，卻不敢往水裡邁步，那就不是信心，而是理智了。奇妙的主，祂不是先分開河水，才叫人過去；乃是先叫人信神的聲音往水裡邁步，然後才將河水分開。祂這樣做，一方面在顯出神的美意，一方面也在顯出人的信心。以色列憑神的旨意，未見河水分開而踏腳入水，這就是信心。若未聞神的聲音冒然衝入水，這就是迷信。若等水分開才前行，那又是理智了。

3. 主的吩咐加上人的聽命：我們看到以色列人過約但河，一舉一動莫不遵照神的吩咐。耶和華對約書亞說：「你要吩咐抬約櫃的祭司說⋯⋯」，然後約書亞即對以色列人說：「你們近前來，聽耶和華你們神的話⋯⋯以色列人就照約書亞所吩咐的⋯⋯」去做。

4. 主的引領加上人的跟隨：耶和華不但是吩咐人如何行，也引導人如何行。因為過約但河是一條「向來沒有走過」的路，於是，需要祭司抬約櫃在前頭走，百姓就跟著行（約櫃表基督）。祭司就抬起約櫃

在百姓前頭走，人就跟隨。

5. 主的等候加上人的速行：過河時，「抬約櫃的祭司站在約但河中，等到耶和華曉諭約書亞吩咐百姓的事辦完了……，於是百姓急速過去了。」（4：10）約櫃是表主自己，祭司抬著約櫃站在河中，是表主站在河中等候百姓都過河。當主忍耐等候的時候，以色列會眾就「急速過去」，這是表會眾遵命的態度。主今日仍站在河中等候我們，讓我們經此最後的過渡，就達到彼岸，過迦南的生活。我們要不要急速地渡河呢？

亞當城水絕流的屬靈意義：那從上往下流的水，便在極遠之地，撒拉但旁的亞當城那裡停住，立起成壘。那往亞拉巴的海，就是鹽海（死海），下流的水，全然斷絕。（：16）為什麼水在亞當城斷流？在屬靈的意義上，正表明人的罪性是從亞當流到我們身上的。現在要進屬靈的迦南，經過約但河的浸禮歸入基督，這亞當的罪性，便被斷絕「在極遠之地」──這時指很遠的時間──在「亞當城那裡停住」。人幾時過了約但河，罪性即被控制。過約但河，即到得勝地，那從亞當城流來的水也斷絕了。

以色列民盡都過了約但河，在抬約櫃的祭司還未離開河中之前，神吩咐約書亞，每支派要在祭司河中站立的位置取一塊石頭堆起來，成為石堆以作紀念。

4：3「取十二塊石頭帶過去，放在你們今夜要住宿的地方」；指吉甲，以色列人過河後，就在此紮營。接著在吉甲要發生幾件事：1. 嗎哪停止降下了（5：12）；2. 立石為證；3. 再行割禮（5：2-9）；4. 守逾越節（5：10-11）。

4：6-7「這些石頭在你們中間，可以作為證據。」這些石頭堆在一處代表什麼？這些石頭是要作耶和華的能力信實和祂帶領所有以色列人歸回應許之地的見證。古時人常用一塊石頭或一堆石頭，(1)記念神的顯現，如雅各在伯特利立石柱。（創 28：18，35：14）(2)記念誓言或盟約，如雅各與拉班立約。（創 31：45-52）(3)記念超自然的事件，如撒母耳在米斯巴立的以便以謝石柱，為記念神用雷聲驚亂非利士人。（撒上 7：10-12）立石堆如作祭壇，不用人工鑿出來的石頭，沒有人工裝飾，全然是記念神的大能幫助。這些石頭好像常常宣佈說，「耶和華是我們的避難所，是我們的力量，是患難中隨時的幫助。」：9「約書亞另把十二塊石頭立在約但河中」，這是

在祭司所站的地方，離東岸不遠，就是他們最初踏入漲溢河水那裡。這兩堆石頭，都在證明全部十二支派都一齊在曠野，也一同進迦南。石頭為記乃是遵行神的吩咐，提醒後世子孫，永遠敬畏曾救他們的大能的神。這個記念碑，不但為當時經過拯救的人，常常提醒他們不可忘記神的恩惠和大能；特別為要引起後代子孫的注意。日後，他們看見這些大石就要問是甚麼意思，為父母的便要告訴他們，要述說從前怎樣走乾地過約但河。為什麼要這樣的教訓子孫呢？4：24「要使地上萬民都知道，耶和華的手大有能力；也要使你們永遠敬畏耶和華你們的神。」

這兩個記念碑對我們有什麼教訓呢？是給走信心道路的人留下蹤跡。跟神走信心道路的，沿途就會留下這些佳美腳跡，在於見證神的能力和信實。4：3 說，一堆十二塊在約但河西岸，一堆十二塊在河裡。立在河西的石頭是見證神的信實，終於引領以色列人來到應許之地。立在河東的水中則見證神的能力，使河水中斷，讓以色列人過河去。因此，第四章就在告訴我們信心的見證。

這兩堆石頭的表記在預表神也要引導我們基督徒越過約但河，來到迦南美地。在我們屬靈的道路上，神在等待我們越過約但河，進入屬靈的迦南地。我們越過信心的約但河，也要留下石堆的蹤跡，給後來人一個信心的見證。

「過」，就是「進入」，然後再「出來」。第四章的兩堆石頭，就是見證以色列人曾進入約但河，今又出來了。這在表一個非常重要的真理：從來沒有一個因為走過約但河而不蒙福的。我們要先捨去舊我，然後才能得著屬靈的福份。太 16：25「因為凡要救自己生命的，必喪掉生命；凡為我喪掉生命的，必得著生命。」路 17：33「凡想要保全生命的，必喪掉生命；凡喪掉生命的，必救活生命。」因為，「進去」與「出來」同是一個確定的事實。我們若順服神而「進去」，神必用大能帶我們「出來」，使我們成聖。

4：19「正月初十」即亞筆月（尼散月）。初十，是他們剛好來到營地揀選逾越節羊羔的日子，正好是他們離開埃及為奴之家的第四十年，神就帶領他們進入應許之地。4：23「就如耶和華你們的神，從前……，使紅海乾了，……一樣。」在以色列歷史中，證實耶和華的能力和恩惠的兩大證據，就是使紅海分開及約但河水斷流。這是詩人和先知永遠記念的。(詩 66：

6，74：13、15，114：3、5，以賽亞書50：2）

　　4：24「要使地上萬民都知道，耶和華的手大有能力……」這個目的，在迦南各族的人聽見，就反應出來了。（5：1）約但河是他們的天然保障，尤其河水氾濫的時候，作夢也想不到以色列人能安然渡過約但河。這個事實，使得他們的民心士氣立刻完全崩潰。這是證實以色列的神，是又真又活的神，是大有能力的神。

第四講　佔領吉甲　第 5 章

4：19 說「正月初十日，百姓從約但河裏上來，就在吉甲，在耶利哥的東邊安營。」以色列人踏上迦南地，第一個佔領地就是耶利哥平原中的吉甲。它在耶利哥東北二哩，以後就成為他們進取迦南的指揮總部。

這一章是論到信心的磨練，或叫它信心的修剪。看起來可能會奇怪，他們進入美地的第一個經歷不是歡樂，竟是痛苦的割禮。

1. 「割禮」是所有與神立約的亞伯拉罕後裔必須行的一種儀式，是神與亞伯拉罕立約的證據（創 17：9-11）。受割禮是以色列人放棄異教，進入約中成為以色列民一份子的記號。以色列人過約但河，大敵當前，第一件是上帝不要他們去攻城，而是履行律法上的規定（利 12：3）。這是一個重要的屬靈原則，與神建立起一個正確的關係，才是一切行事的基礎。在未攻敵之先，神先要用火石刀征服他們。行割禮與守逾越節是神預備祂的選民投身聖戰前最重要、也是最後的階段。由於迦南地的居民和諸王正膽顫心驚，約書亞才可選擇這幾天來讓所有的戰士行割禮，忍受幾天痛苦，不能行動。這段時間，他們在敵軍前能享平安，完全是神的保守。

：2-9「你製造火石刀」意即利刀；火石即寶石未成形前的粗礦石，很鋒利，作剝獸皮的刀子。此時還是青銅器時代，雖有金屬刀，但用火石刀行割禮，含有未經人工製造，不染人的作為，如建壇須用未經鐵器鑿過的石頭一樣。

四十年前出埃及的以色列人行過割禮，但卅八年曠野流浪中出生的卻未行過割禮。為什麼不給他們行割禮？是由於神禁止（5：4-7）。因為全國都在神的審判之下，他們一再背叛耶和華，又拜偶像，且曾拒絕進入神的應許之地（民 14：1-10），在心靈和實質上他們已破壞了這約。現在，沒有受割禮的再次受割禮，才可以成為立約之民，為神所用，去打那場神聖的戰爭。

割禮所代表的屬靈及道德意義是除去污穢。申 10：16「你們要將心裡的污穢除掉，不可再硬著頸項。」申 30：6 也說，「耶和華你上帝必將你心

裡；和你後裔心裡的污穢除掉，好叫你盡心、盡性愛耶和華你的上帝，使你可以存活。」舊約的以色列人要受割禮，今日新約裡的基督徒要不要受割禮？歌羅西書 2：11-13「你們在他裡面，也受了不是人手所行的割禮，乃是基督使你們脫去肉體情慾的割禮。你們既受洗與他一同埋葬；也就在此與他一同復活，都因信那叫他從死裡復活神的功用。你們從前在過犯、和未受割禮的肉體中死了，神赦免了你們一切過犯，便叫你們與基督一同活過來。」「脫去肉體情慾的割禮」是把天然的慾望割去，好與神同行，作個無愧的人。受割禮的人，即靠聖靈治死肉體的情慾（羅 8：13，加 5：16-17）而成聖潔。這是過了約但河的人所能實現的。

不過，約但河之後必有吉甲。單單約但河是不夠的，他們仍需要帶有這個分別為聖的記號；就是割禮。這對我們也是一樣。我們若過了約但河，把老我埋葬了，還得要經過吉甲，對付自己的邪情私慾。起初可能會覺得苦不堪言，但短時間忍耐過去了，割禮的傷癒了，神在我們內心的工作，立刻會帶我們去到一個新境地。內心的意慾更新了，我們與神的關係也更新了。這種喜樂很快就會蓋過割禮的痛苦，而進到完全成聖的地步。

2.　：10-11 隨著吉甲的割禮而來的，就是逾越節的筵席。那表示以色列人與神進入一個新關係。現在，他們的腳已踏在應許之地上了。正月十四日是他們出埃及的日子，他們吃了羔羊的肉，把血塗在門楣上和門框上，這樣滅命的天使見血就越過去，擊殺沒有血家的頭生牲畜與長子，稱逾越。耶和華訂這日為耶和華的節，以色列人世世代代都要遵守。但是，從出埃及和第二年在西乃曠野守過逾越節（民 9：4-5）後，卅九年的曠野漂流生活，人民不遵守與神立約的關係，就不能守逾越節（摩 5：25）。現在，在吉甲的耶利哥平原守第三次的逾越節，「次日他們就吃了那地的出產。正當那日吃無酵餅、和烘的穀。」逾越節在正月（亞筆月、尼散月）十四日黃昏殺羊羔開始，又叫除酵節；第二天叫無酵節；第三天，即十六日是初熟節，獻上初熟果子的日子，預表耶穌復活，成了睡了之人初熟的果子。這天，他們就吃了那地的出產，「烘的穀」（利 2：14）、無酵餅（出 12：14-20），這吃的是迦南地的出產，因為他們渡河正是收割的日子（3：15）。當他們吃了迦南地的出產，第二日（：12）「嗎哪就止住了，以色列

人也不再有嗎哪了。」曠野的嗎哪和迦南的出產都是預表基督，但只有我們越過約但河，進入迦南地，基督才會成為我們迦南地的美物。因為，那時我們身上已帶著分別為聖歸與祂的印記。

3. 耶和華軍隊的元帥顯現（：13-15）耶和華曾呼召約書亞預備去完成一件大事——過約但河，現在再向他顯現，率領他去完成第二件大事——攻取迦南。約書亞深知現在這個時刻，是前有強敵；後無退路的生死存亡關頭。他正躊躇計劃怎樣攻取耶利哥，獨自一人親自去勘察城堡，看著城似銅牆鐵壁，無路可攻，非常著急（6：1）。「不料，有一個人手裡有拔出來的刀，對面站立。」這不僅是個異象，而是道成肉身之前的神子基督親自真實的顯現，要作以色列人的元帥，拔出刀來帶領祂的軍隊，預備要審判迦南。約書亞面對這樣一個人，假若他是平常人，就會驚懼害怕。來的是什麼人？他部下的兵，沒有命令決不敢來。約書亞放膽向前問他說，「你是幫助我們呢？是幫助我們敵人呢？」是敵？是友？絕不許他中立。：14 那人回答說，「不是的，我來是要作耶和華軍隊的元帥。」神實現了祂對摩西的應許，（出 33：14 我必親自和你同去）他與以色列人同去，並不僅是作他們的同僚，而是作他們的領袖。這是神的戰爭，因為現在亞摩利人已經罪惡滿盈（創 15：16，申 9：5，18：12）。以色列人只不過是祂大軍的一部份，其它還有祂的使者（詩 148：2）以及大自然的力量（書 10：11-14）。因此，約書亞立刻體會到，他自己不過是元帥的僕人，「就俯伏在地下拜」。

人的困難，就是神的機會。約書亞正躊躇為難的時候，耶和華就向他顯現。當門徒過加利利海，風浪大作，在最吃緊的時候，耶穌從海面上走往門徒那裡去。他們在加利利海打魚，「終夜勞苦」，一無所獲。當他們又餓又冷的時候，耶穌來了，預備了炭火，有魚有餅給他們享用。歷代信徒，有的正處在山窮水盡的時候，神就為他們開一條出路。正是人的盡頭，就是神的起頭。

約書亞在困難的時候，問耶和華是幫助哪一邊的。耶和華的回答，是我們一個很重要的屬靈教訓。祂說：「不是的，我來不是作幫助，乃是作元帥。」直到今天，我們對主耶穌的態度還是這樣。我們喜歡主耶穌作我們

的幫助；作我們的朋友；作我們的顧問。我們有我們的工作計劃；我們有我們的工作目的；我們有我們的工作方法，我們只喜歡祂來幫助，作我們的助手。但是，要記住，主是說，我來不是要作助手；我來是要作元帥，作你的主。

我們知道主是這樣的主，願我們如同約書亞，就俯伏在祂腳前，完全順服；虔敬謙卑地對祂說：「主啊！我當作什麼？」工作是主的；計劃是主的；方法是主的；目標也是主的。我們只當說，我是個無用的僕人；是主手裡的器皿。我們的態度，應該是絕對的順服。

第五講　耶利哥城倒了　第6章

1. 攻耶利哥城是信心的爭戰（6：1-7）

耶利哥城牆堅固，防禦森嚴，耶利哥的人被關在城內，外面則被以色列人重重包圍，「無人出入」。然而耶和華說：「我已經把耶利哥，和耶利哥的王，並大能的勇士，都交在你手中」。祂應許會以超自然毀滅耶利哥，做為他們攻取全部迦南的保證。所以，約書亞不需要多費心機去設計，如何攻城的方法。耶和華已經設計了。：3-4「你們的一切兵丁要圍繞這城，一日圍繞一次，六日都要這樣行；七個祭司要拿七個羊角，走在約櫃前。到第七日你們要繞城七次。」 以色列人遵行命令時，必須絕對保持安靜，只有祭司吹角，大眾列對隨行。這有些像出殯行列，會使他們的敵人鄙視他們。對他們來說，這是一種卑屈的訓練。但約書亞、祭司和以色列人在這一個禮拜之內所表現的，是出色的信心。這是以色列全部歷史中最高超的。來11：30「以色列人因著信，圍繞耶利哥城七日，城牆就倒塌了。」

這一章書，把信心的工作、爭戰、等候、勝利的原則，清楚的描繪出來：第一，要清楚的知道神的意旨和話語。第二，要完全順服神的話語和意旨。第三，確定那話語成就的事，將榮耀歸給神。就如以色列在城倒塌前，那一聲勝利的歡呼。

若以兩方的戰力比較，當然耶利哥佔絕對優勢。在他們看，那些無兵器、無勇力、素不習戰事、飽受曠野風霜之苦的以色列會眾，不過如蚱蜢（民13：33），不堪一擊。而耶利哥城內，兵強民富，有鐵甲車，城堅池深，威而不降。

而以色列軍的攻城舉動，真愚不可及，形同兒戲。可是在神的智慧奇能彰顯之前，神正用人當作愚拙的救法，拯救一切相信的人（林前1：21）。現在許多科學解經的說，耶利哥城的傾陷，是遇大地震將城傾倒。怎麼這樣巧？他們說以色列人過紅海，海中有乾路，是因大東風將海水吹去，這又是奇特的巧遇。他們又說過約但河，河水分開是因上流磐石崩裂，阻住水路。這真奇怪，不早不晚，以色列號令渡河，上流就坍石將水堵住；不長不短， 等以色列人都過去，十二塊石頭都栽好，祭司的腳剛上岸，坍石

的水又流下來了。以色列人繞耶利哥城完畢，一聲歡呼，九級大地震就來了，哪有這麼一巧再巧的事。若非閉著眼強辯，就不得不承認這都是活生生的神蹟。

2. 攻耶利哥城是信心的順服（6：8-14）

耶和華軍隊的元帥下令如此攻城，按兵法、憑理性，都不合邏輯；以色列人卻順服神指示的方法。首先，「七」這個數字，一再重覆：七個祭司、七支羊角、七天、第七日繞城七次。「七」在聖經裏是代表完全、完美、終結等意思。祭司抬著約櫃；又七個祭司拿著七支羊角在前頭走；一面走，一面吹；眾百姓帶著兵器在他們後頭走，不但不可攻打，也不可呼喊，不可出聲，連一句話也不可出口。像這樣子繞城遊行，一日一次，接連六日，第七日圍繞城七次，到了第七次，祭司吹角的時候，約書亞吩咐百姓「呼喊吧！」百姓就大聲呼喊，城就倒塌了。從這件事實，給歷代的信徒最大的教訓是：神自己要做事，人只是神的僕人、器皿，要絕對順服神的旨意，憑信心往前走。

3. 攻耶利哥城是信心的勝利（6：15-21）

1) 與主同行：祭司抬著約櫃繞城，約櫃是代表主。約櫃在前頭行，全以色列人在後面跟進，就是與主同行。這是得勝的要點。

2) 吹得勝的角：以色列會中原有銀號兩支。他們不用銀號、銅號（民10：1-10），那是衝鋒陷陣的號。這時用不值一文的羊角號，為人看為卑賤，卻顯出神的榮耀。羊角非經人工製造，是宣告禧年的角聲（利25：9），表明這次圍城，不是一種戰略性的行動，而是宗教性的，就如以色列在西乃山領受律法時的角聲。

3) 默然仰望：以色列人這時的信心，真使人拍案驚奇。會眾繞行時竟一言不發，鴉雀無聲，一日、二日，直到第七日。他們等候，看神的作為；不出聲，只靜默仰望；不怕人譏評，不同人分辯，只靜默信靠順服，就必見神的奇妙。

4) 遵命到底：他們遊行繞城六天的時候，一日一次，城一點也不動，城裡人一定譏笑他們瘋了、愚蠢、沒科學頭腦、沒理性分辨能力。第七天，他們圍著那約方圓九畝的土丘，繞一次約需十五到廿分鐘；繞了六次半仍然不見動靜，你會灰心嗎？你在那時信心會動搖嗎？

但他們繞夠了七次，就是在完成第十三次繞城之時，神的工作才顯出來。神要他們遵守到底，如同喚醒一個熟睡之人，連喚六次，一動也不動；再喚六次還是不動；最後再一次，那人驚醒過來了。然而那人醒起，不只歸功末後的一次，前十二次都有效。我們傳福音，與人談道，正如圍繞耶利哥城；一次再次把人喚不醒，雖已喚了十二次，還得再喚一次。恆心忍耐，到了時候，耶利哥城必定塌陷；熟睡的人一定會醒來。

5) 視同聖功：圍城七天，其中必有安息日。安息日為何不停止工作呢？他們視攻耶利哥為聖工，七日或是安息日，安息日要繞城七次，反比平日忙碌，這就是聖事與俗事的區別。傳福音，服事神的，不是禮拜日更忙碌麼？攻城行動，正表明福音的得勝。

6) 奮力吶喊：這吶喊是信心的歡呼。信心十足，看那未倒之城與倒下來無異，故齊聲吶喊，使那如銅牆鐵壁的耶利哥，立刻倒塌下來了。

7) 同步進攻：城破，以色列人一擁而上，各個爭先，進入奪城。我們若要為福音爭戰而想得勝，也須各就各位，站在自己的崗位上，或工廠；或學校；或辦公室；或商店，為傳福音齊心努力，魔鬼堅固的營壘，就會自然崩塌了。

4. 耶利哥的結局

1) 毀滅：17-18 耶利哥城罪惡滿盈，「這城和其中所有的，都要在耶和華面前毀滅」，在神看來都是當毀滅之物（申 7：2-5、25-26，20：16-18），為了避免再玷污人，是人就一定要殺盡；是物就一定要焚燬（出 22：20，申 13：15-17），無一存留，這是神公義審判的刑罰。以新約的人來看，上帝是殘忍的。為什麼迦南人要遭如此待遇？

　　a. 神吩咐以色列人要殺盡迦南人，是對那些民族的道德、靈性極端敗壞而施行的審判（申 9：5；20：10-12）。他們占卜、觀兆、用法術、行邪術、用迷術、使兒女經火、交鬼、行巫術、過陰，上帝極其震怒（申 6：15）。耶和華是忌邪的神，聖潔與邪惡絕不相容。

　　b. 神是全宇宙道德的審判者，主持公義，決不與罪惡妥協。人類第一對夫妻憑己意行事，被逐出伊甸園。其後，以色列人不守神的

法則，都受到嚴厲的對付。人一定要為自己的行為負責。

c. 宇宙萬物乃神所造，那不歸榮耀與祂，也不感謝祂，去敬拜人手所造之物的，祂不能容忍。祂所賜給人的，也有權收回。以色列人是從拜偶像的邪惡迦南人手中，取回原本屬神的迦南土地，所以當潔淨。

d. 迦南要在神的公義治理下，成為一個神治的模範社會。因此一切罪惡必須剷除，以色列民才可以不為異教邪惡的風俗所染，做為聖潔的國民。以色列人若不忠，仍會失掉所得之地。後來以色列人國亡、人擄、土地又為異族所佔，就是神賞罰公平的例證。

e. 神除了不讓以色列人不被迦南人的邪惡風俗所染、陷入罪惡之外，也有保健的理由。有聖經學者研究當日迦南民族，因放縱色情、性病猖獗、此病在當時是絕症，傳染迅速。為了保障選民的身體、靈性與道德不墮落，只有毀滅一途。

2) 歸主：19，：22-25 應當歸主的就歸主

a. 金銀器皿的歸主、經過火後變成潔淨之物—火洗—可歸與神。耶利哥既為以色列進迦南所得的第一座城，為初熟的果子獻給神。

b. 喇合全家歸主：喇合因著信，就救了她父家。保羅曾對禁卒說，徒 16：31「當信主耶穌，你和你一家都必得救。」

3) 咒詛：26-27 最使人驚異的，約書亞毀滅耶利哥後，對於這個罪惡之城，叫眾人發誓咒詛，「重修這耶利哥城的人……他立根基的時候，必喪長子；安門的時候，必喪幼子。」誰料到歲月前進了五百年，在以色列列王時代，亞哈是一位惡王。王上 16：34「亞哈在位的時候，有伯特利人希伊勒重修耶利哥城。立根基的時候，喪了長子亞比蘭。安門的時候，喪了幼子西割。正如耶和華藉著嫩的兒子約書亞所說的話。」神的咒詛必應驗。這是人人應當警惕的。

第六講　亞割谷　第 7-8 章

　　「亞割」的意思就是連累（7：26）。亞割谷這個地方就是亞干犯罪而連累了以色列人在艾的失敗。「艾城」是迦南中部山區的一個古老小城。以色列人戰勝耶利哥後，乘勝追擊艾城，想不到卻吃了首次；也是七年戰爭中唯一的一次敗仗。為什麼？這是值得我們深思的事。在屬靈的戰爭中，給我們留下極大的教訓。

　　他們是受罪的連累，7：1 就說「以色列人在當滅的物上犯了罪」。什麼是當滅之物？申 7：25-26 所謂當滅之物就是指那些假神，邪神的偶像和拜偶像的一些東西；在屬靈上是可憎的。他們的金銀不可取，不可帶進家去，不單在神治的時代的以色列人不可取，就是今天我們也不可取。我們的神是忌邪的神。

　　神說他們在這上面「犯了罪」。直譯是「做得不忠實」。這是很嚴重的事。神在答覆約書亞的祈禱時說「以色列人犯了罪，違背了我所吩咐他們的約，取了當滅的物，又偷竊，又行詭詐……」神知道亞干犯的罪，為什麼不說亞干犯了罪而說「以色列人犯了罪」？這是可怕的。一個人犯了罪，竟連累了全家。林前 12：26 說「若一個肢體受苦，所有的肢體就一同受苦……」一個肢體犯罪，全身就被污染了。會眾在這裡既成為一體，當然一髮而牽連全身。這裡不說亞干當毀滅，乃說「你們若不把當滅的物從你們中間除掉，我就不再與你們同在了。」（7：12）我們常看見，一個家庭，一個團體或一所教會中藏著罪不除掉，以至全體都不蒙神的祝福。亞干沒有想到他的罪影響這麼大。我們在生活上犯了罪又何曾想到不良的後果呢？

　　艾城失敗的原因有三：1. 亞干犯罪連累了全體。2. 約書亞輕信探子的報告，犯了輕敵罪。3. 這次以色列人攻艾城前，沒有尋求神的旨意，他們是在靠己不靠神。當然失敗的主因是罪的連累，故神說「以色列人犯了罪」。

　　1. 他們因罪而成為咒詛：罪孽實在可怕，會成為咒詛。人類一開始亞當就因犯罪受咒詛。現在神所愛的兒女，只因有罪就會成為咒詛，因罪是可詛咒。罪既從一人入了世界，所以人類都受連累，也受詛

咒。申 28：15-19 警戒我們「你若不聽從耶和華你神的話，不謹守遵行祂的一切誡命……咒詛都必追隨你……你出也受咒詛，入也受咒詛。」

2. 因罪神不在他們中間：7：12「……你們若不把當滅的物，從你們中間除掉，我就不再與你們同在了。」哪裡有罪，哪裡就沒有神。以色列軍之所以得勝，是因神在他們中間。同樣，我們若有罪而不去對付，神就不在我們中間了，我們怎能工作，怎能得勝？

3. 罪不除去，禱告也無功效：「約書亞便撕裂衣服。他和以色列的長老把灰撒在頭上，在耶和華的約櫃前，腑伏在地，直到晚上……」7：11 神對約書亞說「以色列人犯了罪，違背了我……的約……」由此可見，不論禱告如何同心——約書亞和長老們；禱告不論是如何痛切——裂衣蒙灰；不論禱告多少時間——直到晚上；不論禱告的理由如何巨大——為你的名，若不先除掉罪，神就不會應允他們的禱告。這給我們一個禱告的功課，不是神不應允，乃是我們不去除罪。

亞干犯罪誰曉得呢？神曉得。舊約時代尋求神旨意的方法是用抽籤。他們按支派、宗族、家室、人丁，抽絲剝繭地抽出了猶大支派中迦米的兒子亞干來。亞干承認了他所犯的罪。7：21「我在所奪的財物中，看見一件美好的示拿衣服，二百舍客勒銀子、一條金子重五十舍客勒，我就貪愛這些物件，便拿去了，現今藏在我帳棚內的地裡。」「一件美好的示拿衣服」，示拿即巴比倫，這件長袍可能是金線編織，是很昂貴的舶來品。這是祭拜巴比倫偶像的衣服，是神絕對禁止留用的。「二百舍客勒的銀子」，一舍客勒約等於 0.4oz 或 11.5g，即大約五磅的銀子。「一條金子」約一磅又四盎司。亞干以為神不知鬼不覺把它藏起來，怎麼藏得住呢？

據亞干所說犯罪的經過，給我們留下很大的教訓：1.「我看」——我在所奪的物中，看見一件美好的示拿衣服。2.「我貪」——我就「貪愛這些物件。」3.「我拿」——「我拿去了。」4.「我藏」——「藏在我的帳棚裡。」亞干犯罪的經過，與第一個人亞當犯罪的經過正是一樣。最初亞當想把罪藏起來，竟藏不住。這時亞干也想把罪藏起來，怎能藏得住呢？亞干犯罪藏罪，在舊約裡恰在選民進迦南一千五百年之後，有亞拿尼夫婦犯罪藏罪，也正是新約時代新迦南的開始，一樣愚昧，一樣結果。這給我

們的教訓是基督徒雖不可能完全不犯罪，但犯罪不要隱藏，立刻要對付。怎樣對付呢？約一 1：9「我們若認自己的罪，上帝是信實的、是公義的，必要赦免我們的罪；洗淨我們一切的不義。」罪是不能隱藏的。7：24-26 指明亞干為偷竊了獻給神的東西，他要接受毀滅的命運。任何人接觸到毀滅之物，他自己就變成毀滅之物，因此亞干便要獻給死亡。

　　這一章給我們看見，亞干所偷竊的，在物質上值不得什麼，只是他個行動本身所犯的卻是靈性上一個很嚴重的罪。神曾警告過他們不可取這些東西，亞干卻是明知故犯，不把神的命令放在心上。當耶和華使艾城的人擊殺他的百姓，神的心是多麼的難過，但沒有別的辦法。為了以色列本身，也為了耶和華的聖名，以色列人一定要記取這個教訓──罪惡一定要受審判。罪要除掉，不管痛苦有多大，都是必須的。亞干被石頭打死，身上被堆成一大堆石頭，因此那地方名叫亞割谷。

　　這一章是我們一個重要的功課，我們的失敗，十之八九都是因為心裡有一個小亞干，必須要將亞干除掉。與罪惡妥協，只會堵塞與神的交通，失去神的祝福。

　　接著第八章，我們就看見他們的信心又重新得力了。一開始神再次對約書亞說：「不要懼怕，也不要驚惶。」這句話好像很平常，這卻給我們留下了很大的教訓，我們許多的痛苦，都是由懼怕而來。這是我們現在的時代病，就是情緒的壓力。並不是遇見了實在的苦難，乃是在情緒上預先懼怕苦難，脫離懼怕的苦難比脫離實在的苦難更難。這世界出現了許多憂鬱症群，青少年，股票族，上班族，白髮族，懼怕未來可能臨到的事，常常情緒不安，稱之為「世代憂鬱」。但全部聖經，從創世記到啟示錄，神寫滿了這樣的勸勉和安慰。神對亞伯拉罕說：「不要懼怕！我是你的盾牌，必大大的賞賜你。」（創 15：1）最後主耶穌對他最愛的門徒約翰說：「不要懼怕！我是首先的，我是末後的，又是那存活的，我曾死過，現在又活了，直活到永永遠遠，並且拿著死亡和陰間的鑰匙。」（啟 1：17-18）當時上帝對約書亞說「不要懼怕」，意思是要他再次攻打艾城。一次失敗了，再一次就會成功。失敗帶給我們一些教訓：「失敗是成功之母」。但我們要從失敗中學到成功的秘訣。如果不能在失敗中學到功課，那他一定是一次再次的失敗下去。

約書亞和以色列人在艾城失敗的教訓是什麼？他們隱瞞了罪。罪能使人與神的交通斷絕。罪會使聖靈擔憂，罪可以使人失去神賜的能力。我們常常太體貼肉體，愛惜自己，沒有勇氣砍斷一支手，沒有膽量挖掉一隻眼。（太18：8-9）我們常容讓纏累我們的罪在我們心中，我們常常給魔鬼留了地步。以色列人失敗後學到的教訓是什麼？先尋出亞干來治死他，才能再攻打艾城。他們認罪、悔罪、除罪，這是他們得勝的起頭。

約書亞完全順服了元帥的命令，遵從了上帝的計劃，差遣各路奇兵，直搗艾城。前後夾出，生擒了他們的王，殺敵一萬兩千，焚燒了他們的城。王的屍首丟在城門口，堆起一大堆石頭。

很奇怪的，8：30-35 記約書亞沒有因這艾城而乘勝追擊，一鼓作氣去攻佔更多的城池，反而做了一件從軍事角度言，是甚為愚蠢的事。他停下來去做一件宗教上重大的事；進行神所命令的朝聖之旅，帶著軍民進入敵人的腹地「示劍」。

「示劍」城南有基利心山。北有以巴路山，是迦南的中部大城，乃以色列人古代的宗教聖地。創12：6-7 神在示劍地方摩利橡樹那裡向亞伯拉罕顯現。創33：18-19 雅各從巴旦亞蘭回來的時候，平平安安的到了迦南地的示劍城。在城東支搭帳篷，用一百塊銀向示劍的父親買了一塊地，在那裡築了一座壇，起名叫伊利伊羅伊以色列，即上帝是以色列的上帝。申27：1-8 摩西死前曾吩咐以色列民，過約但河進入迦南地後，要在以巴路山（示劍）立起石頭，墁上石灰，築壇獻祭，並將律法上的話寫在石頭上，重申前約。約書亞就吩咐各領袖官長，圍在祭壇旁的約櫃站立，在基利心山和以巴路山及各支派中間，向全國宣讀律法，這是合乎神要他們攻取迦南的目的，使這律法在全國的中心建立起來。從今以後成為全地的法典。而以色列也要更新他對耶和華神的盟約誓言。

摩西所吩咐的（申27：11-26）；約書亞宣讀；百姓阿們遵守，這是長治安居之道。基督徒也要常守神的道，常遵神的命。十誡前四誡是盡心盡性盡意愛主你的神。後六誡是要愛人如己，故律法的總歸就是愛。主給我們的新命令是「你們要彼此相愛」。我們在作屬靈爭戰前，應先在神前堅定遵守盟約，就戰無不勝了。

第七講　未求問神的失敗　第9章

當以色列軍勝耶利哥；滅艾城之後，又在示劍敬拜上帝，用未經人手鑿的石頭築壇獻燔祭，並將摩西所寫的律法抄在石頭上。約書亞照著律法上所寫的，宣讀給會眾聽，並為會眾祝福。像這樣，一面感謝主，一面激勵會眾，更引起迦南敵人的驚懼。就是約但河西，住在山地高原，利巴嫩山並沿海一帶的諸王，即赫人、亞摩利人、迦南人、比利洗人、耶布斯人的諸王結成一個大聯盟，會師一起來抵擋以色列軍。其中有基遍城的人乃諸大族中之一，覺得與以色列人爭戰非上策，應求謀和，但諸王不同意，於是基遍就單獨進行，促成大聯盟崩潰。

基遍在耶路撒冷西北六里，位艾城西南六里半。這大城是一個獨立的共和國的都城，由一群長老而非王來統治（9：11，10：2）在9：7稱其居民為「希未人」。申 20：17 說「只要照耶和華你神所吩咐的，將這赫人、亞摩利人、迦南人、比利洗人、希未人、耶布斯人都滅絕淨盡。」希未人是列在當滅之族的。但希未人自知不能對抗有耶和華同在的色列人大軍，他們就派人冒充成疲乏的遠徵客。帶著舊口袋9：4-11 和破裂縫補的舊皮酒袋，補過的舊鞋，脫了線的舊衣服以及又乾又生霉的麵包來到以色列人的營地，對約書亞說：「僕人從極遠之地而來，是因聽見耶和華你神的名聲和他在埃及所行的一切事，並他向約但河東的兩個亞摩利王，就是希實本王西宏和在亞斯他錄的巴珊王噩，一切所行的事……求你們與我們立約。」聖經說這是他們所設的詭計。他們掩飾得聰明，故事又這樣動人，對耶和華神是這麼地敬畏，說詞是這樣的謙卑懇切，就把以色列人的同情心都挖出來了。以色列人居然都相信這批人不是當滅的迦南地人。約書亞受騙了。尤其聽見他們那麼敬畏耶和華的心實在大受感動，可以採信，沒有問題。憑常識，按情理應當與他們立約。因為神准許以色列人接受遠方來客的進貢，只命令他們要除滅迦南地的人民。（申 20：10-18）他們的失敗是他們對這事並不去求問耶和華就擅自與他們立約，完全受了基遍人的騙。這給我們一個很大的教訓，就是你以為合常理，近人情的事，不要自己斷定沒問題。那些滿口屬靈的言詞，動聽的故事，不要太情緒化。你當求問你的

主，求祂指示。不然，就會掉在陷阱中，像基遍人騙以色列人，留下極大的絆腳石。

基遍的詭計：

1. 特來求和：冒充外國使者來求和，怎能不以禮接待呢？後來希西家正因格外接待巴比倫的特使，以致後來全宮被擄。

2. 來自遠方：他們說不是近處人「……從極遠處來的。」叫約書亞等以為連他們的地方名字也不知道，當然他們不是迦南人了。

3. 故意裝假：「拿舊口袋和破裂縫補的舊皮酒袋，馱在驢上，將補過的舊鞋穿在腳上，把舊衣服穿在身上……所帶的餅都是乾的，長了霉……」這樣表他們確是經過長途跋涉來自遠方。

4. 不提近事：只說神在埃及所行的一切事，和在約但河東的兩個亞摩利王身上的一切事，這已是多年前的往事了。他們絕口不提耶利哥及艾城的事，為要表明他們是從遠方來的，不曉得近處之事。

5. 稱述主名：這是他們最能打動以色列心的言詞。起先他們也半信半疑，聽到他們這樣屬靈的言詞，以為他們也是信仰耶和華的。跟我們一樣，只要聽到是基督徒，滿口屬靈的術語，我們就會對他拆除心防了。

6. 願為奴隸：這是五體投地的奉獻，容易給人自傲的滿足。固然基遍人行詭詐，欺騙得叫人有真實感，然而，以色列人輕易接受基遍人的說詞，也是行事太冒昧。

(1) 受食物 9：14 約書亞及長老等受基遍人欺騙的第一步就是受了他們些食物。接受食物這個行動，在古代東方表示已經建立了某種友誼。中國人說吃人的口軟，拿人的手軟，接受食物就是與敵人握手。基遍人的食物是乾了的長了霉的，以色列人竟貪口腹食慾，而埋下禍根。雖然接受一點食物沒有什麼了不起，這正是容讓仇敵講和的初步，既失一腳，即不難再失腳，真是一失足成千古恨了。

(2) 講和：約書亞等原是奉神的命令來征討那些罪惡滿盈的迦南人，那有講和之理？既未得到神的應許，怎敢擅自與仇敵講和？無奈以色

列人沒有求問神耶和華，就受了他們的食物，「於是約書亞與他們講和，容他們活著。」這是何等盲目呢？雖然基遍人於絕望中遣人來求和，其所用之方法固然欺騙，但他們的存心卻是真誠的。約書亞體諒他們，同情他們，存留他們的性命，但這干犯了神的旨意了，為后世留下無窮的禍根。

(3) 立約（9：15）他們竟忘記了神在出埃及記34：11-12、16所吩咐的「我今天所吩咐你的，你要謹守，我要從你面前攆出亞摩利人、迦南人、赫人、比利洗人、希未人、耶布斯人。你要謹慎，不可與你所去那地的居民立約，恐怕成為你們中間的網羅……百姓隨從他們的神就行邪淫。」和申命記7：1-4說「耶和華你神領你進入要得為業之地，從你面前趕出許多國民……那時你要把他們滅絕淨盡，不可與他們立約，也不可憐恤他們……」可惜約書亞等，因為沒有求問主，竟然受了欺騙，忘記了神的一再吩咐。

(4) 約書亞與會眾最失敗的，是不但與基遍人講和、立約，並且向他們發誓。發誓就是堅定此約不能更改的保障。因為人指著神發誓，就是確定永不改變，不論與自己有利有害，即須照誓履行。所以以色列人犯了過分輕信他人，及應受處罰的疏忽之罪。

三日后，當以色列人聽見原來這些新同盟竟是住在他們附近的敵人，就起來到他們那裡要對付這些騙子。這基遍是個大城邦，除基遍城外，還有基非拉、比錄、基列耶琳。由于盟約是奉耶和華的聖名立的，是神聖的，故此以色列的領袖們不敢破壞這約的誓言，免得招致神的憤怒，無可奈何。在大衛時代，由于掃羅王毀約殺死基遍人，為神追究責任，大衛將掃羅之七子處死（撒下21：1-9）。於是眾首領作了一個容他們活著的決定，要他們為全會眾作劈柴挑水的人。9：22-27約書亞召了他們來對他們說「為什麼欺哄我們？」欺哄的事，在社會上到處都是，基督徒應該警惕。全部聖經告訴我們，神最憎惡的就是欺騙，神最喜悅的就是誠實。但在報紙上常見，假藉宗教的名去犯罪作惡，有些基督徒也滿口謊言，甚至有的傳道人也用宗教名義行欺騙的事。這是神不容許的，必受咒詛。：23約書亞說「現在你們是被咒詛的，你們中間的人必斷不了作奴僕。」「斷不了作奴僕」直譯是「沒有一個奴僕會從你們中間被除去」；也就是你們要永永遠遠不停地

作奴僕，要在會幕中作劈柴挑水的人。把基遍人降為聖所奴僕的地位。這話是約書亞的咒詛，不是神的咒詛。當年挪亞的三個兒子閃、含和雅弗，含看見父親挪亞酒醉後赤身，就去宣揚父親的一些不敬的話。挪亞醒後知道這件羞辱的事，就咒詛含的兒子迦南，讓含這個作父親的嘗到羞辱的滋味。挪亞說「迦南當受咒詛，必給他弟兄作奴僕的奴僕」。（創 9：25）這也是人的咒詛，不是神的咒詛。但迦南人、希未人也因此就永遠作奴僕。

由於他們被安排在神的家中工作，神就祝福他們。凡在神家中作工作的都會受神的祝福，因此神藉以色列軍行了一件大神蹟，保護了基遍。基遍這個地方後來成為聖所的中心，會幕即豎立在這裡（代上 21：29，代下 1：3），約有六十七年之久，神讓約櫃停留在基列耶琳（撒上 7：1-2，撒下 6：2-3），基列耶琳是基遍的一城。

約書亞使他們作劈柴挑水的人，因為聖殿獻祭不斷需要大量的劈柴挑水的工作。他們就一直作這事。在被擄後，以色列人隨所羅巴伯自巴比倫回國，即有基遍人九十五名（尼 7：25）。基遍人也參與建耶路撒冷城垣（尼 3：7）。在以斯拉、尼希米記中，所稱的「尼提寧人」，可能就是基遍人的後裔（拉 2：43 和：58，8：20，代上 9：2）。

在迦南諸族中，只有耶利哥城的喇合全家，和基遍人沒有被毀滅。

第八講　最大信心的禱告　第 10-11 章

　　基遍城位於迦南地之南部，當以色列與基遍立約之後，便在南方山地取得了軍事橋頭堡，因此南方諸王就大起恐慌。其中耶路撒冷離基遍最近，倘若以色列軍南下，它就首當其衝。於是耶路撒冷的王就遣人去見希伯崙王、耶末王、拉吉王、伊磯倫王，說服他們，五王聯軍去攻打背盟的基遍。因基遍是一座大城，全城都是勇士。所以聯軍協力先去懲罰同盟的不忠份子，並且藉以阻擋以色列軍南下攻打耶路撒冷。

　　於是五王兵臨基遍，此時基遍求助於約書亞。約書亞依約有保護屬地的責任，即率兵馳援。從吉甲夜行軍步行最少廿五哩，兵貴神速。他們在日出時猛然站列在敵人的面前，使亞摩利聯軍極其震驚。這給我們一個亮光：為神工作要及時，不可懈怠；今日可作的事，不要等到明天。士兵是隨時待命出擊的，我們作主的精兵，也是由主來決定工作時間表，常常竭力，多作主工。這一役，在歷史上，有人與希臘戰爭中的馬拉松之役的重要性相互比美。神不是不體恤人的軟弱，正當敵人在以色列人面前逃跑，在伯和崙下坡的時候，神便降下大冰雹來幫助他們擊殺敵人，結果「被冰雹打死的，比以色列人用刀殺死的還多。」大冰雹能打死那麼多的人嗎？聖經小字註明冰雹原文作石頭，也就是說大冰雹如大石頭般紛紛落下，銳不可當。

　　10：12-15 節是約書亞的一個極大信心的禱告；這禱告成為極大的事實；這事實是一個極大的神蹟，這是取自寫在已喪失的猶太人史記雅煞珥書上。這書是一卷詩集，為以色列人歌頌英雄和戰蹟的史詩集，加插一些註釋性的歷史簡述。其中所記這一段事，類乎埃及的三天黑暗（出 10：21-23）；日影為希西家王在日晷上後退了十度（王下 20：8-11，賽 38：4-8）；明星引導博士去拜訪新生王（太 2：2、9-11）；並主耶穌釘十字架遍地都黑暗了的事（太 27：45）一樣，這些都是神自己所行的奇妙作為。

　　這幾節經文表達了約書亞救基遍的心情。為了從吉甲夜行軍在天亮以前要趕到敵營，好使敵軍措手不及，約書亞大聲開口向神禱告：「月亮啊，你要止在亞雅崙谷……」，以利夜間行軍。當兩軍交戰正酣，眼看日頭快要

斜西了，約書亞心急仇敵還沒殺盡，於是在以色列人眼前大聲向神禱告：「日頭啊！你要停在基遍……」。這禱告是需要多大的膽量？萬一不停，不是丟盡了臉，也喪失了統帥的威信，怎麼下台？可是大有信心的人，不會想到萬一不成怎麼辦？他的信心絕不動搖，毫不疑惑。約書亞這最大信心的禱告，給我們多麼大的激勵？

1. 他的信心多大，就膽量多大：——我們奇怪約書亞的祈禱有如此大的膽量，竟敢求日月停留。聖經說「於是日頭停留，月亮止住……」這不是太不科學嗎？不是太迷信嗎？不是太無理嗎？不！這正是最大信心的表現。神既是無所不能的，你憑信心求，就必得著。太21：21「耶穌回答說：我實在告訴你們，你們若有信心，不疑惑，不但能行無花果樹上所行的事，就是對這座山說，你挪開此地，投在海裡，也必成就。」不在事情的難易，全在於全能的神，事情原無難易之分。也正如希西家王求日影後退十度（賽38：8），以利亞在密迦山給祭肉與柴上倒水，一而再，再而三，直至水流在壇的四圍，連溝裡也滿了水，然後向神祈禱。於是耶和華降下火來，燒盡了燔祭、木柴、塵土和燒乾溝裡的水。（王上18：30-38）。像衛斯理在野外露天佈道時，見天將大雨，即求神用雲彩擋住。這些信心偉人所求的，都實現了。他們的信心有多大，膽量就多大。這種膽量並非出於無知妄求，乃是用信心抓住神的應許，或在靈裡得到啟示。因信明白了神的旨意，這種膽量，乃是高信心的表現。

2. 他的信心多大，奇蹟就多大：——按日月停留，真是大神蹟，是神聽人祈求所顯的最大奇蹟。聖經說10：13-14「日頭停留，月亮止住……日頭在天當中停住，不急速下落，約有一日之久。在這日以前，這日以後，耶和華聽人的禱告，沒有像這日的。」停留，原文有譯作「靜默」、「安靜些」、「慢點」、「等一等」，並不是它們絕對不動，只是太陽移動很慢。在天當中，不急速落下，確是事實。究竟耶和華用什麼方法使日月不急速落下，我們不知道；但知來1：3說「常用祂權能的命令托住萬有」。祂既能創造萬有，又有權能托住萬有，豈不能使日月停留，或移動緩慢，仍然能保持天空宇宙的秩序不致紊亂嗎？如南北極白日每年長達許多天，按天長天短，原是因

陽光射向地面的斜度不同，或地軸暫時傾倒移位，主豈不能令地軸稍轉慢點，使日光投射地面的斜度適宜，使日照的長度得有一日如兩日之久？如果，神令地軸稍轉慢點，既可使日月不急速落下，就不影響自然定律了。究竟神用什麼方法不得而知，但知全能的主，祂運行大能大力，成就人的祈禱，也不破壞物理。這就要我們用信心看，信心多大，奇蹟也有多大。

3. 他的信心多大，神的榮耀就有多大：——以弗所書 3：20「神能照著運行在我們心裡的大力，充充足足的成就一切，超過我們所求所想的」。我們祈禱，自己若無信心，神的工作就無法彰顯。以信心祈禱，就是在與神通力合作。如約書亞當日在伯和崙山岡，若不是有全信，求日月停留，神如何顯此大能呢？在迦密山頂，若沒有以利亞信心的祈禱，如何能將巴力祭司除滅？如以色列人沒有信心，怎能過紅海如陸地；過約但河而河水斷流？繞耶利哥而城傾倒？

那些無神論科學主義和新神學派不信有神蹟，說，不可能。我們放下可能不可能的問題，看到底這麼一件事實發生過沒有？這是一個歷史問題，除了聖經外，其他歷史也有同性質的記載。有一位大歷史家希羅多德告訴我們說，有一個埃及祭司，給了他一個長日的記錄。中國古史，也記載了商湯時代，有很長的一天。按商湯時代，相當於約書亞時代。墨西哥人也有一個記載，在某年有一天，太陽終日停留。那一天，正是約書亞戰爭的那一年。科學家李梅博士 Dr. Harry Rimmer 證明，猶太曆四月十一日（主曆七月廿二日），如果以人的肉眼看來，日頭停在基遍（北緯 31 度 51 分——距耶路撒冷西北約十哩，是一座大城），月亮止在西雅崙谷內（距耶路撒冷西北卅九哩之一鎮）非常正確。更奇怪的是美國耶魯大學脫勞德教授 C. A. Trotter 在 1890 年曾著一本專書證明，一位天文學家，是非基督徒，以精密的天文計算儀來算地球按照規律的運行時，發覺少了 24 小時，算來算去不知錯誤在那裡。他與一些天文學家討論，也得不到結果。一天，他與一個基督徒談到這件事，基督徒叫他去查考聖經，他讀到約書亞記 10 章 12到 13 節，「日月停留，約一日之久。」非常高興，再計算心中的答案，仍不完全。因為約書亞那時間推算出來，只有 23 小時又 20 分，還差 40 分鐘，找不出錯在那裡。又一天，他又和那位基督徒討論這事，基督徒請他再去

讀聖經。一天他讀到列王紀下廿章，那是記載希西家王病得要死，流淚禱告耶和華，上帝紀念他的眼淚，聽到他的禱告，應允給他多活十五年。以賽亞禱告神給希西家一個兆頭，（預兆，跡象）王下 20：8-11 記先知以賽亞求耶和華就使亞哈斯的日晷正常前進的日影往後退了十度，這是違反自然律的。十度正是 40 分鐘，使得這位天文學家不得不屈膝跪拜，承認神的大能，與聖經的真實。神作的事情往往違反常理，神使死人復活，神令日月停留，按照物理定律都是不可能的。但人不能，在神凡事都能，只要你信心有多大，神的榮耀就彰顯多大。但神並不是漫無節制的彰顯大能，相反的，祂釋放祂能力的程度，剛達到祂的目的，又讓相信的人知道而肯接受就停下來。故「在這日以前，這日以後，耶和華聽人禱告，沒有像這日的」。約書亞擊敗聯軍，將那五個王從藏身之洞拉出來，10：24「把腳踏在這些王的頸項上」是代表完全征服（書 1：3），「使萬物……都服在祂的腳下」（詩 8：6）。大功告成，就回軍吉甲，沒有留下駐防軍營。南部底定，然後，揮軍北伐，展開掃蕩。

第十一章是北伐的戰果

約書亞以摧枯拉朽的戰力，揮軍北伐，擊潰以夏瑣王耶賓發起的北方諸王軍事大同盟。敵軍盡出，11：4「人數多如海邊的沙，並有許多馬匹、車輛」，軍力超過以色列多少倍，列陣米倫水邊。約書亞卻不是倚靠人多；也不是倚靠將士勇敢；也不是倚靠他的軍事才幹，乃是倚靠神的大能和神的應許。因為耶和華軍隊的元帥，在前頭為他們爭戰。將最大的夏瑣城焚燒夷為平地，掃蕩北方山地諸城邦，擒其王，殲其民，：23「於是國中太平，沒有爭戰了」。約書亞征服迦南全境，據 14：7-10 估計約七年完成。

約書亞的成功，不是他老謀深算，孔武有力，而是：15「耶和華怎樣吩咐他僕人摩西，摩西就『照樣』吩咐約書亞，約書亞也『照樣』行……沒有一件懈怠不行的」。今天我們的聖經，就是上帝吩咐先知使徒，先知使徒就「照樣」吩咐我們，我們有沒有「照樣」去行？像約書亞一樣神與同在，神在前頭為我們爭戰，我們在屬靈的迦南地便完全得勝了。

第九講　戰勝迦南拈鬮分地　第 12-19 章

第十二章 7-24 節是約書亞征服迦南軍事行動的總結。當時迦南人只有六個族，即赫人、亞摩利人、迦南人、比利洗人、希末人、耶布斯人（:8），共有卅一個王，都被約書亞征服剿滅。這裡所說的王，不過是一城一鄉的一個領袖，範圍很小。迦南人驍勇善戰，而以色列民是牧羊之人，不習戰事。若不是上帝的大能，和那還未道成肉身的基督來作元帥，怎能寫下一部征服迦南的歷史？

迦南有巨人族亞衲人，從前探子回來報告說，他們都是身量高大，又有鐵車。以色列人自比之為蚱蜢。這惡信就把以色列人進迦南的雄心勇氣化為風散。但 11：21-22 特別提到，在以色列征服之地，沒有留下一個亞衲族人，將所有的亞衲人都剪除了，只在猶大的迦薩、迦特和亞實突南部等城有亞衲人留存。我們基督徒歷代都遇見亞衲族式的人物。一些自命不凡的哲學家、文學家、科學家、政治家，用種種世界的理論、方法，來攻擊基督教，想毀滅基督教。他們看來強大無比，每個時代都造成基督教的禍害，但從沒有一次被他們擊倒。現在他們在那裡？聖經說亞衲族巨人，終會被剪除，因為耶和華作祂子民的元帥。神的命令是要將迦南人滅盡，可是沒有。約書亞自知戰略資源有限，所以他的戰略是把城打破，把一些人殺了就走，他只在攻城略地，無力派兵佔領。以色列人拿刀的不過六十萬，若處處留守佔領軍，即消耗攻擊能力。因此留下了最大的破口，就是沒有乘勝追擊，將各族的人滅盡。以色列人走後，那些迦南人再回來重建家園。所餘留的民眾，以後即成為他們「肋下的荊棘」，他們的神，也成為以色列人的網羅。（士 2：3）那時以色列人雖懊悔號哭，願意再起來滅盡迦南人，但良機一去不復返，神也不再幫助他們。雖有心，卻再也辦不到了。這給我們一個很大的靈訓：你的仇敵已滅盡否？你那又高又大的亞衲人（自我、老我、肉體）還在你裡面活躍嗎？你當趁有力量的時候，在神幫助你，祝福你的時候，努力奮勉作個得勝的基督徒。將肉體、老我除滅淨盡，不要等到自己軟弱心衰的時候，就危險了，你必有一天為牠所勝。

第十三章是開始拈鬮分地。從 13：1-22：34 是一本舊約聖經地圖，每

章都有它豐富的屬靈教訓。

13：1 耶和華對約書亞說，「你年紀老邁了，還有許多未得之地。」這給我們一個很大的靈訓：

1. 老邁是年老力衰，力不能逮。現在世界的法令，在六十五歲就要退休，我們基督徒是沒有退休的。耶和華對約書亞說「還有許多未得之地」，就是還要努力。

2. 好多人不喜歡聽「你老了」，確實垂垂老矣。但我們主內的弟兄姐妹，你愛主的心不可老，還要敬拜；還來上主日學；還參加團契查經，你靈裡天天在更新，這是可敬佩的。詩篇 92：12-14「義人要發旺如棕樹，生長如利巴嫩的香柏樹，他們栽於耶和華的殿中，發旺在我們上帝的院裡。他們年老的時候仍要結果子，要滿了汁漿而常發青。」這樣的老者，是神所喜悅的，也是教會需要的，他們還在爭取那些未得之地。

3. 人雖不想老，但神的定律是人人都要老。當那日，神要對他說：「你已經老邁了，你從前怎樣浪費掉許多美好的光陰，但你要思想，怎樣在基督台前交帳呢？」因此我們當趁年輕力壯時，多作主工，不要等到心力衰竭時，後悔就遲了。

神對約書亞說，「你年紀老邁了，還有許多未得之地」，對你我有什麼教訓？

1. 迦南美地，原表基督徒在靈界中所得各樣的豐富恩賜，故解經家都把約書亞記與以弗所書對照來讀。以弗所書所說的各樣屬靈的福氣，即新約的迦南福地。今日基督教屬靈的迦南，更有許多我們當得而未得之處。

2. 自 1807 年馬理遜入華，基督的教會在中國快二百年了。現在可見華人禾場的莊稼熟了，在中國還有許多應得未得之地，這是我們的責任。

3. 回頭看我們自己的靈性，靈裡還有許多荒蕪之地，我們沒有將迦南人、巨人亞衲人趕出。給他們佔據了，聖靈就沒有充滿的空間，我們就享受不到各樣屬靈的福氣，因此我們還要奮起爭戰。

4. 聖經原是教會的產業，其中的豐富，是基督徒應當盡力去挖掘享受

的。平時若不研讀聖經，時光一過，年邁力衰，視力模糊，就坐失聖經中無窮的寶藏，可惜！

18：3 約書亞對以色列人說：「耶和華你們列祖的神所賜給你們的地，你們耽延不去得，要到幾時呢？」神這時也在對我們說，祂應許的地業，我們耽延不去得，要到幾時呢？我們知道神應許我們一切屬靈的福份，還有許多尚未到手。我們是否也像以色列人分地；用信心接受，將那應得而未得之地變成未得而得之地呢？神的應許是「只要信是得著的，就必得著」。(可11：24)

第十四章的中心是說到迦勒。迦勒這個人在聖經中我們不常見他，但是每次看見他都使我們得益處。他為人剛強勇敢，謙卑快樂，有決斷，有信心，他是猶大支派的長者。他四十歲時是十二探子之一，他也是探子中少數發言人（民13：30）。以色列人走曠野四十年，只有他和約書亞進了迦南，其餘都因不信而叛逆倒斃曠野。他現在來對約書亞說，14：7-12「耶和華的僕人摩西，從加低斯巴尼亞打發我窺探這地，那時我正四十歲。我按著心意回報他。然而同我上去的眾弟兄，使百姓的心消化（喪膽），但我專心跟從耶和華我的上帝。……」我們讀到這裡，不得不尊敬、欽佩迦勒這位老前輩。他不嫉妒同伴約書亞繼摩西作領袖。四十五年之久，他只埋頭配搭事奉，盡力幫助約書亞完成神的託付。現在眾人都拈鬮得地，到論功行賞的時候，卻沒他的份。他很可以驕功，要求更多，但他去見約書亞只提到神的應許。申命記1：36 神說「唯有耶孚尼的兒子迦勒，必得看見（迦南），並且我要將他所踏過的地賜給他和他的子孫，因為他專心跟從我。」這時他去說，14：12「求你將耶和華那日應許我的這山地給我。」他相信神的應許，忍耐等候了四十五年，在這中間沒發過怨言。神說「信靠祂的人必不著急」，這也是一個團體不起紛爭的原因。迦勒是我們基督徒的好榜樣，所以在教會裡多有「迦勒團契」。

他專心跟從耶和華，所以上帝保守他，雖八十五歲，仍靈、魂、體都健壯。他要求的那塊土地希伯崙，是亞衲族巨人蟠據之地，但他決心要把他們趕走。信耶和華與他同在，必克勝罪惡。他終於把亞衲人趕出去了，而這城他甘願給與利未人，後來又作了逃城，自己卻住在城外的郊野（21：10-13）。迦勒是這樣一個不自私的人。

迦勒最可愛的話是 14：10-11「看哪！現今我八十五歲了，我還是強壯，像摩西打發我去的那天一樣。無論是爭戰，是出入，我的力量那時如何，現在還是如何。」

第十五章記猶大支派分得之地在南方，神這樣分地的原則，顯然是要人分佈在各處。人常喜歡集聚而居，神卻要人分散。古時示拿地建造巴別塔就是好叫人免得分散（創 11：1-4）。神給他們變亂口音，特為使人分散在全地，各盡所長，彼此互助。社會就是這個原則組成的，教會也是根據這個原則設立的（林前 12：4-7）。神要把許多蒙召的人分散到世界各地宣教，建立教會，主的最後命令，就是這個原則（徒 1：8）。猶大支派共分得 116 座城。

第十六、十七章是記強大的約瑟家分得巴勒斯坦中部的富饒產業；以法蓮分得示劍南北的富饒區域；瑪拿西已在約旦河東分得一部份地，現又在約旦河西分得十分地。這裡顯出人心是貪得無饜，於是約瑟子孫向約書亞抗議。17：14 節「我們也族大人多，你為什麼但將一鬮一段之地分給我們為業呢？」以法蓮的地本來又大又富，但他們仍不滿足。這給我們一個教訓，切莫將自己與人去比較。若別人得到神的祝福，應該為他高興；若神祝福他超過自己更多，也當為他感謝神。這是基督徒屬靈的美德，應當操練。

約書亞答覆他們說 17：15「你們如果族大人多，嫌以法蓮山地窄小，就可以上比利洗人、利乏音人之地，在樹林中砍伐樹木。」因你們族大人多，可以做更大的事。他們對他答覆並不滿意，說「那山地容不下我們」，原因是怕那裡的人有鐵車，這是他們缺乏信心。約書亞說 17：17-18，他們「雖有鐵車，雖是強盛，你也能把他們趕出去」。迦南固然是應許之地，但也要靠努力才能得到。

第十八章記載他們把會幕建立在示劍以南十二里的示羅，成為以色列人的宗教中心。約書亞在每支派中選出三人組成勘察小組，走遍那地繪成地圖，分成七分，就在示羅叫七個支派拈鬮將地分給他們，就是便雅憫、西緬、西布倫、以薩迦、亞設、拿弗他利和但。

第十九章，以色列各支派的地都分完了，唯有一人還沒有得著他的分。那人是誰？「約書亞」這一章最可愛，最受人感動，最令人敬佩的就是 19：

49-50 所記：「以色列人按著境界分完了地業，就在他們中間將地給嫩的兒
子約書亞為業。是照耶和華的吩咐，將約書亞所求的城，就是以法蓮山地
的亭拿西拉城，給了他。他就修那城，住在其中」。等各支派都得了地業，
他才取他自己的一份。他所求的不是大城，不是繁華之城，乃是求亭拿西
拉，這是山地荒野，大家所棄不要的地方。約書亞是我們的好榜樣，他年
高九十幾歲，六、七十年奉獻的汗馬功勞，德高望重，在以色列人眼中更
為可敬可愛。19：50「他就修那城，住在其中」，死後也葬於此（書 24：30）。
約書亞足可預表耶穌。腓 2：6-7「他本有上帝的形像……反倒虛己，取了
奴僕的形像，成為人的樣式……」祂有豐盛的恩典，林後 8：9「祂本來富
足，卻為你們成了貧窮；叫你們因祂的貧窮，可以成為富足。」並且主耶
穌比約書亞更貧窮。太 8：20 主說：「狐狸有洞，天空的飛鳥有窩，人子卻
沒有枕頭的地方。」祂生下來就臥在借的一個馬槽裡；生平沒有一塊田；
一間屋屬自己；死後埋葬還是借的一個墳墓。約書亞是為了以色列人，主
耶穌是為了你；為了我。約書亞的行徑，正是預表耶穌。

第十講　六座逃城　第 20-21 章

這是聖經第五次耶和華命令設立逃城。它的功用在民數記卅五章裡說得很清楚，那是為保護無心犯錯的人而設立的。若沒有逃城，很多動機純良而又敬畏神的人，都會因一時無心之失而滅亡。以色列民本性兇惡、好報復。神的律法也規定，凡流人血的，必被流血；但也有無意害人而誤殺的。逃城是保證那誤殺人的，不致被報血仇的，使用不公義的手段施行報復，以致污染大地。從前是立法，現在是實行。神曾在民 35：10-15 對摩西說「你吩咐以色列人說，你們過約但河，進了迦南地，就要分出幾座城，為你們作逃城，使誤殺人的可以逃到那裡。這些城，可以作逃避報仇人的城，使誤殺人的不致於死，等他站在會眾面前聽審判。你們所分出來的城，要作六座逃城。……這六座城要給以色列人，和他們中間的外人，並寄居的，作為逃城，使誤殺人的都可以逃到那裡」。

「逃城」的意義，是庇護處；是避難所。第三節「使那無心而誤殺人的，可以逃到那裡」。「無心」是指事前並不知情。申 4：42「使那素無仇恨，無心殺了人的，可以逃到這三城之中的一座城，就得存活」。而「誤殺」是指並非蓄意，而是措手不及所造成的。申 19：5-6「就如人與鄰舍同入樹林砍伐樹木，手拿斧子一砍，本想砍下樹木，不料，斧頭脫了把，飛落在鄰舍身上，以致於死，這人逃到那些城的一座城，就可以存活」。可作逃避那報血仇人的地方。什麼是「報血仇的人」？希伯來文是指遇害者的至近親屬，他有倫理及社會責任。（利 25：25，民 5：8，得 3：12-13）若近親的人遭殺害，他有義務向殺人者索命，以滿足公義要求。（出 21：23-25，利 24：17）這是「報應」多於「報復」。但他們通常不會考慮殺人的動機及遇害時的情況，會任意發洩情緒，以眼還眼，以牙還牙，故需逃城。由此可見神看人的生命是何等的神聖，人的血，是何等的寶貴。

逃城之建立，就是神把罪惡和錯誤分開。最聖潔的人，也可能犯錯，但這種錯不能勾消我們在基督裡的地位，或奪去我們的信仰生活。這好比一個小女孩，在冬夜把母親的鞋放在火爐中烘暖，本是孝心，但卻被火燒壞了。這是她犯了錯誤，卻沒有犯罪。人可能有個完全的心，卻未必有個

完全的頭腦，他就會犯錯誤。錯誤雖不是罪惡，不是罪孽，但按神嚴格的公義要求來說，仍算是有罪。這種錯誤是「無知之罪」，是無心之失。但在基督的寶血裡，就是進了逃城，就可得到饒恕；在基督的救贖裡，都可得到赦免。基督就是我們的逃城，只有認罪悔改，求神憐憫，就可得赦免。認罪悔改是得救的必要條件，只有認罪悔改的逃到主耶穌那裡，才可得救。很可惜的，全部聖經歷史（歷史書）沒有一次記載有人因無心殺人而逃到那裡的。逃城是基督救恩的預表，耶穌基督是我們的真避難所。所有罪人，無論罪如何烏黑污穢不堪，是罪人中的罪魁，只要逃到耶穌那逃城裡，就可以躲避罪的審判。因為：

1. 逃城都是祭司城。祭司沒有分產業，是以耶和華為他們的產業，只分得 48 座城為他們的居所，其中六座城就作了逃城。非祭司城不能作逃城，因為祭司是基督的預表，人在逃城裡蒙護庇，正表明人在基督裡躲避了神的忿怒。

2. 離開這城就不保險。民 35：25-28「會眾要救這誤殺人的脫離報血仇人的手，也要使他歸入逃城。他要住在其中……誤殺人的，無論什麼時候，若出了逃城的境外，報血仇的在逃城境外遇見他，將他殺了，報血仇的就沒有流血之罪，因為誤殺人的該住在逃城裡」。逃城就是平安，人一逃到城中「歸入這城，住在其中」，就是拿到綠卡，他就作了這城的永久居民，以這城為家。人幾時離開逃城，即離開平安境地，隨時隨地皆有危險，仇敵撒但一遇見基督外面的人，正是牠吞吃的對象。（彼前 5：8）

3. 等到那時的大祭司死了，即得自由。（20：6）當大祭司死了，就必有另一位新大祭司上任。一個人經過大祭司的死，並經過新大祭司的繼任，這正表明基督徒經歷了耶穌基督的死，又經歷耶穌基督的復活，有了耶穌復活的新生命，就完全自由了。

這六座逃城的分佈也含有深意，非常平均。約但河西三座，有基低斯、示劍、和希伯崙；約但河東三座，有比悉、拉末和哥蘭。這樣分佈的原因：

1. 表耶穌是各方的避難所，是各方的救主，是各界的救主。在基督裡原不分猶太、外邦；為奴的、自主的；男的、女的；白人、黃人、黑人。

2. 表耶穌為最方便之避難所。申 19：3「要將耶和華你上帝使你承受為業的地分為三段，又要預備道路，使誤殺人的，都可以逃到那裡去」。古時的規矩，在逃城的路上要有指標，不許有什麼障礙，以便人容易逃去。主耶穌已給我們開了一條又新又活的路，那些在基督裡的，就不被定罪。主耶穌親口明白的宣佈說「凡父所賜給我的人，必到我這裡來；到我這裡來的，我總不丟棄他」。（約 6：37）

3. 表耶穌乃合一的避難所，雖有六座城，卻乃是一座逃城。耶穌是唯一的逃城，不論那一座逃城，皆是住在基督裡。我們的本份是要進入逃城，並住在其中。

4. 有人說「逃城」只有誤犯的罪，進入逃城才有效；若是因故殺人，雖然進入了逃城，也不能得救。但是在神面前，世人都犯了罪。信靠主耶穌，不但誤犯的罪可得赦免，凡到神面前來的人，只要悔改認罪，雖是明知故犯的罪，無論什麼罪都可得赦免。那誤殺人的，因為有人追趕報復，才奔進逃城。但我們罪人逃到主耶穌面前，卻是因主耶穌為我們釘死十字架上，十字架顯出神的愛和人的罪，我們不是因為懼怕追趕才逃到主面前來，乃是因為神的愛。

這六座城的名字和它排列的次序，也頗有意義。這表我們在基督裡所得救恩的經過。20：7-8：

1. 基低斯（在拿弗他利高地）意即聖潔。基督作我們的逃城，惟賴基督的聖潔。因祂的聖潔，我們進到祂裡面，上帝才看我們為義。

2. 示劍（在以法蓮山中）意即肩臂。肩膀是人身體中最有力量的地方，我們進入基督裡，基督是我們的力量，我們就可因祂得力。

3. 希伯崙（在猶大山地）意即交通。基督徒不但要與主耶穌有靈交，凡進入基督裡的，都彼此結為一體，在愛中團契。

4. 比悉（在約但河外，流便境內）意即營壘。可靠堅固之營壘，不怕敵人侵擾。凡投靠祂的永不羞愧，因祂是我的堅固磐石，是拯救我的保障，是我的巖石，是我的山寨，依靠祂的永不動搖。（詩 31：1-3）

5. 拉末（在約但河外，迦得支派的基列地）意即高舉。凡進入基督裡的必被高舉。詩 18：48 說「你救我脫離仇敵，又把我舉起，高過那些起來攻擊我的……」

6. 哥蘭（在約旦河東，瑪拿西半支派的巴珊地）意即喜樂。腓 4：4-7
保羅說：「你們要靠主常常喜樂，我再說，你們要喜樂……神所賜出
人意外的平安，必在基督耶穌裡，保守你們的心懷意念」。

這六座逃城的次序是，先在主裡得成為聖潔，靠主的能力和祂密切的
交通，在祂裡面就得到意外的平安，靈性被高舉，而成為無盡的喜樂。

第二十一章接著記利未人在迦南地的產業，共計四十八座城和城邑的
郊野。它們不是匯集一處，乃是散佈於十二支派中，用抽籤的方式，神要
照祂的意旨分給他們。

利未支派共分三支，革順、哥轄、米拉利（創 46：11）哥轄的兒子是
暗蘭、以斯哈、希伯倫、烏薛。暗蘭的兒子是亞倫、摩西（出 6：16-20）。
但由於亞倫的子孫有資格作祭司及大祭司，故他們這一小支，也單獨分得
十三座城邑成為第四支。由十二支派將分得城邑中給他們，差不多每支派
要拿出四座城給利未人，城邑的權利仍屬各支派，利未人只是可以居住其
中，又得田地郊野作耕種畜牧之用。當時的祭司非專業靠俸酬養生，專業
化的祭司是後期才發展出來的。亞倫子孫城中有希伯崙是逃城。革順子孫
城中有巴珊的哥蘭是逃城，加低斯也是逃城。哥轄其餘宗室中有示劍是逃
城。米拉利的子孫城中有比悉和基列的拉末是逃城，逃城都在利未人分得
的城邑中。

為什麼利未人的城邑分散於十二支派中？因為利未人是希伯來信仰的
代表，他們也是神命令主持禮拜的執事，因此他們必須散居在以色列國內。
好把示羅（會幕所在）的影響力滲入民間，使他們不忘記進會幕焚香祈禱
獻祭。隨著時間的過去，利未人也在地上增多起來，他們對以色列整個民
族的影響力也隨之增大。

利未人另一個特別任務，就是遵守神的律法、諸約，按時獻祭；並教
導百姓分辨潔與不潔之物；遇有糾紛為他們作判斷，因為他們是萬軍之耶
和華的使者（申 33：10）。散居之利未人像防腐的鹽一樣，為以色列人在迦
南地的信仰得以延續下去。沒有了信心，也就失去神的祝福。信心的糧食
就是神的道，因此，沒有神的道，信心就會失去，這是不變的法則。所以
利未人是以色列民的靈魂，沒有利未人，以色列人的信仰就會混亂。

現在，以色列民與利未人都得了他們的產業，一切都已安定下來。於

是 21：43-45 就是一個總結，神賜給他們三件事：1. 迦南全地　2. 四境平安　3. 得勝仇敵。神是信實的，可靠的，祂的話，一句也不落空。這給我們有什麼教訓？

　　做基督徒，沒有任何事比這更重要的，就是確實相信神是信實的、可靠的。神說的話，一句也不落空。我們要操練自己，養成倚靠神的心。「天地要廢去，我的話卻不能廢去。」（路 21：33）「以色列的大能者必不至說謊，也不至後悔。因為他迴非世人，決不後悔。」（撒上 15：29）這就是我們信仰的根基。信靠神即榮耀神；信靠神即是為自己造福。我們抓著神的應許，就對我們有非常大的幫助。要謹記：

1. 「當將你的事交託耶和華，並倚靠祂，祂就必成全。」（詩 37：5）要交託，要倚靠。

2. 「那召你們的本是信實的，祂必成就這事。」（帖前 5：24）耶和華應許得賜福的話一句也不會落空，必要兌現。但我們要忍耐等候，不要給魔鬼抓著小辮子，魔鬼就是叫我們在神的應許上大打折扣，將神的話刪改、或減少、或加添、或扭曲、或錯解。我們要堅定信心，不要上魔鬼的當。

第十一講 見證的壇 第 22 章

以色列人分完地之後，最後一件事，就是遣回兩個半支派的人，回到約但河東他們自己的地方去。由於攻取迦南地開始時，約書亞曾呼籲定居在約但河東的流便、迦得和瑪拿西半支派的人來協助。（書 1：12-18）現在大功告成，河西之地已被佔領，他們已拋妻棄子很久了，自當讓他們重歸家園。22：1-4 約書亞親切地稱讚他們信守承諾：「摩西所吩咐你們的，你們都遵守了：我所吩咐你們的，你們也都聽從了。你們這許多日子，總沒有撇離你們的弟兄……」這段很長的日子，河西河東的以色列人都是互為一體的。：5-8 約書亞除了稱讚他們的忠心外，同時又嚴肅的囑咐他們五件事，只要切切的遵行耶和華僕人摩西所吩咐你們的誡命律法：

1. 你們要愛耶和華你們的上帝。
2. 要行祂一切的道。
3. 要守祂的誡命。
4. 要專靠祂。
5. 要盡心盡性的事奉祂。

這是人對神的責任，這不是用來換取神的祝福，但神會賜予安慰。今天神也賜給我們這個教訓，我們要有五方面的具體表現：

1. 愛神。
2. 行…道。
3. 守…誡命。
4. 專靠祂。
5. 盡心盡性的事奉祂。

這些都早記在申命記裡面。（申 4：4，6：5，10：12，11：1）主耶穌在答法利賽人問題時，太 22：35-38 主說愛神是誡命中第一且是最大的。人只知誡命而不去行，好將像雨天有雨傘而不用。約書亞這樣嚴肅的吩咐他們，因為這兩個半支派居於河東，背道的試探很大。

：9-12 於是流便、迦得、瑪拿西兩個半支派的人，就從示羅起行，回到約但河東的基列地去了。基列地雖在約但河東，也是神藉摩西分給他們

承受的，是合法的。河東兩個半支派為了要表示他們與河西的以色列支派是一體的，他們就大發熱心，在靠近約但河的一帶迦南地築了一座高大的壇，應該是在以色列人的境內。他們這個無邪純淨的行為，卻被河西眾支派完全誤會了，以為他們違背摩西律法，要自己建立第二個祭壇。這是分裂，那還了得。利未記 17：8-9 神規定「你要曉諭他們說：凡以色列家中的人，或寄居在他們中間的外人，獻燔祭或是平安祭，若不帶到會幕門口獻給耶和華，那人必從民中剪除。」申命記 12：10-14 又重申不可在你所看中的各處獻祭，惟獨要在耶和華所選擇的地方。他們到了應許地後，聖所會幕只能有一處中央會所，不容許各地另建會所，以免將神的道混亂了。河西支派的人聽見河東支派回去另建一壇，以為他們是背道了，群情激忿，怒潮洶湧。他們這時滿腔充滿了聖戰的熱情，主張去與他們的弟兄決一死戰。

在這千鈞一髮之際，幸虧他們中間有聰明人，主張先派人去弄個清楚，然後再興師問罪不遲。：13-14 於是「以色列人打發祭司以利亞撒的兒子非尼哈」，同十個支派的首領組成一個調查團，從會幕所在地示羅起行，去詳細調查他們弟兄所犯的罪，這是眾人公斷了的背信（悖逆）罪。非尼哈這個人曾在巴力毘珥的事件上為神發熱心，阻止了以色列人背道（民 25：1-9），故他有資格處理這樁疑似背道的事件。

：15-18 這個調查團到了基列地（河東）與河東兩個半支派的人坐下來理性的對話，先代表河西眾支派嚴詞指責他們干犯（悖逆）了神的吩咐，像從前在什亭與巴力毘珥所犯的那罪，叫全以色列人受到瘟疫之災，歷史難道還要重演嗎？

：19-20 這個代表團處理事很冷靜，也很能替對方設想。是不是兩個半支派對河東地不滿意，於是說：「你們所得為業之地，若嫌不潔淨，就可過到耶和華之地，就是耶和華的帳幕所住之地，在我們中間得地業。」我們河西支派也可以為弟兄讓出一些地業來分給你們。「只是不可悖逆耶和華」，誠懇地要求他們不要背信。從前在艾城、亞干所發生的事件就是例子。他因貪愛衣服金銀（書七章），但那卻是當滅之物，也是犯了背信的罪，受到懲罰，這是你們親眼看到的。非尼哈等人這樣情詞懇切，力言弊害，只在勸他們省悟，不要錯下去。

：21-27 這時河東支派才有機會解釋了。他們嚴肅的答：「大能者上帝耶和華！大能者上帝耶和華！祂是知道的……」這句話他們用了三個神的名字「大能者」以耳 EL、「上帝」以羅欣 Elohim、耶和華、耶畏 yahweh（參詩 50：1）在他們發言時連題了兩次。這是非常嚴肅而虔誠的發誓，說我們並無異心，我們所築的壇，目的是用來表示我們與河西支派的弟兄原是合一的，是一體的。因為這一代的固然知道，但你們以後的子孫，可能認為河東支派不是以色列人，會歧視我們。我們築這壇「並非無故，是特作的。」這是在說他們進行這事是經過深思熟慮而後作的，目的並不是為了獻祭，乃是給後人作證據。他們自知定居河東，將來必會引起裂痕，此乃未雨綢繆之舉。他們說，「大能者上帝耶和華」可以為我們作見證的。這是他們真心誠意的解釋。

經過這次坦白真誠的溝通之後，一場血腥的災禍就撲滅了，調查團的心裡重擔才卸下來。：30-33「祭司非尼哈與會中的首領……聽見流便人、迦得人、瑪拿西人所說的話，就都以為美」，認為很滿意，於是回去答覆會眾，將事情的真象原原本本的轉述。這原是一樁美事，以色列人聽了也「以這事為美，就稱頌上帝，不再提上去攻打」的話了。一場戰禍，就用外交的談判解決了。這給我們一個學習的功課，任何事聽到蜚言流語，在心裡上先別下主觀的論判，應循外交途徑去處理危機衝突。古今中外，多少流血衝突，本都可以避免的。若是照祭司非尼哈的辦法，用一些忍耐；費一些心力；理性的去調查；面對面的溝通，許多誤會都可得到解釋，猜疑就會冰消。大自國家，中間是我們生活的社會，小至家庭，許多紛爭、衝突，都是由於不冷靜聽取對方的解釋，尤其有些教會，人多嘴雜，是非在所難免。如果沒有忍耐、寬容、愛心、饒恕，那就會和哥林多教會一樣了。不單只是用愛心、寬容、饒恕、接納、忍耐，更重要的是學非尼哈去面對面的溝通，而且靜靜的聽取對方的申訴。

：34 這件事產生的遺跡，就是一座流便人、迦得人、瑪拿西半支派的人所標為「證壇」的石壇。正確來說，這壇的全名應該是最末的一句經文「這壇在我們中間證明耶和華是上帝」。

古時以築壇來紀念神的，如神的使者在俄弗拉召基甸，要他去拯救以色列人脫離米甸人的迫害。基甸懼怕見神必死，神說你必平安。基甸感恩，

士6：24 基甸就築了一座壇叫「耶和華沙龍」，意即耶和華賜我平安。摩西在利非訂與亞瑪力人大戰，蒙主救恩獲得大勝，出 17：15 摩西乃築了一座壇叫「耶和華尼西」，意即耶和華是我的旌旗，跟隨主的旌旗率領而得勝了。：34「流便人、迦得人給壇起名叫證壇」，意思說「這壇在我們中間證明耶和華是上帝」。這壇的作用固然是證明河東與河西的以色列人是合一的，更重要的，這壇是提醒他們，除了耶和華以外，不應敬拜任何異教的神明。

第十二講　臨別贈言　第 23-24 章

以色列人分地之後，國中太平。23：1「耶和華使以色列人安靜，不與四圍的一切仇敵爭戰，已經多日」。安靜就是平安，安息。這段時間長達十幾二十年。老邁的約書亞親眼看到以色列人安居樂業，但也趨向於尋求逸樂，甚至逐漸與異教的風俗宗教妥協。眼見後代子孫會被迦南文化所腐蝕、所同化，他不能不在離世前，再次激勵同胞，要對耶和華盡忠，要順服神的盟約。

於是約書亞就召來以色列人的長老、族長、審判官並官長們說：「我年紀已經老邁。」這時他已 110 高齡了。一個老邁快要離世的人，仍對會眾將來的信仰，時時罣念，這正是教會領袖的好模範。

23：3-8 約書亞對他們說，你們親眼看見耶和華為你們爭戰，又拈鬮分得地業，但還有些地未將敵人完全趕出。耶和華會照祂所應許的，為你們爭戰，趕出他們。但你們必須要守幾個條件，即二要、五不可。二要是：1. 要大大壯膽（六節）。2. 要專靠耶和華（八節）。五不可是：1. 不可偏離律法。2. 不可與… 這些國民摻雜、通婚。3. 不可提別神的名號。4. 不可指著他們的神起誓。5. 也不可事奉叩拜那些神（七節）。要與異教及異族分離，才能保障以色列民對上帝的純潔與忠貞。

這位將離世的老人，說話沒有一點虛偽；沒有一點保留，將心裡的話直說出來，也成為後來應驗的預言。23：11-13「你們要分外謹慎，愛耶和華你們的神。你們若稍微轉去（轉向），與你們中間所剩下的這些國民聯絡、彼此結親、互相往來；你們要確實知道，耶和華你們的神必不再將他們從你們眼前趕出；他們卻要成為你們的網羅、機檻、肋上的鞭、眼中的刺，直到你們在耶和華你們的神所賜的這美地上滅亡」。約書亞嚴重警告他們，若與外邦人聯合結婚，將有五個危險的後果：1. 他們（指外邦人）要成為你們的「網羅」。網羅是捕魚、捕鳥或捕獸用的工具。羅得在所多瑪就是陷在網羅裡。2.「機檻」。網羅是看得見的，機檻是看不見的；機檻是埋伏在暗處，網羅是自己投入的。因為網羅裡有物質的誘惑、錢財的誘惑、美色的誘惑，有的基督徒也會因此而跌倒，卻是自投羅網的。而機檻是人不

知不覺墮入其中，這是他們沒有智慧，沒有謹慎。3.「肋上的鞭」。身體上任何部位受擊打，都是很難受的，尤是肋。肋是一直受保護，藏在兩隻有力的臂膀下，那是最軟弱的地方，肋上受鞭打是痛苦中的痛苦。基督徒貪戀世俗，眼前似乎快樂，終久要受鞭打。保羅說：「貪財是萬惡之根，有人貪戀錢財，就被引誘離開真道，用許多愁苦把他刺透了」。4.「眼中的刺」。眼睛是最敏感的地方，容不下一粒沙子。一粒微小的灰塵都能讓它睜不開，眼中有刺，不但痛苦難受，而且會失明。保羅說：「你們和不信的原不相配，不能同負一軛，義和不義的有什麼相交呢？光明和黑暗有什麼相通呢？」5.末後便是「滅亡」，你們要在神所賜的美地上滅亡。神對那些硬要與異教、外族人聯姻的人的刑罰，就是不再將迦南人趕出，神任憑他們去承受罪惡的刑罰。（羅 1：28）神不是不愛人，但自己罪惡的果子自己要吃。雅各書1：15「私慾既懷了胎，就生出罪來；罪既長成，就生出死來」。果然，不久之後他們就受到迦南人的騷擾，在士師時代遭到逼迫、殘害，而且以色列人後來又被趕出迦南，國亡、家破、人被擄，播散列國之中，直到主的恩典臨到，才於 1948 年 5 月重回迦南復國。以色列人背道悲慘的結局，是我們基督徒的借鏡。

　　23：14-16 約書亞說：「我現在要走世人必走的路」。世人道路的終點，就是死。這是神對亞當犯罪的咒詛，也是神對罪人鐵的定律。「人人都有一死」，這是最公平的，沒有例外。「死後且有審判」，這是世人必有的結果。惟有基督徒的死，好像通過一道門，從這頭是進入死的門；門的那頭，卻是進入永生的門，因為死被得勝者吞滅了。約書亞一生忠心事主，死是叫他去得榮耀的冠冕。我們也必須一生忠心事主，到了那一天，會聽見主說：「你這又良善又忠心的僕人……可以進來享受你主人的快樂」，那是多麼滿足的時刻。約書亞不是哀傷將死，乃是再三提醒以色列人：「一心一意的知道，耶和華你們上帝所應許賜福與你們的話，沒有一句落空。」落空不是神不給，那是自己不要。「耶和華你們上帝所應許的一切福氣，怎樣臨到你們身上，耶和華也必照樣使各樣禍患臨到你們身上。」這給我們很大的教訓，神是又慈愛又公義，既有恩典又是嚴厲，祂賜福給信靠祂又忠於祂的人，也降禍給那不忠的子民。

　　最後一章是約書亞的遺囑。廿三章是約書亞因年紀老邁對同胞的信仰

放心不下，於是把以色列的長老、族長、審判官並官長都召來作了一次很關心的勸勉。這只是向領袖講話。而第二十四章卻是一次全國性大集會，聚集了以色列眾支派，向全以色列人訓話，地點在示劍。

示劍一直是希伯來人的聖地，早先神曾在這裡向亞伯蘭顯現。亞伯蘭就在此築了一座壇敬拜上帝（創 12：6-7）。後來雅各從巴旦亞蘭回來，遇見要殺他的哥哥以掃。神保守他平安，也在此築了一座壇（創 33：20）。以色列人進入迦南，也在示劍的基利心山和以巴路山上宣講律法（8：30-35）。現在約書亞在此與全國人民公開重新立誓守約，作為他們跟上帝建立密切關係的基礎。

這段訓話的重點，24：15「若是你們以事奉耶和華為不好，今日就可以選擇所要事奉的：是你們列祖在大河（幼發拉底河）那邊所事奉的神呢？是你們所住這地的亞摩利人的神呢？」接著約書亞說出他最著名的遺言：

「至於我和我家，我們必定事奉耶和華。」這是我們基督徒的座右銘。許多基督徒的家裡都掛有這一節經文，它只是作我們家的裝飾呢？還是成為我們信仰生活的中心呢？約書亞作了我們的示範。他說「我」和「我家」不單指我，還有全家，也包括後代，「我們必事奉耶和華」。今天我們這個社會，就如以色列人在迦南，太平多日，物質生活富足了，罪惡也多了，對信仰生活就鬆懈了。信與不信的不可通婚，這是聖經原則；與當地偶像邪神信仰妥協，這是罪。現在卻把自由擺在第一，口口聲聲信仰自由、婚姻自由，不可干涉，好似規勸、引導就是時代罪過，這就是對耶和華上帝不忠。結果呢？就成了自己的網羅、機檻、肋下的鞭、眼中的刺，一生失去了神許多的祝福，更有的被愁苦刺透了。

約書亞對同胞的警告有兩點：1. 消極的要除掉偶像，脫離世俗。2. 積極的要敬畏耶和華上帝，誠心實意的事奉祂。24：19 是論到上帝的品性，「……因為祂是聖潔的上帝，是忌邪的上帝……」忌邪的上帝在原文裡是「上帝是嫉妒的上帝」。在我們中國人看嫉妒，並不是美德，乃是惡行。所以中文聖經都譯作「忌邪的上帝」。這不是約書亞自造的，在十誡中耶和華也自己如此說過，「我耶和華你們的上帝，是忌邪（嫉妒）的上帝」，新舊約聖經都有嫉妒的記載。人類開始，該隱殺亞伯，是因為嫉妒。人治時代開始，掃羅追殺大衛是因嫉妒；新約時代開始，祭司長，文士因為嫉妒把

耶穌釘十字架。既然如此，怎麼能說上帝是嫉妒的上帝呢？我們就以人的看法，也能解釋、明白。如丈夫全心愛他的妻子，也要他妻子全心的愛他；妻子全心的愛她的丈夫，當然也要丈夫全心的愛她。愛是獨占，絕不容分割。如果有人分去了他妻子或丈夫的愛情，那丈夫就嫉妒，妻子當然更嫉妒。以獨占的愛情來說，嫉妒並不算壞，且是應當的；丈夫越愛他的妻子，就越會嫉妒。摩西在申命記 6：4 對以色列人說：「以色列啊！你要聽：耶和華我們上帝是獨一的主。」出埃及記 20：3 上帝自己說：「除了我以外，你不可有別的神。」上帝既然是獨一的上帝，要人盡心盡性盡意盡力的去愛祂，是理所當然的。在上帝以外，沒有別的神，人就必須完全順服祂，敬拜祂。全節聖經很清楚的告訴我們，神雖有時容讓許多事，卻有一件事，神絕不容讓。絕不容讓什麼？無論是天使、是人、或是別的東西，上帝絕不容讓他們佔了上帝的地位，分了上帝的榮耀。所以，以色列人拜偶像，神責備他們是行淫亂，對他們說：「以色列家，你們向我行詭詐，真像妻子行詭詐離開他丈夫一樣」，這是我們最好的教訓。在這時刻，約書亞將離世了，為要把自己的信仰堅立在全國人民的心中，作他們的模範，便發誓見證說：「至於我和我家，我們必定事奉耶和華」。百姓聽了這話，大受感動，於是他們同聲回應：

1. 「我們斷不敢離棄耶和華」。24：16-17 百姓回答說：「我們斷不敢離棄耶和華去事奉別神，因耶和華我們的上帝，曾將我們和我們列祖從埃及地的為奴之家領出來，在我們眼前行了那些大神蹟，在我們所行的道上，所經過的諸國，都保護了我們」。

2. 「我們必事奉耶和華」。我們不但不離棄耶和華 24：18 也是「必事奉耶和華，因為祂是我們的上帝」。24：19 約書亞說：「你們不能事奉耶和華，因為祂是聖潔的上帝，是忌邪的上帝，必不赦免你們的過犯罪惡。」因為以色列人已漸漸走向不聖潔的道路上了。

3. 「我們必要聽從耶和華」。24：20-24 約書亞說：「你們若離棄耶和華去事奉外邦神，耶和華在降福之後，必轉而降禍與你們……百姓回答約書亞說，我們必事奉耶和華我們的上帝，聽從祂的話……」。

會眾既再三誓言：1.斷不離棄耶和華。2.必要事奉耶和華。3.必要聽從耶和華。當日約書亞就與百姓立約，包含了他們所同意的誓言和從神而

來的律例（社會生活）典章（宗教生活）都寫在律法書上；又在示劍將一塊大石頭立在橡樹下耶和華聖所旁。24：27「約書亞對百姓說：『看哪！這石頭可以向我們作見證。』」大石頭用來見證他們與神重申盟約，同時也結束約書亞一生的事奉。這大石是在應許之地所立的第七個紀念碑。第一個大石頭紀念碑立在吉甲（4：20-23），第二個石頭紀念碑立在亞割谷（7：26），第三個石頭紀念碑立在艾城（8：29），第四個石頭紀念碑立在以巴路山上（8：30），第五個石頭紀念碑立在瑪基大（10：27），第六個石頭紀念碑立在示羅往基列地的約但河邊（22：9-10），這第七個大石紀念碑立在示劍，在提醒以色列人，耶和華藉祂僕人為他們所做的事（24：26）。

約書亞對他所愛的會眾，如此關懷訓誨，熱愛之深，也正代表耶穌對我們的關懷深愛。這次臨別贈言，也可略表主耶穌在被賣的那一夜，對於祂所愛的小群臨別贈言和教訓。（約 13：13-17）所不同者，約書亞 110 歲就死了，而耶穌卻從死裡復活，作了永活的救主，是永遠得勝的根源。

約書亞的影響，遍及他那一代及後代。24：31 說「約書亞在世和約書亞死後，那些知道耶和華為以色列人所行諸事的長老還在的時候，以色列人事奉耶和華」。但時日一久，就變了。接著我們在下卷士師記裡，看出以色列人就後退、敗壞，離開他們的神了。這卷書是我們基督徒寶貴的教訓。

卷二　士師記

第一講　士師記精義介紹

「士師」含有審判官、裁判者之意。在迦太基、馬加列文化中，指民政官、行政長官、國家領袖。中國翻釋這個名詞，是取周代官制中的「士師」，他的主要責任是司法。

以色列士師秉政時期，可以說是世界上最古的共和國，沒有君王治理；沒有中央集權；不是世襲；也不是一個士師接一個士師。而是在某一個時期，神的選民遭遇外力逼迫，非常痛苦時，神就在這個時期興起士師作他們的拯救者，拯救那個時代選民的危難。但他們不是君王，因為那時他們還是神治時代；神治時代，上帝就是君王。士師的意義，就是「拯救者」，或是「救主」。

士師時代的背景：士師記是約書亞記的後續。約書亞帶領以色列人進入迦南定居，照使徒行傳13：20所說約450年，這是包括了以利和撒母耳的時候，直到撒母耳記上十二章為止。因為以利和撒母耳都作了最大的士師。以利是士師又是祭司，撒母耳是士師也是先知。實際上，士師時代約350年左右，無法精確計算。看以色列的歷史，差不多都是以每四百年為一歷史週期。

1. 自亞伯蘭誕生　→　約瑟死在埃及　　（家族時代）約 400 年
2. 自約瑟離世　　→　以色列人出埃及　（部族時代）約 400 年
3. 自出埃及　　　→　掃羅立為第一個王（神權時代）約 400 年
4. 自掃羅為王　　→　西底家王被擄　　（君權時代）約 400 年

　　士師記就在第三個週期時段，是神權統治時代。正因為神權是榮耀的，使得以色列人成功最大，但他們的失敗也最大，顯得更悲慘。

　　士師記是一本歷史書，但它不像一般歷史書，把年代交代得那麼清楚，士師記是收集了一些家族文獻拼湊而成。在每一個特定的事件上，以闡釋屬靈的真理為主，從裡面表明一些寶貴的屬靈教訓，作我們的鑑戒。

　　約書亞記是一本成功和得勝的教訓，而士師記則是一本墮落和失敗的教訓，它的鑰字是「擾亂」。17：6「那時以色列中沒有王，各人任意而行」。那時是個沒有規範、沒有秩序、道德墮落、信仰腐敗的時代。神就按事實的需要，在各時代興起士師，在於告訴以色列人，耶和華上帝是他們的君王，是他們獨一的神，信靠祂的必不致羞愧，信靠祂的是唯一得勝仇敵的門徑。可悲的是，以色列人不去專心信靠祂，不到危難當頭，痛苦難受，不懂得依靠上帝。這是一種自私自利式的信心，他們完全在利用上帝的憐憫心腸。需要時他來求，滿足了就把上帝擺在一邊。他們連起碼對神的事奉都沒有，只是把上帝當作暴風雨的避難所，一旦雨過天青，他們便歡歡喜喜離開解救他們的上帝去拜偶像去了。正如今天有許多基督徒，平安時、順利時、豐盈時，沒有感覺到這是出於上帝的恩典，就像那時的以色列人，對神起碼的事奉也沒有，連一個禮拜七天 168 個小時，給神一、兩個鐘頭的時間敬拜都不甘願，還不時向神請假。在一個禮拜七天中交出一、兩個鐘頭去團契過肢體生活，也毫無興趣；上一個鐘頭的主日學看作是苦差事，這樣把一個基督徒應盡的本份放棄了。一等到挫折來了、麻煩來了、失敗來了、災難來了、痛苦來了，才想到主是我們的避難所，那時才趕快回到主身邊，像小雞靠近母雞的翅膀，等到災害過去。一旦他的重擔脫落，痛苦消除了，他又把神的救恩拋在腦後，離開他天天哀求的上帝，回到世俗裡去追求財富、追求名聲、追求享樂，過那邪情私慾的生活去了，根本不理會主耶穌用血與他所立的新約。

　　看士師時代選民的情況：道德似乎是腐化到極點了，與約書亞同時代

的以色列人比較起來，那時代的以色列人，又靠神、又勇敢、又忠心，沒有叫他們的列祖名字蒙羞（士2：7）。但這時代的以色列人，沒有那一代人起初的信心、愛心和熱心，甚至到了冷漠的地步。在約書亞時，每一支派都分有地，他們卻沒有一鼓作氣趕出迦南人。他們寧可偏安一隅，從事開墾自己的土地，對於儆醒爭戰，或幫助他人，都沒有興趣。慢慢的新一代人興起來了，他們與迦南人彼此通婚，混雜相處，活在拜偶像之民當中，耳濡目染，習以為常，他們漸漸被同化了。到士師時代，士3：6說「娶他們的女兒為妻，將自己的女兒嫁給他們的兒子，並事奉他們的神。」2：13-15「並離棄耶和華，去事奉巴力和亞斯他錄……」巴力是迦南人最大的神，是男神，日神。亞斯他錄是巴力的妻，生殖之神，是月神。迦南人敬拜巴力和亞斯他錄的儀式，淫猥不堪入目。以色列人都去事奉他們，於是迦南的神就成為他們的網羅。在那長長的一段時間裡，原居民迦南人既沒有再受到以色列人的威脅，就日久坐大，成為以色列人肋下的荊棘，不斷的逼迫神的選民了。再加上四鄰列強，如敘利亞、非利士、摩押、亞捫、米甸等都乘虛而入。他們想苟且偷安，卻換來外人的侵擾、擄掠、苦待、迫害，在此情況下，神就興起士師來拯救他們。

士師記的中心信息：妥協就是失敗，士師記每一章都在表達這個真理。第一章即指出那些住在河西的九個半支派的人，並沒有按照神吩咐把迦南七族滅絕。他們貪圖小便宜（近利），以迦南人作他們的奴隸，為他們效勞，最終卻自食其果。河東流便迦得和瑪拿西半支派，早就與河東當地人妥協了，他們不要住在神所應許的土地上，他們願意住在河東的基列地。這給我們所留下的真理教訓是：當神與同在，若不乘勝追擊，絕滅仇敵、錯用愛心、濫用憐憫、貪圖近利、與仇敵妥協，就後患無窮，反被其敗。

第二章第三章中他們接二連三的與迦南人妥協、與他們結盟、與他們混婚、與他們信仰合流，這都是上帝所禁止的。以色列人墮落的程序，就是處處為仇敵留地步，軍事同盟、混婚、拜偶像、離棄上帝，於是就招來羞辱、招來被擄，這幾乎成了士師時代的公式，就是：背棄上帝失敗→懲治受苦→哀求上帝→上帝興起士師拯救他們。

失敗的原因是未將迦南人滅盡，又去效法他們風俗，就受到上帝的懲治。罪惡與苦難是緊緊相連的，每次陷在罪中，也即隨著有苦難臨到。苦

難中悔改哀求，上帝就憐憫他們。聽禱告的主，對子民的哀求不能不聽，幾時哀求，幾時即得神拯救。從三章到十七章，他們有七次失敗則有七次受懲治；他們七次哀求，又蒙神七次拯救。以色列人的失敗，神其實是看夠了，他們所受的苦，也真受夠了，神也照他們所求的施行了拯救。這也是基督徒生活中常有的經過，看今日世界各國各地皆然：1.太平豐盛夠了，信仰就破產，道德就腐敗。2.繼道德腐敗，社會就混亂。3.因社會的擾亂，人民就痛苦。4.繼人民痛苦，就懊悔哀求上帝。5.悔改哀求就蒙神施救。

以色列人離經叛道之後，神就把他們交在惡人的手中，使他們受羞辱、受痛苦，當他們悔改向神哀求時，神就為他們興起士師。這又顯出一個真理：人離開了神，只會招來禍害；什麼時候認罪悔改，哀求神赦免時，神仍會伸出拯救的手。

我們從士師記能學到什麼功課？妥協是擾亂之源，妥協是失敗之母。我們對撒但、對世俗、對肉體不能妥協，趁神與我們同在時，趁神賜我們力量時，在成聖的道路上，要像約書亞記裡天天爭戰、天天得勝、除惡務盡，不要誤用仁慈，給魔鬼留地步。

神興起的士師有十三人，各族都有代表：

俄陀聶－猶大支派

以笏　－便雅憫支派

基甸　－瑪拿西河西半支派

睚珥　－瑪拿西河東半支派

陀拉　－以薩迦支派

以倫　－西布倫支派

巴拉　－拿弗他利支派

押頓　－以法蓮支派

耶弗他－迦得支派

參孫　－但支派

珊迦　－流便支派

以比讚－西緬支派

底波拉－婦女代表

士師是神所揀選的人，帶領以色列人度過某種特殊環境或某種危機，

他們蒙神賜領袖的才能，盡忠效命。通常而言，他們的使命是短暫的，而且只限於本族本土。完成神託負之後，便返回本來居住的地方，重操舊業。他們的敵人是在不同的時候，零星攻打他們，戰爭是局部的，不是全面的民族戰爭，士師作了他們的拯救者。

士師記 3-16 章內容撮要

	七次離棄上帝（犯罪）	七次受神懲活（受苦）	神興起士師拯救他們
1	3：7　以色列人行耶和華看為惡的事，忘記耶和華，去事奉諸巴力和亞舍拉	3：8　神把他們交在米所波大米王古珊利薩田手中八年	3：9-11　神興起俄陀轟為士師拯救
2	3：12　以色列「又」行耶和華眼中看為惡的事	3：12-14　神將他們交在摩押王伊磯倫手中十八年	3：15-30　神興起以笏為士師 3：31　並興起珊迦為士師
3	4：1　以笏死後以色列「又」行耶和華眼中看為惡的事	4：2-3　神將他們交在夏瑣王耶賓手中二十年	4：4-5：31　神興起底波拉和巴拉為士師
4	6：1　以色列人「又」行耶和華眼中看為惡的事	6：1　神將他們交在米甸人手中七年	6：11-8：35　神興起基甸為士師
5	8：33　基甸死後，以色列人「又」去隨從諸巴力行邪淫	8：33-9：57　自相殘殺數年	10：1-5　神興起陀拉和睚珥作士師
6	10：6　以色列人「又」行耶和華眼中為惡的事	10：7-9　神把他們交在非利士人與亞捫人手中十八年	11：1-12：15　神興起耶弗他、以比讚、以倫、押頓為士師
7	13：1　以色列人「又」行耶和華眼中看為惡的事	13：1　耶和華將他們交在非利士人手中四十年	13：2-16：31　神興起參孫為士師拯救他們

第二講　敗落開始─從吉甲到波金　第 1-2 章

「約書亞死後」到撒母耳為止，這一大段歷史，可以說是士師執政時代的歷史，約 400 年。17：6，21：25 說「那時以色列中沒有王，各人任意而行」，道德靈性退步到極點，國內充滿偶像，國外強鄰侵擾，人民痛苦哀號。當他們在神面前認罪時，神就顯出饒恕的恩典，給他們興起領袖即士師，拯救他們脫離仇敵。那時是神權政治，無君王、無中央政府，神領他們到迦南，神的旨意是要在地上建立一個神權政治的國度。可是人濫用自由，未能與神合作，因此以色列人失敗了。第一章是失敗的開始，看他們的敗落，給我們帶來些什麼教訓？

一、敗落的第一個原因是他們的信心軟弱了：

1. 從 1：1-2「約書亞死後，以色列人求問耶和華說：我們中間誰當首先上去攻擊迦南人⋯⋯耶和華說：猶大當先上去。」並保證，「我已將那地交在他手中。」神只說猶大，沒有提別人，神的話很清楚，但：3「猶大對他哥哥西緬說：請你同我到拈鬮所得之地去，好與迦南人爭戰，以後我也同你到你拈鬮所得之地去。」為何猶大找他哥哥幫忙？他的信心軟弱，沒有接受神的應許。

2. 信心軟弱所造成的後果：猶大找他哥哥就是仰望人、倚靠人；不仰望神、不倚靠神。後來他們捉住迦南王亞多尼比色後，把他手和腳的大拇指都砍斷了，他們用這種方法來對付敵人，聖經從未見過。不過這也是因果報應：7「亞多尼比色說：從前有七十個王，手腳的大拇指都被我砍斷，在我桌子底下拾取零碎食物。現在，神按著我所行的報應我了。」他怎樣待人，人怎樣待他；人種的是什麼，收的也是什麼。但以色列人為什麼也這樣做呢？他們是倣效他行，信心軟弱，就會倣效外邦人行。教會裡做事，不要去倣效外邦人行事，什麼董事、什麼理事，聖經上沒有這組織，有的向外籌款辦什麼表演、義賣、聯誼，這都是信心軟弱，學外邦人樣子。

二、敗落的第二個原因，是他們容讓與不徹底：

1：19 猶大沒有將平原的迦南人趕出；：21 便雅憫沒有趕出住耶路撒冷的耶布斯人；：27 瑪拿西沒有將一些城鄉的迦南人趕出；：30 西布倫沒

有將一些地方的迦南人趕出；：31 亞設和：33 拿弗他利沒有將一些地方的迦南人趕出。為什麼沒有將迦南人趕出？兩個解釋：一個是容讓，一個是作的不徹底。趕是趕了，可是沒有趕盡，就是不徹底。

　　1. 容讓本是美德、有度量，但從壞的方面看，就是不得已、沒奈何、勉強接受。這是敗落因素在發酵。主耶穌教訓我們，一件衣服不能用兩種布料，一個軛不能用兩種牲口，就是不能好壞並容。神要的是純潔，罪在那裡，神就不在那裡。教會是個屬靈的地方，若教會容讓不潔，就會走上以色列敗落的路，基督徒也是一樣。

　　2. 不徹底：迦南人有三種解釋，一個代表罪惡、一個代表世界、一個代表肉體。教會復興，首先是注重禱告，禱告重要的是認罪。一般來說，罪是認了，但不徹底。以色列人不是沒有做，乃是做得不徹底；他們不是沒有追趕迦南人，趕是趕了，只是趕得不徹底。迦南人也代表世界，世界不是指食衣住行，也不是指生活的這個社會。世界指什麼？凡能霸佔你靈的，或污染你靈的，那就是世界。拼命賺錢、拼命作事業，愛好看電視、愛好看球賽，喜歡宴樂、喜歡社交，樂此不疲。因而使你放棄崇拜、放棄讀經、放棄禱告、放棄團契查經，這些都是霸佔心的。更有的喜歡新潮電視或黃色網站節目，這些都是污染靈的。凡霸佔心和污染靈的，都是世界。基督徒要趕出它們，而且要徹底，不然也和以色列人一樣。

　　3. 容讓與不徹底的原因：一個原因是信心不堅。以色列人把山地居民都趕出去了，平地居民卻趕不出去，為什麼？因為迦南人有鐵車。但約書亞時他們也有鐵車，卻被以色列人趕出去，而這時卻因有鐵車就趕不出去，這是信心出了問題。教會也是一樣，從前一些創立教會的，不考慮人的問題，不考慮錢的問題，只問是不是神的旨意。今天有許多教會，天天在思慮人的問題，在思慮錢的問題，這也是信心出了問題。另一個原因是勝不過。以色列人要趕迦南人走，迦南人卻偏不走，為什麼容許他們偏不走？因為勝不過他們。我們裡面都有許多迦南人，就是肉體。如舌頭最會出毛病，發脾氣最會燒掉自己的工程，自大最會暴露弱點，自滿最會給人看出無知。我們要趕它們走，它們偏偏不走，我們為什麼容許它們住在我們裡面，因為勝不過。肉體強大，靈命就被壓下去；靈命強大，肉體就會壓下去。所以我們應趁靈命強的時候，把裡面的迦南人趕出去，而且要徹底，

絕不容讓他們不走。還有一個原因是貪心。想利用迦南人為他們作劈柴挑水的苦工，這對他們有好處，所以容讓他們居住。今天有些教會為什麼容讓一些與神性情不合的，不徹底地對付乾淨？因為有好處。教會總是怕人少，以為人多了就是復興，這也是敗落的原因。

現在進入第二章。2：1-5 什麼是吉甲？約書亞記 5：6-7 告訴我們是受割禮的地方。割禮的屬靈意義，歌羅西書 2：11 告訴我們是脫去肉體的情慾，吉甲就是對付肉體，這是基督徒靈程的第一站，通過了，就是得勝。

波金是什麼意思？第五節小字「就是哭的意思」，是為罪哀哭的地方。百姓為什麼要放聲大哭？他們離了吉甲，落到一個地步，已經不把對付肉體當作一回事了。靈程的第一步都作不到，不能對付肉體，依然故我，靈程的第二步、第三步就沒指望了。作基督徒，若不在乎對付自己的肉體，那舊老我依然健在，只有落到哀哭的地步。

波金給我們的教訓是什麼？

一、以色列人為什麼要哭？是怕刑罰、怕痛苦，不好受。

1. 神的使者來自吉甲，這個耶和華的使者，是道還沒有成為肉身的聖子基督。祂來到波金對以色列人說話，希望他們離開罪惡，要真心悔改。

2. 使者責備他們的內容有三點：(1)忘恩（1 節上）、(2)不信（1 節下到 2 節）、(3)悖逆，竟與外邦人聯合。使者警告也有三點：(1)「我必不將他們從你們面前趕出」，神不將他們趕出去，誰能把他們趕得出去？以色列人不趁神作元帥趕出迦南人的機會，違背命令，機會一溜走就不再回頭，這時想趕也無可如何了。(2)「他們必作你們肋下的荊棘」，多次被他們征服，受他們的欺侮，受他們的壓制。(3)「他們的神必作你們的網羅」，以色列人失敗就是去敬拜他們的偶像，惹神發怒。

二、痛哭的真相：他們雖哭卻是悔而不改。悔改分四等：1. 悔不徹底。2. 悔而不改；3. 改不徹底；4. 悔而且改。真悔改的表現是：悔罪、認罪、離罪、歸向神與神和好。他們波金的哭是悔而不改，因為 1. 全體放聲大哭，所以叫做波金。哭雖劇烈，但不是為罪哀哭，而是怕刑罰，是怕受罪而哭。2. 雖獻祭卻不聽命，撒母耳責掃羅說：「聽命勝於獻祭」。他們又哭又獻祭，

獻祭卻不肯聽命，不肯順從所獻的祭，神不悅納。

三、痛哭的結果：他們仍陷在罪裡，他們從約書亞死後就一直「行耶和華眼中看為惡的事」，去事奉諸巴力離棄領他們出埃及的耶和華。雖然神「興起士師……拯救他們，及至士師死後，他們就轉去行惡，比他們列祖更甚，去事奉叩拜別神，總不斷絕頑梗的惡行。」雖痛哭卻於事無補，所以異族為他們肋下的荊棘，異族的神為會眾的網羅。現在屬靈的教會，每年都辦退修會、培靈會，去參加的人中，常會痛哭流涕，認罪悔改似乎靈性得到大復興，但不久又回復原狀。這給我們的教訓是，他們悔改未徹底；只認罪，未除罪，這是悔而不改，又給魔鬼留地步。

11-15 節　這是 200 年歷史的撮要，指出神對以色列人的原則，也是對後世基督徒的原則。人犯罪祂必刑罰，人悔罪祂必赦免、拯救。13 節「去事奉巴力和亞斯他錄」。「巴力」是迦南人和腓尼基人最大的神，巴力是男神，是日神。人拜它的目的，一是認為巴力是賜陽光與熱之福的神。一是供盛夏草木枯乾降禍之神。巴力在各地的名字不同，在士師記 9：4 稱巴力比利士。民數記 25：3 稱巴力毘珥。約書亞記 11：17 稱巴力迦得。列王記下 1：2 稱巴力西卜。舊約巴力是複數，「諸巴力」巴力解作丈夫、主人，拜的儀式非常邪淫，男女動作不堪入目。「亞斯他錄」是巴力的妻子，是掌管生殖和戰爭的神，稱月神，也是複數，各有名稱不同。耶利米 44：18-19 稱它「天后」。通常這些敬拜生殖之神的宗教，都採用各種不同的色情行為。此外迦南人更把自己的兒女獻祭，用火燒死，叫做「經火」。這是耶和華看為惡的事，以色列人卻把這些都學到了。

迦南人在拜偶像的儀式中，追求感官的暢快，因此勾起了以色列民心中的情慾，幾乎落到無法抗拒的地步。14 節「耶和華的怒氣向以色列人發作」，拜偶像是破壞盟約，是不道德的儀式，與神要求的聖潔不能共存。神公義的性情，叫祂不得不刑罰祂的百姓，最可悲的，祂的刑罰方法，竟是利用他們的仇敵作刑杖。

16-19 節　耶和華又憐憫他們，為他們興起士師，他們卻不聽從士師，及至士師死後他們又轉去行惡，比他們的列祖更甚。這正是今日心理學家認識的人性組合：因長久作惡，良心就麻痺了，良心的聲音就越來越弱，甚至失去功效。

　　20-23 節　長期叛逆的結果，神就不趕出迦南人。趕出迦南人是神的作為，神不做就無人能做。神也不讓迦南人趕出以色列人，只是欺壓他們。這樣維持下去，作為神對付以色列人的刑罰，也是訓練他們順服、忠心的工具。在這段日子後，他們七次叛逆犯罪，神就七次降罰；他們悔改哀求神，神就七次興起士師拯救他們。

　　基督徒理想的生活應當像約書亞記裡不住的得勝，勝了再勝。可是實際生活上卻又不斷失敗，我們的失敗豈像以色列止於七次呢？我們真需要神的憐憫，饒恕七次夠嗎？還是要求主饒恕七十個七次呢？

第三講　神不變的愛　第 3 章

上章講到以色列人在波金為罪放聲大哭，但他們沒有悔改，沒有離罪，照樣去行惡。他們雖悖逆，但神又不能廢除祂與他們列祖所立的約，因為神是信實的，祂的旨意永不改變，祂的愛也永不改變。慈愛的神對這些悖逆的百姓怎麼辦呢？

第一、神用兩種方法對付他們：一種是苦待，一種是恩待，都是出於「愛」。

1. 苦待：（：1-6）以色列人既未趁機將迦南人滅盡，神也不再將餘剩的幾族驅逐了，留下這幾族作什麼？

(1)「為要試驗那不曾知道與迦南爭戰之事的以色列人」，可以學習戰事。（：1-2）

(2)「為要試驗以色列人，知道他們肯聽從耶和華藉摩西吩咐他們列祖的誡命不肯。」（：4）

(3)他們在迦南享受豐富，未免因富而驕，故留數族為他們肋下的荊棘，使他們謙卑。

(4)我們信徒在世不免要爭戰，藉此可警戒歷世歷代的教會。

神所留下的五個非利士的首領：非利士人是從愛琴海和埃及海岸移居迦南的民族，主前十四世紀就來了。「巴勒斯坦」這個名稱也是從「非利士」之音演變而來的。非利士即移民之意，聖經裡非利士有五座大城，就是亞實突、亞實基倫、以革倫、迦特、迦薩，他們是受希臘文化影響最深的。「迦南人」是泛指一切在迦南本土的居民。「西頓人」是挪亞曾孫西頓的後裔（創10：15）。「希未人」不是閃族，以色列人竟與這些人雜居、通婚，靈性就敗落了，就吃他們的苦頭，受這些外族的欺凌，成為外邦人的奴隸。

2. 恩待：迦南是流奶與蜜之地，神把他們安置在這裡，是出於神的愛。他們叛逆了，犯罪了，神苦待他們，也是出於愛。在聖經裡，信徒所遇到的苦難有四種：

(1)試驗：為要信徒看出自己的缺失，更求進步，是神的愛。

(2)懲治：（管教）是信徒因犯罪所受的管教。箴 3：11-12「我兒，你

不可輕看耶和華的管教（或作懲治），也不可厭煩他的責備。因為耶和華所愛的，他必責備，正如父親責備所喜愛的兒子。」

(3) 造就：靈性需要修剪，所謂「玉不琢，不成器」，這是愛。

(4) 榮耀：藉苦難得榮耀，也顯出神的榮耀。我們基督徒遇苦難，不是神的愛離開了，反而是神的愛在彰顯。

第二、神用兩種工具對待他們：一種是敵人的磨難，一種是士師的拯救，都是出於愛。

1. 敵人的磨難是工具：因為以色列人與迦南人聯姻，去事奉他們的神諸巴力和亞舍拉。亞舍拉是什麼東西？是亞述人生殖之神。以色列人在各山崗上綠樹下立柱像與木偶，聖經裡常說「木偶」，就是指亞舍拉；柱像指巴力（王下 10：26-27）。以色列人去事奉迦南的神，「所以神的怒氣向他們發作」。於是神就藉米所不大米王古珊利薩田為工具，成為第一位迫害者。米所不大米，希伯來文是「兩河之間的亞蘭」，即幼發拉底河與底格里斯河之間的肥沃土地，即今之東敘利亞至北伊拉克。叫以色列人事奉古珊利薩田八年，神把他們交在外邦人手中磨難他們，是出於神的愛心，叫他們悔改。

2. 士師的拯救也是工具：士師拯救是神叫以色列從敗落中得復興的工具。復興要有復興的器皿，神揀選的第一個復興的器皿是俄陀聶。他是迦勒兄弟的兒子，又是迦勒的女婿（書 15：13-19）。神興起俄陀聶的時候：10-11，「耶和華的靈降在他身上，他就作了以色列的士師，出去爭戰……勝了古珊利薩田，於是國中太平四十年。」這裡特別提到「耶和華的靈降在他身上」，耶和華的靈，是聖靈的一種稱呼，和神的靈、主的靈、耶穌基督的靈、生命的靈、真理的靈都是指聖靈。耶和華的靈降在俄陀聶身上，他才能成事，如撒迦利亞書 4：6 神指示所羅巴伯的話「不是倚靠勢力，不是倚靠才能，乃是倚靠我的靈，方能成事。」使徒行傳 1：8「但聖靈降臨在你們身上，你們就必得著能力。」所以神的靈降在俄陀聶身上，最顯著的現象，就是得著能力。在與米所不大米王爭戰，必須得著能力才能得勝。俄陀聶帶著耶和華的靈的能力戰勝了古珊利薩田，於是國中就太平了四十年。

第三、兩種果效：12-14

1. 苦難中才知道悔改、倚靠神。希伯來書 12：11「凡管教的事，當時不覺得快樂，反覺得愁苦；後來卻為那經練過的人，結出平安的果子，就是義。」12：5-6 也給我們留下重要的教訓，我們落在苦難中，不能只哀聲自嘆命苦，當自己審查，問題出在那裡？雅各書 1：15「私慾既懷了胎，就生出罪來；罪既長成，就生出死來。」罪在成長的時候，就如飛蛾投在蜘蛛網上，一層一層的網將牠緊緊纏住，動彈不得，直到窒息被蜘蛛吃掉。所以，我們在苦難中應覺醒、知罪、認罪、悔罪、轉向神。神的慈愛，只不過叫人悔改，祂便伸出拯救的手。以色列人就是這樣，在敵人手中受磨難、遭迫害、受鞭打，他們就在苦難中悔改，呼求耶和華，這正表明磨難發生了果效。

2. 在太平豐盛時又犯罪離開神。：11-14「基納斯的兒子俄陀聶死了。以色列人又行耶和華眼中看為惡的事，耶和華就使摩押王伊磯倫強盛，攻擊以色列人。伊磯倫招聚亞捫人和亞瑪力人，去攻打以色列人，佔據棕樹城（耶利哥）。於是以色列人服事摩押王伊磯倫十八年。」中國人的教導「憂勞可以興國，逸豫可以亡身」，現在我們也正享受太平豐富，但社會越來越敗壞，大大的犯罪，人的心越來越黑，犯罪的手法越來越高明。我們應知太平豐盛是神愛的恩賜，人卻把它糟踏了。聖經告訴我們，以色列又再犯罪後，磨難再來，這也是神的愛。

摩押王伊磯倫糾集約但河東的亞捫人和亞瑪力人來苦待以色列人。亞捫在約但河東岸摩押地以北，即今之約旦國北部。亞瑪力人是以色列人的世仇，當以色列人漂流曠野，他們尾隨其後，騷擾、搶劫、追殺、擄掠。利非訂一戰，摩西向神舉手禱告，神使約書亞戰勝亞瑪力人（出 17：8-13），其地後由流便、迦得兩支派均分了。這批亞瑪力人是遊牧民族，從沙漠而來。摩押王伊磯倫的名字，希伯來文解作「肥牛」，因為他很胖，以色列叫他伊磯倫，實有鄙視之意。

：15-30 神聽以色列人的呼求，再興一個復興的器皿，便雅憫人基拉的兒子（後裔）以笏。英雄常是不平凡的人物，以笏所用的武器是一把兩刃的劍。兩刃的劍在屬靈上代表什麼意義？希伯來書 4：12「神的道是活潑的、

是有功效的，比一切兩刃的劍更快，甚至魂與靈、骨節與骨髓，都能刺入剖開，連心中的思念和主意，都能辨明。」以笏手中所持的兩刃劍，預表神的道。今天教會要復興，就需要以神的道來復興。以笏是便雅憫人，便雅憫人的特徵是慣用左手。普通人攜帶利刃時，總是把利刃繫在左腿上，右手方便拔出。以笏慣用左手，與常人相反，把利刃帶在右腿上，所以沒有被安全人員發覺。這刃長有一肘，即我們一呎半多一點。穿上長長的外袍可以遮蓋，不露痕跡。他進摩押王宮獻禮物，由隨從損抬著。獻完之後，便將隨從打發走了，：19 說「自己卻從靠近吉甲鑿石之地回來」。「鑿石」普通譯作雕像，以笏返回獨自見王「王啊！我有一件機密事奏告你」。既是機密，所以王就吩咐侍衛迴避，在涼樓上接見以笏。大概是在王宮樓上摩押王的寢宮，重門深鎖，外人不易進入。以笏到涼樓見伊磯倫，假裝奏機密事，迅速拔劍刺入王的肚腹，連劍把都刺進去了，不能拔出。比荊軻刺秦王高明得多。伊磯倫便倒地身亡，然後以笏出到遊廊，將樓門層層關鎖，然後從容逃去。

王的僕人久等，以為王在大解，等得不耐煩了，拿鑰匙開門，卻發現王已被刺殺。以笏逃到西伊拉，就是以法蓮或便雅憫地區的一座小城，吹角號召人征戰，當即集合了一小隊軍旅，乘摩押人不備，就襲擊他們，大獲勝利，擊殺約一萬人。使約但河沿岸一帶與摩押相接的邊境止息戰爭，從此以色列人約享太平八十年。

以笏有「救星」之譽，聖經中沒有提到聖靈在以笏身上動工。以笏用陰謀行刺，按常理說應該被定罪。但摩押王屢次迫害以色列人，多行惡事，這也是他罪有應得。士師記道盡了罪惡之毒害，行惡的必被自己的罪追上。加拉太書 6：7「不要自欺，神是輕慢不得的。人種的是什麼，收的也是什麼。」

：31 在這段日子裡，猶大族的西南面受非利士人的騷擾，神興起珊迦制服敵人，拯救以色列人。士師記共寫了十三位士師，其中六位記述簡略，生平事蹟不詳，珊迦即在其中。聖經說，珊迦用趕牛的棍子，打死了六百非利士人，也救了以色列人。這種棍子長約 8－10 呎，一端尖釘包鐵，一端是鑿形鏟子，用以清潔犁頭，有需要時可當矛槍使用。珊迦英勇，是一位受推崇的士師。後來底波拉和巴拉作歌，就紀念他。珊迦英勇過人，他

可能是在以笏時期中發生的另一事件，因為 4：1 經上只說「以笏死後」，就接著底波拉士師，並沒有接珊迦，也沒有說珊迦死後，又太平了多少年，所以說是同一時期的另一件事。

　　以色列人每每因磨難而悔改，又因享受太平而犯罪。國家太平固然是神的愛，國遇磨難，也是神的愛。因敵人的磨難，神藉士師拯救，是神在公義中顯有慈愛。但他們又去犯罪，神再藉敵人來磨難他們，是神在慈愛中顯有公義。不論公義中有慈愛；也不論慈愛中有公義，都是表現神的愛在祂的子民身上，是永不改變的。

第四講　兩個女人和兩個將軍　第 4-5 章

第四章一開始就說，「以笏死後，以色列人又行耶和華眼中看為惡的事。」士師記是一部以色列人的墮落史，第一次行惡，即在米所不大米王古珊利薩田手中受苦八年，上帝就興起士師俄陀聶拯救他們，國中太平四十年。俄陀聶死後，他們又去行惡，上帝又把他們交在摩押王伊磯倫手中受苦十八年，然後興起以笏拯救他們，國中太平了八十年。同時珊迦在猶大南部拯救了以色列人。當以笏死後，他們又行惡了。這次上帝卻把他們交在迦南王耶賓手中。耶賓的將軍西西拉率領鐵車九百輛，大大的欺壓以色列人廿年。以色列人實在受不了，又呼救耶和華，上帝這次興起一位女先知底波拉作士師，拯救他們。

這一章裡有四個主角，兩個女人和兩個將軍。

1. 底波拉：是信心偉人，她敢用一萬人去抵擋西西拉大軍，她是十三位士師中唯一的女性，她是先知；也是士師；又是詩人。

2. 大將軍巴拉：是位勇士，來 11：32 也把他列入信心偉人中。他也是神興起的拯救者，但他的信心不夠，底波拉召他去爭戰時，4：8 他說「你若同我去，我就去；你若不同我去，我就不去。」他膽怯，這種小信心若不是底波拉豪氣的說「我必與你同去」，他決不能出頭。

3. 另一個女人雅億：是基尼人希伯之妻。她丈夫希伯是摩西岳父的後代，是以色列人的遠親，希伯卻與迦南王耶賓交好，但雅億殺了西西拉。

4. 迦南聯軍統帥西西拉：是夏瑣迦南王耶賓的大將軍，統轄鐵車九百輛，裝備精良；手下兵強將勇；加上武器先進，如虎添翼；又佔盡地利。以人看這場戰爭，以色列人絕對屈居劣勢，但西西拉卻大大的失敗了。何以故？撒迦利亞書 4：6「萬軍之耶和華說，不是倚靠勢力；不是倚靠才能；乃是倚靠我的靈，方能成事。」底波拉、巴拉能打敗強敵靠什麼？詩 20：7「有人靠車；有人靠馬，但我們要題到耶和華我們神的名。」

這是一場屬靈的戰爭，4：14「底波拉對巴拉說……耶和華豈不在你前

頭行麼？」屬靈的戰爭不是靠我們的勇力去爭戰，乃是主在我們前面爭戰，我們只憑信心在後面撿拾戰利品而已。大戰之後，迦南大軍沒留下一人，連大將軍西西拉也死在女人雅億手中，這對我們的屬靈爭戰是何等大的鼓勵？

「以色列人又行耶和華眼中看為惡的事，耶和華就把他們付與在夏瑣作王的迦南王耶賓手中。」約書亞記十一章裡記約書亞戰勝夏瑣，那時的夏瑣王也叫耶賓，但不是這一個耶賓王，可能是同屬一個王朝，名號都叫耶賓。從這章書裡，給我們看見幾點屬靈教訓：

1. 那時代的以色列人，因罪失去了戰鬥能力。耶賓派將軍西西拉率鐵車九百輛，大大的欺壓以色列人廿年。這就明白以色列人所以被欺凌、受壓制，都是因了犯罪的緣故。生活失敗了，就失去戰鬥能力；不但無交戰能力，且不能交戰，因他們連打仗的兵器也沒有。5：8 說「那時，以色列四萬人中，豈能見籐牌槍矛呢。」那時正進入鐵器時代，以色列人沒有鐵器，迦南人非利士有煉鐵技術，以色列人是因罪失去了交戰的能力。今天基督徒更是因犯罪的緣故，不能作個得勝的人。信徒必須先在個人心靈中戰勝肉體，才能戰勝世界；才能戰勝撒但；才能為福音打美好的仗。罪孽足以使人心靈敗壞軟弱，一個常犯罪的人，在神前不能得勝，因為他祈禱沒有能力；祈禱沒能力，就在人前不能得勝，在撒但面前也不敢誇勝，因罪孽叫人失去能力。

2. 藉著祈禱求憐憫，4：3-9 耶賓「大大欺壓以色列人二十年，以色列人就呼求耶和華。有一位女先知名叫底波拉… 當時作以色列的士師。」這給我們的教訓是——

祈禱的門是常開著的。我們祈禱是從耶穌那條新活路進到神的施恩寶座前，這門是常開不關閉的。

苦難中的祈禱是更有效力的。一是因苦難更能接近神；二是苦難中使人祈禱更加懇切；三是苦難足以使人離開罪，得神喜悅；四則我們的神，是以憐憫為懷的神，「祂不永遠懷怒」，我們在苦難中禱告，更容易蒙神垂聽。

主為他們顯出奇妙的工具。他們要與耶賓的將軍西西拉交戰，神就興

起一位軟弱的女子底波拉，並藉基順河漲水泛濫，使得西西拉軍兵失去作戰能力。這時顯然不是雨季，從 5：20-21 可知大雨滂沱是突然從天而降，雷電交加，造成基順河水泛濫，使迦南人棄車而逃，把車遺留在淤泥中，任水沖去。神用大自然的力量擊潰西西拉大軍，使以色列人趁機殺盡敵人。當此以色列軍無籐牌戈矛的時候，連雅億的皮袋與奶子、橛子、錘子，都成了最好的工具，以致西西拉全軍覆亡，「沒有留下一人」。底波拉時代，以色列人幾乎全國都拜巴力，失去了真神信仰。幸基順河邊屬靈的戰爭，把敵人沖去，成為神子民的得勝地。

會眾因信心順服才有勝利，同心協力是致勝的關鍵。底波拉為頭，巴拉為手；底波拉信任巴拉，巴拉順服底波拉。如此互相配搭，就成了神的大事功。會眾也憑信心來參軍，與那九百輛鐵車對抗。全軍只不過一萬人，但萬人一心，不看環境，不看自己也不看人，以信心參戰。4：14「耶和華豈不在你前頭行麼？」耶和華在什麼人前頭行？耶和華從來不在沒有信心的人前頭行。又是什麼人肯跟隨耶和華而行？人若沒有信心，也絕不能跟從耶和華行。這時既有耶和華在前頭行，又有這一萬有信心的軍兵跟隨耶和華行，什麼仇敵還能站得住呢？

底波拉大有信心，沒有底波拉，以色列就沒有救星。沒有底波拉，巴拉就不能作什麼。底波拉是基順河之戰的主角，她有這麼大的信心，成就了神的大功，得了她當得的榮耀。巴拉信心小，將榮耀讓給了雅億。

西西拉全軍盡墨，只逃走了自己一人。他向北逃走，以為到了夏瑣王的好朋友基尼人希伯的帳棚就安全了，一定能得庇護。希伯的妻雅億個人的表現也是值得西西拉信任，第一、她親自出來迎接西西拉。第二、用被將他遮蓋，不是隱藏，而是使他溫暖地休息。第三、西西拉求水，她倒給他奶子喝，超過他所求的。傳統的遊牧民族若友善的接待人進自己的帳棚，就是保證不予加害。這時西西拉已是強弩之末，不單懼怕、口渴，而且疲乏得要命。他吩咐雅億在帳棚門口守望看風後便呼呼大睡，：21 雅億取了帳棚的橛子，趁西西拉熟睡，便把橛子釘進他的太陽穴中，大力的釘入地裡。這不可一世的將軍，便這樣不光彩的死在一個弱女子的手裡。這樣，神使迦南王耶賓被以色列人制服了，國中太平了四十年。

第五章是底波拉與巴拉在戰勝之後所作的一首讚美詩，其中最富靈意

的是 5：6-8，這是以色列人敗落的景況，對我們有什麼教訓呢？

1. 「大道無人行走」。因有敵人駐守和強盜結隊出沒，很不安全，「都是繞道而行」，以色列人從出埃及就是這樣。出 13：17-18 非利士的道路雖近（大道），他們卻不從那裡走，因大道上有非利士人，恐怕遇到打仗就後悔要回埃及去了，所以繞道而行。屬靈的戰爭，就是一場又一場的戰爭。打勝一種敵人，才能贏得一塊產業；如勝不過就得不著，敢走就得著；不敢走就得不著。照樣，基督徒要進入豐富，就必須走大道去打屬靈的仗。每勝一次，就進入一次豐富；不經過得勝就進不去，就沒有好見證。我們要建立教會，唯有那得勝的見證。基督徒如果沒有得勝的見證，就無從建立教會。今天有些教會的景況，就是「大道無人行走」，怕爭戰，任憑生活環境、新文化、新道德標準橫行。無人去打仗，神的兒女就無從進入豐富；未進入豐富，就沒有好見證；沒有見證，就沒有材料來建立教會。只見漂亮的教堂，不見屬靈的內容；只見一些社會活動，沒有基督好的見證，那就是敗落，「大道無人行走」。

2. 「官長停職」是敗落的另一面。在世界上是公僕不幹服務的事了，在教會裡就是不參與事奉了，為什麼不再事奉了呢？

　　事業太多太大，賺錢忙；孝順兒女補習、學鋼琴、打球忙；參與社交活動太多應酬忙，只覺得時間不夠用，當然沒有時間為神擺上了。

　　多去體貼肉體放縱情慾，對屬靈的事，當然不感興趣了。

　　有的把教會看作社會，怕是非；有的受過傷，不敢再事奉。教會的事沒人作，這就是敗落的現象。本來事奉神，就應當多認識神；越認識神就越想事奉神。一些官長並不認識神，不懂怎樣事奉神；不認識就不想去知道神；越不去知道神就越不認識神。祂和你、你和祂就發生不起關係；發生不起關係就沒有關係，所以就熱心不起來，教會就缺乏生氣。缺乏生氣就是乾旱的荒涼地，現在許多教會就是這個樣子。

3. 他們選擇了新神，就是敗落。以色列人原拜獨一的真神，後來換上了假神巴力、亞斯他錄、亞舍拉，宗教變質了。今天有些教會裡，不重視基要真理；連重生都搞不清楚；甚至得救也不敢肯定。朋友邀請去教會就去教會；要求受浸就受浸。有了難處、不順利、不平

安，朋友說祈禱很靈，於是就像拜菩薩一樣的心情，口中唸唸有詞。事情解決了，感謝主；禱告不靈，他就不去教會，隨流失去。若有人告訴他去看相、算命、找風水師指點迷津，他們就會去選擇新神；敗落了，就和以色列人一樣。

4. 「豈見籐牌槍矛？」籐牌是防禦性武器；槍矛是攻擊性武器。士師時代，正進入鐵器時代，這兩種武器都是鐵製的。當時以色列人只有銅器，銅刀銅槍，銅比鐵軟，因此鐵器是先進武器。以色列人沒有，攻不如人；防不過人。今天一些教會有多少籐牌槍矛？神的道就是基督徒的籐牌槍矛，如以弗所書6：13-17列舉的全副軍裝，我們在屬靈的戰爭中有了這些裝備，就能攻能守。今天有些教會對神的道沒有興趣；對神的話很厭煩，像當年以色列人在曠野嫌嗎哪淡而無味一樣。我們最常見的是叫大家多讀幾節聖經就很累；多翻幾頁聖經就心煩；多查幾節聖經多解一會就坐不住。主日講道超過四十五分鐘就一直看錶，抱怨傳道人時間太長；講的笑話太少；講的經文太多，沒有味道，就跟以色列人在曠野抱怨嗎哪淡而無味，不如埃及的蔥、蒜、韭菜夠味。

5. 屬靈戰爭是整體戰，要彼此配搭。以色列人除北部中部的以法蓮、便雅憫（瑪吉）、以薩迦、拿弗他利、西布倫各支派外，：16-17流便支派迦得支派（基列人）、但支派和亞設支派都未參加，就是人各有志。為了自身利益，不顧整體利益，自私自利是一個民族的敗落現象。今天教會的事奉，最重要的是配搭；教會的失敗就是不能配搭。羅12：3-8，林前12：4-31都是講到各人的屬靈恩賜要擺上互相配搭，那就是一個健康的教會。

第五章是底波拉和巴拉的一首讚美詩歌，它卻作了一個時代的描寫，尤其在這幾節中，給我們留下來豐富的屬靈教訓，以色列人在那時敗落的景況，正是我們要警惕的。

第五講　基甸蒙召　第6章

　　當女先知，士師底波拉死後，6：1「以色列人又行耶和華眼中看為惡的事，耶和華就把他們交在米甸人手裡七年。」士師記把以色列人的劣行表露無遺。先知耶利米曾說：「豈有一國換了他的神麼？其實這不是神！但我的百姓，將他們的榮耀，換了那無益的神。」（耶 2：11）這種情景正好形容基甸時代的以色列人。他們拜巴力和亞實他錄，離棄真神，神就把他們交在米甸人手中。米甸人是甚麼人？創 25：1-2 告訴我們，米甸是亞伯拉罕最後一位妻子基土拉所生的兒子，和以色列人原為同父異母兄弟的後裔。摩西逃到曠野的時候，得米甸人接待，又娶祭司的女兒為妻，在米甸人中居住了四十年之久。：3 同米甸人一道來的還有凶悍的亞瑪力人。亞瑪力人是甚麼人？創 36：12 告訴我們是以掃孫子的後裔，與以色列人本是弟兄，後來成為死敵，如影隨行，從東西和南面而來。還有「東方人」，可能指以東人、亞摩利人。以東人是甚麼人？創 25：30 是雅各的哥哥以掃的後裔。亞摩利人是什麼人？指巴勒斯坦原住民，即迦南之別稱。他們一夥為了搶劫糧食而來，毀壞土產，帶走牲畜，令以色列人苦不堪言。

　　：7 這時以色列人因米甸人的緣故，極其窮乏，他們呼求耶和華，耶和華大有憐憫，不永遠懷怒，以色列人既知罪悔悟，遂興起另一個士師拯救他們。基甸是最成功的士師，除參孫外寫他的事蹟最多，一連用了三章篇幅，且看基甸蒙召：

(1) 主的使者向他顯現（6：11-13）。人為神所用，都是出於神自己的揀選。主耶穌也對門徒說：「不是你們揀選了我，是我揀選了你們。」凡神所用，神所愛，特別揀選的人，主都會向他們顯現，使他們清楚知道神所給他們的職責。如召摩西，叫他領以色列人出埃及，就在荊棘火焰中向他顯現（出 3：2）。召約書亞戰勝迦南，就再三曉諭他，且向他顯現為耶和華軍隊的元帥（書 5：13-15）。召撒母耳、大衛、以賽亞、耶利米、以西結、但以理等都是如此。新約時代顯現給使徒、顯現給保羅，凡見主顯現的人，都會從主得到異常的力量。

　　基甸是個小人物，當主召基甸時他「正在酒醡那裡打麥子，為要防備米甸人。」地中海一帶農人習慣在禾場上打麥，讓風把糠粃吹去。這時基甸卻躲在酒醡裡打麥，他是怕米甸人來搶。酒醡地方很小，這可看出那時以色列人的窮乏。但基甸家的僕人多，麥子既少，為甚麼還要基甸自己打麥呢？這看出基甸是個勤勞作事的人。主揀選摩西和大衛都是在牧羊的時候，揀選以利沙是在耕田的時候，揀選使徒多在他們打漁的時候。主揀選的是忙人，不是閑人；是勤奮的人，才是主揀選的對象。

(2)：14「耶和華觀看基甸，說，你靠著你這能力去從米甸人手裡拯救以色列人，不是我差遣你去的麼？」「你靠著你這能力」，這能力是甚麼能力？不是打麥子的能力，是甚麼能力去拯救以色列人呢？經文說「耶和華觀看基甸說，你靠著這能力。」實在這能力是經耶和華一「看」而來的能力。當彼得三次不認主時，經主回頭一看，彼得就悔悟出去痛哭。一個在門口討飯的，「彼得，約翰定睛看他」並對他說，「你看我們」，瘸子經彼得的眼睛這麼一看，就有信心，有能力到他身上，立時痊癒走著跳著（徒 3：2-8）。這時基甸經主的眼睛一看，必立時有能力到他心中，使軟弱變為剛強，灰心變為希望，萎靡不振的態度，立時興奮起來。

(3)：15-16 基甸見主顯現，又經過主用能力的眼睛看他，他謙卑的說：「主阿！我有何能拯救以色列人呢？我家在瑪拿西支派中，是至貧窮的；我在我父家是至微小的。」聖經裡的「家」，常指一族。主對他說：「我與你同在！」主與同在是何等有福的事。果真有主與同在，就有幾種結果：1.可得主的保護。2.可得主的指導。3.可得主的能力。4.可得主代為爭戰。故攻打敵人不是自己的事，乃是主的事。所以主與同在，「你就必擊打米甸人，如擊打一人一樣。」主與同在，只須抬約櫃繞城，耶利哥大城就倒了；主與同在，迦南卅一個王，不費力的即全被滅盡；主與同在，一個童子大衛就可殺死勇冠三軍的非利士大將歌利亞。感謝主！祂的名稱為「以馬內利」。以馬內利的意思，就是神與我們同在。神常與我們同在，就無往不利。主與同在有何徵兆？

(4)主的靈降在他身上（6：34）他就得著能力。當日耶穌吩咐門徒要

在耶路撒冷等候，「直等到聖靈降在你們身上，就必得著能力。」門徒遵命，同心祈禱，直到五旬節到了，聖靈果然降下，「他們就被聖靈充滿」，他們就得著能力。彼得一天講道，就有三千人悔改歸主，其後他們各處傳道，都有神蹟奇事隨著他們。這時基甸被聖靈充滿，便成為「大能的勇士」了。

：17-24 基甸遇見耶和華的使者。耶和華的使者是誰？就是道成肉身之前的基督，也就是耶和華自己。基甸要盡地主之誼，要預備一支山羊羔及無酵餅款待使者。烹山羊羔作無酵餅都是需要時間的。使者仍然耐心等候，就和現今神要人悔改也耐心等候罪人一樣。使者等候基甸回來，雖然主已對基甸說過「我與你同在」，基甸仍不放心，要求一個證據。這本是不該的，這是沒有信心的表現。像現在有許多人也常向主要求一個憑據，但神的使者也欣然答應，他吩咐基甸把預備的肉和餅放在磐石上，再澆上湯。使者用杖頭挨著，就有火從磐石中出來燒盡了肉和餅，然後使者也不見了。基甸知道遇見神了，說「哀哉，我不好了！」因為人不能見神的面，見神必死。這時神又向他說話了，「你放心，不要懼怕，你必不至死。」於是基甸在那裡為耶和華築了一座壇，叫「耶和華沙龍」：24 節小字就是耶和華賜平安的意思，祂是平安的主。基甸面見神，懼怕會死，耶和華卻安慰他得了意外的平安。主賜平安就是福音，因為，主有赦罪之恩，不赦罪就沒有平安。甚麼人的罪得赦，甚麼人就有平安。

：25-35 是神給基甸第一個試驗，就是叫他拆毀家鄉的巴力祭壇。基甸面臨的挑戰是十分巨大的。他受命拆毀的巴力祭壇，眾人認為是巴力顯神通的地方，那還了得？但基甸這時遵命破除舊宗教，白晝是很難達到目的的。基甸便乘夜用了十個僕人和牛，齊力的將巴力祭壇拆毀，又把旁邊的木偶就是亞舍拉砍下，就在同一地方為耶和華築了一座壇，並以那第二隻牛獻上為燔祭。等到拜巴力的人早上起來，看祭壇變了樣，也變了質，巴力祭壇變成耶和華的祭壇，這還了得？憤怒的群眾大興問罪之師，找到了他父親約阿施那裡，要將基甸處死。約阿施答覆他們的話很有智慧，「巴力若果是神，有人拆毀他的壇，讓他為自己爭論吧。」大家想想也對，於是事情平息了。基甸的勇敢，就成了英雄人物，被稱為「耶路巴力」，意思是「讓巴力與他算帳吧」。基甸的這件事，很快地就傳遍了以色列各族，誠心

敬拜耶和華的人都以基甸為榜樣，不少支派的人都來跟從他。本族亞比以謝人、瑪拿西地的人、亞設支派、西布倫支派、拿弗他利支派的人都來與他會合，此時跟從他的有 32,000 人。這些人都是基甸招募而來，是出於人意的。出於人意的在屬靈的戰場上派不派得上用場？下次講章就可知道。

　　現在基甸手上有人了，心裡仍不放心，這樣能拯救以色列與強敵戰麼？他信心不夠，於是他再向神要憑據。：36-40 他把一團羊毛放在禾場上，要求神顯神蹟。若只羊毛有露水，別的地方都是乾的，我就知道是你差遣我拯救以色列人。神答應他，結果真是如此。應該死心塌地地信了吧？不，他還要再試一次。要相反的使羊毛乾，別的地方都是露水。神也給此事成就了。這些都是肉眼能看見的明證，使基甸的心剛強預備打仗了。新約時代，基督被釘死在十字架上，三天復活後顯現給門徒看，他們中間仍有不信的。多馬一定要親眼看見耶穌手上的釘痕，一定要摸著耶穌肋旁的槍傷才信。儘管如此，耶穌還是再顯現給他看。主說：「那沒有看見就信的有福了。」現今仍有許多這樣的人。

基甸蒙召對我們這一代有甚麼意義？

　　基甸是以色列歷史中的英雄，他不是生出來就是英雄，乃是經過屬靈的改變。從這一章的描述，他給人的印象是沒有信心、膽小又緊張的年輕人。耶和華初次與他相見時，叫他「大能的勇士啊，耶和華與你同在。」他這樣膽小，躲在酒醡裡偷偷地打麥子，他是甚麼大能的勇士？原文裡大能大力是指耶和華，而不是指基甸，故應譯作「大能大力的耶和華與你同在。」基甸聽到這話的反應是甚麼？6：13「主啊！耶和華若與我們同在，我們何至遭遇這一切事呢？我們的列祖不是向我們說，耶和華領我們從埃及上來麼？他那樣奇妙的作為在哪裡呢？現在祂卻丟棄我們，將我們交在米甸人手裡。」他滿心的委屈，無奈。：14「耶和華觀看基甸說，你靠著你這能力去從米甸人手裡拯救以色列人，不是我差遣你去的麼？」能力出於耶和華，但基甸卻哀嘆說：「主啊！我有何能拯救以色列人呢？」耶和華繼續對他說：「我與你同在，你就必擊打米甸人，如擊打一人一樣。」耶和華如此向他保證，他還要兩次羊毛的憑據，這就是不信的典型例子。一直

表現出懷疑、驚怕、不安、埋怨、逃避，這就是一個不信的人的綜合症。

　　但基甸之所以能為神所用，是他見耶和華使者後，他重生了。他與他父親都是拜巴力的。6：24 耶和華離開後，他就為耶和華築了一座壇，起名叫「耶和華沙龍」。祭壇非比尋常地方，乃神與人相會的地方。這是他靈命有改變，才在外面表現出來。基甸築壇後，不再去拜巴力了，這是他重生的果子。

　　重生有重生的表現，他分別為聖歸給神了。：25-27 他拆一座壇又築一座壇，神給他的命令是要他去「拆毀你父親為巴力所築的壇，砍下壇旁的木偶。」當時以色列的宗教領袖都是「新派人物」，把全國帶到犯罪沉淪的境地。拆掉巴力的壇是造反，會遭致殺身之禍。但結果：28-32 告訴我們，他的父親因而也悔改歸正了。

基甸對我們留下甚麼教訓？

　　我們之所以不能為基督作美好的見證，十之八九都是因為我們不肯順服神的命令，沒有把我們完全歸給祂。癱瘓我們的是不信，不肯順服。

　　基甸最後完全為聖靈管治了。：34 他立刻成為民族的首領和救星，人民開始看出那改變他的能力，所以聽見號角，就跟從他了。

　　基甸的改變多麼大，重生以後，被聖靈充滿，受聖靈管治，他便成為神與百姓的橋樑。我們當完全悔改重生，完全的歸神為聖，完全的順服神旨，完全的被聖靈管理。這樣，我們也能像基甸一樣，完全被神所用。

第六講　屬靈軍隊與屬靈武器　第7-8章

　　基甸時代，以色列人受米甸人的壓迫，武器被沒收、糧食被搶光，連莊稼成熟時就給米甸人、亞瑪力人、東方人割去，以色列人真是很苦很苦。那時的光景，就是底波拉、巴拉的歌所說「大道無人行走」、「官長停職」，這是無可用之兵；「豈能見藤牌槍矛」這是無可用之武器。在此情形下神召基甸起來拯救以色列人，基甸怎能達成使命呢？神賜給他的是屬靈的軍隊和屬靈的武器。

1. 屬靈的軍隊怎麼來？基甸吹角召募義勇，除本族亞比以謝人外，瑪拿西、亞設、亞布倫、拿弗他利等四個支派應聲來跟從他的有三萬二千人。倉促成軍，就有這麼多的人來響應，使人興奮不已。這是屬靈的軍隊嗎？不是，這是出於人意召募來的。人所召來的，不是主所選召的，在屬靈的戰場上就會有很多的失敗。基甸將所召募來的兵丁聚集在哈律泉旁安營，只等神一發令，便要上陣衝鋒。聖經說，耶和華卻不准基甸帶這麼多的人去爭戰。為什麼？神要甄選。

　　本章的教訓，給我們看出奉召的兵丁，計分三等：

　　第一等是人所召募的。四個支派聽到角聲，就熱情奔放，響應的有三萬二千人。這些血氣之勇，在屬靈戰場上不但無益，而且有損，是屬靈戰爭的阻礙。神說，太多了！吩咐基甸去宣告凡懼怕的、膽怯的，可以回去。於是就有二萬二千人回去了。這些人是沒有信心的人；沒有信心的人不能參加屬靈的軍隊；屬靈的軍隊不在量多，乃在質精。因為

(1) 免得奪取神的榮耀：耶和華對基甸說：「跟隨你的人過多，我不能將米甸人交在他們手中，免得以色列人向我誇大，說，是我們自己的手救了我們。」神不藉他們的手施行拯救，免得他們誇大自己，犯了偷竊神榮耀的罪。這也是今天有些教會的僕人最容易犯的罪。常見有些屬靈驕傲的僕人，有一點點成果就誇大自己。偷竊神的榮耀是作僕人最大的罪，屬世的軍隊在乎數量多；屬靈的軍隊不在乎數量少，乃在乎內在的屬靈素質。

(2) 免得破壞別人的信心：從人意所選的士兵，不但好竊取神的榮耀，

也是最容易攔阻別人、絆倒別人的。因為這等人經不起試驗，一旦他們遭遇到一點小挫折，就膽怯、沮喪、灰心、退後，會把別人絆倒。教會裡若有同工灰心退後，其他同工也會受到感染。因此不合主用的人，主不選、主不用，免得耽誤聖工。所以基甸奉命向大眾宣告，凡膽怯的可以回去，於是就有三分之二的退伍回去了，只剩下一萬人。

第二等人是自告奮勇的。這一萬人都是不怕死的好漢，願與基甸一齊去和米甸人決一死戰。他們是不怕死的，也是有信心的。但不怕死有信心的都一定可以加入屬靈的軍麼？不然。神看一萬人還是太多，神要甄試。吩咐基甸帶著這一萬人去到水旁喝水，凡用舌頭餂水的排在一邊，凡跪下喝水的排在一邊。結果跪下喝水的人多，一萬人中有九千七百人，神都叫他們強迫退伍。神的事工不在乎人多；不在乎力大；也不在乎足智多謀。那些人之所以神不選用，是因他們不合神用。為什麼不合神用？看那凡跪下喝水的，都不儆醒；身在前線而不小心提防敵人，卻跪下盡情去享受喝水，故神不用。只有三百人是用手捧著餂水的，神為什麼特別重視這批人？因他們彎腰用手把水捧到嘴邊飲，腰是直立的，眼可看四面；耳可聽八方。「用舌頭餂水，像狗餂的」，他們的精神卻集中在戰鬥上，時時儆醒，準備作戰，這就是主所選的精兵。今日在主的工場上，雖然有人奮勇全身投入，願為主效力，但他們仍難免瞻前顧後。主曾說：「手扶著犁向後看的，不配進神的國。」（路9：62）因為他們不能集中意志，就如跪下喝水的，多數不合主用。

第三等人是主所揀選的。神不在乎人多，祂就只揀選了那餂水的三百人，不到百分之一。耶穌在馬太22：14說「被召的人多，選上的人少。」神就選用這三百人組成了一支屬靈的軍隊，跟著基甸去擊打那如蝗蟲一樣多的米甸人。這三百人之所以被選上是因：(1)對神有信心；(2)有膽量；(3)對基甸順服；(4)在敵前警覺性高，用手捧水稍解口渴而已，這才是屬靈的軍隊。神為什麼選中那手捧用舌餂水的？喝水都是因身體有需要，那跪下喝水的就是盼望喝個痛快；喝個滿足，那用手捧用舌餂的，卻只是夠用就可以了。今日各教會裡有的對肉體需要很重視，要求滿足；另一種人對肉體的需要，只要夠用就行了，這是要基督徒自己去決定。參加屬靈的

軍隊，是那些夠用就行了的人。那跪下喝水的人，將會是丟盔棄甲的人；是鬆懈不儆醒的人，像那五個愚拙的童女，這種人是不能參加屬靈軍隊的。基督的教會是要時刻儆醒，不然，假師傅進來了，屬靈的力量就瓦解了，更何況在屬靈的戰爭中，要去攻破撒但的營壘？

2. 屬靈的武器是什麼？就是神的道；就是神的話語。以色列中「豈能見籐牌槍矛」？武器沒有，就是神的話語沒有了，就等於說那個時代沒有神的道。那個時候為什麼沒有神的道？因為那個時代的人不渴慕神的話語，去「選擇了新神」事奉偶像。正如阿摩司書 8：11 說「人飢餓非因無餅，乾渴非因無水，乃因不聽耶和華的話。」今天許多信徒愛聽一生平安蒙福的信息；不愛聽對付肉體、對付罪惡、受苦爭戰的信息，這也就是人不渴慕神的話。那個時代神的兒女不渴慕神的話，敵人的權勢就很大。我們今天這個時代也不比他們好，如美國這個社會形形色色之人文主義囂張；自我意識高漲，喜歡新思想、新理論，對神的道很厭煩。大陸上五十年來的教育是無神論，當然神的話在那裡沒有聲音。台灣的寺廟道觀林立，據 1999 年 8 月內政部統計已登記為財團法人的，道教宮觀 7414 個；佛教廟宇 1853 座。那些沒有登記為財團法人的，比已登記的五倍還多。單單一貫道的道壇就無數，像宋七力、妙天禪師這類的旁門左道的道壇不知有多少，台灣比佛教王國的泰國的偶像崇拜還要多的多。台灣土地約 35,000 平方公里，差不多不到一平方公里就有一座寺廟、宮觀或道壇。撒但控制人的信仰，比米甸人控制以色列人的武器、糧食還要厲害。

基甸屬靈的武器是什麼？

(1) 角：古時沒有鐵銅器之先，角就是武器。古時出動軍隊吹號與吹角，吹角的一個功用是招聚會眾；另一個功用是拔營起行。號聲角聲都是代表神的道，一吹出聲，人就聚集。道就是福音，把十字架高舉，讓主被高舉，萬人就會來歸。今天我們傳福音多難，問題在那裡？看基甸為什麼一吹角，就有三萬二千人來聚集？那是因為他在吹角

前，6：34 說「耶和華的靈降在基甸身上，他就吹角。」耶和華的靈降在他身上，他一吹角就有果效；如果耶和華的靈不降在他身上，他再吹也沒有功效。因為今天我們佈道傳福音，被聖靈充滿就大有果效。彼得一次佈道就有三千人歸主，那是五旬節門徒被聖靈充滿的結果，基甸如此；彼得如此；我們也是如此。

古時以色列人在曠野行軍，都是聽角聲拔營往前走。角聲就是神的話。他們走漫長的曠野路，若無神的話帶領，就不知何去何從。今天，神的兒女奔跑世界的路，也需要神的話語帶領；沒有神的話帶領，就會出差錯。因為，神的話就是腳前的燈、路上的光。教會的任務，就是用神的話帶領信徒過屬靈的生活。屬靈的生活是什麼？一個是根的生活；一個是爭戰的生活；一個是肢體的生活。基督徒不是作作禮拜；奉獻一定金錢；為教會作點事就是屬靈生活了。

什麼是有根的生活？一顆樹分為兩段，一段在泥土上面，長葉、開花、結果；一段在泥土下面看不到，就是根。屬靈的生活要有根，就是人眼睛看不到的那部份。因為上面看得到的葉、花、果都是從下面看不見的生活中發出來的。看不見的生活是什麼？禱告、讀經、靈修、溫柔和熱心、信心和愛心、憐憫心和饒恕心。這是看不見的根的生活，表現出來的就是生活見證。

甚麼是爭戰生活？我們有三個仇敵，而且都非常強大，就是撒但、世界和自己的肉體。在這些爭戰中得勝了，才能得到戰利品。我們建造教會不是靠金錢、才能、方法，乃是靠我們爭戰的戰利品，就是得勝的見證。有得勝的見證，那個教會就復興，教會就有見證；否則那個教會就平淡無味。

什麼是肢體生活？教會是基督的身體，每個基督徒就是一個肢體。肢體是配合身體的，因此每個肢體都要在這個身體上配搭得合適，各盡其職。不是到時來作禮拜，完了就散夥，沒有盡到肢體的功用；肢體不能各盡其職，那就不是一個健康的身體。

(2)空瓶：那時沒有玻璃瓶，所謂瓶就是瓦罐。瓦罐的意義是什麼？林後 4：7「我們有這寶貝放在瓦器裡，要顯明這莫大的能力，是出於神；不是出於我們。」瓦器就是空瓶，瓦器代表什麼？代表你、我。

瓦器是用泥土作成的；你我也是上帝用泥土作成的。瓦器脆弱、不堪一擊；我們也非常脆弱，一擊就爛。參孫是最力大的士師，他撕裂獅子如山羊羔，用一塊未乾的驢腮骨擊殺了一千非利士人。那是耶和華的靈大大感動他的結果，就是把寶貝放進他那瓦器裡，大力出於神。後被大利拉引誘犯罪，神的靈離開了他，寶貝離開了瓦器，參孫脆弱得不堪一擊，後果很慘。

寶貝怎能放進瓦器裡呢？1. 要認識神。若有眼無珠，會將寶貝當作垃圾。2. 要愛祂。就是把心靈給祂，將主權給祂。3. 要倒空。不倒空，寶貝就進不去。4. 要打破。打破就是破碎自己，願犧牲。

(3)火把：火代表靈；代表寶貝。有寶貝在瓦器裡就有能力；有能力就能擊敗米甸。

今天有些教會的情況是把神的道講不開，沒有能力，問題在那裡？基甸吹角，因聖靈降在他身上，就滿有能力。我們傳古老的福音不能使人扎心，就是缺少靈。火把代表聖靈，代表能力。徒 1：8 耶穌親口說的：「但聖靈降臨在你們身上，你們就必得著能力。」我們就是神的瓦器，一定要倒空，就是將罪完全倒出來；一定要打碎，就是把「老我」、「己」打碎。從自己的寶座上下來，讓耶穌作主。若不倒空；若不打碎，就不能顯出能力。基甸有了這屬靈的軍隊和屬靈的武器，就擊潰了米甸人。基甸還在世的日子，國中太平四十年。

我們這世代也要有屬靈的軍隊和屬靈的武器，願我們都被選中在屬靈的軍隊中；願我們也有那角、空瓶、火把三種屬靈的武器，挺身走上屬靈的戰場，和基甸的軍隊一樣，擊敗多如蝗蟲的米甸大軍。

第七講　屬血氣的與屬靈的人　第 8-12 章

　　基甸是一個很成功的士師，他戰敗米甸人後，以色列國中享太平四十年。但他不是一個完全人，就是偉人對事認識不清，也會犯錯。基甸的失敗主要有兩點：第一、他得勝後，請各兵丁將所奪得的金耳環交出（8：24-27）。他將這些金子製了一個以弗得，設立在他的家鄉俄弗拉。這是在炫耀自己的戰功，就不是歸榮耀於神了。聖經說，「後來以色列人拜那以弗得行了邪淫，這就作了基甸和他全家的網羅。」他的本意是好的，希望藉著一個具有紀念價值的東西，將榮耀歸給神，但方法是錯誤的。「以弗得」是大祭司執行聖職時所穿的背心，上面有兩塊紅寶石，刻上十二個支派的名字擔在肩上；胸前有胸牌，用十二塊寶石代表十二支派，並配上「烏陵」和「土明」，是聖潔的表徵。但基甸所製的以弗得卻大不同，是金鑄成的，而且重 1,700 舍客勒以上，約等於四百多磅，絕不是給大祭司穿的聖服，而是一個鑲滿寶石的陳設品。聖經說，基甸死後，以色列人就把這以弗得當作偶像祭拜，所以成了基甸和他全家的網羅。神要人親近，但不要人藉著一件東西來親近。基甸要藉著以弗得（一件東西）去親近神就錯了。今天許多教會裡也犯了基甸同樣的錯誤，他們不明白聖經裡所謂偶像的意義是什麼，並不是說只有動物的像、泥塑木雕的偶像不可拜；耶穌的像就可以拜。不要以為與我們信仰很接近的東西就不算偶像。天主教拜聖物，拜馬利亞像；也有基督徒拜十字架。其實，象徵神的東西，正是神所責備、所厭惡的偶像。羅 1：23「…將不能朽壞之上帝的榮耀變為偶像，彷彿必朽壞的人和飛禽、走獸、昆蟲的樣式。」這裡說得很清楚，任何象徵性的東西，因為沒有一樣看得見的東西，夠作我們那位看不見之神的代表。拜聖物；拜十字架和拜金牛犢或金以弗得有什麼區別呢？是完全相同的錯誤。我們信的不是兩塊木頭的十字架，乃是信那位曾在十字架上完成贖罪大功的主耶穌基督。是祂在十字架上流血的事實給我們救恩，並不是那兩塊木頭能給我們救恩。

1. 屬血氣的人——亞比米勒：基甸犯的第二個大錯誤，他靈性上鬆懈，在私生活上，放縱情慾，生了七十個兒子。8：29-31 說，他在妻子

之外還有妾，生下了性情惡毒的亞比米勒。9：1-6 說亞比米勒陰謀奪權，用花言巧語騙得示劍人的心說：「請你……紀念我是你們的骨肉。」示劍人甚至從巴力比利士的廟中取了七十舍客勒的銀子給他，亞比米勒就用這筆捐獻買了一批匪類，往俄弗拉將他父親的七十個兒子，也是他的同胞兄弟都殺在一塊磐石上，只漏掉了一個小兒子約坦沒有遭毒手。

亞比米勒是一個屬乎血氣的人，他畢生所爭取與表現的，就是「謀權位」。先去說動眾母舅和外祖家的人，利用親情幫助謀權位。現今很多人都靠親情、拉關係、利益分贓來謀取權位。此外他用心機、心術、詭詐的手段謀取權位，為了權位，竟忍心將他骨肉兄弟七十個人都殺了。示劍人也不念基甸救民族的功勞，忘恩負義去作亞比米勒的幫兇。亞比米勒的手段殘忍卑劣，用偶像廟中錢財，雇用匪類，他是達到目的不擇手段。今天社會上的政治人物，有多少比亞比米勒良善？亞比米勒是一個完全屬乎血氣的人，用心機謀奪權位；利用親人打擊親人；利用不義之捐獻收買惡人去得到權位。聖經一再地告訴我們，權位是出於神所賜。

9：7-15 基甸的小兒子約坦聽見示劍人立亞比米勒為王時，就去站在基利心山頂向示劍人大聲喊叫，以樹木立王為比喻，警告示劍人與亞比米勒雙方的罪過與結果。他說眾樹先去請橄欖樹、葡萄樹、無花果樹為王，他們都不答應。這在說到被人敬重，並非由自己圖謀而來。眾樹再去請荊棘為王，荊棘毫不客氣的說：「你們若誠誠實實的膏我為王，就要投在我的蔭下，不然，願火從荊棘裡出來，燒滅利巴嫩的香柏樹！」這是一個預言，後來都應驗了。

甲、果樹不願為王，果樹表基督徒，本份就是結果子。這是神的旨意，是神栽培我們的目的，也是神修理我們的原因。結果子是生命的表現，什麼生命結什麼果子；看果子就知道樹。沒有屬靈生命，就不能結屬靈的果子；沒有豐盛生命，就不能結豐盛的果子。基督徒的天職既是結果子，所以就不能去作王，因為，神就是我們的王。這裡說了三種果子，是表明猶太人，也是在指出基督徒的本份。

(1)橄欖樹：9：8-9 聖經用橄欖樹比喻聖徒，橄欖樹是專門出油的。在

聖經裡油是表聖靈，表明信徒的本份是被聖靈充滿，聖靈充滿就必得著能力。

(2)無花果樹：9：10-11 無花果樹的特色是不用開花而結果，也就是不須在表面上粧飾美麗，實實在在的結果子就好了。也就是人要被人敬重，不是靠權位，更不是靠用心術弄來的權位，而是因自己所結的果子。無花果還有一個特色，是果葉並生的。幾時生葉，就幾時結果；不是只生葉而不結果。葉子是華麗，若只長葉而不結果，難免被主咒詛（太 21：19）。

(3)葡萄樹：9：12-13 枝子蔓延、枝與樹、枝與枝連絡延密，有如基督徒與主連絡；也與弟兄姐妹連絡。樹汁暢流，正表明在主的生命中相連，有豐盛的生命。人要被人敬重，有如葡萄樹有使神和人喜樂的新酒，帶給別人快樂。

這三種樹正表明基督徒如橄欖樹當結屬靈的果子；如無花果樹，不需開花而能結果；如葡萄樹與主的生命相連，有主豐盛的生命。

乙、作王就不成果樹了。眾樹請橄欖樹作王，橄欖樹回答說：「我豈肯止住供奉神和尊貴人的油，飄颻在眾樹之上呢？」葡萄樹、無花果樹都如此回答。若果樹作了王，即不成果樹了。作了王就要飄颻在眾樹之上，高舉自己，尊榮自己超越眾人之上，這是奪了神的地位，失去基督徒的本色。基督徒應學主耶穌柔和謙卑、盡自己的本份，不要超越。若為王便要飄颻在眾樹之上，天天為事為人忙忙碌碌，如何作結果子的樹呢？那就失去了屬靈的品德和能力。橄欖樹便不出油；無花果樹不結果；葡萄樹不出新酒，那算得稱職的果樹呢？

這時眾樹去請荊棘作王，9：14-15 荊棘自高自大的說：「你們若誠誠實實的膏我為王，就要投在我的蔭下。」如此傲慢的對眾樹說話，且嚴厲的說，若不立我為王，「願火從荊棘裡出來，燒滅利巴嫩的香柏樹。」何等的兇殘，這正說出了亞比米勒的殘暴。9：22-23「亞比米勒管理以色列人三年。神使惡魔降在亞比米勒和示劍人中間。」希伯來人稱天災橫禍為惡魔。果然，示劍人叛變，亞比米勒不念昔日幫助奪權恩情，殺盡示劍人，又將示劍夷為平地。真如約坦所說的，火從荊棘中出來焚燒利巴嫩的香柏樹了。

但荊棘裡有火，荊棘也被焚燒，亞比米勒的結局，9：50-57　一個婦人的一塊七寸厚一尺多長的圓磨石，不意的拋下，打中了亞比米勒的頭。聖經說，「這樣，神報應亞比米勒向他父親所行的惡⋯」。人種的是什麼，收的也是什麼。那隨他作惡的、助他奪權的人，也沒有好結果，屬乎血氣的就是如此。

2. 屬靈的人——耶弗他：11：1-11　耶弗他是個屬靈的人物，聖經中說「他是個大能的勇士」，又說「耶和華的靈降在他身上」。他是一個屬靈的人，因為他具有屬靈的內容。屬靈不是一個身份；也不是有幾篇屬靈的講章；也不是腦子裡有幾套屬靈的計劃；乃是要有屬靈的內容。耶弗他屬靈的內容是什麼？

⑴他出身是妓女的兒子，他不怨嘆命苦，也不自暴自棄。保羅說，屬靈的人能看透萬事（林前 2：15）。「我們曉得萬事都互相效力，叫愛神的人得益處。」（羅 8：28）。耶弗他就是這樣能看透萬事的人，知道萬事都在互相效力，對他有益處。所謂萬事，是指好事壞事、順心的事不順心的事都對自己有益處。所以他不怨嘆他出身卑賤；他也不嫉恨對他不友善的人。

⑵他是長子，長子應該得雙倍的產業，但兄弟們驅逐他，不許他承受應得的產業。他不去爭執，悄然離去，逃到陀伯，也不懷恨。今天我們所看見的任何都要爭，爭不到就街頭抗爭，名利要爭；福利要爭；權利要爭。那弗他不但對應得的不爭，放棄了；那不應承受的要叫他去承受，他也接受了。他們不讓他住在家裡，他就悄然離開，這是他屬靈的內容。當亞捫人來攻，約但河東的兩個半支派受害最深，猶大、以法蓮、便雅憫支派也受影響。這時基列的長老們就想起耶弗他，於是到陀伯地去請他回去領導抗戰，他卻絲毫不計舊惡，馬上答應和他們一同回去。他不幸災樂禍；他凡事包容，這就是他屬靈的內容了。

耶弗他雖有屬靈的內容，但在觀念上也有模糊不清的缺點。他在與亞捫人交戰前受靈的感動，11：30-31　耶弗他就向耶和華許願說：「你若將亞捫人交在我手中，我從亞捫人那裡平平安安回來的時候，無論什麼人，先從我家門出來迎接我，就必歸你，我也必將他獻上為燔祭。」他為什麼許

這個願呢？因為他深知自己在敵人面前實在渺小脆弱，深信只有倚靠神。不過他許的這個願太冒失、太糊塗了，這是表示他的信心不夠。他許的這個願和雅各在伯特利所許的願一樣，都是「神若… ，我必……」好像與神談交易。雖然他許的這個願冒失，但他的存心是對的，他有一顆榮耀神的心。以這次爭戰結果完全在於神的祝福，一切皆由神所賜，得勝回來理當獻上感恩祭，神也悅納他的心願。因為他要將最好的獻上，神也引導他獻上合神心意的。在那弗他家中，沒有什麼比他的獨生女再寶貴了。那弗他在許願時，絕沒有想到把獨生女兒獻上，所以在他勝利回家，他女兒第一個擊鼓跳舞出來歡迎他，令他大吃一驚，並「撕裂衣服說，哀哉，我的女兒阿！你使我甚是愁苦，叫我作難了，因為我已經向耶和華開口許願，不能挽回。」耶弗他萬萬沒想到，神感動他獻上最好的，竟是他的獨生女。這是神要試驗他愛神的心，和當日亞伯拉罕獻以撒一樣，耶弗他把他獨生女獻上。雖然捨不得，也不能不照所許的願行，這就足以試驗出他的愛心與信心來。耶弗他的女兒真是英雄虎女，聽見父親已經向神許願，並不遲疑的說：「父阿，你既向耶和華開口，就當照你口中所說的向我行。」他把個人的存亡、榮辱置之度外，一定要還願。

　　解經家對這件事非常困擾，耶弗他豈是要將女兒當作牛羊殺了，切成塊子，焚燒給神作燔祭呢？如果說要把女兒殺了作祭物，這又與神的命令牴觸，神絕對禁止國民照外邦的惡俗所行的將兒女用火焚燒（申 12：30-32），叫做經火。如果耶弗他之女真要獻作燔祭，應該立即執行，為什麼又准許他延遲兩個月呢？

　　關於這件事只有按靈意來解，耶弗他獻女為祭，乃指終身不嫁。

(1)沒有違背獻身之意。耶弗他所許的願分兩步：甲、「先從我家門出來迎接我，就必歸你。」就是要獻給神。乙、「也必將他獻上為燔祭」，燔祭之意是指完全獻身，保羅在羅 12：1 就說，「將身體獻上，當作活祭。」是聖潔的，是理所當然的。

(2)這與上山哀哭之事相合。當時猶太女子，都希望彌賽亞降生，自己有做聖母的希望。「哀哭我終為處女」，不能作聖母，在猶太女子看來是一件可悲的事。而且女子不生育也是件很羞恥的事，不像現代女性，不嫁不育好過自由自在生活。於是她與同伴去到山中哀哭，

而不在家中哀哭，正是遠離塵世免得難為情。以後以色列中有個規矩，每年以色列人的女子去為耶弗他的女兒哀哭四天，因為她如此為國犧牲的情操，是值得紀念的。

　　這給我們一個教訓，我們在神前許願，須要謹慎，不要衝動冒昧。從耶弗他事件中，我們也看到慈愛憐憫的神，對我們的無知，縱有錯誤，神卻永不至有錯誤；而且祂也能藉著我們的錯誤，成全祂的旨意。

第八講　勇力蓋世的參孫　第 13-16 章

耶弗他死後，繼起作士師的有以比讚、以倫、押頓，他們作士師的時間都不長，聖經裡也沒有特別提到他們的事蹟。之後 13：1「以色列人又行耶和華眼中看為惡的事，耶和華將他們交在非利士人手中四十年。」以色列人一次再次的行耶和華眼中看為惡的事，第一次耶和華把他們交在米所不大米王古珊利薩田手中八年；第二次神又叫他們服事摩押王伊磯倫十八年；第三次耶和華把他們交在夏瑣王耶賓手中受欺壓廿年；第四次交在米甸人手中壓迫他們七年；第五次是他們自相殘殺數年；第六次神把他們交在非利士人和亞捫人手中十八年，他們還不醒悟，又行耶和華眼中看為惡的事。這次神把他們交在非利士人手中四十年，是最長的一次。非利士人控制他們很嚴，恐怕以色列人製造兵器，所以不准在以色列地有鐵匠，選民要「磨犁、鋤、斧、鏟等一切農器，都必須下到非利士地去磨。」這種轄制真是苦不堪言了，這也是以色列人最黑暗的時期，靈性都麻木了。從前他們受苦，便向耶和華神呼求，神就興起一個拯救者士師。但這段時間被非利士人轄制奴役四十年，他們卻沒有向神呼求，這是什麼原因？一個是那個時代，神已不在以色列人心中了；他們已經忘記了耶和華神從前拯救他們，這時，神在他們心中已沒有地位了。另一個原因，以色列人在非利士人轄制壓迫下已經四十年，他們已經習慣於作亡國奴，過亡國奴的生活，受壓制、受迫害是理所當然，沒有骨氣、麻木不仁、不必呼求他們的神了。回頭看今天我們這個社會、這個時代、這個屬靈光景，不也很像嗎？

雖然以色列沒有人向神呼求，但神的心腸，仍然關心祂子民的痛苦，於是就主動為他們興起一個士師— 參孫。參孫是一個極有希望的年輕人，他有超凡的能力，理當成為一個很成功的士師。但讀完士師記 13-16 章就知道，參孫並不是一個完全成功的人，他究竟算是成功，還算是失敗呢？很難分得清楚。如果說他是失敗的，他和仇敵作戰從來沒有一次失敗過，甚至臨到死時，還殺了三千非利士人。如果說他是成功的，他並沒有徹底拯救同胞脫離仇敵的壓制，並且自己也被仇敵擄獲，剜去眼睛，境遇很慘。這到底是成功還是失敗？很難斷定。有許多基督徒很像參孫，如有人問某

某弟兄是一個成功的基督徒麼？可能你會想好半天，因為你看到他早上是成功的，晚上卻是失敗；昨天是成功的，今天又是失敗；看到他很熱心，但又是屬乎肉體的。參孫就是這樣，使人難解難分，可說是一半一半的，今天我們先來思想他成功的一半。

參孫是非常時代中的佼佼者，是最有名的士師。神主動向瑣拉地但族人中那原不能生育的瑪挪亞夫妻顯現，應允賜給他們一個孩子。神的使者特別叮囑他們，：4「所以你當謹慎，清酒濃酒都不可喝，一切不潔之物也不可吃。你必懷孕生一個兒子，不可用剃頭刀剃他的頭，因為這孩子一出胎就歸上帝作拿細耳人，他必起首拯救以色列人脫離非利士人的手。」這個孩子，神已定規他一出母胎就作拿細耳人，律法規定作拿細耳人是自願，神卻指定參孫作拿細耳人，並不徵求他的同意。一般作拿細耳人是立誓作一個時期，或一年、或三年。但參孫是神指定他作終身拿細耳人直到死時，像施洗約翰一樣。他是從母腹裡就被揀選屬於神；被神用的人。什麼是拿細耳人？就是歸主，要離俗歸耶和華（民6：2），也就是作個分別為聖的人。

拿細耳人必須謹守三件事：1. 要遠離清酒濃酒，一點也不可吃。2. 不可摸死屍。3. 不可用剃頭刀剃頭。

為什麼遠離清酒濃酒？酒是代表快樂，酒既有清酒濃酒之分，也就是快樂有兩種，世界的快樂和罪中的快樂。這是分別為聖的人都應當拒絕的，因為世界之樂會使我們受迷惑、受轄制、受腐蝕。罪中之樂會使人受污穢、受敗壞、受沉淪。聖經裡有名的大衛，因罪中之樂犯了淫亂；基哈西因世界之樂受敗壞。故拿細耳人對世界之樂、罪中之樂都要拒絕，因為他已分別為聖，他所要的只是靈裡快樂，也就是與主靈交、與主同行之樂。

為什麼不可摸死屍？死屍是最污穢的、最骯髒的、最腐臭的、最不潔淨的。不可摸死屍就是不可沾染不潔；不可沾染污穢，因為，神是聖潔的，我們也當聖潔。

為什麼不可用剃頭刀剃頭？拿細耳人不剃髮就是要留長髮。女人的長頭髮是榮耀；男人留長頭髮是羞辱。（林前 11：14-15）拿細耳人留長髮就是男人放棄尊貴地位；自甘卑微；羞辱自己。主耶穌本有天上神的榮耀，祂卻道成肉身降世為人，「取了奴僕的形像，成為人的樣式。既有人的樣子，就自己卑微；存心順服，以至於死，且死在十字架上。」（腓 2：6-8）十字

架就是羞辱的記號。拿細耳人留長髮，就是願意背十字架；願意放棄原有的地位。

神需要拿細耳人，在士師時代需要拿細耳人，在我們這末世的時代，神更需要拿細耳人。所謂拿細耳人，就是不追求世界，不追求罪中之樂的人；只追求靈裡快樂之人，就是肯為主背十字架的人，願意分別為聖的人。神揀選參孫，就是希望他成為這樣的人。

13：24「後來婦人生了一個兒子，給他起名叫參孫。孩子長大，耶和華賜福與他。在瑪哈尼但，就是瑣拉和以實陶中間，耶和華的靈才感動他。」瑪哈尼但的意思是「但之營」，距瑣拉十里、以實陶七里，可能是參孫成長的地方。他長大了，耶和華的靈就感動他，開始使用他了。參孫在聖經中首次顯出他的本領，是力大無窮。項羽高歌「力拔山兮氣蓋世」，但項羽比起參孫又差多了。14：5-6 當參孫下到亭拿，在一個葡萄園見到一隻少壯獅子向他吼叫。少壯獅子是最勇猛的，「耶和華的靈大大感動他」，他雖然手無寸鐵，他徒手卻將少壯獅子撕裂，如同撕裂山羊羔一樣。武松打虎還那麼用力搏鬥一番，參孫撕裂少壯獅子卻這麼輕鬆，武松真會甘拜下風。參孫為什麼有這麼大的力氣？那是因為「耶和華的靈大大的感動他」。使徒行傳 1：8 耶穌對門徒們說：「但聖靈降臨在你們身上，你們就必得著能力。」參孫是被聖靈充滿，所以就有能力。

14：10-14 參孫去亭拿娶妻，女方見他人高馬大、孔武有力，就請了卅個人來陪伴他。這卅個伴郎，似乎並非善良之輩，也可能是用來監視參孫的。參孫給他們出了一個謎語，應允猜中了就給他們卅套衣裳。這謎語是，「吃的從吃者出來；甜的從強者出來。」他們幾天都猜不出來，於是就威脅參孫的妻。那女人很怕，就哭哭啼啼的要參孫說出謎底。這個謎並沒有文化，乃是參孫的經歷，這是參孫所撕裂的獅子屍體中有蜂釀之蜜，參孫就取獅屍裡的蜜來吃了，又給他父母吃了，這就是「吃的從吃者出來；甜的從強者出來」的意思。卅個伴郎照參孫給妻說的謎底照答了，強要索取卅套衣服。14：19 說「耶和華的靈大大感動他」，參孫就下到亞實基倫（這是非利士人的大城）擊殺了卅個人，奪了他們的衣裳，將奪來的卅套衣裳給猜出謎語的人。當然他心有不甘，於是就一怒而去。他岳父這時就將參孫的妻子轉嫁給了伴郎當中的一個人。過了些時，參孫的怒氣消了，就帶

了一隻山羊羔到岳家要見他妻，遭到岳父拒絕。這是莫大的羞辱，於是參孫去捉了三百隻狐狸，將狐狸的尾巴一對一對的捆上，把火把捆在兩條尾巴中間，點著火把，就把狐狸放進非利士人的禾稼堆裡和橄欖園裡，燒個精光（15：4-5）。那些非利士人知道是參孫的岳父惹的禍，於是群起用火燒了那婦人和她的父親，有譯為用火燒了那婦人和她的父家。於是參孫向那些人報仇，就大大的擊殺那地的非利士人，「連腿帶腰都砍斷了，他便下去，住在以坦磐的穴內。」連腿帶腰是個成語，是指全部殲滅之意。

非利士人找參孫找不著，於是派出大軍從非利士平原上猶大高地去威脅猶大人，條件是交出參孫來。15：11-13「於是有三千猶大人下到以坦磐的穴內」，要將參孫捆綁交給非利士人。他們為什麼這樣作呢？在那個時代，猶大人麻木了；奴隸性堅固了；作順民習慣了，他們並不知道參孫去攻擊敵人非利士，他們認為這是給他們惹來麻煩。參孫對敵人不妥協，也免不了給自己添麻煩。就在今天這個時代，如為信仰為真理堅不妥協的，也會惹來一些麻煩。七十年前宋尚節博士在福建講道時，嚴厲批評那些娶姨太太的，就惹火了那裡的一個軍閥，因為他娶了許多姨太太。軍閥派人來抓宋尚節，宋先生只好快快逃命。參孫決心要殺那些迫害以色列人四十年的仇敵非利士人，猶大人卻為此要將參孫捆綁起來去交給敵人。

參孫被同胞捆綁著抬去送給外國主子非利士人那裡，非利士人看見正大呼小叫時，15：14「耶和華的靈大大感動參孫，他臂上的繩就像火燒的麻一樣，他的綁繩都從他手上脫落下來。他見一塊未乾的驢腮骨，就伸手拾起來，用以擊殺一千人。」這又是神的靈大大感動他，使他作合神旨意的工作。

16：1-3 參孫到了迦薩，看見一個妓女，就與她親近。被非利士人知道了，就把他團團圍住。參孫半夜起來，把迦薩城門的門扇、門框、門閂一起拆下來扛在肩上，扛到希伯崙前的山頂上去。城門的門扇、門框、門閂都是保護城的安全的，又大、又厚、又重、又堅固。迦薩離希伯崙有百多里之遙，他居然一個人扛著這麼重的東西，走這麼遠的路，且扛去山頂上，嚇壞人了。他那來這麼大的氣力？聖經說這是神的靈充滿他。參孫是這樣一個勇猛力大的青年，在聖經裡沒有人超過他，他制服非利士人，即如他在死時還殺了三千非利士人，「參孫死時所殺的人，比活著所殺的還多。」

這是他成功的一半，這成功的一半，聖經特別三次提到「耶和華的靈大大感動他。」因為有神的靈，他才能成事。

　　雖然參孫勇力殺敵，卻不像其他士師之後說的，「於是國中太平了多少年」，因為他是與敵人同死的，他又是一個失敗的士師。神所揀選的，並非個個都是完全人；乃是揀選合用的人，給他力量，去作一些合神意旨的事。

第九講　失敗的士師─參孫　第 14-16 章

參孫在勇力表現上，叫人看到他是一個非常成功的士師。他徒手撕裂少壯獅子如同撕裂山羊羔；他在亞實基倫徒手打死卅個非利士人，奪了他們的衣裳；又拾起一塊未乾的驢腮骨擊殺了一千人；又能將迦薩的城門整個拆下來，扛到希伯崙前的山頂去，他在這方面出色的表現是偉大的、成功的。往往一個越成功的人，也是一個越容易失敗的人。參孫失敗得很慘，被剜去眼睛；被銅鍊綑綁；被牽去牢房推磨做苦工；被敵輕蔑當眾戲要，最後與敵人同歸於盡。

1. 被非利士女子的家人騙了（14：1~15：2），非利士人壓迫猶大人把他捆綁起來（15：13），但他沒有學到經驗。第二次去與妓女親近，被非利士人團團圍住，雖然被他掙脫了（16：1-3），還是沒有學到教訓。最後又去與非利士女人大利拉混在一起，玩火終被火焚，他就再也站不起來了。

2. 他體力雖然強壯，但靈力卻極其薄弱：他的力大是顯在肉體上而不顯在內心。他自信自滿自以為是，他在亭拿看中一個非利士人的女子，他回去稟告父母要娶她為妻。他父母嚴正的對他說：「在你弟兄的女兒中，或在本國的民中，豈沒有一個女子，何至你去在未受割禮的非利士人中娶妻呢？」這是神對以色列人的誡命，但他聽不進去父母的話，他說：「因我喜悅她」。現代的年輕人也是只要我喜歡，有什麼不可以？不理會父母的勸告。參孫就是這樣，自作主張去作了。今天許多年輕人在婚姻上，也不聽父母的話，他們說這是代溝，其實是他們不願意接納父母的建議，隨自己的意思在暗中摸索。尤其現在認為性開放是新潮流，於是他們就隨波逐流，弄得家不像家；婚姻不像婚姻；親人不像親人，沒有倫理；沒有道德；沒有聖潔；沒有幸福，參孫就是這個樣子。他既是屬神的，難道神不為他預備一個好配偶嗎？保羅說：「你們和不信的原不相配，不要同負一軛。」（林後 6：14）參孫不娶以色列人而去娶那欺壓他們的仇敵非利士人的女兒，這是自討苦吃，他的靈力極其薄弱。

3. 他勝了有形的獅，卻敗於無形之獅：參孫的交戰，也是靈與肉的交戰；肉體與靈界的交戰。他外形肉體的交戰，是戰無不勝。徒手撕裂猛獅；不用兵器，只用一根未乾的驢腮骨就殺死了一千強霸殘橫的非利士人。他雖勝了大敵猛獅，卻不能勝過自己。我們最大的敵人就是自己。參孫一生都是站在羅馬書第七章的地步，靈慾交戰的結果，他是一個失敗又失敗的人。今天我們也是這樣，並不足奇。天天靈慾交戰的結果，我們都會承認是失敗而又失敗，非經羅馬書第八章，絕不能達到得勝的境地。

4. 他已歸主為聖，卻又失去了拿細耳人的身份：他在母腹中已分別為聖，一出生就終身作拿細耳人，他就應當盡心盡性盡意盡力的作好拿細耳人，直到死時，這才是神所重用的器皿。參孫卻不然，輕棄了他的身份，不遵守主的道，所以他失敗了。拿細耳應守的條例：

(1) 淡酒濃酒都不可喝：他卻去非利士女子那裡擺設筵席。一般風俗，婚禮擺設筵席是餐餐不斷，一連七天，天天酒肉相慶。參孫盡情享受世界之樂，也在罪中行樂，可能不逃避飲酒。由他所出的謎語，正是酒酣有感而發。之後他在梭烈谷愛上了大利拉，累次受騙不自知。說出了致命的秘密，竟枕在大利拉的腿上睡著了，連人家把他的頭髮全都剃光竟渾然不覺，難道不是酒精使他昏沈？總之，他犯了拿細耳人的誡條，是自取敗亡。

(2) 不可摸死屍：參孫去到拿亭的葡萄園，見有頭少壯獅子向他吼叫，他就徒手將獅子撕裂如撕山羊羔。過了些日子再下去娶那非利士人的女兒，見死獅之內有群蜂有蜜，他毫不避諱就用手觸摸死屍，取蜜且吃且走。他不但摸了死屍，而且吃了死屍裡的不潔東西，污穢了分別為聖的身體。這是以色列人不敢作的，參孫拿細耳人竟作了，這是作賤自己，輕視拿細耳人的身份。

(3) 不可剃頭：參孫沒有尋求神的旨意，只憑自己喜好找對象。他找到了大利拉，自以為是理想的對象。像大利拉這樣的女人，不應是個人，應是一條蛇。參孫沈溺於大利拉的肉慾，竟將拿細耳人最後一道防線放棄了。他自出母胎就從來沒有剃過頭髮，這是他靈裡的秘密，是他力量的來源。可是大利拉受了非利士首領們大量的金錢，

要她探探參孫力量的來源，好制服他。於是大利拉天天撒嬌逼問，
參孫心煩，就給她把秘密壓榨出來了。

5. 他太自信，又太任性：一位守城的將軍說，你認為防守最沒有問題
的地方，是最容易被敵攻破的地方，因為你太有自信了，就疏於防
範。參孫就是這樣。他能力的來源秘密是他從未剃過頭髮，並不是
每一個拿細耳人都像參孫這樣有能力。就參孫而論，神是藉著他保
持拿細耳人的長髮，才使他有能力的。當參孫愛上了大利拉之後，
非利士人首領就與大利拉勾結，要她探出參孫的秘密。於是大利拉
約好非利士人照著參孫所告訴她的方法來捉拿他，前後一共三次。
頭一次參孫欺哄她說，如用七條未乾的青繩捆綁我，我就沒有能力。
結果參孫掙斷繩子如掙斷經火的麻線一般。第二次再欺哄她用新繩
捆綁他，他就軟弱像別人樣。結果參孫將臂上的繩子掙斷了，如掙
斷一條線一樣。第三次再騙她說，如果將我頭上的七條髮綹與線同
織，就能綁住我。結果參孫將機上的橛子和緯線，一齊都拔出來了。
大利拉天天用話催逼他，使他心煩得要死。於是參孫就把真秘密告
訴了大利拉，「若剃了我的頭髮，我的力氣就離開我。」在這裡我們
發生一個問題，為什麼參孫已經一再地知道大利拉和非利士人勾結
要捉拿他，他仍然喜歡和大利拉來往，而且把真情告訴她？這就是
參孫太過自信了，這是何等的愚蠢呢！我們常見年輕人交異性朋
友，明知他是異教徒或無神論信徒，往往也是太過自信，也會失敗
得那麼愚蠢。

看參孫找的對象，都是不信真神的外邦人。他不是不知道不應當娶外
邦女子；他的父母也曾告誡過他，但他太過自信，又太過任性，結果就失
敗在一個外邦女子手上。今天許多年輕人交異性朋友也是這樣，滿有信心
把對方帶到主面前，事實上，他自己卻被對方帶到世界裡去了。

6. 他靈裡得救，身體卻喪亡：參孫既與信心偉人並列，當然是個得救
的人。他的靈魂縱然得救，卻免不了身體的敗亡。他隨從肉慾，一
而再，再而三的淪於罪中。先娶異邦女子；再去與妓女親近；再去
愛一個邪污的大利拉；終至對神背信背約。他的外體也是一樣，先
被剃掉聖髮；再被剜去眼睛；終至亡身。正如保羅在林前 5：5 說的

把淫亂的教徒「交給撒但，敗壞他的肉體，使他的靈魂在主耶穌的日子可以得救。」可見人犯罪，縱然依賴主的寶血，免了最後罪的審判，卻免不了罪的惡果。罪的果子要自己吃，那是消不掉的。如大衛犯罪，雖已蒙神赦免，但他家裡卻是悲慘，兒子暗嫩姦污了妹子他瑪，他瑪的胞兄押沙龍誘殺了哥哥暗嫩。後來押沙龍叛變，大衛逃亡，押沙龍終於被殺。大衛死後，所羅門又殺了哥哥亞多尼雅。大衛是一個明君，國治得那麼好，家裡卻血跡斑斑，這都是他在吃自己罪惡的果子。參孫就是這樣。

7. 他強如猛獅，卻軟弱如別人一樣：大利拉天天煩他，參孫就把秘密揭開了，「若剃了我的頭髮……我便軟弱像別人一樣。」他原不與別人一樣，他是一個有能力的工人。神的兒女原不與別人一樣，參孫是從母腹裡就分別為聖的人；他是屬主的人，淡酒濃酒都不喝；他是被聖靈充滿的人，有聖潔的長髮。男人長髮是羞辱，就因看為羞辱，所以成聖。神使他上升，但現在卻軟弱與別人一樣。一個失敗的工人，失敗唯一的原因，就是未保守他分別為聖的長髮。未保守眼，去看那不當看的妓女（16：1）；未保守清潔的心，去喜愛一個非利士女人（16：4）；未保守髮，他不警覺，枕著大利拉的膝沈睡，被人將髮剃光了，他就軟弱和別人一樣。

最可悲的是 16：20「他卻不知道耶和華已經離開他了。」全部聖經找不出一句比這更凄慘、更傷心的話了；全部聖經裡也找不出那一章所描寫的比參孫更凄慘更可惜。更傷心的事是耶和華離開了他，他卻不知道，還想像前三次一樣出去活動活動身體，但他的氣力卻離開了他。人墮落，有時自己知道；有時自己不知道，但別人卻知道。參孫就是這樣。失去能力，別人知道了，就把他抓起來了，軟弱得和別人一樣。

8. 他墮落了，不得不學別人一樣：一個受責打的工人，如此失敗，是神的任憑；也是神的責打；更是神的愛。他被敵人拿住剜去了眼睛，因他的靈眼看不見；又用銅鍊捆綁他，銅表審判，讓他失去自由；再把他下在監裡，他的肉體成了無形的監獄。非利士人要他在監裡推磨，盡情折磨他；最後被敵人牽出去當眾戲弄，他們說：「叫參孫來，在我們面前戲耍戲耍。」這是侮辱到極點。

9. 他復原，就與別人不一樣了：一個失敗的工人要復原，要付出慘重的代價。參孫是在神的審判中復原的，他眼睛犯罪了，被剜去；身體犯罪了，被銅鍊捆綁。他靈性復原，那剃去的聖髮又長長了，這是神給他第二個機會。參孫在神前認罪悔改，求告耶和華再賜給他一次力量。最後他左右兩支手各抱托住房子的兩根柱子，盡力屈身，房子倒塌下來，壓死首領和房內的眾人約有三千。聖經說，「這樣，參孫死時所殺的人，比活著所殺的還多。」

我們讀了參孫失敗的故事，給我們帶來什麼亮光？基督徒的失敗，都在於那舊老我。舊老我是我的最大敵人，舊老我壯大了，我這個人必是失敗。要致死舊老我，只有與主同死。參孫的死，是為主而死；我們舊我的死也是為主而死。舊老我若不死，靈性就不得復原。加拉太書 2：20「我已經與基督同釘十字架，現在活著的，不再是我，乃是基督在我裡面活著。並且我如今在肉身活著，是因信上帝的兒子而活。祂是愛我，為我捨己。」

第十講　那時以色列中沒有王　第 17-18 章

　　按年代計，參孫是本書最後一個士師。從十七章到廿一章是兩個插曲，在這插曲中，描寫出當時的腐敗情形，並且解釋了所以腐敗的原因。:6「那時以色列中沒有王，各人任意而行。」神本是他們的王，但是他們離棄了神。而且連人的王也沒有，就是沒有法律；沒有政府，所以人人任意而行。本章記載他們犯了第二條誡命，拜偶像；十八章記載他們犯了第六條誡命不可殺人；十九章記載他們犯了第七誡不可姦淫；廿章記載他們自相殘殺，幾乎滅種；廿一章記載他們犯了第八誡，幫助便雅憫剩餘的男丁去搶奪示羅女子為妻，各人任意而行，濫用自由。基督徒常說信耶穌得自由。是的，主耶穌拯救我們脫離罪惡；不作罪惡的奴僕，這是自由。但還有另一面是基督徒所忽略的，就是信耶穌要受管束。信耶穌不但接受耶穌為救主，並且接受祂為君王。信耶穌是迎接耶穌在心中作主，讓祂管理一切。許多基督徒不明白這個真理，不願意服從；要自己作主，請耶穌作顧問。甚至有的對耶穌顧也不顧，問也不問，及至生活失敗、挫折。失敗、困難來了，反說耶穌為什麼不幫助我？他不知道耶穌不做顧問，要做君王。耶穌要管你的內政，家庭的事祂要管；祂也要管外交，我們交朋友、出去接洽事務祂要管；祂要管財政，你賺錢、存錢、用錢的事祂要管；祂要管交通，敬畏主的人，祂要指示你當選擇的道路。不但方向，連腳步，主都要引導；主也要管理教育，我們所讀的書、報，主要監視；子女教育，主要主持。總之，祂要管理你一切，因為祂是你的主。

　　從這個故事，讓我們看見那個時代以色列人心中無神、目中無神的生活，何等混亂。道德淪喪、自私無恥、暴力兇殘、任意而行，結果是那麼悲慘。

　　1. 道德淪喪：　17：1-2 米迦和他的母親居住在以法蓮山地，都是財迷心竅。米迦偷了他母親一大筆銀子，共 1,100 舍客勒，約合 440 磅。老母親不曉得是兒子偷的，就咒詛那偷銀子的賊。古時十分恐懼咒詛，米迦心中害怕，只好承認是自己偷的。母親一聽是自己的兒子，不單不責備，立刻改咒詛為祝福：「兒啊！願耶和華祝福你。」這是

人性的自私。

2. 宗教敗壞：　17：3-6 米迦要把銀子完全還母親，他母親高興得很，有的譯本，母親說：「我把銀子全數獻給耶和華。」多麼敬虔？於是米迦將銀子全數還給母親。經文說，他母親就從 1,100 舍客勒銀子中取出 200 舍客勒，不到五分之一，交給銀匠去雕刻一個像，鑄成一個像，安置在米迦屋內。聖經沒有告訴我們鑄成一個什麼樣的像，有人說是個牛犢，因為古代人以為神是站在或坐在牛犢上的。亞倫也是造牛犢，那時人以為牛是代表那不能看見的神，以致誤導人把敬拜耶和華與牛犢混合。這米迦有了神堂，就是在家裡裝了神龕來放他的偶像，米迦又製造了以弗得和他家中的神像。以弗得是大祭司身上穿的背心，可能類似基甸所作的。家中的神像，即家神、祖先或敘利亞的偶像。他又派他一個兒子作祭司，擔任敬拜的事。米迦在這裡犯了三條誡命，第一是雕刻偶像；第二是私自在家設立敬拜，不是神所定的中央祭壇（出 20：24）；第三他任意派自己兒子作祭司，不是神設立的制度。這就說明了當時的社會，都是不按規矩，各人任意而行。

3. 祭司墮落：　17：7-13，過了不久，米迦家裡來了一位遠客，是一個從伯利恆來的青年，這人自稱是摩西的孫，是革舜的兒子，他是利未人，又是猶大人。利未人沒有分得產業，只分得四十八座城，平均分住全地各支派中，發揮宗教領導作用。在士師時代，政治和社會制度崩潰，利未人的組織瓦解，他們的福利、工作也大受影響。米迦知道這人沒有工作，便雇他作家庭祭司，：10「你可以住在我這裡，我以你為父為祭司，我每年給你十舍客勒銀子、一套衣服，和度日的食物。」當時雕個偶像，鑄個像都要 200 舍客勒銀子，在那個生活費高的社會裡，年薪十舍客勒銀子、一套衣服，實在少得可憐。少年人看有吃有住就答應住下來。「以你為父」，事實上米迦並沒有把他當作父，而是當作一個兒子。米迦供奉偶像是離開真理。利未人去接受雇用作偶像的祭司，也是遠離真理了。今天這個時代有沒有類似這種情形？若有，也是離開了真理。

17：13「米迦說，現在我知道耶和華必賜福與我，因我有一個利未人

作祭司。」米迦是建立了一個外表的宗教，他有自己的偶像，有神龕，且雇用了一個自稱正統的利未人作祭司，就說，「耶和華必賜福與我。」這是迷信。迷信不是信仰，只是一個宗教外殼而已。

4. 任意而行：　18：1-10 但支派沒有能力奪得他們應許之地（1：34，35），他們被逼上山，在窄小的範圍活動。參孫便是在瑣拉和以實陶之間來往。他們無安居之所，於是派了五個勇士從瑣拉和以實陶北上去尋找可建立家園的新土地。他們向北走過以法蓮山地，來到米迦的家，遇到作祭司的少年利未人，就問他說：「誰領你到這裡來？你在這裡作什麼？你在這裡得什麼？」這句話很有靈意，神有時藉著人說話；有時藉畜牲說話。就如巴蘭先知因貪財，已經麻木到極點，神便藉驢子向他說話。這少年人不知到底是誰領他來的，絕不是神領他來的，因為他離開猶大伯利恒來到這裡，為的是「找一個可住的地方。」也就是找個工作。因此他來這裡不是神領他來，是他自己來的。他也不是為神而來，乃是為自己的需要。彼得去哥尼流家，是在約帕見異象，是神領他去的，是要向外邦人傳福音；保羅去馬其頓是在特羅亞見了異象，是神領他去的，要將福音傳到歐洲。而這個少年利未人卻不是神領他來，是他自己來的。他來這裡作什麼？事奉神的人，神就是我們的主人，作的事是在作聖工；服事教會的人，基督就是我們的主人，我們所擺上的，是作主工。這個少年利未人，是米迦派他作家庭祭司的，米迦就是他的主人，他在那裡所作的是米迦分派他的工作。他在那裡得什麼？我們今天作神的工，是求得神的喜悅，等候得天上來的獎賞。我們今天作主工，為能得主的稱讚「又善良又忠心的僕人」，等候那句「可以進來享受你主人的快樂。」這少年利未人，他所得的是什麼？不是天上的獎賞，不是進到主那裡享受快樂，他在那裡得的，只是年薪十舍客勒的銀子、一套衣服和度日的食物而已。他只是為生活需要，在世混日子。那時，神的祭司是何等的墮落呢。

那五個但人的探子，要他去求問神前途如何，此行是否成功？神在分地時，已將祂的旨意告訴他們了，現在他們再來尋找一個神求問，他們以為擁有以弗得的祭司能知過去未來。你想，神豈會再將言語啟示這樣的人

麼？神怎能在偶像的神龕前給他們啟示？神既不啟示，那麼他就只有妄稱耶和華的名了。於是少年利未人對他們說：「你們可以平平安安的去，你們所行的道路是在耶和華面前的。」這是他們愛聽的信息，不是神的言語。祭司竟敗壞到這個地步。

5. 但人貪婪：　18：7-13 於是五人就走了，來到拉億。拉億在約但河上流，是一座古城，離瑣拉、以實陶約 160 里，天然環境叫但人羨慕。「那裡的民安居無慮，如同西頓人安居一樣。」西頓人是腓尼基一個和平民族，在地中海各處經商。「在那地沒有人掌權擾亂他們」，沒有外患；沒有設置防敵堡壘；道不拾遺；夜不閉戶，有如世外桃源。而且，「他們離西頓人也遠，與別人沒有來往。」西頓有譯作亞蘭即敘利亞，它與北邊亞蘭因黑門山隔斷；西與腓尼基人因黎巴嫩山所阻隔，因此無外援。而且約但河的支流灌溉、土地肥美，更挑起但人的貪婪。五個探子回到瑣拉以實陶大大宣傳，「我們上去攻擊他們吧，我們已經窺探那地，見那地甚好……不可遲延。……那地百物俱全，一無所缺。」這好消息激動但人遠征。由六百個戰士帶著他們的妻子兒女和財物，勢在必得。於是他們來到以法蓮山地米迦的住宅。

6. 搶劫擄人：　18：14-20 五個人告訴他們有關米迦住宅中有神龕、以弗得雕像和利未人，對他們說：「現在你們要想一想當怎樣行。」他們商定，五人侵入米迦住宅，「六百但人，各帶兵器，站在門口。」這門口是指城門，不是指家門。五個探子進入神龕，將雕像、以弗得、家神像統統搶走。搶劫是罪，犯了第八誡。祭司少年利未人只問：「你們作什麼呢？」也不責備，因為他自己也犯了第二誡的罪，怎能責備人呢？那些人綁票式的威脅他：「不要作聲，用手摀口，跟我們去吧。」又利誘：「我們必以你為父，為祭司。」他們還是承認有神，又承認自己不配敬神，需要找一位祭司，將代替他們敬神。讀歷史，自古至今，沒有一種人民不需要宗教；不敬畏神。讀地理，無論中外沒有一處地方沒有神廟或禮拜堂。這一章又告訴我們，這些信宗教敬神的人，他們的生活又那麼兇惡、殘忍、卑鄙、離齪、殺人、放火、佔人土地、掠人財物、搶人神像、擄人祭司，口中還

說神已將那地交在他們手中，這是多大的錯誤！他們的宗教與他們的生活行為脫了節，宗教是宗教；生活是生活，沒有關係。基督徒的生活、行事為人，要與恩典相稱，要活出主的樣式，不要羞辱主耶穌和祂的十字架。少年祭司聽到但人說，「你作一家的祭司好呢，還是作以色列一族一支派的祭司好呢？」：20 那利未人「心裡喜悅，便拿著以弗得和家中的神像；並雕刻的像，進入他們中間。」他對立身行事毫無原則，只是追求地位、金錢，那邊地位高就往那邊去；那邊工價多就往那邊靠，祭司墮落到這種地步，那個時代、那個社會，怎能不敗壞呢？

7. 暴力： 18：21-26 但人把米迦的祭司、神像搶奪帶走後，米迦聚集鄰居追趕但人，要求取回失物。但人回頭卻對他說，「你聚集這許多人來作什麼呢？」簡直強橫無理。「你不要使我們聽見你的聲音，恐怕有性暴的人攻擊你，以致你和你的全家盡都喪命。」一付強盜姿態，口吐威嚇的話，帶著擄物揚長而去。米迦無奈自知不敵，這個沒有遵守摩西律法敬拜的米迦，只有垂頭喪氣，嚐自己罪的痛苦了。

8. 兇殘行為： 18：27-31 但人來到拉億，「見安居無慮的民，就用刀殺了那民，又放火燒了那城。」殺人放火，豈是神選民所為？見那居民毫無抵抗，豈能下手屠殺？人性兇殘表露無遺。他們就將拉億改名為「但」，這樣來光宗耀祖。：30 但人就為自己設立那雕刻的像，敬拜那偶像。從前作米迦祭司的那位利未人名叫約拿單，成為但城的祭司，他的子孫也接續他作祭司，因為他是摩西的孫子，革舜的兒子。兒子可作後裔解。但人有了摩西傳下來的祭司，使但城聲望提高，這就說明了後來北國以色列王耶羅波安第一，為什麼要選擇但城安放一支金牛犢，用以代表那不能見的神。這神像「直到那地遭擄掠的日子」，那地遭擄的日子，照 31 節「上帝的殿在示羅多少日子，但人為自己設立米迦所雕刻的像，也在但多少日子。」這指撒母耳記上 4：11 及 22 節，非利士人從示羅搶走約櫃的日子。但聖經未說北國但人被擄的事，到列王時代，耶羅波安在但設立金牛犢中心，拜偶像之風很盛，直到主前 733-732 亞述王提格拉毗列色三世攻破撒瑪利亞城，北國以色列滅亡，全民被擄去巴比倫，十室九

空、人去地荒，偶像也不存在了。

第十一講　可怕的教訓　第19章

19：1 告訴我們「當以色列中沒有王的時候」，顯出以色列人的信仰生活是如何的荒唐。在沒有王統治，是神權時代，神就是王，處處應該遵行神的律法管理。耶和華是獨一的神，人人都應順服祂。但他們卻自以為拜偶像是在敬拜耶和華神。在這一章裡告訴我們，以色列人不守律法，是如何的殘暴和道德如何敗壞。從上兩章的以法蓮和但人的惡行，轉到便雅憫支派犯了滔天大罪。這故事也是與利未人有關，「有住以法蓮山地那邊的一個利未人，娶了一個猶大伯利恒的女子為妾。」看來這個利未人的家道豐厚，他既有僕人，又有牲口，而且有妻，還有經濟能力納妾。古代以色列人的妾，地位卑微，大都是出身貧寒。聖經說，他的「妾行淫離開丈夫」，回到猶大伯利恒父家去了。一別四個月，當這利未丈夫怒氣全消後，願與妾復合，便帶了僕人和兩匹驢去岳家見她，勸她回家。這件事正說明了這個利未人並不反對罪行。不但不反對罪行，而且姑息包容罪惡。這利未人有妻又有妾，他自己既有罪了，又怎能去反對罪呢？那個社會連利未人都敗壞，那一般民眾又怎能不敗壞呢？正如今日一些主所選用的君尊祭司，在生活上沒有好見證，自己敗壞了，一般人又怎能不敗壞呢？主告訴我們作基督徒的：「你們是世上的鹽；你們是世上的光。」主不是說你們要去作世上的鹽，應當去作世上的光；乃是說神的兒女們，就是世上的鹽，就是世上的光。光的作用是驅除黑暗；鹽的功用是防止腐化。所以我們對世界有兩種功用，一是驅除黑暗；一是防止腐化。若神的兒女自己也黑暗了，又怎能驅除黑暗；自己已經腐化了，又怎能去防止腐化？那個時代道德淪喪、社會腐化，是因那時代神的兒女沒有發生作用，所以整個社會也腐化墮落了。這個利未人墮落了，容讓罪惡，又回到妾家去與罪惡妥協，要接行淫離開他的妾回家，岳父當然歡喜。這裡將中東人款待家人的熱情表露無遺。那利未人被接待了三天，第四天預備離開，又被岳家盛情挽留直到第五天傍晚。利未人不願再住一夜，便和妾傍晚啟程北上來到耶布斯，就是以後的耶路撒冷。當時那裡住的是迦南耶布斯人，不是以色列人的城市。因此那利未人拒絕住宿，堅持繼續前走往最鄰近的便雅憫支派的城基比亞

去。基比亞在耶布斯北四哩，距伯利恆約十哩，他們就進入基比亞要在那裡住宿，希望基比亞人來熱誠接待。他們失望了，於是他們就坐在城裡的街上等待。因為以色列人的風俗，都是樂於接待遠客，認為這是蒙福之路，尤其對為主作工的利未人更是敬重。今天有的基督徒也樂於接待傳道人，這是合乎聖經的。但這個富有的利未人竟沒有人來接待，為什麼呢？因為那時的利未人沒有作用、沒有見證，像這樣的利未人又有什麼可值得敬重的呢？基比亞的人情人心也到了極其冷漠自私的地步，直到他遇到一個客居該城的以法蓮老者，才對他關切，接待他進屋裡去住宿。

：22-26「城中的匪徒」，匪徒直譯為彼列之子，在當時是指好色下流的人，林後 6：15 稱他為撒但，邪惡的化身。當這些人晚上包圍住老人的房子時，連連叩門，要屋主老人「把那進你家的人帶出來，我們要與他交合。」這基比亞人與所多瑪人多麼相像，這與創世紀十九章的故事類似。在創世紀曾發生過一次，那是發生在所多瑪城，那個同性戀罪惡之城。當所多瑪城的人，連老帶少圍住羅得的房子，呼叫羅得要將當晚來寄居的人交出來任他們所為，當眾人要攻破房門時，神出來干涉了，使門外的人眼都昏迷，摸不著門，不讓罪惡那般昭彰。神在所多瑪既然伸出手來干涉，為什麼這次神不伸出手來干涉，卻任憑他們作這樣的惡呢？因為以法蓮拜偶像，利未人又犯罪，離開真理；喪失真理；不敢反對罪；又姑息罪；又墮落；又失敗；沒有一個明白的；沒有一點復興的意念，神也就只好任憑他，讓他去了。

那個時候的道德敗落到什麼地步呢？22 節下「……你把那進你家的人帶出來，我們要與他交合。」這是同性戀，羅 1：26-27「……他們的女人，把順性的用處，變為逆性的用處。男人也是如此。……」什麼是順性的用處？婚姻是男和女的結合，女人有一個丈夫，男人有一個妻子，這是上帝所設立的婚姻制度。什麼是逆性？婚姻是有男有女，有夫有妻，但那個女子不是妻子；女有男，那個男子不是丈夫，那是什麼？只是同居，這就是將順性的用處變為逆性的用處。男女關係太隨便了；婚姻關係太混亂了。今天我們這個社會也有很多的家庭是這樣，道德也淪喪到這個地步。27 節下甚至「男和男行可羞恥的事」，這就是同性戀，他的妻子不是女子，而是男子。現在這些行可羞恥事的人，他一點也不覺得羞恥，光明正大的結隊

遊行，爭取合法化，甚至有的政府高級官員、國會議員，甚至國家元首、大學教授也傳出這些醜事，他們不以為恥。這個世代不論有地位、有學問、有財富都犯這樣的罪，他們真是寡廉鮮恥，所以道德淪亡了。

當匪徒圍住屋子，對屋主老人說，你把那進你家的帶出來，我們要與他交合。那老人知道無法叫他們不犯罪，求一個折衷辦法，只盼望他們不犯更嚴重無恥得和狗一樣的罪。就對他們說：「不要這樣作惡，這人既然進了我的家，你們就不要行這醜事。」但是他提出來的辦法，又是不可饒恕的罪。「我有個女兒，還是處女。」正如羅得在同樣情況下交出他的女兒（創19：8），「並有這人的妾，我將他們領出來任憑你們玷辱他們，只是向這人不可行這樣的醜事。」當日的社會重男輕女，他們都是待客人如此熱忱，卻對婦女如此缺乏俠義精神，多麼醜惡。更醜惡的是那個利未人見那些匪徒難以理喻，不聽老人的話，就把自己的妾推出門外，讓那些禽獸胡作非為。這是那利未人太自私、太無情、太心狠、太冷酷，為了保護自己，這種無人性的事也作出來了，自己卻安睡在屋子裡。他的妾終夜受凌辱，天快亮才放她去。她勉強掙扎回到她主人的住宿門前，就不支仆倒在地上死去。一開始就說這個婦人犯了淫亂罪，這婦女是死在自己的罪上。所以人一定要從罪中出來，否則罪就會追上，有一天要吃自己罪的果子。罪的刑罰不能倖免的。

那利未人早上起來，準備要繼續行路。他沒有把他的妾昨夜受折磨的事放在心上，真是狼心狗肺、冷血動物、衣冠禽獸。當那個政治和社會混亂的時候，事奉神的人，德行也如此自私無情。他一開門發現婦人仆倒在門前，兩手搭在門檻上。以當時的情況推測，婦人天亮回來伸出兩手，多麼盼望她的主人出來攙扶她進去。然而她失望了，能撐下去的最後一口氣也散了。她主人見她，還若無其事的叫她：「起來！我們走吧！」可是婦人再也不能和他一起走了。那利未人毫不憐惜她所受的痛苦，也毫不羞愧，在那黑暗的一夜，她獨自一人承受了一切的凌辱。於是那利未人就將她屍體馱在驢背上，毫無悲戚的帶回家去。

更可惡的是他的報復心。29節說，就「用刀將妾的屍身切成十二塊」，差人送到各支派中，並說出基比亞人的惡行。這樣就激動起以色列各支派對住基比亞城便雅憫支派的憎恨。30節「凡看見的人都說，從以色列人出

埃及地，直到今日，這樣的事沒有行過，也沒有見過。現在應當思想，大家商議當怎樣辦理？」這樣激起同仇敵愾的心，商議的結果就演成同室操戈，把一個合一的以色列民族破裂了。

　　從這件事上，給我們的靈訓，就是看見靈性一敗壞，社會的道德就敗壞。因為，神的兒女是光、是鹽，光既失去了光；鹽既失去了味，社會就必更黑暗更腐化。我們基督徒的責任多大啊！一個傳道人曾說過一個例子，達拉斯附近一個名叫伏瓦德的地方，那裡沒有酒吧、沒有舞廳、也沒有賭場，這些營業在那裡不能存在。雖然美國是個講自由的地方，沒有法律可禁止他們設立這類營業，只因那地方的基督徒太多，好基督徒太多，他們真正在作光、作鹽，光太大、鹽太多，就使得那些開酒吧、開舞廳、開賭場的黑心商人在那裡生存不下去，開門沒人上門。這是一個好見證。

　　基督徒果能在世作光作鹽，那個社會就沒有黑暗腐化的一面。士師時代犯罪為什麼那麼嚴重？就是因為靈性敗落，竟敗落到一個地步，不單一般百姓敗壞到極點，就連神的僕人利未人、作祭司的也敗壞到極點，各人都任意而行，正是那個時代的寫照，也給我們留下可怕的教訓。

第十二講　骨肉相殘合一破壞　第 20 章

　　以色列人聽聞基比亞人向利未人之妾所作的惡行，反應激烈，可見正義在他們心裡仍然存在。那利未人向以色列各支派通報消息的方法，卻是殘忍可怕。他把妾的屍身切成十二塊，使人拿著傳送以色列的四境。竟然，這殘忍的通報方法非常成功。這次各支派的人都動員起來，20：1「於是以色列從但到別是巴」，但是以色列最北的疆界，別是巴是以色列最南的疆界。「以及住基列地的眾人，都出來如同一人。」基列地是約但河東住的流便、迦得、瑪拉西半支派，這也是說，除基列亞巴外，以色列全地的人都來聚集在米斯巴。這米斯巴只距耶路撒冷有五哩，接近基比亞。各支派共動員了四十萬戰士如同一人，準備打仗。

　　當時的情勢非常嚴重，內戰一觸即發。以色列人請利未人來把事件整個描述一遍。：4-7 眾人聽了，無不氣憤，說：「我們連一人都不回自己帳棚、自己房屋去。」惟留存一線和平希望，先禮後兵，要求便雅憫人交出匪徒，只懲治那些直接犯罪的人。

　　：12-14 這建議卻被便雅憫人強橫地拒絕了，於是兄弟鬩牆的戰爭不可避免了。

　　：15-16 便雅憫出兵二萬六千，另外基比亞有精兵七百，共二萬六千七百人。其中有七百精兵都是左手便利的，能用機弦甩石打人毫髮不差。便雅憫人慓悍是以色列中勇敢善戰的一支，這是創 49：27 雅各臨終給便雅憫的祝福：「便雅憫是個撕掠的狼，早晨要吃他所抓的，晚上要分他所奪的。」左手便利是神賜便雅憫人的特徵。在 3 章 15 節裡曾見過以笏就是善用左手的，代上 12：2 又講到掃羅的勇士，都是便雅憫人，能用左右手甩石射箭。：16「能用機弦甩石打人，毫髮不差。」不要以為這是小學生所玩的遊戲，古時這是戰爭中常用的武器，無論亞述人、埃及人、巴比倫人，甚至以色列人都喜歡採用。大衛打死巨人歌利亞，就是用這種武器（撒上 17：49）。據說用這種武器純熟的人，可甩出半公斤或更重點的石頭，時速可達145-160 公里（新國際版研讀本聖經解釋），擊中目標毫髮不差，便雅憫人有這種功夫，就不怕以色列聯軍。

：18 以色列就起來，到伯特利去求問神，「我們中間誰當首先上去與便雅憫人爭戰呢？耶和華說，猶大當先上去。」於是兩邊開戰了，便雅憫軍方只有以色列軍的十六分之一。以人的看法，便雅憫一定大敗。可是，連續兩天卻是軍力較強的以色列軍大敗。第一天被殺了二萬二千人；第二天又折損了一萬八千人，先後陣亡了四萬人。：26-28「以色列眾人就上到伯特利，坐在耶和華面前哭號。」因當時會幕停在伯特利，是以色列人敬拜的中心。他們在出師之前求問過神，神說可以（20：18），但這兩次陣亡的人數高達十分之一，這是什麼原因呢？本章給我們一個最嚴重的警告，就是以色列人雖然求問神，奉神的命令去懲罰便雅憫人卻兩次失敗，陣亡四萬人。他們去刑罰人，自己倒先受了刑罰。因為神是公義的，不但要定便雅憫人的罪，因他們行了兇淫醜惡的事，當受刑罰。其餘的以色列人都比便雅憫人更好麼？路 13：1-5 有人故意把加利利人因反對彼拉多私自挪用聖殿的銀子，被彼拉多暗暗的趁加利利人獻祭的時候，大肆屠殺，人血攪在獻祭的獸血中這件悲慘的往事來告訴耶穌。耶穌對他們說：「你們以為這些加利利人比眾加利利人更有罪，所以受這害麼？我告訴你們：不是的！你們若不悔改，都要如此滅亡。從前西羅亞樓倒塌了，壓死十八個人。」這也是因彼拉多挪用聖殿的公款作的，耶路撒冷的人去承包這工程，要賺這銀子才出了禍，樓塌壓死了十八個人。主耶穌說：「你們以為那些人比一切住在耶路撒冷的人更有罪麼？我告訴你們：不是的！你們若不悔改，都要如此滅亡。」我們以為眾以色列人比便雅憫人更善良麼？不是的。這場大禍不是因了以法蓮的祭司利未人娶了淫婦為妾惹出來的麼？所以雙方都要受罰。神要從他們中間除掉罪惡，似乎不愛惜他們，忍心叫他們受苦。但是人受苦，神的心更苦。神所注意的，神所要求的，不是痛苦不痛苦；乃是聖潔不聖潔，罪人在痛苦中肯不肯悔改。

這時以色列人哭泣、禁食直到晚上，又在耶和華面前獻燔祭和平安祭。燔祭在表示他們甘願完全奉獻；平安祭在表示他們信靠和感謝。他們這時哭泣、禁食、獻祭，都是在表示真心悔改，全心與神和好，立志要過聖潔的生活。

：28 這時耶和華的答覆是：「…明日我必將他們交在你們手中。」於是第三日，他們採用約書亞攻艾城的戰略（書 8：4-29），以色列人用伏兵誘

敵，：35「耶和華使以色列人殺敗便雅憫人。那日以色列人殺死便雅憫人二萬五千一百，都是拿刀的。」便雅憫人大部份城被焚，全城居民連老帶少、婦孺、牲畜都被殺盡了。戰場上只逃脫了六百人，往曠野的臨門磐去，以那裡作避難所躲避了四個月。這場浩劫，便雅憫人幾乎滅種。

一個合一的以色列民族破裂了，這是誰的過錯？雙方都有過錯。留下的教訓是——

1. 便雅憫人的錯誤是什麼？

第一、在以色列人來問他們中間怎麼做了那樣的惡事，竟然將一個婦人輪姦致死，要他們將直接作惡的兇手交出來治死他們，好從以色列中除掉那惡。當時便雅憫人竟不肯聽從他們弟兄以色列人的話，把基比亞的惡徒交出來。他們所犯的罪就是容讓罪，包庇、掩護罪惡。犯罪固然是罪，容讓、包庇、掩護罪的也是罪。摩西當年從西乃山下來，看見百姓拜金牛犢，就站在營外對屬耶和華的說，用刀去殺那拜金牛犢的弟兄鄰舍，他們犯了罪（出 32：25-28）。那些殺弟兄的，就是不能容讓罪、不包庇罪、不掩護罪、不縱容罪。便雅憫人的錯誤，就在容讓罪、包庇罪、縱容罪。這給我們留下的教訓是，教會是個聖潔的地方，不可容讓罪、縱容罪，包庇罪的，也是在犯罪。

第二、是他們不認罪，不認罪的原因，是驕傲。當弟兄以色列人去指責便雅憫人罪時，他們不服，他們驕傲、護短、愛面子、死不認錯。仗恃他們驍勇善戰，又佔盡地利，便從他們各城裡出來，聚集到基比亞，要與他們的弟兄以色列人打仗。

基比亞是屬便雅憫統治的一個小城，便雅憫人與迦南人混合相處。便雅憫為要保護屬地城民，不惜出兵二萬六千與他們的弟兄以色列人爭戰。另外還有基比亞人點出七百精兵與他們並肩作戰，這算什麼？在王下十六章裡也有同樣的事，以色列王利瑪利的兒子比加，連絡亞蘭王利汛去攻打猶大國的耶路撒冷。猶大王亞哈斯便差使者去連合亞述王提革拉毘列色，搜盡耶和華殿中和王宮府庫裡所有的金銀，送給亞述王，求他幫助去攻打以色列王比加。雙方都連合外人攻擊自己的弟兄，便雅憫人也是這樣，這是最大的錯誤。這給我們留下一個教訓，連合外人攻擊自己的弟兄也是罪。

2. 以色列人的錯誤是什麼？

第一、沒有愛心。憎惡罪是絕對的正確，但憎惡罪人卻不對。我們的
　　　天父絕對聖潔、公義，絕不容許罪，萬不以有罪為無罪。但神
　　　卻愛罪人，喜悅罪人悔改。主耶穌道成肉身，降世為人的目的，
　　　是為了救罪人。可是以色列人不但憎惡罪人所犯的罪，而且憎
　　　惡犯罪的罪人。沒愛心的人是律法主義者，律法是用來對待犯
　　　罪的人，律法對罪絕不饒恕，使犯罪的人沒有機會回頭了。主
　　　耶穌來是恩典，祂用恩典對犯罪的女人說：「我也不定你的罪，
　　　去吧！從此不要再犯罪了！」（約 8：3-11）這是恩典，給他一
　　　次機會回轉。主醫治了那病了卅八年的癱子後，對他說：「你已
　　　經痊癒了，不要再犯罪！」（約 5：14）這是恩典，給他機會悔
　　　改重新作人。那沒愛心的，恨不得除罪也除人，以色列的錯誤
　　　就在這裡。

第二、以色列人作事的方法錯誤了，本末倒置。他們已先聚集了四十
　　　萬人如同一人，大興問罪之師。先聽取利未人的報告，他們的
　　　政策行動商議已定，然後才去伯特利求問神。：18 說「我們中
　　　間誰當首先上去與便雅憫人爭戰呢？」這給我們留下的教訓
　　　是，我們作事很多也是這樣，自己的籌劃已定，然後去求問神，
　　　不把神當作主，只把祂當作副手、顧問，要祂為我們所作的事
　　　背書。那不以神居首位的，就是錯誤、就是罪，以色列人就是
　　　如此。

3. 神為什麼許可他們兄弟鬩牆、互相殘殺？這場戰爭以色列人陣亡了
　　四萬，便雅憫人在戰上死了二萬五千一百。除了逃脫的六百戰士倖
　　免於死外，全族的婦孺老弱盡被殺戮，全城被焚，這是兩敗俱傷。
　　當以色列人去求問神誰當首先上去爭戰時，神答：「猶大當先上去。」
　　接著兩次失敗了，以色列人再去哭著求問神，他們再去與他們的弟
　　兄便雅憫人打仗可不可以，神說：「可以上去攻擊他們。」（23 節下）。
　　這是什麼緣故？聖經沒有明說我們實在不知道，不過以人的思想可
　　能：

第一、神要藉這次苦難彰顯祂的公義，將惡從他們中間除掉。基比亞

的匪徒全被殺了，基比亞城被焚燬了。好像所多瑪、蛾摩拉的罪從那地除掉了。

第二、在以色列中沒有王的時候，去隨從別神。任意而行的結果，就是混亂、就是黑暗、就是罪惡、就是痛苦。神要選民認識祂是獨一的神，要單單倚靠祂。神是他們的王，神應在他們當中凡事居首位。

第三、以色列人久未獻燔祭和平安祭，神要藉著這件流血的痛苦事實，激勵他們獻燔祭，表明要將身體獻上當作活祭，完全奉獻。獻平安祭激勵他們重新恢復與神的交通。

這場血的教訓，以色列人學到什麼呢？合一的以色列民族割裂了；完美的十二支派殘缺了，便雅憫支派只剩下六百男丁，流落曠野將滅族了。當戰鼓轉變成樂器之後，以色列失落的愛心又重拾回來了。下面的發展，就是合一的恢復。

第十三講　合一的恢復　第 21 章

　　什麼是合一？不是外在團體的聯合，乃是心志為一；在靈裡合一。耶穌在最後晚餐末了，為門徒向父神祈禱，約 17：21 求你「使他們都合而為一。正如你父在我裡面，我在你裡面，使他們也在我們裡面。」好比人身的手、腳、眼、耳、口、鼻、心、肝、腸、胃，各部雖類別不同，然合之則成為一個身體，不可分割。這時以色列的合一割裂了，他們需要合一。戰後滿目瘡痍，勝敗雙方都感淒涼。眼看弟兄便雅憫支派的人，幾被完全消滅，其他十一個支派的以色列人比便雅憫人更感難受，以色列將缺了一個支派。聖殿裡的陳設餅桌上，不是要擺放十二個餅嗎？那是代表十二個支派的合一，是完全的。若缺少了一個陳設餅，就是破碎；就是殘缺；就是不全；就擺不出去。如今以色列人急需要去找尋那流落曠野的六百餘種說和睦的話，使以色列十二支派合一。因為以色列人向便雅憫人大屠殺之後，留下一個大難題，便雅憫族已沒有女人存活，都殺光了，那六百人怎能延續他們的種族不致絕後呢？21：1 就說因為「以色列人在米斯巴曾起誓說，我們都不將女兒給便雅憫人為妻。」以色列人一向對所起的誓都會嚴肅遵守，那麼這倖存的六百名便雅憫人何處去尋得妻子重建家園呢？

　　21：2-4 他們便「來到伯特利，坐在神面前直到晚上，放聲痛哭。」他們為什麼這樣痛哭呢？為了骨肉之情的愛；為了以色列十二支派兄弟的愛。他們要去與弟兄和好，要使以色列十二個支派重新合一。於是他們去到伯特利痛哭，對神說：「耶和華以色列的神啊，為何以色列中有這樣缺了一支派的事呢？」合一不是用方法，講什麼民族大義，扣什麼反動帽子；也不是用什麼組織來合併、來統一，合一是要用愛。純潔的合一，是用愛去說和睦的話；去關懷他們。一個戰勝者要去向戰敗者說和睦的話，是何等的難啊。那是要靠靈性恢復，靈性是與神建立的好關係。經上說「次日清早百姓起來，在那裡築了一座壇，獻燔祭和平安祭。」在上一章 20：26 也曾說「以色列眾人就上到伯特利，坐在耶和華面前哭號，當日禁食直到晚上，又在耶和華面前獻燔祭和平安祭。」兩次他們都在耶和華面前去哭泣、獻祭，但所不同的是 20：26 沒有講到築一座壇；廿一章卻講到在那裡

築了一座壇。築壇不築壇有什麼不同？壇是證明神常在其中，是可以常與神交通的。廿章他們只是為打了敗仗，需要來到神面前祈求幫助，是暫時性的，所以沒有築壇。廿一章特別說他們築了一座壇，那是有長期需要的，因為神常在其中。合一要恢復是長期性的事，築壇是靈性的恢復，可以常常與神交通。靈性恢復也是長期的事，所以築壇不是為了一時交通的需要，而是與神建立起長久的關係，這是靈性的恢復。今天我們與神交通，不是偶然需要，而是要建立永久的祭壇。保羅說：「豈不知你們的身子就是聖靈的殿麼？這聖靈是從上帝而來，住在你們裡頭的……。」（林前 6：19）身體就是祭壇，神就常在其中。我們的家庭合一，需要建立家庭祭壇，神就常在其中。教會崇拜是合一的祭壇，因為神常在其中。以色列人「次日清早百姓起來，在那裡築了一座壇，獻燔祭和平安祭。」因為，神在其中，他們就獻燔祭。燔祭是火祭，是將祭物完全焚燒，它的意義是完全獻上，分別為聖。羅馬書 12：1 保羅勸我們「將身體獻上，當作活祭。」就是我們要將身體獻出，過一個分別為聖；完全奉獻的生活。平安祭又叫酬恩祭、感謝祭，這個祭的祭物是神人共享，它的意義是表與神和好。

怎麼才可與神和好？

第一是要先除掉罪。靈性恢復的前題，定要將罪除掉。罪沒除掉，靈性沒辦法恢復，人就與神無法和好。約書亞進迦南，佔領耶利哥後，卻在小小的艾城吃了第一次敗仗，也是唯一的一次敗仗。原因是因為亞干犯了罪，違背了神吩咐他們的約，取了當滅之物，所以，神不在他們中間。當他們把亞干在亞割谷除掉後，罪除掉了，於是神又再回到他們中間，他們的靈性恢復了。以色列人去把基比亞匪徒殺光了，犯罪的城也焚燬了，把罪除掉了，他們的靈性也恢復了。靈性恢復了，才能去與他們的弟兄說和睦的話。

第二，因有愛才能與人說和睦的話。雅各書 2：15-16 教導我們「若是弟兄，或是姐妹，赤身露體，又缺了日用的飲食，你們中間有人對他們說，平平安安的去吧，願你們穿得暖吃得飽，卻不給他們身體所需用的，這有什麼益處呢？」以色列人要與便雅憫人說和睦的話，最迫切的，就必須為他們解決無後為大的問題。但他們已經起誓，不將女兒給他們為妻，這個問題又怎能解決呢？他們也曾起誓，「凡不上米斯巴到耶和華面前來

的，必將他治死。」現在清點人數，發現基列雅比人沒有一個到來。基列雅比人是什麼人？基列是約但河東之地，雅比是一個小城，這是屬瑪拉西半支派的城鄉，裡面住的是瑪拉西半支派的人。他們為什麼不出兵去攻打便雅憫人？這要追溯到以色列人的始祖雅各。雅各最愛的妻子是拉結，拉結給雅各（就是以色列）生了第十一個兒子約瑟，再生第十二個兒子便雅憫的時候，就因難產死了，所以約瑟和便雅憫都是拉結所生的同胞。約瑟的後裔瑪拉西與便雅憫的後裔有近親血緣關係，可能他們很不贊成骨肉相殘。本是同根生，何必如此大動干戈，所以拒絕出兵。這卻給以色列人找著藉口了，他們決定派兵去懲罰基列雅比的人以履行誓言，於是調遣了一萬二千勇士，去將雅比人連婦女帶孩子都殺光了。只留下四百個未嫁的處女，把她們帶回約但河西迦南地的示羅營裡。

那倖未戰死沙場的六百便雅憫人，仍藏在基比亞和伯特利以東一帶的曠野，在一處名為「臨門」磐石的地方。以色列人派人去向他們說和睦的話，答應把基列雅比的四百處女給他們，作他們的妻子，於是他們便回去重建家園。這樣的結果，很自然的便雅憫人和基列雅比人彼此融合了。故多年後，基列雅比被亞捫人攻打的時候，身為便雅憫人的掃羅王便出兵去幫助他們，使他們平安，因此基列雅比人更懷念掃羅的恩情。其後掃羅被非利士人擊敗，掃羅三個兒子被殺，掃羅也自殺，被非利士人將他們的屍身釘在伯珊的城牆上。基列亞比人的報恩行動，就是奮勇的去將屍身取下，送到雅比去埋葬了（撒上 31 章）。

雖然以色列人與便雅憫人和睦了，但問題沒有完全解決。除了雅比的四百處女外，還剩下二百便雅憫人沒有妻室。

：19-24 他們想到第二個不違反誓言的方法，便是安排一個機會教他們自己去搶。那時示羅每年有一個節期，在葡萄成熟收割時，就是一種地方性的住棚節，各地以色列人攜家帶眷來參加這歡樂的節期。「示羅女子」是指這次來示羅居住的女子，她們隨父母來自以色列各地，這些年輕女子載歌載舞在葡萄園中慶祝收成。趁這歌舞之夜，以色列人教便雅憫人在葡萄園中埋伏，讓他們看見少女就去各搶一個為妻。於是便雅憫人都有妻子了，而以色列人也沒有違背誓言，因為他們並沒有直接把女兒嫁給他們。

如果家人想來搶回女兒，這時以色列中的長老就出面勸他們說：「求你

們看我們的情面，施恩給這些人。因我們在爭戰的時候沒有給他們留下女子為妻，這也並不是你們將女子給他們。」於是便雅憫人就放膽如此行了，搶得妻子各回自己的地業重建家園，再次成為一個支派。

合一是用愛來合一。以色列聖殿裡的陳設餅桌上，要擺十二個餅才是合一的見證。兄弟鬩牆，一個支派折損，缺了一個餅，合一的見證就擺不出去。同樣教會裡也要有愛才是合一，哥林多教會結黨紛爭，就不是合一。保羅特別在致哥林多前書第十三章裡闡釋了愛的真諦，最後保羅語重心長的教導我們：「如今常存的有信、有望、有愛，這三樣，其中最大的是愛。」沒有愛就不是合一，沒有合一就沒有力量；沒有合一就沒有見證。教會沒有合一的見證，真理就受到虧損，福音廣傳就會受到阻力。我們的主，也在最後逾越節的餐後，就賜給作門徒的一條新命令，約翰福音 13：34「我賜給你們一條新命令，乃是叫你們彼此相愛。我怎樣愛你們，你們也要怎樣相愛。」我們要有合一的見證，願主叫我們在主的愛裡合一。

卷三　路得記

第一講　路得記介紹

　　聖經六十六卷中，只有兩卷是以女人名字命名，一是以斯帖記；一是路得記。以斯帖是一個猶太女子，她活在外邦人中，又嫁給一個外邦男子，而成為一個偉大王朝的王后。路得是一個外邦女子，她活在以色列人中，又嫁給一個猶太人，而成為大衛王的先祖。路得和以斯帖都是非比尋常的女人，但路得記特出的地方，是聖經中唯一以整卷書的篇幅來記一個女人的故事。

　　路得記是一本愛情故事，是一本描述偉大、純潔而尊貴的愛情故事，一種越過鴻溝和偏見的愛情，但它奇特的倒不是發生在少男少女身上，而是婆媳之間。一個年輕寡婦對她婆婆純潔的愛，路得對孤苦無依的拿俄米一片忠心，完全置自己的安危於不顧，去照顧一個連遭喪夫喪子之痛的婆婆。這愛正反映出神無私的愛。

　　這個故事一開頭就說「當士師秉政的時候……」，很明顯，這本書的時代背景是在士師時代。士師時代是一個動盪不安的時代，支派間的互相嫉妒、排擠和外來的攻擊，是最悲慘、最黑暗的時代。他們當中沒有王，各人任意而行；社會道德敗壞；宗教墮落；信心消失。尤其讀了最後十七到

廿一章後，再讀這卷感人肺腑的路得記，如走曠野到了活水泉旁的樹蔭下，把厭倦痛傷的靈，一變而為神清氣爽。在村野阡陌中看到那顯出尊貴的愛和敬虔的信仰生活，真有如沙漠裡的玫瑰，廢堆中的珍珠。

　　故事中描述一個猶大支派的以利米勒家庭，因飢荒而帶著妻子拿俄米和兩個兒子離開故鄉伯利恒，去死海東邊的摩押地謀生。摩押地不是神應許之地，摩押人是羅得的後裔。羅得是亞伯拉罕的侄兒，故與以色列人有血統淵源。以色列人當年在曠野曾為摩押女子所誘去向邪神巴力毘珥獻祭，耶和華神震怒，用瘟疫刑罰死了二萬四千人（民 25：1-9）。因此以色列人的子孫，提到摩押女子，餘悸猶存。

　　以利米勒到摩押不久就死了，兩個兒子各娶摩押女子為妻，一個名叫俄珥巴；一個名叫路得。以色列律法並不禁止與摩押人通婚，只是不許摩押人進「耶和華的會」。這是因為以色列人出埃及時，摩押人沒有接待、供應，並曾召巴蘭來咒詛他們（申 23：3－4）。不許進「耶和華的會」就是不可以進入以色列這個大團體中。後來兩個兒子都死了，孤苦零仃的拿俄米要回應許之地去。路得定意要跟隨拿俄米回伯利恒，不怕面對種族仇恨的難處，同婆婆終於回去了。結果卻出人意想，這年輕的摩押女子，不單嫁了個以色列的富翁波阿斯，日後更成為大衛的曾祖母，且在彌賽亞族譜中佔一席地位。在彌賽亞族譜中，一共提了四個女人的名字，另三個是他瑪、喇合和拔示巴，這三人都叫我們想起她們不潔的行為，唯獨路得卻像一顆無瑕的鑽石，光芒四射。

　　這卷書中所提到人物名字，都有靈意，在預表一些重要的真理。書中出現的第一個地名是伯利恒，伯利恒是「糧倉」、「麵包房子」的意思。第一個人物以利米勒，意思是「我的神是王」或「我的神是我的王」。以利米勒的妻子拿俄米，是「甜」或「馨香」的意思。因著糧倉出現飢荒，他們就離開了神應許之地伯利恒，去外邦地謀生。他們帶著兩個兒子，一個名叫瑪倫，意即「歡樂」、「樂歌」；另一個名叫基連，意即「完美」。他們在試煉之下，就忘記了與神立約的身份，去與外邦人妥協，一起活在污流中。

　　在摩押地以利米勒（我的神是我的王）死了，跟著瑪倫（樂歌）和基連（完美）也過去了。拿俄米苦撐了十年，一個年輕寡婦俄珥巴留在摩押，兩個寡婦回伯利恒來了。這時她不再是拿俄米（甜美、馨香），她自己說「叫

我瑪拉」，意思是愁苦。

　　這些預表已經夠清楚了，以色列人在迦南地，本就是神權統治的。神就是以色列的王，以色列就是以利米勒（我的神就是我的王），以色列人是與拿俄米（甜美、馨香）結親的，他們的後裔是瑪倫和基連（樂歌和完美）。但當以色列人落在試煉中，他們就妥協了；走迷了，離開與他們立約的神。以利米勒死了，以色列人再不能真心真意地說「我的神是我的王」。瑪倫和基連相繼離開，「樂歌」止住了，敬虔與「完美」埋葬了。最後，一度曾是「甜美、馨香」的拿俄米回來了，她是愁苦的餘種，路得（滿足、美麗）便成為焦點。她是預表教會的，可從三處看出來：1. 在麥田裡的路得；2. 在麥堆裡的路得；3. 在波阿斯家中的路得。

1. 在麥田裡的路得：在收割的麥田裡拾穗子，一個外邦的；可憐的；一無所有的女子，她在以色列地與約的應許上，本就無份無關，她卻在耶和華的蔭蔽下尋求安身之所，向富有和尊貴的波阿斯祈求恩待。波阿斯的意思就是「他裡頭有力量」，他強壯、富有、尊貴、優雅。尤其是當他慷慨又溫柔地看待路得，以後又娶她為妻，各方面就是在預表基督。

2. 在麥田裡的路得：當路得求助無門時，她來到波阿斯麥田裡，躺在麥堆旁，她把一切都投上去，她相信波阿斯的仁慈、恩惠可以救贖她。她就一無所有的來到他面前，卻因他先愛她，她就完全投上去了，躺在他腳下求保護、供給、蔭庇。最後她所得的，遠超過她所想的。

3. 在波阿斯家中的路得：路得被波阿斯贖回，他就與她聯為夫妻，與她分享他的生命，一切財富與喜樂。

這就是基督與教會的預表，因為

1. 波阿斯是她的親屬，有救贖她的權利。預表基督是我們的親屬，祂有救贖的權利。

2. 波阿斯有救贖的力量。預表基督是神的兒子，祂尊貴富有，祂有救贖的力量。

3. 波阿斯有救贖的心願。耶穌說：「人子來，為要尋找拯救失喪的人。」（路 19：10）祂降世的心願就是來救罪人。我們的救主，不但把我

們失去的土地贖回，並且祂叫我們成為祂的新婦，永遠分享祂的生命、國度、產業，及永恒的喜樂。在祂裡面我們得著的比亞當失去的更多。

這卷書的主題，是在論神的揀選與救贖的美意。大衛在救贖史中所扮演的角色，乃是作一個以恩慈治理以色列的工具。神所應許國度的福份，將會在那偉大的「大衛的子孫」（太 1：1）耶穌身上，以及祂在救贖事工上，會完全實現。

這卷書裡蒙救贖的路得，是一個外邦女子。她進入猶太聖會，它給我們顯明了一項真理，人進入神的國，不靠地位；不靠名望與血統，而是靠信心，一生遵行神的旨意，信守真理。生活的中心不是自己要作什麼，而是天父要我們去愛人；去關懷別人；幫助別人。「愛人如己」的精神，在本書裡發揮得淋漓盡致。路得列在彌賽亞的族譜中，在顯示神不輕看外邦人，在基督裡並無猶太異邦之分。

這卷書對我們有什麼教訓？

1. 可以為我們經過試驗的模範：路得在苦難中、試驗中、失望中，因為她有堅固的信仰，不自私的品格，她就不以苦為苦，在無望中有希望。這是我們在試煉中的模範。

2. 可知神必看顧屬祂的人：看路得的經歷，可知道我們個人的事、我們家庭的瑣事、我們隱密的私事、我們心靈中痛苦的事，莫不在神的眷顧之中。

3. 神的恩典也臨到外邦人：路得一外邦女子，因信加入猶太聖會中，可見神不僅以猶太人為選民，凡有信心的人，都可因信稱義，成為神的兒女。這卷書有人稱為「福音之門」，正是與外邦人得救有關。

4. 可為基督新婦的預表：路得是一外邦新婦，為富而有力量的波阿斯所贖，又為波阿斯所娶。正如教會為基督所贖、所娶，為基督的新婦。路得進入波阿斯的豐富，基督徒亦與基督一同承受萬有。

這卷書中的三個婦女，正代表了三樣的基督徒：

1. 拿俄米是代表退步、跌倒的基督徒。

2. 俄珥巴是代表棄絕福祉的基督徒。

3. 路得則是代表因信而得福的基督徒。

那末四章六節所說的那個無名的至親又代表誰呢？就是代表律法。律法本身是公平的、正義的，對路得卻沒有笑容，也不歡迎她。那個無名的至親願意按律法規定為她代贖回田地，但一聽到還要娶摩押女子路得，他就退出了。律法對我們這些罪人不能作什麼，它不能重生我們，也不能給我們什麼，它只能定我們的罪。感謝神，為律法所拒的摩押人，卻為恩典所接納了。「……這恩典是祂在愛子裡所賜給我們的。」（弗 1：6），「要將祂極豐富的恩典，就是祂在基督耶穌裡向我們所施的恩慈，顯明給後來的世代看。」（弗 2：7）

第二講　人間悲劇　第 1 章

當士師時代，沒有中央政權，各人濫用自由，任意而行。所表現出來的，是叛道反教；宗教道德墮落；社會秩序混亂；外患連連；支派間內戰；人禍天災，民不聊生，苦不堪言。這個故事，就發生在這個黑暗時代，有如烏雲滿佈的天空，出現的一顆星星。

以利米勒從伯利恒去摩押 1：1-5，摩押意即「由父而生」。摩押是羅得和女兒亂倫所生的一個兒子，是情慾的果子，是神不喜悅之地。猶大伯利恒人以利米勒帶著一家大小，逃荒去摩押謀生。我們相信這家人是敬畏神的，為了生計竟離開應許之地，投奔拜偶像的摩押地。下這決定必然是很痛苦的，到底他們還是去了，結果也錯了。以色列人都知道，飢荒臨到唯一的原因，就是因為他們離開了耶和華他們的神，走歪了路。

他們錯在那裡？

1. 他們的信心經不起試驗：聖經中屢次記載，神以荒年來試驗祂兒女的信心，如亞伯拉罕曾因荒年下埃及（創 12：10）；以撒以飢荒往基拉耳（創 26：1-2）；雅各全家因飢荒下埃及，都見神兒女的信心軟弱。可憐以利米勒因飢荒就遠離父家，跑到摩押地去了。

2. 他是體貼肉體：摩押是肉慾的果子，以利米勒去摩押正是為了給肉體安排，靠自己的計劃，不以神為王就是體貼肉體。我們不但在壞事上不該體貼肉體，連在好事上也不該體貼肉體。無論在任何事上體貼肉體的，結局就是下到摩押，結情慾的果子，收取敗壞。

3. 迦南本是滿了神的眷顧、祝福的流奶與蜜應許地，被稱為麵包之家或糧倉的伯利恒，是大衛王的家鄉，是耶穌基督的出生地。它的意思不但有可養肉身之糧，且可養靈性的生命糧。這時何竟出現飢荒？必因兒女遠離神的緣故（申命記 28：14-24，38）。這時那蒙福之地，無論物質靈性都到了荒年的地步。以利米勒不但自己去摩押，也帶著妻子拿俄米同去。拿俄米是甜的意思，因她為人太甜，不願對丈夫走歪路的行動加以反對、勸阻，竟與丈夫同行，一齊下到可咒詛的摩押地去了。不但他們去，且帶了兩個兒子瑪倫和基連同去。

以利米勒下摩押對我們有什麼教訓？

1. 他們以逃避苦難走入歧途了。以利米勒率領全家去摩押，正表明有些基督徒，因躲避一時的苦難就入了歧途。伯利恒糧倉雖遭飢荒，也不過一時，神絕不會使順從祂的人斷糧。以利米勒下摩押便是從恩典家中去到咒詛之地。今日有些基督徒雖然各以父為王，實際上處處都是自己在作王，也走入以利米勒的歧途，在生命歷程中虧欠神的榮耀。

2. 貪圖世界積重難返。以利米勒在摩押，並未打算永久居留。只因入境隨俗，漸被同化，久之便不想回家了。以利米勒為了尋找生計，連生命都喪失了。他指望口糧，得到卻是墳墓。拿俄米為人太甜，先隨從丈夫下到摩押，後又隨從兒子娶了兩個摩押媳婦，就再也不想回猶大去了。神看她在平安順境不會回頭，便用逆境，先叫她所依賴的丈夫死去，又叫她所疼愛的兩個兒子相繼一坯黃土長眠摩押地下，留下兩個年輕的寡婦，伴著早已喪夫的婆婆，淚眼望淚眼。這悲慘的結果是她自找的，人常說「禍福無門，惟人自招」，他們下到摩押是離開恩典地位去到咒詛地位。以利米勒和拿俄米對我們的教訓是，無論在每一件事上，必須以神的話為依據，縱然遭遇困難，千萬不要離開蒙福的地位。

3. 神奇妙的作為是藉人的不順從也能成就祂的旨意。以利米勒全家去摩押本是出於人意的，他是失敗。兩個兒子娶了摩押女子為妻，也是出於人意，也是失敗。雖然他們失敗到極點，但神卻藉他們的失敗，成就了神的美旨。使摩押女子路得因此入了猶太籍，藉其血統，不但產生了大衛王，連主耶穌也從她的後裔中出來。神叫萬事都互相效力，成就祂的旨意。叫人不得不驚嘆神在冥冥中的手，無遠弗屆，顯出祂奇妙的作為。

：6-7 時光雲眼間十年就溜過去了，拿俄米聽到家鄉「耶和華眷顧自己的百姓」，食有餘糧，就決定要回去。這段日子，兩個媳婦對婆婆的愛日增月長，希望與她一同歸去。因為她們從拿俄米身上找到了那獨一的真神，拿俄米的生活見證，是最好的基督馨香之氣。於是她們便與婆婆一齊起行。

拿俄米對兩個兒婦說，我女兒們哪，你們各人回娘家去吧，「願耶和華

使你們各在新夫家中得平安。」拿俄米心疼兩個兒婦年紀輕輕的，跟她回去會受歧視不會幸福，勸她們留在家鄉，神會恩待她們。古時寡婦的情況十分悲慘，她只有幾個選擇，一是重回父家，由父兄照顧生活；一是再嫁；最悲慘的因生活淪為娼妓。拿俄米知道，如果她的外邦媳婦跟她回國，再婚的機會很微。她感謝她們以往對兒子的忠貞，又同她渡過這段艱苦的歲月。她祈求神賜福她們，在新夫家中得平安。「新夫家中得平安」是指有安全的蔭庇所，何必跟一個窮婆婆去走那無倚靠、無希望、無前途的路呢？拿俄米說完，兩個兒婦就放聲大哭，說：「不然，我們必與你一同回你本國去。」她們堅持，拿俄米傷心的說：「女兒們哪，回去吧！為何要跟我去呢？」古代猶太人的風俗，寡婦與亡夫兄弟或近親結婚的規則，亡夫的兄弟便要娶無子嗣的寡婦，首生的兒子要歸在亡夫的名下（申25：5-10），這孩子也有權承受死人的遺產。拿俄米本應有這個機會的，可是拿俄米說：「我還能生子作你們的丈夫麼？」她太老了，沒有可能再生兒子給兩個媳婦作丈夫，跟她回去只有吃苦，「我為你們的緣故，甚是愁苦。」她們婆媳之間的愛，都沒有自私。拿俄米不想連累她們，再三勸她們回娘家去。俄珥巴聽從了，路得卻為了孤苦伶仃的婆婆堅決留下了。

　　：8-14　兩個媳婦所代表的是兩類基督徒，一類是甘願走信心道路的，路得就是這一類。她憑信心跟從拿俄米，去到神家伯利恒。另一類是從信心路上退後，又轉向世俗路的，如俄珥巴，作了半途而廢的基督徒。歷代俄珥巴式的基督徒真不少，這是奔走天路有始無終的一群，達不到目的地。

　　1. 俄珥巴：

　　(1) 她起初跑得很好，與婆婆、路得共患難。先是瑪倫死，再是基連亡，剩下婆媳三人，無倚無靠，沒有丈夫，也沒有兒子；沒有安慰，也沒有快樂；痛苦黑暗，毫無希望。但俄珥巴從未灰心，從未抱怨，多年與婆婆及路得患難與共，苦澀共嘗，彼此難捨難分。當拿俄米決志離開摩押這塊傷心地，俄珥巴與路得生在這裡長在這裡，父母兄弟親戚朋友都在這裡，她們留下可以再嫁，又何必跟一個窮苦無倚的婆婆把終身交在無望的猶大地呢？但俄珥巴卻不顧及這些，她毅然隨婆婆同行，她起初跑得甚好。

　　(2) 中途卻扶犁向後看。是的，俄珥巴家中有父母、兄弟、親友，也有

她所愛的東西。一旦「起行離開所住的地方」，實難完全割捨。陌生的猶大地雖似天上樂園，此去是凶是吉？是禍是福？又聽身邊親友的勸阻，不免信心鬆動；半信半疑；進進退退。我們看俄珥巴跟婆婆行，是出於感情衝動，並不是決志，更不是為了信仰。

(3) 她不能忍受試探。拿俄米體諒媳婦說：「你們各人回娘家去吧，願耶和華恩待你們… 願耶和華使你們各在新夫家中得平安。」回娘家是一條安全路，到新丈夫家中更是終身有靠，任擇其一都好，跟婆婆去實在一點前途都沒有。俄珥巴的信心不堅定，不能忍耐到底，所以與恩典無份。

(4) 俄珥巴與婆婆親嘴而別，她眷戀故鄉，不肯走十字架的道路，她只看暫時的，不看永遠的；只看物質的，未看屬靈的。她含淚而別，不發一言，憂憂愁愁的走了，她心裡也傷痛也自責。正像那個少年人，不肯捨棄所有的跟從耶穌，卻憂憂愁愁的走了一樣（太 19：22）。今天奔走天路的，也有很多俄珥巴，終於回到自己的地方去了。

2. 路得：　：15-19 在表明與主連屬為一的聖徒。本書特別注重的，是路得如何成為選民，為大衛的先祖，並如何表明基督的新婦。

(1) 路得出身卑微，生在反對神的國裡，既為外邦女子，聖經明言「摩押人不可入耶和華的會」（申 23：3）。我們原是以色列國以外的外邦人，與盟約所應許的無份。感謝神，竟從異邦人中把我們召出來成為神的選民，且作基督的新婦。按聖經，基督的新婦原是從異邦召來的，如以撒的新婦利百加；作約瑟妻子的亞西納；摩西在米甸的妻子西坡拉，皆在預表自外邦召來的基督新婦。外邦的教會，即基督的身體，也是基督的新婦。路得正表基督新婦的來歷，是出身微賤，來自異邦。

(2) 路得的決心。俄珥巴勝不過試探回本地去了，路得不但勝過了俄珥巴的試探，而且勝過俄珥巴作她的絆腳石。拿俄米對路得說「看哪！你嫂子已經回她本國，和她所拜的神那裡去了，你也跟著你嫂子回去吧！」這個試探強大怎能抵抗？但她答道：「不要催我回去不跟隨你，你往那裡去，我也往那裡去。你在那裡住宿，我也在那裡住宿。你的國就是我的國，你的神就是我的神。你在那裡死，我也在

那裡死……除非死能使你我相離，不然，願耶和華重重的降罰與我。」這明明是說要與拿俄米同步、同居、同國、同信、同生死，這是人生最高的代價。

a. 「你的神就是我的神」：一般決定一件事情，多是看對自己有無利益。有利則取，無益則捨。路得的決定，沒有考慮自己的利益，全在信仰。「你的神就是我的神」，摩押人原是敬拜基抹的（民21：29），路得願意捨棄，這是選擇了永久的，不憑眼見的，不看眼前的，去投靠在神的翅膀底下（2：11-12）。

b. 「你的國就是我的國」：路得捨棄祖國本族父家，與拿俄米回到伯利恒，不是衣錦榮歸，乃是一無所有；一無所靠；兩手空空，如何生活，不得而知。她的決定，不是在於我能得多少，乃是在於我能捨多少。你去到那裡，我也去到那裡，「你的國就是我的國」，她發誓：「不然，願耶和華重重的降罰與我。」路得的決心在於信，揀選在於信，她願意走信心的道路，所以蒙神賜福。

：20-22 拿俄米帶著摩押媳婦歸來了，引起一陣哄動。「合城的人就都驚訝，婦女們說，這是拿俄米麼？」看她滿臉風霜，神形頹喪。拿俄米說：「不要叫我拿俄米，要叫我瑪拉，因為全能者使我受了大苦。我滿滿的出去，耶和華使我空空的回來。」其實生命中不少悲劇，是因為人自以為滿有一切，就離開了神，結果只落得一場空。拿俄米是因離開了神的地土，才失去神的祝福，受到神的管教。她回歸了，再次進入神的豐富。：22 拿俄米帶著她的兒婦摩押女子路得回到伯利恒，正是動手割大麥的時候。飢荒過去了，摩押地的悲慘也過去了，現在正是割大麥的時候（四月底）。

第三講　巧遇　第 2 章

　　二章一開始就說「拿俄米的丈夫以利米勒的親族中，有一個人名叫波阿斯。」這卷書的兩個主要人物就是波阿斯和路得。波阿斯不但在本書內佔了最重要的地位，也在基督的救恩上有緊要的關係。聖經說他是個大財主，這意思不單是指他富有四海，且是指他大有能力。波阿斯是何許人呢？

1. 2：1-7 波阿斯對神是大有信心的：他信神雖住在高天聖所，卻也常在我們的中間。第四節他對收割的工人說：「願耶和華與你們同在。」我們的主耶穌名「以馬內利」，以馬內利即神與人同在。凡經歷到神同在的，都感受到祂是何等的愛，與神同在是何等的平安，何等的有福氣。十二節他對路得說：「你來投靠耶和華以色列上帝的翅膀下」。「翅膀」有健壯、眷愛、蔭庇、保護、安慰等等的意思，耶和華現在仍常張開祂慈愛的翅膀，等待我們去投靠祂。神待我們有如「覆雛之愛」，不但用翅膀遮護我們，也如鷹將祂子民背在翅膀之上（出 19：4；申 32：10-11），對那遠離祂的子民，有如母雞呼喚小雞「聚集在翅膀底下。」（太 23：37）波阿斯看神是公義的，他對路得說：「自從你丈夫死後，凡你向婆婆所行的……人全都告訴我了。願耶和華照你所行的賞賜你。」神總不忘記賞賜尋求祂的人，那怕一杯涼水、兩個小錢，神也不忘記賞賜我們。

2. 波阿斯對人是柔和謙卑的：他到田裡見到收割的工人就說：「願耶和華與你們同在。」他的工人們也回答：「願耶和華賜福與你。」這是多麼溫馨的場面，勞資如此尊重，這都是耶和華在他們中間。從主人的祝福，可以看到主人是怎樣的主人；從僕人的祝福，也可以看到僕人是怎樣的僕人，他們將宗教信仰融合在生活當中了。他下面的無論是僕人、使女都聽從他的話，和睦共處。波阿斯對貧苦無依的摩押女子，也能體恤同情，或安慰或濟助，不許僕人虐待，後且為她代贖產業。正如拿俄米說的，「他不斷的恩待活人死人。」波阿斯待人有恩有愛、有仁有義。

3. 波阿斯對己是勤勞自愛：他雖是一個大財主，卻仍殷勤作事，或在

城中或在田間，都親身操作。早晨至城門口，那是審理訴訟的地方。
晌午到田間，那是收禾稼的地方。晚間則下到禾場簸大麥。拿俄米
說：「他今夜在場上簸大麥」(3：2)，如此勤勞的一個人，又潔身自
律。當他發現路得在禾場躺在他腳下時，他仍以禮相待，又為路得
祝禱。波阿斯這個人實非常人。

4. 波阿斯是主耶穌基督的預表：他在路得身上施行救贖之恩，不但為
路得贖產業，也贖了路得自己。「凡屬以利米勒和基連、瑪倫的，我
都從拿俄米手中置買了。」因為他是至近的親屬。我們的主耶穌道
成為肉身，生在律法之下（加 4：4），稱我們為弟兄（來 2：11），
和我們一樣成為血肉之體（來 2：14），且成為罪身的形狀（羅 8：3），
作了我們至近的親屬，這樣方能作我們的救贖者。波阿斯大有能力，
這能力是從他的義與愛而來，使他不能不救，不能不贖。我們的救
主是全能的，無所不能的。祂最大能力的表顯，是祂的十字架，十
字架是救恩的中心點。波阿斯是個大財主，不但有力量為路得贖產
業付出贖價，且使被贖的路得也成為富有，正如主耶穌贖我們，叫
我們與祂同享萬有。波阿斯是莊稼的主，耶穌也是莊稼的主。太 9：
38 主對我們說，「當求莊稼的主，打發工人出去，收他的莊稼。」

路得巧遇波阿斯

1. 路得與波阿斯巧遇在麥田。人生的際遇不是照我們的計劃，照我們
的願望實現的。無論是好際遇、壞際遇，都在神的旨意當中。路得
求婆婆准許她到田間去拾取麥穗維生，根據摩西律法規定，貧窮人
與寄居人是有權在收割人身後拾取遺落的麥穗（利 19：9；23：22）。
第三節說，「她恰巧到了以利米勒本族的人波阿斯那塊田裡。」路得
沒有去別人的田裡，不知不覺「恰巧」去到波阿斯的田裡。第四節
「波阿斯正從伯利恆來……」，波阿斯也是「恰巧」從城裡出來到了
這田中。這田裡的僕人婢女和拾取麥穗的窮人雖多，波阿斯又「恰
巧」注意到路得身上。這真奇怪，是路得的運氣？還是神在暗中指
引呢？這種巧遇非偶然，在這件事情的每一個細節上，都看見神的
手在安排一切。就如當年法老的女兒「恰巧」到河邊洗澡，小摩西
睡的蒲草箱「恰巧」被法老的女兒發現，「恰巧」小摩西的一聲啼哭，

摩西的「巧遇」就被法老的女兒救起。又如亞哈隨魯王在宮中「恰
巧」那夜不成眠，叫人取歷史書來讀，「恰巧」就唸到末底改救王的
那段往事，因此以色列人全族得了拯救。一切的恰巧，都是神的手
在指引。路得去到麥田巧遇波阿斯，給我們留下寶貴的教訓，如果
我們肯到主的麥田裡作工，就是與主相遇的大好良機。

　　波阿斯看到路得的衣著和外貌與常見拾麥穗的女子不同，就問監管收
割的僕人：「那是誰家的女子？」僕就回答：「是那摩押女子」。她是一個很
謙卑的人，「跟隨拿俄米從摩押地回來的。」她是一個很有禮貌的人，「她
說，請你容我跟著收割的人，拾取打捆剩下的麥穗。」她是一個很殷勤的
人，「她從早晨直到如今，除了在屋子裡坐一會兒，常在這裡。」這樣的介
紹，給波阿斯的印象深刻。

　　2. 路得受波阿斯的優待，（：8-23）出乎她意料之外。

　　(1)蒙厚待：　　：8-9 波阿斯對路得說：「女兒啊！聽我說，不要往別人
　　　　田裡拾取麥穗，也不要離開這裡，要常與我使女們在一處。我的僕
　　　　人在那塊田收割，你就跟著他們去，我已吩咐僕人不可欺負你。你
　　　　若渴了，就可以到器皿那裡喝僕人打來的水。」波阿斯稱她「女兒」，
　　　　顯示出他們之間的年齡頗有差距。「不要往別人田裡拾取」，按靈意
　　　　說，這在教訓我們只好在主的田中拾取麥穗，絕不可往別人田中去
　　　　拾取那些異端邪說，不當拾取的麥穗。「要常與我使女們在一處」，
　　　　使女是跟隨收割人捆麥桿的，這似乎默許他會供給她的需要。「我
　　　　已經吩咐僕人不可欺負你」，「已經」顯出我們的主，早已為我們的
　　　　安全負責，除非得主的應許，絕無人加害我們。

　　(2)被稱讚：　　：11 波阿斯說：「自從你丈夫死後，凡你向婆婆所行的，
　　　　並你離開父母和本地，到素不認識的民中，這些事人全都告訴我
　　　　了。願耶和華照你所行的賞賜你。」路得對婆婆的忠心摯愛，肯離
　　　　鄉別井作此犧牲，這種美德，是掩蓋不住的。無論好名聲、壞名聲
　　　　都會被傳揚出去。好名聲會給人讚譽，人有美德，終必有好報。人
　　　　對神的信靠，絕不落空。

　　(3)受蔭庇：　　：12 波阿斯認為人是不夠報答路得的忠心，他祈求神厚
　　　　厚的賞賜她。他的祈禱是：「你來投靠耶和華以色列神的翅膀下，

願你滿得祂的賞賜。」投靠神的恩翅下，在表明神與人的三重關係。一、人與神相屬，人人可投靠神；二、神對人的愛，人會蒙神的看顧；三、人對神的權利，在神的恩翅下一定得保護、受蔭庇，像母雞保護小雞在翅膀下。然而有時人還懵然不知神正在這樣做。

(4) 得飽足：　：9「你若渴了，就可以到器皿那裡喝僕人打來的水。」：14「到了吃飯的時候，波阿斯對路得說，你到這裡來吃餅，將餅蘸在醋裡。路得就在收割的人旁邊坐下，他們把烘了的穗子遞給她，她吃飽了，還有剩餘的。」她好像成了他們中的一員。我們在主的田中，必不致缺乏。不但有生命水，也有生命糧，可以吃飽喝足。路得沒有覺得不配，或不敢吃喝。波阿斯如何恩待，她就如何享受。我們在主的田中，所得各樣豐富的恩賜，我們更不配得。今天我們享受這些豐富的恩賜，不是我們配，是因主愛我們，我們儘可大膽，放開信心盡量接受吧。

(5) 有餘恩：她吃飽了還有剩餘的（：14），神的恩典常是豐富有餘。當耶穌將五餅二魚分給五千人吃，眾人都吃飽了，收拾剩下的零碎，又裝滿了十二籃子。七個餅幾條小魚，分給四千人吃，收拾零碎，又裝滿了七個籃子。主的恩典夠我們用的，「凡有的，還要加給他，叫他有餘。」（太25：29）

(6) 格外施恩：　：15「波阿斯吩咐僕人說，她就是在捆中拾取麥穗，也可以容她… 並要從捆裡抽出些來，留在地下任她拾取…」，「從捆裡抽出」這是別人收來的東西，也任她收取。她可以享受別人勞苦得來的。往往我們傳福音，一傳就有人悔改得救，這不是自己的功勞，乃是前此許多人勞苦累積的功效。神也算在我們頭上，這是恩上加恩。

(7) 獻新果：　：17-18「這樣，路得在田間拾取麥穗，直到晚上，將所拾取的打了，約有一伊法大麥。她就把所拾取的帶進城去給婆婆看…」，「將麥穗打了」就是在麥場將拾取的麥穗打了，將糠粃除掉。一伊法相當於廿二公升約五十六磅，足夠路得和婆婆五天的口糧，這收穫是很多的了，路得帶回去奉獻給婆婆。無疑的拿俄米驚奇路得工作一天拾取了這麼多的大麥，便問：「今日在那裡拾取麥穗？」

路得說「在一個名叫波阿斯的人那裡。」拿俄米便禁不住讚美神說，
20 節「願那人蒙耶和華賜福，因為他不斷的恩待活人死人。」波阿
斯理應得這樣的祝福，因為他樂於恩待人，既恩待死人又恩待活
人。由於他照顧瑪倫的遺孀路得，善待活人等於照顧死人一樣。不
過拿俄米也曾在 1：8 對兩個兒媳婦如此祝福說：「你們各人回娘家
去吧，願耶和華恩待你們，像你們恩待已死的人與我一樣。」從經
文含義看，這個「他」應該指神，祂並沒有終止對這可憐的家庭的
慈愛和信實。

　　這時拿俄米告訴路得，「那是我們本族的人，是一個至近的親屬。」如
果他喜歡善待你，就不要到別處去，接受他的慷慨吧，跟著他的使女一起
吧，不然人家以為你不領他的情就不好了。路得很順服，「直到收完了大麥
和小麥」，整個收割季節（約三個月）中，路得繼續白天與使女們一起工作，
晚上才回到婆婆家。

第四講　找個安身之處　第3章

　　3：1 拿俄米對路得說,「我不當為你找個安身之處,使你享福麼?」這句話的意思等於說,你不可能長久做個拾穗者,你的生母又不在猶大地,「我不是有責任為你找個丈夫麼?」安身之處的原文是指一個「家」,那是安息和安全之處。在當時的文化,一個女子,只有從丈夫那裡才可以得到歸宿。拿俄米不自私的要為她找個安身之處,不僅是把她領到自己跟前就夠了。這給我們的屬靈教訓,我們傳福音領人信主,不是只把人領到自己跟前就夠了,應該把人領到主耶穌跟前。主穌耶是罪人的安身之處,祂是最安全的安息所。信耶穌的就是進入祂的安息;不信的就不得進去。主說:「凡勞苦擔重擔的人,可以到我這裡來,我就使你們得安息。我心裡柔和謙卑,你們當負我的軛;學我的樣式,這樣,你們心裡就必得享安息。」(太 11：28-29)。希伯來書 4：3 也說,「但我們已經相信的人,得以進入那安息。」好像路得找著一個安身之處,她就享受安息之福。中國的安字也是那樣象形,一個女子有了家,就安心了。英國有個著名的詩人也說「神是我們的家」,人回頭歸向神;信靠神,那就是到了家。我們傳福音要引人進入主的安息,在與他談道時,必須要告訴他們要有預備,像拿俄米告訴路得的,不是冒然進入的。

1. 3：2-3 「…波阿斯不是我們的親族麼?」他是個大財主,大有能力,滿有慈愛,不斷的恩待活人死人。他是我們的救贖者,能為我們贖回產業的。除他以外別無安身之處,所以你要預備去投靠他。去投靠他必須:

(1)沐浴　沐浴是用水洗去身上的污穢,除掉一切的不潔。路得要接近波阿斯,必須先潔淨己身。我們要親近主,也必須潔淨己身,在會幕外院的銅洗濯盆裡除去一切污穢,在主的寶血裡,洗淨我們一切的罪孽。約一 1：7「…祂兒子耶穌的血也洗淨我們一切的罪。」1：9「…洗淨我們一切的不義。」以弗所書 5：26-27「要用水藉著道,把教會洗淨,成為聖潔,可以獻給自己,作個榮耀的教會。」無論是個人或教會,潔淨是最要緊的第一步。

(2) 抹膏　就是抹香膏。膏指聖靈，我們的主耶穌，也曾受過聖靈的恩膏，說：「主的靈在我身上，因為祂用膏膏我。」（路 4：18）。我們今天要進到主前與主發生關係，不但需要主的寶血把罪洗除，還需要受聖靈的恩膏。自從五旬節聖靈降下，凡潔淨的就被聖靈充滿。

(3) 換衣　換衣服是指除舊佈新，在路得說是脫下寡婦的衣服。拿俄米要她打扮一下，改穿漂亮一點的衣服，脫去舊衣換上新衣。我們平素常被罪惡玷污，怎配進到主的面前呢？路得所換的衣服，衣服這字是單數，在七十士譯本認為是一件可蓋過全人的敞衣，也就是寬大、樸實，質料又粗又厚，絕不是如今窈窕緊身流行的艷裝。因為後來她要用這衣服裝上六簸箕的大麥。在靈意上，是說明信徒整裝去見主面時，是新婦的聖潔裝束，只求主喜悅，絕不是今天自由主義趨向的新潮流時裝。

沐浴、抹膏、換衣，正如當時摩西為亞倫和他兒子們，就祭司職位行奉獻禮時所作的。先用水洗身（利 8：6），又用油倒在亞倫頭上（利 8：12），並為他換上衣服（利 8：7-9），這是完全獻身的奉獻禮。今天我們要將身體獻上當作活祭，也要如此，不可缺少。

2. 拿俄米說「波阿斯不是我們的親族麼？」希伯來人作親屬的，簡言之有三種義務：

(1) 他的兄弟若因貧窮而變賣了財產田地，或賣身為奴，作親屬的要為他贖回（利 25：25，47-49）。

(2) 他的兄弟若被人殺害，作親屬的要替他報血仇（民 35：19-21）。

(3) 他的兄弟若膝下沒有兒子而離世，作親屬的，當盡弟兄的本份，娶她為妻。婦人所生的長子必歸亡兄名下，繼為後嗣（申 25：5-6）。

波阿斯應是以利米勒的近親兄弟，拿俄米就有這優先權請求波阿斯履行這「親屬法」。但她因愛路得卻自願放棄，為要施恩給路得，揀選波阿斯為瑪倫留後。她囑咐路得像新婦一樣的準備好了。3：3-5：

(1)「下到場上」　（3：3）禾場是收割莊稼將糠秕與麥子分開的地方，在聖經裡有幾種禾場代表不同的意義。一、亞達的禾場（創 50：10），是以色列的兒子們，為他父親雅各哀哭的地方。這是表明禾場是為罪誌哀的地方。二、基甸置羊毛的禾場（士 6：37），此處禾場是藉

著兆頭尋求神旨意的地方。三、拿艮禾場（撒下 6：6-7），此處是教訓我們在神的方法裡，學習行祂旨意的地方。四、亞勞拿的禾場（撒下 24：16-25），是大衛因失敗出重價所購為獻燔祭的地方。五、阿珥楠的禾場（代下 3：1），即亞勞拿禾場，是所羅門建造聖殿的地方、神向大衛顯現之處，這也是亞伯拉罕獻以撒的地方（創 22章）。可見禾場就是為罪哀痛；求神指示；學習神的方法，並見主顯現與神交通的所在。

(2)「卻不要使那人認出你來」　暫時隱藏等待。當利百加見到以撒時「就拿帕子蒙上臉」（創 24：65），不使以撒認出她來。主再來之前，基督的新婦並不明顯，必等待基督向「等候」祂的人顯現時，天上羔羊的婚宴時，教會就成為基督的新婦了。

(3)「你看準他睡的地方」　換句話說即「警醒等候主來」。看準他睡覺的地方，即認清他的安息所在。我們要進入主的安息，必看準主是安息地。

(4)「就進去掀開他腳上的被，躺臥在那裡，他必告訴你所當作的事。」躺臥腳下，這位置表示卑微。路得要去這樣作，心裡不免有些猶疑，通常會被人認為不道德的。但路得婆婆知道波阿斯的道德正直，是個敬虔、潔身自愛的人。婆婆叫她這樣作不會錯，她就不顧一切，凡婆婆吩咐她的就都作了，因為婆婆說，「他必告訴你所當作的事」。往往我們心中有些問題，得不到解答，有許多的「？」、「為什麼」，但等到見了我們天上的波阿斯，一切問題都解答了。

3. ：6-9　這段經文以現代人的眼光來看，簡直不可思議；很難接受。那時秋收季節已過，大麥小麥都收割完畢了。這是路得和波阿斯在田間道別的時候，路得婆婆吩咐她下到禾場等候波阿斯「吃喝完了」。照時間計，應當是住棚節時候，有慶祝節目。這表示感恩、快樂、滿足，許多人在外紮營露宿。波阿斯吃喝完了，「就去睡在麥堆旁邊」，這可看出這個財主的生活平實，不像其他財主驕奢淫佚。這時路得含辱忍羞，「悄悄的來掀開他腳上的被，躺臥在那裡。」波阿斯睡到午夜，忽然驚醒，翻過身來，發覺有女子躺在腳下，問你是誰？回答說「我是你的婢女路得，求你用你的衣襟遮蓋我，因為你

是我一個至近的親屬」。「衣襟遮蓋」這是路得引用 2：12 波阿斯對她的祝福話—「願耶和華照你所行的賞賜你，你來投靠耶和華以色列上帝的翅膀下……」。「翅膀」與「衣襟」是同意字，「衣襟遮蓋」是男子願與她結婚的表示。路得只是按著當時的法律而作出合理的請求，「因為你是我一個至近的親屬」。

4.：10-13

(1) 波阿斯瞭解路得的情況就安慰她說，「女兒啊，願你蒙耶和華賜福，你末後的恩，比先前更大，因為少年人無論貧富，你都沒有跟從。」波阿斯認為路得先前離鄉別井，隨拿俄米回國，又胼手胝足地工作來養活婆婆，已經非常賢德。現今又肯為了保存夫家產業，放棄揀選與自己年齡相若的年輕男子結婚，而與她年紀較大的近親，好為死人留後。她對夫家的忠貞和愛心真是難得，心裡不勝愛憐。此語在屬靈的意義上，正表明在主的愛中，少不了我們。沒有我們，主的心就不滿足。我們是需要主，但主也是需要我們。如果我們肯投在祂的愛中，為祂所愛，屬於祂也為祂所有，祂就心滿意足了。新郎沒新婦不滿足；主耶穌沒有我們，祂的心就不滿足。

(2) 波阿斯的應許。：11-13「女兒啊，現在不要懼怕，凡你所說的，我必照著行……我實在是你一個至近的親屬，只是還有一個人比我更近……明早他若肯為你盡親屬的本分，就由他吧！倘若不肯，我指著永生的耶和華起誓，我必為你盡了本分，你只管躺到天亮。」他們的動機是純潔的，行動是循規蹈矩的，與摩西的律法吻合。

路得趁著天尚未亮，不容易被人發現的時候便回家去。然而波阿斯卻說，「你不可空手回去見你的婆婆」，「打開你所披的外衣，她打開了，波阿斯就撮了六簸箕大麥，幫她扛在肩上，她便進城去了。」路得一夜的安息，早上還得了六簸箕大麥，比在田中一日勞苦得到的還加倍加倍的多。這又給我們一個屬靈的教訓，只要人能安息在主的腳下，從主所得的，較比自己勞苦所得的多而又多。有些屬靈人，多多擺上祈禱的工夫，安息在主的腳前，比那些多奔跑少禱告的人果效大。

：16-18 路得回婆婆那裡將那人向她所行的述說，拿俄米說「女兒啊，你只管安坐等候，看這事怎樣成就，因為那人今日不辦成這事必不休息。」

上一章的主旨在告訴我們要怎樣信靠神，信神就來投靠在神的翅膀下。這一章的主旨在告訴我們要存著信等候神，有信心能等候，有信心能安息。路得安坐等候，因為波阿斯去忙碌為她作事。照樣，我們信靠神，等候神，因為神已在為我們做事。「因為那人今日不辦成這事必不休息。」因為波阿斯必不休息，所以路得可以安坐等候。照樣，因為主耶穌必不休息，我們信靠祂的人，可以安坐等候。我們做基督徒要學會這兩件事：1. 做事；2. 安息。要學會因信心而做工，也要學會因信心而安息。

第五講　信心的賞賜　第 4 章

4：1　「波阿斯到了城門，坐在那裡。」古時候，城門口是以色列人辦理重要事情及聚會的地方。城門地方寬大，是城市的生活中心，人們在這裡進行買賣，長老在這裡處理百姓糾紛。第二天波阿斯沒有耽延，他立刻來到城門口，「恰巧波阿斯所說的那至近的親屬經過」。這裡又出現「恰巧」。

2：3　路得到田間去拾取麥穗，就「恰巧」到了波阿斯的田裡；波阿斯又恰巧來到田裡；又恰巧注意到路得。這時波阿斯所說的那至近親屬，又「恰巧」經過城門口。怎麼這麼多的恰巧？其實是神在安排，神在引導。波阿斯說「某人哪，你來坐在這裡，他就來坐下。」「某人」，那至近的親屬，聖經裡沒有提到他的名字。履行「親屬法」本在使死者留名，「某人」卻因為保留產業不肯娶路得。結果，自己的名字先被塗抹了。

4：2-4　波阿斯揀選了十個長老來作見證，於是對那至近的親屬說，「拿俄米，現在要賣我們族兄以利米勒的那塊地。」「那塊地」或係以利米勒和一些業主共有的田地，他只佔其中的一部份。現在拿俄米要賣，親屬法中，至近親屬有義務贖回來。那個「某人」一聽立刻說「我肯贖。」

4：5-6　接著波阿斯又說，「買這地的時候，也當娶死人的妻摩押女子路得，使死人在產業上存留他的名。」那人一聽立刻拒絕說：「這樣我就不能贖了，恐怕於我的產業有礙。」如果因拿俄米的緣故，那人願意贖地，因為路得是外邦人，「就不能贖了」。這近親可能有妻有兒，若娶死人遺孀，頭生的是屬於死人的；所贖的產業是由他合法繼承；自己的產業也要分一部份給「新兒子」，這對自己的家庭和兒女都不利，這樣很不划算。因此當著十個見證長老說，「這樣我就不能贖了。」

4：7-10　這是當時的風俗，有別於古老摩西律法中「脫鞋之家」的規矩（申 25：5-10）。鞋可用作比喻主權及佔有，脫鞋就表示那人放棄權利，對波阿斯說，「你自己買罷。」波阿斯就當眾對十位見證的長老宣佈：「凡屬以利米勒和基連、瑪倫的，我都從拿俄米手中置買了。又娶了瑪倫的妻摩押女子路得為妻，好在死人的產業上存留他的名。」從波阿斯贖地娶路

得的行動看，這是預表神對人的救贖。1. 神愛世上所有的人，如卑微的路得，祂也同樣的愛。2. 祂有心也有能力去救贖卑微的人，進入祂的家與祂的生命聯合。

救贖的經過：

1. 更近的親屬不能贖　波阿斯說：「我實在是你一個至近的親屬，只是還有一人比我更近。 …明天他若肯為你盡親屬的本分，就由他罷。倘若不肯，我指著永生的耶和華起誓，我必為你盡了本分。」（3：12-13）第二日波阿斯在城門口對那人說，「你若肯贖就贖，若不肯贖就告訴我。 …也當娶死人的妻，…使死人在產業上存留他的名。」那人說：「這樣我就不能贖了，恐怕於我的產業有礙，你可以贖我所當贖的，我不能贖了。」這至近的親屬究竟是誰？解經家多以他代表律法。律法原在恩典之先，所以他是更近的親屬。但人靠律法絕不能被贖，羅馬書 8：3「律法既因肉體軟弱，有所不能行的，神就差遣自己的兒子，成為罪身的形狀，作了贖罪祭，在肉體中定了罪案。」路得是摩押女子，是被咒詛的外邦人，永不可入耶和華的會（申 23：3）。因此按律法，路得是絕無被贖的可能。波阿斯若要贖她，就必要承當律法的咒詛。我們都是被咒詛的外邦人，在律法之下不能被贖。而願意贖我們的主，卻甘心受律法的咒詛，為我們戴上受咒詛的荊棘冠，為我們上咒詛的十字架，為的要把我們，並我們的產業一併贖出來。

那人「將鞋脫下來」表明那更近的親屬放棄本份，與我們斷了關係，從此再不過問，不再負責了。這是表明我們今天不再靠律法得救，不再被律法束縛，那救我們的，只有我們那天上的波阿斯。

2. 波阿斯娶了路得　不但從拿俄米手下把以利米勒與基連、瑪倫的一併都置買了，且娶路得為妻，作了她的丈夫。這正表明基督不但用寶血贖了教會，也以愛情娶了教會，以教會為祂的新婦。以賽亞書 54：5「因為造你的，是你的丈夫……。」約翰 1：3 也告訴我們「萬物是藉著祂造的，凡被造的，沒有一樣不是藉著祂造的。」耶穌基督不但「造」了我們，也「贖」了我們，並「娶」了我們。

13 節「於是波阿斯娶了路得為妻……」，寡居無倚無靠的摩押女子，竟

入了一個有福的新家。這給我們屬靈的教訓是什麼？

1. **她與波阿斯相連相屬**　路得含羞忍辱地掀開他腳上的被，悄悄躺臥在那裡說，「求你用你的衣襟遮蓋我，因為你是我一個至近的親屬。」終於與波阿斯成為一體，彼此相連相屬了。外邦的路得，竟入了波阿斯的家，成為波阿斯的新婦。這正說明，我們都是以色列國以外的人，與神選民盟約應許的好處本無關涉，竟然為耶穌所娶，作基督的新婦，與基督相屬。我屬基督，基督屬我。基督屬我，耶穌是我的，像保羅在腓立比書 3：8 說的，「我為祂已經丟棄萬事，看作糞土，為要得著基督。」這固然滿足我們的心，但我也是屬基督的，我屬基督，就如保羅所說「……我乃是竭力追求，或者可以得著基督耶穌所以得著我的。」（腓 3：12）這樣才能使主心滿意足。

2. **她與波阿斯同享產業**　既進入波阿斯的家成為夫婦，就與波阿斯同享家中一切的福樂了。聖經也告訴我們，我們雖屬貧窮，卻因基督成為富足。羅 8：32「神既不愛惜自己的兒子為我們眾人捨了，豈不也把萬物和祂一同白白的賜給我們麼？」我們是和耶穌同享萬有的。

3. **她與波阿斯同享權榮**上帝造亞當夏娃時，神就將萬物歸他們管理，說：「要生養眾多，遍滿地面，治理這地。也要管理海裡的魚，空中的鳥和地上各樣行動的活物。」（創 1：28）這是神將萬物管理權交給他們夫婦同掌。路得入了波阿斯家作了主婦，就與波阿斯同理家政，二人同權同榮。聖經告訴我們，當基督耶穌再來時，天上有羔羊的婚宴，異邦教會成為基督的新婦被迎娶，在禧年國裡，與基督同掌王權一千年，同享榮耀。

路得的賢德是教會的預表，波阿斯說：「我本城的人都知道你是個賢德的女子」（3：11），正表教會當無玷污、無皺紋，聖潔沒有瑕疵，可以被引到基督面前蒙主喜愛有如路得的

1. **謙卑**　路得初見波阿斯，許她在田中拾取麥穗時，她即叩拜說：「我既是外邦人，怎麼蒙你的恩，這樣顧恤我呢。……我雖然不及你的一個使女，你還用慈愛的話安慰我的心。」（2：10，13）她臥在波阿斯的腳下，又是何等的謙卑呢？經上說：「卑微的人必升為高」，路得就是由卑微而成為富翁的女主人，又生了俄備得，成為耶穌基

督家譜中的祖先。她成了教會的預表，就是因為她謙卑到底，讓我們看見神是「阻擋驕傲的人，賜恩給謙卑的人。」（雅各書4：6）這可作我們的座右銘。

2. 順服　謙卑與順服是相連的，有謙卑才能順服。路得如何順服她婆婆，「凡你所吩咐的，我必遵行。」（3：5）順服是女人的美德，以弗所書5：24「教會怎樣順服基督，妻子也要怎樣凡事順服丈夫。」

3. 愛情　路得對婆婆說，「不要催我回去不跟隨你，你往那裡去，我也往那裡去，……你在那裡死，我也在那裡死，……除非死能使你我相離。」這是至真至深至誠至美的愛。她對丈夫波阿斯更是將這愛完全傾倒。波阿斯說：「你末後的恩比先前更大，因為少年人無論貧富，你都沒有跟從。」她進入波阿斯家後，愛情更深且濃。路得給我們留下好榜樣，基督徒愛主，也應是除主以外，別無所愛；別無所樂；別無所滿足。對基督的愛，是完全的；整個的；純潔的；不變的；至死不離的；不受任何影響的。如羅8：35-37「誰能使我們與基督的愛隔絕呢？難道是患難麼？是困苦麼？是逼迫麼？是飢餓麼？是赤身露體麼？是危險麼？是刀劍麼？……然而靠著愛我們的主，在這一切的事上，已經得勝有餘了。」

4：13-22　耶穌基督的家譜。波阿斯與路得同房，「耶和華使她懷孕生了一個兒子，……拿俄米就把孩子抱在懷中，作他的養母。鄰舍的婦人說，拿俄米得孩子了。就給孩子起名叫俄備得，這俄備得是耶西的父，耶西是大衛的父……。」大衛是以色列最偉大的君王。馬太一開頭就說「亞伯拉罕的後裔，大衛的子孫，耶穌基督的家譜」，這是一千年後那位王族的後裔，要坐大衛寶座的。

這卷書說到拿俄米、路得、波阿斯三個人的信心，都得了他們的賞賜。這故事一開頭記載三個人死，結束時記載三個人生，波阿斯生俄備得，俄備得生耶西，耶西生大衛。這故事以飢荒、死亡、哭泣開始，卻以豐富、新生和喜樂結束。如詩人所說，「一宿雖然有哭泣，早晨便必歡呼」。我們須記得，路得、波阿斯是生在士師時代，正是在人看神的計劃完全失敗的時候。在伯利恆農村中一個小家庭裡，有一對婆媳，有一對夫婦，虔誠敬畏神，行公義好憐憫。在那個不信的世代，神藉著三個有信心的人，預備

大衛。在士師時代，社會是那麼黑暗，道德是那麼腐敗，是因為沒有王，神卻在那黑暗腐敗之中，預備合他心意的王。可見人雖然不信，神仍然是信實的。提後 2：13「我們縱然失信，祂仍是可信的。因為祂不能背乎自己。」這提醒我們一個真理，一個古舊的真理──神的愛到頭來必不落空。人看神的計劃似乎失敗，其實祂正在進行。神愛世人，將會有一個王族的後裔，在伯利恒出生，就是童女馬利亞所生的，要坐在大衛的寶座上的那一位。祂要作世上的光，全人類的救主，作萬王之王。

卷四　撒母耳記上

第一講　撒母耳記上介紹

　　舊約撒母耳記上、下；列王記上、下和歷代志上、下，是以色列國歷代王朝遞嬗興替的完整記錄。是從第一個王掃羅開始，到猶大國最後一個王西底家共約 464 年間的君王政治興衰史。撒母耳記本無上下之分，這是希伯來文舊約聖經首次譯成希臘文的「七十士譯本」所分的。撒母耳上是接續士師秉政時代，以利作士師年間，最後一位士師撒母耳出生，到最早一個王掃羅死亡，其間約有 150 年左右。最重要的記載了以色列怎樣由神權統治過渡到君王統治的歷史。裡面主要有三個人物：

　　最後的士師——撒母耳

　　最早的君王——掃羅

　　最偉大的君王——大衛

　　書中的屬靈教訓，使我們永誌不忘。神揀選了以色列人要實現祂的國度，神自己就是他們的王。可是他們卻不順服，要去學列國的樣子。那時撒母耳年紀老邁，他兒子又不行他的道，因此長老們就趁機要求為他們立一個王。8：5「對他說：你年紀老邁了，你兒子不行你的道。現在求你為我們立一個王治理我們，像列國一樣。」他們需要一個王來治理他們，但

他們卻選擇的是次好的，沒有選擇那最好的。這是出於人的智慧，不是出於對神的信心。他們以為有了一位王就好了，殊不知這樣就錯了。錯就錯在他們的眼目又再次的轉離神，他們沒有經過禱告，沒有去求問神的旨意，就照著他們的人意作此決定。這就是本書的中心信息，我們若想用人的智慧去超越神的道路，到頭來只會自討苦吃。

　　撒母耳對他們要求的反應是 8：6「撒母耳不喜悅他們說，立一個王治理我們，他就禱告耶和華。」神的答覆是 8：7「耶和華對撒母耳說，百姓向你說的一切話，你只管依從；因為他們不是厭棄你，乃是厭棄我，不要我作他們的王。」這些人就是運用了我們今天所說的「自決權」，這個由神權統治轉變到君王統治，全是由他們自己要求和決定的。神只好給他們一個王了。

　　神讓他們所立的王，並不是有無上的權威，他是要直接向神負責的。他要遵行摩西的律法典章，還要聽從當代先知的說話。他不是大權獨攬，乃是當時的先知和祭司來與他平衡的治理百姓，這樣可以保存以色列人的道德生活標準。

　　書中三個主要人物：

1. 撒母耳　撒母耳一生紀錄過失甚少，除摩西外，他是以色列中最受尊敬的領袖。他的任務，按政治方面，是帶領以色列從士師秉政的神權時代，進入列王時代。按宗教方面說，是祭司時代變為先知時代。撒母耳是最後一位士師，也是先知時代最先的一位先知。他完成了承先啟後的工作，若以領導一個國家之誕生來說，其重要性僅次於出埃及摩西的經歷。

　　以色列十二支派是在當時具有文化最璀璨的埃及中長大的，又在最有學問的摩西領導下接受了至今無出其右的律法和誡命，真是集精華於一身。然而摩西過世不久，他們就開始退步了。直到士師時代，他們又回復到野蠻人一樣，輕視神為他們定下的目標，生活放蕩任意而行，國家頻於滅亡而不省悟。然而沿地中海一帶西邊的新移民非利士人，卻奮發圖強，不久以色列人就成為他們的臣下之民。這是因為早期猶大沒有遵行神的命令，沒有征服沿岸的民族，就自吃苦果了。就在這快要國亡族滅之際，撒母耳來了，他把日益敗壞的以色列重建起來，成為一個有組織、有秩序的

國家。

他對教育貢獻很大，他高瞻遠矚，要使以色列國成為一個有秩序的社會，便應該建基在恢復他們的宗教和道德生活。因此他就建立先知學校，這不單使以色列的國民教育水準提高，也會使他們容易了解真理，明白神的旨意，從而建立起敬拜耶和華的風氣，使他們成為一個有制度的國家，達到神立下的目標。

撒母耳的先知學校紛紛建立，年輕子弟可以得到知識的栽培；國民教育制度建立普遍，影響到全世界，至今我們仍受益不淺。今天西洋教育史的學者承認，學校制度是始於以色列的先知學校，若沒有國民教育，就沒有受啟示寫聖經的人。新舊約聖經作者，大部份是受惠於撒母耳所創立的教育制度。

撒母耳的另一建樹，就是創下君主立憲制度。從某種程度來說，撒母耳不願立王，是因當時的教育程度低落。一種受限制的君權，只有由受過教育的人來擔任，從掃羅的表現來看就知道了。撒母耳心中理想的政府，是由一個平民手握王權，卻又是受制於神的律法和神的先知，這是君主立憲。大衛是一個受過教育的人，被膏立為一國之君，我們從他一生的事跡看，從來沒有把自己高置於神的律法之上，也沒有假藉神的律法來滿足自己的慾望。他是嚴守律法來治理以色列民的，所以，神說大衛是合祂心意的人，這都是撒母耳真知灼見的建樹。

2. 第一個王掃羅　掃羅是以色列歷史中最特出也是最悲慘的人物之一。他是我們人生的借鏡，知所警惕。從一面說，他是一個極英俊的人；從另一面說，他是一個極醜陋的人。他是一個偉人，又是一個小人。他的出現叫人興奮，他的失敗又叫人傷感。他的墮落過程，是我們的教訓，都要小心提防的。他一生有三個時期：(1)早期的光輝；(2)中途的敗落；(3)最後的失敗。

(1)早期的光輝：　9：2 描述他的外型「又健壯、又俊美，在以色列人中沒有一個能比他的；身體比眾民高過一頭。」氣宇軒昂，是作領袖的外在條件。 9：21 說他謙卑； 9：5 表現體恤； 11：13 表現胸襟廣闊； 16：21 有愛接納人； 28：3 恨惡邪道； 11：6 神的靈感動他； 11：11 表現果斷勇氣，這是作領袖的內在條件； 10：6

他「變為新人」；　10：9 神「賜他一個新心」；　10：10「神的靈大
大感動他，他就在先知中受感說話。」他一登基作王，神就使他大
勝亞捫人，他在以色列人心目中的地位如日中天，光耀無比。

年輕期的掃羅天然條件優厚，屬靈的裝備也無出其右。他是人中佼佼，
神選立他為王，他代表神來治理以色列民，神用多種恩賜來裝備他。這個
時期他也很謹慎。

(2)中途的敗落：一個明光燦爛的政治明星，可惜不久就退化敗落了。
願我們都記取他的教訓——

第一次失敗發生在十三章中，他犯了不敬虔的任意妄為罪。當時非利
士人集結在密抹要攻打以色列人，撒母耳要掃羅在吉甲等他。時候到了，
撒母耳還沒來到，掃羅心急不耐，竟侵越了祭司的職權，自己為神獻燔祭，
沒有遵守作王的條件。故撒母耳對他說，「你作了糊塗事了，沒有遵守耶和
華你神所吩咐你的命令。」

第二個失敗緊跟著來，十四章記載了他處事輕率，濫下命令。神引他
兒子約拿單進入非利士人陣中，敵軍大亂。掃羅據報，便召來祭司求問神。
祭司尚未回答時，他便說「停手吧」（14：19），立刻命令全軍開上前線殺
敵。接著下了一道毫無智慧的命令，叫軍士在勝利前不許進食，使得兵馬
疲乏不堪，兵士在飢不擇食下吃了帶血的肉，違背了律法。約拿單身入敵
陣，不知父王有命，在林中吃了點蜜，若非百姓苦求，約拿單也會被掃羅
糊塗處死。這是他靠自己的肉體任意行事。

第三次失敗更嚴重。十五章神命他去滅盡亞瑪力人，他卻愛惜亞瑪力
王和上好的牛羊。撒母耳來時，他所藏起來的牛羊卻大鳴大叫。撒母耳詰
問所作何事，他卻謊言掩飾，強辯是為獻祭給耶和華的。撒母耳嚴肅對他
說：「你住口吧！等我將耶和華昨夜向我說的話告訴你⋯⋯你為何沒有聽從
耶和華的命令，急忙擄掠財物，行耶和華眼中看為惡的事呢？⋯⋯你既厭
棄耶和華的命令，耶和華也厭棄你作王。」（15：16-23）從此掃羅敗落，如
江河下瀉。16：14 說「耶和華的靈離開掃羅。」聖靈離開了，邪靈就進來
「擾亂他」，他就精神恍惚；情緒不安，開始嫉妒大衛，日夜想尋索他的命。
大衛曾兩次有機會，但不殺掃羅。掃羅也兩次受感，誓言不害大衛。然言
猶在耳，掃羅又背信失約，與早期的他判若兩人。

⑶最後的失敗：悲劇落幕在廿八和卅一章，掃羅失去神的靈，他的人生就墜入黑暗的深淵裡。他恐懼未來；他傍徨無助，竟去找隱多珥交鬼的女巫，求鬼魂的指引，步步走向滅亡。掃羅完了，橫屍沙場，且連累他三個兒子，可愛的約拿單也與他一同陣亡。掃羅早期的光輝散盡了，接著敗落而喪身。為什麼？權力使人敗壞；權力使人傲慢；權力使人心中無神；目中無人。他任意妄為，不順服神。他是個以自我為中心的人，自作主張乃招致自我毀滅。

讀掃羅的失敗史，我們得到些什麼屬靈的教訓？掃羅的失敗告訴我們，最珍貴的生命，就是肯順服神的生命。掃羅的王權本是以神權為依歸的，我們也是這樣。我們生命的王權，若不以神權為依歸，結果就會像他一樣。掃羅被立為王，乃是要他與神同工。他若降伏在神的管治之下，他所作所為就能榮耀神。我們也是一樣。我不是自己的主人，產業不是自己的產業，都是神的。神用各樣的恩賜和能力裝備我們，但我們要接受神來管理自己，尊主為大。什麼時候越過了這界線，什麼時候我的王權就崩潰了，人生的真義和目的就隨流失去。

掃羅失敗的教訓也告訴我們，「舊老我」是我們最大的敵人。若讓「老我」冒出頭來，我們生命中最好的福份必會失掉。非利士人不是掃羅最大的敵人，他致命的仇敵就是他自己。什麼時候肉體壯大，老我的旨意越過神的旨意，侵奪了神的主權，失敗就不遠了。

掃羅失敗的教訓又告訴我們，恩賜並不是成功的保證。掃羅所有的恩賜比任何人都多，但他的失敗程度比任何人都深都大。為什麼？他因恩賜多就驕狂、傲慢、自作主張、自以為是。我們切忌因有恩賜而生屬靈的驕傲，我們要以掃羅為鑑戒，兢兢業業的走成聖的道路。

第二講　偉大的母親——哈拿　1：1~2：11

西諺云「教養子女，當自母親始。」孩子的成功，母親的關係太大了。中國有孟母三遷的故事，就是重視孩子的教育。摩西三個月大被法老女兒救回宮中，摩西的生母受雇進宮乳養。希伯來書 11：24-25 說「摩西因著信，長大了就不肯稱為法老女兒之子；他寧可和上帝的百姓同受苦害，也不願暫時享受罪中之樂。」這是母教的結果。十八世紀靈性復興運動的偉人約翰衛斯理，是在他母親嚴格教育下成長，對他以後的幫助很大。中國內地會創辦人戴德生還在母腹的時候，父母就把他獻給神了。這些人都是使人景仰和敬慕的偉人，都是因了母親的信仰和教導才有偉大的事工。撒母耳有一個偉大的母親，因此他在以色列歷史上佔了非常重要的地位。這個母親偉大在那裡？

1. 哈拿的祈禱　撒母耳的父親以利加拿是利未人，是哥轄族的後裔。因利未人沒有分得產業，只分得四十八座城，散居在十二支派中間。以利加拿住在拉瑪鎖非。鎖非是「蘇弗人的地方」，拉瑪是「高地」，拉瑪可能是拉瑪瑣非的簡稱。撒母耳生於此（1：19）；住於此（7：17）；死後葬於此（25：1）。以利加拿有兩個妻，哈拿和毘尼拿。多妻制度為摩西律法所容許（申 21：15-17），但不是神設立的婚姻制度，故多妻的人必增加許多煩惱，以利加拿就是例子。毘尼拿生有兒女，就大大激動哈拿。「激動」就是受到一些不當的對待，刺激她常常生氣，因為哈拿不能生育。猶太婦女以不生育為極大的恥辱，因為她不能承受「女人的後裔將要打破蛇頭」的應許，就失去作彌賽亞母親的福份。此時撒母耳的母親哈拿，「無奈耶和華不使哈拿生育」，這是神試煉哈拿的信心。毘尼拿見她不生育，就作她的對頭，對頭就是仇視她的人。於是就大大激動她；輕視她，故意的刺激她。以利加拿是個敬畏耶和華的人，在那個敗壞的時代，他依然每年帶著兩個妻哈拿和毘尼拿上示羅耶和華會幕去。約櫃被擄前，示羅一直是以色列人的宗教中心，百姓每年要去示羅守節。以利加拿是利未人，按例每年要去示羅獻祭，參加服事。以利加拿總是將兩份祭

肉分給哈拿，但哈拿卻不得安慰，便在殿中向神祈禱。她的祈禱是一個很好的示範，值得我們學習。

(1) 她進到神面前祈禱　1：9-12　上「哈拿就站起來。祭司以利在耶和華殿的門框旁邊，坐在自己的位上。」以利是亞倫第四子以他瑪的後裔，那時作大祭司兼士師，治理以色列國四十年。這時哈拿心裡愁苦，「就痛痛哭泣，祈禱耶和華。」哈拿進到耶和華上帝面前來祈禱，這是禱告第一件要緊的事。人若不進到神面前，所有的禱告都是空的。沒有對象，那只是官樣文章。這給我們的教訓是，禱告必須身要進到神面前；心要進到神面前；靈要進到神面前，而且哈拿進到耶和華面前「不住的祈禱」。路加十八章裡耶穌也教導我們要不住的禱告，保羅也在帖撒羅尼迦前書5：17教導我們「不住的禱告」。不住的禱告表示需要恆切，這樣神會憐憫施恩。

(2) 她心中靜默　：13「哈拿心中默禱，只動嘴唇不出聲音。」禱告的方式不一，有開口揚聲禱告的，有在心中默禱的。早期希伯來人的禱告都是開聲的。哈拿反常，她的禱告方式叫以利以為她是喝醉了，但她卻是在默然仰望主。這給我們禱告學習一個功課，就是先要安靜自己的心，默然仰望主。

(3) 她痛苦哭泣　「哈拿心裡愁苦，就痛痛哭泣，祈禱耶和華。」心裡愁苦，就是精神很痛苦。往往我們禱告的時候，為罪懺悔；為需要迫切；為挫折失望；為事或人切望主改變時，滿心無奈，觸到心中的痛處，便會不禁痛哭流涕。神會垂聽我們的禱告，神不輕看我們的眼淚。

(4) 傾心吐意　人的愁苦，人不能替他解決，甚至父母、妻子也不能替他擦乾眼淚。只要向神傾心吐意，「神要擦去他們一切的眼淚；不再有……悲哀、哭號……。」（啟示錄21：4）

(5) 她在神前許願　哈拿「許願說，萬軍之耶和華啊，你若垂顧婢女的苦情……賜我一個兒子，我必使他終身歸與耶和華，不用剃頭刀剃他的頭。」哈拿許的願是雙重的，一是讓孩子終身在神面前如利未人般的事奉；二是讓孩子終身作拿細耳人。在以色列人中，以上這兩種職責都不是永久性的，利未人到五十歲就退休了；作拿細耳人

是許願只作幾年。聖經裡只有參孫、撒母耳和施洗約翰都是由出生開始，一生奉獻作拿細耳人。哈拿的禱告，留給我們一個偉大的教訓，就是兒童的宗教教育，應自何時開始？哈拿的答覆是從胎教開始，還未懷孕前，就將孩子獻給神。這樣的許願，在母親方面必定因此謹慎自己；在小孩方面必定因此慎重教育，從未生前就承認兒女與神的關係。從哈拿的許願與實行看，有母教的人是有福的，母親的禱告和感動力，在小孩身上必不落空。

　　哈拿的經驗如同一首詩，開頭痛苦煩悶，然後向神傾心吐意；向神祈求；向神許願，末後因心得了安慰。她不是已經得著了，乃是因信就必得著。

2. 哈拿信心的接受　馬可 11：24 耶穌說，「……凡你們禱告祈求的，無論是什麼，只要信是得著的，就必得著。」只要信是得著的意思，就是用信心接受了所求的。信神已經聽了我的禱告，就用信心接受了。雖然所求的還未得到，但用信心接受就如已經得著了，凡所求的也就莫名其妙的如願以償了。哈拿就是這樣，當她聽了以利對她說，「你可以平平安安的回去，願以色列的神允准你向祂所求的。」哈拿就像從以利口中聽到了耶和華的話，就用信心接受了，「說，願婢女在你眼前蒙恩。於是婦人走去吃飯，面上再不帶愁容了。」（1：17-18）

(1) 她現在走去吃飯　之前哈拿只是哭泣不吃飯，「她丈夫以利加拿對她說：哈拿啊，你為何哭泣，不吃飯，心裡愁悶呢？有我不比十個兒子還好麼？」（1：8）意思是「有我不比有一大堆子女還好麼？」哈拿心中愁苦，不受安慰。這給我們一個好的示範，幾時把重擔卸給神，用信心接受了神的應許，幾時心中就得安慰。於是哈拿就歡歡喜喜的去吃飯，不再對此掛心；不再去哭泣禁食禱告，她面無愁容了。

(2) 神眷顧她　1：19-20 次日他們就「到了家裡，以利加拿和妻哈拿同房，耶和華顧念哈拿，哈拿就懷孕」。詩篇 127：3「兒女是耶和華所賜的產業；所懷的胎，是祂所給的賞賜。」哈拿用信心接受，就是接受了神的賞賜。神的工作是要人的信心來配合的，哈拿有信

心，神的作為就成就在她身上了。

(3)求子得子　「哈拿就懷孕，日期滿足，生了一個兒子，給他起名叫撒母耳。」日期滿足，就是懷孕的日期滿了。第二年就生下一個兒子，哈拿不忘記這是神的恩典，就給他起名叫撒母耳，意思是從神那兒求的。哈拿用信心接受，也就深信她所生的，不是出於人意的；不是出於血氣的，乃是從神生的。故她說「這是我從耶和華那裡求來的」。

3. 哈拿用信心養育孩子　1：21-23

(1)她建立家庭祭壇　「以利加拿和他全家都上示羅去，要向耶和華獻年祭，並還所許的願。哈拿卻沒有上去……在家裡乳養兒子，直到斷了奶。」不上示羅神的殿去，而在家裡育養兒子，這是哈拿以家庭為殿，把祭壇建在家中，為神養育孩子就是事奉神。這給姐妹們留下極大的教訓，幼兒的靈性教育，應以家庭為殿，建立家庭祭壇，如此可培養孩子的宗教生活，自動認識神。

(2)她是化俗事為聖工　在家養育孩子，「等孩子斷了奶，我便帶他上去朝見耶和華，使他永遠住在那裡。」乳養孩子究竟是俗事呢？還是聖工呢？如果是為主教養兒女，這事就是聖工。哈拿教養撒母耳是為主作的，所以她作的是聖工，她就化俗事為聖工了。我們在家育養孩子，所花的精力、心力，若不是為了孩子將來認識主；敬拜主；愛主；事奉主，那一生花在兒女身上的就變成勞、苦、愁、煩，沒有什麼可讓主紀念的了。

4. 哈拿的信心奉獻

(1)在未生前的奉獻　兒童教育究竟從何開始？我們看哈拿的奉獻：「說，萬軍之耶和華啊，你若垂顧婢女的苦情，眷念不忘婢女，賜我一個兒子，我必使他終身歸與耶和華。」她在未懷胎以前就將小兒獻給神了，因此她首重胎教，己身必格外謹慎，「清酒濃酒都沒有喝。」她在幼兒時期更加慎重教養，有人說教養兒女有「三」字要訣：1.「血」即胎教；2.「教」即身教；3.「禱」即靈教。哈拿就是這樣教養撒母耳，這也給作母親的好示範。

(2)既生後的奉獻　哈拿是個懂得感恩、報恩；許願、還願的人，「既

斷了奶，就把孩子帶上示羅，到了耶和華的殿… 將這孩子歸與耶和華，使他終身歸與耶和華。」（1：24-28）「兒子斷了奶」希伯來婦人乳養孩子時間是三年，但也有人解釋為脫離幼兒時期為八歲到十歲。將斷奶的嬌兒就送去示羅，離開生母，似乎太狠心了，不合情理。但是哈拿有信心奉獻，這就是偉大母親的模範。

5. 哈拿的讚美　2：1-10 一個才斷奶的孩子，就去奉獻給神，心是多麼難以割捨，何等的痛心。但哈拿卻心被恩感，心裡充滿了歡樂，就開口讚美，吐出一首感恩的甜美詩歌。這首詩歌不斷的激勵信徒，也成了日後馬利亞那偉大頌詞的根基。詩歌說出了她喜樂的來源，「我的心因耶和華快樂……因耶和華的救恩歡欣。」一方面也說出神的慈愛和公義，「不生育的，生了……兒子……祂從灰塵裡抬舉貧寒人，從糞堆中提拔窮乏人。」她更讚美神的能力，「耶和華使人死，也使人活。使人下陰間，也使人往上升」。

哈拿因為將她最心愛、最寶貝的奉獻給神，後來，神又賜她三個兒子兩個女兒，這足以說明神多麼喜悅一位奉獻得甘心樂意的人。我們讀了這篇感恩讚美的禱告詩歌，知道哈拿是一位何等虔誠愛神的好母親，神揀選撒母耳，先揀選哈拿來教養他，使他從小便學習事奉神。撒母耳能成為偉人，就是因為他有一位偉大的母親。

第三講 曠職的祭司—以利（2：12~17，27~36）

神揀選祂合用的器皿，常出人的意外。因為「人是看外貌，神是看內心。」撒母耳幼小如嫩芽，靈命尚未發達；智力猶未健全；知識還不充足；作事也無經驗。為什麼神在聖工上不使用服事日久；經歷豐富的老祭司以利，竟揀選童子撒母耳？這給我們一個深刻的屬靈教訓：我們在神的家裡服事，不在乎年齡大小、職份大小、事工多少、時間久暫，全在乎是否忠心，是否為主耶穌稱讚「又忠心又良善的僕人」？忠心就是合乎神的旨意。以利雖在神的殿中作工幾十年，可是他的生命、生活、家庭、工作，有許許多多的失敗，這是今日許多服事主的人，一個極大的鑑戒。且看——

1. 以利的優越條件：一個人在宗教方面、政治方面、社會方面有權柄、有地位如以利的人，實在不多。而他沒有善用他優厚的資源去服事神、服事人，很可惜。

（1）以利的出身　他是亞倫第四子以他瑪的後裔，是神所立祭司制度的世襲正統祭司。他具有祭司的血統，使他在宗教上享有崇高的地位。

（2）以利的職份　他不但是祭司（1：9），且是全國獨一的大祭司。他也是士師（4：18），不但在司法上斷人是非，也要保境衛民。祭司享有宗教權力；士師享有政治權力和軍事指揮權力。因此，無論是會眾的靈性道德生活、社會的秩序和國家的安危，他都身負重任，成敗繫於一身。

（3）以利的時代　是神權政治時代，士師時代的尾聲。他的事工，無論計劃、執行，都沒有什麼上級機關權力的干預或管束。只要他行在神的旨意中，可以自由行事。可惜他沒有好好運用這些得天獨厚的資源，為以色列開創一番偉大的事業。

2. 以利的失敗

（1）他心靈失敗了　人的失敗，多半從心靈裡顯明出來。靈性既失敗，所表現出來的就失敗了，以利就是這樣。3：2「他眼目昏花，看不分明。」不單肉眼昏花；靈眼也昏花了。靈眼昏花就是是非不明，他看見哈拿痛心的在祈禱，他卻說「你要醉到幾時呢？」他以為哈

拿喝醉了。今天也有許多人看熱心的基督徒是瘋子。七十五年前宋尚節博士進入紐約協合神學院，他因經歷到重生歡喜快樂。學校執政者靈眼昏花，以為宋尚節瘋了，就被送進瘋人院關了 193 天。以利的靈眼昏花，看不分明。他重看他的兒子過於重看神，放縱兒子強索獻給神的美物。這給我們留下教訓，在神的家中服事，不要是非不明，違背神的旨意。也不要自以為是，像瞎子領瞎子上路，要一齊掉進坑裡去。

他已睡熟了，他不單身體已睡熟了，靈性也睡熟了。他久久沒有聽到神的聲音，久久沒有得到神的啟示了。3：1「當那些日子，耶和華的言語稀少，不常有默示。」他睡熟了。

(2) 他的家庭失敗了　他沒有好好教養子女，使他們早早認識神。2：12 說「以利的兩個兒子是惡人，不認識耶和華。」惡人是邪惡、目無法紀的人，有的譯作匪徒、惡徒、惡棍。認識神不只是頭腦的知識，而是指與神相交，並接受祂為我生活的主宰。以利的兩個兒子不認識耶和華，所以作惡，成為惡人，這都是以利教育的失敗，沒有把兒女領到神面前。我們對兒女，百依百順，無論在生活物質上如何的去滿足他們；在知識的教育花費上如何的付出；在未來的遺產所得上如何的費盡心力，若沒有把他們引領到神面前叫他們認識神，就太對不起兒女了。箴言 9：10「敬畏耶和華，是智慧的開端」。

以利家庭的失敗，不單沒有讓兩個兒子認識神，並且把兩個不認識神的兒子立為祭司，任他們胡作非為。他們的罪行是什麼？2：13-14「這二祭司待百姓是這樣的規矩：凡有人獻祭，正煮肉的時候，祭司的僕人就來，手拿三齒的叉子；將叉子往罐裡，或鼎裡，或釜裡，或鍋裡一插，插上來的肉，祭司都取了去」。祭司的所得，在申命記 18：3 規定「凡獻牛或羊為祭的，要把前腿和兩腮，並脾胃給祭司」。這是神給祭司的報酬，但這裡說「二祭司待百姓是這樣的規矩：凡有人獻祭，正煮肉的時候……」這是指獻平安祭。除獻給神，和分給祭司之外的東西，獻祭人可以在殿裡與親友煮食，這是神人共享的祭。但這兩個祭司的惡行，除了應得的外，趁著獻祭人正煮的時候「就來，手拿三齒的叉子；將叉子往罐裡、或鼎裡、或釜裡、或鍋裡一插，插上來的肉，祭司都取了去。」這是不遵守律法的規定，

額外索取。2：15「又在未燒脂油以前，祭司的僕人就來對獻祭的人說：將肉給祭司叫他烤罷，他不要煮過的，要生的。獻祭的人若說：必須先燒脂油，然後你可以隨意取肉。僕人就說：你立時給我，不然我便搶去。」這是指獻平安祭，律法也有規定，利3：3-5規定從平安祭中把脂油取下，要燒在壇的燔祭上獻與耶和華為馨香的火祭；利未記7：31-34「祭司要把脂油在壇上焚燒。」之後，才將胸和右腿給祭司。但這惡僕人就說「你立時給我，不然我便搶去。」這是什麼規矩？他們竟藐視耶和華的祭物，還未燒脂油就隨意取肉。利未記8：31規定「摩西對亞倫和他兒子說：把肉煮在會幕門口，在那裡吃。」不是把生的拿回家去。這以利的兩個兒子犯了雙重的罪了：A. 他們不取當得的份，卻取三齒叉子所能插上來的肉。B. 在人獻上脂油和血給神之前，他們先取他們的份，將特大的肉，堅持要在獻祭之前，先讓他們的僕人取去最好的，送到他們的家中，這樣使他們自己陷在罪裡，祭司是神選召的僕人，所作的工是聖工，所擔的職份是聖職，他們是一批代替百姓事奉神的人。以利的兩個兒子，既不認識神，也不是神選召的，那他們就不是在事奉神，他們所做的工就不是聖工，把教會當社會，把聖事變作俗事，把事奉當作事業。這給我們留下深刻的教訓，這是他們把自己陷在罪裡了，也把別人陷在罪裡了。老祭司以利的失敗，正好作我們一面鏡子。以利失敗了，耶穌說：「從肉身生的就是肉身，從靈生的就是靈。」我們把肉身生的壞東西，藉DNA都遺傳給下一代，但不能把屬靈的成份，藉遺傳方式傳給下一代。以利不能把他屬靈的成份傳給下一代，兩個兒子不聽他的，所以罪人生的都是罪人，聖人卻不能生聖人。

(3) 他的教育失敗了　教育與道德固然有很大的關係，但有良好的教育並不能產生高尚的道德。雖然教育可以產生道德，但那道德只是摹倣，形於外，而不是發於內。那從裡面發出的道德，是他「心意更新而變化」產生的，這是靈裡的變化。我們相信以利對他兒子一定有教育，但皮毛的教育是失敗的，他太體貼兒子了。2：22「以利年甚老邁，聽見他兩個兒子待以色列眾人的事，又聽見他們與會幕門前伺候的婦人苟合。」他竟沒有採取斷然的處置，只對他們說「你們為何行這樣的事呢？……我兒啊！不可這樣……」這樣不痛不癢的責備，悖逆的兒子當然繼續不認識神。不悔改，當然心意就不會

更新而變化，所以仍是惡人。

(4)他的事工也失敗了　老以利事主四十年，時間不算短。有何成效
呢？A.在宗教方面腐敗不堪。兩個兒子作惡，神的殿成了犯罪的地
方。把獻給神的聖物踐踏，原本是敬拜神的事，變作罪行了。B.政
治方面，各人任意而行，秩序紊亂。他在參孫之後，國中無治績可
言。C.軍事方面，強敵壓境，捍禦無力。國亂民怨，已到不堪收拾
的地步。

3. 以利的結局

(1)他陷民於罪：祭司曠廢職務，即影響到百姓的靈性生活。2：17「如
此，這二少年人的罪在耶和華面前甚重了，因為他們藐視耶和華的
祭物。」聖經小字裡又作「他們使人厭棄給耶和華獻祭」。他們的
作為把百姓絆倒了，使大家對敬拜神的事厭棄了，這是直接「使耶
和華的百姓犯罪」。就如以利說，「人若得罪人，有士師審判他；人
若得罪耶和華，誰能為他祈求呢？」

(2)他家聖職被褫奪了：「有神人來見以利」，雖然那個時代極其黑暗，
但仍有一位神可差遣的人，傳達神話的先知。他去見以利，告訴他
家的尊榮，因罪被剝奪了。2：27-30「有神人來見以利，對他說，
耶和華如此說……我所吩咐獻在我居所的祭物，你們為何踐踏？尊
重你的兒子過於尊重我，……尊重我的，我必重看他；藐視我的，
他必被輕視。」這是神何等嚴厲的責備。接著就是三個預言：第一
個預言：31-32「日子必到，我要折斷你的膀臂（膀臂象徵能力），……
在上帝使以色列人享福的時候，你必看見我居所的敗落。在你家中
必永遠沒有一個老年人。」34節「你的兩個兒子何弗尼、非尼哈……
二人必一日同死。」這個預言應驗，在4：11「上帝的約櫃被擄去，
以利的兩個兒子何弗尼、非尼哈，也都被殺了。」第二個預言

2：31-33「日子必到，我要折斷……你父家的膀臂……在你家中必永遠
沒有一個老年人。」雖然如此，神的慈愛永遠長存，「我必不從我壇前滅盡
你家中的人。」這預言也在掃羅時代應驗了。掃羅將挪伯城裡的祭司，以
利的後裔85人一日盡行殺死。又將祭司城中男女孩童、吃奶的和牛、羊、
驢盡都殺滅（22：18-19），只有亞希米勒的一個兒子亞比亞他逃到大衛那裡。

大衛作王，將亞比亞他與撒督同立為大祭司職。亞比亞他在大衛臨終前擁立亞多尼雅謀逐所羅門，大衛崩，所羅門即革除亞比亞他，立撒督為大祭司，於是以利家的祭司職位從此斷絕（王上2：27）。第三個預言，：35「我要為自己立一個忠心的祭司，他必照我的心意而行。我要為他建立堅固的家，他必永遠行在我的受膏者面前。」這完全應驗在基督身上，詩篇110：4「你照著麥基洗德的等次，永遠為祭司。」但有的學者認為應驗在撒督身上。

　　宗教原是神兒女生活的中心，因祭司曠職，致宗教腐敗；因宗教腐敗，致使人心黑暗；因人心黑暗，致社會擾亂，強鄰壓境。以利之失，正是我們的鑑戒。

第四講　神立的先知—撒母耳　第 3 章

　　整個士師時代，根據保羅在使徒行傳 13：20 說「約有 450 年，直到先知撒母耳的時候。」在這麼長久的期間，先知寥寥可數，除了士 4：4 說「有一位女先知名叫底波拉」；6：8「耶和華就差遣先知」去說話，和撒上 2：27-36 有神人（先知）外，再沒有提到先知了。先知是什麼人？先知是神立的代言人，神託他傳達神的話語，多是預言，又有責備和教訓。這不是出於己意，乃自神的靈而出。因為他所說的預言，必定應驗。他說的責備和教訓，無論大事小事，不專是為一人一時，都成為萬世萬代的訓誨。先知也稱為先見，即他見常人所不能見的，聞常人所不能聞的。這時，神要為以色列立一個先知，卻不是年老經驗豐富又居高職的以利，而是童子撒母耳。為什麼？因以利在神的眼中不配。亞伯拉罕和以利都是老年的父親，都是愛自己的兒子。神向亞伯拉罕要以撒，而不向以利要何弗尼、非尼哈。為什麼神不放過亞伯拉罕而寬容以利？那是神看亞伯拉罕配；以利不配。亞伯拉罕在凡事上順從神，以利平時卻是尊重他的兒子過於尊重神（2：29）。所以神不揀選以利，卻去揀選童子撒母耳。撒母耳此時已不再是孩童了，按猶太史學家約瑟夫推算，他此時已十二歲了。神揀選他，雖小亦大。他那純潔可愛的心靈，殷勤服事的態度，是神喜悅的，因而作了神的器皿，合乎主用。他與神開始有了密切的交通。

　　3：1　撒母耳年幼，他在祭司又是士師的以利身邊接受教導，學習事奉神。當時耶和華的殿，是會幕，不單是宗教中心，也是教育文化中心。「當那些日子，耶和華的言語稀少，不常有默示。」那真是一個可憐的時期，沒有先知，神沒有藉著任何一個人說過話。在新約舊約之間也是這樣，從瑪拉基到施洗約翰約四百年，同樣是一個可憐的時期，沒有一個先知，也沒有神的話語。「默示」是神把祂的意思向人呼出來，新國際版本稱作「異象」，就是說那個時期。百姓離開了神，心靈裡遲鈍了。不是神不向人說話，而是人們視而不見；聽而不聞。

　　3：2-3　有一天晚上，老眼昏花的以利在房間裡睡覺，撒母耳睡在安放約櫃的聖所旁的一間小屋子裡。耶和華的殿，當時是在示羅的會幕裡。「上

帝的燈……還沒有熄滅。」是指有七個枝子的金燈台（出 25：31-40），在至聖所幔子之外的聖所，對著陳設餅桌子擺放，長夜燃著，油夠一夜燃燒。「還未熄滅」是尚屬深夜，天還未亮之時。童子撒母耳已經睡了，這時指神呼召撒母耳是在清晨天未亮之前。

3：4-9　「耶和華呼喚撒母耳」，年僅十二歲的童子，在深夜熟睡時，仍能聽到冥冥中不見之主的聲音，可見他在以利面前學習、事奉神的心是十分警醒的。他一聽到呼喚聲，回答「我在這裡」，立刻起來跑到以利面前說「你呼喚我，我在這裡！」如此迅速聽命的孩子，實在是我們聽主命令的好模範。以利說「我沒有呼喚你，你去睡吧！」以利未能立即察覺出是耶和華呼喚他，這可能顯示以利本人並不熟悉耶和華的作為。過一會兒神又呼喚撒母耳，他又跑到以利床前「你呼喚我，我在這裡」。以利回答說「我的兒，我沒有呼喚你，你去睡吧。」撒母耳又去睡了。經上說「那時撒母耳還未認識耶和華，也未得耶和華的默示。」撒母耳在以利面前學習事奉耶和華，他殷勤，他樂意，但他還未認識耶和華，是指還未直接與神接觸過，未從神那裡得過啟示。再過些時，耶和華第三次呼喚撒母耳。一般人在第三次大多不會起來了，而撒母耳仍立即到以利那裡，「你又呼喚我，我在這裡。」這時以利才明白是耶和華在呼喚童子。於是，以利對撒母耳說，你仍去睡吧，若再呼喚你，你就這樣回答，「耶和華啊，請說，僕人敬聽。」

：10　當撒母耳再回去睡不久，耶和華再來呼喚童子，這是第四次了。他應聲回答：「請說，僕人敬聽。」這是他的順服心，這也是歷代作主僕的，順命的好榜樣。今天我們在教會裡服事的，是否在聖工上，無論大事小事，樣樣都到主面前請示「請說，僕人敬聽」呢？

神呼喚撒母耳的經過，我們看見了什麼？

神與撒母耳靈交，是在黑夜已深，萬籟俱寂時。這在表當時猶太宗教黑暗的景況。「神殿的燈……還沒有熄滅」，正表當時宗教雖然黑暗，但神的靈光，尚顯在神的殿中。大祭司以利已經睡了，其他宗教領袖也都熟睡了，往往神在教會領袖熟睡時，就興起一些奮興家，復興當代人的靈性。像以賽亞、耶利米、何西阿、彌迦……等等舊約先知，到施洗約翰都是在宗教黑暗，靈性墮落，領袖熟睡時，神所呼召的器皿。從初期教會的使徒到中世紀的馬丁路德、慈運理；繼之神興起約翰衛斯理、慕迪、叨雷、葛

理翰……；在中國興起王明道、倪柝聲、計志文、趙世光……等等，他們都有接受神的啟示。神的啟示方法各有不同，如保羅、彼得、宋尚節是見異象，如撒母耳、戴德生是聽到神的聲音。今天我們如果聽到聲音，便要分辨清楚，那不是個人良心的聲音，也不是撒但的聲音。

　　3：11-14　耶和華給撒母耳的啟示，是在重複 2：27-36 神人對以利說過的話，這樣以利就證實了童子的確是得到神的啟示。神說「我在以色列中必行一件事，叫聽見的人都必耳鳴。」這一件不尋常的事叫以色列都必耳鳴，耳鳴是指驚惶，什麼大事會使全以色列人都驚惶？有解經家說是指以色列失敗、以利和他兩個兒子死亡、約櫃被擄、聖所荒涼，聽見的人都必驚惶。還不止此，更有人根據王下 21：12、耶 19：3，那是指耶路撒冷要毀於巴比倫王尼布甲尼撒說的，叫全以色列人聽了都必耳鳴。

　　：12　「我指著以利家所說的話，到了時候我必始終應驗在以利身上。」這是早已藉先知警告以利了，（2：27-36）但神的警告沒有效果，所以無論以利此後獻有血的「祭物」，或無血的「禮物」，都不能轉變他的命運。因他知道兒子作孽，自招咒詛，卻不能禁止他們。「子不良，父之過」，神是要找父親算帳的。以利沒有嚴厲責備；也沒有把兩個作惡的兒子的祭司職務免掉，而讓他們繼續作惡，神不能容忍。保羅在提前 3：5 論到屬靈領袖「人若不知道管理自己的家，焉能照管上帝的教會呢」？神起誓「以利家的罪孽，雖獻祭奉禮物，永不能得贖去。」沒有任何祭物牲畜、素祭會令神把祂要結束以利家的決定收回。神可以饒恕以利的兒子們的罪孽，但永遠廢去他們作祭司的職份。所以罪惡的果子要自己吃。大衛犯罪，他悔改已得神的赦免，但他的家庭悲劇，就是在吃罪惡的果子。

　　：15　「撒母耳睡到天亮，就開了耶和華的殿門。」撒母耳夜間看見異象，聽見神的啟示，這是何等奇妙的屬靈經歷，人生不可多得的榮譽。然而他睡到天亮，早晨起來並沒有向人自誇，還是照常開門掃地。會幕本身無門，只有門簾，這門可能指外圍臨時的門。童子撒母耳還是去開門，殷勤盡職。他雖見異象、聽見奧秘的言語，他還是盡他的本分，不放棄他的責任職守。

　　新約記載一個小女子名叫羅大，恰和撒母耳相反。彼得下監被囚，許多信徒正聚會為他禱告。聽見有人敲門，羅大去探聽，聽見是彼得的聲音，

就歡喜卻顧不得開門，她忘記了自己的本分。但撒母耳聽見了彼得的神的聲音，還是去開門掃地。雖看見異象、聽見神的話語，他對自己的職守更看為神聖，不能放棄。

這給我們一個重要的教訓：看見異象、聽見神聲音的，沒忘記照常去開門，不只是開殿門，更要開自己的心門，不要產生屬靈的驕傲。我們聽到主的聲音「凡勞苦擔重擔的人，可以到我這裡來，我就使你們得安息。」（太 11：28）不是我們就可以高枕無憂，躺在床上等嗎哪掉在我的飯碗裡。神是叫我們清晨自己去收取，我們不要忽略日常的本份和責任。

：16-18　以利追問童子撒母耳，昨夜耶和華對你說些什麼，要老老實實告訴我不要隱瞞，不然神要重罰的，撒母耳就完完全全據實以告。以利很謙卑順服的說：「這是出於耶和華，願祂憑自己的意旨而行。」以利是個好人，在士師時代，他擔任大祭司多年，的確為神作了不少事工。但他對他兩個兒子卻缺乏剛強。很多人都常忽略了自己最親愛的人所犯的罪，以利早就該把兩個兒子的祭司職份革除，可惜他沒有作他應當作的。這時他承認神的審判是公義的，他甘心順服接受。這也給我們作個借鏡，我們在生活上每一件事，都攤在神的目光下，祂都會在每一件事上塗上色彩，也許我們的痛苦色彩祂會抹去，「以得救的樂歌，四面環繞我」（詩 32：7）。也許我們仍落在憂愁、困苦、失敗的色彩中，就當效法約伯那樣說，「賞賜的是耶和華，收取的也是耶和華，耶和華的名是應當稱頌的。」（約伯記 1：21）以利知道神已定規了，順服的說「願祂憑自己的意旨而行。」

：19-20　撒母耳漸漸長大，「神與他同在」。與他同工、賜福、施恩、同在的證據，就是神給他權柄說話。他有神的話，就一句也不落空，句句應驗。「從但到別是巴」就是從極北到極南，全地的以色列人都承認撒母耳是神所立的先知。

：21　以利還在世時，撒母耳的生活和工作都在示羅。不久約櫃被擄，示羅被毀，他便住在自己的家鄉「拉瑪」，拉瑪便成為以色列人的宗教中心。他在拉瑪作他們的士師、先知和祭司，死後也葬在這裡。

第五講　以迦博─榮耀離開了　（第4~6章）

　　非利士人和以色列人在以便以謝打仗，殺了以色列人四千人。於是以色列的長老們商議去示羅將耶和華的約櫃抬來，以為這個神聖的約櫃一出現，情勢就會改觀。他們是只靠約櫃，不靠約櫃的神。以為約櫃到了營中，也就是神到了營中。這是迷信，以為聖物是壓邪的東西。他們不能分辨約櫃只不過是神同在的記號，叫他們常常想起與他們立約的神，並不是神就住在約櫃裡面。因此4：10-11說，約櫃到來雖曾使非利士人害怕，但結果以色列人還是敗了，又陣亡了三萬人。並且上帝的約櫃被擄去，以利的兩個作惡的兒子何弗尼、非尼哈也都被殺了，正如神人的預言。

　　這個壞消息，由一個便雅憫人從陣上逃脫帶回來的，九十八歲的老以利一連聽到四個慘痛的噩耗。4：16-17報告：1.以色列人逃跑；2.民中被殺的甚多；3.你的兩個兒子何弗尼、非尼哈也都死了；4.上帝的約櫃被擄去了。老祭司一聽到約櫃被擄去，驚惶過度，就往後跌倒死了。

　　4：19-22　非尼哈的妻子，聽到約櫃被擄，她的悲痛比聽到她丈夫和公公的死更甚。因受刺激太大，腹內的胎兒臨產。當她將死的時候，給她兒子起了一個名字，叫「以迦博」，意思是榮耀離開以色列了。

　　今天我們禱告時，常說「願神得榮耀」。我們唱詩時，也是「榮耀歸於至高神」。有些禮拜堂裡也寫著「榮耀上帝」。究竟「榮耀」是什麼意思？保羅在哥林多前書11：7說「男人本不該蒙著頭，因為他是上帝的形像和榮耀。」所以榮耀就是上帝形像的意思。人是上帝照祂的形像造的，因此人的品性、行為、人格應當像上帝。神造人的目的，是為了榮耀祂（賽43：7）；神救贖我們的目的，也是為了榮耀祂（林前6：20）；神教訓我們，栽培我們的目的，也是為了榮耀祂（賽61：3）。如此說來，像神就是榮耀神；不像神就是破壞了神的形像。保羅又在羅3：23說，「世人都犯了罪，虧缺了神的榮耀。」犯了罪，就不像神；不像神，就是虧缺了神的榮耀。榮耀便是神的代替。士師時代，只有宗教的外表，只重視約櫃，卻遠離了神與他們所立的約。他們不知悔改，約櫃被擄去，他們最傷心了，說，榮耀離開以色列了。

今天我們不要像當時的以色列人，只重視宗教的外表，應該向內看，自己的品性、人格，像不像神？神誠實，我們虛假；神聖潔，我們污穢；神愛人，我們只愛己；神公義，我們卻講究妥協的藝術。這樣不是在榮耀神，實在是「以迦博」榮耀離開了。

5：1-4　神的選民將約櫃抬出去督戰，將約櫃當作符咒。殊不知約櫃是神與人同在的象徵，人若犯罪離開神，神就不與人同在，約櫃只不過是一口箱子。所以以色列人在仇敵面前仆倒，約櫃也被擄去了。這在顯出一個真理，神同在，箱子成為約櫃；神離開，約櫃就成為箱子。神同在，房子成為聖殿；神離開，聖殿成為房子。以色列民犯罪，羞辱了約櫃，然而約櫃到了敵人手中，卻隨處顯出神的能力和榮耀來。非利士人將上帝的約櫃從以便以謝抬到亞實突，亞實突是非利士人五座大城之一。非利士人有五個首領，分別管理五座大城，就是亞實突、亞實基倫、以革倫、迦薩和迦特。亞實突城裡有一個廟，廟神叫作大袞，是非利士人最崇拜的神，還有一個廟在迦薩。有人說大袞是魚神，它的形狀是人頭、人手、魚身。又有人說是五穀之神，是地中海一帶所崇拜的土地神。非利士人將上帝的約櫃抬進偶像廟裡，放在偶像旁邊。次日清早，他們的偶像仆倒在上帝的約櫃前，臉伏於地，他們將偶像扶起立在原處。又次日清早起來，見偶像又仆倒在上帝的約櫃前，並且偶像的頭和兩支手，都在門檻上折斷了，只剩下殘身。偶像不能在上帝面前站立，何處有神，何處的偶像即被打倒。我們心中也有偶像，如果神在我們心中，凡我們心中所有的偶像，無論這偶像是事業、是金錢、是社會地位、是政治權力，也無一不被打倒了。

5：6-12　神的約櫃抬到亞實突，「耶和華的手重重加在亞實突人身上，敗壞他們，使他們生痔瘡。」中文稱此疫為「痔瘡」，希伯來文說此疫是一種「毒瘡」。也有人說此疫乃鼠疫之一，它的症狀在橫胲，就是兩股之間腫大，這是很痛苦的。非利士人的首領，為了免除受害，決定將約櫃送到迦特去。「耶和華的手攻擊那城，使那城的人大大驚慌，無論大小都生痔瘡。」於是再將約櫃運到以革倫去，「神的手重重攻擊那城，城中的人有因驚慌而死的」。那未曾死的人，都生了痔瘡，生痔瘡固然討厭，還不致於死。許多人因為怕生痔瘡，驚慌恐懼，還沒有生痔瘡就先驚恐而死了。現代人的十大死因，心臟病居首，這都是由於情緒壓力，天天活在驚慌懼怕當中，於

是緊張懼怕就奪去我們的平安和喜樂，緊張懼怕就奪去我們的健康和力量。整天驚慌懼怕的人，就是對神沒有信心的人，他們不去倚靠主。約櫃在以色列人中，原是他們的引導與護衛，但在敵人中間，就成了他們的刑罰、災害與疾病。

　　6：1-5　約櫃在非利士地，就顯出神的權柄與能力來，連外邦人也不得不承認。因此他們的首領、祭司和占卜的就商議決定，將約櫃運回以色列去。依習俗不可空空送回，必須要獻上賠罪的禮物。照古例，賠罪禮物是以瘡抵瘡，以鼠抵鼠。於是就照非利士首領的數目，就製造了五個金痔瘡、五個金老鼠的像。他們的災害，按照今日的科學知識說，這種瘟疫與老鼠傳染有關。經上說「毀壞你們田地老鼠的像…」由此可知是老鼠傳佈的瘟疫。因此非利士人製造了五個金痔瘡，又製造了五個金老鼠獻給耶和華作賠罪祭，以消除災害。這表明他們承認所遇的疾病是出於神的刑罰。如中國內地的迷信，做一個瘟神焚燒，叫做送瘟神。中世紀的時候，教友手患病，就做一支銀手；眼患病，就做一個金眼去謝神，也是迷信。

　　6：7-12　他們造了一輛新車，把約櫃放在車上，賠罪的金痔瘡、金老鼠匣子放在約櫃旁。「將兩支未曾負軛有乳的母牛，套在車上，使牛犢回家去離開母牛」。這兩支「未曾負軛」就是沒有經過拉車訓練的，未曾拉過車，不熟悉道路的牛，必跳來跳去，腳步不一，勢必將新車折毀。「有乳的母牛」是正在乳養小牛的母牛，牠更不願離開牠的小牛。但這兩隻牛奇怪，牠們拉著新車卻「直行大道往伯示麥去，一面走一面叫，不偏左右」。母牛一面走一面叫是心繫小牛，卻為神所驅駛，直奔以色列境去。非利士人是跟在後面，並不是在牠們前面引領，這就證明神的手在其中。

　　6：13-16　伯示麥是以色列祭司的城，「收割麥子」的時候，約在四月中到六月中，論時間，約在猶太人的七七節前後。在這個時候全城的人都到田野去收割麥子，他們看見約櫃運回來了，就大大歡喜，便照律法來獻祭。因為牛與車已用來載耶和華的約櫃，故不能當作俗物。於是就將新車劈成柴，把兩支母牛當作祭牲，就地獻作燔祭。伯示麥人太高興了，就在一塊磐石上各人獻上燔祭和平安祭。

　　6：19-21　伯示麥人歡天喜地的給耶和華獻燔祭，燔祭就是將祭牲完全獻上，用火燒盡。又獻上平安祭，平安祭只是將油脂和腰子焚燒作火祭，

其餘的肉，除一部份給祭司外，便由獻祭的人和親友一同煮食共享。伯示麥人可能因為在歡樂筵宴中飲酒過度，行為不檢，又是好奇，便群去觀看約櫃。約櫃是神同在的象徵，不可挨近；不可窺看，這是敬畏神應有的態度。他們卻放肆去偷窺約櫃裡所藏的東西，這是律法所不容許的，犯者當死。（民4：19-20）如擅自手扶約櫃，也是不可以的。（撒下6：6-7 烏撒用手去扶將傾倒的約櫃，也是被神擊殺。）神指示以色列人，同時也警告非利士人，神是輕慢不得的，神必要證明祂的名是聖潔的，是人人應當尊敬的。神的約櫃是聖物，不可褻瀆。伯示麥人犯了戒，神就大大的「擊殺了他們七十人，那時有五萬人在那裡。」聖經小字作七十人加五萬人。這節經文很費解，但原文裡沒有一個「和」字，應該死的是七十人，因為伯示麥是個小城鎮，人口不會多，諒必沒有五萬人。即以耶路撒冷而言，當時也不超過七萬人，可能因各城因好奇而來的觀眾很多。這時耶和華大大的擊殺了七十人，伯示麥人便哀哭恐慌說，「誰能在耶和華這聖潔的神面前侍立呢？這約櫃可以從我們這裡送到誰那裡去呢？」他們商議的結果，便差派人去詢問基列耶琳的人，是不是願意接受約櫃？請他們來將約櫃接運到他們那裡去。

　　基列耶琳，是基遍人的城邑，在伯示麥東北約九哩，接近宗教中心示羅。約書亞記15：60稱為基列巴力，可想這裡曾經有一間聖所。這時示羅城已毀，故約櫃與會幕就分開了，約櫃就一直存放在基列耶琳（7：2），直到大衛把它遷到耶路撒冷（撒下6：2；代上13：5；代下1：4）。至於會幕，示羅被毀就先遷到挪伯（撒上 21：1），後又遷到基遍（代下 1：3），最後由所羅門遷到聖殿。

第六講　以便以謝—得救的磐石　第7章

7：1　伯示麥人既然那樣害怕約櫃，便請基列耶琳人來幫忙把約櫃搬去，「基列耶琳人就下來，將耶和華的約櫃接上去，放在山上亞比拿達的家中，分派他兒子以利亞撒，看守耶和華的約櫃。」亞比拿達何許人也，敢將約櫃放在自己的家中？聖經雖多次提到亞比拿達，但未記述他的身份。他派他的兒子以利亞撒看守約櫃，以利亞撒與亞倫的兒子同名，這樣看來，很可能他們都是利未人。利未人是專職服事神會幕一切物件的。約櫃停放在亞比拿達家中這段時間，少為人知，直到大衛把它運到耶路撒冷（撒下6：2-3）為止。雖無人知道示羅被毀詳情，但會幕（及燔祭壇）卻能倖免於示羅一同被毀（耶7：12、14，26：6），會幕似乎先被移到挪伯去了（撒上21：1-9）。在大衛及所羅門時代，又被搬到基遍（代上16：39-40，21：29，代下1：3、13）。基遍的居民，曾被罰淪為耶和華聖所的苦役（書9：23、27）。後來聖經記載所羅門把「會幕」運到建好的聖殿中（王上8：4）。

7：2-4　約櫃在基列耶琳亞比拿達家中過了二十年，這二十年大概是指約櫃被非利士人送回，到撒母耳在米斯巴召集眾人的時間，也即是撒母耳長成之年。這時他領導會眾覺悟、悔改，所以「過了二十年，以色列全家都傾向耶和華。」基列耶琳即森林之城，約櫃放在基列耶琳，好像是神為等候撒母耳成長，為祂所用。那時以色列人一面滿受非利士人的轄制及不公道的勒索，一面又轉向去拜偶像。就在這些年間，撒母耳不斷的在準備復興工作。撒母耳為民祈禱，祈禱是奮興會預備中之預備；禱告是奮興教會的方法；認罪悔改為奮興教會的要素。神是聽禱告的主，但禱告是從心而出，所以撒母耳對以色列人說，你們要把偶像除掉。「你們若一心歸順耶和華，就要把外邦的神和亞斯他錄從你們中間除掉，專心歸向耶和華，單單的事奉祂……以色列人就除掉諸巴力和亞斯他錄，單單的事奉耶和華。」亞斯他錄是一位掌管愛情、生育及戰爭的女神，敬拜這個女神的儀式，非常邪淫。她乃巴力之妻，巴力是迦南人、腓尼基人最高之男神，司生產之神。天空是他的領土，從天空使地土肥沃。以色列民在迦南就敬拜他們。撒母耳切切的告誡他們：1.要一心歸順；2.要專心歸向；3.要單單事奉祂。

這「一心」、「專心」、「單單事奉」，即是一個人歸主當有的態度。除掉外邦神，即歸向耶和華後的行動。今天我們要「一心」、「專心」、「單單事奉祂」，就必須除掉各人心中的偶像。

7：5-6　米斯巴的奮興大會。米斯巴意即「守望樓」，這米斯巴位於便雅憫境內，離耶路撒冷五哩。以色列在這裡發生兩件重要的事件，使全國國民都聚集在這裡。一是以色列人向便雅憫人宣戰，因便雅憫人姦殺了利未人之妾的暴行（士20章）；一是掃羅被立為王（撒上10：17）。這時撒母耳率會眾回米斯巴開奮興會，於是會眾一方面除掉偶像，一方面向神悔改。他們悔改的經過，可作我們悔改的榜樣：

1. 他們共同禁食。在米斯巴最要緊的舉動，就是禁食。禁食是憂傷懊悔的意思，人在痛悔、覺非、悟罪時，心裡極其憂傷，以致在神前禁食。

2. 他們大家認罪。不但一人認罪，乃是大家都認罪，說「我們得罪了耶和華。」這樣向神認罪悔改，大衛在神前說，「上帝所要的祭，就是憂傷的靈。上帝啊！憂傷痛悔的心，你必不輕看！」（詩51：17）。因此，神不能不回心轉意，大施憐憫。

3. 他們聽憑審判。「於是撒母耳在米斯巴審判以色列人。」審判，就是定罪懲罰，這其中的意義：(1)或有人尚未除掉偶像；或有人尚未悔改，撒母耳就在那裡斥責審判他們。(2)或有人既認罪悔改，在神前當受之懲罰，甘心接受。(3)或撒母耳趁他們認罪時即審判他們，解決他們中間一切的糾紛，好使大眾同心事奉神。無論那種解釋，都在說明會眾在神的公義審判下，受了當受的處分。(4)澆水神前。「他們就聚集在米斯巴，打水澆在耶和華面前。」舊約聖經中，沒有別的經文提到這種儀式。按澆水之意，a.有謂指悔改，將罪在神前倒出來。所倒之罪永不再犯，如將水澆在地上，意即覆水難收（撒下14：14）；b.有謂指祈禱，在神前傾心吐意，有如水一樣（詩62：8）；c.有謂指離罪悔改之心，在神前傾出，好比將器皿倒空。總之，這都是在象徵人在神前痛悔自卑，倒空自己。

7：7-14　撒母耳有代禱的能力。非利士人聽見以色列人在米斯巴聚集，誤以為他們在備戰，所以非利士的首領就上來攻擊他們。以色列人就懼怕，

「以色列人對撒母耳說，願你不住的為我們呼求耶和華我們的上帝。」撒母耳就獻燔祭，「為以色列人呼求耶和華。」燔祭意即完全奉獻，表明以色列人完全降服在神的面前，耶和華就立即應允他。撒母耳的禱告好像有那無形的天梯，人的祭物和禱告上升，神的能力和幫助就下來。他與天上的神取得連絡，於是，神藉著天然的雷聲、閃電擾亂非利士人，使他們驚惶大敗狂逃，以色列人就追趕他們直到邊界。這次勝利使以色列人平安了二十年。在同一戰場上，二十年前是以色列人被非利士人大敗的地方。「撒母耳將一塊石頭，立在米斯巴和善的中間，給石頭起名叫以便以謝，說，到如今耶和華都幫助我們。」以便以謝的意思是「幫助之石」。這是一個勝利的紀念碑，立這塊磐石之意：1. 為當時紀念的磐石，他們得勝了；2. 是見證的磐石，見證這勝利是由於神的拯救；3. 是感恩的磐石，這以便以謝的磐石，更是遙望我們永遠得救的磐石，耶穌基督。只有耶穌，才能得勝一切仇敵，祂是我們的靈磐石（林前 10：4）；是我們「所投靠的磐石」（申 32：37）；祂是教會的根基磐石（太 16：18，弗 2：20）；是信徒拯救的磐石（詩 89：26，95：1）。

這段歷史給我們留下什麼教訓？耶和華的榮耀離開，全是因為罪孽所致。我們欲蒙主的救贖，恢復神的榮耀，唯有認罪悔改，靠我們得救的磐石，「耶和華啊！我要求告你。我的磐石啊！不要向我緘默。」（詩 28：1）

7：15-17　這是撒母耳生平事工的大綱。撒母耳在猶太歷史中，可謂摩西第二，是大政治家、大改革家，是以色列的拯救者。他是士師時代與列王時代的過渡人物，也是祭司時代與先知時代的過渡人物。他的平生與以色列歷史關係最深。

1. 他是最後的士師。是一個巡迴的士師，「他每年巡行到伯特利、吉甲、米斯巴，在這幾處審判以色列人。隨後回到拉瑪，因為他的家在那裡。也在那裡審判以色列人。」伯特利、吉甲、米斯巴是古代宗教聖地。他作士師，是去到百姓那裡，並不是叫百姓到他這裡來。他對職務是多麼殷勤，盡責他巡行各地，(1)「伯特利」意即進神的殿；(2)「吉甲」意即除去罪行；(3)「米斯巴」意即守望樓；(4)「拉瑪」意即拜神之地。把這四個名字連接起來，就是撒母耳生平的事工。撒母耳一生公正廉明，他曾對會眾公開質問：「我從幼年直到今日，

都在你們前面行。我在這裡，你們要在耶和華和祂的受膏者面前，給我作見證，我奪過誰的牛？搶過誰的驢？……從誰手裡受過賄賂……眾人說，你未曾……。」（12：3-5）撒母耳作士師數十年，百姓能在神面前證明，他確是辦事公正、為人廉明、無偽無私，是天下公僕的楷模。

2. 他是重要的先知。他從十二歲起，就常得神的啟示說預言，「撒母耳長大了，耶和華與他同在，使他所說的話，一句都不落空。……耶和華又在示羅顯現，因為耶和華將自己的話默示撒母耳，撒母耳就把這話傳遍以色列地」（3：19-21）。

撒母耳開創先知學院於拉瑪、吉甲和伯特利等處。今日的神學院，即古時先知學院，為栽培屬靈的領袖，教導人明白真理。所以今日的神學院與中世紀的修道院，皆是拉瑪之遺風。所不同的，古先知學院及修道院是以靈修為主，而今日的神學院以教義為主，且訓練些屬靈事工的技巧。

3. 他是特別的祭司。撒母耳自幼在殿中事奉神，「那時撒母耳還是孩子，穿著細麻布的以弗得，侍立在耶和華面前。」（2：18）可以說，他是「栽於耶和華的殿中，發旺在我們神的院裡。」（詩 92：13）；又曾在米斯巴「把一隻羊羔獻與耶和華為燔祭」，其後掃羅王不等撒母耳來，自己獻祭，神怒掃羅僭越聖職，獻祭是祭司的專職，因此掃羅的王位不得長久（13：9-14）。撒母耳常為百姓代禱，代禱是祭司的職責，他一禱告，天上就發出雷聲，使非利士人潰敗。他也為人提名代禱，神說「我立掃羅為王，我後悔了，……撒母耳便甚憂愁，終夜哀求耶和華」（15：11）。今日的基督徒都是「君尊的祭司」，應該常為人提名代禱。7：17 說，撒母耳在他家中「為耶和華築了一座壇」。家中有祭壇，就是生活工作的原動力，正如亞伯拉罕一生帳幕不離祭壇。家中有祭壇是表明耶穌基督是我家之主，一生為主而活，為主而作。撒母耳家中設立祭壇，即他平生以祈禱為工作，工作為祈禱。

撒母耳不僅在屬靈的事上教導百姓，還要審判百姓；在戰時作軍事領袖率領百姓。他是最後的士師；是最重要的先知；是特別的祭司。

士師時代在本章宣告結束，下章就開始君王的制度。

第七講　一切惡事在吉甲—要像列國一樣　第8章

「吉甲」是什麼意思？約書亞記 5：9「耶和華對約書亞說，我今日將埃及的羞辱從你們身上輥去了。因此那地方名叫吉甲。」吉甲的意思，就是將羞辱輥去，就是將罪孽除去，這本是最美的事。但這時的吉甲，正是何西阿書 9：15 所說的，「耶和華說，他們一切的惡事都在吉甲，我在那裡憎惡他們，因他們所行的惡，我必從我地上趕出他們去，不再憐愛他們。」以色列在吉甲究竟犯了什麼大罪，使得神這麼心痛，這麼忿怒，這麼憎惡他們呢？固然因他們在那裡拜偶像，更使神惡心的，是他們在那裡自己立王，要像列國一樣悖逆了神，這是大罪。

1. 不以神為王的，即犯了吉甲之罪。何處蒙恩多，何處犯罪也多。吉甲是「轉離」的意思，神本把他們從罪人的地位轉到恩典的地位。可是他們自己今天卻又從恩典地位，轉到罪孽的地位去了。他們在吉甲立王正是他們忘恩負義的表現，背棄了神。他們為什麼這樣作呢？

8：1-5　「撒母耳年紀老邁」，這時他不過年逾六十，距他在米斯巴大勝非利士人已過二十年了。撒母耳「就立他兒子作以色列的士師。長子名叫約珥，次子名叫亞比亞，他們在別是巴作士師。」別是巴在以色列最南部，屬西緬支派境內的一個古城。但二子的名聲非常不好，撒母耳沒有從以利身上學到教訓，其二子亦如以利之子，不肖；收賄；貪財；屈枉正直。撒母耳日理萬機，忙於眾人的事，以致忽略了子女的管教。所以「以色列的長老都聚集，來到拉瑪見撒母耳，對他說，你年紀老邁了，你兒子不行你的道。現在求你為我們立一個王治理我們。」他們提出三點理由：(1)因其子敗壞，不遵行他的道；(2)你年紀已老邁；(3)律法上也有應許他們可以立王（申 17：14-15）。但律法上的王沒有無上權威，他不但要向神負責，遵行摩西律法，還要聽從先知的話，他不是大權獨攬。他們自己立王，不依此行，要像列國一樣，這表明他們辜負撒母耳了。

(1)近因是說，「你年紀老邁了」，撒母耳在以色列歷史上，原稱為第二摩西，二人相同之處甚多，相反之處也多。撒母耳年幼即被召，而

摩西是到八十歲才被神召用。但摩西活到 120 歲身體尚健壯，「眼目沒有昏花，精神沒有衰敗。」（申 34：7）而撒母耳僅摩西年歲的一半，剛過六十即年已老邁了。難道人年老真沒用了嗎？那正是閱歷豐富、靈力漸趨成熟時，但體力不如壯年是事實，故弟兄姐妹當趁年富力強時多作主工，沒等閒白了少年頭，空悲切。撒母耳年才逾六十歲，一生作士師，巡行各地，公正廉明，使以色列由危轉安；由衰轉強；由亂而治，如此對以色列貢獻的人，年老更宜多受尊敬、優待，豈能棄之如蔽屣？以色列人太無情了。

(2) 遠因是「現在求你為我們立一個王治理我們，像列國一樣」。他們要求立王的理由，就是要去像列國一樣。這絕不是一時起意，一定是在民間醞釀已久，長老們從長計議已定，他們要學列國一樣，忘記了他們的榮耀特色，正是不像列國一樣。神在天下萬民中，特別揀選他們，就是神自己作他們的王，直接治理他們。現在他們好像很不客氣的對神說，有神不夠，不能使我們滿意，我們不要你作王，求你為我們另立一個王。我們讀經至此，雖然對以色列的作為憤怒，但我們又那有資格去責備他們呢？我們這些新約的基督徒，彼得在彼前 2：9 慎重的告訴我們：「惟有你們是被揀選的族類，是有君尊的祭司，是聖潔的國度，是屬神的子民。」神呼天喚地的對我們說：「你們務要從他們中間出來，與他們分別，不要沾不潔淨的物，我就收納你們。我要作你們的父，你們要作我的兒女。」（林後 6：17）但是有幾多人完全順從神的話，亦步亦趨的處處遵行；以此為滿意；以此為知足呢？許多人豈不是都喜歡學時髦、隨潮流，和以色列人要像列國一樣嗎？不單單在生活上學時髦和別人一樣，連神學也學列國一樣，叫新神學。這神學叫人不信聖經；不信耶穌，那怕得罪神也不管；什麼是真理假理也不管；甚至失掉靈魂也不管，只要和別人一樣就好。

2.8：6-9　當時「撒母耳不喜悅他們說，立一個王治理我們。」一是傷心，二是去向神屈膝，他就去禱告耶和華。他如此鎮靜，實在是我們遭遇挫折時的好榜樣。「耶和華對撒母耳說，百姓向你說的一切話，你只管依從，因為他們不是厭棄你，乃是厭棄我，不要我作他們的王。……他們常常離

棄我，事奉別神，現在他們向你所行的，是照他們素來所行的」。

(1) 他們不要神作王　當日以色列人過約但河，首先「他們從約但河中取來的那十二塊石頭，……立在吉甲」以為紀念（書4：20）；又在吉甲行割禮，將埃及的羞辱從身上輥去了。輥去是使轉離的意思。又在吉甲守逾越節（書5：2-12）；撒母耳在吉甲立先知學院，並在吉甲審判會眾（7：16），所以吉甲是他們回轉自新之地，是他們大大蒙恩之地，可憐他們也在吉甲不要神為王。神在吉甲恩待他們，他們卻在吉甲背棄神，要求為他們立一個王。這罪並非君王制度本身不善，問題是出在百姓對君王的想法錯誤。他們所求的君王制度，會破壞他們與神立約的關係。耶和華曾應許作他們的救主及拯救者，他們忘記了神過去如何的保護和拯救他們。

(2) 他們要像列國一樣　他們提出立王的理由，就是要「像列國一樣」。有了這樣的王，就表示他們與神毀約，不要耶和華作他們的王，這是人根本的罪。當初始祖所犯的罪，正是不以神為王，自尊自大，想要和神一樣。始祖未犯罪以先，靈界的天使長，墮落而成撒但，也是不以神為王。想要「昇到天上，我要高舉我的寶座在上帝眾星以上。……要與至上者同等。」（賽14：13-14）以色列會眾也正是犯了這膽大妄為的罪。吉甲是他們作天國子民的紀念地，行割禮、除罪孽，離開罪中生活，轉到成聖生活。這時他們竟要去像列國一樣，從神子民的地位，又回轉到世人墮落的地位上。原在吉甲是轉到靈界，今又從吉甲轉入世界。

(3) 他們乃是厭棄我　神對撒母耳說：「他們不是厭棄你，乃是厭棄我，不要我作他們的王。」人最易高舉自我，叫「自我」坐寶座，若人只有「我」，就沒有神了，這是一切罪惡之源。

(4) 照他素來所行的　「他們常常離棄我，事奉別神，現在他們向你所行的，是照他們素來所行的。」不以神為王，是人「素來所行的」，是人極普遍的罪。凡人萬罪之惡，都出於此。一切的罪行，都是因為目中無神；口中無神；心中無神。不以神為王，就是人素常所行的。

3.8：10-18　撒母耳警告他們不可立王的理由，到所羅門時代，就全都

實現了。只有大衛王能一面盡受膏者忠於神的責任，一方面能建立一個政軍都強大的國家，但他的後繼者，無一人曾達到這境界。因此撒母耳警告他們，王給他們帶來的重擔是：

強征服兵役　人所立的王要他們在王地軍械庫中服勞役，申 17：16 神所膏立的王「不可為自己加添馬匹」。到了王上 10：26「所羅門聚集戰車馬兵，有戰車一千四百輛，馬兵一萬二千名。」馬是從埃及以每匹 150 舍客勒買來的，戰車是從埃及買來的，每輛價銀 600 舍客勒。這筆龐大的國防費用，都是人民沈重的負擔。

2. 強征民女服勞役　申 17：17 神戒王不可為自己多立妃嬪，但到了所羅門時代，王上 11：3「所羅門有妃七百……，嬪三百。」以致犯罪、得罪了神而使統一的國分裂。

3. 強征重稅　強取人民私有土地，賞賜功臣，強征農產品十分之一養活太監臣僕，強征牲畜十分之一為他所用。君王征收的，是在以色列人應該獻給耶和華的十分之一以外。事實上，這君王所征收的，相等或超過以色列分別為聖的，百姓無一倖免。

：18　「那時你們必因所選的王哀求耶和華，耶和華卻不應允你們。」這事實到了所羅門的兒子羅波安為王時，王上 12：4-5 以色列人去見羅波安說：「你父親使我們負重軛，作苦工。現在求你使我們作的苦工，負的重軛，輕鬆些，我們就事奉你」。12：14 羅波安對他們說：「我父親使你們負重軛，我必使你們負更重的軛。我父親用鞭子責打你們，我要用蠍子鞭責打你們。」歷代以來的君王都是如此壓迫他們，他們哀求耶和華，耶和華卻不應允他們，這是他們自己吃自己罪惡的果子，自作自受。

4. 8：19-22　撒母耳的警告，百姓不肯聽從，說：「不然，我們定要一個王治理我們，使我們像列國一樣。」他們一定要趨向別人，神只好叫撒母耳為他們立一個王了。不以神為王，是人最大之罪，是神最厭棄之罪。所以「耶和華說，他們一切的惡事都在吉甲，我在那裡憎惡他們。」（何西阿 9：15）又說：「我的百姓，作了兩件惡事，就是離棄我這活水的泉源，為自己鑿出池子，是破裂不能存水的池子。」（耶利米書 2：13）耶和華真是祂百姓的活水泉源，神將他們從埃及帶上來，「如鷹將你們背在翅膀上」，供他們「在萬民中作屬

　　我的子民，……作祭司的國度，為聖潔的國民。」（出 19：4-6）可是他們竟離棄了這活泉，自己去立王，去鑿百孔千瘡漏水的池子。

　　人不要神為王，是罪中之罪，一切罪過沒有比這再大的。這一章給我們帶來的教訓是什麼？我們有沒有讓神在心中作王？心中的「我」是不是還坐在寶座上？我們的生命、生活、工作，是否讓主凡事居首位？自己居首位，就是自己在鑿破裂漏水的池子，一生勞、苦、愁、煩，轉眼成空。人罪中之罪，不是犯了什麼誡命，乃是不要主作王。我們應當把「自我」打倒，讓基督在我心中作王，這是基督徒日日應當省察悔改的。

第八講　膏立第一個王—掃羅　第 9-10 章

　掃羅是以色列第一個王，他是以色列十二支派中最小的便雅憫支派。便雅憫乃是雅各（以色列）最小的兒子，在士師時代一次內戰中，便雅憫支派幾乎全被消滅，僅六百人倖存而已。時間經過百年，當撒母耳年紀老邁時，以色列人要求為他們立一個王好傚傚列國一樣。撒母耳按照神的命令為他們立了第一個王就是掃羅。他的一生從興起到敗落，可為我們人生的鑑戒。

　9：1-4　掃羅的父親基士是個大能的勇士，聖經小字註或作大財主。家中牲畜很多，他丟了幾頭驢，便吩咐他兒子掃羅去尋找。這時的掃羅年紀當在卅歲左右，而且有個兒子約拿單。聖經說，掃羅生得又健壯，又俊美，身體比眾民高過一頭。以人看，掃羅氣宇軒昂，儀表非凡，天子之相也。他被選立為王最特出的地方，是他身體比眾民高過一頭。從外形看來，他是鶴立雞群，出類拔萃。從內質看，就是代表一個人的「自我」。我們從掃羅的一生，可以學到許多的教訓：

1. 掃羅代表「我」

(1) 掃羅對神　一個以自我為中心的人，一切的事都是以他為圓心圍繞著他。掃羅是一個以自我為中心的人，所以他一生行事都是自主自專。神本是以色列的王，神揀選以色列族的旨意，就是要在列國中建立一個神權政治的國家。可是以色列人卻不要神作王，要自己立王。人作了王，就作了人民的主人，就佔據了神作王的地位。掃羅作了王之後，他的表現就是自主自專，常常不聽神的話，這就代表了人的「自我」。對待神的態度，就是侵犯神的主權，搶奪神的榮耀。羅馬書 8：7 說的很清楚，人的自我原是「與神為仇。因為不服神的律法，也是不能服。」所以自我的表現，就是任意而行，隨心所欲。保羅在加拉太書告訴我們，「自我」就是「老我」，要與基督同釘十字架。耶穌也教訓我們，作基督徒的，就當「捨己」，「若有人要跟從我，就當捨己，背起他的十字架，來跟從我。」（太 16：24）

⑵掃羅對人　一個以自我為中心的人，就自高自大，目空一切。1-2
　　節掃羅是個大財主的兒子，「又健壯，又俊美，在以色列人中沒有
　　一個能比他的。身體比眾民高過一頭」。10：23「他站在百姓中間，
　　身體比眾民高過一頭。」掃羅是出人頭地，不單是他的地位在眾人
　　之上，他被立為王了，他的身體也高過眾人之上，他的心更高過眾
　　人之上。自高自大，凡事不肯居人之下。後來當他聽到婦女歌唱跳
　　舞說，「掃羅殺死千千，大衛殺死萬萬。掃羅甚發怒⋯　就說，將萬
　　萬歸大衛，千千歸我，只剩下王位沒有給他了。」（18：6-9）人的
　　自我本質高大，在凡事上都要想高人一頭，絕不肯居人之下。自我
　　都是自尊自傲，喜歡人的稱讚、恭維。耶穌時代的法利賽人就是這
　　樣，「喜歡坐筵席上的首座，會堂裡的首位，又喜歡人在街市上問
　　他的安。」

　掃羅的條件是眾所不及的，他「又健壯，又俊美」，像貌堂堂，身軀偉
碩，帥氣十足，人見人愛。人總是看人的外貌，一個屬魂人，總是比一個
屬靈的人，更容易得人的喜愛。

⑶掃羅對己　一個以自我為中心的人，一定是個自私自利的人。「自
　　我」就是好自私，自我的願望就是自私的願望；自我的作為就是自
　　私的作為；自我的生活就是自私的生活。完全以自我為依歸，無論
　　作什麼，都要人人為我。為我吃；為我穿；為我工作；甚至為我讀
　　經；為我禱告；為我傳道。我們今天這個社會，普遍所表現的都是
　　自我主義。保羅教導我們作基督徒的，要將自我與基督同釘十字
　　架，然後活著的人就不再是我，乃是為主而作，為主而活。

　9：5-10　掃羅和僕為找失驢，離開便雅憫的基比亞，向北走遍以法蓮
山地，這是一趟長途旅行。「到了蘇弗地」，蘇弗地是撒母耳居住的地區，
卻找不著。本想放棄，「僕人說，這城裡有一位神人。」這城是指撒母耳居
住的拉瑪。僕人知道城裡有一位神人，很奇怪，掃羅為什麼不知道？只可
說，他是個很大意的人，又住在窮鄉僻壤，對政治、宗教、時事孤陋寡聞，
也不關心。這時僕人提到神人撒母耳，神人常用來指先知，又稱先見，是
神的代言人，有神特別的異象、異夢，將神的旨意傳達給人。僕人說這神
人撒母耳「凡他所說的全都應驗。」於是他們就往神人所住的那城裡去了。

2. 掃羅遇撒母耳

9：11-27 撒母耳在前一日得到神的啟示，「明日這時候，我必使一個人從便雅憫地到你這裡來，你要膏他作我民以色列的君。」這時撒母耳將出城上邱壇去獻祭，「邱壇」是倣傚迦南人的習慣在山邱上築壇獻祭。這時示羅被毀，大祭司家族皆亡，撒母耳在拉瑪設邱壇，成為以色列的宗教中心。到所羅門時代，以色列人仍有在邱壇獻祭的事（王上3：2）。直到聖殿建成，才依律法規定成為中央祭壇，不許在邱壇獻祭了。這時掃羅主僕正在城門前遇到撒母耳。「撒母耳看見掃羅的時候，耶和華對他說，看哪！這人就是我對你所說的。」於是撒母耳對掃羅說：「你在我前面上邱壇去」。容許人走在前頭，表示尊重。「因為你們今日必與我同席。」撒母耳領掃羅進到客堂，那是邱壇旁邊一間宴客的房間。撒母耳使他坐在請來的約卅位客人中坐首位，又吩咐廚師將祭肉拿來，擺在掃羅面前。這一份祭肉就是右腿肉，律法規定是祭司當得的份。撒母耳卻將這最好的一份祭肉招待掃羅，已是極大的尊榮表示。晚上二人又在房頂上說話，巴勒斯坦多屬平頂屋，供休憩之用。撒母耳談話的內容，應是屬靈的和國家的事，可能涉及以色列的宗教與政治，及有關非利士人欺壓的問題。這一席話何等奇妙，改變了掃羅的一生，次日就出現改變以色列的歷史的事。

10：1 「撒母耳拿瓶膏油倒在掃羅的頭上。」油是特製的橄欖油，本來是膏抹祭司用的。用膏油膏人為王，這是第一次。膏抹是表徵神的揀選和設立，神與同在。在舊約中只有三種職份需要受膏，先知、祭司、君王。這時撒母耳膏掃羅為王，是受神的命令。「這不是耶和華膏你作祂產業的君麼？」產業指子民（出34：9），即作神子民的領袖。這膏抹是私下單獨進行的，只在印證，不是登基，登基是在吉甲（11：14-15）。撒母耳完成了神的託付，又見掃羅實在是個人才，就與他「親嘴」，這表明撒母耳對他愛慕。然後給掃羅三個證據以確知他是神所膏立的：(1)會遇見兩個人告訴他父親的驢找到了（10：2）；(2)會遇見三個人，送他兩個獻給神的餅（10：3-4）；(3)到神的山，又作「神的基比亞」，會遇見一班先知，掃羅要受感說話（10：5-6）。「受感」在新約聖經裡稱作聖靈充滿，神就賜給他一顆新心（10：9），他就變為新人。有新心才能作新人。先有新生命，才能作新人。這三個預言都應驗了。

10：17-21　撒母耳召全以色列人聚集在米斯巴，向他們宣布：「你們今日卻厭棄了救你們脫離一切災難的上帝，說，求你立一個王治理我們。」今日就來決定，於是便公開掣籤。掣籤是舊約時代尋求神旨意的方法，他們就按支派、宗族，掣出掃羅來。

3. 掃羅自我的真像

看他外面表現的，卻與裡面那個人截然不同。中國人常說，知人知面不知心。看外貌，看不出人的真面目，掃羅就是這樣的人。

(1) 他像是很謙卑　撒母耳初見他就對他說：「以色列眾人所仰慕的是誰呢？不是仰慕你，和你父的全家麼？」掃羅即羞澀地說：「我不是以色列支派中至小的便雅憫人麼？我家不是便雅憫支派中至小的家麼？」多謙卑啊。現在來米斯巴，眾人掣籤就掣出他來，這時他卻不見了，眾人尋找卻尋不著。他到那裡去了？眾人只有求無所不知的神，「耶和華說，他藏在器具中了。眾人就跑去從那裡領出他來。」（10：21-22）器具指行李，百姓從遠處來，都各帶食物。掃羅初選為君，自覺不配，謙卑的藏了起來。既作王後，卻又強橫跋扈，自命不凡，這種不平衡的性格，在他一生中不時出現。這也是一般人的性格，尤其是領袖人物。

(2) 他像是很容讓　當掃羅被選為王，表現得卻很有度量。有些匪徒，「匪徒」亦作「喜歡惹事生非的人」，他們不支持掃羅作王，是反對派，說「這人怎能救我們呢？就藐視他。」看不起他，不照習俗送禮物給他。這時掃羅的表現「卻不理會」。看掃羅對反對派的態度，是何等的寬宏大量。不久，掃羅初試鋒芒，打敗亞捫人時，百姓欲殺那些匪徒，掃羅卻不贊成（11：12-13），又見掃羅的容忍。但人的性格，就是雙面人，他能忍匪徒，卻不能忍大衛。可見人總是在舞台上演戲，出場時戴面具，把面具脫下，就原形畢露了。

(3) 他像是很屬靈　掃羅到神的山，遇到一班先知。「神的靈就大大感動他，他就在先知中受感說話」（10：10）。他真的受了聖靈充滿和先知一樣嗎？還是摹倣屬靈的樣子？再看 19：24 他「脫了衣服，在撒母耳面前受感說話，一晝一夜，露體躺臥。」就不禁令人懷疑，是否真受靈感。這與他來的動機、目的和後續行動，完全不協調。

我們也常見一些人的外面人，樣子很屬靈，說話也很屬靈，有時表
現出來與眾不同，口中唸唸有詞，好像受靈感說話，有如先知。但
裡面人的生活，卻叫人慘不忍睹。因為他一切都是為了「自我」，
一切都是為了自私，和掃羅區別很小。

掃羅是一幅自我的畫像，願我們都不像他。

第九講　掃羅早期的光輝　第 11-12 章

11：1-4　亞捫人是羅得的後裔（創 19：36-38），住在約但河東岸迦得支派領土以東，接近雅博河上游一帶，即今之約旦國北部。它的京都叫拉巴，即今約旦國首都安曼。以色列人東西兩大強敵，西有非利士人，東有亞捫人。在士師時代亞捫曾侵佔以色列土地，被耶弗他擊敗（士 11 章）。這時亞捫人聽聞非利士威脅以色列西境，認為有機可乘，拿轄王便率領大軍先進逼基列雅比。雅比在雅比河谷，是瑪拿西半支派境內的一個小城。百年前士師時代內戰，以色列人擄去基列雅比四百處女，嫁給幾近滅族的便雅憫族剩餘的男丁為妻（士 21 章），與掃羅所屬的便雅憫族有姻親的關係。因此基列雅比有難，就差專使急報遠在基比亞的便雅憫支派求援。

這時以色列各支派已失去抵禦外侮的能力，雅比人只求苟安，情願歸順乞和。而「亞捫人拿轄說，你們若由我剜出你們各人的右眼，以此凌辱以色列眾人，我就與你們立約。」拿轄太囂張了，開出的歸順條件苛刻得不盡情理。要剜出各人的右眼，為什麼要剜右眼？這不僅是急端的凌辱，而且使他們喪失作戰能力。古時作戰都是左手拿盾牌護身，遮掩左眼，全靠右眼迎戰，弓箭手也靠右眼瞄準。一旦剜出右眼，便叫他們完全喪失作戰能力。亞捫人野蠻殘忍，先知阿摩司書 1：13 就說出耶和華為什麼要刑罰他們的理由。這事就使我們想到，魔鬼來侵犯我們，要我們做罪奴隸的條件，比這更苛刻。不只剜掉一個右眼，並且還要剜掉我們的左眼，叫我們的靈眼全瞎，看不見是非，分不清真假。又像那下耶利哥的人，被那惡者打個半死（路 10：30），叫他的身體癱瘓，失去抵抗能力。然後魔鬼就得到我們的全身，可毀壞我們寶貝的靈魂，牠要把我們徹底的陷害到地獄裡去。我們向誰求救呢？感謝神，祂賜給我們一位救主，比掃羅更大，比好撒瑪利亞人更有憐憫心。祂把祂的獨生子耶穌基督賜給我們，要救我們脫離黑暗的權勢，進入祂愛子光明的國度裡。

雅比人的一線希望就在便雅憫人身上，因為是他們的姻親。即便如此使者一來一往，也要花上好幾天的時間。亞捫人看扁了以色列人各支派自保無暇，絕無反擊能力，就慷慨的答應了他們七天的期限，視雅比人為甕

中之鱉。亞捫人這樣自傲自大，又不設防，這正給掃羅出頭的機會。我們不能把這件事看作是理所當然，得承認這都是神在導演一切。

基比亞的便雅憫人聽到這個悲慘的消息，像孩童一樣的號啕大哭起來。他們的靈性真是墮落極了，全不想到去尋求神。

11：5-7　掃羅正從田間趕牛回來，雖然他已經在米斯巴公開當選為王了，他回到基比亞，此時尚未登基。國家沒事時，他還是趕牛耕田。當他聽到這個消息的時候，「就被上帝的靈大大感動。」就是新約所說，大大被聖靈充滿。被聖靈充滿的人，聖靈就給他勇氣，聖靈就給他能力。於是他將一對牛切成塊子，託付使者傳送以色列全境，說「凡不出來跟隨掃羅和撒母耳的，也必這樣切開他的牛。」我們要注意聖經接著說，「於是耶和華使百姓懼怕，他們就都出來如同一人。」這是一個事實，神能使人懼怕，也能使人勇敢。

11：8-11　掃羅在比色將他們迅速成軍，第二日將他們分成三隊。「比色」在以色列中部，距約但河約十五公里，與雅比隔河相對。聖經說他們「在晨更的時候，入了亞捫人的營，擊殺他們。」以色列把一夜分作三更，從晚上六點到次日早上六點，每四小時為一更。晨更是最後一更，是凌晨三至六時，天未亮的時候。掃羅乘敵不備，直搗敵營，大獲全勝，這次得勝是神與人同工。惟願我們在每天守晨更的時候，藉著禱告攻擊空中掌權的。靠著主的大能大力，能以得勝。

11：12-13　這次戰爭本無勝利希望，卻獲空前大勝。掃羅出頭了，那時有擁護他的人主張將從前輕視他作王的人；反對他作王的人交出來殺了。但掃羅說，「今日耶和華在以色列中施行拯救，所以不可殺人。」此時掃羅所表現的胸襟和態度，與日後的驕傲、自滿、嫉妒，屢次設計想殺大衛的掃羅判若兩人。這時是他與神和好，所以豁然大度能容難容的人。日後他悖逆神，與神斷絕了交通，所以心胸狹窄、性情乖僻，甚至將他的患難朋友、國家的功臣、自己的女婿也容不下。可見人與神和好，就會與人和睦相處，也能與自然界萬物調和。

11：14　「撒母耳對百姓說，我們要往吉甲去，在那裡立國。」立掃羅為王的經過是：(1)撒母耳先在拉瑪膏立他；(2)在米斯巴召全以色列人按支派掣籤選立他；(3)現在又在吉甲舉行隆重儀式正式宣告他為王。掃羅

在吉甲登基作以色列第一個王。吉甲在那利奇城之東，是當日約書亞進軍
迦南的總司令部；以色列人又在此行割禮，除去污穢，又守逾越節；撒母
耳又在此獻祭，設立先知學院，故選在此為立國之地。掃羅正式成為以色
列的統治之王。以現代的認知，這是主流民意的勝利，要學列國一樣。以
屬靈的眼光看，這是悖逆神的結果，人文主義抬頭，所以先知何西阿書 9：
15 說，「耶和華說，他們一切的惡事都在吉甲，我在那裡憎惡他們。」聖經
說，「掃羅和以色列眾人大大歡喜」。

　　撒母耳既已為以色列民立了一個王，所謂「天無二日，民無二王」，他
就功成身退，將士師的治理權交給掃羅。他則以先知身份，執行先知的職
務。

　　第十二章是撒母耳在離別百姓之前最後的一篇演講，可與保羅在米利
都對以弗所教會長老們離別的談話，前後輝映。可分四段：

1. 表白自己。12：1-5　這是根據 8：1-9 的背景。當時百姓以他兩個兒
　　子不肖，故要求立一個王治理他們。撒母耳說，我應允為你們立一
　　個王，這王就在你們面前。我也老了，可以交棒了。這已說明神治
　　時代藉士師祭司治理百姓的時代已經結束，從此是人治時代開始
　　了。撒母耳檢討說，「我從幼年直到今日，都在你們前面行。我在這
　　裡，你們要在耶和華和祂的受膏者面前，給我作見證。」受膏者指
　　新王掃羅。他在掃羅面前莊嚴說明他作以色列領袖是如何忠誠守
　　約，其目的，一方面要證明自己的清白無偽；另一方面要給新王留
　　下榜樣，在勗勉新王學習。撒母耳的忠信正直、廉潔公義，從不假
　　公濟私，數十年如一日。當時各國賄賂風氣盛行。「賄賂」的意義，
　　本是生命的贖價，通常是給被殺之人親屬的血錢，叫他們放棄為死
　　者報血仇的權利。撒母耳這時所說的賄賂，是給士師，在說服他宣
　　佈殺人者無罪，或攔阻士師施行公正。今日各國政府賄賂盛行，為
　　維護財團利益；庇護富人權利；維護不法的合法，銀彈攻勢，勢如
　　破竹。像撒母耳那樣公正廉潔的人，可說絕無僅有。撒母耳不僅是
　　當代領袖的榜樣；也是今日公務員的榜樣；更是教會事奉人員的好
　　榜樣。

2. 須知你們得有今日，全是神的恩賜。12：7-11　撒母耳把耶和華上帝

拯救以色列的歷史，從出埃及到進住迦南，他們竟忘記了救他們的上帝。雖然如此，士師時代不斷受外族壓迫，他們在痛苦中認罪呼求，耶和華仍藉士師耶路巴力、比但、耶弗他、撒母耳救他們脫離仇敵的手。這裡說「比但」，應是巴拉之誤。第九節提到西西拉，打敗西西拉的就是巴拉（士 4：14）。耶和華如此的恩待他們、保護他們，因為耶和華就是他們的王，這要他們知道國家與神的關係。他們得有今日，要他們承認這個事實，因此要對神盡本份。

3. 要敬畏耶和華。12：12-15　他們現在卻離棄耶和華，不要耶和華作他們的王，自己立一個王來治理，耶和華也答應。你們以後雖然有王，還是要認定耶和華是真正君王，敬畏祂；事奉祂；聽從祂的話；不違背祂的命令。你們若是這樣，就將蒙福；你們若不是這樣，就將受禍。百姓所作的抉擇與摩西多年前在申命記 30：15-20 所提出的完全相同。雖然神治時代轉換為人治時代，但以色列的社會和政治結構並未改變他們與耶和華之間關係的本質。

4. 12：16-18　驗證立王之罪。這時撒母耳要求會眾「看耶和華在你們眼前要行一件大事。」以證明士師制度並沒有問題，問題出在人不肯遵行神的話。現在就來驗證撒母耳所說，他們要求立王是在耶和華面前犯了大罪。撒母耳就向神禱告，要求在這收割麥子的時候，打雷降雨。神就應允立刻雷電交加，片雨大作。割大麥是在四月中到六月中，從來沒有打雷降雨的事，太不尋常了。這在使他們知道，他們是靠天吃飯，他們的飲食生命存活氣息全在乎神。由此知道，敬畏神是聰明的；違背神是愚昧；倚賴神是絕不可少的。

12：19-25　現在眾民知道要求立王是罪上加罪了，他們乞求撒母耳為他們禱告，免得他們死亡。

在許多信心偉人中，撒母耳是比較多禱告的，並且是禱告有能力的人。他有一個會禱告的母親，禱告成了他不可缺少的生活環節。他凡事禱告，時時禱告。藉著禱告勝過自己，藉著禱告勝過仇敵。他最後對會眾說出禱告的要義：「至於我，斷不停止為你們禱告，以致得罪耶和華。」禱告是權利，禱告是責任，尤其是屬靈領袖，不禱告或停止禱告，就成為罪惡。

第十講 你作了糊塗事了 第 13-14 章

掃羅是神所揀選的人，13：1「掃羅登基年四十歲，作以色列王二年的時候」。「四十」旁有「…」，在原文中是沒有四十的，可能抄寫中失去了，「四十」是翻譯的人加上去的。「作以色列王二年」也可能抄寫有誤，因為他受膏時是個年輕人，又健壯，又俊美（9：2），而此時他的兒子約拿單已經是個戰士領袖了。因此有人說在十二章與十三章之間，可能有十幾二十年的歷史空窗期。這時掃羅成立了一隊職業的御林軍，二千勇士由自己統領，一千勇士交給長子約拿單統率。約拿單的意思是「神所賜的」，那時以色列人雖無武器，約拿單竟能攻擊密抹非利士人的防營，防營就是佔領軍的基地。因非利士人壓迫以色列人太甚，有壓力就必有抗力。人若沒有抗力服從魔鬼，也許會平安無事。但約拿單不肯作順民，去攻擊仇敵，就會引起戰爭。我們基督徒，也是「神所賜的」，就要像約拿單主動去攻擊魔鬼的防營，打一場屬靈的戰爭。

掃羅遍地吹號角，號召義勇起來從事獨立戰爭，於是有許多人跟隨掃羅去到吉甲。吉甲是兵家重鎮，且扼密抹的咽喉，密抹在耶路撒冷以北九哩。按原定計劃，掃羅要在吉甲等撒母耳七日。但這時敵人的數目浩大，有車三萬輛、馬兵六千，步兵像海邊的沙那樣多。他們已進佔密抹，掃羅只退守吉甲，惟約拿單仍在迦巴。迦巴位於密抹以南峽谷對面，以色列兵微將寡，危如累卵，跟隨的人都逃散藏到山洞、叢林、石穴、隱密處和坑中去了。他們忘記了從前在紅海邊神怎樣拯救他們，那時的危險比現在有過之無不及。即如掃羅赴基列雅比之戰，神也賜給他們大勝，難道現在神不理會他們嗎？此時他們這樣沒有信心。

13：8-14 掃羅早已得著撒母耳的吩咐，要他在政治中心吉甲等候他七日，就是在以色列軍出戰前，他要親自獻祭。撒母耳未到吉甲獻祭之前，掃羅只能等候，不得妄動，這與我們常常要等候神的時間一樣。等候是一個很難學的功課；等候也是一個非學不可的功課。神的時候一到，一切都會迎刃而解；神的時間未到，不能急燥、輕舉妄動都會勞而無功，得不償失。當年約書亞攻耶利哥，聽神的吩咐繞城。每日繞城一次，一連七日。

第七日他們繞城七次，一次也沒減少。其間沒有煩燥不安，直到第七天的最後一次繞完了，耶利哥城就倒了。這是他們有信心完全遵從神命令的結果（書六章）。而掃羅在這個時候，好像放在天秤上，顯出很不相稱。他屬靈的生命露出了裂痕，他不能忍耐，不能等候。已第七日撒母耳還沒來，非利士人來勢洶洶，百姓害怕多散去了，只留下六百人在他身邊。他不能再等了，不能忍耐那短短最後時刻，他的自我膨脹了。掃羅說，我不等了，你們「把燔祭和平安祭帶到我這裡來」，他就自己動手來獻祭。神膏立的職務有先知、有祭司、有君王。先知的責任是代神說話，教導民眾。祭司的責任是替人向神獻祭，作神人之間的中保，作神人之間的橋樑。君王的責任是代神統治百姓，對付外來的侵略，保護人民的生命財產安全。他們各有所司，掃羅是君王，獻祭不是他的事；撒母耳身兼三職，是士師、是先知、是祭司。祭司專職獻祭，除了規定的節期和每日獻祭外，凡出兵打仗、勝利回朝都要獻祭感恩和祈福。因此撒母耳與掃羅約定七日來獻祭出兵，神必使他得勝。掃羅自己獻祭有什麼不對？(1)他急燥不能忍耐。因撒母耳是神的代表，不致失信。這是掃羅在危機時刻缺乏信心，表現出他不是個好王，用人的方法，注定會失敗。神的方法往往是人的盡頭，才是神工作的機會。(2)獻祭不是他的事。他越俎代庖，神清楚規定等七日撒母耳來獻祭後才出兵，掃羅不理會神的命令，這是違抗神命令的事，絕不可作的，他就作了。當他剛獻祭完畢，撒母耳就到了，說「你作的是什麼事呢？」掃羅卻不認錯，還自圓其說的解釋，我「勉強獻上燔祭」，我是不得已的。好像我們常聽人說，我這麼忙，兒事、家事、天下事，太忙了，不去作禮拜是不得已的；我不讀經是不得已的；我不禱告是不得已的。今天這個社會，就是忙，開車忙、上下班忙、事業忙、賺錢付帳單忙、為孩子籌學費忙、為孩子活動忙、為社區作義工累積政治資本忙、為選舉拉票忙。忙！忙！忙！確實忙，許多人就是這麼忙死的。難道「忙」不是自圓其說的最好理由嗎？聽撒母耳對掃羅怎麼說，「你作了糊塗事了！」掃羅作了什麼糊塗事？他侵犯了祭司的職權是糊塗，但撒母耳所指出更糊塗的事是「沒有遵守耶和華你神所吩咐你的命令。」亞當夏娃作的糊塗事，不是吃了那分別善惡樹上的果子會中毒，乃是沒有遵守神所吩咐他的命令。這樣看來，我們犯罪都會自圓其說，「我那麼做，固然是罪，但沒有別的辦法，我是出

於不得已的。」掃羅的情況確實緊急，這是他不得已的理由。我們看撒母耳怎樣答覆？13-14「……若遵守，耶和華必在以色列中堅立你的王位，直到永遠。現在你的王位必不長久。耶和華已經尋著一個合他心意的人，立他作百姓的君，因為你沒有遵守耶和華所吩咐你的。」這是何等悲哀的事。掃羅在這件事上給我們留下什麼教訓？人在決定的那一刻，出於不信，不信神的應許，不信神的信實，和掃羅一樣自信、自恃、自傲，不遵守神的吩咐。撒母耳不來，我自己做；沒有神，我一樣可以作。這就陷在罪裡，失敗了結果就要在聖潔的神面前被定罪。

　　一場戰爭要開始了，非利士派了三隊掠兵，從東、西、北三路來掠取以色列全地。除搶掠之外，當然有示威性質，因為他們知道以色列全地沒有一個鐵匠，不能製造武器。以色列軍中沒有一個有刀槍的，只有掃羅和他兒子約拿單有。非利士一隊防兵逼進隘口，勝敗已經分明了。

　　14 章裡的兩個主要人物是掃羅和他的兒子約拿單。撒母耳撒的種籽，落在掃羅的石頭田裡，土既不深，發苗快，日頭一曬也枯萎得快。但好種籽無意中落在約拿單的心田裡，那真是一塊好土。他和拿兵器的二人同心去迎戰，不是在於人多，乃是倚靠耶和華。他有信心，信賴耶和華的能力，可以使他得勝。他像基甸一樣向神求證據，就是會使非利士人說「你們上到我們這裡來」。這是何等大的信心？神就讓非利士防兵說「你們上到這裡來！」他們就上去殺倒約二十人，都在「一畝地的半犁溝之內」。一畝地的半犁溝之內是什麼意思？是指一對牛在一天裡可犁之地的一半，地面並不大。聖經說，約拿單在進攻的時候，地也震動，這是神的手在親自干預，使得非利士人大大驚惶、戰兢，彼此喧嚷，自相殘殺。

　　14：16-23　不久掃羅查出是約拿單與拿兵器的人不在營裡，他即命亞希突的兒子亞希亞「將神的約櫃運了來」。亞希亞是撒母耳老師以利的重孫子，可能又名亞希米勒（22：20）。「將神的運櫃運了來」，示羅被毀後，約櫃一直停在基列耶琳（7：1），事實上長途搬運時間也來不及。掃羅說「將神的約櫃運了來」，在七十士譯本作「將以弗得拿來」。以弗得是大祭司穿的背心，它上面繫有決斷的胸牌，胸牌裡面放有烏陵、土明。烏陵、土明是用來決斷可否的工具。這時掃羅的目的，乃是要亞希亞祭司用烏陵和土明來決斷用兵前途。因情勢緊急，掃羅又急燥，不能等候神的回話，就

對祭司說「停手吧！」不用問神了。這又表現他對耶和華不信任；不倚靠；不順服。他這意思是，沒有耶和華的指示，我也能作。

14：23 「那日耶和華使以色列人得勝。」耶和華使非利士人慌亂，自相殘殺，這不是掃羅約拿單的得勝，而是神的手讓非利士人大敗。

14：24-30 掃羅自從遠離神，就向下沈淪，他的心思意念一天壞似一天。只重宗教儀式，他在戰前起了一個極其愚昧的惡誓，禁止打仗的人吃飯，直等到向敵人報完了仇，這誓真不近情理。掃羅視與非利士人爭戰是他個人的恩怨，不像他兒子約拿單，作戰是為了神的榮耀和神子民的安危。這個輕率的起誓，使得戰場兵士因飢餓疲弱不堪，不能奮勇殺敵。約拿單沒有聽見父親叫百姓起誓，因而吃了蜜，眼睛就明亮了。人的生理現象，因飢餓體內血糖過低就會出現手腳無力，視力模糊，若即時補充一點糖份就會恢復。約拿單聽到父親起的誓，何等糊塗，就說「我父親連累你們了。」父親的一句話，害得你們作戰軟弱無力，不然乘勝追擊，豈不戰果更輝煌嗎？可惜那些飢餓口渴的士兵，等待誓言的時效一過，就飢不擇食，吃了帶血的牛羊肉。這是律法絕對禁止的，因血裡有生命，是用來贖罪的（利17：10-11）。吃血，有罪了。掃羅講究形式宗教，14：35「為耶和華築了一座壇，這是他初次為耶和華築的壇。」代百姓贖罪。他向神又是禱告；又是築壇；又是獻祭，反倒是約拿單不禁食；也不尊重父親起的糊塗誓；也不像父親那麼多的屬靈口頭禪，但他確是信靠神，與神聯合，神就與他同工。這給我們留下教訓：敬拜神，應當有禮節儀式。但禮節儀式只在表示人的心靈和誠實，卻不可固守禮儀用來代替敬拜，不可學法利賽人的樣式。約拿單說「若任意吃了從仇敵所奪的物，擊殺的非利士人，豈不更多麼？」照樣我們每天工作太忙，與時間賽跑，卻不可只顧工作而放棄禱告和讀經。禱告是你對神說話，讀經是神對你說話，用生命糧供應你。因為靈性上飽足，才有能力作工。

掃羅再向神求問軍事的下一步，上帝沒有回答，因為誓言被破壞了。掃羅追查責任，他任性作事，隨意起誓，不考慮後果，掣籤掣出約拿單來，定意要殺他，以彰他的主權。百姓力保證「因為他今日與上帝一同作事」，神藉約拿單拯救了百姓，「於是百姓救約拿單免了死亡」。

：47-48 掃羅早期的統治是光芒萬丈，國土東到約但河以東的摩押亞

捫，南臨以東，西達非利士邊境，北到瑣巴（今之敘利亞）。當時確形成一個強大的獨立國家，但遠不如大衛、所羅門時代。

第十一講　掃羅中期的失敗　第 15 章

　　掃羅是神所揀選的器皿，代表神在地上作王，治理祂的百姓；執行祂的命令。神所要求於祂僕人的，就是順服。掃羅卻沒有作到，在十三章裡就失敗了。15：1-3「撒母耳對掃羅說，耶和華差遣我膏你為王，治理祂的百姓以色列。所以你當聽從耶和華的話。」神要他去滅盡亞瑪力人，這是神給掃羅再一次的考驗。

　　亞瑪力人是什麼人？他們是以掃孫子亞瑪力的後裔（創 36：12），常作以色列（雅各）後裔的仇敵。他們是一群強悍的遊牧民族，居住在猶大南部和西奈半島一帶。以色列人出埃及時，亞瑪力人在鄰近西乃曠野的利非訂攻擊他們。且在曠野途中，常常偷襲那些落後的、疲乏、困倦、軟弱的以色列人，因此他們的惡行早已被神定罪了（申 25：17-19，民 24：20）。這時，神懲罰他們的時候到了，就命令掃羅「去擊打亞瑪力人，滅盡他們所有的，不可憐惜他們，將男女、孩童、吃奶的、並牛、羊、駱駝、和驢盡行殺死。」神為什麼這麼嚴厲，毫無憐憫呢？固然亞瑪力人的惡行該受惡報，但也不應趕盡殺絕嘛！這件事在屬靈的意義上非常緊要，聖經上常將亞瑪力人代表肉體。亞瑪力是以掃的孫子，以掃乃是為貪吃一碗紅豆湯而出賣長子名份的人。屬神的人應該完全除去肉體。什麼是肉體？肉體不是指人的身體，肉體在聖經裡說是一個人的情慾。希伯來書 12：16「有貪戀世俗如以掃的。他因一點食物把自己長子的名份賣了。」這是神所厭惡的。歌羅西書 3：5 說「所以要治死你們在地上的肢體，就如淫亂、污穢、邪情、惡慾、和貪婪。」肉體是人魂的那部份，人的成份分靈、魂、體三部份。靈是對神交通的器官；體是對世界活動的器官；魂是思想、意志、感情的發動器官。大腦裡先產生慾望，繼之作個決定，然後就不顧一切去得到享有。人犯罪都是從魂這部份來的。

　　神命令掃羅去滅盡亞瑪力人，看來似乎是勝利，豈知在神的面前又失敗了，結果比前一次更慘。

1. 他違命　15：7-9　掃羅沒有遵守神的命令，將亞瑪力人「滅絕淨盡」、「滅盡他們所有的」、「不可憐惜他們，將男女、孩童、吃奶的、

並牛、羊、駱駝、和驢盡行殺死」。我們查經時常常有人會問：「上帝不是愛世人嗎？在這裡，神的愛到那裡去了？」讀這經文，難道我們的上帝真是這樣殘忍，這樣霸道？不！這在表明一個極重要的屬靈真理：亞瑪力人代表肉體，是神所憎惡的。基督徒失敗的另一原因，就是體貼肉體。保羅在羅馬書 7：14 說，「但我是屬乎肉體的，是已經賣給罪了。」肉體的行為就是罪，罪是與神為仇的，所以保羅在加拉太書 5：24 告訴基督徒，「凡屬基督耶穌的人，是已經把肉體，連肉體的邪情私慾，同釘在十字架上了。」基督徒對待肉體，要有目的和決心，將肉體徹底解決；徹底消滅；徹底在十字架上釘死它。屬靈的人，必須要將肉體完全去掉，絕不可讓它有活動的空間，要除惡務盡。以色列人在曠野常受亞瑪力人的殘害，是表明信徒行曠野路，還沒有到達迦南地時，不免受肉體的轄制。既進了迦南，站在得勝的地位上，就必須將亞瑪力人滅盡，不再屬乎肉體，要作屬靈的人。

　　掃羅這次大勝亞瑪力人回來，又擒了亞瑪力人的王亞甲。但他卻沒有遵行耶和華的命令，將亞瑪力人「盡行殺死」、「滅盡所有」、「不可憐惜他們」。相反的，掃羅卻「憐惜亞甲」，這是屬肉體的慈悲；「也愛惜上好的牛羊」，是屬肉體的貪圖。戰爭雖然是得勝，但卻未蒙神的悅納，反使神失望。把神的命令打了折扣，殺了一部份，留下一部份。掃羅不能除掉亞瑪力人嗎？不！非不能也，是不為也。他既已得勝，他若肯，若有決心，當然可以將亞瑪力人滅盡。打蛇先打頭，亞瑪力人的王亞甲也在他的手中，殺之易如反掌，他為什麼不願殺亞甲？這就是掃羅高人一頭的自我作祟，寧違神命，卻去體貼肉體。十二節說「掃羅到了迦密，在那裡立了記念碑」。掃羅打了大勝仗，趾高氣揚，自我猖狂，炫耀他的偉大，功在歷史，永垂不朽，立了戰功的紀念碑。又起了貪心，把那上好的牛羊，並一切美物藏了起來。今天我們基督徒不能勝過亞瑪力人，常常不能勝過肉體，和掃羅一樣，不是不能，乃是不肯。不肯下決心，也是因為愛惜那上好的，就是肉體情慾中的那些好滋味。愛惜那些，就不肯滅盡。

　　2. 受責備　15：10-16　掃羅又失敗了，耶和華說「我立掃羅為王，我後悔了。因為他轉去不跟從我，不遵守我的命令。」神後悔，不是

為祂感到作錯了事而遺憾。民 23：19「神非人，必不致說謊；也非人子，必不致後悔。祂說話豈不照著行呢？祂發言豈不要成就呢？」舊約裡常說神後悔，是表示神的憂傷，為著人對祂的反叛而憂傷（創 6：6）。每當人的品格行為背叛祂的旨意時，也要引起祂對人的計劃和目的隨之要改變，就說神後悔了。

神說「我立掃羅為王，我後悔了。」撒母耳便為掃羅憂傷，終夜求告主，次日即下到吉甲去見掃羅。掃羅在此立國（11：14），也在此失國（13：13）。撒母耳到了吉甲，掃羅仍不覺悟他的罪，大言不慚的對撒母耳說，「耶和華的命令我已遵守了。」他在說謊，他把那上好的牛羊並一切美物都藏起來了，但人的罪是藏不了的。路 8：17 耶穌說，「掩藏的事，沒有不顯出來的；隱瞞的事，沒有不露出來被人知道的。」掃羅貪心，以為隱藏起來就沒有人知道了，但罪會自己說話的。那些牛羊什麼時候都不叫，當掃羅向撒母耳說謊話時，牠們就大叫起來。撒母耳說，「我耳中聽見有羊叫、牛鳴，是從那裡來的呢？」掃羅又撒謊說，「這是百姓從亞瑪力人那裡帶來的，因為他們愛惜上好的牛羊，要獻與耶和華你的上帝。」肉體是何等的詭詐，善於掩飾自己，編造美麗的謊言。今天有些教會的領袖，豈不也有掃羅的毛病，私自曲解真理，為自己的過失編造理由，處處為肉體留地步，虛偽說謊，假冒為善？

撒母耳嚴厲的對掃羅說：「你住口罷！等我將耶和華昨夜向我所說的話告訴你」。15：17-19 這是神嚴厲的責備，「你為何沒有聽從耶和華的命令，急忙擄掠財物，行耶和華眼中看為惡的事呢？」這時掃羅卻將責任推給百姓，說「我實在聽從了耶和華的命令……，百姓卻在所當滅的物中，取了最好的牛羊，要在吉甲獻與耶和華你的上帝。」

3. 被神棄　15：22-23　撒母耳並沒有說獻祭不重要，但神的僕人最重要的則是順從。只獻上祭物而沒有獻上順服的心，這祭物便毫無價值。撒母耳說「耶和華喜悅燔祭和平安祭，豈如喜悅人聽從祂的話呢？聽命勝於獻祭，順從勝於公羊的脂油……。」這是常為人引用的金句，也是給我們的座右銘。掃羅卻不知聽命勝於獻祭，而且凡屬亞瑪力人之物，代表肉體，屬肉體的東西又豈能向神獻祭呢？有時我們為了作一件好事，去順服肉體。雖然這是一件好事，也絕不

能得神的喜悅。這給我們留下教訓：聽命勝於獻祭，無論我們對神擺上什麼，心中的虔誠勝於外面的形式儀文。耶穌對撒瑪利亞的婦人說，「敬拜要用心靈和誠實」，不是行禮如儀。無論敬拜和事奉都要除去亞瑪力人，而不在乎我們擺上多少。何西阿書 6：6，神說「我喜愛良善，不喜愛祭祀；喜愛認識上帝，勝於燔祭」。詩篇 50：8-14 說得更明白，神豈要吃我們的祭物呢？世上所有的牲畜都是祂的，祂要的是我們以感謝為祭獻給祂。神對掃羅說，「悖逆的罪，與行邪術的罪相等；頑梗的罪，與拜虛神和偶像的罪相同」。悖逆是否認神的權柄；行邪術是承認與神不同的超自然能力；頑梗是自義，不肯認罪；拜偶像是離棄真神去就假神。撒母耳對掃羅說，強項悖逆，神絕不寬宥，「你既厭棄耶和華的命令，耶和華也厭棄你作王」。

15：24-25　這時掃羅才知道事態嚴重，哀求說：「我有罪了，我因懼怕百姓聽從他們的話。」掃羅懼怕百姓不懼怕神，聽從百姓的話，竟不聽從神的話。他現在的悔罪是不得已，不是出於真心誠意，乃是想把過錯推到百姓身上，只求撒母耳能諒解。撒母耳轉身要走，「掃羅就扯住他外袍的衣襟，衣襟就撕斷了。」這正巧是他與以色列國斷絕的預兆。「撒母耳對他說，如此，今日耶和華使以色列國與你斷絕，將這國賜與比你更好的人。」更好的人是指大衛。

15：30-31　掃羅這時苦苦央求撒母耳留下，說：「我有罪了，雖然如此，求你在我百姓的長老，和以色列人面前抬舉我，同我回去。」他最關心的是他的權力，他看重的不是神的喜悅，而是在人面前抬舉他。因有撒母耳的支持，便可繼續受到百姓的尊重。於是撒母耳答允跟掃羅回去，目的可能是要執行神對亞甲的懲罰。

15：32-33　撒母耳對掃羅說，「要把亞瑪力王亞甲帶到我這裡來……，撒母耳在吉甲耶和華面前，將亞甲殺死。」好恐怖，神聖的大先知，怎樣如此殘忍，竟親手殺死亞甲王？這乃在表明神的僕人是恨惡罪，勝過罪和除滅肉體。這給我們立下好榜樣，基督徒要效法這樣勇敢的除滅肉體。我們能嗎？能！在於肯不肯？願不願？

掃羅失敗帶給我們什麼教訓？在人看掃羅兩次戰爭都勝利了；按靈性說兩次都失敗了，一次是自我壯大，一次是體貼肉體。自我與肉體都足以

毀滅我們的工程，我們不要在人面前作草木禾稭的工程，以受人的讚美為滿足。應省察是否能向主交帳？聽到主的讚美：「你是又忠心又良善的僕人」。

第十二講　大衛被膏爲王　第16章

　　從 16：1 至 18：5 是本書的主角大衛登場，他在人的眼前大放光彩。撒母耳記上下兩卷，都是以大衛爲中心。這段記載，是大衛幼年的輝煌事蹟。「大衛」之意即「蒙愛」，這與他的生平行誼極其相稱。他一生蒙神的愛顧，人民的擁戴，功業燦爛，照耀古今。歷史的偉人，聖經中唯他一人而已。

　　上章末了，撒母耳殺死亞瑪力人王亞甲之後，回去拉瑪，直到死的日子，沒有再見過掃羅，卻爲掃羅悖逆神終日哀傷。16：1「耶和華對撒母耳說，我既厭棄掃羅作以色列的王，你爲他悲傷要到幾時呢？」耶和華說，不必再爲掃羅憂傷了，我現在差遣你到伯利恒人耶西那裡去膏他的繼承人吧！「伯利恒」在耶路撒冷城西南約五哩之遙，古時叫做「以法他」（創48：7），後來叫做大衛的城（路2：4）。那裡是主耶穌基督的誕生地（彌迦書5：2，太2：1，路2：4-7），稱爲聖地。耶西是猶大支派的族長，早前，猶大去亭納剪羊毛，他的寡媳要爲死去的丈夫留後，僞裝成妓女，與猶大親近。一胎生下雙生子，頭一個出來的叫法勒斯，後面出來的叫謝拉（創38章）。路得記 4：18-22 記「法勒斯生希斯崙，希斯崙生蘭，蘭生亞米拿達，亞米拿達生拿順，拿順生撒門，撒門生波阿斯，波阿斯（從路得）生俄備得，俄備得生耶西，耶西生大衛」。馬太 1：3-6 耶穌的家譜中也記載波阿斯生俄備得，俄備得生耶西，耶西生大衛王。這樣看來，耶西當時是伯利恒的望族，耶西有八個兒子，耶和華要從耶西的眾子中揀選一個來繼承掃羅作王。

　　16：2-5　我們讀到第二節和第五節就會問，撒母耳是不是在說謊話？明明是去膏一個人作王，「耶和華說，你可以帶一隻牛犢去，就說，我來是要向耶和華獻祭」。4-5節撒母耳到了伯利恒，「那城裡的長老都戰戰兢兢的出來迎接他，問他說，你是爲平安來的麼？他說，爲平安來的，我是給耶和華獻祭。」好像他說的是一個美麗的謊言，但卻不是。撒母耳說的都是真實的，他說獻祭，確實是獻祭，但他保留了祕密，沒有把祕密說出來。這不是謊言，不是罪。說話的原則，是凡說出口的，必須真實。耶穌教訓門徒：「你們的話，是，就說是；不是，就說不是……。」（太5：37）撒母

耳說是來獻祭，就是來獻祭。他隱諱了第一個目的不說，他只說了第二個目的，並沒有錯。他所知道的祕密，無須說出，並不是謊言。祕密本不是罪，除非這祕密是圖謀害人，那才是罪。如果這祕密是為了成就一樁美事，更有守祕密的義務。神待約伯，是守密；耶穌遲去伯大尼，也是守密。基督徒要守秘，卻不要說謊。

撒母耳為什麼不直截了當的去膏大衛呢？他對神說：「掃羅若聽見，必要殺我。」因為撒母耳從家鄉拉瑪下到伯利恒，必須經過掃羅住的基比亞。掃羅知道了是去膏代替他作王的人，那還了得？掃羅的嫉妒心，怎肯饒了他，這確實危險。以後來所發生的事件（18：10-11、19：10、20：23），證明掃羅嫉妒成性，撒母耳的顧慮是有道理的。所以他攜小牛同行，前往獻祭，可減少掃羅因疑嫉而起殺機。

撒母耳「到了伯利恒，那城裡的長老都戰戰兢兢的出來迎接他。」長老們為什麼會戰戰兢兢的，這麼怕他？因為撒母耳是士師，他忽然來到他們的城中，究竟發生了什麼事？是不是為了來開庭審判他們的過犯？他們人人自危，故小心的問：「你是為平安來的麼？」以色列很重平安，尤其在士師時代，外患不斷，境內不安。撒母耳來是否為報平安，大家都很關心。撒母耳說：「為平安來的」。他是指平安祭，「我是給耶和華獻祭。」雖然不是他的真正目的，但確實也是為了獻平安祭來的。

平安祭又叫酬恩祭，是以色列律法規定的五祭之一，是一種火祭，就是要將祭牲牛或羊宰了，把血灑在壇的四周，把蓋臟的脂油和臟上所有的脂油並兩個腰子，和腰子上的脂油，與肺上的網子，一概燒在壇上。最好的右腿肉歸於祭司，其餘的肉都歸獻祭的人，與其朋友在聖所內歡樂食用。這是一個神人共享的祭，又叫感謝祭。撒母耳說是為平安來的，是為獻平安祭來的，沒有說謊，並邀請他們來一同吃祭肉。吃祭肉的條件規定必須自潔，包括在屬靈上準備自己，並洗澡、換衣服，使自己在禮儀上成為潔淨。一同在耶西家裡來吃祭肉，祭司邀請一同吃祭肉，是一件極體面的事。

16：6-13　當他們吃祭肉的時候，撒母耳見耶西的大兒子以利押的身量高大，誤以為是耶和華要膏的人，因為掃羅的身量高大是被膏立為王的條件之一。耶和華卻說：「不要看他的外貌，和他身材高大，……耶和華是看內心。」神的標準與人的標準不同，人看人總是取其外表；神看人卻是取

其心志及品格。耶西的七個兒子都一一的經過撒母耳面前，卻沒有一個被神看中。最後耶西說，還有一個小兒子現在放羊。童年的大衛是羊牧，作羊牧會增進人的愛心。耶穌也說，「我是好牧人，好牧人為羊捨命。」（約10：11）亞伯拉罕、摩西這些偉大的人物都出身牧羊人。撒母耳聽到牧羊的小兒子，要他立刻去叫來。他的名字叫大衛，耶和華對撒母耳說：「就是他」。於是撒母耳就用角裡的膏油，這膏油就是聖靈的恩膏，就在耶西的家人及長老們這一小撮人面前膏了大衛。從這日起，耶和華的靈大大感動大衛，就是被聖靈充滿。大衛先後受膏三次，這是第一次在伯利恒耶西的家中；第二次在希伯崙，膏他作猶大王；第三次在希伯崙，膏他作全以色列的王。

　　16：14　「耶和華的靈，離開掃羅。」大衛卻被耶和華的靈充滿，從此就決定了兩個人的前途。「耶和華的靈離開掃羅，有惡魔從耶和華那裡來擾亂他。」耶穌也在太12：43-45、路11：24-26說過一個比喻：人受污鬼擾亂，痛苦不堪。後來污鬼離開了那人的身，人雖然得到了潔淨，但靈裡卻是空著的，沒有聖靈充滿。故所以污鬼再回來，又帶了七個更惡的鬼住進去，那人的景況比前更不好了。這給我們一個極重要的教訓，基督徒若不被聖靈充滿，就會被邪靈充滿。掃羅就是這樣，神的靈離開了他，於是有惡魔來佔據他、擾亂他。聖經說「惡魔從耶和華那裡來」，惡魔就是邪靈，邪靈不是神差遣來的，神的寶座前沒有邪靈的容身之處。這裡所說「惡魔從耶和華那裡來」，乃是說邪靈的作為，若非神許可，不可能發生。邪靈是受神的掌管，而且只能在神所限定的範圍內活動（參士9：23，王上22：19-23，伯1：12、2：6），這是靈界的事。這邪靈曾經多次臨到掃羅身上擾亂他，使他胡言亂語（18：10），實因他違命犯罪，悖逆神，至終不肯悔改的緣故，所以，神容許惡魔如此行在他身上（參王上22：19-23）。而人所受到的擾亂，乃是錯在本身，咎由自取。惡魔擾亂他後，掃羅就一日比一日更沮喪；更疑惑；更嫉妒；更兇殘；更忿怒，幾近瘋狂。無疑是知道他的王位被奪，使他心理失常。

　　16：15-18　掃羅受惡魔時而來擾亂，使他精神恍惚；情緒失控；急燥不安；瘋狂易怒，這是神的刑罰。臣僕們想為他找個善於彈琴的來舒解他的情緒。古時似乎也知道心理治療的功效。一個少年人推薦曾見到伯利恒

人耶西的一個兒子大衛是第一流的。由這個少年人口中論到大衛五件事：
(1) 善於彈琴；(2) 是個大有勇敢的戰士；(3) 說話合宜；(4) 容貌俊美；(5)
耶和華也與他同在。所謂「說話合宜」就是很有智慧，有教養，談吐有禮，
說話有分寸。所謂「容貌俊美」就是撒母耳見到他時的面色光紅，雙目清
秀，容貌端正，就是面貌英俊端莊。這是形容大衛的外在美。「耶和華也與
他同在」，他的信心從孩童時代即成為合神心意的人，神的靈大大感動他，
聖靈充滿他，神就與他同工。這是內在美。還有兩項他終身成功的條件，
一是指他「善於彈琴」。那時猶大會彈琴的少年人不少，但只有大衛善於彈
琴。所謂「善於」，就是他的琴藝，精益求精，盡美盡善，所以能驅逐惡魔，
使掃羅舒暢。他是個音樂家，其後他又製造樂器，並設立唱詩班為祭祀禮
聚時候讚美神。他也是個詩人，全本詩篇一百五十篇，其中大衛寫了七十
三篇，所寫的詩感人最深。另一是「大有勇敢的戰士」。大衛有一樣特技，
就是射石。那時猶太或有許多人學會射石，但只有大衛，不學則已，學則
精益求精，盡善盡美。所以他以一個童子，竟敢去與巨人歌利亞對陣，不
慌不忙，用手從囊中掏出一塊石子來，用機弦甩去，擊中歌利亞前額，巨
人就仆倒死了。那是大衛勤於學習，在大衛的字典中，沒有「差不多」三
字，只有精益求精，盡美盡善，所以他是一個成功的人。他敢從掃羅的陰
謀，以二百非利士人的陽皮為娶妻的聘禮。他戰敗亞瑪力人，並征服列國，
他是一個大有勇敢的戰士，合神心意的人。

　　這時，童子大衛被召入宮中。掃羅一見非常喜愛，但卻不知道這就是
神揀選來代替他的人。這樣大衛與掃羅開始發生了關係，又作了掃羅拿兵
器的人。拿兵器的人就是貼身衛士，應該說他們的關係越來越近了。每當
惡魔臨到掃羅身上的時候，大衛就向他彈琴。彈琴的樂聲能使掃羅安靜下
來，掃羅便感覺壓力減輕，心裡舒暢爽快。寧靜的心靈，本是聖靈在人身
上的工作。大衛的琴聲能使惡魔離開，那是因為大衛有神的靈同在的緣故。

第十三講　大衛的石子　第 17 章

17：1-3　這次非利士人來攻擊，必在密抹大敗之後數年（14 章），他們大軍聚集在梭哥及亞西加之間的以拉谷，就是在迦特的路上，離耶路撒冷約 16 哩，兩軍隔谷對峙。

17：4-11　掃羅面對非利士人，手下雖有強兵猛將，仍一愁莫展。因為敵軍中有一個巨人名叫歌利亞，他是迦特巨人族的巨人。聖經描述歌利亞身高六肘零一虎口。一肘約今之一呎半；一虎口約九吋。這歌利亞的身高就有九呎九吋，真是鶴立雞群了。這樣的巨人當然了不起，頂天立地，威風凜凜，目空一切。

這雖然是一場非利士人與以色列人的戰爭，也就是一場褻瀆上帝的與永生上帝軍隊的戰爭，是撒但的差役與上帝兒女的屬靈戰爭。歌利亞天天耀武揚威的在戰場上叫罵，11 節說「掃羅和以色列眾人聽見非利士人的這些話，就驚惶，極其害怕。」他口說大話，既不怕人，又不怕神。5 節說他「頭戴銅盔，身穿鎧甲」。銅盔又厚又重，鎧甲是用銅塊串連而成。「重五千舍客勒」，一舍客勒約等於 0.4~0.5 盎斯。如此，這身防護衣就有 160 磅，比防彈背心還要安全，真是刀鎗不入。不但如此，他「腿上有銅護膝」，並且前面有一個保鑣，撐著盾牌保護他。他的防護措施可說天衣無縫，他的攻擊武器是長槍，「槍桿粗如織布的機軸」。現代織布機軸是鐵的，直徑在 2.5~3 吋，從前木機軸都在 4 吋以上。這槍的長度沒講，以他的人高馬大比例，恐怕不下二十呎。槍的前端還裝上鐵槍頭，重六百舍客勒，差不多有 20 磅，而且「兩肩之中背負銅戟」，就是中距離的暗器銅鏢鎗。他的防禦裝備都是銅的，攻擊武器都是鐵的。因為當時正進入鐵器時代，鐵器是先進武器，以色列人沒有，銅武器落後，又有這巨人如此威武魁偉。16 節說「那非利士人早晚都出來站著，如此四十日。」以色列軍中勇士除了逃跑之外，只有忍氣吞聲，任憑敵人誹謗了。

：12-30　恰在此時，大衛奉老爸之命，前來戰地探親，他有三個哥哥都在軍中服役。在人看來是巧合，但確信這是神的計劃，使祂合心意的器皿，在一日之間，成為以色列歷史上信心的英雄。

：31-33　這時大衛來到前線，聽到歌利亞在陣前的狂言侮辱，非常氣憤。26 節他說，「這未受割禮的非利士人是誰呢？竟敢向永生神的軍隊罵陣麼？」大衛為了永生神的聖名，願奉耶和華的名出去爭戰。誰會對這個少年人滿懷希望呢？看他文質彬彬，只不過天真純潔而已。以色列的勇士如過江之鯽，都不敢出頭，大衛怎敢如此斗膽去冒險？若沒有神與他同在，怎有如此大的信心？大衛是個有信心的人，他把他的信心從幾方面表現出來給我們看：

1. 他有信心的憑據　：34-37　大衛曾打死獅子和熊，他說：「耶和華救我脫離獅子和熊的爪，也必救我脫離這非利士人的手。」這就是大衛信心的憑據。我們基督徒有數不完的恩典憑據，然而一遇到難處，就懷疑主不理我們了。神對屬祂的人一再重申，「祂必不撇下你，也不丟棄你。」（申 31：6，代上 28：20，來 13：5）大衛就堅信，「耶和華救我脫離獅子和熊的爪，也必救我脫離這非利士人的手。」

2. 大衛信心的兵器　：38-40　上戰場沒有不穿戴盔甲，手拿兵器的。歌利亞尚且如此，大衛只手中拿了一根杖，又在溪中挑選了五塊光滑的石子，手拿甩石的機弦，就出去迎戰那非利士人了。大衛的兵器是純真的信心兵器，我們基督徒在屬靈戰場上的純真信心兵器，就是聖經，神的道。來 4：12 告訴我們，「神的道是活潑的，是有功效的，比一切兩刃的劍更快，甚至魂與靈，骨節與骨髓，都能刺入剖開，連心中的思念和主意，都能辨明」。一般的兵器，只能刺入皮和肉，神的道能刺入魂與靈，骨節與骨髓，我們有了它，可以百戰百勝，要有信心，像大衛一樣。

3. 大衛信心的倚靠　：41-45　是「你來攻擊我，是靠著刀槍和銅戟。我來攻擊你，是靠著萬軍之耶和華的名。」大衛是唯獨倚靠耶和華的，他在詩篇裡一共說了卅一次要「倚靠耶和華」，大衛確實處處依靠耶和華。今天的基督徒真慚愧，很多都和世人一樣，首先依靠的是經費，先籌錢再辦事。今天的傳道人已經難找到，以前那樣靠信心事奉神的人了。

4. 大衛信心的見證　：46-47　「耶和華使人得勝，不是用刀用槍，因為爭戰的勝敗全在乎耶和華。」這是最有力的見證。大衛在這裡說

出一個真理，勝敗、升降、榮辱、興衰的權柄都屬耶和華。這給我們很大的鼓勵，當我們遇困難，遭危險，受凌辱受挫折，面對試探時不要怕，記著大衛的話，成敗全在乎主。大衛就是最好的榜樣。

大衛有這樣的信心，：48-49「非利士人起身，迎著大衛前來。大衛急忙迎著非利士人，往戰場跑去。大衛用手從囊中掏出一塊石子來，用機弦甩去，打中非利士人的額。石子進入額內，他就仆倒，面伏於地」，死了。無巧不巧地就打中歌利亞的額，這太奇妙啊，歌利亞全身的防護那樣週密，只露出那點臉和額，在他前面舉著盾牌的保鑣，保不了他的安全。他手中長鎗無用武之地，他身上那件堅固的鎧甲，一點用處都沒有。一顆溪中的小石子，放在大衛手中，誰能料到巨人歌利亞就這樣的從世界上永遠消失了。這是大衛的甩石技術高明嗎？那有這麼準，是神要得榮耀，是神在顯權能。凡用信心靠著祂的，祂就顯奇事。神作事的奇妙，是人心想不到的。

現在讓我們來思想大衛的那顆石子。聖經說是一顆光滑的石子，在人看來，沒有什麼稀奇。歌利亞那個龐然大物，竟死在一顆光滑的小石子下，才是稀奇。千軍萬馬作不到的事，竟叫一顆小石子拯救了以色列全國的人才是稀奇。神若施行拯救，一塊小石子也能打死萬夫莫敵的巨人。神若施行拯救，一個最微不足道的聖徒，也能成就千萬人所不能成就的大事。人只以為用刀槍劍戟才能戰勝強敵，神卻用了不為人注意的小石子打死歌利亞。人只以為聰明人有才幹，有金錢、有學問的人才能成就大事，神卻使用那最愚拙、軟弱、謙卑的聖徒，成就祂奇妙的工作。

神藉大衛打死歌利亞的那塊石子，是一塊光滑的石子，那不是人手加工琢磨的，乃是神親手琢磨的。那塊光滑的石子，從前並不光滑，是一塊大而有稜角的山石。稜角一定很鋒利，碰到誰，誰就受傷。誰碰到它，也會折斷它一支稜角。原本有幾支大稜角，折斷一支大的，就成為一些小稜角。再折斷一支大的，又多出一些小稜角。折斷的角越多，體積也變得越小，稜角也越來越小。不斷的經過日曬、雨打、風吹、水沖，溪中的大嶙石，經過許多年的多折多磨、多衝多撞，就成為光滑的小石子了。

神的揀選所使用的人也是這樣，接二連三，身上那些稜角，如任性、驕傲、好大喜功、自以為是、目空一切，強烈的領袖慾、權力慾、佔有慾、成就慾，自私、貪心、嫉妒、惱恨，許許多多肉體的壞東西，一個一個稜

角都被斫斷下來。神指著這個說，不好，要斫斷，神就給他斫斷一支角。神指著那個說，不好，要斫斷，神就給他斫斷那支角。當神給他斫斷角時，痛呀，受不了。當神再斫斷另一支角時，好痛呀，失望呀。但神給你許多痛苦，許多艱難，不用灰心，詩篇 119：71 說，「我受苦是與我有益。」神用苦難把信徒分為兩種，一種是遇苦難就害怕，就猶疑跌倒了。一種是倚靠主，遇患難更親近主，於是苦難就成為神的祝福。神藉著熬煉，打掉你的角，拔掉你的刺，磨掉你身上的腫瘤，釘死你的老我、舊人。祂的目的，叫你一次再次的學習謙卑，一次再次的學會順服。那些日曬、雨打、風吹、水沖，無非是叫你成為一顆光滑的石子，好成為神手中合用的器皿。

因此我們常遇到一些不如意的事時，不要懼怕、不要灰心，你當感謝神，祂又在磨光你了。磨掉那些對你不好的，磨掉那些對你不利的，由此你當知道為什麼我們抱著一腔熱望，努力想作一番事業，奮發圖強，偏偏會受到挫折？因為這又是上帝再一次來磨光你了。如果你明白了磨成光滑石子的真理後，就會坦白接受了。讓神磨吧，不用躲避，不要只想作溫室裡的花朵，中國人的古訓「玉不琢，不成器」。保羅當初的稜角多鋒利，他說：「就律法的義來說，我是無可指摘的」。在大馬色路上，主斫斷了他一支大稜角，三天三夜眼睛看不見。在大馬色城裡，猶太人要殺他。到耶路撒冷，門徒都冷落他。到西彼底的安提阿，猶太人驅逐他。在路司得，人用石頭幾乎打死他。在林後 11：23-27，他述說那一串慘痛的遭遇，都是神在精煉他，成為一個又光又滑的高貴器皿。主用他將福音傳到亞、非、歐三大洲，保羅成為第一號，大有能力的傑出傳道人。

感謝神，從大衛成功的石子上，叫我們學到一個真理。神藉著萬事在為我們效力，磨煉我們，好叫我們成為光滑的石子。雖然我們要忍受一些痛苦，但所付出的代價是值得的。那些未曾經過長時期的衝撞，受過打擊的石子，是進不了大衛的囊袋。照樣那些不願接受神諸般磨煉的基督徒，也不會被神放在手中。如果我們羨慕作那打死歌利亞的那塊光滑的石子，我們就當接受神的磨煉、磨煉、再磨煉。

第十四講　掃羅後期的失敗　（18：1～19：7）

18：1-4　這幾節經文，寫盡了人間朋友之愛。除了主耶穌的愛之外，歷史上再沒有一個能有這樣崇高、純潔的友愛了。

約拿單是掃羅王的長子，他在聖經裡第一次出現，是在 14：1 密抹之戰，他單身與拿兵器的少年勇赴敵營，使非利士人營裡潰敗。他對拿兵器的少年人說，「因為耶和華使人得勝，不在乎人多人少。」（14：6）他是個大有信心的人，凡事倚賴耶和華。當大衛擊殺歌利亞後，他就愛大衛如同自己的性命，他們彼此在對方身上發現到有一種家人沒有的愛心。大衛是基督的預表，約拿單如何愛大衛，正可表明我們應當怎樣的愛基督。

約拿單愛大衛的原因是，「大衛對掃羅說完了話，約拿單的心，與大衛的心，深相契合。」那時可能掃羅與大衛談話很久，大衛可能述說自己如何的對神有信心，如何的倚靠耶和華行事，如何的高舉神的聖名而得勝，以致深深吸引了約拿單的愛慕。又見這少年如此不顧性命，救同胞脫離非利士巨人之手，二人惺惺相惜，情投意合，彼此的心「深相契合」，遂結為刎頸之交。

「約拿單愛大衛如同愛自己的性命。」人的愛大致可分三等：(1)愛人為己。那是我為人人，人人為我。我之所以愛人，目的是為的要人也愛我。(2)愛人如己。不獨親其親，不獨子其子；人飢己飢，人溺己溺。這是愛人如同愛己。「約拿單愛大衛，如同愛自己的性命」，是愛人如己。(3)愛人無己。救生員奮不顧身，救人於水深；救火員奮不顧身，救人於火熱。他們是愛人無己，這是發生自捨己的愛。約拿單為大衛忤逆父意，去向父親說情，惹父動怒，向他掄槍，險些被刺死，這是表現出「無我」的愛。歷史上只有主耶穌願為我們這些不配的、該滅亡的人捨生受死。十字架的愛，顯示「祂救別人，不救自己。」主耶穌所表現的愛，是無我的愛；捨己的愛。真愛情不在口頭上，乃在生命生活的表現上。約拿單和大衛的愛，是表現在生命上，他們的心深相契合。契合就是情意相投，志同道合。約拿單就與大衛結盟。主耶穌愛我們，祂用自己的血與我們立了新約，即愛之盟約。我們接受了祂的血，使罪得赦免，我們是否也甘願在此盟約下與主

情投意合？憂主之憂，樂主之樂，惡主之惡，愛主之愛。以基督耶穌的心為心，深相契合呢？

：4「約拿單從身上脫下外袍給了大衛」。外袍是王子的衣服，他願將自己的榮耀加於大衛身上，也象徵將自己歸給他。「又將戰衣、刀、弓、腰帶，都給了他。」這是在公眾面前尊重大衛是個勇武的戰士。甚至以後約拿單因了愛，甘願將王位讓與大衛，他說，「你必作以色列的王，我也作你的宰相」（23：17）。約拿單為大衛把王位都讓了，我們是否也叫「自我」下台，讓主耶穌在我們心中作王呢？

「那日掃羅留住大衛」，就是留在宮中長住，不像過去只在需要他時才召他來。第 5 節「掃羅無論差遣大衛往何處去，他都作事精明。」這是指在擊殺歌利亞之後，又差大衛往各地去爭戰。大衛所表現的勇敢、智慧、辦事能力，都得到全國人的肯定。無論是在朝的官員、宮中的侍衛，以及民間的婦女，皆喜悅他。自古以來，功高震主的，都會帶給他極大的麻煩。

：6-9　婦女們迎接大衛凱旋歸來，這可能是在節日的慶祝會上，舞蹈唱和「掃羅殺死千千，大衛殺死萬萬。掃羅甚發怒，不喜悅這話。」這事件應該不在擊殺歌利亞之日，因為擊殺歌利亞是大衛初試牛刀，對掃羅王位毫無威脅，還不致於叫掃羅看出大衛將佔有他的權榮。這可能是其後幾次爭戰歸來，激起民眾愛戴的熱忱，快樂歡呼的情緒，熱到沸點。掃羅聽了不能忍受，非常不滿地說，「將萬萬歸大衛，千千歸我，只剩下王位沒有給他了。」這顯示出掃羅缺乏安全感；氣量太小，與初登基時差別很大。他一直以為自己是百姓注意力的中心，現在卻轉移到大衛身上去了，怎麼可以把大衛與自己相提並論，怎麼可以將大衛的功蹟與自己比呢？於是對大衛就心生嫉妒。掃羅和大衛關係破裂，從此不可收拾。「從這日起，掃羅就怒視大衛。」大衛就成了他的眼中釘、骨中刺，難以容忍。

掃羅嫉妒大衛，因嫉妒而發怒，更給魔鬼留地步了。因嫉妒而怒視；因嫉妒而謀殺；因嫉妒而不擇手段。嫉妒的罪最卑鄙；最醜惡；最害人，也害己。人比自己高明就嫉妒他；人比自己受歡迎就嫉妒他，這是自討苦吃。天下幾多罪惡皆起於嫉妒。嫉妒是什麼？幸災樂禍，記念人的惡，誹謗人的非。別人蒙福，自己很生氣，看作是自己的禍，只在別人有災難時他才快樂。但這快樂很少很少，所以嫉妒的人常常不快樂。嫉妒所帶來的

後果，是自己痛苦。生不快樂，死後更痛苦。怎樣來對付嫉妒呢？有個牧師提出五點有效的方法：(1)你要先向神承認你心裡有嫉妒，要問自己「你在嫉妒誰？」「你嫉妒他什麼？」(2)要知道嫉妒是罪，嫉妒別人就不可能與神和好。(3)你要感謝神祝福別人，這樣與其嫉妒，倒不如為他祝福。(4)求神幫助我們能去愛那人。(5)記住「要以耶和華為樂，祂就將你心裡所求的賜給你。」這樣就把嫉妒濾出去了。

掃羅越嫉妒大衛，越迫害大衛，神就越眷愛大衛。耶和華離開掃羅與大衛同在（18：12，14）。「掃羅天天尋索大衛，神卻不將大衛交在他手裡」（23：14），反倒屢次把掃羅交在大衛手中。掃羅越迫害大衛，他就越被神厭棄。嫉妒的罪，極其可怕。無論個人、團體、教會，常因嫉妒而攻擊；常因嫉妒而分裂；常因嫉妒而失敗。嫉妒人的，正是在嫉妒自己。害人的正是在害自己。惟有把基督的愛存在心中，求神剷除我們的嫉妒心，看人家的成功，如同自己的成功；看人家的長處，如同自己的長處；與喜樂的人同樂，與哀哭的人同哭，如此便叫人認出是主的門徒。主耶穌向門徒說，「你們若有彼此相愛的心，眾人就認出是我的門徒了。」同時魔鬼也在向牠的門徒說，「你們若有彼此嫉妒的心，眾人就認出你們是我的門徒了」。雅各書3：16告訴我們，「在何處有嫉妒分爭，就在何處有擾亂，和各樣的壞事。」掃羅是個以自我為中心，又善於嫉妒的人。看掃羅的失敗，正是我們的警誡。

18：10-13　掃羅是個失敗的僕人，他的自我壯大，神的靈便離開了他，魔鬼的靈就去佔有他。他被邪靈充滿，就身不由己。「他就在家中胡言亂語。」好可怕！「胡言亂語」意即不能控制；語無倫次；神經失常。大衛照常為他彈琴驅逐惡魔，而掃羅手裡拿著槍，「把搶一掄，心裡說，我要將大衛刺透，釘在牆上」。「心裡說」實在就是惡魔的靈在他心裡說「殺死他，他是合神心意的人，不要讓他活。」於是掃羅冷不防掄槍刺大衛，應一擊就命中，但神不許。神不許的事魔鬼就不得成功，神保守祂所揀選的器皿，不讓惡魔得逞，大衛兩次都躲開了。掃羅懼怕大衛，於是便把大衛調離身邊，立他作千夫長，要他領兵去打仗，動機顯然是希望大衛戰死沙場。

：14-16　「大衛作事無不精明，耶和華也與他同在。」神同在，就無一不順利，無一不美。結果反而讓大衛更得民心，掃羅更是怕他。

：17-19　掃羅心裡的惡毒，都是從那惡毒的靈來的。他對大衛說，「我將大女兒米拉，給你為妻。只要你為我奮勇」。加上屬靈的言語，「為耶和華爭戰」。米拉本早就該是大衛的妻子，在歌利亞罵陣時，無人敢應。掃羅懸賞，殺死歌利亞的，「王必賞賜他大財，將自己的女兒給他為妻。」但事成之後，卻沒兌現王的獎賞支票。這時惡魔謊言的靈又在他心中說，「我將女兒米拉，給你為妻」，這不是真心話，用女兒作餌就是了。因為「掃羅心裡說，我不好親手害他，要藉非利士人的手害他。」他想借刀殺人，置大衛於死地。不久掃羅又悔婚，就證實了這是一個騙局。大衛有自知之明，對掃羅說，「我是誰，我是什麼出身……，豈敢作王的女婿呢？」不敢寄予厚望。雖然大衛仍去爭戰賣命，掃羅又主動收回諾言，言而無信，將米拉給了另一個人為妻。這是很大的羞辱，大衛卻不以為意。

：20-30　掃羅的次女米甲愛大衛，被掃羅知道了，心甚歡喜，惡毒的靈又叫他虛情假意。「掃羅心裡說，我將這女兒給大衛，作他的網羅，好藉非利士人的手害他。」通常男方娶妻，新郎要付聘禮給新娘之父，作為他失去女兒的補償，以及萬一守寡時，作女方生活的保障。掃羅所要的聘禮，真是前無古人，後無來者。他「只要一百非利士人的陽皮。」陽皮是男人的包皮，猶太男子生下來第八天就要受割禮，割去包皮，這是立約的記號。非利士人是未受割禮的外邦人，要一百非利士人的陽皮，不是易事，必須要去殺死一百非利士戰士。掃羅的毒計，就是要大衛自投羅網去送死。滿以為這次大衛死定了，結果大衛是提前完成，殺了二百非利士人，奉上雙倍的陽皮作聘禮，於是米甲就作了大衛的妻子。米甲愛大衛，掃羅更害怕。他怕，因為耶和華與大衛同在。但他自己卻不肯悔改，也不肯接納自己的命運，反倒更加害怕，更加嫉妒。他活在恐懼、痛苦、不安的生活囚籠中，掃羅失敗再失敗。

19：1-7　掃羅更變本加厲，公開要殺大衛。約拿單卻深愛大衛，他便在掃羅與大衛之間盡力幹旋，要忠於朋友，也要忠於君父。他在掃羅面前替大衛說好話，結果使他們言歸於好。雖然掃羅指著永生的耶和華發誓，必不殺大衛。但他為惡魔所附，悔而不改，改而不徹底，反覆無常。因此他與大衛的和好，不會長久。真替掃羅婉惜。

第十五講　約拿單與大衛結盟　（19：8~20：42）

19：8-12　掃羅與大衛雖然暫時言歸於好，仍是貌合神離。不久大衛出去爭戰，大勝回來，惡魔又降在掃羅身上，嫉妒的靈又激起他殺大衛的心。他手裡拿著槍，一聲不動的坐著，等待大衛正為他彈琴驅魔的時候，掃羅故技重施，掄槍狠狠地向大衛刺去，想把他釘在牆上，神又叫大衛巧妙的躲開了。掃羅用力之猛，竟將槍刺入牆內，不親手殺死他，誓不甘休，大衛只好回家躲起來。掃羅決心要除掉後患，便打發情治人員跟蹤監視，要等到天亮好殺他。

米甲愛大衛，發現父親的陰謀，立刻催促大衛趕快連夜逃走。若等到天亮，必被捕殺。於是米甲將大衛從窗戶裡縋下去，大衛就逃走了。米甲的屋子顯然位於城牆上，古時許多屋子都在城牆上。500 年前耶利哥的妓女喇合，放走約書亞派來的兩個探子，也是從窗戶縋下城去逃走的（書 2：15）。一千年以後，那個法利賽人掃羅逃出大馬色，脫離猶太人的謀殺，也是門徒晚間從城牆上把他縋下去逃走了的（徒 9：25）。古時城門黑夜關閉，城中人犯如籠中之鳥，插翅難飛。中國春秋戰國時代欽犯伍子胥過昭關，因城門口畫影圖形捉拿他，出不了城門，焦急苦思，通宵達旦，一夜之間鬚髮全白，才混出城去。還有一個戰國的齊國公子孟嘗君，從秦國逃走，被困在函谷關，黑夜不得出城，追兵將至。幸好他的門客中有一人善學雞叫，於是農家眾雞齊鳴。守關的規矩是聞雞叫就開城門，因此孟嘗君得以平平安安逃回齊國。大衛被米甲縋下城去逃走了。

：13-17　米甲知道天亮軍兵要進屋搜查，她就故佈疑陣。「米甲把家中的神像，放在床上，頭枕在山羊毛裝的枕頭上，用被遮蓋。」神像是偶像，以色列雖是禁止偶像，有些仍有家神，這是從米所不大米傳來的。米甲家怎會有神像？可能大衛還不知道。有的解釋說，米甲因為不育，所以暗中求拜外邦的神，像當年拉結一樣（創31：19）。米甲的神像看來不小，才可偽裝成病人，「掃羅打發人去捉拿大衛，米甲說，他病了。」掃羅怎肯相信，後來才發現被女兒欺騙了，大衛早已逃走了。米甲再用話欺哄父親說，「他對我說，你放我走，不然，我要殺你。」掃羅的行為，兒女也不贊同。約

拿單、米甲都愛大衛，都救大衛，反倒不尊敬他。

18 節　大衛逃脫了，但心中極其難過。自己犧牲性命救國，換來的是功成而身危，到處躲避。自己待人以恩，反受惡報。為人彈琴驅魔，人倒用槍刺他。如此後果，當然憂愁灰心。大衛開始過逃亡生活，先來到拉瑪見撒母耳，將掃羅向他所行的事述說一遍。撒母耳和他往拿約暫住，拿約是建築物，可能是撒母耳的先知學校。我們可以想像，老撒母耳這時是怎樣的安慰少年人大衛。這給我們一個很好的教訓，掃羅嫉妒大衛是誰在吃虧？是嫉妒人的？還是被嫉妒的？與其嫉妒人，不如被嫉妒。掃羅謀殺大衛究竟是誰吃苦？是謀殺人的？還是被謀殺的？與其謀殺人，寧可被人謀殺。掃羅罵兒子約拿單是頑梗背逆之婦人所生的（20：30），究竟是羞辱誰呢？是罵人的？還是被人罵的？與其罵人寧可受罵。我們有時遭人嫉妒；受人辱罵；甚至被人暗算，好不灰心。其實我們應當感謝神，因「萬事都互相效力，叫愛神的人得益處。」（羅 8：28）主耶穌親口告訴我們，「為義受逼迫的人有福了，因為天國是他們的。」看大衛受逼迫，我們就得安慰；看約伯遭苦難，也使我們得安慰。年輕人受點苦，算不得什麼，對他是大有益處。如果在溫室裡長大的花朵，像大衛那樣一舉成名，一生得居高位，那就爬得高，摔得重，很危險。大衛後來之所以不至成為掃羅第二，正因為他少年多受挫折，多受困苦，多遭艱難，多受磨煉。中國人說，「玉不琢，不成器」。詩人說，「受苦是與我有益」（詩 119：71）。神給人的祝福是先苦後甜，魔鬼敗壞人總是叫人先甜後苦。假若大衛沒有經歷那麼多的困苦、憂愁、艱難、危險，大衛就不能成為偉大的大衛，也不能寫出那樣的詩篇。歷代聖徒都因他的詩篇大得幫助，信心得以堅固；盼望得以確切，因大衛的詩篇是從自己困苦憂愁的經驗中得來。希伯來書也告訴我們，主耶穌「祂雖然為兒子，還是因所受的苦難學了順從」（來 5：8）。所以基督徒在苦難中，也要學習順從。因受苦難，得以完全。

19：24　情報人員把大衛藏在拉瑪的拿約報告掃羅，於是掃羅便三次打發人去捉拿大衛。奇妙的是，所差去的人，都受上帝的靈感動說話，掃羅不得不御駕親征。想不到他還在途中，「上帝的靈也感動他，一面走，一面說話，直到拉瑪的拿約。」人算什麼，竟敢與上帝抗衡？他本打算親去取大衛的性命，反為神所擊敗。「他就脫了衣服，在撒母耳面前受感說話，

一畫一夜，露體躺臥。」掃羅如此被神大能的靈所擊倒，使他無法遂心所願去殺害大衛。他的企圖受到挫折，計劃被擊得粉碎。不單有約拿單維護大衛，又有米甲幫助大衛，這時高過一頭的掃羅完全被擊垮了。「因此有句俗語說，掃羅也列在先知中麼？」這只是流傳的俗話，像掃羅這樣的人，能列入先知中麼？

20：1-11　在拿約，撒母耳可能勉勵大衛仍回到掃羅那裡，雖然危險，總要盡量設法和好。大衛先到約拿那裡求助，約拿單說，「斷然不是，你必不至死。我父作事，無論大小，沒有不叫我知道的。」大衛知道掃羅的心比約拿單知道得多，大衛不以為然，「我離死不過一步。」猶太注釋家說，這是指大衛躲避掃羅槍刺時所走的一步。另一個意思隨時有被殺的危險。約拿單慨允盡全力幫助他，大衛提出一個測驗掃羅是否決心殺他的辦法，說「明日是初一，我當與王同席，求你容我去藏在田野，直到第三日晚上。」初一是陰曆的月初，叫月朔，以色列人依律法規定要特別獻祭及歡宴（民10：10；28：11-15）。初一不單是宗教節日，也是民間的節日（參王下4：23），又稱新月節，吹號慶祝。大衛既屬王家的一份子，必須在初一出席吃祭肉。但大衛不敢去，藉詞回故鄉伯利恆過節，好在田野藏三日以觀其變。若在席上王說「好」，那就表示平安沒事了。若王發怒，就知道王絕不容留我活口了。如果是這種後果，就求你施恩於我。約拿單說，絕不會的，他還相信父王不會如此。即或不然，「我豈不告訴你呢？」他們就同往田野去。

：12-16　約拿單與大衛約定在明天或第三天，探明父王的意思後，一定會來到這裡告訴他怎麼作。約拿單知道父王違逆神意的作為，終必滅亡。大衛愛神，是合神心意的人，終必蒙福。他知道大衛必繼其父為王，但他絕無妒忌敵視大衛的意念。約拿單是做朋友的好模範，他的敬虔、謙卑、慷慨、忠實，他的溫柔、和平、克己、犧牲，可以說沒有人比他更像耶穌基督了。他與大衛初遇在歌利亞被殺之後，惺惺相惜，約拿單的心就與大衛的心深相契合。他愛大衛如同自己的性命，就與他結盟，又把他自己的外袍、戰衣、弓、刀、腰帶都給了他。他是掃羅的長子，王位的繼承人，然而他看出神揀選了大衛，他不嫉妒，他不求自己的益處，願成全大衛。這時他們再在田野結盟，並且要求大衛履行盟約，要以耶和華的慈愛待他。他已有預感，家族會有滅亡之禍，他要求大衛不單在他活著的時候恩待他，

「就是我死後，……你也永不可向我家絕了恩惠。」這是東方的習俗，古時朝代更迭，新王會將前王的餘裔趕盡殺絕，永絕後患（參王上 15：29；王下 10：7），約拿單要求大衛立誓恩待他的家族。大衛後來信守誓言，恩待約拿單的兒子米非波設（撒下 9 章）。大衛也是一個守信的人，而約拿單真是作朋友的好模範。

　　有人說士師記裡的大利拉，受了非利士首領的銀子，百般引誘參孫，要探知他能力的祕密，好剋制他。參孫也不向她說實話，大利拉對參孫說，「你既不與我同心，怎麼說你愛我呢？你這三次欺哄我，沒有告訴我，你因何有這麼大的力氣。」（士 16：15）許多人做人的朋友，也如同大利拉，只要求人怎樣的愛他，讓他得好處。卻一點也沒去想，自己當怎樣愛人，給別人一些好處。像妓女一樣，這就是妓女式的朋友。約拿單不然，他只想到怎樣愛大衛，怎樣幫助大衛，完全忘記了自己。有人說有的朋友像蚊子，專來吸血。他來結交，他來拜訪，總是有所求，想吸人血，佔盡人便宜，這是蚊子式的朋友。約拿單不是蚊子式的朋友，他將自己所有的盡量給大衛，他本來勇敢，曾大敗非利士人於密抹，建立了大功，民眾都愛戴他。然而他愛大衛如自己的性命，他高舉大衛，卑微自己。這樣的朋友，那裡去找？

　　但我們卻有一位朋友，比約拿單更好，比約拿單更大。祂曾對我們說，「人為朋友捨命，人的愛心沒有比這個大的」（約 15：13）。真的，祂為我們在十字架上捨了命了。「為義人死，是少有的；為仁人死，或者有敢作的。惟有基督在我們還作罪人的時候為我們死」（羅 5：7-8）。耶穌基督從高天至大的寶座上，道成為肉身降世為人，在我們還作罪人的時候，作我們的朋友。為了愛我們這些不配的人，捨去祂至高至貴、至聖至潔的生命，為我。有一首詩歌「耶穌是我親愛的朋友」，我們能有耶穌，比大衛有約拿單更福氣。

　　：17-34　「約拿單因愛大衛，如同愛自己的性命」，就回去試探父王的真意。果然，初一王的筵席上除了約拿單和押尼珥外，大衛的坐位空著。押尼珥是掃羅的堂兄弟，又作掃羅軍中的元帥。大衛不在，掃羅心想，可能他染了不潔，照律法就不能吃祭肉，所以掃羅沒說話。第二天坐席大衛座位仍空著，掃羅就不耐煩問約拿單，大衛為何不在？約拿單就一肩扛起

責任答道，「大衛切求我容他往伯利恒去」，所以缺席。掃羅就向約拿單發怒，罵他是「頑梗背逆之婦人所生的」。這話極盡羞辱，掃羅已確信，若不把大衛殺掉，必會奪去他的王位。他無法理解約拿單為何完全毫不在意，於是氣急敗壞的掄槍要刺他。此時約拿單知父王企圖不可挽回，故照約定的方法去通知大衛。

：35-42　早晨約拿單按著與大衛約會的時候，帶了一個童子到曠野射出一箭，用與大衛約定的暗語對童子說，「箭不是在你前頭麼？……速速的去，不要遲延。」大衛心裡明白，非逃亡不可了。童子被打發回城去後，大衛就從磐石的南邊出來，「俯伏在地，拜了三拜。」大衛對約拿單捨身相救的恩情，無限感激。二人親嘴，彼此哭泣，痛苦話別，互道珍重。約拿單再三叮嚀，海誓山盟直到永遠。「平平安安的去吧！」從此大衛走上逃亡之路。

第十六講　大衛逃亡　第 21~23 章

研讀第廿一章使我們無法理解，為什麼這樣一個神人喜愛的大衛，竟然也說謊，也裝瘋？

21：1-9　大衛逃亡的第一站到了挪伯。挪伯是個祭司城，示羅被毀後（4：11），大祭司以利的曾孫亞希米勒把會幕搬去挪伯，就成了以色列人的宗教中心。大衛來挪伯的目的，可能是想藉烏陵和土明尋求耶和華的指示，但他為什麼說謊欺騙祭司呢？從正面的角度思想，很可能他發現有以東人多益在那裡，提高了警覺，想保護亞希米勒免受連累。果真如此，他的計劃沒有成功，後來亞希米勒給了他一把刀，就遭到掃羅滅族之禍。

大衛一行餓了三天，向祭司求五個餅，祭司將聖餅給他。聖餅就是會幕裡供奉的陳設餅，每安息日換一次，看來這天是禮拜五晚上。換下來的餅律法規定，要給祭司在聖所裡吃（利 24：5-9）。這時祭司竟將聖餅給了飢餓難忍的大衛一行吃了，後來主耶穌在太 12：3-4 就提起這件事，認為律法最終的目的，乃是為人的好處，不可拘泥於儀式而忽略關乎生命的大事。這個故事在教導我們注意律法的精義，不可捨本逐末（路 6：9）。這類有憐憫的行為，才合乎律法的真義。

21：10-15　大衛離開挪伯去投奔非利士人迦特王亞吉，迦特是地中海岸非利士五大城市之一。大衛在詩篇三十四篇小引裡說，在亞比米勒面前裝瘋。亞比米勒是非利士王的稱號，有如埃及的法老，亞吉是他本人的名字。後來亞吉王認出他是殺歌利亞的勇士，歌利亞就是迦特人，那還了得？因之大衛膽怯懼怕，他迫於無奈，只好鋌而走險，就在眾人面前裝瘋。在城門的門扇上塗鴉，又使唾沫流在鬍子上。鬍子上面留有唾沫是極不體面的事，除了瘋子誰肯做？他從前信靠神，眼睛仰望神的時候，雖然歌利亞那麼強壯兇悍，目空一切，千軍萬馬望之而逃，但大衛毫不膽怯懼怕。那樣信心的偉人，現在竟懼怕起來，假裝瘋癲。他為什麼如此？實在我們沒有一個人有資格起來定大衛的罪，如同沒有人敢定彼得三次不認主的罪一樣。一個淫婦被法利賽人文士抓到耶穌跟前，問該如何處置，為得著把柄好告祂。主耶穌對那些張牙舞爪的說，「你們中間誰是沒有罪的誰就可以先

拿石頭打死她。」那些文士法利賽人從老到少，一個一個的都偷偷溜出去
了。我們在許多時候面對難處、危險，就懼怕起來。也用許多糊塗的方法，
想脫離危難，常常弄巧反拙，越弄越糟，比大衛更甚。大衛的經驗，聖經
毫不護短，據實直書。不像人物傳記隱惡揚善，這是聖經與其他書大不相
同之處。如大衛這樣的信心偉人，有時亦膽怯懼怕，與我們一樣，所以我
們不要灰心喪志。

　　大衛的經驗也給我們警告，要將信心堅持到底。詩篇卅四或是大衛在
懼怕時，跌倒之後寫的。他說，「我曾尋求耶和華，祂就應允我，救我脫離
了一切的恐懼。」（詩 34：4）「耶和華的使者，在敬畏祂的人四圍安營，搭
救他們。你們要嘗嘗主恩的滋味，便知道祂是美善，投靠祂的人有福了。」
（詩 34：7-8）又說「有何人喜好存活，愛慕長壽，得享美福。就要禁止舌
頭不出惡言，嘴唇不說詭詐的話。」（詩 34：12-13）這是他回想失敗，因
膽怯懼怕而說謊言，因此憂傷痛悔，毫不掩飾。大衛是人，有時做錯了事，
說錯了話。但大衛也是聖徒，有錯便認錯，錯了就改。他在懺悔詩裡說，「上
帝所要的祭，就是憂傷的靈。上帝阿，憂傷痛悔的心，你必不輕看。」（詩
篇 51：17）這是我們寶貴的教訓。

　　22：1-2　大衛終於覺悟，不該到仇敵那裡去求保護。他逃到一個山洞
叫亞杜蘭，在大衛故鄉伯利恒西南十二哩處以拉山谷裡，許多天然大洞可
以躲藏，一個神所膏立的王正式成為亡命之徒。「他的弟兄和他父親的全家
聽見了，就都下到他那裡」，與他一起逃亡。在東方，一人犯罪全家都受株
連。那時「凡受窘迫的；欠債的；心裡苦惱的，都聚集到大衛那裡。」國
家當權者看這批人，是社會的敗類、不良份子、治安毒瘤。其實他們都是
掃羅一手造成的，他的政治暴虐；經濟不景氣；苛捐雜稅；失業嚴重。一
個民不聊生的社會裡，才產生出受窘迫的，就是逼得沒辦法的人；欠債的，
就是生活困難的人；心裡苦惱的，就是不滿現狀的人，都聚集到大衛那裡。
這是一批烏合之眾，由 400 人後來增到 600 人，使大衛能體諒民間的疾苦，
這是他由牧人到坐上寶座必修的功課。大衛和他們朝夕相處，以人格感化
他們；用智慧訓練他們。使平常看為不良份子、逼得沒辦法的、治安毒瘤，
竟都成為勇士、軍長、英雄豪傑。

　　在這裡叫我們想到主耶穌，祂如同大衛，雖然，神立祂為主；為基督；

為君王，世人還是拒絕祂。主耶穌今日在這世界，不是坐在寶座上，正如同大衛住在亞杜蘭洞裡。因祂的愛吸引了我們這些受窘迫的；欠債的；心裡不平的；心裡不滿意的來到祂面前。祂不住的呼叫「來！凡勞苦擔重擔的人，可以到我這裡來」。「人若渴了，可以到我這裡來」。「我是生命的糧，到我這裡來的必定不餓」。「我是世界的光，跟從我的就不在黑暗裡走」。大衛能改變 600 人，這些人就成為日後他作王時支持他的主力。主耶穌比大衛更大，能改變千千萬萬的人作祂的門徒。祂能改變漁夫成為使徒；改變法利賽人掃羅成為保羅；改變膽怯懼怕的成為勇敢剛強；改變私心為己的成為愛人如己，投靠祂的有福了。

22：9-10　掃羅追捕大衛，以東人多益就向掃羅告密。以東人多益是什麼人？以東就是以掃的後裔，以掃是以色列人祖宗雅各的哥哥。神說，「雅各是我所愛的，以掃是我所惡的。」（羅 9：13）神為什麼愛雅各？因為雅各心裡有神。神為什麼惡以掃？因為以掃心裡沒有神，輕看他長子的名份，對屬神的福份，一點也不愛慕。從他的後裔中，都可以證明這一點。

22：11-19　掃羅恨祭司亞希米勒，吩咐侍衛和臣子去殺祭司，侍衛和臣子都不敢。為什麼不敢？因為他們是耶和華的祭司，都是神膏立的。後來大衛不敢殺掃羅，也因掃羅是耶和華膏立的。掃羅對多益說，「你去殺祭司吧。」多益既是以掃的後裔，心中是無神的，有殘忍的遺傳基因。他為了討好掃羅，不但殺死大祭司亞希米勒，而且殺了挪伯的祭司共八十五人。他的心還不滿足，更去挪伯祭司城裡把男女、孩童，連吃奶的和牛羊驢都殺光了。這給我們看見，人的惡心是代代相傳的。老虎生的是老虎；狼生的是狼。從以掃到多益，沒有絲毫改變。

22：20-23　只有亞希米勒的一個兒子名叫亞比亞他，也是祭司，可能那時留在挪伯看守聖所，聽見噩耗，就帶著大祭司的以弗得逃到大衛那裡。大衛很自責的說，「那日我見以東人多益在那裡，就知道他必告訴掃羅。你父的全家喪命，都是因我的緣故。」大衛收留亞比亞他立為大祭司，但四十年後亞比亞他因支持大衛另一個兒子亞多尼雅謀取王位，被所羅門王革除。

23：1-5　非利士人攻擊基伊拉。基伊拉在亞杜蘭洞之南數哩，盛產谷物，引起非利士人來搶奪禾場，大衛就求問神。大衛有他的短處，他最大

的長處就是凡事求問神。他不但心中有神，也喜歡尋求神的旨意。神不單要為大衛行各樣的事，神也要為我們行各樣的事。凡信靠神又遵行祂旨意的，神都願為他們成就各樣的事。2 節「大衛求問耶和華說，我去攻打那些非利士人，可以不可以？耶和華對大衛說，你可以去攻打非利士人，拯救基伊拉。」這裡告訴我們，耶和華叫他怎麼作，他就怎樣作。這給我們的教導是，無論大事小事，在我們未作之前，應先禱告求問。若神沒有清楚指示，就要等候神的時候。

23：7-13　大衛率領跟隨者去救了基伊拉，基伊拉人卻無情的要將大衛交給掃羅。「掃羅說，他進了有門有閂的城，困閉在裡頭。這是上帝將他交在我手裡了。」卻不知他自己才是神所丟棄的。大衛聽追兵要來，只得率眾人逃走，往西弗曠野去。西弗位於猶大和死海之西的高地，荒涼渺無人跡，就藏在這裡。

23：14-18　「掃羅天天尋索大衛，上帝卻不將大衛交在他手裡。」神六次救大衛脫離掃羅的手，每次方法不同。因為神救人的方法千變萬化，倚靠神的人，可以放心壯膽。掃羅王聚集全國的力量，要尋索大衛的命。但神不許，他就不能傷害大衛一根汗毛。正在最緊要關頭，約拿單又來樹林見大衛，這是他們最後的一次會面。鼓勵他倚靠神，得以堅固，對他說，「不要懼怕。我父掃羅的手，必不加害於你。你必作以色列的王，我也作你的宰相。這事我父掃羅知道了。」約拿單愛大衛，願意犧牲自己成全大衛。他並不嫉妒，願作他的副手，這是最尊貴、最可愛的友情。

西弗人出賣大衛，通報大衛的藏身處。掃羅說，「他若在猶大的境內，我必從千門萬戶中搜出他來。」儘管掃羅如此自信，但神卻不將大衛交在他手裡。掃羅追趕大衛到瑪雲曠野，「掃羅在山這邊走，大衛和跟隨他的人在山那邊走」，就是碰不到面。在人看來，大衛已臨絕境了，因為「掃羅和跟隨他的人，四面圍住大衛。」如籠中之鳥、甕中之鱉，手到擒來。正在千鈞一髮之際，神拯救的手又伸出來了。27 節「忽有使者來報告掃羅，說非利士人犯境搶掠，請王快快回去。於是掃羅不追趕大衛，回去攻打非利士人。」非利士人早不來，遲不來，正當掃羅將大衛團團圍住的時候，非利士人就來犯境了，真叫人拍案叫絕。因此把那地方叫做「西拉哈瑪希羅結」。

　　我們把掃羅與大衛來比較，就看出掃羅越違背神，越存心害人，反倒自己心裡越不好過，越來越驚惶恐懼，連親生的兒子也離棄他。再看大衛，他順從神，追求遵行神的旨意，無論往那裡去，都先求問神。神叫他作他就作；神不要他作，他就不作。他雖受逼迫，四處逃命，但他心裡平安、喜樂，因為，神是他的避難所，是他的拯救。就在這時候他作了詩篇第五十四篇，第 3-4 節說，「……強暴人尋索我的命，他們眼中沒有神。神是幫助我的，是扶持我命的。」又在 6-7 節說，「我要把甘心祭獻給你。耶和華阿，我要稱讚你的名。這名本為美好。祂從一切的急難中，把我救出來……」。大衛學會了一門要緊的功課，就是順從神。愛人卻不免會受人的逼迫、苦難，但他倚靠的神卻要拯救他勝過一切。

　　大衛的子孫中有一位比大衛更大，也有仇敵謀害祂，但神卻將祂交在仇敵的手中，讓他們將祂釘死在十字架上。為什麼？為你、為我。徒 2：23「他既按著神的定旨先見，被交與人。」交與人的目的，羅 4：25 告訴我們，「耶穌被交給人，是為我們的過犯。」祂死是為了擔當我們的罪，使我們得生。

　　掃羅回去後，大衛就從西拉哈瑪希羅結上去住在死海西岸不遠的隱基底的山寨裡。隱基底的意思是「小山羊的泉」，是個沙漠裡的綠洲。

第十七講　大衛兩次不害掃羅　第 24、26 章

24：1-7　非利士人犯境的事平息，掃羅又繼續來追趕大衛。他帶著精選的三千軍兵，來到隱基底，進入一個大山洞，把外袍脫下放在一旁，正在裡面大解。可巧大衛和跟隨的人就藏在這洞的深處，掃羅沒有發現。這的確是大衛殺掃羅的一個大好機會，正如跟隨的所說，「耶和華曾應許你說，我要將你的仇敵交在你手裡，你可以任意待他。如今時候到了。」這是天賜良機，不可錯過。大衛卻不肯。後來大衛寫詩篇五十七篇就是在述說他的經歷。詩 57：1 說，「神阿，求你憐憫我，憐憫我。因為我的心投靠你。我要投靠在你翅膀的蔭下，等到災害過去。」大衛只悄悄的割下掃羅外袍的衣襟，表示掃羅的性命在他手中，但未加害。雖只割下一片衣襟，隨後大衛的心又自責起來。他為什麼自責？大衛「對跟隨他的人說，我的主，乃是耶和華的受膏者。」是神膏立的，就是出於神的旨意，應由神來定奪，絕不可只問自己的目的不擇手段。他現在仍是受膏的王，自己只是臣子，暗殺王就是篡奪王位了，這是神不許的。照神的方法實現神的旨意，才能得到神的祝福。即如割下他外袍的一片衣襟，也是不可以的。因為外袍是王服，王服代表王，割下王服有失對王的尊敬了。大衛立意如此，而掃羅卻懞懂無知，就出洞去追趕大衛。

大衛隨後出洞呼叫掃羅「我主，我王」，又屈身臉伏於地下拜，這是盡臣子之份。大衛陳述自己無辜，完全是王的誤會，24：10-11「今日你親眼看見在洞中耶和華將你交在我手裡。有人叫我殺你，我卻愛惜你，……我父阿，看看你外袍的衣襟在我手中。我割下你的衣襟，沒有殺你，你由此可以知道我沒有惡意叛逆你。」誰是誰非；誰善誰惡，12 節「願耶和華在你我中間判斷是非」，讓祂來行審判。大衛這種高尚、勇敢、大公無私的行為和正直的言語，使得掃羅慚愧，他就放聲大哭。掃羅為自己迫害大衛的行動，一時良心發現，就自責說，「我兒大衛。」他是大衛的岳父，大衛是他的女婿。24：17-19「你比我公義。因為你以善待我，我卻以惡待你。你今日顯明是以善待我，因為耶和華將我交在你手裡，你卻沒有殺我。人若遇見仇敵，豈肯放他平安無事的去呢？願耶和華因你今日向我所行的，以

善報你。」掃羅承認自己的過錯，但他卻是悔而不改，悔而不改就會死灰復燃。這時他說，20：21「我也知道你必要作王。以色列的國，必堅立在你手裡。現在你要指著耶和華向我起誓，不剪除我的後裔，在我父家不滅沒我的名。」掃羅想起從前撒母耳的預言（15：28），又察看多日追捕無功，可以看出大衛作王勢在必成。天意如此，人不能阻擋。又為大衛以善報惡的公義氣慨所感，因此要求大衛起誓，不剪除他的後裔。古時改朝換代，通常都會將前王的後裔殺盡，以杜後患。而且把前王的名鬥垮、鬥臭，從人們心中除去對他的懷念。除名就是絕子絕孫。

從這件事上，我們可以向大衛學習，凡事要忍耐，等候神的時候，這是最難學的功課，但基督徒非學不可。以現代人的觀念，都是在與時間賽跑，求快成功，求快結果，甚至不擇手段，卻往往徒勞無功。

我們從這一章大衛的故事裡，讓我們去學習教訓，就是要心地寬廣能容人，肯饒恕人。我們的主耶穌，祂是怎樣的愛仇敵，甚至在十字架上還為那些釘祂的人祈禱，「父阿！赦免他們。因為他們所作的，他們不曉得。」（路23：34）基督教最大的感動力就是愛，就是饒恕，就是捨己。

26：1-5　掃羅言而無信，悔而不改，又帶領三千精兵下到西弗的曠野去尋索大衛。這和廿四章的故事有相同之處，也有不同之處。相同之處是大衛有殺掃羅的機會而不殺；不同之處是前次是送上來的機會，這次是去尋找的機會，兩次都因尊重耶和華的膏抹而沒有下手。「大衛起來，到掃羅安營的地方，看見掃羅和他的元帥尼珥的兒子押尼珥睡臥之處。」押尼珥是掃羅的堂兄弟，軍中的元帥。「掃羅睡在輜重營裡」，輜重營是運送行李的輜重車圍起來的一個地方，特別給王安歇的。

26：6-8　洗魯雅是大衛的姐姐（代上2：16），因此約押、亞比篩，還有一個叫亞撒黑都是大衛的姪兒。約押後來做了大衛軍中的元帥，亞比篩和亞撒黑都屬大衛的卅勇士團。這時亞比篩和大衛夜間去到掃羅的輜重營裡，見他的槍插在頭旁的地上。「亞比篩對大衛說，現在，神將你的仇敵交在你手裡，求你容我拿槍將他刺透在地。一刺就成，不用再刺。」似乎神再次將掃羅交在大衛的手中，因為掃羅不守信誓。

26：9-12　大衛有很多理由可以殺掃羅，只要他一舉手，或一點頭，即可成功。但大衛卻不，大衛對亞比篩說，「我指著永生的耶和華起誓，他或

被耶和華擊打，或是死期到了，或是出戰陣亡。我在耶和華面前，萬不敢伸手害耶和華的受膏者⋯⋯」大衛知道這是神的事，神是公義施報的神，所以不要用自己的方法去對待他，只把他交給神就好了。有時我們在工作中，在生活中，在生意場中，受欺、受騙、受壓制、受歧視、受冤枉，痛苦不堪，心情無奈。在我們肉體的思想中，若能報復一下多痛快。但我們在這一章裡所得到的教訓是，你的冤屈神知道；你流的眼淚神看到；你的嘆息聲神聽到；你心裡在疼痛，神感受到。神是無所不在，無所不知的神，人不知道的神都知道。羅馬書 12：19 勸我們，「不要自己伸冤，寧可讓步，聽憑主怒。因為經上記著，『主說，伸冤在我。我必報應』。」我們不可不知道，如果我們自己動，反而使神不能動。如果我們自己作，反而攔阻了神為我們作。當我們安靜，把難處交託給神，就會看到神公義的報應了。

這時，神使掃羅和軍兵們都沈睡，這真是個神蹟，正是很好下手報仇的機會，但大衛只把掃羅頭旁的槍和水瓶拿走。槍乃君王的標誌，有如權杖。大衛只把槍和水瓶拿走，這是再次向掃羅表明自己無意害他的性命。神給大衛兩次試驗，是血氣方剛年輕人的大挑戰，大衛都通過了。大衛對掃羅說，「我今日重看你的性命，願耶和華也重看我的性命，並且拯救我脫離一切患難。」

大衛看重掃羅的性命，他說，願耶和華也看重我的性命，並且拯救我脫離一切患難。因神是公義的，我們怎樣待人，神也怎樣待我們。大衛說耶和華必照各人的公義誠實報應他。因果律告訴我們，有因必有果，施報的神照著各人所行的報應各人。以惡待人，將來必自食惡果。

大衛這樣兩次恩待掃羅，掃羅這時從良心裡吐出懺悔的話，「掃羅對大衛說，我兒大衛，願你得福。你必作大事，也必得勝。」這要問，什麼人必作大事，也必得勝？答，就是像大衛這樣心胸寬大、品格高尚的人，能饒恕人，不報私仇，眼光遠大，心胸寬闊。像這樣的人，必蒙神賜福，必要作大事，必要得勝。這給我們留下一個教訓，掃羅因嫉妒，要想殺大衛，好多次他都失敗了。這時他才悔悟，一個作大事的人，他的心一定是大的；一個心胸狹窄的人，不會成大器，不能作大事，也不會得勝。

26：17-25　掃羅聽大衛說，「我作了什麼？我手裡有什麼惡事？我主竟追趕僕人呢？」我不過是一個虼蚤，一個鷓鴣，微不足道，無辜也無惡意，

不值得你以王者之尊降臨。對大衛這種高尚勇敢，頂天立地的氣慨，寬宏大量的行為，最好的評論還是出於掃羅的口。掃羅行事卑鄙糊塗，但他說這番話，卻是聰明得當。他說，「我有罪了，……我是糊塗人，大大錯了。」從掃羅這些話可以看出，他的良心還沒有完全泯滅，還有一點功效存在。今天社會上，有的人良心黑了，良心丟棄了，昧著良心說話，昧著良心作事，良心已麻痺了。如果一個人的良心完全失去了功效，那個人便完了。

第十八講　撒母耳死了，拿八死了　第25章

：1　「撒母耳死了。以色列眾人聚集，為他哀哭。」他配得以色列人給他的最高敬禮。自摩西死後，沒有第二個人像撒母耳值得他們尊崇、懷念。以色列人當日怎樣哭摩西，今日也如此哭撒母耳。因他對以色列的貢獻，除摩西以外，無人可比。他的品德，無可指摘。他們感激他，為他哀哭，把他葬在拉瑪。

這時大衛下到巴蘭曠野，巴蘭曠野在以色列最南端，接西奈半島。七十士譯本譯作瑪雲曠野，似乎較好。

：2-3　在瑪雲曠野有一個人名叫拿八，是個大富戶，在迦密有很多產業。這個迦密是掃羅為自己的榮耀立碑的地方（15：12），不是以利亞殺巴力先知的迦密山。這個迦密在猶大南部，希伯崙以南，近瑪雲約一哩。是拿八的大牧場，有三千綿羊，一千山羊，每年剪的羊毛給他帶來更多的財富。拿八這個名字原文是「愚頑」，就是愚蠢。很奇怪他一生下來父親就給他取了這個不雅的名字，他這一生真如其名。聖經說他的為人是「剛愎兇惡」，他的個性就是固執己見，自以為是；兇而且惡；愚而且頑。詩篇說「愚頑人心中沒有神」，所以他就獨斷獨行，「無人敢與他說話」。這樣的人，現在也不少。不要神，不看人；只顧自己的事業，為今世積存財寶，滿足自己的成就感。這也是拿八一類的人，愚蠢的人。

拿八是迦勒的後裔，迦勒是個有信心而又專心跟從耶和華的人。以色列人出埃及，只有約書亞和迦勒兩人進了迦南，其他男丁都死在曠野。約書亞率領以色列人入迦南後，就將希伯崙地分給迦勒為業。神賜福給義人的後裔，故此拿八成了大富戶。可惜拿八繼承了迦勒的福份，卻沒有繼承祖先的心志，成為一個愚頑的人。

：4-9　大衛當時正過著流亡的生活，他和跟從他的人生活都非常困苦、缺乏。他聽見富戶拿八正在剪羊毛。剪羊毛是收成的時候，也就是他們歡樂慶祝的節日。大衛就打發十個僕人到拿八那裡去，大衛吩咐他們見到拿八時要題自己的名向他問安，很有禮貌的說，「願你平安，願你家平安，願你一切所有的都平安。」大衛派去的人就照著說這麼多的好話，乃是希

望拿八以禮相待，在物質方面給予幫助。那時大衛手下有六百人跟從，當然需要軍需補給。大衛是神膏立繼承為王的，誰都知道。本可用王的身份命令納稅納糧，而且大衛的跟從者經常保護拿八的僕人，也可以保護者的身份要求酬勞。但大衛不倚靠權勢和功勞，卻吩咐僕人去說，「願我的僕人在你眼前蒙恩。因為是在好日子來的，求你隨手取點賜與僕人，和你兒子大衛。」這是多麼謙遜有禮，動人的懇求。「在好日子」，就是在他們歡樂慶祝豐收，吃喝快活的日子。「求你隨手取點賜與僕人，和你兒子大衛」。不是強行徵收，也沒有限定多少，只隨意賜與，多麼有情有理。

：10-11　拿八就是拿八，他回答大衛的僕人，毫無智慧的說，「大衛是誰？耶西的兒子是誰？」拿八說他不知道大衛是誰，完全是謊言。大衛擊殺歌利亞，是救國的英雄，以色列人從老到少，無人不知，無人不曉，他豈有不知大衛是誰。真不知道嗎？他又說「耶西的兒子是誰？」他既知道耶西是大衛的父親，難道不知大衛是誰？多麼矛盾，這是他的自大狂表現。他何嘗不知大衛的跟隨者保護他的羊群，沒有任何損失。若真不知，大衛僕人來已說得很清楚，「你的牧人在迦密的時候，和我們在一處，我們沒有欺負他們，他們也未曾失落什麼。」大衛保護他們，他竟說不知，就是忘恩負義了。他很不屑地說，「近來悖逆主人奔逃的僕人甚多，我豈可將飲食，和為我剪羊毛人所宰的肉，給我不知道從那裡來的人呢？」剪羊毛的時候，正是羊主人善待客旅行方便示好的機會。大衛所求的微乎其微，他竟這樣出口傷人，不想想大衛手下六百英雄好漢的威勢。他這是禍從口出，真是愚不可及。

同樣，神的兒子主耶穌道成肉身，在十字架上為我們捨身流血，作我們的救贖主，作我們的救命恩人。當祂向我們要一點點的時候，我們不也忘恩負義；愚不可及，甚至在人前不敢承認祂。這不也像拿八麼？

：12-22　僕人回去一五一十的都報告給大衛，大衛受不了這種羞辱，就立刻武裝了四百人，浩浩盪盪直奔迦密而來。說「我在曠野為那人看守所有的，以致他一樣不失落，實在是徒然了。」大衛基於牧人在曠野守望相助之義，晝夜派人保護他們，以致一樣也不失落。拿八竟以惡報善，大衛就動怒立誓要殺拿八全家。

拿八是個蠢夫，卻有一個聰明俊美，且有智慧的妻子，名叫亞比該。

有時使人想不通，像拿八這樣的人，居然有這樣的妻子嫁給他？世上有很多像拿八這樣看似不配的情形，我們不知道為什麼，但聖經告訴我們，「萬事都互相效力」，恐怕只有這才是最好的答案了。亞比該正如箴言 31：10 說的「才德的婦人，誰能得著呢？她的價值遠勝過珍珠。她丈夫心裡倚靠她，必不缺少利益。她一生使丈夫有益無損。」拿八有這樣神賜給他的聰慧的賢內助，他卻一無所覺。現在他這樣得罪大衛，竟不知大禍將臨頭，但「他性情兇暴，無人敢與他說話。」幸好有一個僕人將這件嚴重的事去告訴亞比該。亞比該一聽非同小可，如此嚴重，就趕快預備了大批禮物，馱在驢上，自己一同去迎見大衛。

　　：23-25　她見了大衛，態度是那麼謙卑，臉伏於地向大衛叩拜。她的說詞是那麼有智慧，能得大衛的稱讚是因：(1)她代替丈夫向大衛認罪，求大衛饒恕說，「這壞人拿八，他的性情與他的名相稱。他名叫拿八，他為人果然愚頑。」(2)她獨具慧眼，承認大衛將作王。「我主阿，耶和華既然阻止你親手報仇，取流血的罪」，你既然不親手報掃羅追殺之仇，又何必流拿八這種人的血呢？「因我主為耶和華爭戰。並且在你生平的日子，查不出有什麼過來。」為耶和華爭戰，指每次擊敗非利士人，是為了榮耀耶和華的名。查不出什麼過來，是預示他的品德使他作王之後，沒有瑕疵，這是為叫大衛將來不至良心不安，好像她處處都在為大衛著想。亞比該的誠懇、得體，她的說詞擲地鏗鏘有聲，這樣感動了大衛，使大衛的心軟，准了她的情面。

　　亞比該的聰明機智，救了拿八一家，也救了大衛免犯流人血之罪。真如箴言 31：26 所說，「他開口就發智慧，他舌上有仁慈的法則。」亞比該是一個賢慧的好模範，但願教會的姐妹開口就發智慧，專說造就人的話；專說和睦的話；專說救恩的話。

　　：36-38　拿八對需要的人一毛不拔，自己卻「在家裡設擺筵席，如同王的筵席」，酩酊大醉。次日醒來，他妻才將這些事告訴他，他聽了「就魂不附體」，因此驚嚇過度，便「身僵如石頭一般」。他中風了，立刻半身不遂，僵如石頭。「過了十天，耶和華擊打拿八，他就死了。」神仍然給他一個機會，可惜拿八沒有好好抓住這個機會認罪悔改。神給他十天的時間，他卻輕輕的放過了。十天之後，耶和華才擊打他，這是神說「伸冤在我，

我必報應」（羅 12：19）的明證，這是不肯悔改人的結局。

　　本章記述了兩個人的死，一個是撒母耳死了，以色列人聚集為他哀哭；一個是耶和華擊打拿八，他就死了，沒有一個人哭他。撒母耳是神的僕人，自幼至老，終身制伏自己，順從神的旨意。拿八是錢財的僕人，自幼至死，放縱自己，違背神的旨意。論到撒母耳，他一生都走成聖的道路，過成聖的生活，追求從上面召他來得的獎賞。論到拿八，可用保羅說的，「他們的神就是自己的肚腹」（腓 3：19），專以地上的事為念，到頭來「所矜誇的，不過是勞苦愁煩，轉眼成空。」（詩 90：10）撒母耳壽高年邁而死，回到他的主那裡，享受天上的榮耀。「上帝要擦去他們一切的眼淚，不再有死亡，也不再有悲哀、哭號、疼痛，因為以前的事都過去了。」（啟 21：4）撒母耳死了，以色列人都為他哀哭，記念他、思慕他。拿八則不然，神擊打他，短命夭折。他平生不敬畏神，不憐愛人，只顧自己。他死了，也要回到他主人那裡去，他主人在陰間等他，如同路加福音十六章裡耶穌說的那個財主，下到陰間去受苦。所以，「不要自欺，神是輕慢不得的。人種的是什麼，收的也是什麼。」（加 6：7）作拿八的是「順著情慾撒種的，必從情慾收敗壞」。那作撒母耳的是「順著聖靈撒種的，必從聖靈收永生。」（加 6：8）無論學效撒母耳或拿八的人，人生在世，不過短短幾十年。日期一到，眼睛一閉，永遠的命運就已決定了。那「不義的，叫他仍舊不義。污穢的，叫他仍舊污穢。為義的，叫他仍舊為義。聖潔的，叫他仍舊聖潔。」（啟 22：11）看拿八這類人是進寬門，走大路的。主耶穌說，「因為引到滅亡，那門是寬的，路是大的，進去的人也多。」看撒母耳，所進的門是窄的，走的路是小的。主耶穌說，「引到永生，那門是窄的，路是小的，找著的人也少。」（太 7：13-14）今天不妨將撒母耳和拿八擺在我們面前，我們要選擇那一個？

　　：39-44　大衛深感亞比該的聰慧賢淑，聽拿八死了，就娶她為妻。耶斯列人亞希暖是大衛的元配，大衛的妻子原是掃羅的女兒米甲，可是掃羅又把她給了迦琳人拉億的兒子帕提為妻，現在大衛又娶亞比該。大衛在希伯崙為王的時候，已經有了六個妻子（代上 3：1-3），在耶路撒冷作王時又娶了拔示巴……，這都和列國的君王一樣。舊約中有多妻的例子，卻沒有多妻的原則。雖然，神未直接命令一夫一妻制，但神造第一個人亞當之後，

看那人獨居不好，沒有配偶幫助他，神就使他沈睡，取下那人「一條」肋骨，造成「一個」女人，作他的配偶。亞當看見前面站著一個像自己，又不是自己的美麗動物時，就說，「這是我骨中的骨，肉中的肉，可以稱她為女人。」（創 2：23）這就是第一個婚姻，第一個家庭。神給亞當夏娃所立的婚姻，是一夫一妻制的原則。上帝沒有從第一個人身上取出兩條或很多條肋骨，同時造成二個或很多個女人給他作配偶，這就是顯示神所訂的是一夫一妻制。「偶」是雙數，配偶是配成一雙。一個是男，一個是女，這就是夫妻。不可兩個都是男；或兩個都是女；或一男多女；或一女多男，這都不合神訂下的原則。凡不遵守神的原則，都是自尋煩惱，被愁苦刺透了。

第十九講　大衛逃到非利士　第 27~29 章

27：1-4　大衛雖兩次饒了掃羅的性命，他深知掃羅反反覆覆悔而不改。「大衛心裡說，必有一日我死在掃羅手裡，不如逃奔非利士地去。」這是大衛失去信心，並沒有禱告求問耶和華，也沒有仔細的思考後果，只自己心裡那麼一說，「於是大衛起身」，似乎很倉卒匆忙就行動起來，他帶著六百人和兩個妻就奔向迦特亞吉王去了。他奔逃的目的是為了保全自己的性命，試問，如果他不逃跑，耶和華能不能保全他的性命呢？神已經救了他六次脫離掃羅的手，難道第七次不救他麼？25：29 是神已藉亞比該對大衛說，「雖有人起來追逼你，尋索你的性命，你的性命卻在耶和華你的神那裡蒙保護，如包裹寶器一樣。」往往一個人在情急之下就會頓失信心，大衛雖偉大，在這件事上卻不足取法。

在廿一章裡，大衛只一個人逃去迦特。那是正在屢戰屢勝之後不久，他是以色列國之英雄，當然會受人懷疑。今次他來是受掃羅王的嫉恨，追殺不停，流亡荒野，無以為家。這次他是帶槍投靠，手下擁有六百精兵，當然受歡迎。這對他們有利，無形中可以增加非利士的軍力，如虎添翼，故亞吉王對大衛優禮有加。掃羅知道大衛攜家帶眷逃去迦特王亞吉那裡，他也無力進軍非利士，就「不再尋索他了」。

27：5-7　大衛當然希望行動自由，可自由敬拜耶和華，又不常在監視之下。就很技巧的對亞吉王說，「求你在京外的城邑中，賜我一個地方居住。僕人何必與王同住京都呢？」意即我不配與王同住京都享此殊榮，於是亞吉王將洗革拉賜給他。洗革拉位迦特東南約七哩；距別是巴約十二哩。此城原屬西緬支派（書 19：1-5），後來不知何時被非利士人佔據。大衛在此住了一年零四個月，直到掃羅死後，大衛移居希伯崙才離開這裡。

27：8-12　大衛在非利士地住了一年零四個月，常常說謊，他以洗革拉為基地，帶頭出去擊殺基述人、基色人、亞瑪力人。這三族是沙漠裡遊牧民族，是猶大支派的仇敵。大衛為了保護猶大支派，就將他們無論男女都殺盡了。還奪獲牛、羊、駱駝、驢並衣服，送到亞吉那裡去，卻說是侵奪了猶大的南方、耶拉篾的南方、基尼的南方。這明明是欺哄亞吉，為要取

得亞吉的信任，以致誤導亞吉心裡說，「大衛使本族以色列人憎惡他，所以他必永遠作我的僕人了。」離開神的人就是這樣，一步一步的離開，愈走愈遠。一著錯了，全盤皆輸。而且說謊的人，一定要記性好。一次說謊，每次都必照樣說謊，才能維持謊言成真話。美國總統林肯曾說，沒有一個人的記性那麼好，能夠維持一貫的謊言，總有一天會顯露出來。平常人說謊，已夠可憐的了。一個神所揀選又用膏油膏抹了的君王說謊，實在羞辱神。固然他的情況可以理解，環境所逼，不得已也。但歷史會說話，大衛根本就不應該到仇敵那裡去，這是我們的儆戒。

28：1-2　大衛在非利士地住了一年零四個月，現在問題來了。非利士要與以色列人打仗，亞吉王要大衛隨他出征。大衛既投靠他，就不能不答應。不過大衛答應得很含糊，像迷語一樣的說，「僕人所能作的事，王必知道。」亞吉聽了也很滿意，就宣佈，「我立你永遠作我的護衛長」。大衛這時處境甚難，非利士去殘殺的是以色列人，是自己的同胞，面對的是掃羅王和他至愛有恩的朋友約拿單。兩軍交戰，打不打呢？殺不殺呢？如果不打不殺，就對亞吉王不忠；如真打真殺，就是對自己的同胞不義。大衛這時所遇到的，真是進退兩難，這就是大衛不該逃到仇敵那裡去的理由。

28：3-7　非利士大軍聚集於書念。書念位於小黑門山脈與耶斯列相對，掃羅聚兵於基列波山，與非利士人隔一山谷，就是耶斯列谷。掃羅那時已沒有信心，「掃羅看見非利士的軍旅，就懼怕，心中發顫。」這怎能打仗？在這危急之時，他求問耶和華，「耶和華卻不藉夢，或烏陵，或先知，回答他」。「夢」是神直接向個人啟示。(民12：6)「烏陵」是神透過祭司啟示，烏陵土明是放在以弗得內決斷胸牌裡。(出28：30)掃羅殺害挪伯祭司，大祭司亞比亞他就帶著以弗得逃到大衛那裡去了，(23：6) 故在掃羅那裡沒有真的烏陵土明、祭司。自撒母耳離開掃羅後，，先知迦得也逃到大衛那裡去了 (22：5)，掃羅身邊已無先知了。所以掃羅求告神，神不答；他祈求，神不應。在絕望之餘，只好去求教鬼。可憐他竟犯了更大的罪了，從前「掃羅從國中剪除交鬼的，和行巫術的」，現在他自己卻明知故犯。「掃羅吩咐臣僕說，當為我找一個交鬼的婦人，我好去問她。」

28：8-14　掃羅易裝帶了兩個人夜裡去見隱多珥交鬼的婦人。這段七、八哩路程非常危險，因為他們要經過非利士營地的邊界。這是一段有趣的

經節，無論中外，都有人喜歡問，隱多珥交鬼的婦人，招上來的是真的撒母耳嗎？有沒有鬼？聖經承認有鬼，那不是人死後會變鬼，人死了的靈魂都要到一個去處，叫陰間，一進去就出不來了（路 16：19-31）。世間鬧鬼，乃是撒但的徒子徒孫在作怪。聖經嚴禁行邪術、過陰、交鬼的事，律法規定行這樣事的人，無論真假，總要治死他們，因與他們打交道是有害無益。人的靈是與神交通的，有益無害。招鬼的婦人是邪靈的器皿，約一 4：1 告訴我們，「一切的靈，你們不可都信。總要試驗那些靈是出於上帝的不是。」這段掃羅交鬼的事，究竟撒母耳是真是假，各有說詞。最合理的解釋是，掃羅要婦人招撒母耳，婦人本是邪靈的工具，只能招邪靈。邪靈是靈界的東西，比人知道得多，也知道撒母耳的形狀。婦人只希望見到一個假扮撒母耳的鬼上來說話，但神卻差遣真的撒母耳出現，為的是向掃羅宣告咒詛。因為這時交鬼的婦人尚未開始作法，想不到真的撒母耳出來了。十二節說，「婦人看見撒母耳，就大聲呼叫。」非常驚恐，大聲喊叫，可見撒母耳的出現並不是她邪術的能力，而是神行出的一件奇事，讓真撒母耳直接對掃羅宣告刑罰。

聖經裡明明說出現的是撒母耳本人（15，16，20 節），若說是撒但的使者偽裝，牠豈能代表神傳達正確的信息。靈界的邪靈有所知，但非無所不知。邪鬼豈能知未來所發生的事如此準確？神才是掌管宇宙的主，萬事都在祂的手中。一切成就也都在神的手中，不在鬼的手中。經文裡沒有說那婦人「招」撒母耳上來，是神差他上來。撒母耳怎會聽一個女巫的招喚？當掃羅問她，「你看見了什麼呢？」她說的是，「我看見有神從地裡上來」，不是她經常所見的，所以她驚嚇呼叫起來。照這經文所記，我們不能不相信是撒母耳真的顯現了。是神差撒母耳來，讓那屢次悖逆不聽神僕警告的掃羅，聽到他悲慘的下場。

仔細唸撒母耳所說的話，神絕對不會把預言交給一個邪靈污鬼說出來，否則撒但就可以決定事了。撒母耳說，「耶和華已經離開你，且與你為敵。」人離開神，神也離開人。人離開神是自掘墳墓，神本是愛人的，反成了仇敵，後果就不堪設想。申命記 4：24 說，「因為耶和華你的上帝乃是烈火」，火是人類的好朋友；人類文明的啟發點，但火也能焚燬房屋；也燒死人。火對人如何，在乎人對火如何。人落在神的手中，就如落在火中，

結果就很悲慘。又說「耶和華照祂藉我說的話,已經從你手裡奪去國權,賜與別人,就是大衛。……並且耶和華必將你和以色列人交在非利士人的手裡。明日你和你眾子必與我在一處了。」指死的意思。這是邪靈不知也不敢講的,故此老約翰告訴我們,「一切的靈,你們不可都信。」求神給我們一個辨別的靈,叫我們能分辨是神的作為還是鬼的作為,才不致落入邪魔的圈套。

掃羅聽到撒母耳審判的信息,擔當不起,就猛然臥倒,挺身在地完全暈過去了。

29:1-5 大衛一行跟隨亞吉大軍開到了耶斯列平原的前線,眼見要與自己同胞廝殺了。這是何等進退維谷的時候,進也進不得;退也退不得。前進擊殺的是自己的骨肉同胞,怎麼辦呢?每當愛神的人在走投無路的時候,神 拯救的手就伸出來了。神憐憫大衛,要救他脫離困難。神用敵人的忿怒給他解圍。非利士的首領對亞吉忿怒的抗議,不許大衛參戰,恐怕在陣前倒戈,再出現從前婦女唱和的「掃羅殺死千千,大衛殺死萬萬。」

26:6-11 只因常常大衛說謊欺騙亞吉,弄得亞吉十分相信,甚至亞吉指著永生的耶和華向大衛起誓,他沒有指著他們非利士的神起誓,可見大衛對他的影響多大。說,「你是正直人」、「我未曾見你有什麼過失」、「我知道你在我眼前是好人,如同上帝的使者一般」。但各首領不喜歡他;懷疑他;不要他,弄得亞吉處理大衛的事也是進退為難。亞吉只好安慰大衛,便打發他回去了,這樣就解除了大衛的困窘。

我們在這件事上,又看見神在怎樣掌管人類歷史。祂無論在何時、在何處,在何種情況下,在人不知不覺中,就完成了祂的旨意,實現了祂的計劃。非利士人的首領發怒,雖然是他們的自由意志,但神卻掌管了一切。由此可知,人類歷史、世界歷史、中國歷史、個人歷史,都跳不出神的手。雖然當時的人不知所以,但後來卻看得清清楚楚。二千年前主耶穌被釘十字架時,仇敵和門徒也不明白為什麼。但過不多時,彼得就能說出基督「既按著上帝的定旨先見,被交與人。」(徒 2:23)這不是人的主意,乃是神的定旨。人若明白,相信這個真理,在一切事上去追求神的旨意,去實現神的計劃,心中就有出人意外的平安。相反的,如果想抵擋神,破壞祂的計劃,違背神的旨意,是沒有好結果的。詩人警告我們,「耶和華知道義人

的道路。惡人的道路，卻必滅亡。」(詩 1：6)

第二十講　掃羅悲慘的結局　第 30~31 章

大衛在陣前被亞吉王遣送回去，完全是出於神的美意。他們一行六百人走了兩天，第三天回到洗革拉。滿以為可與妻兒歡聚，想不到江山依舊，景物全非。

30：1-2　「第三日大衛和跟隨他的人到了洗革拉。亞瑪力人已經侵奪南地，攻破洗革拉，用火焚燒。」亞瑪力人是以色列的世仇，大衛在洗革拉時，常攻打亞瑪力人（27：8），這時他們趁非利士人大軍和大衛跟隨的人都去了北方，他們就趁機報復，攻擊猶大南方，並焚燒了洗革拉。當大衛一行三天急行軍回到基地，卻只見斷垣殘壁，全城婦女老小沒看見一個，變成一座死城廢墟。「擄了城內的婦女，和其中的大小人口。卻沒有殺一個，都帶走了。」聖經歷史提到亞瑪力人是沙漠遊牧民族，野蠻殘忍，所到之處，不管婦孺，一律殺害。可是這次卻不同，「沒有殺一個」，帶走他們的目的，是去販賣人口。這是個例外，不難看出神的手又在歷史中掌權。祂感動亞瑪力人，不單恩待了大衛的兩個妻子，也保護了大衛手下人的眷屬，一個也不失落。同樣我們這些屬神的人，祂絕不撇下我們，祂所愛的，無論經歷什麼難處或危險，神必用奇妙的方法看顧保守我們。

30：3-6　當大衛一行回到洗革拉，見這殘破景象，城毀人擄，再想自己的妻子兒女所受的凌辱殘暴，越想越難過。像那樣勇敢的男子漢，都放聲大哭，「直哭得沒有氣力。」這是完全失去盼望。這時大衛的處境又面臨危險，「因眾人為自己的兒女苦惱，說，要用石頭打死他。」眾人的怨恨都集中在大衛身上，認為是大衛害了他們。他們的妻子、兒女、產業，什麼都沒了。對這位領袖也失去信心，他們心中憤怒的情緒要發洩，就想用石頭打死大衛。

大衛與掃羅在危難時的應變態度迥然不同，掃羅就去交鬼，大衛卻去倚靠他的神。聖經說，「大衛卻倚靠耶和華他的神，心裡堅固。」大衛一生的得勝都在於此。他在詩篇 18：2 說，「耶和華是我的巖石、我的山寨、我的救主、我的神、我的磐石、我所投靠的。祂是我的盾牌，是拯救我的角，是我的高臺。」這九樣稱呼，都是由他與神密切交通經驗中而來的。他倚

靠這樣的神，所以他能勝過兇惡。今天，我們基督徒更可放心，要知道我們的「生命與基督一同藏在神裡面」（西3：3）。祂是我們的避難所。

30：7-8 大衛倚靠神，就是用信心倚靠神。所謂信心，就是完全放下自己，放下自己的籌算、計劃、辦法，單單倚靠祂。於是信心的果效就顯出來了，叫軟弱的變為剛強；叫無指望的，產生盼望；叫無能力的得著力量。當大衛信靠神，求問神時，神的聲音就藉著以弗得傳出來。大衛問，「我追趕敵軍，追得上，追不上呢？」奇妙的神回答，卻超過了大衛所求所問：(1)你可以追；(2)必追得上；(3)都救得回來。如果，神只說「可以追，追得上」，追上又有什麼用呢？大衛所不敢問的，神也說出來了，「都救得回來」。若早點求問主，就知道追得上，並且都能救回來，又何必放聲大哭？何必直哭到沒有氣力才來求告神呢？若事後回想，豈不慚愧。可見患難試驗人的信心，在患難中更要倚靠神，向神禱告。

30：9-10 大衛和跟隨他的人，就往前追，來到比梭溪前面，「有二百人疲乏」。由於他們從亞弗急行軍到了洗革拉，現在又從洗革拉馬不停蹄的去追趕亞瑪力人，沒有休息，筋疲力盡了。大衛體恤他們，把他們留在那裡，然後帶了四百人繼續往前進。

30：11-15 這四百人在田間遇見一個埃及人，是非利士人的奴隸，因患病主人把他撇棄了。埃及人在屬靈上是代表世界上的人，埃及代表世界，而亞瑪力人則是代表肉體。聖經上的肉體不是指身體，乃是指肉體的情慾。這個埃及人是亞瑪力人的奴隸，無條件服事主人的。在這裡正說明了一個真理，這個埃及人如何服事亞瑪力人，就是屬世界的人，也如何服事肉體。這個埃及人服事亞瑪力人，毫無自由快樂，只有痛苦。照樣一個服事肉體的人，也毫無自由快樂。這正如保羅所說，「我所願意的善，我反不作。我所不願意的惡，我倒去作。」（羅7：19）「我真是苦阿！」肉體作了他的主人，肉體叫他去作他所不願意作的，他也得去作，因為他作了肉體的奴隸。

30：16-20 那埃及人領大衛他們來到亞瑪力人紮營的地方，但見他們對著所搶來的財物，正歡喜快樂地「吃喝跳舞」，毫無戒備。不意遭到大衛的勇士們突襲，損失慘重。聖經說，「除了四百騎駱駝的少年人之外，沒有一個逃脫的。」不但擄去的無論大小家人和財物，又被大衛都奪回來，沒有一個失落的，大衛還得著大批的戰利品。

30：21-25　大衛手下原有六百人，其中二百人疲乏不能再走，大衛就留他們在比梭溪那裡看守器具，帶著其餘四百人上陣。現在滿載戰利品凱旋，回程中到了比梭，這些留守的人歡歡喜喜的出來迎接。那跟隨大衛去的人中有「惡人和匪類」，就不願意將戰利品分給他們。惡人就是性情兇暴的人；匪類指心術不正的人。一個團體中難免有此類似的不良份子，他們就提出抗議說，「這些人既然沒有和我們同去，我們所奪的財物就不分給他們。」這個道理看似公平合理，但大衛看事看得更深入，說「弟兄們，耶和華所賜給我們的，不可不分給他們。」大衛看這些都是神所賜的，人算什麼，人有何德何能？得失勝敗都在乎耶和華，怎可不分給他們呢？「上陣的得多少，看守器具的也得多少。應當大家平分。」作戰是一個整體，前方拼命，後方支援，沒有前方後方，所以擄物應當均分。大衛所見確與眾不同，他就定下規矩，行之後世。

十九世紀大佈道家司布真講道大有能力，有幾個年輕人想去請教他的秘訣在那裡。司布真知道來意後，便帶領他們進到後邊一個大房間，但見約五百人跪在那裡，同心合意的在為講員司布真所傳的信息禱告，他們才明白前方打仗的和後方看守器具的同等重要。今天教會的佈道會，守望禱告的意義就在這裡。收割的莊稼，前後方同得賞賜。

30：26-31　大衛就在他應得的戰利品中，取些分給猶大地的朋友，感謝他們保護，使他不致受到掃羅的殺害，並希望他們繼續支持。猶大地的人，是最早接受大衛為王的。

31：1-6　以色列人與非利士人交戰，以色列人大敗，這是以色列國最大的傷痛。掃羅的三個兒子，在一日之間都戰死沙場。掃羅身受重傷，就吩咐他的衛士把他殺死，免得被那些未受割禮的人來刺死他；凌辱他。「未受割禮的」指外邦人，他不要死在非利士人手裡。但衛士懼怕，不敢殺他，他就伏在刀上自殺了。

全本聖經裡，只有四個人是自殺的。掃羅是第一個，第二個是大衛王的謀士亞希多弗，依附押沙龍謀叛。他的計謀不被採納，知終必敗，就回家自殺而死（撒下 17：23）。第三個是篡位的王心利，才作王七天就被推翻，在王宮自焚而死（王上 16：18）。第四個是賣主的猶大，自己懊悔上吊而死（太 27：5）。掃羅是兵敗伏刀自殺死了，假若掃羅能容人；能用人，留大

衛在，非利士人何敢如此猖狂？即如非利士興兵來攻，有大衛在，也絕不至如此一敗塗地。所以掃羅之死是咎由自取，嫉妒人等於自殺。在世人眼中看掃羅自殺，是免受羞辱，很有骨氣。但在神的眼中，自殺卻是罪孽。

　　基督徒可不可以自殺？答案是「不可」。為什麼？哥林多前書 6：19-20「豈不知你們的身子就是聖靈的殿麼？這聖靈是從上帝而來，住在你們裡頭的。並且你們不是自己的人，因為你們是重價買來的，所以要在你們的身子上榮耀上帝。」這兩節經文指出了四點不可自殺的理由：

(1) 基督徒的身體是聖靈的殿　當基督徒在接受主耶穌為你的救主的那一刻、那一秒、那一霎那，聖靈就住進你裡面，聖靈就潔淨了你的靈，你身體就成為神的殿了。一個牧師問他兩個兒子，「上帝在那裡？」大兒子指著天上說，上帝在天上。小兒子指著心說，在這裡頭。主耶穌曾經答覆法利賽人說，「上帝的國就在你們心裡」（路17：21）。基督徒在信主的那一刻，把主耶穌接到自己的心中，神就住進你心中，你的身體就成為神的殿。神的殿是屬神的，不屬人的。

(2) 身體不再是你自己的　神住進你心中，就是住在你生命中。祂是你生命的主，祂要管理你的全人，你就要接受聖靈的支配。就如保羅說的，要「作了義的奴僕」，「肢體作義的器具獻給上帝」（羅6：18，13），它不再是自己的了。

(3) 基督徒是用重價買來的　我們的罪身，是神子耶穌基督在十字架上捨身流血，祂是義的來代替我們不義的，祂是不該死的來代替我們該死的。祂付上這麼重的代價，把我們從罪中買贖回來，身體就是屬主的。所以我們無權處理自己的身體。

(4) 基督徒的身體是為要榮耀上帝　罪人得救就恢復了他原有的形像。起初上帝造人時就說，「照著我們的形像，按著我們的樣式造人」（創1：26）。人犯罪就失去了上帝的形像；人得救就恢復上帝的形像。所以犯罪不榮耀上帝，自殺也不榮耀上帝。

　　參孫得勝而死，是代表基督十字架上的死。掃羅失敗而死，是代表不肯悔改的人。死時苦，死後更苦；死時羞辱，死後更羞辱。約拿單是敬畏神的人，他孝敬父母；忠於國家；誠信對待朋友。這樣的人也死了，雖死

必有那公義的冠冕為他存留。那賞賜是大的，是永遠的。

31：7-13　本書最後記載了一件可愛的行為，非利士人將掃羅的屍身釘在伯珊的城牆上。基列雅比人為報掃羅救他們脫離亞捫王拿轄殘害的恩情（撒上十一章），就不顧性命從仇敵手中將掃羅和他兒子們的屍身取回來火葬，並且為他們禁食七日表示哀悼。由此又叫我們想到，有一位比掃羅更大的，祂為我們被釘死在十字架上。但祂絕不失敗，祂愛我們，為我們捨己，而且祂勝過了死權，已經從死裡復活了。神立祂為基督為君王。基列雅比人為失敗的王的死屍，尚且不顧性命。我們為榮耀的王、死而復活的耶穌、救我們的主，該怎樣盡心、盡性、盡意、盡忠呢？

卷五 撒母耳記下

第一講 撒母耳記下介紹

撒母耳記裡有三個主要人物：(1)撒母耳；(2)掃羅；(3)大衛。我們在撒母耳記上的介紹裡，已經介紹了兩個。撒母耳記下就全部介紹第三個主角，最偉大的君王——大衛。

撒母耳記下是一本大衛王朝紀。5：4-5「大衛登基的時候年三十歲，在位四十年。在希伯崙作猶大王七年零六個月，在耶路撒冷作以色列和猶大王三十三年。」這卷書是從大衛登基作猶大王到死，期間約四十年。

大衛是歷史中一個值得崇敬的偉大君王。他的偉大是多方面的：

1. 大衛在猶大歷史中的地位是極其重要的。 他是舊約時代唯一的關鍵人物，比他們的祖先亞伯拉罕、以撒、雅各還重要。聖經裡屢稱耶穌是大衛的子孫，而不說是亞伯拉罕的子孫、以撒的子孫、雅各的子孫。「大衛的子孫」是特定指彌賽亞的。大衛是神揀選的唯一稱他是「合神心意的人」。

2. 大衛是大宗教家。 因他的宗教生活，使得以色列人的宗教生活得以重建。人民因著他們所愛戴的王的榜樣，及受他神聖的詩篇影響，他們恢復了對神的敬畏與崇拜。無怪乎有人說，「從沒有一個國王會

這樣忠心誠懇地按著宗教原則來領導他的百姓的」。他雖因多流人血，神不應允他親手建聖殿，但他預備了充沛的資財供他兒子所羅門去建造聖殿。他並立了崇拜的儀式，寫了多篇讚美詩篇，至今教會崇拜時經常誦讀歌詠不止。大衛的詩篇予人靈力的感應極深。

3. 大衛在天國中的地位特殊。　猶太人深信先知預言，彌賽亞要從大衛的苗裔興起（以賽亞書 11：1；耶利米書 23：5；以西結書 37：25）。耶穌降生時，天使給馬利亞說，「祂要為大，稱為至高者的兒子。主神要把祂祖大衛的位給祂，祂要作雅各家的王，直到永遠。祂的國也沒有窮盡。」（路 1：32-33）但耶穌第一次來，祂和施洗約翰所傳的道都是「天國近了，你們當悔改。」而猶太人卻反對祂，故祂來只設立了一個無形的天國，就是教會。當祂二次再來時，實現禧年國，即大衛的國。耶穌便坐在大衛的座位上，為天國君王。

4. 大衛的國位永遠。　耶和華與大衛立的約中（撒下 7：11-16），神應許大衛王朝三件事永存不朽：

　　a.「家室」或苗裔。

　　b.「國位」或王權。

　　c.「國」或版圖。

第十六節在這三件事上，神都加上保證「直到永遠」。並不是保證自大衛所羅門後，王朝代代相傳。乃是指那真後裔、真國度、真國位，是直到永遠的。

永遠的國度是什麼國度？「彌賽亞的國度」。主耶穌再來時，彌賽亞國度才實現。聖經所有的預言，最後應驗或完成，都在主耶穌身上。祂是萬王之王；萬主之主。「祂的政權與平安必加增無窮。祂必在大衛的寶座上，治理祂的國，以公平公義使國堅定穩固，從今直到永遠。」（賽9：7）

1. 大衛是個大軍事家。　8：1 說，「大衛攻打非利士人，把他們治服。」我們不要忘記，大衛是緊接著掃羅作王的，而掃羅就是被非利士人戰敗身亡的。那時全以色列幾乎都在非利士的鐵蹄之下，大衛之能把非利士人治服，就是叫非利士人降服，那就不只是一場戰爭的凱旋了。8：12-14 又告訴我們，以色列鄰近七國均臣服於大衛。西有非利士人；北有敘利亞人（亞蘭）及瑣巴的哈大底謝；東面有亞捫

人和摩押人；南面有以東人及亞瑪力人。大衛征服東南西北的所有敵人，真是武功顯赫。他有不同凡響的戰略才能，但他並不仗恃自己的軍事天才。他成功的源頭在於 8：14 說，「大衛無論往那裡去，耶和華都使他得勝。」

2. 大衛是大政治家。　　大衛作王期間，以色列境內安定富足也是空前的。他的政治是神權政治，政治賢明，古今稱頌。8：15 說，「大衛作以色列眾人的王，又向眾民秉公行義。」這是預先表明彌賽亞的國所施行的政治。在以色列國全盛時代，即大衛和所羅門為王時代，顯明了「基督為王」的道理。二人對「基督為王」所表示不同的地方，大衛是表基督為得勝的王，表基督再來時毀滅大罪人及領導列邦；所羅門是表基督是和平的君，表基督在千年太平年作王的榮耀。

3. 大衛是個大音樂家。　　幼年就善於彈琴，精於韻律。當時猶太人中懂音樂的人不少，但有組織的將音樂成為聖樂，專供聖殿裡崇拜之用的，當首推大衛。大衛是一位偉大的聖樂家，他寫聖詩又創製樂器（尼 12：36；拉 3：10；摩 6：5），並製定了聖殿裡用音樂崇拜的各種條例（代上 16：4-36；代下 29：25-28）。有史以來，恐怕沒有第二個人像大衛那樣倡導重視聖樂了。他組織過四千人的聖樂詩班，在神的面前用樂器頌讚耶和華（代上 23：5），用各種樂器伴奏歌唱（代上 15：16-22）。所用的有管樂器，如簫、笛、角、號等；有弦樂器，如琴、瑟、迦得的樂器、絲弦的樂器等；有敲擊樂器，如鼓、鈸等，用大交響樂團來伴奏。大衛又選立了幾位有音樂恩賜，傑出的人作班長，訓練並教導聖樂（代上 25：1-8）。到了聖殿建成後，善於歌唱的利未人共二百八十八人，分為二十四班，每班十二人，輪流在殿中供歌唱之職（代上 25：7-8）。大衛對聖樂的貢獻，在以色列歷史中，無出其右。

4. 大衛是個大詩人。　　大衛並非一介武夫，他善於作詩。詩篇一百五十篇中，約七十三篇是大衛寫作的。詩篇是基督徒豐富的靈性指引，是教會歷代以來屬靈的寶庫，能幫助解答人生的各種問題；能提高人生的信念；能啟示人生得勝的秘訣，使沮喪者重新得力，憂傷者轉悲為喜。大衛一生的經歷，就是一首偉大的詩篇。他經過幽谷，

登過高山，他的生命史中充滿了血淚。他有多方面的成就，也遭遇過極大的失敗。他嘗盡了人間辛酸滋味，他也享受過世上無比的榮耀。他為罪迷惑，他也曾為罪付上了沈重的代價。他經歷過患難、困苦、逼迫、攻擊，人情世態，罪孽救恩。他是從危險死亡中逃出來的，他的凱歌歡呼讚美是從嘆息、懺悔、悲鳴、切禱、哀求中換回來的。沒有一首大衛的詩是出於無病呻吟，他有與神密切交通的經歷，又有苦難挫折的經歷，故他心弦所發之聲也就愈美愈妙。

撒母耳記下共二十四章，明顯的是分為兩部份，分割線就是第十一、十二章大衛犯罪。這是他統治期的中葉，大約在前二十年末。在犯罪之前，大衛是所向披靡，光芒萬丈。但之後，就是羞辱、逃亡接踵而來。為什麼大衛這麼一個屬靈的人會去犯罪？這之前是由於四方列國歸服了，版圖擴大了，他就在平安穩妥的時候，睡到太陽平西才起來。心不警醒，失敗就接踵而至。

聖經的可愛，它不是一本歌功頌德的書，作者以春秋之筆，源源本本的記錄下來，是光明就寫他光明；是黑暗就寫他黑暗。叫大衛跌倒的是什麼罪呢？「情慾」。是眼目的情慾和肉體的情慾，像蛇叫夏娃看那棵樹上的果子，「好作食物，也悅人的眼目，且是可喜愛的」（創3：6），就摘下來吃了。大衛就是情慾發動的結果就犯罪了，就如老約翰說的，「肉體的情慾，眼目的情慾，並今生的驕傲…，乃是從世界來的。」（約一2：16）諺云「作好事的膽量一天比一天小；作壞事的膽量一天比一天大。」大衛不但犯了姦淫，更進而犯了謀殺的罪。他沒有對付第一個罪，結果被引到另一個更深的罪。

大衛之可敬，就是他在那裡跌倒，就從那裡站起來。他犯了罪，就認罪悔改。一般人在犯罪之後，很少有像大衛那樣自責、自咎、自卑、自罪的。他不是暗地偷偷認罪，乃是公開認罪，寫詩交與伶長，在公眾認罪。詩篇裡七篇懺悔詩中，大衛寫的詩篇第五十一篇，看見他最深的悔罪，真是一字一淚。一年後再寫詩篇三十二篇懺悔詩，第三節說，「我閉口不認罪的時候，因終日唉哼，而骨頭枯乾。」何其痛苦，他內在生命何其真實。詩篇32：1說，「得赦免其過，遮蓋其罪的，這人是有福的。」是的，他的罪神赦免了，但罪惡的果子必要自己吃。從此，大衛的家國悲劇，叫他嘗

盡苦味。他為罪付出了沈重可怕的代價，亂倫、殺兄、叛亂、流亡、內戰、喪子，接二連三罪的收穫何其豐盛，又何其悲慘。歷史是一面鏡子，大衛的失敗，正是我們的教訓。

這卷書給我們最重要的屬靈信息，就是犯罪會給人帶來極大的痛苦。不管是君王或布衣，達官或升斗小民，敬虔的或不敬虔的，有學問的或無學問的。人在最得意、最順利、最豐富、最幸福的時候，罪就如影隨形的跟著引誘你。只要你鬆懈一點，偶一失慎，罪就如細菌侵入。罪惡必結出苦果，福杯必成苦杯，罪是一切恩典的毀滅者。沒有犯罪不受苦的，它如吸血蟲，和癌細胞一樣，最後叫人走上毀滅。

大衛的跌倒，給我們的教導是，雖然人人知道罪惡可怕，但不要以為自己堅強。若向引誘者讓第一步，那無疑是在擁抱荊棘，搶奪苦杯了。

第二講　大衛希伯崙作王　第1~4章

第一章　大衛聞掃羅噩耗　1：1-16　大衛戰勝亞瑪力人，救回妻兒財物，報了亞瑪力人趁他不在，洗劫洗革拉城之仇。第三天，有一個人從掃羅的營裡來。他的衣服撕裂，頭上蒙灰，到大衛面前伏地叩拜，報告基利波慘敗的惡訊及掃羅並他兒子們殉難的消息。他是個「亞瑪力客人的兒子」。客人是寄居或已入以色列籍的亞瑪力人，他不是掃羅軍中的一員。他說，「我偶然到基利波山，看見掃羅伏在自己槍上，有戰車、馬兵，緊緊的追他……」。這和撒上31：3-4所說，「掃羅被弓箭手追上，射傷甚重，就吩咐拿他兵器的人說，你拔出刀來，將我刺死……。拿兵器的人甚懼怕，不肯刺他，掃羅就自己伏在刀上死了」的事實不符。可見這亞瑪力少年人是異想天開，害了狂想症，以為掃羅是大衛的仇人，竟捏造事實，邀功求賞，說掃羅被痛苦抓住，在垂死的邊緣上掙扎，求助於他，於是他就去將掃羅殺死。為了證明掃羅的確是他殺的，就呈上掃羅頭上的冠冕和背上的鐲子。想不到大衛對他說，「你伸手殺害耶和華的受膏者，怎麼不畏懼呢？」大衛尚且不敢，這少年人竟敢殺害耶和華的受膏者，罪不可赦。大衛就吩咐一個少年人去將他殺了，說「你流人血的罪，歸到自己的頭上，因為你親口作見證，說，我殺了耶和華的受膏者。」這亞瑪力少年人沒想到，邀功不成，反倒自取死亡。箴言14：12說，「有一條路，人以為正，至終成為死亡之路」。21：6又說，「用詭詐之舌求財的，就是自己取死。」亞瑪力少年人就是如此，可見世俗的眼光、思想，與屬靈的大衛大不相同。大衛不幸災樂禍，他為掃羅父子戰死，悲哀號哭，禁食直到晚上。又為他們作哀歌，字字眼淚，情詞懇切。19節「以色列啊！你尊榮者在山上被殺，大英雄何竟死亡。」尊榮者是榮美者，掃羅王和太子約拿單即以色列的榮美。如今被殺在山上，以色列的大英雄為何如此就死了呢？大衛此時不過三十歲左右，他的人格高超，他不記掃羅晚年的罪惡；他不怨掃羅對他的不義，只追想他昔日光輝。他思念約拿單與他的友情，26節「我兄約拿單哪！我為你悲傷。我甚喜悅你，你向我發的愛情奇妙非常，過於婦女的愛情。」大衛不是說婚姻的愛比不上友愛，乃是說「約拿單愛大衛，如同愛自己的性

命」（撒上 18：1），這種友愛尤勝於男女之愛。這篇哀歌再三提到「英雄何竟……，仆倒」，他們英雄惜英雄，英雄殞落，何其傷感。

　　第二章　大衛受膏作猶大王　2：1-4　大衛到迦特去，沒有求問神，就遭遇了災禍。現在他才知道無論大事小事都要先求問主。「此後大衛問耶和華」，這可能透過亞比亞他藉以弗得的烏陵土明求問說，「我上猶大的一個城去可以麼？耶和華說，可以。大衛說，我上那一個城去呢？耶和華說，上希伯崙去。」希伯崙是個易守難攻的地方，又是宗教史上古老的名城（見創 13：18，23：2，書 15：13-15），位猶大支派中心。於是大衛和跟隨他的人，帶著家眷一同上去。猶大人來到希伯崙，在那裡膏大衛，他就作了猶大家的王。

　　大衛已在自己家人面前被撒母耳膏立過（撒上 16：13），在這裡猶大人再公開膏他，代表全支派公認他作猶大支派的王。大衛求問神的結果，就是如此。平常人都是用盡了各樣方法，仍不得成功，直到最後，沒辦法才去禱告求問神。大衛不然，他是先去求問，步步順服神的引導，他看神的引導是他成功的要訣。他一生走來，好事多磨。從牧羊到作猶大王，都是神在一步一步的引導。又訓練他；陶鑄他，使他成為貴重的器皿，合乎主用。神就是這樣琢磨出一個合神心意的人。

　　2：8-11　押尼珥是掃羅軍中的元帥，又是掃羅的姪兒。押尼珥乘掃羅死後，權力真空之際，立懦弱平庸的伊施波設為王。為躲避非利士人控制的約但河西岸各支派之地，便去約但河東的瑪哈念作臨時首都。因轄區有限，押尼珥花了近五年的時間，才取得少數支派的認同，扶伊施波設登基，在位只兩年，正是大衛作猶大王七年半的最後兩三年期間。因伊施波設死後，大衛即被立為全以色列的王。

　　2：12-32　以色列南北各有一王期間，雙方衝突在所難免。首次的小衝突發生在耶路撒冷東北五哩外便雅憫地的基遍，押尼珥在基遍的池旁與大衛的元帥約押相遇。14 節「押尼珥對約押說，讓少年人起來，在我們面前戲耍吧。」押尼珥以當時流行的肉搏戰方式來定勝負，他稱生死搏鬥為戲耍，意即來玩幾手吧。他以人命作兒戲，心裡何其殘忍？於是雙方各選十二人肉搏，彼此揪頭，用力刺肋，一同仆倒死了，不分勝負。於是進而成為小型戰爭。大衛家勝了掃羅家，戰果是大衛家死了二十人，掃羅家被殺

的共 360 人，押尼珥和以色列人敗逃。

　　亞撒黑是洗魯雅三個兒子中最小的，是約押的小弟。他是個勇士，腳快如野鹿，年輕氣盛，急於見功，緊追押尼珥不捨，被押尼珥所殺。由此約押與押尼珥的仇恨難解。

　　第三章　大衛家強盛，掃羅家衰弱　3：1「掃羅家和大衛家爭戰許久，大衛家日見強盛，掃羅家日見衰弱。」這至少給我們兩個教訓：(1)大衛是神所選立的君王，他完全順服神，合神的心意。神的計劃必要實現，雖然其間經過許多艱難險阻，5：10 說，「大衛日見強盛，因為耶和華萬軍之神，與他同在。」(2)掃羅日見衰弱。掃羅也是神所膏立的君，神為他憂傷，神就離棄了他。沒有神與同在，就會日見衰弱，這是真理。

　　「掃羅家和大衛家爭戰許久」，在靈意上，這在表明人的新生命與舊生命交戰，也可說是「新人」與「老我」的爭戰。基督徒重生後，雖得了新生命，但自我仍強壯得很。掃羅就是代表「自我」仍掌權不讓位，新生命起初薄弱，卻不甘屈服在舊生命權下。於是就如羅馬書第七章的景況，靈和慾不斷的交戰，只要新生命不斷的戰鬥，就會如「大衛家（靈）日見強盛，掃羅家（老我）日見衰弱」，這是給我們的教訓。

　　3：6-11　押尼珥作掃羅軍中元帥已久，悍將驕功。掃羅死後軍政大權獨攬，新王伊施波設是他立的傀儡，根本不把他放在眼裡，肆無忌憚，竟與掃羅的嬪妃利斯巴同寢。伊施波設實在看不過去，就責備他說，「你為什麼與我父的妃嬪同房呢？」這責備很合理，這不但是王家的羞辱，且可見押尼珥的野心。押尼珥老羞成怒，至此他與他的傀儡伊施波特完全破裂，說「我若不照著耶和華起誓應許大衛的話行，廢去掃羅的位，建立大衛的位，使他治理以色列和猶大……，願上帝重重的降罰與我」。反了，可憐伊施波設受權臣欺負，無可奈何，只得忍氣吞聲，「不敢回答一句」。

　　3：12-21　押尼珥立刻派人去與大衛接洽，怕大衛怨他立伊施波設與他對抗，要大衛與他立約，保證不秋後算帳。大衛欣然應允，但提出一個條件，要伊施波設將米甲歸還於他。米甲原是掃羅給大衛的首任妻子，新婚期間，大衛逃亡，掃羅就將米甲給了帕鐵為妻。大衛這時要回米甲是什麼意思？使人猜不透。也許舊情難忘，但這是違背律法的（申 24：1-4）。或者與米甲復合，可以掃羅女婿身份繼位，容易取得忠於掃羅的各支派的擁

護，不得而知，卻造成一對苦命鴛鴦的生離死別。米甲的現任丈夫帕鐵離情依依，十八里相送，一步一串眼淚，直送到巴戶琳。這是去希伯崙路上最後的一站，斷腸人相擁泣別。

押尼珥遊說各支派眾長老說，「因為耶和華曾論到大衛說，我必藉我僕人大衛的手，救我民以色列脫離非利士人，和眾仇敵的手。」掃羅家和眾支派都喜悅這話，押尼珥就率了一個二十人的代表團去向大衛勸進，大衛就高規格的盛筵接待，於是押尼珥就高高興興的回去了。

3：22-30　約押是大衛軍中的元帥，也是驕功跋扈。他恨押尼珥殺了他弟弟亞撒黑，如果押尼珥帶槍投效大衛，勢必分享他的權力。當約押爭戰回來，得知押尼珥的來意，去向大衛諫阻無效，就私自去追趕押尼珥，虛情假意把他哄回希伯崙。約押領他到城門的甕洞，這是城門的一個隱蔽角落，用不正當的方法，刺透押尼珥的肚腹，他便死了。實在約押怪罪押尼珥殺死他弟弟毫無道理，因為那是在戰場上。他用這樣卑鄙的暗殺來復仇，尤其不義。而且希伯崙是神所設立的逃城，是神指定的避難所。約押這種違背律法，不光明的行為，大衛也無可如何，只有咒詛，他必承擔一切的後果（參王上 2：5-6；30-34）。

3：31-39　約押挾私怨的報復行為，使本可有統一全國的良機陷入危機。大衛為了撇清關係，立即採取兩項行動：(1)公開咒詛約押（28，29節）；(2)責成約押為押尼珥舉哀（31節）。大衛且在押尼珥墓旁放聲大哭，直到日落不進食，這樣就得到眾民的喜悅，知道這次暗殺不是出於王意。

第四章　伊施波設被殺　4：4　大衛最親密的朋友約拿單有個兒子名叫米非波設，是瘸腿的。他不是生來瘸腿，而是他在五歲時，他祖父掃羅和父親約拿單在基利波山陣亡了。消息傳來，大家驚惶恐懼，見非利士人勢大，他的乳母就抱著他逃跑。因為逃得太急，將他掉在地上，腿就瘸了。這是乳母之過，沒有盡心。乳母只是雇工，小孩不是她生的，她就不愛惜。在危險的時候只顧自己逃命，反正是別人的小孩。假若小孩在他自己母親的手中，斷不至如此。所以，主耶穌說，「若是雇工，不是牧人，羊也不是他自己的，他看見狼來，就撇下羊逃走。」（約 10：12）但願今天各教會的牧者，不是雇工，像米非波設的乳母。

4：1-3，5-12　押尼珥被殺後，伊施波設頓失倚靠，眾人也都驚惶的時

候，兩個軍長，一名巴拿；一名利甲，趁伊施波設午睡時將他刺殺，將首級帶去希伯崙見大衛說，「看哪！這是…伊施波設的首級，耶和華今日為我主我王，在掃羅和他後裔的身上報了仇。」他們以為暗殺舊主可向大衛邀功，那知大衛乃以德報怨；以愛報恨，這正是預表基督。大衛說從前亞瑪力少年如何冒認自己親手殺了掃羅，希冀重賞，結果他被殺。何況你們這兩個「惡人將義人殺在他的床上，我豈不向你們討流他血的罪，從世上除滅你們呢？」大衛的理由：(1)伊施波設是掃羅的兒子，又是按體制為王的，弒君之罪當死。(2)大衛希望這事件與己無干，免致引起掃羅支持者的厭惡與反感。大衛不單叫人把他們殺了，而且砍斷那殺伊施波設人的手，和跑來報信人的腳，掛在希伯崙池旁示眾，同時厚土埋葬伊施波設。

大衛如此處理押尼珥和伊施波設兩件血案，手法高明；立場公正；態度光明磊落，贏得各支派的稱讚。眾人相信他確是神所揀選治理以色列的人。

第三講　大衛作以色列王　第 5 章

5：1-2　以色列各支派來到希伯崙見大衛，要擁立他為王，說了三個原因：

(1)「我們原是你的骨肉。」大衛是猶大支派，原與以色列十二支派是同胞。雖然因著掃羅去世後的內戰，破壞了國家的統一。但血濃於水，「我們原是你的骨肉」。

(2)「從前掃羅作我們王的時候，率領以色列人出入的是你。」率以色列人出入，即率領我們出去征戰的是你。曾建立了大功業，如戰勝歌利亞。

(3)「耶和華也曾應許你說，你必牧養我的民以色列。」 牧養這字成了統治者的術語（耶 3：15），就是「作以色列的君」。這是最大的原因，他們卻說在最後，因為想遮掩自己的罪過。既知神早有這個應許，為何還遲延七年半呢？這也是我們共同的弱點，想到基督為我們的主，也是這三個原因：A. 我們原是屬祂的，是祂的骨肉，因為我們是祂用寶血所買贖的。B. 祂曾為我們釘在十字架上，從死裡復活，戰勝了我們的仇敵。C. 神的旨意立祂為主基督，作我們的王，牧養我們。

神本來立大衛作全以色列的王，但先只有猶大一個支派尊大衛為王。經過多年的擾亂、失敗、痛苦之後，其餘支派終於把各支派的冠冕戴在大衛頭上。我們的主耶穌也是這樣，那些反對祂的，不要祂作王的，最後終會將冠冕戴在祂頭上。「叫一切在天上的，地上的，和地底下的，因耶穌的名，無不屈膝，無不口稱耶穌基督為主。」（腓 2：10-11）

撒母耳記下從五章開始，有些與歷代志上平行的經文。有些相同，有些略有不同。5：3-5　當以色列各支派的長老率同軍隊首領來到希伯崙，據代上 12：23-37 所記有三十三萬九千六百人。這麼多的人來，是要求大衛作全以色列的王，大衛就在希伯崙耶和華面前與他們立約。這約的內容我們不知道，毫無疑問的是與他們談判作王與作民的本份。看到掃羅統治時期的弱點，彼此都要有所約束，以保證達成建立一個名符其實的中央政府，

使國力壯大，人民安居樂業，這也是在場各支派所希望的。不難想像眾支派急需一位英明的王領導，以解救他們脫離非利士人的高壓統治。結果協議達成了，他們便在耶和華面前立約，王和百姓都表明願意履行彼此應負的責任。大衛之所以能統治北方各支派，是因他們與他立了一個順服領導的約。到了大衛的孫子羅波安時，這約失效了。因他登基時拒絕與以色列人繼續遵守這約（王上 12：1-16）。以色列人就膏大衛作全以色列的王，這是大衛第三次接受膏立。第一次是在他家被撒母耳膏立；第二次是在七年前在希伯崙膏立為猶大王；這次是全國膏他作以色列王。大衛登基年三十歲，在位四十年。大衛一生的年日是七十歲，在這四十年中，先在希伯崙作猶大王七年半，然後在耶路撒冷作以色列王約三十三年。

5：6-10　大衛登基的第一件事是建都，建立一個全國的政治中心，他選中了耶路撒冷為王都。耶路撒冷早在主前三千年已有人定居，到亞伯拉罕時代，已是一座王都（創 14：17-18）。它位於猶大和便雅憫支派的邊界上，卻不受這兩支派的控制。約書亞征服迦南期間，曾攻取此城。但只取其下城，上城即錫安保障。其後猶大曾攻打過這城（士 1：8），便雅憫雖曾攻打過這城（士 1：21），但很快耶布斯人仍住在那裡，因此又稱為耶布斯（士 19：10，代上 11：4）。面積不到 450 公畝，居民不過 3500 人。海拔797 公尺，在群山之上，易守難攻。

大衛在希伯崙作猶大王七年六個月，希伯崙原是亞伯拉罕支搭帳幕之處，可謂聖地。大衛為何捨希伯崙而選錫安為首都？除了地理位置適中外，聖經說，錫安即撒冷（詩 76：2），撒冷王即平安王之意（來 7：2）。神感動大衛選中錫安，是神顯出祂的愛意。

(1) 錫安是地上的耶路撒冷。　詩 132：13「因為耶和華揀選了錫安，願意當作自己的居所」。撒但是以巴比倫為牠的根據地；耶和華是以錫安為祂的居所。錫安又稱「郇」，因此，錫安山又稱郇山。

(2) 錫安是預表天上的新耶路撒冷。　詩 2：6「我已經立我的君在錫安我的聖山上了。」這是指基督的國。大衛在耶路撒冷為可見的王，乃表明主耶穌在新耶路撒冷作不可見之王。

這時耶路撒冷城裡住的都是耶布斯人，耶布斯人是迦南的強族，自認為耶路撒冷城堅固，錫安保障天險，故「耶布斯人對大衛說，你若不趕出

瞎子、瘸子，必不能進這地方。心裡想大衛決不能進去。」所說瞎子、瘸子是什麼意思？

(1) 有解經家指他們所敬拜之偶像說的，因為偶像是有眼不能看，有腳不能走（詩 115：4）。當時外邦人以為偶像能幫助他們戰勝敵人，所說不能將瞎子、瘸子趕出，意即指不能勝過他們的偶像。既不能將瞎子、瘸子趕出，當然不能進城。

(2) 有指錫安保障是堅固的城，耶路撒冷建於錫安山，為天然險要。不用強大的軍隊，即便用瞎子、瘸子看守，也可保無虞。所以他們說，你若不趕出瞎子、瘸子，必不能進城。他們心想大衛絕不能進去。當大衛攻打時說，「誰攻打耶布斯人，……」我們再看代上 11：6 都是這樣寫著，「誰先攻打耶布斯人，必作首領元帥。洗魯雅的兒子約押先上去，就作了元帥。」約押英勇，攻下了錫安保障。如何攻城？大衛說，「當上水溝攻打」。這有兩種解釋，一種解釋是說，大衛的軍隊從水溝暗道潛入城內。這條水溝經考古發現，是通過這城流入西羅亞村對面處女泉裡，長有六十餘呎，軍兵由此進入裡應外合。另一種解釋是說「水溝」，是個迦南字，指爪、鉤。大衛的軍隊是爬牆進城的。無論是用何種方法，就將錫安拿下來了，錫安就屬於大衛了。於是將它起名叫「大衛城」，中立於各支派勢力之外，作為中央政府的王都。「從此有俗語說，在那裡有瞎子、瘸子，他不能進屋去。」這句俗話，每用以譏笑那過於自信的人，因大衛已進到那裡了。

5：11-12 推羅在以色列北，地中海沿岸，是腓尼基人的重要海港，推羅王希蘭是國際上第一個承認新登基的大衛王。腓尼基人是經營國際貿易的，大衛現握有南北內陸商貿通道，推羅王故示友誼，贈送物資，又差遣技術人員為大衛建造宮殿。這友誼直至所羅門王時代（王上 5：1；代上 14：1）。

5：17-25 「非利士人聽見人膏大衛作以色列王，……就上來尋索大衛。」這兩次戰役按時間順序來看，是緊接在 5：3 之後，在大衛攻陷耶路撒冷之前。過去非利士人不曾因大衛作希伯崙王而忿怒，仍以他是屬國。現在大衛作了以色列王，統一了全國，非利士人惟恐他的羽毛豐滿之後，會威脅

到他們在北方的勢力，於是就揮軍南下，企圖一舉消滅大衛。

第一次戰役。「大衛聽見就下到保障」，這個保障不是錫安保障，因為這時錫安還沒有取得，這保障可能是指亞杜蘭洞，是大衛最熟悉的地方（撒上 22：1），非利士人散佈在耶路撒冷南邊的利乏音谷。強敵壓境，大衛是以寡敵眾，他完全依靠耶和華。大衛求問神後，就出兵對陣，大大擊殺非利士人。這次大勝，大衛說是「耶和華在我面前沖破敵人，如同水沖去一般。」勢不可擋，因此稱那地方為「巴力毘拉心」。大衛將勝利的功勞完全歸給耶和華，不偷竊神的榮耀。非利士人大敗潰逃，將偶像撇在那裡。非利士人上戰場都帶著他們的偶像，希望得到偶像的幫助，如同以色列人抬約櫃上戰場一樣（撒上 4：3）。這些丟棄的偶像，大衛和跟隨他的人都收集起來，照申命紀 7：5 的誡命將它們燒掉。

第二次戰役。非利士人慘敗之後還不死心，又捲土重來進入利乏音谷。大衛照常求問神，這次神卻指示他「不要一直的上去，要轉到他們後頭，從桑林對面攻打他們。」神叫他等候，「你聽見桑樹梢上有腳步的聲音，就要急速前去。」神與大衛同在，神為大衛爭戰，如同約書亞征服迦南的情形一樣。「桑樹」不是蠶吃的桑葉的樹，是一種樹汁常常流出的流淚的樹。詩篇 84：6 所說的流淚谷，大概就因這樹而得名。「樹梢上有腳步的聲音」，這是耶和華的天軍步向戰場的聲音，大衛聽到就可帶兵一齊向前衝鋒。當神的行動開始了，人就要快跑跟隨。這次戰役的結果，大衛再度獲得決定性的勝利，「從迦巴直到基色」。代上 14：16 記的是「從基遍直到基色」。當時基遍是非利士人佔據最近耶路撒冷的城邑；基色在猶大地靠地中海，距耶路撒冷最遠的非利士人城。這次大衛的軍事行動，等於從非利士人手中完全收復了失地，結束了非利士人長期的轄制。其後數年的戰爭，都在境外非利士人之地，且較次要。

第四講　約櫃運入大衛城　第6章

聖經中的約櫃有三個名稱。第一、「法櫃」。出埃及記十六章起多稱為法櫃。櫃在那裡，神的法度就在那裡，它是為神的律法作見證。第二、「約櫃」。從民數記十章起，多稱約櫃。櫃在那裡，神對百姓所立永遠的約就在那裡。第三、「耶和華的櫃」。從約書亞記第六章起，多稱耶和華的櫃或神的櫃。在撒母耳記裡常看到神的「約」櫃的約字旁都有虛點「…」。這是原文裡沒有的，是翻譯的人怕讀者看不懂而加上去的。神的櫃，代表櫃在那裡，神自己就在那裡。

大衛攻取了錫安保障，在耶路撒冷作王。雖有尊榮；有宮室；有富有貴，但仍缺少一件，就是沒有約櫃。約櫃象徵神與同在，大衛一直是神與他同在，所以他決定要將耶和華的櫃運來錫安。這樣，耶路撒冷不但是全國政治的中心，也成為全民宗教的中心。

6：1-2　大衛挑選了三萬人去，「要從巴拉猶大將上帝的約櫃運來」。巴拉就是基列耶琳（書 15：9），在猶大境內。自從神的約櫃從非利士地運回基列耶琳，至今將八十年（參撒上 6：21，7：1-2）未提到約櫃。在掃羅執政期間，正顯出掃羅代表自我。他是靠自己不靠神，百姓也把神的約櫃忘得一乾二淨。而大衛卻處處求問神，故他想要把約櫃運入京城。歷代志上13：1-5 記載全國為運約櫃的事，作大規模的準備工作。他搬運約櫃前後有三次，給我們留下極深的教訓。

第一次搬約櫃　6：2-11 神的櫃「就是坐在二基路伯上萬軍之耶和華留名的約櫃」。搬運約櫃是神的事；是聖事；是聖工。極其神聖的，要用神的方法，絕不可用人的方法。大衛去搬運約櫃，存心固然很美，且極其慎重。他「聚集以色列中所有挑選的人三萬」，浩浩蕩蕩去基列耶琳亞米拿達家中搬運。又帶著各樣樂器，作樂跳舞去迎接，這是何等隆重盛況。可惜他用的方法錯了，這不是神吩咐的方法。他是照非利士人的方法，用松木製造了一輛新車，把約櫃放在車上。沒有照摩西律法規定，必須由利未族裡哥轄的子孫用肩來抬，而且不可用手觸摸（民 4：1-15）。這次大衛把約櫃「放在新車上，亞米拿達的兩個兒子，烏撒和亞希約趕這新車。」約櫃本是人

抬的，有「四個金環，安在櫃的四腳上，… 用皂莢木作兩根杠，用金包裹。把杠穿在櫃旁的環內，以便抬櫃。」（出 37：2-5）這是神運約櫃的方法，是要人來抬。大衛為什麼要把約櫃放在車上用牛來拉呢？人的本份，牛豈能代替呢？當日非利士人把約櫃從非利士地送來的時候，是把約櫃放在新車上，用兩頭未負軛的乳母牛拖拉的。這種不合律法規定的方法，在無律法的非利人則可，在大衛則不可。因為這是人的方法，以為這是省力的科學方法。用人的方法來作神的工，不合神的心意，神不喜悅。這給我們一個極重要的教訓，在教會服事神，是作聖工，一定要用神的方法，不可用人的方法。

大衛搬運約櫃的方法一錯再錯，非利士人用牛拉車，還知道用未曾負過軛的乳牛，讓車自己走，人跟在車後，沒有人趕牛駕車。烏撒卻要加上自己來駕車，坐在上面，突顯出人的驕傲，自鳴得意。凡用人意來尊敬神，用人意來代替神意的，神不喜悅。就像亞倫的兩個兒子拿答、亞比戶獻上凡火，立時就被從神前出來的火把他們燒滅了（利10：1-2）。

新車搬運約櫃出問題了，「到了拿艮的禾場，因為牛失前蹄（驚跳起來），烏撒就伸手扶住神的約櫃。神耶和華向烏撒發怒，因這錯誤擊殺他，他就死在神的約櫃旁。」可見神不顧熱鬧，只看順從。敬拜神或是辦神的事，須要謹慎，遵守神的法則。若用魔鬼的方法，想幫助神的工作，反倒是破壞神的工作，是神最憎惡的。

烏撒伸手扶住約櫃，因此被殺。我們會覺得神處罰太重了，怎麼因為違犯了一點禮節就處死刑？要知道當時的禮節是象徵一種真理，藉禮節使人認識神，叫他們明白真理。禮節有虧，即是混淆真理，使人誤會神。今天新約裡的基督徒難以理解當時人的愚昧與固執，神才用這些方法去教訓他們。烏撒之死，錯在不敬神。烏撒可能出於好意，但他仍然干犯了耶和華所頒佈有關運約櫃的規定（民 4：5-6，代上 15：11-15）。烏撒和亞希約都是利未人，約櫃在他們家幾十年，他們從小就與約櫃發生關係，應該熟悉不可觸摸約櫃的條例。雖屬好心，但神的命令，至尊至嚴，誰都不可輕慢。烏撒明知故犯，故遭擊殺。大衛在這建國的關鍵時刻，以色列人特別需要遵守神的律法和神的旨意。烏撒之死，對大衛和以色列人都是一個及時的警告。

大衛見這事，就心慌意亂。「心裡愁煩」就是自責，原是想榮耀耶和華，為什麼自己不小心遭遇這事，自己在這過錯上也有份。為了記念神的警告，就給那地方起名叫「毘列斯烏撒」以記取教訓。大衛心裡愁煩，後來又覺害怕。愁煩變為害怕，因為他想到此事，就不敢運回約櫃。心裡懼怕耶和華，說「耶和華的約櫃怎可運到我這裡來」呢？於是就運去迦特人俄別以東的家中。

迦特人俄別以東是什麼人？顯然是個利未人（見代上 15：18、24，16：5，26：4-8）。雖然有人以為迦特人是指他是生在迦特的非利士人，然而瑪拿西半支派有一個利未人的城邑，叫迦特臨門。這人之所以叫他迦特人，因為他屬於迦特臨門（書 21：20、24-25）。俄別以東這個名字，意即「以東的僕人」。耶和華的約櫃就停留在俄別以東的家中三個月。

第二次搬運約櫃　6：12-23　有人告訴大衛，約櫃在俄別以東家中，神大大的賜福與他和他一切所有的。在這件事可看出兩個神蹟，一個是降禍的神蹟；一個是賜福的神蹟。三個月中人人都看得出來，神賜福給俄別以東和他全家。時間如果是三年還不足奇，現只短短三個月中，突然他家的牛羊繁殖很多，牧場容不下了；田產也大大豐收，倉庫也滿了；人丁平安，諸事順利，這不是神蹟嗎？這使得大衛明白，擊殺烏撒的是神，賜福俄別以東的也是神。若敬畏神，順服神，必蒙賜福。大衛知道神的忿怒已息，於是就歡歡喜喜地去俄別以東家中，用神的方法將神的約櫃運到大衛的城裡，就是耶路撒冷。

他以神的方法作神的工　6：12-13　大衛記取上次失敗的教訓，不敢再用車，也不敢再用牛，就「從俄別以東家中抬到大衛的城裡。」抬約櫃是神的方法，用神的方法作神的工，就不致有錯誤了，在歷代志上第十五章裡記得最詳。他先預備地方支搭帳幕，又說除了利未人之外，無人可抬神的約櫃，並叫利未人自潔，又用杠，肩抬神的約櫃，凡事都照著摩西所吩咐的行。他又派利未人成立詩歌班作唱歌奏樂的，作守門的，派祭司獻祭。他自己穿著細麻布的以弗得，唱歌的人都穿了細麻布的外袍，歡歡喜喜地把約櫃抬回來。

「抬耶和華約櫃的人，走了六步」。走了六步，都平安無事，就證明神怒已止，並喜悅如此事奉。所以大衛就獻牛、肥羊為祭。人作神的事工，

約有四種型態：(1)立意不美，作法也不美。(2)立意是美，但作法不美。(3)作法雖美，立意卻不美。(4)最好的一種是立意美作法也美。大衛第一次運約櫃可說是立意美而作法不美；第二次運約櫃可說是立意美作法也美。這給我們的教訓是，作教會裡的聖工，要立意美，動機純正，又用神看為美的方法作神的工，便蒙神悅納。

「大衛穿著細麻布的以弗得」。以弗得是大祭司事奉神所穿的背心，要用金線、藍色、紫色、朱紅色線並撚的細麻織成的。上面兩條肩帶上有兩塊紅瑪瑙，擔以色列十二支派的名字。胸前繫有決斷胸牌，內有烏陵土明作決斷之用（出 28 章）。大衛所穿的細麻布以弗得，不是大祭司所穿的那種以弗得，只是一件薄薄的細麻背心，一種事奉神的人所穿的服飾，如童子撒母耳穿著細麻布的以弗得，侍立在耶和華面前（撒上 2：18）。大衛穿著細麻布以弗得事奉神，在約櫃面前「獻牛、與肥羊為祭」。當進大衛城的時候，掃羅的女兒米甲從窗戶裡觀看，見大衛王在耶和華面前踴躍跳舞。「跳舞」指以色列人的宗教舞蹈，跳的人多為女性（出 15：20，士 11：34，21：21，撒上 18：6）。米甲心裡就輕視他，一點也不領會此事的重要意義。大衛回家給眷屬祝福時，米甲就出言諷刺他說，「以色列王今日在臣僕的婢女眼前露體，如同一個輕賤人無恥露體一樣，有好大的榮耀啊！」在她心中鄙視一國之君沒有威儀自尊，怎可像賤僕穿這種「露體」的衣服，在大眾面前踴跳？有失體統，丟臉得很。「露體」指他只穿一件細麻布的以弗得而沒有穿王服，失去君王的尊榮，這是米甲繼承父王掃羅今生的驕傲的虛榮思想。大衛的答覆也是很刺人的，「我必在耶和華面前跳舞，我也必更加卑微，自己看為輕賤。」他還認為卑微得不夠，人在耶和華面前算什麼，神卻如此看顧。「耶和華已揀選我，廢了你父和你父的全家，立我作耶和華民以色列的君，所以我必在耶和華面前跳舞。」為了榮耀神，他願忍受更大的輕視，更多的譏笑。人在神面前，原談不到什麼自尊。但這樣，他相信會得到臣民的尊敬。

：23　「掃羅的女兒米甲，直到死日，沒有生養兒女。」可能是大衛見她輕視自己，就不再與她同房。她終生無所出，在猶太人的社會裡，婦女不生育是一種羞辱。撒母耳的母親哈拿不能生育，就哭泣不吃飯，去耶和華殿，就心裡愁苦，痛痛哭泣。米甲不生育，也許是神對她的懲罰吧。

第五講　大衛之約　第 7 章

　　撒母耳記下第七章和第八章，與歷代志上 17-18 章幾乎完全相同，差異有限。第七章裡的中心信息，就是 11-16 節—神與大衛立約。經文裡只說神對大衛的應許，未明說是立約，但在 23：5 稱為「永遠的約」，在詩篇 89：3、28、34 節裡，神自己說這是祂與大衛所立之約，故後來都稱為「大衛之約」，這是神與人八次立約中最突出的。立約這件事，在時間順序上，應該發生在 8：1-14 所記征服非利士人和亞蘭人勝利之後。因為：

　　7：1 說，「王住在自己宮中，耶和華使他安靖，不被四圍的仇敵擾亂。」這顯然是在 8：1-14 征服四圍強敵之後，國內安靖無事之時。

　　7：2 說，「那時，王對先知拿單說」，拿單在這裡出現，他是大衛王宮中的先知之一，後來大衛犯罪，拿單直責其非（十二章）。大衛晚年，他和祭司撒督奉命膏立所羅門為王（王上 1：32-34、45）。他又是記錄以色列聖史的人，和先見迦得寫了一本大衛的傳記（代上 29：29）。

　　這時大衛對先知拿單說，「看哪！我住在香柏木的宮中，上帝的約櫃反在幔子裡。」幔子指會幕。約櫃放在帳幕裡，我倒住在王宮，怎麼好呢？我可否為神建造聖殿呢？大衛心中不安，想為神建殿。他的立意確實很好，也合乎神的心意。建殿本是神的心意，但未必合乎神的旨意。旨意是神預定萬事的開始與結果，神的旨意是預定由和平之君來建聖殿，卻不是大衛。

　　7：3-11 上，大衛徵詢先知拿單的意見。拿單聽大衛王想為神建造聖殿，好極了！沒有向神求問就表贊同說，「你可以照你的心意而行，因為耶和華與你同在。」誰都知道這是美事，合乎真理，但未必合乎事實。按真理說，大衛住在香柏木王宮，神的約櫃反在帳幕裡，原是不可以的。不過按事實說，大衛是戰士，流過人血的，故不可為神的名建造殿宇（代上 28：3）。

　　當夜耶和華的話即臨到先知拿單，要他去禁止大衛如此作。神的旨意，往往與人的意見不同。大衛這時對神的認識還不夠深，他的想法是反映出當時外邦人的神明，都有一個廟宇，照著宗教儀式來拜他，我的神也當如此。但耶和華對大衛說，「你豈可建造殿宇給我居住呢？自從我領以色列人出埃及直到今日，我未曾住過殿宇，常在會幕和帳幕中行走。……我何

曾……吩咐牧養我民以色列的，說，你們為何不給我建造香柏木的殿宇呢？」神不在乎聖殿或帳幕。舊約時代，神在會幕帳幕中行走；新約時代，啟示錄告訴我們，祂在七個金燈台中間行走。金燈台代表教會，換言之，主在眾教會中行走。凡重生得救的基督徒，身子就是聖靈的殿。神就藉著聖靈在我們心中行走，引導我們。主是好牧人，祂所興起的領袖，也希望他們作好牧人，牧養祂的百姓。神選中大衛，大衛作牧羊的王，愛護百姓如愛護群羊，這是神的旨意。神說，「我從羊圈中將你召來，……立你作我民以色列的君。」神不接受大衛建有形的殿，卻應許大衛有一個永遠的寶座。聖經告訴我們，一千年後，天使長迦百列到拿撒勒向童女馬利亞說，「你要懷孕生子，可以給他起名叫耶穌。他要為大，稱為至高者的兒子。主上帝要把他祖大衛的位給他，他要作雅各家的王，直到永遠。他的國也沒有窮盡。」（路 1：31-33）這就是大衛之約的開始實現。

　　「大衛之約」7：11-16 神「堅定他的國位，直到永遠。」是神親口允許的。我們還記得以色列人曾要求為他們立一個王，像列國一樣。掃羅被立為第一個王，掃羅的國就像列國一樣。但大衛的國卻不像列國一樣，故神把大衛的國位納入祂對以色列和全人類歷史的計劃中，從大衛時代到世界的末了。神在約中應許他三件事，他的「家室」、「國度」、「國位」，就是他的子孫、國度、王位，神保證「直到永遠」。這絕不是所羅門的國可以應驗的，這經文不能照字面解釋。歷史發展的證明，耶穌基督是從馬利亞生的。但馬利亞不是所羅門血統的子孫，而是所羅門同父異母兄弟，拿單血統的子孫（路 3：31）。馬利亞的丈夫約瑟才是所羅門一系的子孫，路加福音 3：23 說，「依人看來，他（耶穌）是約瑟的兒子。」（法律上）耶穌是從約瑟系統繼承大衛的王位（太 1：16），因之從所羅門傳下來的是王位，而非子孫。詩篇 89：19-37 是大衛之約的複述並加解釋，89：29 說，「我也要使他的後裔，存到永遠，使他的寶座，如天之久。」神更加上誓約，「我一次指著自己的聖潔起誓，我決不向大衛說謊。」（詩 89：35）又在 36-37 節說，「他的後裔要存到永遠，他的寶座在我面前，如日之恒一般。又如月亮永遠堅立，如天上確實的見證。」不錯，這是說大衛的國度、國位如日月之永恒不變。這絕不是指所羅門的子孫，代代相承，事實不是這樣。這約所指的乃是那個真的後裔，就是耶穌基督；那個真的國度，就是彌賽亞

國度；那個真的王位，就是千禧年中的萬王之王。這國度原是為耶穌基督立的，就是那「因有一嬰孩為我們而生，有一子賜給我們，政權必擔在祂的肩頭上。祂名稱為奇妙、策士、全能的上帝，永在的父，和平的君。他的政權與平安必加增無窮，祂必在大衛的寶座上，治理祂的國，以公平公義使國堅定穩固，從今直到永遠。」（賽 9：6-7）這是基督永遠的國，不能把它屬靈化。這是事實，大衛之約乃是為基督立的。

「大衛之約」雖然對人來說，是不附帶條件或責任的，但仍有條件性的一面。14 節「我要作他的父，他要作我的子，他若犯了罪，我必用人的杖責打他，用人的鞭責罰他。」歷史證明，神的管教開始於耶羅波安作亂，使以色列國分裂，結束於西底家王亡國，全民被擄（王下 25：1，6，21）。但神對大衛所立的約絕不廢除。15 節「但我的慈愛仍不離開他。」神是信實的，他約的效力，不因人的表現而毀損。

我們必須注意的是，亞伯拉罕之約和大衛之約都是不附帶條件的。在人方面沒有履行的責任，只有享受的權利。它之所以如此，就是因為這約的最終所指是基督，基督不會失敗。

在諸約中大衛之約是彌賽亞預言中第四個重要的階段：

(1)神向亞當應許的（亞當之約，創 3：14-19）「女人的後裔要傷蛇的頭。」女人的後裔是專指童女所生的耶穌基督，祂要得勝仇敵魔鬼，這應許是指全人類的。

(2)神向亞伯拉罕應許的（亞伯拉罕之約，創 12：1-3）「地上的萬族都要因你得福。」以後幾次在創 13：14-17，15：1-18，17：1-3，22：16-18 重申前約中，「地上萬國都必因你的後裔得福」（22：18）。所謂「你的後裔」，保羅在加拉太書 3：16 解釋是，「上帝並不是說眾子孫，指著許多人。乃是說你那一個子孫，指著一個人，就是基督。」

(3)神藉雅各臨終祝福時，又重申亞伯拉罕之約，「圭必不離猶大，杖必不離他兩腳之間，直等細羅來到。」（創 49：10）細羅這字，可以譯作「那應得之人」，聖經小字注「賜平安者」。傳統上相信是指以西結書 21：27 所說的彌賽亞。在大衛之約中是應許彌賽亞出於猶大支派的。

⑷神向大衛的應許是彌賽亞（基督）是出於大衛家，太1：1「亞伯拉罕的後裔，大衛的子孫，耶穌基督……。」

神不接受大衛建有形的聖殿，神卻向大衛應許「你壽數滿足，與你列祖同睡的時候，我必使你的後裔接續你的位，我也必堅定他的國。他必為我的名建造殿宇。」（12-13節）這是指他的兒子所羅門繼續作王，他必為神建造殿宇。因大衛是戰士，半生出入沙場，他不能為「和平之君」建造殿宇，這建殿的榮耀要留給和平之君所羅門，直到基督來到。這預表基督要身兼大衛和所羅門二重職份：一是擄掠仇敵在地上建立國度；一是祂要以平安來治理這國度。

7：18-29是大衛的祈禱，給我們留下好榜樣。大衛聽到神的應許，都是超過他所求所想。「於是大衛王進去」，就是進到存放約櫃的會幕裡去感謝讚美。會幕是神與人同在的象徵，約櫃是神與人相會的地方（出25：22），會幕是無形的殿。什麼是神的殿？那裡是神的地方，那裡就是神的殿。雅各在伯特利見神顯現時，就說「這不是別的，乃是神的殿，也是天的門。」（參創28：17）18節「於是大衛王進去，坐在耶和華面前。」不是坐在椅子上，乃是頭挺直，坐在祂的腳跟上，好像今日回教徒祈禱的姿勢。「坐在耶和華面前，說，主耶和華阿，我是誰？我的家算什麼？你竟使我到這地步呢？」這是一種禱告的模範。大衛平常禱告，是跪下，或是站立。這一次，我們看見他進到上帝的會幕中，坐在耶和華面前。他禱告，好像坐在耶和華面前，與耶和華面對面談心。真如小兒，進到父前真情實意，想什麼，就說什麼；要什麼，就求什麼，與神何等親密。他在這篇禱告詞中，有六次向主發問：⑴「主耶和華啊！我是誰？」⑵「我的家算什麼？」⑶「你竟使我到這地步呢？」何等謙卑。⑷「主耶和華阿，這豈是人所常遇的事麼？」我如何配受呢？⑸「耶和華阿！我還有何言可以對你說呢？」⑹「世上有何民能比你的民以色列呢？」感謝不盡，讚美不盡。我們看大衛的祈禱，進到屬靈的殿中與神面對面的交談，有問有答，那麼親切，令人何等羨慕呢！

但我們新約的基督徒比大衛更有福氣，因為我們的主耶穌在十字架上，說了最後一句話「成了」；至聖所那厚厚的幔子，已經裂開了。主為我們開了一條又新又活的路，我們可以隨時隨地都在至聖所裡，也常住在至

聖所內，動靜存留都在乎主，起坐立臥都在主的鑒察之中。我們天天生活在主面前，求主光照、引領，祂就常賜福與我們，這又何嘗不叫人羨慕呢？

第六講　得勝的王　第 8~10 章

大衛代表基督是得勝的王，他已勝過掃羅家，又勝過迦南各族，攻佔耶布斯人的錫安保障，定為國都，進而南征北討，一一打敗四圍列國，大衛是個得勝的王。這一章和第十章是在綜述大衛的戰功，擴張國土，成為以色列歷史上空前的強國。大衛的戰績：

1. 治服非利士：　8：1「此後大衛攻打非利士人，把他們治服。」非利士人一直是以色列人的大患，掃羅和約拿單就是死在非利士人手上，以色列人幾乎都在非利士人鐵蹄之下，現在大衛把他們治服。「此後」按時間順序看，應該是發生在撒母耳記下五章與六章之間，大衛追擊非利士人，直到奪取了他們的京城。在歷代志上 18：1 說，這城就是迦特，它可能是非利士人五大城的總指揮部，這樣非利士人就完全被治服了。

2. 臣服摩押：　8：2「又攻打摩押人」，摩押人是什麼人？摩押是亞伯拉罕侄兒羅得的後裔（創 19：37），住在死海以東，即今之約旦國南部。大衛逃亡時，曾將他的父母帶去向摩押王求庇護（撒上 22：3-4）。他們原是大衛的朋友，又是大衛曾祖母路得的故國，但不知何故，如今成了仇敵。大衛「使他們躺臥在地上，用繩量一量，量二繩的殺了，量一繩的存留。」意思是存留少年人的性命，把高大的成人殺了，這樣不致使摩押人滅族亡國。他們也擁有君王，只是「歸服大衛，給他進貢。」這也可算是戰爭中的仁慈，在古代戰場上是絕無僅有的。

3. 打敗瑣巴：　8：3-4　瑣巴是敘利亞東北的一個小王國，在大馬色以北。此時瑣巴正預備向米所不大米擴張國土，卻為大衛擊敗，「擒拿了他的馬兵一千七百，步兵二萬。將拉戰車的馬砍斷蹄筋」，使它失去戰力。又「奪了哈大底謝臣僕所拿的金盾牌，帶到耶路撒冷」。「又從屬哈大底謝的比他，和比羅他城中，奪取了許多的銅。」（8：7-8）這是為所羅門建聖殿所儲備的。瑣巴之失敗，給亞述人興起的機會。

4. 擊潰亞蘭：　8：5-6「大馬色的亞蘭人來幫助瑣巴王哈大底謝。」在

舊約希伯來文稱亞蘭，在新約希臘文裡都稱敘利亞。大馬色和瑣巴是敘利亞境內的兩個強國，「大衛就殺了亞蘭人二萬二千。」亞蘭人就歸服進貢，「於是大衛在大馬色的亞蘭地設立防營。」防營就是在屬國中設立的駐防軍營，接受軍管。

5. 戰勝以東人：　8：13-14「大衛在鹽谷擊殺了亞蘭一萬八千人回來。」鹽谷一般認為是指死海以南的亞拉巴曠野，亞蘭是在以色列北疆，鹽谷戰場是在南方，聖經小字或作以東。故亞蘭人可能是「以東人」之誤，因希伯來文的以東和亞蘭的寫法，只一個字不同，再以詩篇 60 篇的標題，即是此次戰役後的感恩詩「大衛與兩河間的亞蘭並瑣巴的亞蘭爭戰的時候，約押轉回。在鹽谷攻擊以東，殺了一萬兩千人，那時大衛作這金詩，叫人學習。」這是大衛分兵，由元帥約押領軍，在列王記上 11：15-16 特別記述這件殘酷事件。聖經說殺盡了一切的男丁，可能指軍隊的男丁，花了六個月的時間。在歷代志上 18：12-13 所記述的，可能是同期不同的戰役。「洗魯雅的兒子亞比篩在鹽谷擊殺了以東一萬八千人。大衛在以東地設立防營，以東人就都歸服他」，成為一個附庸。這兩次勝利，使大衛雄霸死海東部和南部直達亞卡巴灣。這是一條通商的要道，給以色列國帶來無限的商機和財富。

6. 除滅亞瑪力人：　8：12　亞瑪力人是以色列人的宿敵，自從他們出埃及以來，受亞瑪利人的攻擊。出埃及記 17：13-16 神曾起誓要「將亞瑪力的名號，從天下全然塗抹。」直到大衛在耶路撒冷作王時，才實踐了神的話。

7. 大敗亞捫人：　第 10 章　按年代這次戰役可能先於北方戰役，因為北方戰役瑣巴已被打敗，無能力再協助亞捫。大衛本與亞捫王拿轄交好，拿轄死後，他兒子哈嫩無禮羞辱了大衛派去的吊喪團，10：4「哈嫩便將大衛臣僕的鬍鬚剃去一半，又割斷他們下半截的衣服，使他們露出下體」，因之引發戰爭。亞捫就去聯合亞蘭（敘利亞）境內的四個城邦，伯利合、瑣巴、瑪迦、陀伯的亞蘭人支助。大衛就差派元帥約押分兵兩面出擊，贏得勝利。聯軍再集結，大衛渡過約但河與亞捫聯軍再戰於希蘭，再獲全勝。18 節「大衛殺了亞蘭七百

輛戰車的人」，歷代志上 19：18 記的是七千輛戰車。又殺了「四萬馬兵，又殺了亞蘭的將軍朔法。」從此敵軍已無兵可戰，就歸服大衛了。至此大衛的勢力已控制了約但河東西兩岸，南起亞卡巴灣及埃及河東北至肥沃月彎的幼發拉底河（大河），成為一個強大的國家。

大衛之所以南征北討，無往不利。8：14 和代上 18：13 都說「大衛無論往那裡去，耶和華都使他得勝。」這給我們基督徒教導得勝的秘訣，唯有讓主耶穌在心中作王，你無論往那裡去，耶和華都使你得勝。因為耶穌是得勝的王，基督徒何時讓主耶穌在心中作王，何時就能勝過仇敵。

人能勝過仇敵，只有兩個方法。一是把仇敵殺了；一是把仇敵化了。以大衛的威武勝了四國的仇敵，也以他的仁愛化敵為友。8：9-10「哈馬王陀以……，就打發他兒子約蘭去見大衛王，問他的安，為他祝福……。帶了金銀銅的器皿來」和好。8：14「以東人就都歸服大衛」，10：19「屬哈大底謝的諸王，……就與以色列人和好，歸服他們。」這都是「大衛無論往那裡去，耶和華都使他得勝」。

大衛在軍事和外交方面，雄才大略，使以色列成為空前的超強大國。他在內政方面是向民眾「秉公行義」，大衛是一個真正以神為主的王，他治國的方針，是嚴守神所立的準則，就是撒母耳當初按神的旨意所傳的國法（撒上 10：25）。他建立中央政府，他所立的內閣官員，聖經裡有兩份名單，分別在撒下 8：15-18，20：23-26 裡。

(1)在軍事上以約押為元帥。

(2)約沙法為史官：史官可能是宮廷中地位極高的職位，管理國家大事的記錄和王室歷史，有如總統府的秘書長。

(3)撒督和亞比亞他的兒子亞希米勒作祭司長：祭司長即大祭司，掌管全國的宗教事務。「亞比亞他的兒子亞希米勒」，可能抄寫有誤，查撒上 22：20 就知顛倒了。亞比亞他自挪伯慘案之後，就一直跟隨大衛流亡，作大衛的大祭司，撒督是掃羅的大祭司。

(4)西萊雅作書記：書記是處理內政、外交文書，長於法律和文字，可能是史官的副手。

(5)耶何耶大的兒子比拿雅統轄基利提人和比利提人：基利提和比利提人是外國傭兵，來自非利士地。這是一隊忠心的禁衛軍，許多國王

的禁衛軍多來自外國傭兵，十七、十八世紀的法國王室禁衛軍都來自瑞士。

⑹ 20：23-26　另有亞多蘭掌管服苦役的人，可能是引進的外國勞工，負責公共建設。

⑺ 睚珥人以拉作宰相，內閣總理。

⑻ 代上 27：32-34 提出大衛的叔叔約拿單和亞希多弗、戶篩作謀士。

⑼ 耶歇作王眾子的師傅，即宮廷教師。

由這張名單裡，可見大衛治國不是獨裁，乃是建立一個行政團隊，選拔精英，各盡其才，所以內政修明。有鞏固的內政，才有強權外交的力量。

第九章可以看出大衛的優越品格，大衛王在辦理內政外交，日理萬機之餘，還想到故人約拿單的友誼，感恩圖報於他有恩的人。大衛是個不忘恩負義的君子，他記念從前與約拿單立的約，「就是我死後，耶和華從地上剪除你仇敵的時候，你也永不可向我家絕了恩惠」（撒上 20：15），也想到與約拿單泣別時所起的誓（撒上 20：42）。他也曾許諾掃羅不剪除他的後裔（撒上 24：21-22）。他信守他的諾言，於是 9：1 他訪問掃羅家，「還有剩下的人沒有？我要因約拿單的緣故向他施恩。」

9：2-3　召了掃羅管理財產的總管洗巴來問，「掃羅家還有人沒有？我要照上帝的慈愛恩待他。」洗巴對王說，「還有約拿單的一個兒子，是瘸腿的。」掃羅其實還有幾個兒子（21：7-8），洗巴只在取悅大衛所念的約拿單，故說有一個兒子叫米非波設。他在五歲時，因他祖掃羅和父約拿單陣亡，在逃亡時被乳母掉在地上腿瘸了。現在米非波設已有一個兒子名叫米迦，可見這件事已經過了很久。當大衛作王的中期。大衛把米非波設從羅底巴的瑪吉家裡召來，瑪吉一定是個大富戶，不單照顧掃羅的遺族，後來且在大衛逃避押沙龍之亂時，幫助他（17：27-29）。

大衛對米非波設說，7 節「你不要懼怕」。因為東方人的王常將前代王的後裔殺盡，米非波設怎能不怕？但大衛安慰他，「我必因你父親約拿單的緣故施恩與你，將你祖父掃羅的一切田地都歸還你。」大凡富貴人家看見窮苦殘廢或聽人哀求，就可憐他。只動一點點憐憫心，拔出九牛之一毛幫助人，這樣未必是出於愛心，只不過是賄賂自己的良心，博取社會慈善家的美名而已。大衛不然，他先調查訪問，使米非波設住在耶路撒冷，常與

他同席吃飯，有如自己的兒子一般。這是以尊貴待他，不只是經濟援助而已，大衛是個知恩感恩報恩的人，大衛是我們的好榜樣。我們領受主耶穌十字架上的救恩，使我們出死入生，我們也應該作個感恩報恩的人。

第七講　大衛犯罪了　第 11 章

　　從撒母記上十六章讀到撒母耳記下第十章，看到大衛的歷史，真是光華燦爛；事神虔誠；待人有恩；爭戰勇敢；品格清高，是大政治家、大軍事家、大音樂家、大詩人。他真是一個「合神心意的人」，他是得勝的王。及至讀到這一章，見他遂然跌倒，好像從高空墜落到深谷。這是他一生最悲慘的黑點，給我們的教訓至深且巨。

　　11：1　「過了一年」，就是第十章得勝之後的第二年春天，這時已是大衛定都耶路撒冷之後十多年的事。「列王出戰的時候」，是指王族戰將出征。這時以色列與亞捫的戰事再起，以色列軍圍攻亞捫人的首都拉巴。拉巴就是現今約旦國的首都安曼。這次大衛沒有隨軍出征，只派約押率領臣僕出戰，自己卻懶閒「仍住在耶路撒冷」。

　　11：2-5　「一日太陽平西，大衛從床上起來，在王宮的平頂上遊行。」太陽平西，通常是祭司獻晚祭的時候，也是第二日的開始。因為猶太人計時是從日落到日落為一日，大衛午睡，一睡睡到太陽平西才起來，精力充沛，閒來無聊，就在王宮的平頂上遊來遊去。巴勒斯坦的房屋，多是平頂。平頂的用處很多，普通人家，從屋外的梯子上去，可作休息、工作、堆置物件、曬谷。大衛的王宮，當然比一般房屋高，可遠眺耶路撒冷風光。大衛閒懶在王宮，傍晚在平屋頂上東張西望，無所事事。一個閒懶的人，在閒懶之時，魔鬼就會找他作壞事。這時大衛就「看見一個婦人沐浴，容貌甚美。」這一看，就使大衛跌倒了。這一看，就使得勝的王失敗了。

　　得勝的王為什麼會失敗？

　　⑴他勝了有形的仇敵，卻敗於無形之仇敵，是他不知儆醒。

　　⑵他勝別人容易，勝「自我」困難，是他不知戒慎。

　　⑶安閒之時，就是罪慾發動的溫床，是他不知節制。空閒的頭腦，正是魔鬼的工場。沒有心防，怎能不失敗？

　　讀了大衛的失敗，有人會失望的說，聖經為什麼要把它寫出來？豈不給那些不信聖經的人譏笑說，「這就是你們的聖經英雄呀？」他們不知這就是聖經與別的史書不同的地方。聖經是一本絕對誠實無偽的書，有過必錄。

不像一般傳記史書，對善人的事，每每誇大炫染，記載失真。論人之長，多言過其實；說人之短，則諱莫如深，總是隱惡揚善，甚至把偉人神化，塑造成偶像，叫人崇拜。聖經不然，神在天上查看世人，「沒有義人，連一個也沒有。……沒有行善的，連一個也沒有。」（羅3：10-12，詩14：1-3，53：1-3）沒有完全人，都是罪人。有會滅亡的罪人，有被蒙恩的罪人。大衛是蒙恩的，受恩最大，他也犯罪。聖經只在教導我們知所警戒，但不能抹殺大衛經年對神的順服，平日的光明磊落；秉公行義；俠心仁厚，比一般人更值得學習。

大衛「看見一個婦人沐浴，容貌甚美。」婦女沐浴大多在室內，大衛能看見，一般相信是在戶外院子內。婦女依律法潔淨身體的沐浴，通常是在月經乾淨之後（11：4），取得禮儀上的潔淨（利15：19-22）。第四節特別提到「月經才得潔淨」，這就說明了，她與大衛同房前並未懷孕。這個婦人是「赫人烏利亞的妻拔示巴」，烏利亞是大衛護衛中一員，既忠且勇，名列大衛三十勇士之一，他是歸化了以色列的外邦赫人。他的妻子拔示巴沐浴時，被大衛看見了，就「差人去將婦人接來」。大衛就犯了十誡中第七誡「不可姦淫」、第九誡「不可作假見證陷害人」，和第十誡「不可貪戀人的妻子」的罪（出20：13-17）。這件事，拔示巴雖懾於威權，顯然也是自願，居然沒有一言拒絕就來了，「大衛與她同房」。這種事，按律法大衛與拔示巴都應當處死（利20：10，申22：22）。大衛實在不應該，他是一國的元首，應該清潔，才能維持風化。他作這事，應該罪加一等。「於是她懷了孕，打發人去告訴大衛說，我懷了孕」，罪就結出果子來了。

11：6-13　大衛知道闖禍了。往往人作了壞事，想撇清自己，唯一的方法，就是推卸責任。大衛差人到約押那裡去將拔示巴丈夫烏利亞召回述職，實在沒有什麼事，只好「對烏利亞說，你回家去，洗洗腳吧！」洗洗腳是句俗話，意即與妻子去親近親近吧！「隨後王送他一份食物」，大衛之意在想要烏利亞與拔示巴享受一夜團聚，好推卸責任。想不到烏利亞真是一個忠心、盡責、正直、誠實的好漢，他竟不回家。他說，「約櫃，和以色列，與猶大兵，都住在棚裡。我主約押，和我主（王）的僕人，都在田野安營。我豈可回家吃喝，與妻子同寢呢？」烏利亞的這番話，真是擲地鏗鏘有聲，大衛竟沒有受感動。於是大衛第二天便請他喝酒，讓他喝醉，好使他回家

睡覺，結果烏利亞仍睡在外面。中國有大禹治水，三過家門而不入。烏利亞遵守軍紀，在作戰行軍之時，不可親近女性（參撒上 21：5）。烏利亞是睡在家門外三天而不入，烏利亞應該受讚賞。

11：14-25　這時大衛見二計都不見效，便使出更毒的計，借刀殺人，使烏利亞糊里糊塗的死在戰場上。約押是同謀、共犯，他揣摩上意，作了大衛的幫兇，犧牲一個忠貞勇敢的部將，且以士師記第九章裡耶路巴力的故事來卸責，大衛竟若無其事的安慰約押。

11：26-27　拔示巴聽見丈夫烏利亞死了，就為他哀哭七日（創 50：10，撒上 31：13）之後，大衛急不能待地就把她接到宮中，作了大衛的妻子。大衛犯這罪之後，約過了一年之久，直到拔示巴給他生了一個兒子，他還未承認他的罪。天天穿著王服，戴著王冠，坐在王位上，若無其事，不肯從寶座上下來，坐在灰塵中承認自己的罪。「但大衛所行的這事，耶和華甚不喜悅。」大衛犯了神的律法，濫用了神賦與他的王權。神原是要他用這王權，牧養祂的百姓。大衛犯錯了，在他的品格上留下一個難除的污點，這是神不喜悅的。

犯罪以來，大衛的心真是那麼坦然無事嗎？我們讀他的懺悔詩就知道，他心靈中的痛苦無人理解。他在詩篇 38：1-2 說，「耶和華阿！求你不要在怒中責備我，不要在烈怒中懲罰我。因為你的箭射入我身，你的手壓住我。」耶和華用什麼箭射入他的心，使他這麼痛苦呢？這不是指著他良心的刺痛說的嗎？接著：3-8 說，「因你的惱怒，我的肉無一完全。……我的罪孽高過我的頭，如同重擔叫我擔當不起。……我疼痛，大大拳曲，終日哀痛。……我被壓傷，身體疲倦。因心裡不安，我就唉哼。」大衛為什麼那麼痛苦？他病重了嗎，睡在床上唉哼？沒有。大衛沒有病，為什麼唉哼？這是他靈裡極其痛苦，因此他在十八節終於高呼，「我要承認我的罪孽，我要因我的罪憂愁。」

這一章書給我們特出的教訓，我們研究大衛跌倒的原因：

(1) 他是在富貴利達，戰無不勝，攻無不克的順利環境下，以致放肆，疏忽防範。

(2) 他是在四境昇平，國力強大的時候，對付最後一個強敵亞捫。他應當出去爭戰與士卒同苦，反倒住在舒適的王宮裡，閒懶無事，給魔

鬼找到機會。神喜歡用危機來叫我們保持儆醒，平安穩妥的環境，最容易腐化一個人的操守，當我們尋求苟安的時候，就是最容易受引誘的時候。

(3) 大衛的罪是逐步構成的，任何像大衛的罪，都不是突然而至的。它像阿拉伯的駱駝，是得寸進尺的。雅各書 1：14-15 警告我們，「各人被試探，乃是被自己的私慾牽引誘惑的。私慾既懷了胎，就生出罪來。罪既長成，就生出死來。」大衛犯罪的步驟就是這樣：

a. 「他看」。人的眼睛是犯罪的觸角，觸角伸到那裡，眼目的情慾，就會引人犯罪到那裡。

b. 「他想」。既看見了那婦人容貌甚美，心裡就想，於是就差人去打聽，是誰家的嬌娃。

c. 「他得」。既打聽好了，就差人去把她接來，滿足肉體的情慾。

這三步也正是當初夏娃犯罪的情形。她「見那棵樹的果子好作食物」，「好作食物」──她想；「也悅人的眼目」──她看；「就摘下果子來吃了」──她得（創 3：6）。

(4) 他犯罪之後，又圖遮蓋。當初亞當夏娃知道自己是赤身露體，罪叫人顯露羞恥，於是他們就躲藏在樹林裡。罪是躲藏不了的，亞當夏娃便拿無花果樹的葉子為自己編作裙子，好把罪遮蓋起來。（創 3：7）

(5) 罪是自己遮蓋不了的，除非主耶穌的寶血遮蓋之外，罪是原形畢露，遲早會被烏利亞知道的。在無計可施之下，便起意謀殺。大衛奪其妻而殺其夫，是罪上加罪。之所以會如此，是他沒有對付第一個罪，結果便引發第二個更深更重的罪。

這一章是我們的鑑戒，叫我們照這面鏡子，看出自己的本來面目，知道我們的心是多麼的污穢、詭詐、奸險、兇惡。即如自己的靈性達到像大衛那麼高，蒙神的恩惠有如大衛那麼多，也要時時恐懼戰兢，作成得救的工夫。千萬不可驕傲自大，免像少數名傳道人，重蹈覆輒。

第八講 所羅門生 第 12 章

大衛行了大惡快一年了，天天面對群臣，尚自矜持，直到拿單去見他。

12：1-6 「耶和華差遣拿單去見大衛。」拿單是先知，是傳達神話語的。但他不先嚴厲責備，這樣可能會使大衛惱羞成怒而不肯悔改。他先精心擬構了一個故事，用以激發大衛的良心醒悟，引導他悔改。

拿單比喻說，「在一座城裡有兩個人，一個是富戶，一個是窮人。」這是暗指大衛是王，是富戶；烏利亞是臣僕，是窮人，他住在大衛統治的那座城裡。「富戶，有許多牛群羊群。窮人，除了所買來養活的一隻小母羊羔之外，別無所有。」意指大衛身為國王，擁有許多妻妾，但烏利亞只有一個，就是他心愛的妻子。那富戶不能了解鄰居對那隻小母羊羔的愛心，尤如大衛不能了解烏利亞對他唯一的妻子那種純真不二的深愛。

故事講到那富戶取走了窮人的小母羊羔，預備招待客人吃。大衛聽到此，他慷慨的本性、強烈的正義感，並沒有因他的罪而湮滅。他是個天生的急性子，他就大發義怒，立刻定那富戶的罪。他「對拿單說，我指著永生的耶和華起誓，行這事的人該死，他必償還羊羔四倍，因為他行這事，沒有憐恤的心。」好判決！大衛判斷得非常正確，照律法原應如此（出 22：1）。不過，大衛明察別人的罪，而暗於認識自己更大更可惡的罪。這就是主耶穌說的，「為什麼看見你弟兄眼中有刺，卻不想自己眼中有梁木呢？你自己眼中有梁木，怎能對你弟兄說，容我去掉你眼中的刺呢」（太 7：3-4）。這是大衛不知不覺自己定了自己的罪了。

12：7-15 至此先知拿單便單刀直入，一句話射透王的心，如同利箭，「你就是那人！」拿單嚴詞對他：

1. 數算神給他的福氣 (1)膏你作王。(2)救你脫離掃羅之手。(3)將你主人的家業賜你，即繼承掃羅王位。(4)主人的妻交在你懷裡。當時的風俗，前王遺下的妻妾，都為後王所有。但聖經裡沒有記載大衛如此作，可能拿單是用當時的習慣用語來說明大衛承受掃羅的一切。(5)又將以色列和猶大家賜給你，指全國統一。

2. 數算大衛的罪狀 (1)藐視神的命令。(2)行耶和華眼中看為惡的

事。(3)借刀殺人，謀殺烏利亞。(4)又奪其妻，拔示巴。

3. 預言他的報應　(1)刀劍必永不離你家。大衛的三個兒子都會死於非命。(2)興起禍患攻擊你。大衛逃避押沙龍的追殺。(3)你的嬪妃在日光之下與人同寢。在押沙龍叛亂時就應驗了。

大衛聽了拿單的責斥，無法逃避，馬上說，「我得罪耶和華了。」他就下了寶座，脫了朝服，謙卑的向神認罪。約翰壹書 1：9 告訴我們，「我們若認自己的罪，神是信實的，是公義的，必要赦免我們的罪，洗淨我們一切的不義。」雖然大衛自己的判決，他是應該死的，但耶和華的慈愛，卻赦免了他。

拿單即時傳神的話說，「耶和華已經除掉你的罪，你必不至於死。」雖然大衛的罪得到赦免，他還是寫下詩篇五十一篇的懺悔詩，用「塗抹」、「洗滌」、「潔除」，渴望罪得完全潔淨。雖然這篇詩是大衛私人的認罪禱告詩，他還是交與伶長，無異向全國人民坦白認罪，引咎自責。這首詩在公眾崇拜或個人禱告都叫人得光照；得幫助。大衛經過流淚谷，詩 51：1-2 說，「神阿！求你按你的慈愛憐恤我，按你豐盛的慈悲塗抹我的過犯。求你將我的罪孽洗除淨盡，並潔除我的罪。」他特別提到三種神厭惡的東西，求神赦免：(1)「過犯」Transgression。意思是越過了神不許可的界線，如車出軌了，做了神所禁止的事。(2)「罪孽」Iniquity。罪惡心中彎曲的性情。(3)「罪」Sin。即射不中的，沒有達到目標，不夠標準，虧缺了神的榮耀。大衛向神說，「我知道（承認）我的過犯，我的罪常在我面前。我向你犯罪，惟獨得罪了你，在你眼前行了這惡，……求你用牛膝草潔淨我，我就乾淨。」牛膝草是在行潔淨禮時使用的（出 12：22，利 14：4，民 19：6）。「求你洗滌我，我就比雪更白。……求你為我造清潔的心，使我裡面重新有正直的靈。……求你救我脫離流人血的罪，……神所要的祭，就是憂傷的靈。神阿！憂傷痛悔的心，你必不輕看。」一個犯了罪的人，無論奉獻什麼祭物，神都不要，神所要的是憂傷痛悔的心。有些人一面在犯罪，一面又在神前努力作工，大大奉獻，以為可以將功補過，但神不要。神不要物質、功勞，而是要認罪悔改的心。大衛是王，他不顧王的尊榮、面子，將罪公諸於世，交與伶長公開歌唱。這真是把器皿倒空在神的面前，徹底悔改了。大衛立下對付罪的好榜樣。

　　大衛對付了罪，得到神的赦免之後，靈裡充滿無比的喜樂。他就立時作了詩篇第三十二篇，說「得赦免其過，遮蓋其罪的，這人是有福的。凡心裡沒有詭詐，耶和華不算為有罪的，這人是有福的。」誰不想得福？有福氣才是真正的快樂。但要得這福氣，必須認罪悔改。有認罪悔改，才能得神的赦免。「赦免」的原文意思是「拿去了」，只有神才能拿去我們心中的罪。祂拿去了就不算這筆帳，不是我們沒有犯罪的紀錄，乃是神把犯罪紀錄拿去了，不再記念了。神拿去了我們的過犯（transgression），意即行為越軌、背逆，越過神所規定的界限，就是不當作而去作了。神拿去了我們的罪（sin），就是沒有射中目標，當作而不去作，失敗了。神拿去了我們的惡（iniquity），把我們那彎曲不正、虛偽、詭詐、不公道、不正直的心思意念拿去了，不再記念了，這就是赦免。大衛這樣認罪悔改，神就拿去了大衛的這些，神把他的罪赦免了，就重新與神和好了。與神和好，靈裡就得到快樂。

　　：14　「只是你行這事，叫耶和華的仇敵大得褻瀆的機會。」基督徒犯罪；作壞事；沒有好見證，都會給仇敵抓到褻瀆神的機會，羞辱主。雖然神以慈愛赦免了大衛的罪，但罪惡的後果是要自己負責的。加拉太書 6：7-8「不要自欺，上帝是輕慢不得的。人種的是什麼，收的也是什麼。順著情慾撒種的，必從情慾收敗壞。」大衛因情慾收敗壞，罪的果子要自己吃。大衛是犯淫亂罪，保羅警告我們說，「你們要逃避淫行。人所犯的，無論什麼罪，都在身子以外。惟有行淫的，是得罪自己的身子。」（林前 6：18）大衛雖得赦免，然而報應不爽。自此以後，大衛的家和國都沒有安寧。他對那富戶的判決是，「行這事的人該死，他必償還羊羔四倍。」確實大衛按律法該死，他蒙神特赦「免死」，但他判的償還，一點也不差。(1)耶和華擊打拔示巴從罪孽所生的兒子，第七天就死了。(2)暗嫩被兄弟押沙龍謀殺。(3)押沙龍叛亂被殺。(4)亞多尼雅謀篡王位，為所羅門所殺。大衛真是賠上了四隻羊羔了。我們看了罪的惡果，能不戒慎嗎？

　　：15-23　「耶和華擊打烏利亞妻給大衛所生的孩子，使他得重病。」神的懲罰立即應驗了，因為這孩子是從情慾得來的，大衛為這孩子禁食禱告，懇切祈求盼望這孩子不至於死，進入內室終夜躺在地上。雖然如此，神也不聽，到第七日孩子死了，他就停止哭泣，沐浴抹膏，換了衣裳，進

耶和華的殿敬拜，把一切都交給神。他學到了許多功課，其中之一，就是他無法叫孩子復生。他說，「我必往他那裡去。」顯然大衛深信，「按著定命，人人都有一死，死後且有審判。」（來 9：27）但剛出生的嬰兒，未沾染世界的罪惡，必安息在主懷裡。凡信靠天父的人，死後都會去到一個地方，同在樂園裡相見。

：24-25　拔示巴又給大衛生了第二個兒子，「給他起名叫所羅門」，即和平、平安之意。或者大衛起這名字的用意，在表示他已與神和好了。這時，神叫拿單去給他另外取個名字叫「耶底底亞」，意即「耶和華所愛的」，一生下來耶和華就喜愛他。所羅門是王室的名字，耶底底亞是家族的名字。在猶大國王，有兩個名字是很普通的事。這所羅門到大衛晚年才差遣祭司撒督和先知拿單去膏他，撒督就用膏膏所羅門，繼大衛為以色列的王（王上 1：28-40）。

：26-31　這是繼續補述 11：1 約押攻打亞捫人的事。以色列大軍圍住亞捫人的京城拉巴，指日可下。約押就打發使者去請大衛來，說「恐怕我取了這城，人就以我的名叫這城。」聖經裡如路斯改為伯特利；錫安保障改名大衛城，這都是有永久紀念的意義。約押不願以他的名為城的名，所以請大衛親自來安營圍攻。拉巴城破，以色列軍「奪了亞捫人之王所戴的金冠冕，其上的金子，重一他連得，又嵌著寶石。」一他連得，重約 75 磅，「人將這冠冕戴在大衛頭上。」戴這頂王冠，不是享受，又重又硬，可能只戴一下意思意思而已。亞捫王不是鐵頭，怎麼會作七十五磅多重的金冠？聖經小字注，「王或作瑪勒堪，瑪勒堪即米勒公，又名摩洛，亞捫族之神名。」這個金冠冕是他們國神的冠冕，是全國人唯一尊重敬拜的象徵。人給大衛王頭上一戴，這就象徵大衛是他們唯一尊敬的王，亞捫歸於以色列國的版圖了。

於是大衛「將城裡的人，拉出來放在鋸下，或鐵耙下，或鐵斧下，或叫他經過磚窯。」這是得勝王對待戰敗國俘虜的方式，不是殘殺。聖經小字注「或作強他們用鋸，或用打糧食的鐵器，或用鐵斧作工，或使在磚窯裡服役。」這不是拷問他們，乃是服勞役，為王建造各樣的公共工程（王上 9：20-21）。其後大衛也委派亞多蘭掌管服苦役的人（撒下 20：24），專門督導分配他們的工作。

第九講　宮廷喋血　第 13-14 章

　　這是最傷心的一段歷史，大衛的罪果，惹起他家庭的禍患。大衛的兒子暗嫩效尤他父親犯淫亂罪；又有一個兒子押沙龍效尤父親犯謀殺罪，可憐大衛種甚麼，收甚麼。

　　13：1-16 暗嫩是長子；是王位的繼承人，生在希伯崙（3：2，代上 3：1），是耶斯列人亞希暖生的。三子押沙龍和他那個美麗的妹妹他瑪，二人是同胞兄妹，都是大衛所娶亞蘭的小國基述王亞米忽的兒子達買的女兒瑪迦生的（3：3）。因此，暗嫩和他瑪是同父異母兄妹，暗嫩卻偷偷的愛她。但依律法，兄妹是不能結婚的（利 18：11）。所以「暗嫩以為難向她行事」。俗話說：物以類聚、人以群分。暗嫩公子哥兒、紈絝子弟，所交的朋友都是狐群狗黨。他交了一個朋友「名叫約拿達，是大衛長兄示米亞的兒子。」聖經說：「約拿達為人極其狡猾」，他就替暗嫩設計，叫他裝病，好利用不知情的大衛叫他瑪入彀。

　　13：7-14 他瑪不知有詐，就入了惡人的圈套。但他瑪有見識、有立場、有信仰、有勇氣，不像拔示巴。她力拒暗嫩，並曉以大義。暗嫩是個酒色之徒、貪愛美色、慾火攻心，那管其他，就強行姦污了他的妹妹。

　　13：15-22 暗嫩的歷史，聖經裡記載非常簡單，所記的不過是他的罪惡、污穢、羞辱、愚昧。身為王太子，處在豐富奢侈生活中，只知放縱情慾、隨心所願。他情慾滿足之後，聖經說：「暗嫩極其恨她，那恨她的心，比先前愛她的心更甚。」他是個極其自私自利的壞東西，只知有我、不知有人，這是甚麼愛？這給我們難忘的教訓：出乎情慾的不是真愛；男女相愛，要相敬相惜；她是妳骨中之骨，肉中之肉，怎麼可以作放縱情慾的工具，像對待妓女一樣。事後他對他瑪說：「妳起來去吧」，又不負責任。他瑪氣極了，大聲抗議說：「你趕出我去的罪，比你才行的更重。」他瑪失去處女之身，成為嫁不出去的公主，一生的美夢就完了。暗嫩真沒有人性，竟命令侍衛將他強姦之後的妹子強力趕出門去。這就是一般權貴家子弟的驕橫跋扈的醜惡像。

　　這不只是一段古老的歷史故事，乃是今天我們這個社會每天生活的寫

照。權貴之家驕縱子女，不是成為人中之龍，便是成為社會的蛆蟲。這給我們很大的教訓：教育子女，是多麼地重要。

19 節說：「那時他瑪穿著彩衣」。他瑪傷心欲絕，將公主身上的彩衣撕裂；把灰塵撒在頭上，為自己失去處女之身悲憤不已。「以手抱頭，一面行走，一面哭喊。」押沙龍知道自己的妹妹他瑪被暗嫩玷污了，就安慰她：「我妹妹暫且不要作聲。」押沙龍是個工於心計的人，表面上說：「他是妳的哥哥，不要將這事放在心上。」意在不要張揚這醜聞，他卻私下策劃報仇。

21 節說：「大衛王聽見這事，就甚發怒。」他只是發怒，不敢懲治不肖子。因為，他自己就與拔示巴犯了姦淫罪，自己行了這惡，就叫他閉口不能說話；綁住自己的手，不能辦事。自己心虛，因而影響到公平、公正的懲罰。這給我們看到大衛在這件事上沒有盡到父親的責任，未及時處理，致使那不肖子遭受殺身之禍。

13：23-27　「過了二年，在靠近以法蓮的巴力夏瑣，有人為押沙龍剪羊毛。」每年剪羊毛的季節，是遊牧民族歡樂慶祝的日子。押沙龍已久經策劃，就再三請王去參加。他知道他的父親不會離開京城，就趁機請求父親派王太子暗嫩代表赴席。大衛也知道這兩兄弟的關係不太好，就說：「何必要他去呢？」但拗不過再三請求，結果仍許暗嫩和眾王子與他同去，卻未料到押沙龍早已計劃好藉此下毒手。

13：28-29　押沙龍是大衛的第三個兒子。大衛第二個兒子是迦密人亞比該生的，叫基利押（3：3）；歷代志上 3：1 叫但以利。聖經除了他出生外，沒有再提到他，可能早已夭折了。依順位，押沙龍是繼承王位的第二個人。押沙龍也自命不凡。在 14：25 說：「以色列全地之中，無人像押沙龍那樣俊美，得人的稱讚，從腳底到頭頂，毫無瑕疵。」這是天子之相也。尤其 26 節說：「他頭髮甚重，每到年底剪髮一次，所剪下來的……重二百舍客勒」，約五磅多；這也是國王英雄的象徵。也許因此激起他奪王位的野心。然而，人所自恃的，正是失敗的關鍵。押沙龍其後就壞在他的美髮。

押沙龍此時邀宴暗嫩的第一個目的，是為親妹妹他瑪報仇。第二個目的，在除掉暗嫩這塊石頭，自己就是王位的當然繼承人，一石二鳥。於是，押沙龍吩咐僕人在暗嫩飲酒暢快時，就把他殺了。王的眾子驚惶失措，都起來各人騎上騾子逃跑了。騾子是馬和驢交配而生的雜種，是律法禁止的

（利 19：19）。那個時代，騾子是王族的坐騎。

13：30-39　這個消息以訛傳訛傳進京城說：「押沙龍將王的眾子都殺了，沒有留下一個。」大衛王聽了傷心欲絕，「起來撕裂衣服，躺在地上。」

約拿達與押沙龍都是工於心計的人，恨在心裡卻不形於外。給暗嫩設計姦污妹妹的計謀是約拿達，這時在大衛面前說風涼話的人也是約拿達。他對大衛王說，：32-33「我主，不要以為王的眾子少年人都殺了，只有暗嫩一個人死了。」果然眾子都回來了。約拿達奸詐，阿諛地對王說：「看哪！王的眾子都來了，果然與你僕人所說的相合。」用意在邀功「看哪！我的神機妙算多準。」血案發生了，押沙龍不敢回耶路撒冷，就逃到他外祖父基述王達買那裡去避禍，一避就是三年。大衛天天為他兒子悲哀。一次失去兩個兒子，他心裡又切切想念押沙龍。

這一章給我們的教訓是甚麼？加拉太書 6：7「不要自欺，上帝是輕慢不得的。人種的是甚麼，收的也是甚麼。」大衛的罪影響到子女，對子女疏於管教；溺愛、縱容，遂擴大到不可收拾。先知拿單預言大衛家會興起禍患，果然應驗了。

大衛有許多長處，有智慧、會打仗、會作詩、會祈禱、會音樂、也很順服神。但他似乎有一個短處——不會治家。他不是一夫一妻制的家庭，他有許多的妻妾，每個妻妾都生有兒女，良莠不齊。他不會管教兒女，也沒有好生活見證。上樑不正下樑歪，自己犯姦淫罪，大兒子暗嫩就犯姦淫罪；自己犯謀殺罪，三兒子押沙龍就犯謀殺罪，上行下效。自己沒有責備的能力，只好不講話；沒懲罰的辦法，只有發怒，這樣就是姑息養奸。十三章對暗嫩姑息；十四章對押沙龍姑息。暗嫩死了他悲傷；押沙龍逃亡在外他又捨不得；想他回來卻又不敢開口。這情形約押看得清楚，大衛「心裡切切想念押沙龍。」

14：1-3　「洗雅魯的兒子約押，知道王心裡想念押沙龍，就打發人往提哥亞去，從那裡叫了一個聰明的婦人來。」約押是將才，也是足智多謀的相才。他虛構了一個故事，叫又聰明、又有口才的婦人用比喻去講給大衛聽。

提哥亞婦人去到大衛面前就哀哭說：「王阿！求你拯救……婢女實在是寡婦。」這樣先激動大衛的同情心，然後述說那虛構的故事。：4-7 她說：

我有兩個兒子，在田間打架，沒有人勸架，不幸一個兒子被另一個兒子打死了。這種事以色列的習俗，近親要起來報血仇的。於是，族人就要我把另一個還活著的兒子交出來，將他治死。這樣，我丈夫就會斷絕香煙；絕子絕孫，怎麼可以呢？求妳為我斷案，叫我還活著的那個兒子不死。

　　8節「王對婦人說，妳回家去吧，我必為妳下令。」因為絕後是以色列人極不願見的事「王說……妳的兒子，連一根頭髮也不至落在地上。」11節「婦人說，願王記念耶和華你的上帝，不許報血仇的人施行滅絕。」這在暗示大衛應放過押沙龍。14：12-17　婦人趁機向大衛提出請求：「王不使那逃亡的人回來，王的這話，就是自證已錯了……上帝並不奪取人的性命，乃設法使逃亡的人不至成為趕出回不來的。」

　　這個比喻的屬靈意義是，基督在十字架上死，使那些被罪擯在外的人得以回到神的面前。在祂以前一千年大衛時代，這個提哥亞的婦人就已經看到這個真理。雖然她誤用了它，但她在不知不覺間就傳出一個福音。就是罪使人離開了神，但神卻切切的想念，那些離開祂的罪人。於是預備了一個方法，使犯罪的人回家。神所定的方法是甚麼？就是將祂的獨生愛子耶穌基督賜給人。祂道成肉身，在十字架上擔當了罪人的罪，為罪人受了罪的刑罰，使犯罪的人得到赦免，能夠回家。赦免的先決條件就是認罪悔改。當一個人悔改的時候，神就接納他們；神就馬上與人和好。像那個浪子回家，父親連忙上去擁抱，並與浪子連連親嘴。（路15章）不像押沙龍回家，大衛不見他。

　　14：18-24　大衛此時覺察到這婦人是偽裝的。王問：「這些話莫非是約押的主意麼？」婦人說：「是。」於是，大衛就命令約押去把押沙龍接回來，這個放逐的少年人終於回家了。這時大衛應該嚴加責備，好好管教，叫他悔改。可是大衛沒有這樣做，只是不准和他見面。大衛這種處理方式很不可取，兒子做錯了事，既不罰，又不和好；既准他回來，又不准見面，這就給押沙龍激發篡位的心，幾乎犯了弒父弒君的大罪。這章聖經裡教訓為兒女的，要以押沙龍為鑑戒。要確實知道，你的罪必找到你。弗6：2「要孝敬父母，使你得福；在世長壽。這是第一條帶應許的誡命。」也是人的律法。孝敬父母是一切道德的基礎；孝敬父母是帶應許的誡命。忤逆不孝是自取敗亡。押沙龍不孝，就不會得福；在世就不會長壽。做父母的也要

以大衛為鑑戒：我們容易走極端，不是對兒女太寬容、太溺愛、太放縱；就是對兒女太無理，在自己惱怒時、心境不順意時、夫妻鬥氣時就拿兒女出氣。這不是管教，這是無理暴力。這樣的家庭，子女會叛逆出事。

　　14：28-33　「押沙龍住在耶路撒冷足有二年，沒有見王的面。」就逼約押去說情。約押基於自己將來的利益，就去說動大衛與押沙龍見面。父子不見已有五年了。這次見面，「王就與押沙龍親嘴」，表示和好。大衛逃避要求兒子悔改；與接受公義的審判，不對付罪，就馬馬虎虎親嘴了事。妥協的結果，就導致先知拿單說的，「必從你家中興起禍患攻擊你」的預言應驗。

第十講　押沙龍叛　第 15-17 章

15：1-6　「此後」就是大衛與他親嘴。表示父子和好之後。押沙龍便囂張起來，「為自己豫備車馬，又派五十人在他前頭奔走。」顯然王者氣派。他的野心開始顯露，又積極爭取百姓好感。他是一個風度翩翩的美男子，又有一頭美髮，吸引百姓傾心。他贏得民心的方法，是早起便站在城門口，這是古代人民訴訟判斷的地方。押沙龍在這裡攔住訴訟的人，聽取他們的申訴。為迎合百姓的好感，沒有經過查證，就認定他們的爭訟有情有理，在使百姓相信只有他才能解決他們的問題。他聰明，富有說服力，他每日如此收買民心。聖經說：「這樣，押沙龍暗中得了以色列人的心。」押沙龍的這些行動，大衛不可能不知情。那時，他的工作繁多，又加上約押的跋扈，和自己與拔示巴的醜史，使得各方面的人心出現不滿。大衛只有放縱，使得逆子越來越膽大。

15：7-12　「滿了四十年」應是滿了四年之誤。因為，大衛在耶路撒冷作王才三十三年，聖經小字註「四年」合理。這四年是從押沙龍回宮算起，也是得到大衛寬恕之後再兩年。他在暗中收買人心，眼見時機成熟了，他就撒個大謊，對父王說：「求你准我往希伯崙去，還我向耶和華所許的願。」希伯崙是大衛受膏為王的地方，也是押沙龍的出生地。押沙龍探知，可能希伯崙人對大衛把京城轉移到耶路撒冷，又徵稅過高心存不滿，認為民心可用，他要自立為王。除了從耶路撒冷帶去二百人外，還將大衛的謀士亞希多弗也請了去。亞希多弗是拔示巴的祖父（11：3；23：34）是一位足智多謀、受大衛信任的謀士。謀士就如國策顧問、資政之類，地位很高。大衛如此尊重他，應當對大衛盡忠才是，他為什麼會隨押沙龍叛變？有人認為他是報復大衛對拔示巴的無理，使他家蒙受羞辱；又殺了他心愛的孫女婿烏利亞。亞希多弗的變心，使大衛的心傷痛。這可能是大衛寫詩篇 41：9「連我知己的朋友，我所倚靠吃過我飯的，也用腳踢我」的原因。詩篇 55：12-14 也是一樣。「於是叛逆的勢派甚大，因為隨從押沙龍的人民，日漸增多。」15：13-17 押沙龍率眾直撲京城而來，使大衛措手不及，立即決定棄城而逃。大衛是英雄，為什麼不戰而逃呢？ 他是為了避免京城遭到血洗，

應該保存全城人的性命。因為，那個時代的戰爭，勝利者要屠城，雞犬不留。大衛只留下妃嬪十人照料王宮，無意中卻使拿單的預言應驗了。

15：30-31　大衛倉促從耶路撒冷東門逃出，過了汲淪溪，「大衛蒙頭赤腳，上橄欖山，一面上，一面哭，跟隨他的人也都蒙頭哭著上去。」這一幕，在一千年後，有一位比大衛更大；他要坐在大衛寶座上永遠為王的耶穌，也是出了耶路撒冷的東門，同樣走那條路；過汲淪溪；上橄欖山去，在客西尼馬園裡禱告。祂也有一個押沙龍，就是祂自己的門徒猶大，出賣了祂。一般民眾也同樣糊塗，甯可要巴拉巴；不要耶穌。他們亂喊：「釘祂十字架上！ 釘祂十字架上！」主耶穌在客西馬尼園，心裡也是極其傷痛，比大衛更傷痛，汗珠大如血點，滴在地上。大衛一面走一面哭，不但為兒子押沙龍的罪；不但為百姓棄絕他的罪；也為自己的罪，一失足成千古恨。放縱一時情慾，雖然，神赦免了他，但吃罪惡的果子是痛苦的。我們的主耶穌則不然。祂過汲淪溪，在客西馬尼園憂傷悲痛，不是因為祂自己有罪，乃是為了擔當我們的罪；背負我們的痛苦，耶和華把我們的罪孽都歸在祂身上。我們讀到這裡，不能只是去痛恨押沙龍，我們更要知道，我們就是主耶穌的押沙龍。我們要為自己的罪痛哭。

大衛一行出了耶路撒冷，住在郊外的伯墨哈。在局勢垂危之際，就分出敵與友；在亂世中，就分辨出忠與奸，古今皆然。從 15：18 到 17 章中，給我們認識許多政治人物的嘴臉，有忠有奸；許多群眾，有善有惡；也愚有智。那些盲從附和押沙龍的人民日漸增多，這叫我們學習做人的功課；也叫我們分辨身邊的朋友：

1. 以太：　15：18-21 以太是六百基利提人和比利提人的領袖。他們不是以色列人，是大衛外籍兵團，從非利士迦特來的。大衛逃避掃羅追趕時就忠心的跟隨他，從洗革拉、希伯崙，一直跟到耶路撒冷；多年來是大衛的鐵衛軍。以太作他們的指揮官。大衛這時似乎對這批忠心耿耿的老兵，又要隨他奔波受苦於心不忍，有意遣散他們。王對以太說：你們「為甚麼與我一同去呢？……我今日怎好叫你與我們一同飄流……不如帶你的弟兄回去罷！」這以太回答王的話，如同路得回答拿俄米的話，令人肅然起敬。他說：「無論生死，王在那裡，僕人也必在那裡。」以太的忠貞值得欽佩。但他是非利士人，

他為甚麼能說出這樣的話？他說：「我指著永生的耶和華起誓。」他雖是外邦人，這幾十年跟從大衛，受大衛的宗教影響，心已歸向永生神了。他有了神的生命，就願意與神所膏立的王同生共死。這給我們一個亮光，屬基督的都是一個生命共同體，「誰能使我們與基督的愛隔絕呢？難道是患難麼？是困苦麼？……」（羅8：35）

2. 撒督、亞比亞他：　15：24-29　祭司和利未人將上帝的約櫃抬來跟隨，他們忠於上帝的受膏者，讓大衛與神的約櫃同在。但大衛深知，擁有約櫃並不保證神的祝福。從以利的兩個兒子抬著約櫃去打仗，約櫃卻被非利士人擄去，就是個例子。所以，大衛請他們仍將約櫃抬回城去。「我若在耶和華眼前蒙恩，祂必使我回來，再見約櫃，和祂的居所。」這是大衛的信心。倘若不然，他也願順服神的旨意。大衛並且勸他們都回去，因為撒督、亞比亞他都是祭司，沒有危險。託他們收集一點情報，好叫他們的兒子亞希瑪斯和約拿單傳送出來，這對大衛非常有利。於是，他們都隨約櫃回耶路撒冷去了。17：15-22　後來撒督的兒子亞希瑪斯和亞比亞他的兒子約拿單果然從大衛的朋友戶篩那裡得到情報，冒生命危險傳給大衛，因此，大衛能及時過了約但河，逃過押沙龍的突襲。

3. 亞希多弗：　15：31　「有人告訴大衛說：亞希多弗也在叛黨之中，隨從押沙龍。」亞希多弗是大衛的得力幫手，大衛待他不薄。但他不忠於主人，位居謀士。謀士有如資政、國策顧問，是個「智多星」，足智多謀。押沙龍有了他，如虎添翼，這確實是個壞消息，但我們看大衛，是個有神生命的人，他這時處變不驚，立即禱告神：「耶和華阿，求你使亞希多弗的計謀，變為愚拙。」結果，神真使亞希多弗的計謀變為無用。這是大衛對神的倚靠，給我們危機處理的一個示範。

亞希多弗確是個有智略的人。16：20-22 押沙龍率眾進了耶路撒冷，先徵詢亞希多弗的意見：「我們怎樣行才好？」於是，亞希多弗就給他出了第一個餿主意，說：「你父所留下看守宮殿的妃嬪，你可以與她們親近。」他不但不忠於大衛，現在更建議押沙龍犯罪，也不忠於押沙龍。與王的妃嬪親近，就表示有權接收大衛的一切。由此，父子之情斷絕，這是一個毒計。

奪權竊國，誓無反顧。於是，押沙龍就在光天化日之下，公開與他父親的妃嬪親近。這正應驗了先知拿單的預言：「耶和華如是說……我必在你的眼前，把你的妃嬪賜給別人，他在日光之下就與她們同寢。你在暗中行這事，我卻要在以色列眾人面前，日光之下，報應你。」（12：11-12）罪的報應不爽。

17：1-4　亞希多弗又對押沙龍獻計：「求你准我挑選一萬二千人，今夜我就起身追趕大衛。趁他疲乏手軟，我忽然追上他，使他驚惶。跟隨他的民，必都逃跑，我就單殺王一人。」押沙龍和以色列的長老都以這話為美。這個長期跟隨大衛的人，照理應該向大衛效忠，現在轉過來要殺死大衛，真是人心比萬物都詭詐。人心壞，壞在罪。「罪的工價就是死」，亞希多弗的結局就是如此。如果押沙龍採用了他的建議，施行突襲，押沙龍就會成功，大衛便一敗塗地。不過，人算不如天算，在亞希多弗之上，還有一個坐在天上察驗人心肺腑的，祂是公義的審判者，又是天天向惡人發怒的神。神聽了大衛的禱告（15：31），就使用了戶篩。

17：6-22　押沙龍又召戶篩來問他的意見，因為，戶篩也是有名的「智多星」。

戶篩說：亞希多弗這一次的計謀不好。他叫押沙龍想一想，大衛是個勇士，從前都是戰無不勝，攻無不克。現在跟隨他去的勇士如雲，又正在憤怒之中，不易輕易得手。不如召集全國兵力，大舉進攻，如摧枯拉朽，「連一塊小石子都不剩下」。

這正對押沙龍貪愛虛榮的胃口。於是，押沙龍和眾人都以戶篩的計謀比亞希多弗的更好。其實，戶篩是幫助大衛以時間來換取空間，可以渡過約但河重振旗鼓，徐圖再起。將情報利用撒督的兒子亞希瑪斯、亞比亞他的兒子約拿單傳給大衛，大衛就連夜渡河，避開災難。

17：23　亞希多弗見不依從他的計謀，受到挫折。他知道押沙龍這樣必敗，敗時他難逃罪刑，於是，他就騎上驢，回到本城。到了家，留下遺言，便上吊死了。他有下頭的智慧；屬地的智慧；屬魔鬼的智慧，卻沒有上頭的智慧；屬天的智慧；屬神的智慧。他有許多學問、知識，但在神面前卻極其糊塗。亞希多弗就是舊約裡的猶大，他賣了他的主，也如同新約裡賣主的猶大，不忠於耶穌，結局也是吊死了。這也警告我們，忠心是何

等的緊要。要對神忠心，也要對人忠心。我們不要作亞希多弗，更不要作猶大。

4. 戶篩：15：32-37　「大衛到了（橄欖）山頂，敬拜神的地方，見亞基人戶篩。」歷代志上 27：33 稱他為「王的陪伴」。希伯來文「王的朋友」可譯為「皇室顧問」。他是大衛患難中的朋友。患難中的朋友才是真朋友。亞希多弗也是大衛的朋友，在患難時卻賣主求榮。大衛在富貴利達的時候，戶篩不在跟前；大衛痛苦逃走的時候，戶篩撕裂衣服，頭蒙灰塵來接待他；與他同苦。他年已老邁，大衛不忍他跋涉，勸他去假投降押沙龍，好破壞亞希多弗的惡謀。(17：5-16)像這樣的詭計，聖經常有記載，但聖經卻沒有贊許。

5. 洗巴：16：1-4　「大衛剛過山頂，見米非波設的僕人洗巴拉著備好的兩匹驢，驢上馱著二百麵餅、一百葡萄餅、一百個夏天的果餅、一皮袋酒來，迎接他。」洗巴是米非波設的僕人，米非波設是約拿單的兒子；掃羅的孫子；是個殘障人；瘸腿不能行走。大衛為了約拿單的緣故，恩待米非波設，將掃羅的一切田產都歸還他。大衛又特別囑咐洗巴要忠心服事米非波設。洗巴在受命時也曾對大衛說：「凡我主我王吩咐僕人的，僕人必都遵守。」但現在大衛遭難，洗巴帶著大批東西來迎接，初看他是一個又忠心又良善的僕人，替他主人做的事甚好。但從洗巴的答話來看，沒有一句提到他是在為主人辦事。更可惡的，當王問：「你主人的兒子在那裡？」洗巴竟惡意撒謊，毀謗他的主人，說：「他仍在耶路撒冷，因他說，以色列人今日必將我父的國歸還我。」大衛不查，信以為真，竟作了糊塗的決定。「王對洗巴說，凡屬米非波設的都歸你了。」又一個賣主的惡僕，為了達到目的不擇手段。我們讀到這裡，除了掩卷長嘆外，更可將這件事當作一面鏡子，就將人的真相顯露出來了。我們在神的面前，有沒有忠心？「無論作甚麼，都要從心裡作，像是給主作的；不是給人作的。」(西 3：23)

6. 示每：16：5-8　當大衛逃難的時候，忽然來了一個人，是掃羅族基拉的兒子，名叫示每。他與大衛只隔一個山溝。他一面走；一面咒罵。這人膽子真不小。他大聲咒罵大衛說：你這流人血的壞人，去

罷！去罷！你的兒子報應你了。又拿石頭丟擲大衛和王的臣僕。這是乘人之危，簡直是魔鬼行為，極傷人心的就是示每的行為。凡是看人在困苦憂傷中，幸災樂禍、火上加油、傷處加毒、落井下石的，都是齷齪不堪。當時，若不是大衛阻止他手下的將軍，示每早就人頭落地了。（16：9-14）但後來大衛回朝，他是第一個來迎接大衛，請求饒恕的小人。（19：16-20）

大衛受人咒罵，心知這與他犯罪有關，神沒有對他放鬆。他把這咒罵算作神刑罰的一部份。他說：「我親生的兒子，尚且尋索我的性命，何況這便雅憫人呢？」原諒他吧。大衛每次處患難，格外顯出他的信心堅固、人格高尚。他從前怎樣兩次饒了掃羅的命；現在又是忍耐寬容。他有兩個正確的觀念，是我們應當學習的：

(1) 他說：「由他咒罵罷，因為這是耶和華吩咐他的。」耶和華當然沒有吩咐人去咒罵別人。但耶和華既然允許他這麼做，大衛就看這咒罵是從耶和華而來的。好像主耶穌給人凌辱、受人鞭打、被人釘在十字架上，祂都看為是父給他的苦杯。我們若學會大衛這樣的態度，就會有大衛的饒恕度量。

(2) 他說：「或者耶和華見我遭難，為我今日被這人咒罵，就施恩與我。」這是他不為自己報仇；他是將他的事交託耶和華並倚靠祂，滿心願意順服神的安排。

7. 有正義感的人：17：27-29　大衛渡過約但河，到了掃羅兒子伊施波設的臨時京都瑪哈念，聚集兵力。三個有地位的人來支持他：

(1) 亞捫前王的兒子朔比，似乎是今王哈嫩的弟兄。（10：1-4）

(2) 以前接納約拿單瘸腿兒子米非波設的瑪吉。（9：4）

(3) 基列的巴西萊。他年紀已高，但獨有見地，樂於施與，且忠誠不二。

他們都帶著許多食物來供應大衛。「他們說：民在曠野，必饑渴困乏了。」

我們讀了這三章，認識那些人物，對我們有些什麼教訓呢？像押沙龍、亞希多弗、洗巴、示每，就想到耶利米書 17：9 告訴我們：「人心比萬物都詭詐，壞到極處，誰能識透呢？」人都是罪人，罪人都有罪性；罪使人心詭詐；罪教人壞到極處。人不能識透，但神能識透。他們在神的定規下，結局就是滅亡。像大衛，也是人，也有罪性，罪使他犯罪，但他能認罪悔

改。約一 1：9「我們若認自己的罪，神是信實的、是公義的，必要赦免我們的罪；洗淨我們一切的不義。」大衛認罪得赦免；悔改得寶血潔淨，他仍是神合用的器皿。

第十一講　押沙龍敗亡　第 18-19 章

18：1-5　大衛在瑪哈念駐紮，來跟隨他的人漸漸多了。於是，大衛準備迎戰。「數點人數」即召集校閱他們。立千夫長、百夫長管理他們。把這些兵分為三隊，由約押、亞比篩和以太分別率領。雖然大衛的人數較少，但卻是精銳；無論士氣戰技都比押沙龍倉卒聚集的大軍所不能及。加上神的祝福，已註定勝利誰屬了。眾人勸阻大衛「你不可出戰」，因他一人的安危，足以引響全局。另一方面，大衛這時已老了，不再是當年馳騁疆場的戰士了。他們的善意，大衛接受，但切切囑咐他們：「你們要為我的緣故，寬待那少年人押沙龍」，不要傷害他的生命。可是，約押和軍兵看這次造反是件不可寬恕的事。

18：6-18　戰場是在花野叢林間，似乎許多人在險巖岩穴、亂樹叢生中迷路。押沙龍軍大敗。損兵折將二萬多人。9 節「押沙龍騎著騾子，從大橡樹密枝底下經過，他的頭髮被樹枝繞住，就懸掛起來，所騎的騾子便離他去了。」押沙龍的頭髮美而且多，一個身體健壯的青年，精力充沛，從他的頭髮就可看得出來。美髮是活力的象徵。押沙龍生得俊美，14：25-26 說：「以色列全地之中，無人像押沙龍那樣俊美，得人的稱讚，從腳底到頭頂，毫無瑕疵。」特別是他的頭髮，「每到年底剪髮一次……重二百舍客勒。」他也以此為傲。當人自以為有長處可恃時，往往反受其累。兒時課本上的故事，梅花鹿自誇頭上的角比其他動物的角都美，結果就因頭上的美角被樹枝纏住，牠就作了虎狼的美食。押沙龍做夢也沒想到，他的美髮竟要了他的命。這給我們的教訓，人的失敗，不單在他的弱點；更失敗在他自恃的長處。我們不但要謹慎自己的弱點，更不要仗恃自己的特點。

有人告訴約押，押沙龍被橡樹掛起來了。約押聽見押沙龍被掛在橡樹上，就怒責報信的人，你為甚麼不將他殺死？那人說：因為我們聽見王囑咐……：「你們要謹慎，不可害那少年人押沙龍。」你就是有一千舍客勒的賞賜，我也不敢。約押本是個兇狠無情的人，他不願多費口舌，趁押沙龍還未被人救下來，立刻他不顧王命，就手拿三杆短槍，刺透他的心，並留下十個兵丁將他殺死了。（15 節）

　　押沙龍既死，戰爭已失去意義，約押便吹角收兵。他們將押沙龍的屍體丟入坑中，上面堆上石頭，表示紀念；也可能表示憎惡。（書7：26，8：29）給他堆了一大堆石頭，表示對他不齒。正巧對著押沙龍為自己留名在王谷所立的紀念碑，真是一大諷刺。

　　18：19-32　押沙龍死了，戰爭勝利了，撒督的兒子亞希瑪斯迫不及待地想把這個喜訊去報告大衛，約押阻止他去，認為這個訊息對大衛並不是喜訊，得不著獎賞，因此改派古示人去叫他把所見的報告王。古示人即古實人，是個外邦人，他去了。亞希瑪斯不死心，隨後也去了。而且跑得快，他先跑到。王問：「少年人押沙龍平安不平安？」亞希瑪斯也不笨，他避免直接回答這個問題，很技巧的只說：「那時僕人聽見眾民大聲喧嘩，卻不知道是甚麼事。」這無明確主題的訊息，王置之不理。這給我們教訓，傳講信息時，一定要有個主題，不要空洞，叫人摸不清你的目的是甚麼。接著古示人來到，王又心急的問：「少年人押沙龍平安不平安？」古示人就說明押沙龍死了。

　　18：33　「王就心裡傷慟，上城門樓去哀哭。一面走，一面說：我兒押沙龍阿！我兒！我兒押沙龍阿！我恨不得替你死。押沙龍阿！我兒！我兒！」這表現了父母愛兒女的心是神賜人特有的品性。人最像神的一點，就是父母的心。大衛少年時牧羊，受盡白日辛苦；夜間的寒霜，他努力奮鬥，才有今日。沒想到自己少年時沒吃沒息，因此一定要給自己的兒女有好的物質享受。自己少年沒受過正式教育，就要給自己的兒女受良好的教育，甚至各個都拿到碩士、博士學位，將來可以出人頭地；受人尊敬。這是每個作父母的心，大衛也是如此。大衛現在很傷心，那少年人辜負了他父母的心；踐踏了他父親的愛；濫用了他父親給他的環境、機會，竟造起反來、叛逆以致身敗名裂。父親雖是王，還是父親；兒子雖叛逆，還是自己的兒子。大衛聽見兒子被殺，就心裡傷慟，把押沙龍的過錯都忘記了。他就上城門哀哭，一面走；一面哭，說：「我兒押沙龍阿！我兒！我兒押沙龍阿！我恨不得替你死。」這就更可以看出天父愛我們的心。神更是這樣哀慟那些死在罪惡過犯中的人。神現在還是天天在為那些反叛、不知悔改的罪人哀哭。大衛愛子說：「我恨不得替你死！」這就是十字架的奧祕。主耶穌被釘在十字架上，就顯出天父為世人心裡傷痛，要把祂的百姓從罪惡

中救出來。主耶穌為我們罪過被害；為我們的罪孽壓傷。「我兒押沙龍阿！我兒！我兒押沙龍阿！我恨不得替你死。」這是神為罪人憂傷的呼聲。事實上，二千年前那位神的分身，耶穌基督就為我們的罪死在十字架上。在神面前的押沙龍啊！你怎能硬起頸項，忍心不回頭呢？

19：1-8　戰事已經結束，勝利已經得到，但戰士勝利的歡樂，卻被大衛的悲傷所掩沒。大衛如此表現，引起了眾人的不滿。大衛一直為失去的兒子而哀痛；約押則從猶大百姓和大衛家的利益而著急，就大膽地去見王說：「你今日使你一切僕人臉面慚愧了。他們今日救了你的性命，和你兒女妻妾的性命，你卻愛那恨你的人；恨那愛你的人。……現在你當出去，安慰你僕人的心……你若不出去，今夜必無一人與你同在一處。」於是，大衛才出面安撫軍心。

19：9-15　以色列眾支派意見不一。猶大支派因參與押沙龍叛變，自知理虧，沒有迎王的表示。而北方十個支派卻記念大衛救他們脫離非利士人的手和大衛的政績，紛紛要求大衛回來作王。國中沒有王就混亂，大衛不回來作王，國中就無主。現在押沙龍死了，只要王回來，一切的紛擾困難都有辦法，為甚麼不請王回來呢？王曾救他們；王曾為他們造幸福，他們卻去跟押沙龍，現在才想到王的好處。在此，我們應想到：耶穌是我們的救主；是我們的王。以色列人愚昧，就去隨從押沙龍，叛逆大衛王。今天還有許多跟從押沙龍的，悔改吧！為甚麼不請王回來？為甚麼不請王回來坐在你的寶座上呢？

大衛遲遲不回京，差人通知撒督、亞比亞他，去告訴猶大長老說：「以色列眾人已經有話請王回宮，你們為甚麼落在他們後頭呢？你們是我的弟兄；是我的骨肉，為甚麼在人後頭請王回來呢？」雖然他們跟從押沙龍造反，但因骨肉之親，不計前非，且允許押沙龍的元帥亞瑪撒來代替約押為元帥，這樣以取得隨押沙龍叛變軍兵的心，好回頭效忠。猶大人終於回意，迎接大衛。

19：40-43　猶大人大發熱心，擁護王回京，引起以色列支派（北方的十個支派）的猜忌。在迎王的事上沒有協調，猶大支派搶先護送大衛王渡過約但河，直抵吉甲，沒有通知各支派共同參加，因而發生爭吵。以色列人說：「按支派我們與王有十分的情分。」這是指大衛能作全以色列的王，

是因北方以色列十個支派的同意，所以說「比你們更有情分」。「但猶大人的話，比以色列人的話更硬」。從此，很清楚地看見猶大支派與北方以色列十個支派已經意見不合，互相猜疑，暗伏著將來分裂的因子。

19：16-23　在王渡河返京的場合中，出現了那個卑鄙的便雅憫人示每。跟隨示每的還有一千便雅憫人。示每是在大衛出走的時候，又咒罵又拿石頭擲打大衛的人。現在看到叛亂平息了，秋後算帳的時後要到了，就趕快來搖尾乞憐。19：18-19「示每就俯伏在王面前，對王說：我主我王出耶路撒冷的時候，僕人行悖逆的事。現在求我主不要因此加罪與僕人；不要記念；也不要放在心上。僕人明知自己有罪，所以約瑟全家之中，今日我首先下來迎接我主我王。」約瑟家是大家族，以法蓮支派是代表北方十個支派。這次猶大支派迎王，以色列各支派未受通知，沒有趕到，只示每最先來到求饒。亞比篩想起逃難時的那一幕，憤怒地再要想殺他。但大衛阻止說：「今日在以色列中豈可治死人呢？」今日是大赦的日子，豈可使人流血呢？大衛恩免了他，但從後來吩咐所羅門處理示每的事上，證明大衛並未真心寬恕他，示每得到他應得的報償。（王上 2：8-9，36-46）

那賣主求榮的洗巴也來了，帶了他十五個兒子，二十個僕人，浩浩蕩蕩滿面春風的來迎王。因為他誣告他的主人欲恢復掃羅王位，因此大衛將米非波設的全部產業都賜給了他，顯然是個大財主了。

19：24-30　約拿單的兒子米非波設也下去迎接王。大衛記得洗巴在他面前控告他主人的話，王問：「米非波設，你為甚麼沒有與我同去呢？」米非波設回答說：「僕人是瘸腿的，那日我想要備驢騎上，與王同去，無奈我的僕人欺哄了我，又在我主面前讒毀我……你看怎樣好，就怎樣行罷。」他的說法與洗巴不同。王見米非波設「沒有修腳；沒有剃鬍鬚；也沒有洗衣服」，極其關心大衛，不像是一個忘恩負義的人。可是，王已答應把米非波設所有的產業（就是掃羅家的產業）都給洗巴，話已出口怎能反悔，兩人的話又無從證實，「明智」如大衛竟也輕聽小人言，使無辜的米非波設蒙不白之冤。大衛說：「你與洗巴均分土地。」這樣的判決，總不完全使人滿意。米非波設在此的態度勝於王的態度多了。米非波設是個忠厚守分的人，他對王說：「我主我王既平平安安的回宮，就任憑洗巴都取了，也可以。」可見米非波設對王的忠心，無怨無悔。

　　19：31-39　巴西萊這個長者給我們的印象太好，他高齡、高位、忠誠、有禮、有愛心、有高超的品格。他在瑪哈念供應逃難的大衛食物甚豐，現在大衛回朝，他又送王渡約但河。王領他盛情，請他入宮，接受永久居住宮中的榮譽，他卻以年老髮白為辭。他是一位不戀世俗的高逸隱士，如閒雲野鶴，無拘無束生活，只遣子金罕在大衛身邊，其後王吩咐所羅門厚待之。（代上 2：7）大衛是個恩怨分明的人。

第十二講　示巴叛　第 20-22 章

20：1-2　為迎王的事，以色列人與猶大人鬧得很不愉快。「在那裡」，就是在吉甲那裡，恰巧有個匪徒，名叫示巴，是便雅憫人。他趁機挑撥起族群對立。他號召人說：「我們與大衛無分；與耶西的兒子無涉。以色列人哪！你們各回各家去罷。」他口裡的「以色列人」就是除南方猶大和西緬支派以外的十個支派的人。示巴慫恿北方十個支派退出統一的大衛王國，這是基於掃羅家和大衛家的政治恩怨；也是便雅憫人與猶大人的族群舊恨，示巴想把大衛的王位再歸給便雅憫而從中鼓勵。「於是以色列人都離開大衛，跟隨比基利的兒子示巴」去了。

20：3-10　對大衛來說，這新一波的反動，確實令他煩亂不安。他剛平息了押沙龍的叛亂，又出現示巴的叛亂。但大衛總能掌控局勢。他隨即差派新任元帥亞瑪撒去猶大招兵平亂。

大衛回到耶路撒冷宮中，首先面對的是那看守宮殿的十個妃嬪。她們曾在光天化日之下被押沙龍強暴。她們無辜，但對大衛是極大的羞辱，怎能再把她們納入王室女眷呢？於是把她們收入禁宮養活她們，如同寡婦，直到死的日子。這在宮廷裡是常見的事。

大衛把緊急動員平亂的事交託新元帥亞瑪撒，限他三日內將猶大人招來勤王。亞瑪撒似乎沒有號招力，遲遲沒有結果。大衛對亞瑪撒的信心開始動搖。基於速戰速決的重要性，又不想再用約押，便命令約押的兄弟亞比篩率領精銳核心部隊去鎮壓叛亂。約押雖不是軍中元帥了，但他也和基利提人、比利提人隨軍出征，軍士對約押很崇拜。這場戰爭，實際上是約押在作總司令。

大軍到了基遍，亞瑪撒來迎接他們。亞瑪撒是約押的表兄弟，雖是至親，但政治利益不同。約押對亞瑪撒說：「我兄弟，你好阿！」用當時亞拉伯、以色列的行禮方法，右手抓住亞瑪撒的鬍子，要與他親嘴。亞瑪撒沒有防備，約押就用刀刺入他的肚腹。他的腸子流在地上，就死了。約押這個人陰險而兇狠，這是他第二次犯謀殺罪。從前掃羅的元帥押尼珥來見大衛計議擁立他作以色列王時，約押知道了，為了不讓押尼珥分享他的政治

權力，就領他到城門的甕洞，假裝要與他說機密話，就在那裡，也是用刀刺入他的肚腹，他就死了。（撒下 3：27）

新約裡有個猶大，像約押一樣，用親嘴的方式出賣耶穌。他帶兵丁去客西馬尼園向耶穌請安，就與耶穌親嘴。耶穌對他說：猶大！你用親嘴的暗號賣人子麼？（路 22：48）大衛寫的詩篇 41：9 說：「連我知己的朋友，我所倚靠喫過我飯的，也用腳踢我。」這是大衛的經歷。他又在詩篇 55：12-13 說：「原來不是仇敵辱罵我。若是仇敵，還可忍耐；也不是恨我的人向我狂大。若是恨我的人，就必躲避他。不料是你！你原與我平等，是我的同伴；是我知己的朋友。」人生遭到的事，最痛苦莫過於這種「用親嘴殺我」、「朋友用腳踢我」、口蜜腹劍、口是心非、笑面虎的人。但這種人有禍了；約押有禍了；猶大有禍了。神不會放過他們，最終難逃報應。我們在人生的道路上，要時時求神救我們脫離像約押、像猶大的手；也求神救我們不作約押和猶大。

20：10-22　約押雖然謀殺了元帥亞瑪撒，但追趕示巴的行軍並未遲延。軍中將士視約押為英雄，願意接受他的領導，說：「誰喜悅約押；誰歸順大衛，就當跟隨約押去。」他的部隊和亞瑪撒的部隊都跟隨他，終於在伯瑪迦的亞比拉追上示巴，示巴在這裡聚集了很多志願軍。亞比拉在約但河上游；加利利北；呼勒湖（即米倫湖）西北十二哩，是個大城。約押就將亞比拉團團圍住，築起高壘，好用錘撞破城牆。當時有個智慧的婦人對約押說（18 節）：「古時有話說，當先在亞比拉求問，然後事就定妥。」意思是亞比拉是個有名的智慧城，你做事，當先問了再作，就不會錯。這句格言，難道你忘記了麼？「我們這城的人，在以色列人中，是和平忠厚的。」你為什麼不照摩西的律法，先問了再攻城呢？申命計記 20：10-13 規定，要先去招降；若不成，再攻城不遲。約押對她說：我們只要叛賊示巴一個人。你們若將他交出，我們便離開這裡。那婦人說動人去把示巴的頭割下，從城上丟給約押。於是，約押就吹角收兵，回耶路撒冷報捷。離心的民眾都歸向大衛，再次成為統一的王國。

20：23-26　「約押作以色列全軍的元帥。」約押跋扈。雖不得王寵，但他在軍中數十年，植根深厚，大衛也奈何不了他。他仍任元帥職位，直到後來參與亞多尼雅陰謀奪權時，為所羅門所殺。（王上 1：7，2：28-35）

其他官員與八章十五、十八節比較，多了服勞役的官和宰相。服勞役的官是專管外邦俘虜的勞動營。

從 21-24 章是撒母耳記上、下的附錄，不是按年代次序；只是將某一個特殊發生的事補記出來，使大衛一生的歷史完整。這附錄分成六個單元，記了六項事：

(1)大衛將掃羅的七個兒子交給基遍人，以償還當年的血債。(21：1-14)

(2)非利士四個偉人之死。(21：15-22)

(3)大衛戰勝敵人的感恩頌詩。(22：1-51)

(4)大衛的遺言；也是一首短詩，感謝父神的慈愛。(23：1-7)

(5)大衛三勇士和三十勇士。(23：8-39)

(6)大衛核點以色列和猶大人數的後果。(24：1-25)

21：1-14　這是特別提到神施行公義的報應，發生在大衛剛作以色列王的時候。當時國中有饑荒，一連三年。第一年人不注意；第二年人才開始警覺；到第三年才知道事態嚴重，於是求問耶和華。耶和華的答覆：「這饑荒是因掃羅、和他流人血之家，殺死基遍人。」掃羅殺基遍人之事，其他地方沒有記載，顯然是發生在他作王的早期，可能是基於極端的民族主義意識。因為基遍人佔據之地是便雅憫支派分得之地。這有什麼不對呢？「原來這基遍人不是以色列人」；他們是迦南地的原住民亞摩利人中所剩餘的。亞摩利人是迦南原住民的統稱。(創 15：16，書 24：18，士 6：10，摩 2：10) 但約書亞征服迦南時，基遍人佯裝自遠方來，與以色列人媾和，願世世代代服事他們。於是，約書亞和以色列眾長老與他們立約，又奉神的名起誓不殺他們。(書 9：15、18-26) 這是國際條約。掃羅何時撕毀這約；如何殺基遍人，聖經沒有記載。這裡只講掃羅為以色列和猶大人發熱心，想討好以色列人。大衛登基後，神降饑荒要大衛處理這樁冤案，施行報應。大衛問基遍人：「我當為你們怎樣行呢？可用甚麼贖這罪？」「贖罪」意即遮蓋。贖罪可以用金錢作贖價，叫作血錢；也可以用復仇的律法來解決。「基遍人回答說：我們和掃羅與他家的事並不關乎金銀；也不要因我們的緣故殺一個以色列人。」冤有頭；債有主；血債血償。「現在願將他的子孫七人交給我們。」七是聖數，代表完整。「我們好在耶和華面前，將他們懸掛在耶和華揀選掃羅的基比亞。」大衛答應，但保留了約拿單的兒子米非波設，

不交出來。可見這件事發生在大衛恩待米非波設之後，押沙龍叛變之前。大衛把掃羅的妃子利斯巴（這利斯巴就是押尼珥與之同寢，因伊施波設之責備，押尼珥憤而投靠大衛。）給掃羅生的兩個兒子亞摩尼、米非波設和掃羅女兒米甲的姐姐（米拉）所生的五個兒子都交在基遍人手裡。基遍人就把他們在耶和華面前懸掛在山上。因神已棄絕掃羅，除約拿單的兒子米非波設這一支外沒有任何掃羅後裔被列在其中。被殺的時候，正是收割的日子。四月間是收割大麥的時候；十月開始秋雨季節。

　　愛雅的女兒；掃羅妃子利斯巴就搭棚看守諸屍，防止鳥獸所殘，晝夜不離，直到天降秋雨，這期間歷時五月之久。這是何等多情動人的事。大衛感其真情，取七人之骸骨與掃羅、約拿單之骸骨合葬於便雅憫之洗拉；掃羅父基士的墓中。如此，饑荒停止。

　　21：15-22　這四段與非利士人有關的事件（21：15-17、18、19、20-21）很難確定其年代、次序。每段都說到大衛的一個勇士殺死一個偉人的兒子。他們被稱為迦特偉人的兒子，當為亞衲族人。約書亞征服迦南，只把山地的亞衲族人翦除了；在迦薩、迦特和亞實突有留下。（書 11：21-22）但十九節說：「伊勒哈難殺了迦特人歌利亞。」在撒上 17 章裡清楚地告訴我們，迦特人歌利亞是大衛所殺。究竟是誰殺了歌利亞呢？對照歷代志上 20：5，記的是同一件事。那裡卻說：「睚珥的兒子伊勒哈難，殺了迦特人歌利亞的兄弟拉哈米。」這是最早抄寫撒下 21 章的人弄錯了。

　　22：1-51　第三個附錄是大衛感謝神的詩歌。這首歌與詩篇 18 篇相同，不同之處很少，這可能是大衛的原稿。詩篇十八篇第一節是大衛增加的一句：「耶和華我的力量阿，我愛你！」撒下廿一章是大衛登基戰勝四圍外敵之後，與拔示巴犯罪之前寫的，是紀念本人的艱難經歷。因靠神得勝一切仇敵，心中充滿感謝，向神所說的話。由此可知，大衛的信仰、品性、人格。讀了這首詩，特別使人注意到的，就是「我的」兩個字，他一連用了十次。2-3 節他說：「耶和華是我的巖石、我的山寨、我的救主、我的神、我的磐石、我所投靠的，他是我的盾牌、是拯救我的角、是我的高臺、是我的避難所。」大衛之所以為大衛，即在乎他與神的關係。在他看，神不是一種理想；不是一種學說；不是一種知識；不是一種宗教；也不是一種討論的問題。在他看，神是他的救主；是他的磐石；是他的盾牌；是他的

能力；是他的倚靠；是他的避難所。總之，神是他的一切。

　　譬如水和糧，我們只把它當作問題來研究，對我們就毫無意思；若不開口吃喝，討論再多也無益處。一個在健身房學習游泳的，學了再多的理論，跳下水還是會淹死。許多在討論有神無神；在證明有神無神，他們從不進到神面前；沒有與神相交；沒有與神和好，他還是他；神還是神。若不嚐嚐主恩的滋味，怎麼知道是美善？若不與神親近、交通，神與他；他與神只不過是知識。天天研究；天天討論，他就不是神的；神也不是他的，他與神發生不起關係。大衛不然，他看神是他自己的。「我的」兩個字最寶貴。「神是救主」與「神是我的救主」差別很大；「神是能力」與「神是我的能力」差得很遠；「神是避難所」與「神是我的避難所」大有分別。神是我的，就是神的一切都是我的，我可自由支取。

　　羅馬書 15：9 引用這歌第 50 節：「我要在外邦中稱謝你；歌頌你的名。」這歌雖是大衛的經歷，但已超過了他的生平，隱指那位比大衛大的後裔－耶穌基督，有預言性的。從 44-51 節都是隱指基督。因為，只有彌賽亞是耶和華的受膏者，當祂得國時，不但以色列人，列國外邦也必要來敬拜祂；事奉祂。

第十三講　大衛數點 百姓遭災　第 23-24 章

23：1-7　「以下是大衛末了的話」，這應該是大衛最後一個用詩體寫成的話；是耶和華的靈藉著他的口說的；是一首靈感最高的詩歌，宣示神奧祕的旨意：預言將來的事，必有一位理想的君王，他是「以公義治理」萬民的公義之王。他「如日出的晨光」那樣受歡迎。如「雨後的晴光」那般清爽，他是賜福百姓的。大衛自知本身距理想的君王太遠，他不配稱為理想的君王；但他堅信神與他所立的永約，應許這理想的君王，必自大衛的後裔出來。

23：8-39　這是大衛手下的勇士名錄，看撒上 22 章就知道，這些勇士原來都是受壓迫的、欠債的、心裡苦悶的、社會所遺棄的人。他們投靠大衛後，受了大衛的訓練；人格的感化，居然成了立大功、建大業的勇士。這些勇士可分成三批：

第一批，8-12 節三個特殊功勞的勇士；一個是革捫人約設巴設，是這三勇士的首領。代上 11：11 叫他雅朔班，一時殺了三百人。一個是亞合人以利亞撒，擊殺非利士人，直到手臂疲乏，手粘住刀把。一個是哈拉人沙瑪，單獨在紅豆田裡與非利士人交戰，擊殺非利士人。這三勇士是以他們殺了多少人來代表他們的勇，但在基督耶穌手下作門徒；作精兵；作勇士的卻是以救了多少人為榮耀。

第二批，13-21 節記的三個勇士，顯明怎樣的愛大衛；願為他捨命。大衛的本鄉伯利恆被非利士人佔據。15 節說：「大衛渴想，說，甚願有人將伯利恆城門旁，井裡的水，打來給我喝。」他並沒有吩咐誰，即有三勇士，一個是約押的兄弟亞比篩；一個是耶何耶大的兒子比拿雅；另外一個不知名的，18 節說，他們「闖過非利士的營盤，從伯利恆城門旁的井裡打水，拿來奉給大衛。」這轟轟烈烈的壯舉，大衛「卻不肯喝，將水奠在耶和華面前，說，耶和華阿，這三個人冒死去打水，這水好像他們的血一般，我斷不敢喝。」可見大衛怎樣愛他手下的勇士。有人說，僕人分為四等：第一等是知道主人的意思，不待吩咐就去作那合乎主人願望的事；第二等，只要主人一開口，即刻去遵照辦理；第三等是主人吩咐一遍還不夠，一定

要再三的催促才會去辦事；第四等的人，有主人的命令還不夠，陽奉陰違，必須加以刑罰威脅，用獎賞利誘，他才去做。大衛的這個僕人應都屬於第一等。今天研讀到此，我們作基督徒，就是基督的僕人，自己評斷是屬於那一等。

第三批，23：24-39 一共列了三十個勇士的名字。查歷代志上 11：26-47 卻多了十六個，這中間包括了陣亡和已退職的勇士；約押是元帥，所以名字不在名單上面。

24：1-16　「耶和華又向以色列人發怒。」耶和華為什麼又向以色列人發怒？肯定是以色列人又不斷地得罪了神。有人認為這是由於百姓支持押沙龍和示巴叛亂，反對神所揀選；所膏立的王。若是這樣，這件事的發生一定在 15-20 章之後不久。耶和華「就激動大衛，使他吩咐人去數點以色列人和猶大人。」但聖經裡說，這次數點人數神很不喜悅。那麼耶和華為甚麼又要激動大衛去做呢？聖經肯定地告訴我們，神不會誘人入罪。（雅各書 1：13-15）這裡的「激動」是神許可的意思，許可誰去激動？歷代志上 21：1 說：「撒但起來攻擊以色列人，激動大衛數點他們。」這是神允許撒但去激動大衛。雖然出於撒但，還是得了神的許可。正如神允許撒但去試探約伯，又如神允許撒但入了賣耶穌的猶大心裡。撒但試探是叫人入罪，大衛這次數點百姓，就受到神的刑罰。現代許多國家都有戶口清查、戶口校正；美國也有人口普查，難道都是罪麼？不！大衛數點人數本身並不是罪，如同亞當夏娃吃果子，本身並不是罪。那件事之所以成為罪，在乎他行事的動機。

大衛差約押從北邊國界的但，到南邊國界的別是巴都要數點，雖然約押直諫不可，但大衛堅持。約押這次表現很好，他裡面並不是沒有美德，但他的殘忍，拔扈常叫他的美德失去光彩。約押無奈，只好遵命帶領部下花了九個月零廿天，完成使命，回報大衛，以色列中能拿刀上陣的有八十萬，猶大中有五十萬，共有一百三十萬。這時大衛忽然醒悟過來，他就心中自責，禱告耶和華說：「我行這事大有罪了。」當日以色列人在曠野，神兩次吩咐摩西數點會眾，不以為罪，為什麼這時自責定罪呢？因為他動機不良：

1. 數點百姓動機之一，是兵役登記。後來約押數完回報拿兵器可上陣

作戰的有一百三十萬，多麼超強的武力？顯出他的驕傲，竊奪了神的榮耀。

2. 數點百姓動機之二，是好按人丁徵稅，失去對神的倚靠心。

3. 神應許對亞伯拉罕的子孫如天上的星、地上的沙那樣無數，大衛竟去數算，失去對神的信心，所以神必刑罰。

這時神就打發先知迦得去見大衛說：「耶和華如此說，我有三樣災，隨你選擇一樣，我好降與你。」(1)你願意國中有七年饑荒呢？(2)你願在敵人面前逃跑，被追逐三個月呢？(3)或在你國中有三日的瘟疫呢？這三樣災，饑荒，戰爭，瘟疫，都包括在不守神的誡命律例的咒詛中。(申 28:15-26)「大衛對迦得說：我甚為難，我願落在耶和華的手裡，因為他有豐盛的憐憫，我不願落在人的手裡。」大衛的揀選是不錯的，落在神的手中，遠勝於落在人的手中。所以神降瘟疫，民間死了七萬人。當「天使向耶路撒冷伸手要滅城的時候，耶和華後悔，就不降這災了。吩咐滅民的天使說：夠了！住手吧。」我們的神就因憐憫，從他的威嚴中顯出慈愛來。

雖然起因是「神向以色列人發怒」，才引起撒但要攻擊以色列人。俗話說打蛇先打頭，擒賊先擒王，撒但攻擊以色列人就先攻擊大衛王。神也容許撒但試探他的僕人，以試驗他信心。撒但的試探是一回事，我們接不接受試探又是一回事。我們雖不能禁止雀鳥從頭上飛過，但我們可以禁止在我們的頭上築窩。因此我們不能每次犯罪都怪在撒但頭上；應當責怪自己的軟弱，給魔鬼留了地步。魔鬼要攻擊以色列民，就先攻擊大衛。這給我們一個很緊要的教訓：一國的元首，或是一國的政府行惡，全體民眾因而受罰，乃是因全體民眾的罪惡，該受刑罰。因為元首和政府是從民間產生，尤其是民主社會，如民眾討神喜悅，神就會賞賜他們一個好領袖和廉能的政府。民眾作惡得罪神，反叛神，神就會向他們發怒，他們的王就會數點他們，戰爭不就是這樣產生麼？

24:17-25　看這件事，選民如何恢復神人之間的關係，是我們效法的榜樣：

第一，大衛認罪。大衛懺悔說：耶和華阿，「我犯了罪，行了惡，但這群羊作了甚麼呢？願你的手攻擊我，和我的父家。」大衛有許多人的軟弱，在他一生最後的歲月中，面對災禍，仍不失其一代偉人的胸襟。他目睹國

人受瘟疫之苦，便向神哀求：數點百姓是我，我願為自己的行為負責，寧願自己為全民受刑罰，求神不要攻擊這無辜的羊。他謙卑下來，驕傲除去了，他徹底悔改了，大衛之所以成為合神心意的人，就是他在什麼事上跌倒，就在什麼事上立即悔改。箴言 24：16 說：「義人雖七次跌倒，仍必興起。」今天許多基督徒學大衛犯罪，卻不學他悔改；且以他的犯罪為藉口，卻不以他的認罪為榜樣。有位聖徒說：「我們不必看重人的跌倒失敗，卻要注意他跌倒失敗後的光景，大衛失敗後的傷痛，值得我們作為鑑戒；他失敗後的復興，值得我們效法。」

　　第二，大衛獻祭。24：18-25　大衛照著先知迦得的話，親自去到那布斯人亞勞拿的禾場。亞勞拿不是以色列人；是那布斯人；是耶路撒冷的原住民。大衛不是差人去與亞勞拿交涉；也不是請亞勞拿來面商，乃是親自到了亞勞拿的禾場。大衛辦神的事，是身體力行。大衛為這事，不看重自己王的身份來見亞勞拿，及至說明來意，亞勞拿對大衛說：「你喜悅用甚麼，就拿去獻祭。」他願將牛和柴白白的奉獻。大衛答他的話，更是可敬，是我們基督徒的金石良言。「我必要按著價值向你買，我不肯用白得之物作燔祭，獻給耶和華我的神。」我們獻給神的應出自我，不要慷他人之慨。否則，所獻的在神面前亦無價值。大衛用五十舍客勒銀子向亞勞拿買了禾場與牛，在那裡築了一座壇，獻上燔祭與平安祭。燔祭的意義是完全奉獻，平安祭的意義是酬恩，又叫酬恩祭。大衛向神表示，全民再次將自己完全歸向神，又向神獻上感恩的祭，如此，神人就恢復了和平，「瘟疫在以色列人中就止住了。」希伯來書9：22 告訴我們：「若不流血，罪就不得赦免了。」非流血，神人中間的和平就不能恢復。亞勞拿禾場後來成為所羅門建殿的地址，即今耶路撒冷的金頂回教寺建在上面；也是今日以色列與巴勒斯坦流血衝突的根本問題。

　　經過這次事件，人與神和好，是因大衛的認罪、悔改的禱告、代求和獻祭。大衛是今天我們與神和好的榜樣。但所獻上的祭物，已不再是牛羊，牛羊的血斷不能除罪，而是那位將自己一次獻上，成了永遠贖罪祭的 耶穌基督（來 7：27，9：11-12）；也就是大衛之約中，神所應許那一位大衛的子孫救世主。

卷六　列王紀上

第一講　列王紀上介紹

　　列王紀是一部繼撒母耳記的以色列建國歷史，在希伯來文版本並無上下之分，從所羅門即位起，到西底家國亡被擄結束，時間計約三百八十五年，給我們展示了以色列歷史中，至高的榮耀和至深的悲劇。無論個人的福禍和國運的興衰，都聯於他們與耶和華所立的約，其間都可看見神在掌管歷史。無論個人、國家，甚麼時候順從神，那就幸福、豐盛、平安、能力；甚麼時候悖逆神，與神不合時，那就是禍患、痛苦、軟弱、滅亡。神在天上為王，掌管人間國權。人失敗；神不會失敗，神決不因人的失敗而廢掉祂的旨意；且藉著人的失敗，成功了祂的旨意。列王紀的記錄，給我們啟示了至深的屬靈教訓，和預言的真實。這其間，預言應驗至少十一次之多（如撒下 7：13，王上 8：20，11：29-39，12：15，13 章與王下 23：16-18）。列王紀分上下，始於主前二世紀七十士譯本。我們研讀列王紀上，可分幾個重點：

　　1. 列王紀上共二十二章，明顯的分為兩個部份：從 1-11 章是記所羅門昇平之治。那是以色列極光輝的全盛時期，共四十年。所羅門是繼掃羅、大衛統一的王國。後面 12-22 章是記所羅門死後，國就分裂

了：北邊十個支派擁立耶羅波安建立了一個以色列國；南邊所羅門的兒子羅波安與西緬支派和利未人就稱為猶大國。從此，南北分治了二百一十年。為什麼一個統一的王國會分裂？由光榮而衰敗呢？基本原因在 11：11-13 劃出一個分水嶺，「所以耶和華對他（所羅門）說，你既行了這事（指寵異族女子，及建邱壇祭拜外邦偶像），不遵守我所吩咐你守的約和律例，我必將你的國奪回，賜給你的臣子（指後來的耶羅波安）。然而因你父親大衛的緣故，我不在你活著的日子行這事；必從你兒子（羅波安）的手中將國奪回。只是我不將全國奪回，要因我僕人大衛，和我選擇的耶路撒冷，還留一支派（西緬支派）給你的兒子。」

　　在列王紀上裡，是記南北朝分治約八十年的前期歷史。其中，南國猶大四個王在位，有兩個好兩個壞。而北方以色列國，在這短短的八十年當中，出現了八個王，發生了三次篡位的事。對一個國家來說，那就不是一件好事；更差勁的是這八個王中，沒有一個是好的。當時的國家情形，就可想而知了。

　　2. 列王紀上最初的十一章，是記所羅門的昇平之治，那是以色列歷史上極光輝燦爛的時期。所羅門是個特殊人物：

⑴從歷史看，他是代表以色列歷史中最昇平繁華的巔峰；他的統治是希伯來歷史中最璀璨的黃金時代；他的財富是空前的。時至今日，猶太人雖然掌控了世界財經的牛耳，還不及所羅門的那個場面。主耶穌也曾提過所羅門的榮華。（太 6：29）所羅門是最後一個統治以色列的王，他傳位給羅波安後，國就分裂了，此後就沒有統一過。直到基督以大衛的苗裔再來，以色列不會有人再坐上寶座作以色列統一的王。

⑵從個人看：他是個極聰明而又極糊塗的人。以他超人的智慧，叫當時的人，驚奇得不敢置信；使示巴女王「就詫異得神不守舍」。（10：5）所羅門為神所建的聖殿，莊嚴、宏偉、精美、豪華，被譽為古代建築的奇蹟。全殿都貼上金子，是古時建築一大奇觀。至於所羅門獻殿時的禱詞，使人不得不稱讚他屬靈的深度。他的政治非常成功；他的經濟是奇蹟；他的外交很卓越，但他的道德操守，卻與神

賜他的智慧、知識大不相稱。他後期生活荒唐，好聲色犬馬，多納妃嬪。11：1-3「所羅門王在法老的女兒之外，又寵愛許多外邦女子，就是摩押女子、亞捫女子、以東女子、西頓女子、赫人女子⋯⋯所羅門有妃七百，都是公主；還有嬪三百。這些嬪妃誘惑他的心。」所羅門又愛慕這些女子，便隨從她們去向別神燒香獻祭。他跌倒了，比他的父親跌得更重；失敗得更慘。他年老時覺悟，曾作箴言三千句、詩一千零五首。有箴言書、傳道書、雅歌書三卷留之後世。他雖不像掃羅那樣公然反叛神，悔而不改；也沒有他父親大衛那樣對神熱愛、倚靠、順服。他雖然逃過了神對掃羅的那樣咒詛；卻也失掉了神對大衛的那種祝福。

(3) 就象徵說：他是預表基督千禧年之太平國的。所羅門昇平之治，是最能預表基督再來作王的情景。那時的國度，將是以賽亞書 2：4 說的：「這國不舉刀攻擊那國，他們也不再學習戰事。」又如以賽亞所預言的：「豺狼必與綿羊羔同居；豹子與山羊羔同臥；少壯獅子、與牛犢、並肥畜同群，小孩子要牽引他們。牛必與熊同食；牛犢必與小熊同臥；獅子必吃草與牛一樣。吃奶的孩子必玩耍在虺蛇的洞口；斷奶的嬰兒必按手在毒蛇的穴上。

在我聖山的遍處，這一切都不傷人；不害物。」（賽 11：6-9）這是彌賽亞國度的平安與安息，這比所羅門為甚。

3. 12-22 章，所羅門死後，國就分裂了。分裂的原因是所羅門晚年，王宮開支浩繁；土木頻興；百姓賦稅苛役過重。所羅門死後，他的兒子羅波安少不更事，想用高壓政策平息民怨，結果使十個支派從王國裡分出去。所羅門的臣子耶羅波安被擁立為王，在示劍另立國都，（後遷往得撒） 稱以色列國。從此南北對立，成為兩個水火不容的國家。

耶羅波安為了阻止百姓去耶路撒冷獻祭守節，於是另設祭壇敬拜中心，認為若不如此，「恐怕這國仍歸大衛家。」他便作了兩個金牛犢，一個安放在北端的但，一個安放在南方的伯特利。12：28 對百姓說：「這就是領你們出埃及地的神。」固然他存心不是用金牛犢來代替耶和華，引民拜偶像；只是以金牛犢來代表耶和華。12：30 說：「這事叫百姓陷在罪裡。」除

此之外，耶羅波安又在邱壇那裡建殿，隨己意立了不屬利未支派的凡民為祭司。為要與南國猶大不一樣，就自定八月十五日為他們的節期，代替住棚節。而且自己上壇獻祭。（12：31-32）這些妄為，都招致神的憤怒。耶羅波安的墓誌銘十分可怕：「尼八的兒子耶羅波安使以色列人陷在罪裡。」這樣，北國以色列十九個王，個個都以此蓋棺論定，「行耶和華眼中看為惡的事，犯尼八的兒子耶羅波安使民陷在罪裡的那罪。」就是指拜金牛犢的那罪。

4. 列王紀上最後六章，全是記載先知以利亞在北國的事奉。先知有兩種：一種是話語的先知；一種是行動的先知。以利亞不是話語的先知，他沒寫過一章聖經；他是行動先知，他所作的幾乎全是神蹟。他必是個魁梧高大、碩壯黝黑、性格豪邁、外型粗獷、髮髭蓬亂，身穿駱駝毛衣；聲音嘹亮；行蹤飄忽的山野村夫。

17：1　介紹他是「基列寄居的提斯比人以利亞。」他是個奇特人物，有如從天而來。介紹他好似介紹麥基洗德，未言他的出身，好似無父無母、無種族（支派）、無國度（南國或北國）、無家鄉（提斯比在聖經裡無此地）、亦無名字（以利亞不是他的名字，Elijah 拆開來：El 是神；jah 即永遠常在者；中間那個 i 是小我，把三個字連在一起，即小我常住在神裡面的人。他不屬這世界，毫無世界關係連累，故可無畏怯；無顧慮；敢大膽直言。他性如烈火，有烈火先知之稱。他生平不離火字，他曾求天降下火來焚燒祭物；他也兩次用火燒死來擒他的兵丁；最後他乘火車火馬升天。聖經裡有兩位沒有經過死亡被神接去的人，一個是以諾；一個便是以利亞。

當亞哈王時代，王和王后耶洗別行惡甚重，在以色列歷史上是最黑暗的，當此時，以利亞突然出現在亞哈王面前。他有膽量；有信心 ；有能力，挽回了民眾的信仰；改變了國家的命運。他是個奇特人物，在耶穌登山變像時，「忽然有摩西、以利亞向他們（門徒）顯現，同耶穌說話。」（太 17：3）舊約聖經最後兩節預言：「看哪！耶和華大而可畏之日未到以前，我必差遣先知以利亞到你們那裡去。……」（瑪拉基書 4：5-6）在新約最後一卷的啟示錄十一章裡，說到有兩個見證人，身穿毛衣。許多解經家說，其中一個就是以利亞。

5. 列王紀最令讀者困惑的，就是紀元問題。以色列通常採用的年代系

統，乃是照列王在位的年代。直到主後第二世紀，拉比們覺察到所記載的列王在位年代，顯然有許多重疊。一個原因，由於他們常把一年的一部份，當作整年來計算。如前王在位最後之年，又為後王登基之年，兩王都分別計算在作王的年代裡。另一原因，由於父子共治，年輕的兒子攝政期間，都分別計入父子作王的年代裡。這樣，年代就虛而不實。歷代聖經學者從亞述碑文和巴比倫諸王的年表中，找出一些可供對照的補證，並從歷史研究中解決了一些難題。雖然如此，各聖經學者所製的年表，也略有出入。本講章所附的年代表，是採用中華福音神學院張宰金、梁潔瓊合譯吳理恩著的「以色列史綜覽」的年代，與聖經列王年代對照，給我們查考以色列歷史很大的幫助。據此推算，以色列分裂應在主前 931 年，撒瑪利亞淪陷於亞述當在主前 722 年，耶路撒冷被毀於巴比倫是主前 586 年。

列王年代對照表

北國以色列

神的政	人的政治				
先知	王	王位	評價	作王年	公元前
亞希亞	耶羅波	分裂	惡	22	931-910
	拿達		惡	2	910-909
耶戶	巴沙	篡	惡	24	909-886
	以拉		惡	2	886-885
	心利	篡	惡	7天	885
	暗利	篡	特惡	12	885-874
	亞哈		最惡	22	874-853
	亞哈謝		惡	2	853-852
以利亞 以利沙	約蘭		惡多	12	852-841
以利沙	耶戶	篡	惡多	28	841-814
	約哈施		惡	17	814-798
	約阿施		惡	16	798-782
約拿,阿摩司,何西阿	耶羅波安二世		惡	41	793-753
何西阿	撒迦利雅		惡	6個月	752
	沙龍	篡	惡	1個月	752
	米拿現	篡	惡	10	752-742
	比加轄		惡	2	742-740
	比加		惡	20	752-732
	何細亞		惡	9	732-722 國亡被擄
	19王				共計210年

列王紀上

列王紀下

南國猶大

神的政治	人的政治				
先知	王	王位	評價	作王年	公元前
示瑪雅	羅波安	繼承	惡多	17	931-913
	亞比央	繼承	惡多	3	913-911
亞撒利雅	亞撒	繼承	善	41	911-870
	約沙法	繼承	善	25	873-848
	約蘭	繼承	惡	8	853-841
	亞哈謝	繼承	惡	1	841
	亞他利雅	(篡)	極惡	6	841-835
	約阿施	繼承	善多	40	835-796
	亞瑪謝	繼承	善多	29	796-767
以賽亞	亞撒利雅(烏西雅)	繼承	善	52	791-739
以賽亞 彌迦	約坦	繼承	善	16	750-731
以賽亞 彌迦	亞哈斯	繼承	惡	28	743-715
以賽亞 彌迦	希西家	繼承	最善	42	728-686
	瑪拿西	繼承	最惡	55	697-642
	亞們	繼承	最惡	2	642-640
耶利米,西番雅,那鴻,哈巴谷,戶勒大	約西亞	繼承	最善	31	640-609
耶利米,哈巴谷,戶勒大	約哈斯	繼承	惡	3個月	609
耶利米,哈巴谷,戶勒大,但以理	約雅敬	繼承	惡	11	609-597
耶利米,以西結	約亞斤	繼承	惡	100天	597
耶利米	西底家	繼承	惡	11	597-586 國亡被擄
	20王				共計 346 年

第二講　所羅門登基　第1-2章

大衛暮年

1. 大衛年邁體衰：1：1-4「雖用被遮蓋，仍不覺暖。」一般生理現象，年過六十。體溫就降低一度。大衛此時還不過七十，何以衰老到如此地步？這都是罪的後遺症。大衛犯罪，心裡痛苦，他在詩篇 32：3-4 裡說：「我閉口不認罪的時候，因終日唉哼，而骨頭枯乾。……精液耗盡，如同夏天的乾旱。」又在詩篇 38：2-12 中說：「因為你的箭射入我身，……我的肉無一完全，……骨頭也不安寧。……我的傷發臭流膿。……我疼痛，大大拳曲，終日哀痛。……我心跳動，我力衰微，連我眼中的光，也沒有了。」他的家庭生活，更是令人心碎，宮廷手足相殘；親生的兒子叛變；逃亡受盡羞辱，心力交瘁，因之未老先衰；年邁體更弱，雖多蓋被，猶不覺暖。近身臣僕建議，為他找個貌美的處女來，一方面護理他的起居，主要是陪伴他夜睡，藉以取暖。這是一個錯誤的決定，顯明舊婚姻的罪相。書念童女亞比煞何以歸體弱多病、奄奄一息的大衛呢？大衛雖然不如所羅門有妃七百，嬪三百，他也是個多妻的人，已經不合神的一夫一妻婚姻原則了。現在更在氣息微弱之時，竟允從童議納童女亞比煞，大不應該。雖亞比煞被「帶到王那裡……她奉養王；伺候王，王卻沒有與她親近。」但在名義上，她仍是大衛的王妃。身份已定，叫一個處女遺憾終身，這是舊婚姻的罪惡；是新約主耶穌教訓所不容許的。

2. 亞多尼雅謀奪王位： 1：5-10 亞多尼雅是大衛的第四個兒子。當大衛犯罪，先知拿單設比喻進諫時，大衛曾為此案定罪說：「行這事的人該死，他必償還羊羔四倍。」（撒下 12：1-6）果然在他身上應驗了。第一隻小羊是拔示巴所生的兒子死了；接著大衛的長子暗嫩被三子押沙龍所殺；三子押沙龍叛變，在戰場為約押所殺。這亞多尼雅因謀奪王位，後為所羅門所殺。罪的代價何其大；罪的破壞力何其可怕。全部列王紀，無非是教訓人；警告人，要在家庭生活上、

社會生活上、政治生活上，都要尊神為大，否則各種禍患、痛苦、罪惡就因此發生。這亞多尼雅年過三十，見父老弱，所羅門年幼，自忖依順序他應是不二的繼承人。2：15 他對拔示巴說：「妳知道國原是歸我的。」他的外貌俊美，恃寵而驕。「他父親素來沒有使他憂悶。」憂悶就是從不干涉他的行為；慣壞了這孩子。大衛對子女教育失敗，責無旁貸。他與押沙龍相像，極其囂張「就為自己預備車輛、馬兵，又派五十人在他前頭奔走。」又得到重臣元帥約押和大祭司亞比亞他的支持，真如虎添翼。實在這二人各懷鬼胎，約押是與大衛的新貴比拿雅權力鬥爭，圖繼續作元帥。亞比亞他則是想擊敗政敵撒督，獨占大祭司職位。一天，「在隱羅結旁，瑣希列磐石那裡」，即約伯井在汲淪谷和欣嫩子谷交界處，「宰了牛羊、肥犢」，可能是獻祭，宴請群僚謀奪王位。但亞多尼雅顯然並不是一位很受歡迎的人物，朝中重臣，如祭司撒督、耶何耶大的兒子比拿雅、先知拿單、示每、利以並大衛的勇士，即軍隊都不順從亞拿尼雅。

3. 先知拿單示警：1：11-27　拿單及時通知所羅門的母親拔示巴說：「哈及的兒子亞多尼雅作王了。」並給他一些建議去見王，「好保全你和你兒子所羅門的性命。」在古代近東篡位者，對前王的家屬和政敵，都會屠殺盡淨。拔示巴即進去見王，陳明緊張的情勢，並說：「你曾向婢女指著耶和華你的上帝起誓說，你兒子所羅門必接續我作王，坐在我的位上。」接著拿單進去證實拔示巴的話。

4. 膏所羅門為王：1：28-48　大衛聞訊，即召祭司撒督、先知拿單、耶何耶大的兒子比拿雅來，命他們去「使我兒子所羅門騎我的騾子，送他下到基訓，在那裡……要膏他作以色列的王。」騎大衛的騾子，表示公開宣告所羅門是大衛承認的王位繼承人。基訓即今之童女泉；或稱馬利亞泉，在耶路撒冷東錫安山麓；它在汲淪谷的上端，約伯井在汲淪谷的下端；距亞多尼雅擺設筵席之地約一哩，中間有山丘阻隔。兩端活動，但聞其聲，不見其人，所以膏所羅門軍民的歡呼聲，亞多尼雅的客人都可聽到。

:36 大衛的命令，「耶何耶大的兒子比拿雅，對王說：阿們。」阿們 Amen 是希伯來人的土話，有堅定之意。當人民受警戒的時候說阿們，是領

受之意；基督徒於歌頌、稱謝既畢；或禱告、祈福之後也要說阿們，就是指誠心所願、實實在在、但願如此的意思。這裡比拿雅接受王命說阿們，即甘心情願；遵行王的旨意。照樣，我們對主耶穌說阿們，就是願意接受他作我心中的王；承認遵行祂的旨意。「於是祭司撒督、先知拿單、耶何耶大的兒子比拿雅；和基利提人、比利提人」，這是大衛的禁衛軍，比拿雅統領他們，都起來將所羅門送到基訓，祭司撒都就取帳幕的膏油膏所羅門。舊約裡先知、祭司、君王都要受膏，將膏油倒在頭上，將受膏的人分別為聖，好擔任神授的聖職。凡不在王位繼承世系中，而是神選來統治祂百姓的君王，便要由先知來膏，如掃羅（撒上 9：16）、大衛（撒上 16：12）、耶戶（王下 9：3）。凡按王位繼承世系登基為王的，則由祭司來膏，如所羅門、約阿施。（王下 11：12）兩者的差異似乎在於：祭司在一定的体制內工作；先知則在神的事工上帶進一個新的開始。

　　亞比亞他的兒子約拿單來報告：所羅門現在已膏立為以色列王了，所羅門坐了國位，臣僕們都來祝福。亞多尼雅的陰謀慘敗，他未料到反對他的行動如此迅速，他判斷錯誤。亞多尼雅是一個頭腦簡單的人，可能受到約押、亞比亞他的慫恿。

5. 亞多尼雅失敗： 1：49-53　新王既立，亞多尼雅和他的擁護者見形勢逆轉，都作鳥獸散。「亞多尼雅懼怕所羅門，就起來，去抓住祭壇的角。」祭壇的四拐角處，有四個向上突出的角，祭司在行獻祭禮時，祭司要將祭牲的血塗在四角上，（出 29：12，利 4：18、25、30、34）極其神聖。若有人抓住祭壇的角，無人能捉拿殺傷，因在祭壇旁不可流人的血。抓住祭壇的角以求保護，他的想法是源於摩西五經（出 21：13-14）他要求所羅門起誓，不要殺他。所羅門的答覆，「他若作忠義的人」，即向他效忠；要安份；又守信諾的人，「連一根頭髮也不至落在地上。他若行惡」，即不安份，「必要死亡。」所羅門沒有放逐他；也沒有禁閉他，只對他說：「你回家去吧。」

所羅門登基

1. 大衛的遺言： 2：1-4　「大衛的死期臨近了。」這並不是說他在這

幾天內就要死；至少還經歷了三年時間，是他們父子共同執政，這就夠發生歷代志上 22：6-29：25 所記的那些事件。「就囑咐他兒子所羅門說，我現在要走世人必走的路。」世人必走的路就是走向死亡，人生的前站就是墳墓。自從人出母胎，就開始走上死亡的道路。雖然這路有長有短，終點就是墳墓。這是亞當犯罪所承受的咒詛：「你吃的日子必定死」（創 2：17）。因此，上帝待人最公平的就是死，無論王侯公卿或市井小民；無論億萬富翁或街頭流浪漢；無論百歲壽星或襁褓嬰兒，人人都有一死。死不是老年人的專利，嬰兒青少年都有死。但在還沒有死之前，在人生的道路上，就當思想：我來世要幹什麼？大衛就告訴他兒子，他的人生要幹什麼。他這樣囑咐所羅門，也在囑咐我們，我們也當囑咐兒女，「你當剛強作大丈夫，遵守耶和華你上帝所吩咐的；照著摩西律法上所寫的行主的道，謹守他的律例、誡命、典章、法度。」律法是總稱，內容包涵了：a.「誡命」，指道德生活。（出 19-20 章西乃之約與十誡）b.「律例」，指社會生活。（出 21-22 章人際關係與民、刑法規則）c.「典章」，指宗教生活。（出 23-24 章及利未記敬拜神的禮儀與應守的安息日和節期、會幕事奉）d.「法度」，指人民生活、當時的法令制度，載於申命記。（申 31：24-26）

律法適用於舊約時代的人；律法只是將來美事的影兒、所訂的禮儀都成全在基督身上了 。律法乃是訓蒙的師傅，在於引導舊約時代的人盼望彌賽亞（基督）。新約時代的人，不是不需要守律法，基督已為我們成全了。我們比舊約時代的人更幸福，只要憑信心接受耶穌為我生命的主；遵守祂的教訓，就是「遵守耶和華你神所吩咐的；……行主的道；謹守了祂的律例、誡命、典章、法度，這樣，你無論作甚麼事，不拘往何處去，盡都亨通。耶和華必成就向我所應許的話說：你的子孫若謹慎自己的行為，盡心盡意誠誠實實的行在我面前，就不斷人坐以色列的國位。」這幾句話，我們要慢慢的讀；仔細的思想，因為這是大衛一生成功的寶訣，他臨終將這寶訣傳授給他兒子，也可以說傳給我們。

我們讀經讀到大衛的遺言，希望他只說到此為止，惟願他不提下面的事，因為它不合新約基督的標準。（太 5：44-45）

　　2：5-6「你知道洗雅魯的兒子約押向我所行的，就是殺了以色列的兩個元帥……他在太平之時流這二人的血……所以你要照著你智慧行，不容他白頭安然下陰間。」約押因妒嫉押尼珥，亞瑪撒進行政治暗殺，是律法所不許的。第7節「你當恩待基列人巴西萊的眾子」，這是報恩。第8節對示每咒罵神的受膏者就是死罪，他是個危險人物。「不要以他為無罪……使他白頭見殺，流血下到陰間。」這些囑咐，不是大衛要所羅門清算舊帳，乃是為了新政府的政治安定。

2. 大衛壽終：　2：10-12　大衛享年七十歲，作王四十年，壽終正寢葬於大衛城，即錫安保障，後指整個耶路撒冷。

3. 所羅門登基：從此所羅門正式執政了。

a. 亞多尼雅的命途：　2：13-25　亞多尼雅要不是野心未息；就是頭腦簡單。他託拔示巴去向所羅門求書念女子亞比煞為妻，這個請求觸動了政治的敏感神經。古代東方習俗，新王有權接收前王的產業，包括宮廷嬪妃。如果大衛的妃，書念女子亞比煞為亞多尼雅所佔，那無異他就成為名正言順的新王了。所羅門的智慧過人；反應敏捷，立刻意識到他兄長動機不良，其心可誅：「也可以為他求國吧！」他又有亞比亞他和約押為助呢！這時所羅門已無選擇的餘地，即當機立斷，就差遣耶何耶大的兒子比拿雅去將亞多尼雅殺了。

b. 亞比亞他的命運　2：26-27　所羅門除掉亞多尼雅後，立刻對付亞多尼雅的支持者，亞比亞他支持謀叛者本是死罪，所羅門仍念他「在我父親大衛面前抬過主耶和華的約櫃，又同我父親同受一切苦難。」饒其死，但也免除大祭司職務，並放逐回鄉。聖經說：「這樣，便應驗耶何華在示羅論以利家所說的話。」亞比亞他是以利的後裔。（撒上2：30-35）此後，亞倫後裔中非尼哈的後人，撒督就正式任為大祭司（：35）

c. 約押的命運：　2：28-35　約押「聽見這風聲」，就是亞多尼亞被殺；亞比亞他被流放，自知不保，「就逃到耶和華的帳幕，抓住祭壇的角。」意圖求庇護，所羅門仍差比拿雅將他殺在祭壇角那裡。逃城是保護那無意失手殺人的，老將軍的罪不是因與亞多尼亞圖

謀，乃是「因為他用刀殺了兩個比他又義又好的人，就是以色列元帥尼珥的兒子押尼珥，和猶大元帥益帖的兒子亞瑪撒。」他流了無辜人的血，受到應得的懲罰，因此無權獲得聖所庇護。不過，所羅門仍然施恩，答允將他埋在自己的房屋裡，老將軍並沒有曝骨荒野被侮辱。

　　事定之後王就立耶何耶大的兒子比拿雅作元帥，代替約押；又使祭司撒督代替亞比亞為大祭司。

　　d. 示每的命運： 2：36-46　示每似乎是個極有勢力的便雅憫人，所羅門懷疑他會圖謀不軌，因之對他限制居住，命令他須守兩條規則：一、不許離開耶路撒冷地界；二、不許東過汲淪溪。因為示每要到家鄉巴戶琳去鼓動反政府，一定要過汲淪溪。時過三年，示每警覺性鬆懈，去迦特追尋兩個逃亡的奴隸，出了耶路撒，違了禁令。於是，所羅門抓住機會。他的罪名是破壞了不離開耶路撒冷的命令，所羅門差比拿雅去將他殺死。比拿雅奉命，一連執行了三個死刑：亞多尼亞、約押和示每，如此便圓滿完成了大衛臨終交付的任務，聖經說：「這樣，便堅定了所羅門的國位。」

第三講　最有智慧的王　3：4-28,4：29-34

所羅門是最有智慧的人。3：12 說：神賜他聰明智慧,「……在你以前沒有像你的,在你以後也沒有像你的。」他的智慧是空前絕後,絕無僅有。

1. 所羅門求智慧得智慧：　3：4-15　所羅門登基年紀尚幼,大衛說他「年幼嬌嫩」(代上 29：1);他自稱「我是幼童」(3：7);教會歷史之父優西比烏 (Eusebius 260-340) 說他是十三歲;猶太歷史家約瑟夫 (Josephus Flavius 37-100) 說他十五歲。但後來他兒子羅波安登基時年「四十一歲」(王上 14：21)。聖經記:「所羅門作……王共四十年。」(11：42) 這樣看來羅波安必是所羅門在登基之前生的,因此推斷所羅門登基至少應在十八到二十之間;死時也不會超過六十歲。他說我是幼童這句話,只是他在神前謙卑的自稱,意即年少不懂事,沒有治國的經驗。

　　3：4　「所羅門王上基遍去獻祭」(參代下 1：1-13),這是宗教的就職典禮。基遍城在約書亞征服迦南時,基遍人曾用詭計騙取以色列人與他們訂下和約。(書 9：3-27) 該城後來拈鬮分與便雅憫支派,後又分與利未人。(書21：17)「因為在那裡有極大的邱壇。」邱壇,意即在高處岡陵之上所設祭拜偶像之處,迦南人在此祭拜巴力。摩西律法嚴禁以色列民在那裡崇拜耶和華。只因國民犯罪,神也離棄了敬拜中心示羅,在聖殿未造成以前,百姓不照規定,就在邱壇獻祭。所羅門這時上基遍獻祭,因為在那裡有極大的邱壇。那裡並非高山大嶺,說不上極大;聖經小字註:「或作出名」,比較正確,因為會幕及古代銅壇在那裡。「他在那壇上獻一千犧牲作燔祭。」一千是個整數,表示極多的數目。

　　3：5-9　「在基遍夜間夢中,耶和華向所羅門顯現。……」夢,被認為是神對人啟示的方法。神在夢中向他顯現說:「你願我賜你甚麼,你可以求。」所羅門的回答卻是:「神阿!如今你使僕人接續我父親大衛作王,但我是幼童」,不知如何判斷你的民,「所以求你賜我智慧。」3：10-15「所羅門因為求這事,就蒙主喜悅。」中國古時四書的第一本大學裡有句話:「物有本末,事有終始,知所先後,則近道矣。」意在說所求的要清楚什麼是先,什麼

在後；什麼是本，什麼是末。所羅門不先求富；求貴；求榮；求殲滅仇敵，卻先求智慧，這是本，所以蒙主喜悅。人的愚笨，就是不知先後；不知本末，將本末倒置了。天天求的都是日常所需，主耶穌說：「你們要先求祂的國、和祂的義，這些東西都要加給你們了。」（太 6：33）我們都是把食衣住行求在先，卻把神的國和神的義放在末後，甚至不求。所羅門單求智慧，可以判斷神的民；服事人，神就喜悅。於是神賜他智慧。神說：「我就應允你所求的，賜你聰明智慧，甚至在你以前沒有像你的，在你以後也沒有像你的。」智慧有很多種。最高的智慧是屬靈的智慧，那是透過重生成聖，進入基督裡與主密交。箴言 9：10「敬畏耶和華，是智慧的開端。」智慧的源頭就是上帝。「認識至聖者，便是聰明。」保羅在歌羅西書 2：2-3 說：「上帝的奧秘，就是基督，所積蓄的一切智慧知識，都在祂裡面藏著。」得著基督就得著智慧。但所羅門卻不像他父親大衛；所羅門所求的智慧，是使他能具有一種高超的辨別力、理解力、洞察力、判斷力，可以辨是非；秉公行義；治理百姓。神喜悅他不為自己求壽、求富、求貴、求榮；單求智慧。耶穌在路 12：31 的應許是：「你們只要求祂的國，這些東西（榮華富貴）就必加給你們了。」所以神對他說：「你所沒有求的我也賜給你，就是富足、尊榮，使你在世的日子，列王中沒有一個能比你的。」但卻附上一個條件：「你若效法你父親大衛，遵行我的道；謹守我的律例、誡命，我必使你長壽。」不幸的是所羅門沒有像他父親大衛那樣，繼續行神的道；守神的律例、誡命，作了許多神看為惡的事，神雖賜他空前的富貴榮華，到頭來「都是虛空，都是捕風。」他死時不過六十歲。

2. 所羅門斷案的智慧：3：16-28　這是一個千古傳頌的智慧斷案故事：有兩個妓女同住一間房，各生一子，一個在晚上睡覺時不小心壓死了自己的孩子，趁人不知，便將死兒偷偷地去換來那個婦人的活兒。這是一個沒有任何證據的無頭公案。及至那婦人發現，各人都說那活孩子是自己的。那時又沒有現今的 DNA 科學檢驗，各級司法官都難以判斷，於是訴訟到所羅門王那裡。「王說，這婦人說：活孩子是我的；死孩子是你的。那婦人說：不然，死孩子是你的；活孩子是我的。」各人堅持；各說各話，沒有任何佐證可以分辨。這時所羅門王就吩咐拿刀來，將這活孩子劈為兩半，一半給這婦人；一半給

那婦人，這樣分配最公平了。當時必有人笑王愚蠢、殘忍，殊不知這正是王的智慧：利用人的自私心理，在兩妓女來不及思索時，就把各人的真情顯露出來了。活兒的母親愛子心切，「為自己的孩子心理急痛，就說：求我主將活孩子給那婦人吧，萬不可殺他。」

這也給我們啟示一點亮光：我們基督徒獻身與主，「將自己身體獻上，當作活祭。」是整個的，是活的，不可拿刀將身子劈成兩半，一半獻給神；一半留給自己，也不可一半獻給神；一半獻給瑪門。孩子可愛，是因他活著；孩子有用，是因他是完整的。我們獻身是要整個獻上，是活的，才有用。如果劈成兩半，就是死的，死人不可愛，也沒有用。所以我們當將全人獻上，全心、全性、全意、全力的獻給神，就蒙神悅納。但我們往往只獻一半；一半還在給罪作奴僕，所以招來許多痛苦，煩麻。主耶穌說：「一個人不能事奉兩個主……你們不能又事奉上帝，又事奉瑪門。」（太6：24）腳踏兩條船，兩頭都會落空。

3. 所羅門智慧勝過萬人：　4：29-34　「上帝賜給所羅門極大的智慧聰明；和廣大的心……所羅門智慧超過東方人；和埃及人的一切智慧」。東方人是指米所波大米人、巴比倫人和以東沙漠中的亞拉伯人之總稱。東方民族的智慧人，位分如同先知、祭司、作王的諮詢及民眾的導師；埃及人是當時文化極高的地域，智慧文學輩出。所羅門的智慧勝過萬人，可說是在耶穌降生之前，他的智慧勝過萬人。主耶穌曾宣告說：「看哪！這裡有一人比所羅門更大。」（路11：31）耶穌的智慧遠勝過所羅門的智慧。所羅門的智慧，「勝過以斯拉人以探、並瑪曷的兒子希幔、甲各、達大的智慧。」以探、希幔是誰？聖經百科全書解釋，他們是猶大支派謝拉族人。代上2：6記：「謝拉（創38：30）的兒子（舊約兒子，許多作後裔）是心利、以探，希幔，甲各，大拉（即達大）」都是明哲之士，稱以斯拉人。詩篇89篇標題「以斯拉人以探的訓誨詩」；詩篇88篇標題「可拉後裔的詩歌，就是以斯拉人希幔的訓誨詩。」王上本章稱他們是瑪曷的兒子（後裔），瑪曷亦名謝拉。另在大衛的樂師中也有一個以探，但他是屬利未支派米拉利族（代上6：44，代上15：17、19）；也有一個希幔，屬可拉族（代上6：33、37，代上15：17、19）兩人同為樂師

的領袖。這以探、希幔與那以探、希幔應是不同的人；一個屬猶大
支派，一個屬利未支派。

：32　「他作箴言三千句。」他寫的詩和書，傳至今世的有箴言、傳
道書、雅歌三卷，稱之為智慧書；或靈修書。箴言可為人生哲學；傳道書
可為超世生活；雅歌可為靈交秘語，藉夫婦愛情，形容基督與教會的靈交。
所羅門的箴言精華，大部保留在箴言書裡；但箴言書非全部為所羅門所寫，
大半出諸所羅門。所羅門寫「詩歌一千零五首」，絕大部份已失落了。詩篇
中只 72 和 127 兩篇標題是所羅門寫的。詩歌中最有價值的，即詩篇第七十
二篇，它是預言基督的詩歌。

：33　「他講論草木，自利巴嫩的香柏樹，直到牆上長的牛膝草。又
講論飛禽走獸、昆蟲水族。」所羅門知識之廣，嘆為觀止。他是哲學家、
動物學家，昆蟲學家、海洋生物學家；他是一個超級博士，不過他都是用
自然界的事務闡述一種人生哲理。所羅門時代，是智慧文字的黃金時代，
使我們奇怪的是，所羅門的智慧這部份，恰巧給我們保留得最少。聖經說：
「天下列王（指近東世界）聽見所羅門的智慧，就都差人來聽他的智慧話。」

第四講　建造聖殿的王　第 5-9 章

　　這篇講章總括了五章聖經，只能概述，至於會幕的細節，出埃及記裡有詳盡的解釋。當大衛在世曾立志為神建造聖殿。大衛乃戰士，多流人血，故神不許，但應許他兒子必要建造聖殿。於是大衛在世，多積貨財。代上 22：13 說，他為耶和華的殿預備了金子十萬他連得，銀子一百萬他連得，銅和鐵多得無法可稱。（這是國庫存量）代上 29：1-9 記：「大衛對會眾說……這工程甚大，……在預備建造聖殿的材料之外，又將我自己積蓄的金銀獻上，（私產）……俄斐金三千他連得，精煉的銀子七千他連得……於是眾族長和各支派的首領、千夫長、百夫長……為上帝殿的使用，獻上金子五千他連得零一萬達利克（波斯金幣）；銀子一萬他連得……。」一他連得是多少？聖經百科全書註－他連得等於 96 磅。單金子就有十萬八千他連得，折合約一千萬又三十六萬八千磅；銀子一百一十萬七千他連得，折合為一億零六百二十七萬磅。其他不算，就以這一筆大衛留下來的龐大金銀、銅鐵木石，再加上所羅門抽的重稅來建造聖殿，簡直難以計算，這聖殿的富麗堂皇，就可想而知了。

　　聖殿是神人交通之所，神人交通有三個階段。第一個階段：古時是用祭壇，如挪亞（創 8：20）、亞伯拉罕（創 12：7，13：18，22：9）以撒（創 26：25）、雅各（創 33：20，35：7）。第二階段：摩西在曠野建會幕，是神與人交通的地方。第三階段就是所羅門在耶路撒冷所建的聖殿。聖殿的歷史也有三次建造。第一次所羅門的聖殿於主前 586 年為巴比倫王尼布甲尼撒所毀，歷時四百年。第二次 48 年後，波斯王古列元年准所羅巴伯帶領猶太人回國，在原址重建聖殿歷 20 年，於主前 516 年完成。第三次主前 20 年大希律在原址新建聖殿，至主後 64 年才全部完工，費時 46 年。（約 2：20）主後 70 年，羅馬將軍提多攻破聖城，聖殿盡燬，猶太人分散各處，便建會堂敬拜。新約時代則於各地修建教堂，為信徒拜神之所。

　　所羅門建殿之先，即向推羅王希蘭立約購買無數的利巴嫩高級香柏木。推羅是腓尼基人集居之地；在以色列北方；沿地中海 225 公里的海岸線建立的城邦，工商發達；精於航海、國際貿易，與大衛友善。代下 2：7-8

所羅門向希蘭洽訂之商約:「現在求你差一個巧匠來,就是善用金、銀、銅、鐵和紫色、朱紅色、藍色線,並精於雕刻之工的巧匠……又求你從利巴嫩運些香柏木、松木、檀香木,到我這裡來。」所羅門所求的是工程師、雕刻家、名貴的染料、木料數量驚人。所羅門則以實物交換,供以農產品:「麥子二萬歌珥」。一歌珥等於 58 磅;相當 116 萬磅。(聖經助讀本)代下 2:10「小麥二萬歌珥、大麥二萬歌珥、酒二萬罷特、油二萬罷特。」一罷特等於九加侖,各相當於十八萬加侖。這是每年的交換額。

5:13-16　建殿工程浩大,所羅門「挑取服苦的人」,這是強徵勞役。以色列人中強徵三萬人,分作三班,每月一萬人上利巴嫩山伐木,每個以色列人平均一年服役四個月。另徵外勞十五萬人,即大衛所征服之地的非以色列人,七萬擔任扛抬的工作;八萬去山上作鑿石頭的工作。王又任命三千三百督工,一切準備就緒便開工了。

5:17-18　「王下令,人就鑿出又大又寶貴的石頭來,用以立殿的根基。」這些又大又寶貴的石頭,至今猶存,成了金頂奧瑪回教寺的根基。其中最大的一塊,竟超過 38 呎 9 吋。據考古學家證明,這些巨石,是屬腓尼基的。在當時原始的交通運輸工具,只能靠牛車裝載,如何能把這些如大廈般的巨石,自腓尼基翻山越嶺運到耶路撒冷,不得不令人驚嘆稱奇。

6:1　「以色列人出埃及地後四百八十年,所羅門作以色列王,第四年西弗月,就是二月,開工建造耶和華的殿。」出埃及地後四百八十年,這是一個年代指標。傳統計算亞伯拉罕到大衛年代,都是以這節經文為重要根據。若把所羅門王在位第四年當作主前 967 年,那麼出埃及時便是主前 1447 年了。這年代並不完全正確,因為各學者計算的根據不同。西弗月約當陽曆的四、五月間,開工建造聖殿。

這殿是仿照曠野會幕的樣式,分至聖所、聖所及外院三大部份。至聖所佔建築物的三分之一;聖所佔三分之二,尺寸大小,恰巧是會幕的一倍,但高度則否。6:2-3「所羅門王為耶和華所建的殿,長 60 肘、寬 20 肘、高 30 肘,殿前的廊子長 20 肘。」即總長 80 肘、寬 20 肘、高 30 肘,一肘通常是一呎半。代下 3:3 特別標明它「都按著古時的尺寸」,古時一肘可能是 20.9 吋。如此,這殿是幢 120-130 呎長、30-34 呎寬、45-51 呎高,與今天有些教堂相比,它是相當小的。但若明白聖殿與教堂的功用不同,就不

會失望了。因為今天的教堂是用來容納會友齊聚一堂敬拜神，而聖殿只是用來給百姓獻祭。聖殿是神的居所；是祭司事奉的地方，其他的人均不許進入。這聖殿被譽為是古代建築之奇觀，不在地方之大小，而在其華美、價值、內部豪華精巧的裝飾。全殿都貼上金子，都是精金；不是鍍金。自殿牆到聖物件都全包上精金，這價值是無法估計的。

聖殿是建在「耶和華向他父大衛顯現的摩利亞山上，就是耶布斯人阿珥楠的禾場上。」（代下 3：1） 按摩利亞山即亞伯拉罕獻以撒的地方。（創 22：2 回教也以此為聖地，他們說這是亞伯拉罕獻以實瑪利的地方，因他們是以實瑪利的子孫。） 阿珥楠即亞勞拿或亞勞拿之兄，就是大衛築壇獻祭，止息神怒之地。（撒下 24：18-25） 所羅門在此建殿，七年才完成，這工程之大，可以想見。

建造聖殿都按著一定的樣式；（6：38） 按神在西乃山上指示摩西建會幕的樣式。建殿的人都有神賜的智慧，所羅門去推羅召了戶蘭來，他「滿有智慧、聰明、技能，善於各種銅作。」（7：14） 建殿所用的石材，都是預先在山中鑿成的。6：7「建殿的時候，鎚子、斧子、和別樣鐵器的響聲都沒有聽見。」都是在山中按尺寸鑿好後才運來安放的。那座偉大的工程，是在無聲無響全然安靜之中建立起來的。正如一棵大樹，也是在無聲無響安靜中長大的。在許多叮叮鐺鐺的雜聲中，恐怕這屬靈的事工，倒作不成了。就好像基督的教會，從五旬節起到如今，也是在無聲無響，天天在建造。主把我們擺在山中工場上，受錘子、斧子、銼子天天琢磨，一旦成為器皿，就能「各盡其職，建立基督的身體。」（弗 4：12）

聖殿與會幕樣式相同，但也有一些不同，其最顯著者：

1. 殿前有廊子長 20 肘，與殿寬度相同，是會幕沒有的。（6：3）
2. 靠殿牆，圍著外殿內殿造了三層房屋（6：5）給祭司居住，是會幕所無的。
3. 至聖所的約櫃上，本有兩個用精金錘出來的噯略啪。此外，又在內殿安放了兩個用橄欖木雕刻的噯略啪，各有十五呎高，包上精金，兩翅膀伸展寬十五呎，（6：23-28）立在約櫃兩旁，有如守衛，這是會幕沒有的。
4. 兩根銅柱（7：15-22）：每根圍 18 呎；高 27 呎，再加柱頂 7.5 呎，

共計 34 呎半，立於聖殿大門兩邊，似乎是裝飾用的。立在右邊的一根叫雅斤，意即神必堅定。立在左邊的一根叫波阿斯，意即能力；或賴神而立。這兩根大銅柱，是會幕沒有的。

5. 銅海（7：23-26）：是圓的，高 7.5 呎、直徑 15 呎、圍 45 呎，下有十二隻銅牛馱著，可容二千罷特。一罷特等於九加侖，銅海可容一萬八千加侖水，是一個大水池，專供祭司行潔淨禮用，（代下 4：6）相當於會幕銅洗濯盆的功用，卻比銅洗濯盆大多了。

6. 銅盆（7：38-39）：十個銅盆，每盆可容 40 罷特，即 360 加侖的水，放在銅座之上。銅座之下有四輪，可以任意移動。五個銅盆安在殿門右邊，五個安放在殿門左邊，為潔淨祭牲之用。（代下 4：6）會幕裡只有一個銅盆。（出 30：17）

7. 金壇和陳設餅的金桌子、金燈台（7：48-49）：左右各五個。金壇即金香爐，會幕裡只有一個；陳設餅桌，會幕裡只有一張；金燈台，會幕裡只有一座，聖殿裡卻有十張陳設餅桌，和十座金燈台，這是與會幕不同之處。

這些大小器皿，「是遵王命在約但平原……藉膠泥鑄成的。」（7：46）就是先用膠泥做成模型，再將銅水倒入，鑄成各樣不同的器皿，有銅柱、銅盆、鏟、盤……等等。模型的大小樣式不同，就鑄出各樣不同的器皿。羅馬書 6：17 保羅說「感謝神，因為你們從前雖然作罪的奴僕，現今卻從心裡順服了所傳給你們道理的模範。」模範就是模型。道理如同模型，將我們鑄成各樣的器皿，合乎主用。心理順服了所傳的道理，在日常生活上運行這道理，行事為人，就如同在道理的模型中，將我們鑄成神的器皿。一個身體有許多肢體，「若全身是眼，從那裡聽聲音呢？若全身是耳，從那裡聞味呢？」（林前 12：17）神用什麼模型，將你、我鑄成什麼樣式，都要順服。銅盆也好；鏟子也好，只要合乎主用，都是主的恩典。

所羅門作完了耶和華殿的一切工，將殿與殿內的一切器皿，分別為聖，同會眾獻牛羊多的不可勝數。當祭司將約櫃抬進殿內，約櫃就是摩西在西乃山下所造的那個約櫃，聖殿中只有約櫃是原來的，其餘物品都不知去向。按出 16：33-34，民 17：10，約櫃中還有放嗎哪的罐子和亞倫發芽的杖。來 9：4 說這兩樣物件都在約櫃中，但這時已失去，只剩兩塊石版。約櫃放入

聖殿中，表徵神與人同在。

8：2「以它念月，就是七月，在節前……」這應該是所羅門王在位的第十二年。「節前」指住棚節前，可能又等了十一個月。（見6：38）直到住棚節，每年七月（陽曆約九、十月）才舉獻祭禮，與民同樂。

當祭司將神的約櫃抬進殿內時，「有雲充滿耶和華的殿，甚至祭司不能站立供職，因為耶和華的榮光充滿了殿。」（8：10-11）雲是聖靈的象徵，所羅門才把聖殿奉獻給神，殿就被雲充滿。這也在告訴我們，你什麼時候將自己完全奉獻，什麼時候你就可得到聖靈充滿。

所羅門獻殿的祈禱詞，是優美無比的。（8：22-61）他充滿神的智慧，所羅門的祈禱，是我們的模範；教導我們禱告的三個要點：

一、要抓住神的應許：「你親口應許，親手成就……神阿！你所應許你僕人我父大衛的話……現在求你應驗這話。」（8：24-25）禱告抓住神的應許是最要緊的。

二、要述說神的偉大：1. 神的偉大是無可比的。（23 節）2. 神是信實的，堅守與人立的約。（24 節）3. 神是無可限量的，天上的天都容不下祂。（27 節）4. 神是無所不在的，他不限於在所造的聖殿內。（27 節）

三、要懇切的求，祂是聽人祈求的：凡祈求的，就必得著。（8：31－52）

所羅門屈膝跪著祈禱完畢，便站起來為全以色列人祝福 8：56：「耶和華是應當稱頌的，因為祂照著一切所應許的，賜平安給祂的民……應許賜福的話，一句都沒有落空。」這祝福也包括了我們，使我們大得安慰。有一天我們會明白，神每一個「不」都是有理由的，可是祂每一次總用一些別的方法來補救祂的「不」。多少時候我們擔憂，懊惱地說，為什麼我的禱告還沒有得著答應呢？那知神正在用更美的方法答應我們，這是要留待稍後才顯明的。往往神就是這樣地熬煉我們，叫我們學習一個功課：信心是不會著急的；信心是要用耐心來等候主；等候祂明天的解釋。神從不會拿走了我們需要的，而不加倍的填補。等候是最高的祝福。

所羅門獻殿已畢，9：1-3「耶和華就二次向所羅門顯現。」請特別注意：是在甚麼時候向他顯現？是在所羅門建造聖殿和王宮，並一切所願意建造的都完畢了。這時是所羅門王二十四年，中年的時候，那正是人生最得意

的時候；也是人生中最危險的時候。人生的大業尚未完畢時，總是兢兢業業；奮發圖強；努力不懈。及至功成名就，想得到的都得到了，那時人就會放肆、自滿、驕傲、墮落，這是中年危機。掃羅、大衛、所羅門都是在中年事業成功後跌倒的，不知警覺。神看到這一點，所以就向所羅門第二次顯現，「對他說：你向我所禱告祈求的，我都應允了，我已將你所建的這殿分別為聖，使我的名永遠在其中；我的眼、我的心，也必常在那裡。」只要你遵守大衛的約，必蒙福佑，「我就必堅固你的國位……直到永遠。」倘若你和你的子孫違背了這約去事奉別神，便國不存；民不安；殿必毀。果然四百年後，他的國破亡；民被擄；殿遭毀。神第二次向他顯現是很重要的。神的話，內容包括了申命記的教導，遵行神的話語者昌；違逆神話語者亡。這也是給我們的警語，我們人生是否還需要神第二次向我們顯現？提醒我們，過去的信心、熱心、愛心、事奉的心、追求的心是否冷淡了？退後了？背離了？當認罪悔改，重新再出發，向那標竿直奔。

第五講　最榮耀的王

　　所羅門是自古最榮耀的王，他作王時是以色列的黃金時代，民康物阜遠超過世界各國所稱的黃金時代，主耶穌也曾在太 6：29 稱讚所羅門極其榮華。所羅門是榮耀的王：

1. 國之富強： 4：20-28　所羅門求智慧的時候，神不但賜給他智慧，並答應他：「你所沒有求的我也賜給你，就是富足、尊榮，使你在世的日子，列王中沒有一個能比你的。」（3：13）所以，所羅門王極其豐富。代下 9：22、27 說：「所羅門王的財寶與智慧勝過天下的列王。」「在耶路撒冷使銀子多如石頭，香柏木多如高原的桑樹。」當時貨幣不是紙鈔；不是硬幣；不是金子，乃是銀子。銀子如石頭之多，其富庶可見一般。高貴的香柏木太普遍了，如高原之桑樹。代下 9：13-14「每年所得的金子，共有六百六十六他連得 （現代中文譯本作 23，000 公斤以上） ，另外還有商人所進的金子」，並列國所進貢的金銀等物。單單 666 他連得就約等於 800,000 兩（助讀本）。財富之多，列國中真沒有一個可比的。

　　看所羅門宮廷開支之浩大，令人咋舌。所羅門有妃七百、嬪三百、子女、宮廷官吏、僕役、賓客，食指浩繁。若與尼希米 5：17-18 的食客一百五十人，日需一隻公牛、六隻肥羊相比較，有人估計所羅門的食客約有四千到五千名，日用細麵三十歌珥（現代中文本譯為 5,000 公升）、粗麵六十歌珥（現代中文譯本作 10、000 公升）、肥牛十隻、草場的牛二十隻、羊一百隻，還有羚羊、麅子等野味，並雞鴨鵝等家禽，一天需量如此之大，比任何王宮闊綽。

2. 所羅門的國度： 4：21　「所羅門統管諸國，從大河到非利士地，直到埃及的邊界。」這正是神當日對亞伯拉罕應許的「從埃及河直到伯拉大河之地」。（創 15：18）這是南北邊界。埃及河是以色列最南端的一條小河，是以色列與埃及的分界線。伯拉大河即北邊的幼發拉底河上游。神也對約書亞重申對摩西的應許「從曠野，和這利巴嫩，直到伯拉大河、赫人的全地，又到大海日落之處，都要作你

們的境界。」（書 1：4）曠野指南邊的沙漠，到北邊的黎巴嫩山脈、
敘利亞境。東邊從幼發拉底河（在伊拉克境），經過赫人之地（敘利
亞），到西邊的地中海。所羅門在世的日子，這些國家都是以色列國
的附庸，年年進貢；歲歲來朝，國威之盛，是以色列歷史上空前絕
後的版圖，極榮耀的時代。

3. 民康物阜四境平安： 4：20 「猶大人和以色列人，如同海邊的沙
那樣多，都吃喝快樂。」豐衣足食；安居樂業。4：25「所羅門在世
的日子，從但到別是巴。」指以色列本國的疆土從最北邊的城市但，
到最南邊的城市別是巴；即全國的民，「都在自己的葡萄樹下，和無
花果樹下，安然居住。」真是一幅國泰民安；昇平繁華的巔峰圖。

4. 所羅門的宮殿：

7：1 所羅門為自己建造的宮殿花了十三年的時間，幾乎是建聖殿的
一倍。都是用舶來品的香柏木和極寶貴的石頭建成，極其豪華。

7：2-5 又建利巴嫩林宮，長 100 肘；寬 50 肘；與曠野會幕的外院長寬
相等；卻比聖所高出很多。因為，它是用 45 呎高的香柏木作柱；把柱排成
三行；每行 45 根，遠遠看去有若利巴嫩的香柏林，所以叫利巴嫩林宮。這
建築可能有三層，宮內一部份是用來陳列兵器的。10：16 - 17 說：「王用錘
出來的金子，打成擋牌 200 面，每面用金子 600 舍客勒；又用錘出來的金
子，打成盾牌 300 面，每面用金子三彌那，都放在利巴嫩林宮裡。」擋牌，
是木製的，用來護全身的盾牌。每只擋牌用金子 600 舍客勒包裹。一舍客
勒約 0.4 - 0.5 盎士。這樣，每面擋牌則用去金子 15 - 18 磅。還有盾牌 300
面，這是挽在手臂上防身的。每面用金子三彌那，一彌那是 50 舍客勒；約
4 磅。這些防衛性的武器，並不是用在戰場上，乃是儀仗隊的裝飾品，炫耀
財富，都陳列在林宮裡。可惜，到了所羅門的兒子羅波安在位第五年，與
埃及交戰，埃及王示撒攻破耶路撒冷，將這些名貴的陳列品成為戰利品，
都奪走了。(14：26)

7：6-7 所羅門又在林宮旁邊建有柱子的廊子，長度與林宮的寬相等，
可能是用來作審判廳，前面候審人之用的。

又建一廊，就是審判廳，其中設立審判座。10：18-20 說：「王用象牙
製造一個寶座，用精金包裹。……六層台階之上有十二個獅子站立，……

在列國中沒有這樣作的。」10：21「王一切的飲器，都是金子的，利巴嫩林宮裡的一切器皿，都是精金的。」真比阿房宮還華麗。

　　7：8「所羅門……又為所娶法老的女兒建造一宮。」其建築法與利巴嫩林宮相同。完工後，就將她遷入宮中居住。

5. 示巴女王來訪：　10：1-5　「示巴女王聽見所羅門因耶和華之名所得的名聲，就來要用難解的話，試問所羅門。」示巴在亞拉伯西南，即今之也門國。它是當時盛極一時的商業王國，從事東非與印度之間的海上貿易，將奢侈品經亞拉伯沙漠的駱駝商隊，運至以色列和敘利亞。示巴女王聞所羅門之名，想聽他智慧的話，不辭勞苦過紅海；騎駱駝經沙漠，行經 1200 哩路，帶了許多金子和寶貴禮物，來到耶路撒冷見所羅門，把她心中所有的難題對所羅門都說出來。所羅門將她所問的都答上了，沒有一句不明白；不能答的。示巴女王又看見所羅門建造的宮殿，偉大呀！又嘗了他席上的珍饈美味，奇妙呀！又看見他的群臣怎樣侍立；以及他們的服飾，羨慕呀！又見他在耶和華殿裡所獻的燔祭，「就詫異得神不守舍。」也就是驚訝得透不過氣來，看得目瞪口呆。

　　10：6-7 示巴女王對所羅門說：「我在本國裡所聽見論到你的事，和你的智慧，實在是真的。我先不信那些話，及至我來親眼見了，才知道人所告訴我的，還不到一半。」傳說當示巴女王晉見所羅門時，要試驗王的智慧，就左右手各持同樣的花一朵，但一朵是真的；一朵是假的，遠遠站立問王那一朵是真的；那一朵是假的。王即答你右手拿的是真的；左手拿的是假的。女王非常詫異，問你怎麼知道？王說：「是蜜蜂告訴我的。」俗話說，百聞不如一見，示巴女王一見，「才知道人所告訴我的，還不到一半。」主耶穌曾答覆那些要祂顯神蹟的文士和法利賽人說：「當審判的時候，南方的女王，要起來定這世代的罪，因為她從地極而來，要聽所羅門的智慧話。看哪！在這裡有一人比所羅門更大！」（太 12：42，路 11：31）是的！主耶穌比所羅門更大，我們到主耶穌面前來，不需要過紅海；走沙漠；行 1200 哩路，祂就在我們的眼前。我們可以學示巴女王將心裡的難事，就是失望、痛苦、挫折、愚昧、罪惡、無知所有的難處告訴祂，祂一定能解決我們的難題，比所羅門徹底；我們可以品嘗祂所預備的珍饈美味，比所羅門的更

美。你就如示巴女王聽別人說耶穌如何如何好，你難以相信。你若親到主
的面；嘗嘗主恩的滋味，你就會詫異，才知道別人告訴你的，還不到一半
呢。

　　於是示巴女王和所羅門彼此交換禮物。10：10 示巴女王送所羅門金子
120 他連得，約 144,000 兩（助讀本）和寶石香料；所羅門也回敬她，凡示
巴女王一切所要求的，所羅門王都送給她；甚至她心理所想又不好意思開
口的，所羅門也照自己的厚意餽送她；（10：13）就是連她所沒有求的，也
給她了。這叫我們看到，所羅門給她的是照著：

她所求的

她所想的

加上自己的厚意餽送的。

　　由此我們又連想到以弗所書 3：20 所說的，神所賜給我們的厚恩，也
是照著

我們所求的

我們所想的

神也照著祂的厚恩給我們的，是超過我們所求所想的。

6. 所羅門聚集戰車馬兵： 10：28-29　摩西律法，申命記 17：16 「只
　　是王不可為自己加添馬匹。」集戰車馬匹是神所禁止的。但「所羅
　　門聚集戰車 1,400 輛」，是從埃及以每輛 600 舍客勒銀子買來的；馬
　　以每匹 150 舍客勒銀子買來的。王上 4：26 說：「所羅門有套車的馬
　　四萬，還有馬兵一萬二千。」所羅門也很有國際貿易的智慧。他向
　　埃及通過「王的商人」；就是特定的經紀人，從北方購入馬匹賣給南
　　方諸國；又從南方的埃及買戰車轉賣給北方敘利亞諸王，從中賺取
　　利潤。所以，「王在耶路撒冷使銀子多如石頭，香柏木多如高原的桑
　　樹。」所羅門是歷史上最榮耀的王。他的宮殿宏偉奇麗；國力之強
　　盛；服飾之華美；食物之奇珍；用具之豪奢；財富之優裕，真是榮
　　華極了。但我主耶穌卻說，所羅門極榮華的時候，他所穿戴的還不
　　如這花一朵呢！為什麼呢？因他的榮華是屬地的，不是屬天的；是
　　屬物質的，不是屬靈的；是屬暫時，不是屬永久的；是出於人的智
　　力，不是出於天工。那些榮華，而今安在？主說連一朵百合花尚不

堪相比，又有什麼令人羨慕呢？

第六講　最愚昧的王　第11章

　　所羅門的榮耀，是以色列的冠冕，古今列國沒有像他的。所羅門的智慧，「在他以前沒有像他的，在他以後也沒有像他的。」所羅門的統治是以色列的黃金時代，四境平安；百姓安居樂業，從未享受過如此安逸、舒適、和豐富。但卻叫人扼腕嘆息的是，所羅門時代並不長久，跟著以色列人就開始悲嘆哀哭了，這都是所羅門一人闖出來的禍。

　　11：1-2　「所羅門在法老的女兒之外，又寵愛許多外邦女子。」所羅門的國權擴張，四圍列國都爭相結親示好，這與中國漢朝的和親政策相似。所羅門的許多外邦妃嬪，無疑都是政治婚姻，藉婚姻外交建立國際聯盟關係。這不僅違背了申命記17：17神對多妻的禁令；也觸犯了不可在以色列定居之地，娶外邦女子為妻的禁令。（出34：16，申7：3-4，書23：12-13）所羅門竟置此禁令於不顧，未能自始至終持守當初信仰承諾。他娶埃及法老女兒為妻，是政治結合，已屬不當，此外又寵愛許多外邦女子，「就是摩押女子、亞捫女子、以東女子、西頓女子、赫人女子。論到這些國的人，耶和華曾曉諭以色列人說，你們不可與他們往來相通，因為他們必誘惑你們的心，去隨從他們的神。」

　　11：3-4　所羅門卻戀愛這些女子，所羅門有妃 700，妃是皇后之外的妾，都是各國的公主。嬪 300，嬪是宮中的女官也是王的女眷。顯然這些絕大多數都是來自外邦。耶和華禁止與外族人結婚的原因，是「你們和不信的原不相配，不要同負一軛。」（林後 6：14）這些外邦女子，就會誘惑他們的心去隨從別神，這就是所羅門以後陷在其中的罪。東方君王的習俗，女眷越多，就越顯得君王的富強偉大。所羅門最大的罪，可能還不在於情慾，乃在他自我高抬、矜驕炫耀，就離棄了真神。他為了取悅他的外邦妃嬪，就隨從她們去拜別神去了。

　　11：5-8「亞斯他錄」是西頓人和南敘利亞人崇拜的司愛和生殖的女神。它是眾多生殖女神中之最出名的。「米勒公」又稱「摩洛」，他是亞捫人主要的神，祭神儀式中要獻兒童為祭，叫做「經火」。（利18：21；王下23：10；耶32：35）「所羅門行耶和華眼中看為惡的事，不效法他父親大衛。」

大衛雖曾犯過大罪，他卻有痛悔之心，而且大衛從不拜偶像。「所羅門為摩押可憎的神基抹和亞捫人可憎的神摩洛，在耶路撒冷對面的山上建築邱壇。」基抹是摩押的國神，與摩洛是一對殘忍淫佚粗鄙的邪神。所羅門在耶路撒冷對面山上，就是橄欖山上為它們築壇，這是律法上嚴格禁止的。（利20：1-5）所羅門這樣做，就種下了以色列人信仰的禍根，禍延不斷。直到約西亞做王的時候，才將亞斯他錄、基抹的邱壇摧毀；把摩洛的邱壇污穢。（王下 23 章）但拆毀污穢它們的建築物容易，要除去它們在以色列人心中的影響力甚難，因此它一次再次地的死灰復燃，腐蝕了以色列人的心靈，所以耶和華向所羅門發怒。

　　11：9-13「耶和華向所羅門發怒，因為他的心偏離向他兩次顯現的耶和華⋯⋯沒有遵守耶和華所吩咐的。」所以向他宣告刑罰。神曾在申命記 11章和 28 章裡宣佈過：你們若聽從上帝的誡命就必蒙福，出也蒙福；入也蒙福。若偏離神的道，去事奉別神，就必受禍，出也受咒詛；入也受咒詛，歷史證明無誤。中國人也深知順天者昌，逆天者亡的道理。神刑罰以色列國及面臨分裂分治，百年來以色列人出生入死，拋頭顱，灑熱血千辛萬苦所建立的偉大、富強、康樂合一的王國，就此失去。所羅門一度如日中天，輝煌燦爛；如今卻烏雲四合，光華盡失。不過神仍然恩待他，不在他活著的日子行這事，留待他的兒子即位時，要將他的統一王國奪回。為了與大衛所立的約（撒下 7：11-16），神在他選立之地設立的寶座－聖殿的緣故，還為他兒子留一個支派，就是猶大支派，包括西緬，不至於盡失全國，讓大衛在以色列中仍長有燈光。（36 節）即後裔不斷，救主耶穌基督要從大衛家而出。

神的懲罰：

1. 神興起以東人哈達作所羅門的敵人：　11：14-22　這是神的主權，國家的興衰都掌握在神的手中，神興起以東的哈達。在大衛統治期間，約押在以東大肆屠殺，長達六個月（參卷五撒下第三講「得勝的王」戰勝以東 8：13-14），哈達是王室唯一的生還者。那時他還是 13、14 歲的幼童，被父親的臣僕帶著逃往埃及，得法老的政治庇護。法

老樂於支助反對勢力，以制衡以色列的強大。當哈達得知大衛與約押都死了，便返回以東，與所羅門作對。所羅門晚年，當神的恩典減少時，哈達的勢力更壯大，在以色列背後，成為所羅門邊境上的一根刺。

2. 神興起大馬色的利遜：11：23-25　大衛打敗了瑣巴王利合的兒子哈大底謝以後（撒下 8：3-8），以利亞大的兒子利遜就成了流寇，招聚了一群人組成游擊隊，到處擄掠。大衛死後不久，他出其不意攻其不備，攻佔了大衛在大馬色的防營，自立為王。所羅門奈何不了他，不能趕他出去。由於大馬色是通往東方貿易大道中的戰略據點，利遜把它佔據後，威脅日益強大，對所羅門的經濟利益打擊嚴重，有如肋下的荊棘。

3. 神在國內興起耶羅波安：11：26-40　尼八的兒子耶羅波安是以法蓮支派的人，是個大有才能的人。建造米羅工程時，所羅門大大的賞識這個年輕人，所以又派他監管約瑟家的一切工程－就是做以法蓮和瑪拿西兩個半支派被徵招服兵役的督工。這使他在本族人中出露頭角，也因此就覺察到百姓對所羅門的政策，心中懷著不滿。

　　一天，這少年人離開耶路撒冷，在路上遇見示羅人先知亞希雅。古時先知講道總喜歡用一些奇怪的方法，為要惹人注意，使聽的人不能忘記。耶利米在頸上帶一個軛，宣佈猶大將要亡國，要負外邦人的軛，（耶 27、28 章）。宋尚節有一篇著名的講章，叫「打開棺材」，他就在講台上手裡拿著一只小棺材，大聲疾呼要人打開心裡的棺材，把裡面的「罪污」、「死行」一件一件的取出來（拙著聖靈興起 P. 261），感動了許多人認罪悔改，這也是奇怪的方法。先知亞希雅見耶羅波安就將自己穿的一件新衣，撕成 12 片，將十片給耶羅波安象徵他將來要做十個支派的王，並特別告訴他，這是因為「他（所羅門）離棄我（耶和華），敬拜西頓人的女神亞斯他錄、摩押的神基抹和亞捫人的神米勒公，沒有遵從我的道；行我眼中看為正的事，守我的律例典章。」耶羅波安這少年人，可能沒有等候先知所說的時間，就輕舉妄動，想發動政變，為所羅門察知，便要殺他，他就逃到埃及王示撒那裡申請政治庇護，直到所羅門死了。

　　這裡告訴我們三個人，一個是大衛，因他謹守神的誡命，蒙神喜悅，

神便使他在耶路撒冷，在神的面前「長有燈光」，即中國所謂的香煙不斷，因為神的計劃救主基督是從大衛的苗裔而出。第二個是所羅門，因他晚年離棄神去敬拜偶像，沒有遵行神的道，神就因他所行的，使「大衛後裔受患難。」這給我們留下教訓。我們行事為人如一顆石子丟在平靜的湖裡，就會激起漣漪，一圈一圈的擴散出去，不知到哪裡為止。所羅門所犯的罪，何曾想到影響後代子子孫孫。大衛行義，也想不到會遺留給子子孫孫，但事實告訴我們卻是如此。第三個人是耶羅波安，他聽了先知亞希雅傳神對他的應許和警告：「你若聽從我一切所吩咐你的，遵行我的道……像我僕人大衛所行的，我就與你同在，為你立堅固的家，像我為大衛所立的一樣，將以色列人賜給你。」言猶在耳，可歎耶羅波安日後，偏不學大衛；反倒效法所羅門去拜偶像，以致聖經不斷的提到他的罪狀，就是使以色列人陷在罪裡的那罪，這句話重複了不下 25 次，影響多麼嚴重。

11：41-43 所羅門在位 40 年，死後他兒子羅波安繼位做王，羅波安統治以色列國很短，就是所羅門時代埋藏的分裂種籽發芽開花了。我們研讀了所羅門一生，可以學到些什麼功課？

1. 離棄耶和華去拜偶像，是犯了十誡中最大的罪，耶和華就奪去了他的福分。基督徒要特別當心，不要偏離你的主去拜偶像，不單是那看得見的偶像，就是那看不見的偶像，如金錢、地位、名聲、權利、學術、明星、事業，對它們的注意力，超過了你的救主耶穌基督。對它們的重要性，超越了你的救主耶穌基督，都會失去神的祝福。

2. 所羅門奢侈過甚，生活驕奢，靈性就糜爛。他無論宮殿、用器、食物、飾品都極盡奢華，只圖享受世界之樂，卻不珍惜神的恩賜，故他由榮而枯。基督徒當事事感謝神的恩賜，珍惜神的恩賜，不奢侈、不浪費，適可而止，不重世俗之樂。

3. 所羅門異族聯姻，不守神的誡命（申 7：3-4）成了他肋下的荊棘，並使全國百姓陷在網羅中，耶和華的怒氣就向他發作。基督徒的婚姻，應特別謹慎，不可效所羅門。信與不信，不能同負一軛，這是聖經的教訓，異信結合，會給家庭帶來麻煩，失去神的祝福。

4. 所羅門多納妃嬪，違背了神的婚姻原則，神就不向他仰臉。基督徒必須遵守一夫一妻制的原則，也不可包二奶，婚外情，這比所羅門

犯的罪更大，不單是犯婚姻原則，更犯了姦淫大罪，這樣，神的責
打就不會停止。

5. 所羅門老年，幸能大徹大悟，但遲來的悔恨，不能挽回神的懲罰。
他對生命失望透頂，嘆息虛空的虛空，凡事都是虛空，都是捕風。
他留給後世有箴言書、傳道書、雅歌書三卷，讓我們去體會人生的
功課。

第七講　南北分裂的悲劇　第 12 章

　　一個榮耀統一鞏固的大國分裂了，是以色列歷史上空前的大悲劇。聖經把分裂的罪，歸在所羅門的頭上。事實上構成統一王國分裂的主要原因，是由於所羅門窮奢極侈所造成的，賦稅徭役太重，人心憤怨。但那不為人所看到的因素，卻是神的懲罰（王上 12：2），因為所羅門晚年離棄了神。（王上 11：26-36）

　　12：1　「示劍」位於以法蓮北部山地，在基利心山和以巴路山之間，是以色列的三大宗教聖地之一，（創 12：6-8，書 20：7，21：21 是逃城和利未城）所羅門的兒子羅波安到那裡，是去行加冕禮。

　　12：2-3　逃臣耶羅波安聽見所羅門死了，就從埃及火速回來，想要得國。以色列人就舉他為代表，去和羅波安談判。

　　12：4-5　耶羅波安代表以色列十個支派去向羅波安陳情，「你父親使我們負重軛」，就是課稅太重、征勞役和兵役、使人民難以負擔。通常新王即位，都會展現德政，減輕稅賦、大赦天下、停征勞役，讓人民歌頌新政。羅波安卻不然，他生於宮廷，錦衣玉食，不知人間煙火味，不能理解民間疾苦。耶羅波安代表來陳情，請求新王體恤百姓減稅輕役，我們便繼續擁護你，這理由很充分。羅波安聽了無以對答，便與他們約定第三天再答覆。

　　12：6-12　羅波安先向前朝元老徵詢意見，不是如何舒解民困民怨之策，而是怎樣對付那些異議份子。老臣建議王給予一個溫和的答覆，像牧人般的愛護羊群，安慰他們。答應改善他們的請求，這就可和平落幕。但羅波安卻聽不進去。他向與他一同長大的少年新貴 徵詢意見，所謂「少年人」並不是一些毛頭小子，這時羅波安已 41 歲了（王上 14：21 代下 11：18-23 說他作王時妻妾甚多，有子 28 人；女 60 人）。這些少年新貴是與他一同長大的，都是些紈絝子弟，無行政經驗；也無人生閱歷；更無智慧，見耶羅波安帶頭，他們就主張用高壓手段，教王說的話更是高傲、粗俗、幼稚。於是王對百姓說：「我的小姆指頭比我父親的腰還粗。」這是一句俗話，意即我比我父親還要厲害。「我父親使你們負重軛，我必使你們負更重的軛；我父親用鞭子責打你們，我要用蠍子鞭責打你們。」（13-14）蠍子鞭

是皮鞭頭上包有金屬片、碎骨和一些尖銳的東西，是最殘忍的刑罰，一般是用來對付奴隸的。王對百姓說這嚴厲的話，無異把百姓看作奴隸，羅波安實在不是治國的料子。孔子說「一言喪邦」，果然羅波安因了這一句話，就失了他的國。他事前沒有禱告神，沒有求問神，這樣虛聲恫嚇，不切實際，只逞口舌之快，真是愚不可及。聖經把這一件事寫給我們，就是在警告後世的人，作為鑑戒。我們讀聖經不要忽略了這一件事，偏偏讀到這裡，並不在意，所以後來不知出了多少的羅波安，多少人犯了羅波安的毛病，憑意氣，逞口舌、不顧後果，一言既出，駟馬難追。我們雖然不是個個作王，但有作老板的、有作主管的、有作領袖的、有作丈夫的、有作妻子的、有作父母的，聖經就是為我們每一個人寫的。看羅波安的愚蠢、糊塗、驕傲、狂妄、無知、暴燥、辱罵、吹牛、說大話、發脾氣、不聽老人言，就怎樣失落了他的國。許多作領袖的像羅波安的驕傲、狂妄、自大、吹牛、不切實際，以致失落了他的位。作丈夫的像羅波安的糊塗、暴燥、說大話，以致失落了他的家。作妻子的不能控制自己的情緒，說一句傷人的話，比刀還快、比箭還尖，傷了感情，那傷口終身醫不好。作父母的，像羅波安說嚴厲的話，辱罵、無端發脾氣，使兒女傷心失去了樂園。保羅勸作兒女的應當尊敬父母，也勸作父母的，不要惹兒女的氣。古時羅馬有個哲學家勸做父母的說：「兒女有甚麼好處，當著人獎勵；兒女有甚麼壞處，背著人責備。」羅波安的父親所羅門作箴言書 14：29「不輕易發怒的，大有聰明；性情暴燥的，大顯愚妄。」又在 15：1 說：「回答柔和，使怒消退；言語暴戾，觸動怒氣。」可惜羅波安沒有聽從他父親的箴言。我們在羅波安的事件上，若能警戒，就大得益處。

12：16-19　群眾見王蠻橫不體恤他們，激起公憤就對王說：「我們與大衛有甚麼分兒呢？與耶西的兒子並沒有關涉！」大衛指大衛王朝，那時他們中間大多數人並沒有想到謀叛，「以色列人哪！各回各家去吧！大衛家阿！自己顧自己吧！」這些北方眾支派的人，不想再支持羅波安政權了。「惟獨住猶大城邑的以色列人，羅波安仍作他們的王。」這是指南方的猶大支派，包括西緬和原籍北方各支派又定居在猶大城邑的人，仍推戴羅波安作王。這時羅波安若冷靜思考大局，尋求安撫之道，或者有可能挽回尷尬的局面。但他不此之圖，更強硬的派遣一個全國最恨惡的，掌管征集服苦役

的亞多蘭去，不但不能攝服怨怨的以色列人，更激起他們反動的情緒。在政治野心家的煽動之下，這位欽差老臣亞多蘭就被暴民用石頭打死了。直到那時，野心家耶羅波安才公開出來操控這未經深思熟慮的暴亂。羅波安王見勢頭不對，就從亂中狼狽的逃回耶路撒冷去了　。

12：20-24　統一的以色列國從此時起分裂為二，耶羅波安做了新的十個支派組成的以色列國的王；羅波安只作南方猶大國的王。羅波安還不死心，想用武力，使他們就範。於是就來到耶路撒冷招聚猶大全家和便雅憫支派的共 18 萬，若配以他父親的財富車馬和外國傭兵，去對付北方那一群烏合之眾，很可能贏得一次快速的勝利。「但上帝的話臨到神人示瑪雅，說，你去告訴所羅門的兒子、猶大王羅波安……說，耶和華如此說，你們不可上去，與你們的弟兄以色列人爭戰，因為這事出於我。」神人即先知，示瑪雅傳神的話，「不可去與你弟兄爭戰，因為這事出於我。」羅波安和眾人都聽從了耶和華的話回去了。「這事出於我」這五個字的信息對我們很重要，給我們太多的安慰，這是神給我們烏雲罩頭的人說的。你若接受，頭頂的黑雲就會消散。這是神給我們前途多艱的人講的，你接受，你崎嶇的坎坷路，就會變為平坦。神說這句話的意思，你有沒有想過？天父樂於讓祂的兒女遭遇艱難、困苦、憂傷、為難嗎？不！神說：「摸你們的，就是摸祂眼中的瞳人。」（撒迦利亞書 2：8）「我看你為寶為尊。」（賽 43：4）之所以在我們身上發生許多想不到的事，神是用來訓練你。當試煉攻擊你，你應想到神說過，「這事出於我」。你的軟弱需要祂的剛強；你的平安需要祂替你爭戰。你是不是正處於艱難困苦的環境中？別人都不了解你；不順你的心意；都看不起你；都攻擊你？你要想起神說過，「這事出於我」。因為祂是管理環境的神。你是不是正感到經濟缺乏，不知如何是好？你知道神說過：「這事出於我。」祂是管理你日用所需的神；祂說：「你想烏鴉也不種；也不收，又沒有倉；又沒有庫，上帝尚且養活牠，你們比飛鳥是何等的貴重呢？」（路 12：24）你可想為神作些偉大的工作麼？結果到處碰壁，你要順服神說「這事出於我」。神要我們學習一些更深的功課，要更謙卑，事奉不是體貼自己的熱心，乃是遵行神的旨意。許多不順意的環境；扎心的毀謗；無故的逼迫，臨到的時候，你要知道神說過：「這事出於我」，你的痛苦便會全部消失了。

12：25 眾人擁立耶羅波安為以色列國的王，他就選擇示劍為首都。北國先後建都於三座城，首先為示劍；次為得撒；最後是撒瑪利亞。這時耶羅波安為了掌控約但河東的兩個半支派，又修建約但河東雅博河上的毘努依勒城。這是個戰略據點，也在防禦北方的亞蘭人和亞捫人。因此在耶羅波安時代，除了示劍，毘努依勒外，還增建得撒，一共建立了三個政治中心。耶羅波安是一個精力充沛又工於心計的人，他立都示劍後，立刻看出一個危機。雖然他被十個支派擁立為王，但以色列人的精神中心，仍在耶路撒冷，因為那裡有聖殿；有約櫃；有祭壇，這都是他們民族的宗教精神所在；就是獻祭、守節、律法宣讀、律例的訓誨。重要事件求問烏陵，土明的指示等等，無一不在耶路撒冷。如果這些民每年仍然按時去耶路撒冷守節、獻祭，這些向心問題，遲早會帶給他王位王權的威脅。

12：26 耶羅波安心裡說，「恐怕這國仍歸大衛家。」他這一想一動，首先對他的神不忠了，他的神耶和華已經藉先知亞希雅傳達了，只要他聽從，謹守神所吩咐的，像大衛一樣，神就要堅固他的家，像大衛家一樣。這是神親口的應許，但他沒有信神的話，他就採取了自以為是的背叛行動，不單使南北在政治上，而且在宗教上也背道而馳，於是他就鑄造了兩個金牛犢。

12：28 「耶羅波安王就籌劃定妥，鑄造了兩個金牛犢，對眾民說：以色列人哪，你們上耶路撒冷去實在是難，這就是領你們出埃及地的神。」把金牛犢一個安放在最北邊的但；一個安放在伯特利。耶羅波安為了政治的近利，卻犧牲了神應許他長久的國位。他以金牛犢代替施恩座的兩個𠼻𡀔𡀔，雖然，耶羅波安不一定是存心設立偶像敬拜，他確實把以色列人陷在罪裡。雖然，他不是以金牛犢來代替耶和華，但他卻是企圖以金牛犢來代表耶和華。無論代替也好；代表也好，都是犯了致死的罪。雖然，耶羅波安設立這兩個金牛犢，目的是要尊崇耶和華，卻很快的誤導百姓去拜偶像，耶羅波安的政策使百姓觸犯了第二條誡命（出 20：4-5），不可避免的也觸犯了第一條誡命。如今還有的在拜耶穌像、馬利亞像、彼得像、保羅像、天使和一切聖物，這和耶羅波安的金牛犢沒有兩樣。

12：31 耶羅波安又在伯特利和但之外，各處邱壇建殿，又將凡民立為祭司，不遵守摩西的律法，目的在割斷南北兩國在宗教上的臍帶。

12：32-33 耶羅波安又私自定八月十五日為節期，取代猶太人傳統的住棚節，比住棚節遲了一個月。(利 23：34) 他又僭越職份，竊奪了祭司的職權，自己獻祭，在伯特利上壇燒香，這些都是招至神的憤怒。耶羅波安是冷酷又工於心計的王，在屬靈的事上卻是非常的糊塗，他又不相信神對他的應許，卻一次再次的在罪上越陷越深，且引導他的百姓一同跟他掉進罪的泥沼裡去 ，北國一開始就是如此的糟，其後，一代不如一代，每況愈下，不能自拔，以致造成最大的悲劇。(主前 722 年亡於亞述，全民被擄。)

第八講　老先知和小先知　第13章

　　耶羅波安的宗教政策「把以色列人陷在罪中」，所以神差遣他的僕人來警告後果。

　　13：1　這個神人，聖經沒有提他的名字，他是個無名的小先知。他從南國猶大來到北國的伯特利，目的在強調政治上的分裂，雖是出於神的旨意，但卻不容另立新宗教，陷民於罪，小先知是來宣告嚴厲的責備和刑罰的。他來得正是時候，「耶羅波安正站在壇旁要燒香。」

　　13：2　這小先知真有膽量。「神人奉耶和華的命向壇呼叫說：壇哪！壇哪！耶和華如此說，大衛家裏必生一個兒子，名叫約西亞，他必將邱壇的祭司……殺在你上面，人的骨頭也必燒在你上面。」這是舊約記載許多突出的預言中之一個，顯示神的全知，這預言在 300 年後就應驗了。（參王下 23：15-20）凡真先知傳神的話，無不應驗，這個預言與以賽亞對古列的預言同等重要。（參賽 45：1-4、13）

　　13：3　為了證實這預言必要應驗，神人就設一個預兆，預兆就是即刻可應驗的短程預言，說：「這壇必破裂，壇上的灰必傾撒。」

　　13：4-6　神人這樣大聲向壇喧叫的話，耶羅波安聽見很生氣，「就從壇上伸手說：拿住他吧！」人想要向神的權能對抗，立刻就顯出人的不堪一擊，王那隻伸出來彰顯王權的手，立時就枯乾了。也就是王的手立刻癱瘓了，不能動，再也收不回去了。真的這時壇也破裂了，壇上的灰也傾撒了，這也在顯明神根本不需要這種的祭。這個神蹟使耶羅波安看到神的大能、反對神可怕的後果。耶羅波安怕極了，只好央求神人為他禱告。經神人一禱告，神蹟又出現了，王的手就立刻復原了。可惜耶羅波安只為他的手祈求，沒有為他的心祈求，使他心復原那就更好了。

　　13：7-10　「王對神人說：請你同我回去吃飯，加添心力，我也必給你賞賜。」這是最大的試探，有力的引誘。神人這時表現很好，很忠於神的話，他對王說：「你就是把你的宮一半給我，我也不同你進去，也不在這地方吃飯、喝水。」他謹守遵行神給他的兩個囑咐，一、不可在伯特利吃飯、喝水，因伯特利是污穢之地，免得在他們的罪上有份，二、不可從去的原

路回來。看這個少年先知，第一次是勝利了，於是他就從別的路回去了。

13：11-16　「有一個老先知住在伯特利。」老先知在伯特利，主不用他去見耶羅波安，主的話語也不臨到他，可能他原來是先知學校畢業，又曾經為神大發熱心，但現在他失去了主用他的條件，只徒具先知之名而已。他住在伯特利。伯特利是人造宗教，叫人拜金牛犢的地方。他在此卻一言不發，諒必已與新宗教妥協，歸於新派神學去了。他已是個沒有聖靈、沒有信仰的假先知。「他兒子們來將神人當日在伯特利所行的一切事，和向王所說的話都告訴了父親。」老先知就吩咐備驢去追趕神人，就在橡樹下找到了他，神人正坐在那裡。老先知對他說：「請你同我回家吃飯！」老先知為什麼去追趕小先知呢？又為甚麼請他回家吃飯呢？ 因這神人行了這麼大的神蹟，太偉大了，王請他都不賞臉，自己能把他請到家中吃飯多光彩，可以在人前大大炫耀一番。他的存心不好，他用的方法更不好。

13：16-19　神人說：「因為有耶和華的話囑咐我說。」這年少先知正如他先前拒絕耶羅波安的邀請一樣，重申神的禁令。老先知老奸巨滑，就用欺騙的方法把小先知騙到家中，說：「我也是先知……有天使奉耶和華的命對我說，你去把他帶回你的家，叫他吃飯喝水。」真大膽，人怎敢假藉神的話來欺騙人呢？這件事看來有些荒唐，但現在確有人假藉神的話欺騙人，你常會聽到「我親耳聽到神對我如此說」，舊約時代神的啟示都是藉著先知說出來，那時的先知可聽到神的話，因此先知傳神的話會說：「耶和華的話臨到我」，「耶和華如此說」，「這是耶和華說的」。但新約時代神的啟示已完全了，全部聖經都是神在對我們說話，神不再用舊約的方式直接對人發聲，所以不可假藉神的話欺騙人，這是犯罪了。這老先知就是如此說，有天使奉耶和華的命如此說，可憐那年少的先知就受誘惑上當了。這給我們一個很大很大的教訓，警誡我們，那年少的先知，功成之後，為什麼不快快回猶大去，而在途中橡樹下坐著？這就是作工不徹底。一個人成功後最容易犯的毛病就是懈怠。小先知的心神懈怠了，就坐在橡樹下，他若不坐下，老先知一定追不上他。聖經說他坐下；並沒有說他在祈禱。若他在祈禱，他就不至受誘惑了。這也在告訴我們，若不在真道上繼續前進，竟敢在危險地帶坐下，後果就不堪設想。最可惜的，那少年先知有耶和華的話，囑咐他三不可。本章第九節原文裡有三個不可，「不可在伯特利吃飯」，

「不可在伯特利喝水」,「不可從原路回去」。這三個不可,好像是三重防彈衣,可保護他不受誘惑、毒箭的傷害,可惜小先知警覺性不夠,竟沒有堅持三個不可的禁令,輕信了魔鬼的話。魔鬼總是在神的話語上巧妙的修改、增加、減少、或扭曲。當初神吩咐亞當說:「園中各樣樹上的果子,你可以隨意吃。只是分別善惡樹上的果子,你不可吃。」(創 2:16-17) 蛇卻對夏娃說:「上帝豈是真說,不許你們吃園中所有樹上的果子麼?」(創 3:1) 上帝說的是「各樣樹上的果子」都可以吃,蛇卻改變成不許吃「園中所有樹上的果子」,差別何其大?上帝說:你吃的日子必定死!(創 2:17) 蛇卻說你們不一定死。(創 3:4) 上帝的話多麼肯定,蛇卻改變為模稜兩可,魔鬼的試探引誘就是如此;這個老先知也是如此。他說:「有天使奉耶和華的命對我說,你去把他帶回你的家,叫他吃飯喝水。」這不是蛇對夏娃的話嗎?神肯定的說:「不可吃飯喝水」,假先知卻說你去把他帶回來,叫他吃飯喝水。聖經說:「這都是老先知誆哄他」,小先知就上當了。既有神的話在先,是那麼清楚,就不該聽那老先知的話。小先知應該知道,神的話決不自相矛盾;神的話安定在天,永不改變。既然先禁止,決不會以後又改變主意,反反覆覆。後來保羅從神接受了福音,他說:「無論是我們,是天上來的使者,若傳福音給你們,與我們所傳給你們的不同,他就應當被咒詛!」(加 1:8) 又說:「我們向你們所傳的道,並沒有是而又非的。因為我和西拉、並提摩太在你們中間所傳上帝的兒子耶穌基督,總沒有是而又非的。在祂只有一是。」(林後 1:18-19) 那個少年先知既然直接從神接受了命令,就不可間接聽從人來的話改變立場。神要你作甚麼,自己直接問神,聖靈會引導你進入真理。「人心籌算自己的道路,惟耶和華指引他的腳步。」(箴 16:9) 不要重視人的意見,總要回歸聖經。這少年先知為了貪圖口腹之慾,就失敗了,和亞當夏娃貪口腹之慾的後果一樣。我們要在這老、小先知的事上儆醒,因為撒但有時會裝做光明的天使。

13:20-22 小先知原是直接與神交通的,只因違背了神的命令,他的靈與神的交通就中斷了,神就藉用老先知宣佈他的刑罰:「你的屍身不得入你列祖的墳墓。」他要客死異鄉,這對以色列人來說,是極可怕的刑罰。

13:23-25 神的刑罰立刻兌現了,當小先知騎上驢踏上歸途中,就被獅子咬死了。更奇特的場景,是「那屍身倒在路上,驢站在屍身旁邊,獅子

也站在屍身旁邊。」驢沒有驚怕逃走；獅子沒有抓傷驢；獅子也沒有吃小先知的屍身，這就清楚的顯示，這是出於神公義的審判。這一件額外的神蹟，傳到伯特利，也成為另一個兆頭，證實這個從猶大來的小先知所傳的信息，十分可信，但耶羅波安還是沒有悔改。(33-34)

13：26-32　說謊話欺騙小先知的那個老先知，聽到這事，就良心傷痛，使他抱憾終生，小先知是因他的欺騙而受神的刑罰。他為神人的遭遇哀哭說：「哀哉，我兄阿！」就把他葬在自己的墳墓裡，以補良心的虧欠。而且吩咐他的兒子們說：「我死了，你們要葬我在神人的墳墓裡。(以色列人的墳墓是石洞，可容好幾個人)，使我的屍骨靠近他的屍骨，因為他奉耶和華的命指著伯特利的壇，和撒瑪利亞各城有邱壇之殿，所說的話，必定應驗。」這老先知對神人所傳有關伯特利新宗教的祭司要被殺；壇要被拆毀；死人的骨頭要撒在上面，污穢那些壇的信息，絕對相信。到那時，他自己的屍首，可以因這神人的屍首而被保全，正如 300 年後，猶大王約西亞所行的。(參王下 23：17-18)

第九講　列王分治　第 14-16 章

　　列王紀上，記載了南北朝前期約 80 年的歷史，只這三章，就佔了約 50 年的時間。猶大出現了四個王，其中有兩個王是好王。而北朝以色列國八個王中出現了七個，耶羅波安、拿答、巴沙、以拉、心利、暗利、亞哈，都是行惡的王，50 年中、發生三次篡位，更換了四個王朝，對國家的政治來說，那是糟透了。都是因耶羅波安不聽從耶和華的話，另立新宗教，去拜金牛犢。「耶羅波安所犯的罪，又使以色列人陷在罪裡」，（16 節）所以神興起刑罰。

　　14：1-14　耶羅波安家惡運開始了，那時他的兒子亞比雅病了。兒子、不是小孩子，從十三節看，亞比雅一定深受人民敬愛，可能他是王位繼承人。這時，猶大王羅波安的兒子亞比央，在代下 12：16 也叫亞比雅，但他們不是同一人。耶羅波安是一個精明能幹的人，在處理政治、外交、經濟的工作事務上很聰明，所以能從一個芝麻小官做到一國之王。但他在處理宗教、道德和對神的關係上，卻糊塗透頂。他對妻說：「你可以起來改裝，使人不知道你是耶羅波安的妻，往示羅去，在那裡有先知亞希雅……現在你要帶十個餅，與幾個薄餅和一瓶蜜去見他，他必告訴你兒子將要怎樣。」因為他兒子患了重病，他想求先知指點迷津，這先知曾對他說：「你必作這民的王。」他的話很靈。他一方面想求問先知預言將來如何，一面又叫他妻改裝去欺騙先知，讓先知認不出他來。這真是聰明人作的糊塗事。這也在提醒我們，這糊塗的聰明人，不只耶羅波安一個，實在遍處都是。聖經告訴我們知識和智慧是有區別的，有的人知識多才幹大，卻沒有智慧。但也有人有智慧，敬畏神，行事為人非常通達，知識卻不多。故雅各書將智慧區別為從上頭來的，下頭來的；是屬天的，屬地的；是屬靈的，屬情慾的；是屬神的，屬魔鬼的。雅 3：17 說：從上頭來的智慧，先是清潔，後是和平、溫良、柔順、滿有憐憫，多結善果，沒有偏見，沒有假冒。有這樣智慧的人不多，而存屬地知識的太多。因此知識越多，犯罪越多，犯罪的花樣越多，越沒有道德，越沒有人性。

　　先知亞希雅住在示羅，現已年紀老邁，眼目發直，不能看見，但他的

耳朵能聽見神的聲音，神叫他宣佈耶羅波安的刑罰。亞希雅聽她的腳步聲就說：「耶羅波安的妻，進來吧！你為何裝作別的婦人呢？」她的面紗揭開了，動機被戳破了，先知說：「我奉差遣將兇事告訴你。」神高舉耶羅波安，立他為王，條件是要他效法大衛，遵守神的誡命，行耶和華眼中看為正的事，但他卻行惡，比那以先的更甚，更為自己設立了一套新宗教，使以色列民陷在拜金牛犢的罪裡。因此，神的刑罰包括 1.耶羅波安的王朝要從地上消滅，男丁無論是為奴的，自主的，都要被剪除。（14：10-14）2.凡屬耶羅波安的人，死了都不能入土安葬，必被狗吃、鳥吃，這是閃族看為最羞辱的死。3.北國將因拜偶像的罪，終被從迦南美地上拔出來。意即被擄去分散在大河那邊。這是預言北國要在主前 722 年撒瑪利亞為亞述所滅，民被擄去大河（伯拉大河）─就是幼發拉底河的哈博河谷，和瑪代人的城邑（王下 17：5-18）的悲慘命運。但他兒子亞比雅因有善行，惟有他得入墳墓，死後且有哀榮。

14：17-20　耶羅波安的妻回去，剛到門檻，兒就死了，應驗了先知的話。耶羅波安作以色列王 22 年，死後他兒子拿答即位。

14：21-24　同一時代轉過來看南國猶大，所羅門的兒子羅波安 41 歲，先與父攝政一年，然後登基，在耶路撒冷作猶大王十七年（包括攝政一年）雖然他治下沒有敬拜金牛犢，但全國靈性墮落。他的政績在代下 11-12 章中記得詳細。那時從北國遷居來猶大的祭司及利未人，在羅波安最初的三年裡，尚能帶領全國遵行大衛與所羅門的道，其後便離棄了耶和華。在列王紀裡，凡記南國猶大諸王必記新王母后的名字，或與她的影響有關。羅波安的母親拿瑪是亞捫人，亞捫是拜米勒公的，於是大規模的偶像崇拜風氣，便在南國成長。聖經說羅波安「行耶和華眼中看為惡的事，犯罪觸動祂的憤恨，比他們的列祖更甚。因為他們在各高崗上、各青翠樹下築壇、立柱像和木偶。」高崗上，青翠樹下，即叢林中，是迦南祭拜巴力立邱壇的地方。柱像，是迦南人的男神巴力，它是生殖之神。木偶是生殖的女神亞舍拉。這都是摩西律法明令禁止的。（出 23：24，利 26：1，申 16：21-22）國中也有變童，變童是男妓。迦南人祭拜偶像的儀式非常邪淫，是律法嚴禁的（申 23：17-18）。以色列人沒有根絕迦南地的偶像敬拜，就成了他們的網羅。

14：25-31　羅波安的懲罰到了，「羅波安王第五年，埃及王示撒上來攻取耶路撒冷。」示撒一世，是非洲利比亞人建立的埃及第22王朝，他在主前926年攻擊耶路撒冷。在代下12：2-8記述得詳盡。埃及尼羅河畔大城底比斯的亞孟廟牆上勘有慶功碑文，其上列有攻取巴勒斯坦150多個城邑的名字。這次法老示撒擄去了些財富，將所羅門當年所炫耀的金盾牌搶去了，羅波安只得製造銅盾牌來代替。羅波安在位時，常與北國爭戰，他死後由他兒子亞比央（又名亞比雅）接續他作王。

15：1-8　「亞比央登基作猶大王……三年，他母親名叫瑪迦，是押沙龍的女兒。」在代下13：2說亞比央的母后是基比亞人烏列的女兒，押沙龍的女兒他瑪嫁給烏列，烏列生了瑪迦，這樣說來瑪迦是押沙龍的孫女。「亞比央行他父親在他以前所行的一切惡。他的心不像他祖大衛的心，誠誠實實的順服耶和華他的上帝。」雖然大衛也曾在赫人烏利亞事上犯過大罪，他卻專心事奉耶和華，一生沒有違背耶和華一切的吩咐，因此耶和華仍使在耶路撒冷有燈光，即香煙不斷，大衛王朝一脈相傳，不像北國篡弒頻仍。亞比央也常與北國耶羅波安爭戰，亞比央死後，他的兒子亞撒接續他做猶大王。

15：9-15　亞撒在耶路撒冷作王41年，神為他作見證說：「亞撒效法他祖大衛行耶和華眼中看為正的事。從國中除去孌童，又除掉他列祖所造的一切偶像。」又說：「亞撒一生卻向耶和華存誠實的心。」神是察看人心肺腑的。我們可以欺人，也可以自欺，但卻不可欺哄神。我們可以行在人眼中看為正的事，也可以行在自己眼中看為正的事，但神論到亞撒說：「他行神眼中看為正的事。」但他行了一件事，在人的眼中看為不正，就是他的祖母瑪迦太后，造了可憎的偶像，他就貶了他祖母的位。雖然他尊敬祖母，但他更尊敬神。「順從神；不順從人，是應當的。」（徒5：29）所以他貶了他祖母的位，這件事在神的眼中看為正，是神所悅納的。雖然亞撒存心誠實，行耶和華看為正的事，但他也並不完全，他仍然有三件事作錯了。第一件作的除掉孌童、偶像，可是邱壇卻沒有廢去，這就是做是做了，但做得不澈底。因此他死後他的後人又在邱壇叫百姓拜起偶像來。這給我們一個大的教訓，就是不但要自己莫跌倒，也不要留下絆腳石，叫別人跌倒。

15：16-22　南北國常常爭戰，北國以色列王巴沙要來攻猶大，在距耶

京以北四哩的堅固城拉瑪加強工事威脅猶大。於是亞撒將耶和華殿和王宮府庫裡所剩的金銀，都送去大馬色亞蘭王便哈達那裡，要求聯盟攻擊巴沙，這是他作錯的第二件事，他用金銀賄賂給外邦人來攻打自己的同胞，藉外力攻擊骨肉，這件事上他沒有效法他祖大衛。新約教訓我們「總要肢體彼此相顧，若一個肢體受苦，所有的肢體就一同受苦。」（林前 12：25-26）亞撒作錯了這件事，代下 16：7-10 說耶和華因此差遣先知哈拿尼來責備他仰賴人不倚靠神，「你這事行得愚昧，此後你必有爭戰的事，亞撒因此惱恨先見，將他囚在監裡。」

15：23-24　亞撒年老，腳有病，他病了三年才死去（代下 16：12-13），他患病的時候，又作錯了第三件事。聖經責備他晚年沒有倚靠耶和華的心，只求醫生。不錯，耶穌也說：「無病的人用不著醫生，有病的人才用得著。」（路 5：31）患病求醫生並不是錯，但患病不先求神，只去求醫生就是錯，這也在教訓我們。可惜亞撒這個人虎頭蛇尾，有始無終。前面仰望神 35 年，到了第 36 年卻離開神。這也給我們一個警訊，有的在少年、壯年誠實信主，熱心擺上，到了中年、晚年卻貪戀世俗，放縱私慾，「私慾既懷了胎，就生出罪來。」（雅各書 1：15）以致半生的辛苦付之東流。這就是「為山九仞，功虧一簣。」多可惜，多可嘆，我們要特別儆醒，跟隨主，不要半途而廢。

亞撒死了，有他敬虔的兒子約沙法接續他作王，他們共同執政三年。

15：25-34　北國政局極不穩定，耶羅波安傳到他兒子拿答，他行為惡劣，行耶和華眼中看為惡的事。他作王的時間很短，大概一年到一年半，就被他的元帥巴沙篡位了。巴沙殺了耶羅波安的全家，由此實現了神對罪惡滔天的以色列王朝的刑罰。只是巴沙也不將耶和華的教訓律例放在心上，仍行耶羅波安所犯的那罪。

16：1-7　神又差遣先知耶戶將神要定罪的話傳給巴沙，（參代下 16：1-6）「我既從塵埃中提拔你……你竟行耶羅波安所行的道……我必除盡你和你的家，使你的家像……耶羅波安的家一樣。」巴沙既然選擇了耶羅波安家的罪孽，也必然有份於他悲慘的刑罰。巴沙作王 24 年，死後他兒子以拉接續他作王。

16：8-14　以拉在得撒作以色列王頭尾計二年，被他護衛軍的指揮官心利和王的家宰亞雜密謀，趁王在家宰家喝醉就殺了他。心利又殺了巴沙的

全家，連他的親戚朋友沒留下一個男丁，真夠兇狠。這也正應驗了先知耶戶責巴沙的話，巴沙和他兒子的罪，就是尼八兒子耶羅波安陷以色列 人的那罪。如此以色列又開始了第三代王朝，不過，這王朝只維持了七天。

16：15-20　心利在得撒作以色列王七日。他是以拉的臣子，王信任他將全國的兵權一半交給他，但是他倒戈，帶著王的兵來攻擊王，將王的全家連親屬朋友殺光。他篡了位，他作了王，但他種的是甚麼，收的也是甚麼。他倒人的戈，人也倒他的戈。他在得撒作王不過七天，人民又立將軍暗利作王。暗利就率軍回來圍困京都得撒。心利見城已破，大勢已去，就進王宮放了一把火，將王宮付之一炬，自己也被焚而死。雖然作王只短短七天，也是夠定他的罪了。聖經說：「這是因他犯罪，行了耶和華眼中看為惡的事，行耶羅波安所行的。」真可憐，七天王位，就此如風吹去，留下惡名，有如一個倒戈將軍的豪語，「不能留芳千古，那怕遺臭萬年。」心利真是遺臭萬年。二十世紀初的中國，滿清王朝被袁世凱倒戈逼宮，他背叛了他的主人，後來又背叛了全國人民，自立為帝，改元洪憲。袁世凱也只作了八十三天的皇帝，像心利一樣，也是遺臭萬年。那時代各處軍閥割據，倒戈成風，留下不良榜樣，他的部下也有樣學樣。這給我們的教訓，總要留下好榜樣，不要留下壞榜樣。主耶穌說：「你們願意人怎樣待你們，你們也要怎樣待人。」（太 7：12）你願意部下怎樣待你，你就要怎樣待長上。你願意兒女怎樣孝敬你，你就要怎樣去孝敬父母。己所不欲，勿施於人，你不願意人怎樣待你，你就先莫要怎樣去對待人。

16：21-28　心利死後，以色列又第二次分裂了，暗利與提比尼二人爭奪王位，其間有四年之久，以色列民不是分成兩國，而是一分為三，北國之民一半隨從暗利，一半隨從提比尼。後來提比尼死了，暗利就作以色列王，這是第三次篡位，建立第四王朝。暗利是一個有為的君王，作王十二年（包括與提比尼爭位時間）。這是很有教育意義的一段聖經。暗利在政治方面是北國最偉大的君王，150 年後，亞述人仍稱以色列為「暗利家」。然而聖經卻將他輕描淡寫的一筆代過，因為暗利是北國歷史上最壞的一個王，就是指他不離開耶羅波安的惡道，比以前列王作惡更甚。他與推羅西頓王謁巴力聯盟，導致北國巴力崇拜泛濫，並滲透南國猶大。得撒京城王宮既被心利焚燬，暗利就用二他連得的銀子向撒瑪買了一座山。這座處女

山風景極其美麗，且地勢險要，便在這山建造堅固城作為新都，仍按山的原主撒瑪的名字給城起名叫「撒瑪利亞」。暗利死後，他的兒子亞哈接續他作王。

16：29-33 亞哈登基作以色列王 22 年，這也是一個有名的壞王。聖經說他「行耶和華眼中看為惡的事，比他以前的列王更甚。」犯了耶羅波安所犯的罪，他還不夠，他更娶了西頓王謁巴力的女兒耶洗別為妻。這椿婚姻也是政治婚姻，暗利因與西頓軍聯盟，共同抵抗北方的亞蘭和東北的亞述勢力，就促成他兒子亞哈和謁巴力的女兒耶洗別聯姻。歷史家約瑟夫認為謁巴力是那統治推羅西頓達 32 年之久的祭司君王，有說耶洗別就是擔任祭拜巴力的首席女祭司。耶洗別成為北國亞哈王的王后，於是就將巴力崇拜推廣到以色列。聖經對亞哈及其兩個兒子亞哈謝、約蘭共 34 年的統治描述，幾佔列王紀上下的三分之一，這期間更顯出屬神的以利亞和以利沙與屬撒但的國度激烈的屬靈爭戰。亞哈在撒瑪利亞建造巴力廟，為巴力築祭壇，又做亞舍拉像，此事惹神發怒甚於以前的王。

16：34 亞哈在位的時候，有伯特利人希伊勒重修 500 多年前，約書亞時代被以色列人拆毀的古城，就應驗了書 6：26 的咒詛。這古城非並無人居住，此時重修乃是說它一直沒有城牆，開始加強城防。這希伊勒在重修城垣立根基的時候，就喪了長子亞比蘭；安城門的時候又死了幼子西割。希伊勒此舉是違背了神當日的用意。神要以耶利哥廢城作以色列人永久的紀念，好提醒他們，神曾親手賜迦南地為禮物。因此，希伊勒受到約書亞所宣佈的咒詛。

第十講　藏在基立溪旁　第 17 章

列王紀上最後六章，全是記先知以利亞在北國的事奉，他是以色列歷史中最偉大的人物。耶穌登山變像時，他和摩西同耶穌說話，在榮光裡顯現。聖經說以利亞還要再臨地球，舊約瑪拉基書 4：5-6 特別提到這件事。新約最後一卷啟示錄十一章就說到現今這個世界體系崩潰和基督再來之前，有兩個穿毛衣的見證人要來。許多解經家說，其中一個是指以利亞。

17：1　聖經一開始介紹以利亞，說他是一個人，是個堂堂正正的人。他是神差遣來的僕人，如同從天而降。沒有介紹他的出身，好像他沒有父母。凡聖經介紹有關係的人物，都會說他是某某人的兒子。他無種族，沒有說他是那一支派的人。他無國籍，沒有說他是那一國人。他無家鄉，提斯比聖經地理無出處。他無名譽、地位、金錢，但他是一個使人敬畏的人。他沒有寫過一章聖經，但他的工作都是神蹟。以利亞三個字的意思是「我的神是耶和華」、「耶和華是我的力量」。顯然他是一個體格魁梧；外型粗獷；聲音嘹亮；性情豪邁的人物。他勇敢，大著膽子來見亞哈王。介紹自己，不說他有什麼學位；有什麼專長；有什麼經歷，他說我是事奉活神的，事奉那永生的耶和華活神的。在人的立場看，他真是狂妄自大，好像他是掌管天地的鑰匙一般。他對惡王向天高舉雙手，聲色俱厲的宣告，「這幾年我若不禱告，必不降露不下雨。」這大概是在雨季降臨前說的預言，何等膽大？那個「我」字，包含了多大的能力，那能力是來自耶和華上帝。雅各書 5：17-18 告訴我們，「以利亞與我們是一樣性情的人，他懇切禱告，求不要下雨，雨就三年零六個月不下在地上。他又禱告，天就降下雨來，地也生出土產。」真的，一年不下雨；二年不下雨，亞哈王才感覺到事態嚴重，就派人四處捉拿他。神在那個時代興起以利亞，那是因為亞哈王放任王后耶洗別的陰謀，推行巴力敬拜，取代以色列的耶和華敬拜。那是要在以色列境內根除耶和華信仰，那是以色列歷史上最黑暗的時期。王上 21：25「從來沒有像亞哈的，因他自賣，行耶和華眼中看為惡的事，受了王后耶洗別的聳動。」就在這時，以利亞出現了。他的能力是因倚靠耶和華而來，神命令他說什麼他就說什麼；神命令他出現，他就出現；神命令他隱藏，他

就隱藏。

　17：2-7　神吩咐以利亞說，「你離開這裡，往東去，藏在約但河東邊的基立溪旁。」往往神要我們過一點隱藏生活，隱藏生活對基督徒來說，是一個得能力的過程。我們天天在忙亂中；焦慮中；催逼中；緊張中，疲於奔命，還是力不從心。想得到的利益得不到，不想得到的挫折、失敗、打擊、痛苦偏偏都來了。這時你當會聽到神輕輕的對你說，「孩子，你去隱藏在基立溪旁吧。」我們的基立溪旁，就是退修靜思之處；就是病室裡反省之處；就是消失在人群中，去到郊野安靜等候之處。基立溪旁是基督徒的重新得力處。荒漠甘泉裡有段話，「如果要得著能力，必須到隱藏的基立去得。若非離開人們；離開自己，到一個深峽中去吸收，屬靈的能力是得不到的。許多屬靈的偉人，都有他的基立。拔摩海島、羅馬監獄、亞拉伯曠野、巴勒斯坦的山谷，都是先聖永遠值得記憶的基立⋯⋯我們中間沒有一個人沒有基立，因為在基立我們可以到寶座前的安息，嘗到隱藏生活的甘甜，吸收基督耶穌的能力。」

　神吩咐以利亞說，「你離開這裡，往東去，藏在約但河東邊的基立溪旁。」這地域是在亞哈王管轄之外，適宜作躲避亞哈、耶洗別怒氣的避難所。以利亞就遵主命行，遵主命行就是他一生得能力的秘訣。他不屬這世界，他好像出了這世界，因此他有能力撼動世界。他一舉一動都倚靠神，一飯一食一飲都倚靠神，順從神的安排。神叫烏鴉為他叼餅和肉來吃，烏鴉是不潔之鳥，為神所用而能供人潔淨的食物，一天早晚兩次，天天如此供應。這也在教訓我們，當我們隱藏在基立溪旁，神會按時供應，給我們在早晚兩次靈修祈禱中享用。神吩咐他「要喝那溪裡的水。」這是一條流入約但河的小溪，在連年不下雨的情況下，「過了些日子，溪水就乾了。」這是一個最大的信心功課。荒漠甘泉中說，「如果我們不知道損失是祝福；失敗是成功；空虛是禮物的話，我們所受的信心教育，還不完全。物質的缺乏常是靈力的建設，以利亞坐在基立溪旁注視那日漸乾涸的溪水，正是我們生活的寫真。過了些日子溪水就乾了，這是我們昨天的歷史；明天的預言。」以利亞坐在基立溪旁一天一天的過，一星期一星期的過去，眼看著溪流越來越小，水流越來越細，怎麼辦？這時正好是撒但作工的時候，牠可用環境來撼動人的信心。逃吧！何必在這裡等死呢？如果是我們，恐怕早就急

死了。更可能匆忙的離開那裡，還很有理由的對神說，我是不得已的。荒漠甘泉說，「神常常按照祂的時候來解救我們，因為祂的慈愛是永遠長存的。我們如果肯先等候，看明神的旨意，我們便不會流落到不及解救的地步，我們也不會帶著羞愧的眼淚走回頭路了。」

17：8-16　這時神吩咐以利亞說，「你起身往西頓的撒勒法去，住在那裡。我已吩咐那裡的一個寡婦供養你。」撒勒法位於推羅西頓之間的一個海岸小城，這裡是耶洗別之父謁巴力管理之地，是巴力的敬拜中心，正是以色列境內大力提倡的巴力敬拜的來源地。這時神要祂僕人去接受一個外邦人的寡婦的供養，這是一件很為難的事。那個時代的寡婦最可憐，失去了丈夫，就是失去了倚靠；失去了生活的保障。寡婦沒有生活技能，受人欺負，絕大多數的寡婦都是窮寡婦。正當乾旱連年，她已自身難保，以利亞去叫她供養，豈不是難上加難嗎？但以利亞信神，就起身去了。他活著不是為吃喝，他吃喝是因為要活著，他活是遵行神的旨意，代神說話。「到了城門，見有一個寡婦在那裡撿柴。」以利亞就遵神命呼叫她說，「求你用器皿取點水來給我喝。」在通常的時候，這是最普通的事；在非常的時候，就成了信心的考驗。婦人去取水的時候，先知又對婦人說，「求你拿點餅來給我。」這個要求不是不盡情理嗎？饑荒遍地，人人自顧不暇了，要她分出自己最後果腹，僅有的一點食物給陌生人，勿乃太過？寡婦回答的話很悽慘，「我指著永生耶和華你的上帝起誓，我沒有餅，罈內只有一把麵，瓶裡只有一點油。我現在找兩根柴，回家要為我和我兒子作餅。我們吃了，死就死吧。」這是他們的最後晚餐，眼見面前站著的是以色列的先知，她就指著永生的耶和華起誓。她雖生活在巴力敬拜的異教中，但她也對永生的神不陌生。她確實只有這麼一點點食物，吃完就沒有了。13 節「以利亞對她說，不要懼怕，可以照你所說的去作吧。」以利亞對她十分同情，但還是說，「只要先為我作一個小餅，拿來給我，然後為你和你的兒子作餅。」以利亞如此肯定的說，不是蠻橫無理，他乃是傳神的話，「因為耶和華以色列的上帝如此說，罈內的麵必不減少，瓶裡的油必不缺短，直到耶和華使雨降在地上的日子。」神的話是說有就有，命立就立。祂可從無生有，也可藉著有再繼續生有。婦人因為聽命供應先知，就在不知不覺中，成了以飢餓換取豐盛；以死亡換取生命。果然，「她和她家中的人，並以利亞，吃

了許多日子。罈內的麵果不減少，瓶裡的油也不缺短。」真的是取之不盡，用之不竭，以利亞的事奉真是神蹟。這就如主耶穌將五餅二魚分給五千男丁，人吃飽了，還有剩餘，裝滿了十二籃子。這給我們的教訓是，我們所得的恩賜，不要怕分出去就少了。「施比受更為有福」（徒 20：35），只要你肯分出去，就越分越多。

17：17-24　愈愛神的人，愈會有試煉。如約伯受試煉，乃是神看他有試煉的價值，由此可以更顯出神的榮耀來。不久這婦人的寶貝兒子死了，這是神對以利亞和寡婦的信心試煉。信心愈試煉愈堅；金子愈煉愈純；毛鐵久煉就成鋼。兒子死了，對這婦人的信心，就顯出效力。古時，疾病被視為是神的管教。婦人只有這一個兒子，婦人遭此變故，並沒有埋怨神，只對以利亞說，「神人哪，我與你何干？」我作了什麼錯事，有何干犯你的地方？「你竟到我這裡來，使上帝想念我的罪，以致我的兒子死呢」。「我的罪」，兒子死是因我的罪，神因你聖潔，便「想念我的罪」了。人在患難中，就會想起自己在神前的罪來。只有罪惡感還不夠，若能在神前敞露自己，認罪悔改，救恩就在眼前了。

這時以利亞不用辯論神學理由，勇敢的說，「把你兒子交給我」，接過來就抱去他所住的樓中。當時的房子多是平頂，屋外有梯可上。在屋頂上搭蓋一間屋子，可能就是以利亞住的樓房。以利亞三次伏在孩子身上，切切的祈禱，他的祈禱越有力，越見神顯出大能。神聽了以利亞的禱告，「耶和華應允以利亞的話，孩子的靈魂仍入他的身體，他就活了。」這是聖經第一次記載死人復活的事，竟發生在這個非以色列民的寡婦身上，就是從死亡的權勢下重新得回生命的恩典，這福份藉著她兒子臨到她。在古代社會中，兒子是寡婦的指望。這件大神蹟在以利亞之前，從未見有從死裡復活的人。以利亞竟敢求這樣的一件神蹟，叫兒子從死裡復活，這是莫大信心的祈禱。

：24　「婦人對以利亞說，現在我知道你是神人，耶和華藉你口所說的話是真的。」以利亞有此能力，有此信心，都是得自他「藏」的工夫。他在基立溪旁藏了幾個月，基立是他的靈修院，神訓練他的信心、順服、倚靠、等候。他到了撒勒法之後，清楚明白神嚴厲地對付他，並不是最後的對付。我們生活中的苦痛、沙漠、眼淚，都是一些插入的音符，如果以

利亞不經過基立，直接去撒勒法，就必會失掉許多幫助他的東西。在你我的生活中，什麼時候屬地的泉源乾了，屬人的方法完了，我們就該仰望那從上面來的幫助。

以利亞在撒勒法的寡婦家裡藏了三年，在此期中他更領受了神對他的修剪、雕刻、塑造，他就成為神貴重的器皿。在那個時代，成為神最合意的工人。今天我們跟隨主，為主作工，是否必須先「隱藏」，也先要接受神的熬煉，神的修剪、雕刻、塑造，如此被聖靈充滿，成為神合意的工人呢？

第十一講　迦密山大戰　第 18 章

18：1　「過了許久，到第三年……」這是指旱災已有三年之久，在路加福音 4：25 和雅各書 5：17 都說，天不下雨是三年零六個月。以利亞匿居撒勒法寡婦家約已三年，神的時候到了，耶和華的話就臨到他，說「你去！使亞哈得見你，我要降雨在地上。」以利亞肯回去，並非由於以色列人肯悔改，乃是遵行耶和華的命令。

18：2-6　以利亞就遵命去了。這時旱災已久，溪流涸竭。那青翠山崗、綠茵平原，都因飢荒遍地，寸草不生，連牛馬活命都無望了。亞哈著急，召了家宰俄巴底來商議。「家宰」是掌管宮廷的最高行政官，並掌理國王財產。因與國王親近，有若幕後宰相。「俄巴底」是一個普通名字，意即耶和華的僕人。這俄巴底不是寫舊約「俄巴底亞書」的先知，那個俄巴底亞是南國的先知；這個俄巴底是北國的家宰，但他也是一個很敬畏耶和華的人。因耶洗別和亞哈王到處抓不到使天不下雨的以利亞，又因宗教的排他性，於是就四面大肆搜捕耶和華的先知，把他們抓來殺了。這俄巴底曾經冒險救了一百個先知，把他們分兩處藏在洞裡，免遭耶洗別的毒手。且偷偷地供應這些先知的餅與水，讓他們存活。這是他為神所作的事。

亞哈吩咐俄巴底，和他分頭去全國尋遍各地找水泉青草，好救活騾馬，免得絕了牲畜。可見罪惡是自私的，這亞哈王只顧自己騾馬存活，不顧人民的死活，真是鐵石心腸。於是他們就分道去尋找。

18：7-15　俄巴底在路上遇到以利亞了，這一驚非同小可，「就俯伏在地，說，你是我主以利亞不是？」以利亞生來英雄氣魄，正氣凜然的回答說，「是，你去告訴你主人，說，以利亞在這裡……我指著所事奉永生的萬軍之耶和華起誓，我今日必使亞哈得見我。」以利亞怎敢如此大膽？乃是先聽到神的聲音，神差遣他說，「你去，使亞哈得見你。」

18：16-19　亞哈見了以利亞怒不可遏，就責備說，「使以色列遭災的就是你麼？」亞哈把旱災歸罪於以利亞，給他加個帽子，干犯國法。以利亞卻義正詞嚴反責王，「使以色列遭災的不是我，乃是你，和你父家，因為你們離棄耶和華的誡命，去隨從巴力。」離棄耶和華就是罪，罪是一切苦難

的源頭。世間沒有罪，就沒有苦難了。他如此痛責亞哈王的罪，膽量真不小，勝於拿單責大衛（撒下 12 章）；約翰責希律（太 14 章）。在人看來，亞哈威權之大，一言可定人生死。而以利亞只獨自一人站在惡王面前，形單影隻。其實不是以利亞一人，乃有萬軍之耶和華與他同在，所以他有萬夫不擋之勇。「現在你當差遣人，招聚以色列眾人，和事奉巴力的那四百五十個先知，並耶洗別所供養事奉亞舍拉的那四百個先知，使他們都上迦密山去見我。」有若一道命令，帶有莫大的能力，亞哈便如此行了。

18：20-29 迦密山是臨地中海邊的一座十分美麗的山脈，有許多大小山峰及峽谷。東指耶斯列平原，西臨地中海岸，靠近海法。以利亞在其中一個山岬上舉行屬靈大戰。此處與腓尼基接壤，是推羅人拜巴力的中心，以利亞在此公開向耶洗別的信仰挑戰。以利亞高聲責問眾民，「你們心持兩意要到幾時呢？若耶和華是上帝，就當順從耶和華；若巴力是上帝，就當順從巴力。」當時耶洗別供養了四百個事奉亞舍拉的先知，和四百五十個事奉巴力的先知。這股逆流，勢道之大，足以使以色列人緘默無聲。聖經說，「眾民一言不答」，他們不知該如何答，也不敢公然回答。以利亞詰問，「你們心持兩意要到幾時呢？」他們是徘徊在十字路口，問題卻擺在面前，要他們立刻作決斷。如果巴力是神，就必須拒絕耶和華；如果耶和華是真神，便得永遠棄絕拜巴力，不能腳踏兩條船。耶穌也教訓我們，「不能事奉兩個主，……你們不能又事奉上帝又事奉瑪門」，二者不可得兼。可能有許多以色列人是走中間路線，如同現時有的宗教供拜的有佛；有道；有儒；有民間偶像，又加上耶穌。一個大雜院裡，什麼都有，和保羅在雅典看見的一樣（徒 17 章）。以利亞絕不容許混合主義；絕不容許妥協主義；絕不容許中間路線。真神與假神間，勢同水火，他們必須作出決定。這決定雖然暫時不得新潮流的認同，但卻能得到主永遠的祝福。

以利亞見他們一言不答，就提出一個生動的建議，藉求火從天而降來燒祭肉，讓大家來分辨誰是活神，眾民皆一致稱好。「猶太人是要神蹟；希利尼人是求智慧。」（林前 1：22）他們要眼睛所能看見的才信，於是以利亞要了兩隻牛，這時敵對雙方的人力是 450 比 1，四百五十個巴力先知和一個耶和華先知。以利亞建議，各取一牛作祭物，各建各的祭壇，將自己的祭牲切好放在自己築的祭壇上，但不許點火。這項比賽清楚而不含糊，看

那降火顯應的神，就是上帝。眾民回答說，「這話甚好。」

　　以利亞特別高聲對巴力先知說，你們既然人多，當先挑選一隻牛犢去向你們的巴力獻祭，求火降下焚燒祭物吧。於是，「他們……從早晨到午間，求告巴力的名。」以他們的宗教熱忱，在四周踴跳。這樣還不夠，越來越顛狂，用刀槍自割、自刺，直到身體流血。又從午後直到獻晚祭的時候。晚祭是在黃昏時候（出 29：38-39，民 28：2-4），也就是巴力先知用苦肉計從早上到黃昏求巴力顯靈。「他們狂呼亂叫，卻沒有聲音，沒有應允的，也沒有理會的。」他們失敗了，他們的巴力是人手「用木石造成，不能看；不能聽；不能吃；不能聞的神。」（申 4：28）

　　18：30-40　接下來是以利亞取十二塊石頭，代表以色列十二支派神的選民。雖在政治、經濟上分為南北二國，但在神的眼中仍是一體。因此重修已毀壞了的耶和華祭壇，在壇的四圍挖溝，可容二細亞穀種。二細亞約五加侖（助讀本），即溝之面積可種五加侖的穀種，相當寬大。然後將祭肉放在壇上，並命用四個桶，盛滿了水，倒在燔祭的肉上和柴上。一連倒了三次，水流在壇的四圍，連溝裡也滿了水。到黃昏獻晚祭的時候，以利亞先作了幾分鐘的禱告，「耶和華阿！求你……使這民知道你耶和華是上帝……。於是耶和華降下火來，燒盡燔祭、木柴、石頭、塵土，又燒乾溝裡的水。」啊！多大的神蹟！以利亞在迦密山頂，真是顯出神的榮耀來。信心多大，所顯出神的榮耀就有多大。在伯和崙山崗，沒有約書亞的信心，一定看不到日頭停留；月亮止住約一日久的大奇蹟。在迦密山，若沒有以利亞的信心，就看不到火從天降的大神蹟，也不會令所有的民眾傾心回轉。那些以色列民親眼看見了，靈就甦醒了，於是就俯伏在地，連聲不斷說，「耶和華是上帝，耶和華是上帝。」眾民既已回心轉意，這時以利亞抓住機會，對眾民發令，「拿住巴力的先知，不容一人逃脫。眾人就拿住他們，以利亞帶他們到基順河邊，在那裡殺了他們。」如此就把罪孽的攔阻除去了，就如底波拉之歌「基順古河，把敵人沖沒。」（士 5：21）基順河在迦密山腳，起源於他泊山，流入地中海。以利亞是依律法行事。（申 13：12-15，17：2-5）

　　18：43-46　「以利亞上了迦密山頂，屈身在地，將臉伏在兩膝之中。」舊約「英雄本色」這本書中說，「以利亞成為英雄的秘訣，是常將臉伏於兩

膝之間。」教會歷史傳說耶穌的弟兄雅各書的作者，因常跪著禱告，兩膝長繭，有如象腿。以利亞這一天第一次禱告是求火，讓百姓心回意轉。這次禱告是求雨，因他曾起過誓，「我若不禱告，必不降露不下雨！」（17：1）現在他禱告無他求，只求神除去百姓背約的咒詛，為他們施恩降雨。他屈身俯伏，將臉伏在兩膝之中，緊抓住神的應許，「你去！使亞哈得見你，我要降雨在地上！」（18：1）他憑信心禱告，他叫僕人去向海觀看，就是在山頂遙望那水天一色的地中海，有沒有什麼異樣的情況。六次僕人都失望的報告，「沒有什麼」。但以利亞並不灰心，再繼續禱告，不達目的禱告絕不中止。往往我們遇到難處，禱告得不到神的回應，就不再提了，這是不對的。禱告若不繼續；不迫切，是得不到神回應的。我們沒有信心，我們的信心不夠，都是失敗的原因。荒漠甘泉裡說，「許多合理的祈求，有時被神故意拖延，原因是為了神要教導我們信心的功課。在信心的大學中，有許多必修課，信心的試驗、信心的實習、信心的忍耐、信心的毅力、信心的得勝等等，這些都是需花許多時間去學習的。如果你向神祈求了，可是答應並不來臨，你怎樣呢？繼續相信神的話，不要因眼見或憑感覺搖動。在你這樣站牢的時候，你的能力和經驗都會增長」的。以利亞就是這樣，他是個大有信心的禱告人，所以他的禱告大有能力。耶穌在路加福音 18 章設比喻教訓門徒，禱告不可灰心。往往我們求一件事，一天過去了，一星期過了，一月又過去了，一無所獲就灰心了，認為無望了，於是禱告就不再提起了。荒漠甘泉裡告訴我們，這是頂大的錯誤。有始無終的人，在無論什麼事上，都是無結果的。有了有始無終的習慣，就是有了失敗的命定。半途而廢的禱告也是如此，灰心生失望；失望生不信；不信生失敗，這都是禱告的致命傷。但看以利亞信心的禱告，雖六次無結果，但他仍不停止。第七次僕人來報告，「我看見有一小片雲從海裡上來，不過如人手那樣大。」神的回應到了，這就是可 11：24 神的應許，「凡你們禱告祈求的，無論是什麼，只要信是得著的，就必得著。」以利亞信神一定會下雨，果然雨要來了。以利亞叫僕人上去通知亞哈，趕快套車下山，免得被雨阻擋。霎時間，風雲變色，大雨降下來了，亞哈的坐車快馬加鞭的奔回耶斯列去了。因為耶斯列有他避冬的行宮。

聖經說，「耶和華的靈降在以利亞身上，他就束上腰，奔在亞哈前頭，

直到耶斯列的城門。」以利亞徒步奔跑，神賜給他驚人的體力，越過亞哈的馬車，約等於馬拉松的長跑距離 26 哩。當亞哈的馬車奔到耶斯列的城門口，以利亞早已在那裡等著他了，這使他大為驚惶。一連看見這幾個神蹟，應該覺悟前非，與巴力一刀兩斷，遠離偶像，重新作人才是。可惜亞哈沒有這樣作，錯失一個得福的機會，仍然聽王后耶洗別的擺佈，繼續作惡。所以他和耶洗別都要承擔罪罰，這給我們一個鮮明的教訓。

第十二講　羅騰樹下　第 19 章

19：1　亞哈是以色列國有名的無道昏君。他最大的失敗是娶了西頓王的女兒耶洗別為妻，被其蠱惑，多行耶和華眼中看為惡的事。他行惡，比他以前的諸王更惡。他奢侈，比所羅門更奢侈。所羅門不過作了一個象牙寶座，亞哈卻為耶洗別建造了一座象牙宮居住。耶洗別在他心中的地位，遠高過神在他心中的地位。有了耶洗別，就不再有神了。他愛耶洗別，就不再愛神。以利亞所行的神蹟，他不是不敬仰。他心中有了耶洗別，就不再有以利亞了。有如希律王何嘗不尊崇施洗約翰，只因他心中有了希羅底，就不要約翰了。今天我們心中如果有了我們的耶洗別、希羅底，就會不再有神了。心中不再有神，也就走上亞哈、希律的失敗。

19：2-8　耶洗別得知她的先知被殺了，嬌容變色，雷霆大怒。於是差人去告訴以利亞，說「明日約在這時候，我若不使你的性命像那些人的性命一樣，願神明重重的降罰與我。」把耶洗別供養的四百五十個寶貝先知統統殺了，那還了得，一定會找他算帳。「以利亞見這光景，就起來逃命。」從北邊的撒瑪利亞逃到南國猶大最南端的別是巴，還不放心，「將僕人留在那裡」，恐怕僕人走漏消息。他就單獨一個人再向南走了一天的曠野路，「來到一棵羅騰樹下」，就坐在樹下求死。羅騰樹是生長在沙漠裡的一種松柏類的小樹，可長到十呎高，是沙漠地的陰涼所。「就坐在那裡求死，說，耶和華阿！罷了！求你取我的性命。」罷了就是「夠了」、「算了吧」。上帝啊！算了吧！求你取我性命吧！他怎麼會這樣呢？前面不是看到他是那麼剛強壯膽的大丈夫麼，就因一個狠毒婆娘的一句話，忽然變得這麼軟弱像一條蟲。怎麼會這樣呢？他跌倒的原因：(1)「他見這光景」，他的眼睛只去看周圍惡劣的環境，沒有抬頭仰望神。他看到的環境是怎樣呢？只看到獨自一人在和亞哈、耶洗別鬥爭，行單影隻；孤掌難鳴。而那個心狠手辣的耶洗別派來的人，是那麼氣勢凌人，斬金截鐵的說，「明日約在這時候，我若不使你的性命像那些人的性命一樣，願神明重重的降罰於我」，字字如鋼釘釘在他的心坎上。他的心破了；他的膽寒了，他就決定逃命了。那麼他先前的勇敢，置生死於度外的英雄氣慨，那裡去了呢？為什麼王后一句話，

就嚇成這個樣子？理由很簡單，他從前眼睛單單仰望神，所以他有信心的說，「我若不禱告，必不降露不下雨。」在迦密山單單仰望神，就充滿了能力。轟轟烈烈成就了驚天動地的大事，除滅了巴力先知，使民心歸向耶和華。他在山頂上求雨，見有一片小雲升起，就束上腰，超過亞哈奔騰的馬車，一口氣先跑到耶斯列城門口，都是能力，都是信心。現在呢？他眼睛沒有看神，只看人，就覺得人太可怕。是的！我們在沒有遇到大試探之前是仰望神的，一旦看到四圍兇惡嘴臉，陰森奸詐，就會感到可怕。越看越可怕，和魔鬼一樣可怕，甚至有的比魔鬼還可怕。如果我們的眼睛只向四圍環境看，不向上看，也會和以利亞一樣，不顧一切要逃命去了。

廿世紀三十年代，中國有個王明道，在中日戰爭末期，他在淪陷區傳道。他不與日本皇軍政策合作，他拒絕參加一個政治玩具「華北基督教促進會」，被通知前往日本憲兵隊報到。這和以利亞接到耶洗別奪命通知的爆炸力不相上下，因為當時日本憲兵隊是一個令人喪魂的人間地獄，一進去能活著出來的人很少。王明道不學以利亞立刻起身逃命，相反地，他衣著整齊，手拿聖經去報到。神就保守祂忠心勇敢的僕人平安回來，沒有跌倒，給我們留下好榜樣。

以利亞跌倒的原因(2)：以利亞對自己期許過高，好勝心太強。他來到羅騰樹下，就坐在那裡求死，說「耶和華阿！罷了，求你取我的性命，因為我不勝於我的列祖。」注意這段話的重點，「因為我不勝於我的列祖」。這意思是說，因為我不比我列祖強，我的事工沒有超過我的列祖。他的心要勝過他的列祖，現在他發現自己原來勝不過列祖，於是萬念俱灰，情願求死，這是他把自己的成就感看得太重，我們有時何嘗不是這樣？這樣很容易落在錯誤的觀念中。希望被神重用，卻經不起挫折；經不起考驗，就會心灰意冷；苦惱退後。基督徒無論在生活上或屬靈的事工上，不求進取絕對不可以，但過份重視自己的成就感就要防備。屬世的驕傲和屬靈的驕傲，都會把你高舉到目中無人的地步。結果是在榮耀自己，神就不能在你身上得榮耀了。以利亞是偉大的先知，雅各書說他和我們是一樣性情的人。因此以利亞遇到試探，也會和我們一樣有軟弱。從以利亞在這件失敗的事上，我們學到一個教訓。有時神使用我們在屬世或屬靈的事，賜給我們一點點些微的成就，就當格外謙卑，不要偷竊神的榮耀，免得自取差辱。

　　屬靈人可以求死嗎？基督徒可以自殺嗎？聖經的答案是「不可」。聖經告訴我們，身體是聖靈的殿，誰敢毀壞？況且我們的年日是那麼短少，珍惜寸陰為主作工猶恐不及，怎可求死？

　　以利亞為什麼求死呢？因他工作過勞；情緒太緊張；心靈沒得安息，以致神經疲勞，思維錯亂。我們也是一樣，這也想作，那也想作，情緒壓力過重，就容易鑽牛角尖。人是血肉之體，疲勞了就需要恢復。恢復的最好方法，就是睡眠。聖經說，以利亞坐在羅騰樹下睡著了。睡覺是一個奧祕，人在最疲勞的時候；在最痛苦的時候；在最軟弱的時候，睡覺能恢復活力。睡眠怎麼來的？睡眠是上帝所賜的。當上帝為亞當造配偶，在從亞當身上取出一根肋骨，動手術之前，聖經說，上帝使他沈睡（創 2：21），沈睡就不感覺痛苦。現代外科手術先要經過麻醉，麻醉就是使他沈睡。近年有人提倡用催眠術止痛，他們的學理，在使中樞神經系統作沈睡狀態。以利亞太疲倦就「睡著了」，神對一些情緒失控的孩子，總是很溫柔體貼，神讓他在睡眠中重新得力。「有一個天使拍他，說，起來吃罷！他觀看見頭旁有一瓶水，與炭火燒的餅，他就吃了喝了，仍然躺下」，再睡。不知過了多久，耶和華的使者第二次來拍他說，「起來吃吧」，他又吃又喝了。他兩次睡著了，兩次被天使拍醒。在人軟弱、灰心、失敗、頹喪的情形下，很需要「拍醒」，不能任他沈睡不醒。他需要心靈醒悟，才能看見自己靈性的危機，神常用這種方法拍醒我們。當我們回頭再走世俗路時；再次沈迷罪中生活時；逃避神給我們的託付時，神會用我們最不喜歡的方法，如疾病、患難、危險、挫折、別人的攻擊，來拍醒我們。沈睡不能得到能力，惟有醒悟才能重新得力。天使命他「起來」，教會也是一樣，若有心灰意冷、軟弱後退的，就必須「起來」。起來作什麼？「吃」。不吃靈糧就得不到屬靈的能力。「吃了又喝了」，使者說，「因為你當走的路甚遠。」飽食靈糧後，才有氣力奔走前程。仗著這飲食之力，一口氣就走了四十晝夜。聖經裡常看到「40」這個數字，神學家都說，這是一個受試驗的數目。如挪亞時代，天降四十天大雨；摩西四十日在西乃山接受神的律法；以色列人走曠野四十年；耶穌受試探四十晝夜；以利亞這次一口氣走了四十晝夜，到了何烈山。

　　19：9-18　何烈山被稱為神的山，是摩西曾在此見異象。何烈山是西奈

半島南部的一座山脈，西乃山是何烈山的一個山峰。以利亞一口氣走了四十晝夜，因為這是吃飽了神的糧食，所以有此特異功力，他就藏在一個亂石磷峋的山澗裡。這時，神親自來質問他，說「以利亞阿！你在這裡作什麼？」這裡不是我差遣你來的地方，你這麼遠來洞中作什麼？這個洞是大先知久住的麼？這是先知退隱的地方麼？你覺得神的能力靠不住麼？你認為你信的耶和華改變了麼？以利亞阿！你在這裡作什麼？你想想，你到底來這裡作什麼？

以利亞的答覆像一個鬧彆扭的孩子跟神賭氣似的，說「我為耶和華萬軍之上帝大發熱心。」他在迦密山可以說在為神大發熱心，現在到這裡來，是逃避現實，怎能說是為耶和華大發熱心呢？他說，「因為以色列人背棄了你的約；毀壞了你的壇；用刀殺了你的先知，只剩下我一個人，他們還要尋索我的命。」保羅在羅馬書 11：2-4 就說，這是他在控告他的兄弟。以利亞以為整個以色列國，只他一人是碩果僅存的先知；只有他才是忠心耿耿的。但神說，你以為只有你一人沒有跪拜巴力嗎？不是的，「我在以色列人中為自己留下七千人，是未曾向巴力屈膝的；未曾與巴力親嘴的。」親嘴是拜巴力的儀式，表示敬意。馬太福音 7：1-3 中，主耶穌告訴我們說，「你們不要論斷人，免得你們被論斷。……你們用什麼量器量給人，也必用什麼量器量給你們。為什麼看見你弟兄眼中有刺，卻不想自己眼中有梁木呢？」可見我們論斷人的眼光，常常有錯。

我們來看耶和華是愛，主仍愛憐祂的僕人，說「你出來站在山上，在我面前」，不要躲在洞裡。這時突然有四種現象發生，聖經說，那時耶和華從那裡經過，有烈風、地震、大火，使得山搖地動，轟轟烈烈。以利亞以為神在其中顯靈，但聖經說，(1)有烈風大作，崩山碎石，「耶和華卻不在風中」。(2)風後有大地震，地動山搖，「耶和華卻不在其中」。(3)地震後有熊熊火焰，「耶和華也不在火中」。雖然，以利亞對以色列民的控訴是可以藉這些天然災害去審判那些背道者，但此刻，神的意旨不是這樣。神不在其中，耶和華上帝在那裡顯靈呢？(4)火後有微小的聲音，神在微小的聲音裡向以利亞顯現。為什麼這樣呢？這是神給以利亞看見，也是給我們知道，神不是藉著烈風、大火、地震這些物質界的大動作表現，讓人看到神的臨在。神乃是用微小的聲音。在舊約裡，人往往有這些經歷，肉身可聽到神

的聲音，神藉著物質讓他們明白神的旨意。今日則用不著了，因為今天神的啟示已經完全了。自從整本新舊約聖經完成之日，神就沒有必要再用物質現象來讓人知道神的話語，因為整本聖經都是神的話。無論你遭遇何事向祂求解答，祂都在這本聖經裡向你說話。只要你多讀聖經，你就會知道神對你指示的是什麼。今日神同樣以微小的聲音在向你說話，是發自心靈感應，不是我們肉眼看見，肉耳聽見，而是聖靈在心中作感動的工作。荒漠甘泉裡說，神微小的聲音如同愛人的聲音。神是愛，當你全心專注在愛人身上，愛人一句頂輕細的耳語，你都很快的就領悟了。如果你不理會他，不相信他，他就不再說什麼了。你要注意裡面的禁止，當你與人談話，如果裡面有聲音禁止，就該立刻閉口不言。當你正進行某種事業，如果你心靈不平安，就該立即改變計劃。此外也該等候神外露的旨意，讓神替你執行。不要倚靠自己的聰明，只要順服信靠，至終祂必使「萬事都互相效力，叫愛神的人得益處。」（羅 8：28）神微小的聲音，就在聖經裡。你要常讀聖經，突然會發覺那一段經文，那一節經文，就是對你說的。解決了你的疑難問題，你就得到能力，就得到安慰；得到指引；得到鼓勵，因為神的話沒有一句不帶能力的。

　　神微小的聲音對以利亞說什麼呢？給他三個新的使命，讓他拾回起初失落的戰鬥信心。(1)去膏哈薛作亞蘭王；(2)膏寧示的孫子耶戶作以色列王；(3)膏以利沙作先知接續他的工作。這對我們的教訓是，神的工作不可逃避，耶穌說神從石頭中可以興起亞伯拉罕的子孫來。神給你的工作，你不作，神會興起另外的人替你作。你等於自廢武功，何等可怕。的確，以利沙後來比他作得更出色，從這件事上可作我們的借鏡。美國鋼鐵大王卡內基有個故事，他發現手下一個人叫斯華勃，凡交託他的事都作得很好，便委他主持手下的鋼廠。對他說了一句名言，「你能犯多少錯都不要緊，可是記住，同樣的錯誤和你已經知道別人犯過的錯誤，可不能再犯第二次。」斯華勃作到了，後來成為卡內基鋼鐵公司傑出的總經理，更作了規模更大的美國鋼鐵公司的總經理（大人物小故事第一集）。以利亞所犯的錯誤，我們不要犯第二次，神就要把更重要的工作託付你。因此，基督徒在教會裡，凡神感動你的工作，或藉人傳達的使命，不可推辭，不可逃避。神作事非藉人不可，但並非少不得你。神作事少不了人，但並不是少不了某一個人。

19：19-21　以利亞遇見以利沙時，他正在耕地，在他前頭有十二對牛。「以利亞……將自己的外衣搭在他身上」，這是表示呼召他作先知。這種外衣是先知職份的象徵，以利沙接受了。以利沙的名字意義是「神是救恩」，看來他是個富農。他決志拋棄他的一切，回去拜別父母，並宰了一對牛，用套牛的器具煮肉作辭別宴，意即破釜沈舟，義無反顧。以利沙一生事奉四個王，在聖經中除了主耶穌外，記錄下來的神蹟，他是最多的一人。

第十三講　亞哈與耶洗別　第 20~22 章

20：1-12　「亞蘭王便哈達」，舊約裡的亞蘭，就是新約裡的敘利亞。便哈達是王的稱號，不是名字。照年代計算，應是便哈達二世。他率領了三十二個王，就是向他稱臣的一些酋長或城邦首領，他們的聯軍來圍住撒瑪利亞。便哈達就差使臣來對亞哈說，「你的金銀都要歸我，你妻子兒女……，也要歸我。」這是要求亞哈完全順從。以色列王回答說，「我主我王阿，……我與我所有的都歸你」，他願意順命。使者又來更進一步說，不但「要你將你的金銀妻子兒女都給我，……我還要……將你眼中一切所喜愛的都拿了去。」要他絕對投降。這個條件太難了，於是亞哈王回答說，「王頭一次差遣人向僕人所要的，僕人都依從。但這次所要的，我不能依從。」這幾節聖經，很有屬靈的意義。如果拿它來說明主耶穌向我們要求的，正是我們的屬靈光景，主向我們要求的，也是這樣。如果只要求我們的金銀妻兒歸主，還可答應。如再多要求「將你眼中一切所喜愛的都拿了去」，就是你一切愛好的，像肉體的情慾、眼目的情慾、今生的驕傲，都要被拿去，那我們就不能依從了。

主要我們完全獻出，不是只獻一部份，保留一部份。若我們完全獻出，主對我們就完全使用。像摩西把埃及王宮的榮華並學得埃及一切的學問都獻出來，神就使用他領以色列人出埃及。像保羅說，「就律法上的義說，我是無可指摘的。」(腓 3：6) 他獻上了今生的驕傲，所以主用他作外邦人使徒，留給我們十三卷聖經。

便哈達與亞哈的故事，雖只是人類歷史中極小的一粒浮塵，從此也可看出掌管整個人類歷史的是耶和華上帝。便哈達驕狂誇口說，「撒瑪利亞的塵土，若夠跟從我的人每人捧一捧的，願神明重重的降罰與我。」也就是說，我有這麼多的軍兵，每人捧一把土，就可以把撒瑪利亞捧走。亞哈王回答說，「才頂盔貫甲的，休要像摘盔卸甲的誇口。」這是一句諺語，意即尚未決戰，不知鹿死誰手，到那時再誇口吧。便哈達的囂張，以為勝利在握了。

20：13-21　亞哈雖然壞透了，但以色列的神滿有慈愛和恩典。祂藉著

拯救來顯示自己，就差一個先知去告訴亞哈說，「今日我必將他們交在你手裡，你就知道我是耶和華」，神藉此希望亞哈悔改。亞哈就遵神人吩咐，帶領了所有的少年人，即年輕軍官 232 名，和僅有的兵眾 7000 人出去應戰。這點點軍力與便哈達的大軍相比，實如螳螂擋車，自不量力。但神與他們同在，趁午間乘其不備，鳴鼓而攻之，結果亞蘭軍兵大敗，亞蘭王便哈達騎馬落荒而逃。騎馬打仗的戰術是以後才有的，當日就是騎著套戰車的馬和戰車兵一齊逃跑。以色列以寡擊眾大獲全勝，不是以色列人有什麼本領，乃是耶和華的膀臂向敵人伸出。

20：22-34　　還是那位傳神話的先知來見王說，「明年這時候，亞蘭王必上來攻擊你」。果然便哈達聽了臣僕的話說「以色列人的神是山神」，我們的神是平原的神，在平原打仗我們必得勝。因撒瑪利亞是山，他們以為神是受地理限制的。但先知告訴亞哈說，「你們就知道我是耶和華」，耶和華是主宰全宇宙和人類歷史的神，祂站在以色列這一邊。雖然兩軍對壘，以色列軍「好像兩小群山羊羔，亞蘭人卻滿了地面」。但「那一日以色列人殺了亞蘭人步兵十萬，其餘的逃入亞弗城。城牆塌倒，壓死剩下的二萬七千人。」這是神在作事，使自高的必降為卑。於是便哈達的臣僕們「腰束麻布」表示卑微，「頭套繩索」以示投降，來見亞哈王，乞求留便哈達一條命。亞哈這時說的話很不得體，昧於亞蘭人的恭順，便對便哈達的僕人說，「他是我的兄弟」。這本是國際禮節上君王常用的稱呼，以示平等友好，但這時情勢則不然。而便哈達的臣僕卻立刻打蛇隨棍上，因而得到釋放的承諾。亞哈此舉，不但對不起戰場捐軀的臣僕，而且公然與神為敵。因為神已說過將敵人交在他手裡，意即要除滅他。亞哈可能從政治、外交考量。「便哈達出來見王，王就請他上車。」這是超過戰敗者的禮遇，又與他立約，就放他回去了。

20：35-43　　「有先知的一個門徒……說，你打我吧。」古時先知傳信息，都用些奇怪的動作。那位先知拒絕無緣無故的打他，就遭到獅子咬死了。他再叫另一位先知來打他，把他打傷了。他就裹傷在路旁等候亞哈。亞哈不知是先知，先知說，他是一個以色列士兵，有人將敵國的戰俘交他來看守，約定如果戰俘逃掉了，他必以命來抵償，不然就得交出一他連得的銀子。可是我正在忙亂時，戰俘就不見了，怎麼辦？亞哈王毫不考慮就

判決，那你就得承受那刑罰了。這正是宣判了自己的死刑。有如當年拿單見大衛，以富人強取窮戶的小母羊羔以享客為喻，大衛也是這樣宣判自己的刑罰（撒下 12：1-6）。

先知「急忙除掉蒙眼的頭巾」，當時先知大概有一種特別的標誌，亞哈就認出來了。先知就引亞哈的話定他的罪。「耶和華如此說，因你將我定要滅絕的人放去，你的命就必代替他的命，你的民也必代替他的民。」後來亞哈與亞蘭人爭戰，死於戰場，以色列人則在耶戶與約哈斯作王期間，受盡亞蘭人的凌辱（王下 10：32，13：3）。

21 章完全在講耶洗別的毒狠和神對她的報應。耶斯列人拿伯是一個敬畏神的以色列人，他有一個葡萄園在亞哈冬季行宮的旁邊。「亞哈對拿伯說，你將你的葡萄園給我作菜園，因為是靠近我的宮」。這個理由很霸道，有似行政命令強制收買。好在以色列國的王權受律法限制，還不敢公然強取豪奪。拿伯根據摩西律法拒絕交出先人留下來的產業（利 25：23-28，民 36：7-9），亞哈受挫，孩童似的回宮悶悶不樂。王后耶洗別知道了，就譏諷他說，男子漢、大丈夫，你還是一國之君呢！起來吃飯，這事包在我身上，我必將耶斯列人拿伯的葡萄園給你。亞哈聽了，果然心中如釋重負，因為他信靠他的妻子有辦法，也不問原因。亞哈一生的失敗，他子子孫孫的禍患，就是因為他娶了一個拜巴力的妻子。所以聖經定他的罪說，「亞哈，行耶和華眼中看為惡的事，比他以前的列王更甚。……又娶了西頓王謁巴力的女兒耶洗別為妻，去事奉敬拜巴力。……他所行的，惹耶和華以色列神的怒氣，比他以前的以色列諸王更甚。」（王上 16：30-33）耶洗別惡質的影響，使以後以色列亡國，幾乎滅種，這實在給我們非常重要的教訓。嫁娶之事，何等重要，為自己；為兒女，應當特別祈求神，因為「得著賢妻的，是得著好處，也是蒙了耶和華的恩惠。」（箴 18：22）因為「才德的婦人，是丈夫的冠冕；貽羞的婦人，如同朽爛在他丈夫的骨中。」（箴 12：4）「艷麗是虛假的；美容是虛浮的，惟敬畏耶和華的婦女，必得稱讚。」（箴 31：30）亞哈就是娶了一個惡伴，看她在耶斯列人拿伯身上的毒狠，真是叫人嘔血。她假用王的名，用王的玉璽，私自寫信給拿伯同城居住的長老貴冑。先買通兩個匪徒作假見證（民 35：30，申 17：5-6），偽稱拿伯謗瀆了王和褻瀆上帝的名。耶洗別的惡毒，她完全假藉以色列人的律法來開門

爭大會，未審先判，目的是藉摩西律法將拿伯用石頭打死（利 24：15-16；約 10：33）。這與 850 年後，主耶穌在公會受審的模式一樣（太 26：59-66）。拿伯在他自己的田裡被人用石頭打死（21：19），他的眾子也同遭殺害（王下 9：26）。這樣財產繼承無人，就將葡萄園霸佔過來了。

以利亞去到拿伯的葡萄園向亞哈傳達神的審判，「你殺了人，又得他的產業麼？」亞哈一見以利亞出現，就說「我仇敵阿，你找到我麼？」亞哈真糊塗，誰是仇敵誰是朋友都分不清楚。真的仇敵乃是他愛的耶洗別，真正的朋友則是想救他，每天為他禱告的以利亞。以利亞老是說逆耳的話，他不知道「朋友加的傷痕，出於忠誠；仇敵連連親嘴，卻是多餘。」（箴 27：6）因此箴言書 9：8 又說，「不要責備褻慢人，恐怕他恨你；要責備智慧人，他必愛你。」主耶穌也在太 7：6 說，「不要把聖物給狗，也不要把你們的珍珠丟在豬前，恐怕他踐踏了珍珠，轉過來咬你們。」

亞哈說，「我仇敵阿，你找到我麼？」以利亞答道，是的！我們狹路相逢，「我找到你了」。我來告訴你，「因為你賣了自己，行耶和華眼中看為惡的事」，真是無可救藥。耶和華說，「我必使災禍臨到你，將你除盡，凡屬你的男丁，……都從以色列中剪除。我必使你的家像……耶羅波安……巴沙的家……。」論到耶洗別，耶和華也說，「狗在耶斯列的外郭，必吃耶洗別的肉。」這預言應驗了（王下 9：30-37）。「凡屬亞哈的人，死在城中的，必被狗吃；死在田野的，必被空中的鳥吃。」多可怕的咒詛？亞哈幸虧有個以利亞如此的朋友警告他，使他及時醒悟悔過。於是他就撕裂衣服；禁食；穿麻衣，在神前自卑。因此神對以利亞說，「亞哈在我面前這樣自卑，你看見了麼？」神的心腸，即使亞哈這樣暫時悔過，仍可感動神施憐憫。神是慈愛的神，我們犯過，只要及時認罪悔改，神必赦免我們的罪，洗淨我們一切的不義（約一 1：9）。亞哈悔過自卑，神就對他緩刑，到了下一代約蘭為王時才臨到（王下 9：21-26）。

22：1-4　「猶大王約沙法下去見以色列王」。敬畏神的約沙法為什麼不顧南北國在宗教上、道德上的分歧，要去見以色列王與他結盟？我們不知道，可能在政治上和國際勢力平衡上考量。但日後代下 19：2 記載，先見耶戶指約沙法違背了神的旨意，竟與亞哈結盟，神很不喜悅。亞哈要求約沙法與他同去奪回約但河東被亞蘭侵佔的基列拉末，約沙法允諾。

22：5-28　約沙法是個真心敬畏神的王，定意要先求問神的旨意，藉先知得知神的信息。於是亞哈招來先知約四百人，那些先知眾口同聲的說，可以，一定馬到成功。這章聖經就告訴我們，先知有兩種，一種是假先知，是說謊話的，看人說人話的；一種是真先知，專說真話的，只說神話的。這四百個先知，肯定是假先知。他們從先知學校混畢業，他們作先知是為了找個好工作好糊口。那時的先知非常受人尊重，君王供養的先知，更是待遇優渥。這些可能都是拜金牛犢的，一招就來了四百人。北國先知名譽之爛，可想而知。神不會把信息交託給他們，他們會察言觀色，說些迎合胃口的話，這些都是披上先知外衣的假先知。他們不忠於職責，他們根本就沒有神的呼召，也沒有完全奉獻的心，只是在混生活。不幸現代也有這種人。

約沙法懷疑這些人是奉承話語，堅持要耶和華的先知來，耶和華的先知是說真話的。傳神話的先知，他不傳自己，不傳討人喜歡的信息。他不是要說凶話，也不是要說吉話。米該雅就是這種人，他說「耶和華對我說什麼，我就說什麼。」在今天來說，「聖經怎麼說，我就怎麼傳」，只要傳神的話。那去傳喚米該雅的人對他說，「眾先知一口同音的都向王說吉言，你不如與他們說一樣的話，也說吉言」。這是什麼話？誰喜愛聽吉言，神的僕人　就得說吉言麼？不！王問米該雅，「我們上去攻取基列的拉末，可以不可以？」米該雅用輕篾諷刺的音調答，「可以上去，必然得勝。」王明白米該雅在諷刺，要他指著耶和華的名說實話。這時米該雅有膽，敢對亞哈王說，「我看見以色列眾民散在山上，如同沒有牧人的羊群一般。耶和華說，這民沒有主人，他們可以平平安安的各歸各家去。」這是一幅失望、混亂、沮喪、兵敗帥亡的悲慘畫面。亞哈對約沙法說，「我豈沒有告訴你，這人指著我所說的預言，不說吉語，單說凶言麼」。米該雅說，耶和華說「誰去引誘亞哈上基列的拉末去陣亡呢？……隨後有一個神靈出來，……說，我去引誘他。……我去要在他眾先知口中作謊言的靈，……現在耶和華使謊言的靈（准許）入了你這些先知的口，並且耶和華已經命定降禍與你」。這是實話，那些說謊言的假先知領袖西底家，竟來打說真話的米該雅，並把他下在監裡，等勝利回來和他算帳。

22：29-40　亞哈與約沙法上陣，亞哈因米該雅的話心裡存疑，不敢穿

王服上陣。他要約沙法仍穿王服，善良的約沙法險些因此喪命。亞哈雖改穿士兵衣服，真是天網恢恢，疏而不漏。「有一人隨便開弓，恰巧射入以色列王的甲縫裡」。隨便，就是沒有目的，無意之中。正中王的衣甲縫裡，怎麼這樣巧？用數學的或然率計算，中箭的機率簡直微乎其微。然而在耶和華的掌管之下，正中紅心，王就死了，應驗了米該雅的預言。幸亞哈因聽以利亞之責而一度悔過，蒙神恩典。故他的屍體能運回撒瑪利亞厚葬，不像耶洗別為野狗所吃。但洗王車上的血，有的譯作洗王的盔甲。由於希伯來文的子音，有如聖經括弧的小字，「妓女在那裡洗澡」。摩西律法中狗與妓女同等，狗來餂他的血，妓女來洗澡，或有雙重的咒詛，顯示神對輕視祂話語的人不喜歡。亞哈死了，他兒子亞哈謝繼位為王。

22：41-50　約沙法在耶路撒冷作王廿五年，行他父親亞撒所行的道，行耶和華眼中看為正的事。他是一個敬虔的王，但他最大的錯失是與亞哈結盟。

22：51-53　亞哈謝作王，雖然短暫，仍是罪惡纍纍，不脫乃父亞哈、乃母耶洗別的行徑。他的故事直到王下 1：18 才結束。

卷七　列王紀下

第一講　列王紀下介紹

列王紀下是從北國惡王亞哈的兒子亞哈謝作王開始，到南國猶大國亡，人被擄去巴比倫作結束。一個如日中天的王國分裂了，就先後淪為鄰國的附庸，繼之國王被囚；百姓被擄，從此希伯來王國終止。這個神揀選的民族徹底失敗了，當年的榮耀，如今何等的羞辱可憐。列王紀下這段 266 年的歷史，實在叫人心酸悲嘆。

在 17 章裡，讀到十個支派的北國，在主前 722 年覆亡了。人民被擄去亞述，王國永遠傾亡，家園永遠坍毀了。他們終其一生，及其子孫都沒有再返回神應許的迦南地。接著在 25 章裡，又看到南國的耶路撒冷在主前 586 年被巴比倫攻破，聖殿被焚毀，王被剜了眼睛，用銅鍊鎖著和百姓一起被擄去巴比倫。直到滿了 70 年，才有小部份人重回故土，讀之能不令人唏噓？

中國人說，「禍福無門，惟人自招。」以色列國和以色列民為什麼會如此？這是神的審判。羅 1：18-32「神的忿怒，從天上顯明在一切不虔不義的人身上，……」「神的忿怒」是違反了神品性的必然結果。神的品性是仁愛、聖潔、公義；必不容許罪，不能不仇恨罪。「顯明」是揭開幕幔給人看，就是把耶穌的十字架顯給人看，但人就是不悔改，不接受救恩。因為他們

「不虔」，就是心目中無神和悖逆不信。「不義」，就是道德敗壞，他們「就是那些行不義阻擋真理的人」。真理不怕刀，不怕劍，誰能阻擋真理？就是那道德腐化、生活腐化的人。因此神就在他們「身上受這妄為當得的報應」。神是按著「報應」審判他們，就是按罪的深淺而施行的，巨細無遺。

看北國以色列從耶羅波安起一共有十九個王，沒有一個是好的。其間210年中，卻經過八次篡位，改換了九個朝代。他們每個王的墓誌銘都是「行耶和華眼中看為惡的事」，只有第十五個王沙龍例外，但他只作了一個月的王。神給十五個王定的罪都是「效法尼八的兒子耶羅波安，使以色列陷在罪裡的那罪。」什麼罪？神的判決書在王下 17：7-23「以色列人得罪……耶和華他們的上帝，去敬畏別神，……耶和華就厭棄以色列全族，使他們受苦，把他們交在搶奪他們的人手中……。耶羅波安引誘以色列人不隨從耶和華，陷在大罪裡。以色列人犯耶羅波安所犯的一切罪，總不離開。以致耶和華從自己面前趕出他們，正如藉祂僕人眾先知所說的。這樣，以色列人從本地被擄到亞述，直到今日。」這是多麼觸目驚心的判語，教後世的人知所警惕。

北國被擄是分兩次的，何細亞前已有兩個半支派被擄去了，那就是約但河東的流便、迦得、瑪拿西半支派（代上 5：25-26）。13 年後，北國其餘的七個半支派也國破被擄了。他們既不事奉真神，只有被賣為奴。這也在警告我們，離開神，就作撒但的俘虜；不肯事奉神，就會作撒旦的奴隸。

再看南國猶大，約西亞駕崩的那年，隨著亞述的坍塌，新興強權巴比倫興起，耶路撒冷與猶大悲痛的幕帷掀開了。猶大被擄有三次，第一次是約西亞的長子以利雅敬（後改名約雅敬），「巴比倫王尼布甲尼撒上來攻擊他，用銅鍊鎖著他，要將他帶到巴比倫去。」（代下 36：5-7，王下 24：1-2）這次被擄的民中，有但以理在內。第二次在八年後約雅敬死了，其子約雅斤繼位，作王三個月另十天。尼布甲尼撒再來將王擄去，立他叔父西底家為王。這次被擄去一萬優秀份子，以西結也在其中。第三次是主前 586 年，西底家背叛，尼布甲尼撒大軍再來，聖城破，西底家在逃亡途中被捉，兒子在他面前被殺，又剜了他的眼睛，用銅鍊鎖著他，被帶到巴比倫去（王下 25：1-7）。聖殿的一切金銀銅器皿全被洗掠一空；耶城財物被搜精光；又拆了耶路撒冷的城牆；火燒了聖殿和王宮，（王下 25：8-16）昔日的顯赫

榮耀，霎時變成廢墟，就因耶和華向他們發怒。人稱為全美的城，戰後淒涼，慘不忍睹。

耶利米哀歌 4：3-10 也描述戰爭的殘酷，「野狗尚且把奶乳哺其子，我民的婦人倒成為殘忍，……吃奶孩子的舌頭，因乾渴貼住上膛。孩童求餅，無人擘給他們。素來吃美好食物的，現今在街上變為孤寒；素來臥朱紅褥子的，現今躺臥糞堆。……錫安的貴冑，素來比雪純淨，……現在他們的面貌比煤炭更黑。……他們的皮膚，緊貼骨頭，枯乾如同槁木。餓死的……因為這是缺了田間的土產。……慈心的婦人……親手煮自己的兒女作為食物。」

聖城被陷；聖殿被毀；王宮被焚；眾民被擄，為什麼他們如此的下場？他們曾見北國以色列敗亡，仍不知悔改。就如王下 24：2-3 說的，「耶和華使迦勒底（巴比倫）軍、亞蘭軍……來攻擊約雅敬毀滅猶大。……這禍臨到猶大人，誠然是耶和華所命的。」細數猶大廿個王中，雖壞的多，但也有八個王是神稱為「行耶和華眼中看為正的事」，都是以大衛作榜樣。猶大國是以大衛一脈相承的，始終是大衛家的天下，無可置疑。南國的歷史是神信守與大衛之約，雖然亞哈謝王的母親亞他利雅（耶洗別的女兒）見她兒子死了，就篡位自立，看似大衛家要斷絕了，神卻使用亞哈謝的妹子約示巴偷出王子約阿施，得以延續大衛的王位。那個壞王約雅敬的兒子哥尼雅（又叫耶哥尼雅）生平罪大惡極，耶和華說，「哥尼雅雖是我右手上帶印的戒指，……也必將你從其上摘下來。……哥尼雅這人是被輕看、破壞的器皿麼？……耶和華如此說，要寫明這人算為無子，……因為他後裔中再無一人得亨通，能坐在大衛的寶座上，治理猶大。」（耶 22：24-30）這樣看來，神所應許大衛的王位不斷，豈不落空了？不！這只是所羅門的子孫一系斷了，但神是信實的，祂卻保留著另外一系，即大衛在耶路撒冷生的第三個兒子拿單（撒下 5：14），一脈相傳。查路加福音記載耶穌的家譜 3：23，耶穌「依人看來，他是約瑟的兒子」，這是依人的法律關係來看是約瑟的兒子。馬太 1：16 說，「雅各生約瑟，就是馬利亞的丈夫。」路加說：「約瑟是希里的兒子」；希里是馬利亞的父親，不是約瑟的父親，而是約瑟的岳父。從馬利亞往上推直到路 3：31，「……是拿單的兒子，拿單是大衛的兒子。」這樣，雖然所羅門那一系斷了，但拿單這一系延續，大衛的血統依

然一脈相傳，至道成肉身，直到耶穌再來坐在大衛的寶座上作王。

大衛的後裔猶大人為什麼會被擄？猶大國在以色列國亡後，又獨存了136 年。在這段期間，猶大王除了希西家和約西亞曾兩次努力，使民回轉歸向神，離開偶像，暫時似乎成功。可惜他們悔改不徹底，雖有大小先知發聲，終不免於亡國，可嘆可悲。

我們在 17 章裡，看到撒瑪利亞覆亡後，從 18~25 章裡猶大又出現了十二個王。其中有三個特出的王，可分作兩個時期來研討：

1. 從希西家變法到亞們王，主前 720-640 年，共 80 年。希西家是個最好的王，他的父惡子又不肖，他處在其中。他一生有三件大事，(1) 被亞述侵略蒙神拯救，「希西家在列邦人的眼中看為尊大」（代下 32：23）。(2) 患了不治之症，蒙神恩典延壽十五年（王下 20：1-6）。(3) 領導變法，宗教復興。「希西家……行耶和華他神眼中看為善為正為忠的事。凡他所行的，無論是辦神殿的事；是遵律法守誡命；是尋求他的神，都是盡心去行，無不亨通。」（代下 31：20-21）。

希西家對聖經有很大的貢獻，使我們後人受惠不淺。他曾對現今的舊約聖經作過一番整工作，如箴言 25：1 就說，「以下也是所羅門的箴言，是猶大王希西家的人所謄錄的。」箴言之所以有今天的形式，應是希西家投入的工夫。在希伯來原文聖經中，很多書卷最後都出現三個希伯來字母，就是 H、Z、K。歷來抄寫聖經的人，不知其原意，但又不敢將它刪去。後經考查，那是希西家原文的頭三個字母（英文聖經希西家就是 Hezekiah）。那是當初抄寫聖經的人，每抄完一卷，都要呈王核閱。經他審閱後，他便在後面簽名，表示完成了。這是希西家蒙神延長十五個年頭中，對神話語的編輯和保存，確實貢獻很大。可惜改革工作未能貫徹，希西家一離世，百姓又回到昔日的罪惡裡。

希西家的最善，但他兒子瑪拿西最惡，真是一大諷刺。中國人說，「虎父無犬子」，一個最好的父親，怎麼會生出最壞的兒子來？只有羅馬書 5：12 得到答案，「罪是從一人入了世界」。從亞當始祖到今天，罪是由遺傳而來。因此，罪人生的都是罪人，聖人卻不能生聖人。瑪拿西這個逆子，他又是猶大國中作王最長的人。他作王五十五年，拜偶像；崇巫術；獻人祭。耶路撒冷街衢滿了無辜者的血，大先知以賽亞就是他用鋸鋸死的。他真壞

得不能再壞了，王下 21：9 說，「瑪拿西引誘他們行惡，比耶和華在以色列人面前所滅的列國更甚。」他真壞透了，但他經歷了三件事，給我們看到神的救恩和得救所結出的善果。

代下 33：11　「耶和華使亞述王的將帥來攻擊他們，用鐃鈎鈎住瑪拿西，用銅鍊鎖住他，帶到巴比倫去。」這是神公義的懲罰。

代下 33：12-13　「他在急難的時候，就懇求耶和華他的上帝，且在他列祖的上帝面前極其自卑。他祈禱耶和華，耶和華就允准他的祈求，垂聽他的禱告，使他歸回耶路撒冷，仍坐國位。瑪拿西這才知道惟獨耶和華是上帝」。上帝是愛，人肯悔改，神就有赦免。像瑪拿西這種人，神仍樂意施恩，赦免他的罪，這是神的愛的最好證明。

代下 33：14-16　「此後瑪拿西⋯ 除掉外邦人的神像，與耶和華殿中的偶像，⋯⋯又將他⋯⋯所築的各壇，都拆毀拋在城外。重修耶和華的祭壇，在壇上獻平安祭、感謝祭，吩咐猶大人事奉耶和華。」這是他悔改後盡他所行的來補償昔日的罪過，結出重生的果子了。

2. 第二個時期是約西亞最後一次變法到國亡，主前 640-586 年，共 54 年。他勵精圖治，顯出最後一線光亮。可惜神的榮耀離開猶大了，整個猶大國已積習難返。約西亞的改革不能遏止國民的墮落，他們革面而不能革心。神雖興起許多先知，尤其像以賽亞、耶利米這樣偉大的先知出來預言日後的審判，百姓仍是不肯悔改。於是神怎樣審判北國以色列，現在也按同樣的方式審判猶大。當選民普遍樂於沉淪在罪中時，神就興起先知警告他們悔改。列王紀上大先知以利亞的工作，是對那些變節的國民，呼召他們重新回到神的面前。但國民的宗教生活腐爛日深，神又興起偉大的以利沙繼起以利亞的工作。列王紀下前十章都是記載以利沙的工作，聖經記載以利沙行的神蹟比他師父以利亞還多。在舊約聖經中除摩西外，沒有人像以利沙的。就是他死後，在墳墓中還顯出神蹟來。

列王紀下是先知書的背景，除了以利亞、以利沙外，四大先知書和十二小先知書都寫於這個時代。那時人忘記神；離開神，失敗了，惡貫滿盈，審判就臨到，這對我們今天這個時代的教育意義特別大。如今這個號稱知識爆炸的時代，更是無神；遠離神的時代。雖然風災、水災、旱災、地震、

人禍、自然生態破壞，人們仍然喜歡罪惡，並且知識犯罪花樣百出。

　　我們研讀列王記下，巴斯德「在聖經研究」中有個結論，「歷史上任何事物之興亡盛衰，……在人方面看，人是徹頭徹尾的失敗了。……但神並沒有失敗，……聖經中所有偉大的先知言論，他們預言的時代，全記在列王紀下裡。藉著這些預言，我們可以了解以色列今日及明日的歷史。」「從神方面看，……當地上的寶座坍塌了，天上的寶座仍然笑傲於風暴之上。地上神的子民可以失敗，天上神的旨意卻要運行不息。他們被擄……，把以色列人拜偶像的劣根性完全治好了。……耶和華的律法，成了他們最寶貝的……。直到今日，這寶貝的特質仍沒有失去。」神永遠的計劃，基督的國度，藉此得以實現。

　　今天我們這個世界應以為戒，無論是光芒燦爛的歐美，或第三世界的落後地區，都不能背道離棄耶和華上帝。箴言 29：18 說，「沒有異象，民就放肆。惟遵守律法的，便為有福。」異象指屬靈的啟示；也可譯為「遠象」，乃是不看眼前；要看將來。人若只看眼前，就只顧慮肉體、體貼肉體，隨從肉體去犯罪。今日人之所以喜愛犯罪，就是沒有遠象，不知將來的福份。「放肆」就是目無法紀、膽大妄為。在今天許多高唱民主自由的人，他們超越了界線，不遵守神的法則。一個國家若無法無天，任意而行，必秩序混亂，是非顛倒，這樣沒有不亡國的，沒有不自食苦果的。我們讀了列王紀下，能不心驚膽戰？

第二講　先知世代交替　第1~2章

1：1-8　北國亞哈王死後，他兒子亞哈謝不但繼承了他的王位，也繼承了他的罪行去事奉巴力。亞哈謝從樓上欄杆裡掉下來就病了，這是神藉此希望他悔改，他卻在病中差使者去求問非利士城以革倫的神巴力西卜。「西卜」意即蒼蠅；「巴力」即主，巴力西卜意即蒼蠅之主。使者很快回來告訴他，有一人身穿毛衣，腰束皮帶。毛衣是獸毛在外，極粗劣的衣服。攔腰束上一根生皮帶，有如山野猿人，對他說，「耶和華如此說，你差人去問以革倫神巴力西卜，豈因以色列中沒有上帝麼？所以你必不下所上的床，必定要死。」王說，這必是提斯比人以利亞。

1：9-19　於是王就差遣官兵五十夫長帶領五十個人去捉拿以利亞。以利亞正坐在山頂上等著，這五十夫長趾高氣揚的對以利亞說，「神人哪，王吩咐你下來。」「王吩咐你下來」，這是下達命令，他忘了以色列立王之約，王應受耶和華藉先知話語的監督。他輕看神僕，不尊重神權，故以利亞求火從天降下燒滅了他和五十個人。王又差第二批人去，五十夫長指著以利亞說，「神人哪！王吩咐你快快下來。」照樣他和他五十個人又被天火燒滅了。王仍不醒悟，再差第三批官兵去捉拿。這次的五十夫長有智慧，上前雙膝跪下，哀求說，「神人哪！願我的性命，和你這五十個僕人的性命，在你眼前看為寶貴。」於是以利亞去見王，不是聽王命而去，而是聽神命令去。見王還是這樣說，「耶和華如此說，你……必定要死！」亞哈謝果然死了，神的話絕不落空。他弟弟約蘭接續他作王。亞哈謝不是死於他的病，乃是死於他悖逆神。

2：1-11　以利亞末期在耶利哥、伯特利、吉甲創立了先知學院，訓練菁英，指望他所燃起的火焰，能傳承下去。他被提升天前，到各先知學院去作臨別訓話。他想擺脫以利沙，以利沙卻緊緊相隨，不離左右。他們最後的行程，對我們有極深的靈意：

(1) 他們離開吉甲　聖經中有三個吉甲，一個在耶利哥東九里，以色列人渡約但河後，約書亞以它作軍事指揮部，他們在那裡行割禮。神對約書亞說，「我今日將埃及的羞辱從你們身上輥去了。因此那地

方名叫吉甲」。另一個是國名（書 12：23）。第三個是村名，在以法蓮境內，伯特利西北 21 里，這就是以利亞去的先知學院所在地。吉甲二字意即圈，或是輥去了（書 5：9），多少人屬靈生活或工作，天天都在「轉圈」，今天轉一圈，明天還是在原處轉一圈。今年如此，明年復如此，沒有進步。若要進步，需要離開吉甲，不再只轉圈。倒空罪惡，從世人中分別出來，如此就把羞辱輥去了。

(2)去伯特利　雅各稱這裡是神的殿、天的門（創 28：19）。一個人必須離開吉甲，倒空罪惡，才能進入神的殿與神交通。那裡先知學院的學生都知道以利亞要被接上升，於是對以利沙說，「耶和華今日要接你的師父離開你，你知道不知道？他說，我知道，你們不要作聲」，照神的旨意吧。

(3)到耶利哥　耶利哥名棕樹城（申 34：3，士 3：13）。棕樹是得勝的標記，基督徒要攻克己身，釘死肉體，才能過得勝的生活。這裡有先知學院，所以利亞來此道別。

(4)約但河　表死而復活。約書亞領以色列人進入約但河，是表信徒向世界死了，又從約但河對岸上來，是表死而復活。約書亞時，抬約櫃祭司的腳一踏入水，河水就分開。今日以利亞用自己的外衣打水，神蹟就出現，「水就左右分開，二人走乾地而過」。這就在表舊人死，新人活。

「過去之後，以利亞對以利沙說……你要我為你作什麼只管求我。以利沙說，願感動你的靈加倍的感動我。」他想到自己在眾先知門徒中，站兄長地位，他乃照摩西律法長子可得雙倍的產業，他希望得雙倍的能力，才能繼承以利亞的偉大事業。以利亞說，你求的恩典非我所能給的，「雖然如此，我被接去離開你的時候，你若看見我，就必得著。」結果以利沙是得著了，他看見有火車火馬，以利亞就乘旋風升天了。以利亞如何被接上升，在預表耶穌再來時，我們基督徒如何被提。以利沙親眼看見這不經死亡而升天的景象（不是坐火車、火馬去），他就得了雙倍的靈恩。這在表明若不是主耶穌上升，聖靈就不會降下。

2：12-25　以利沙接續以利亞作先知，眼見師父升上去了，就「把自己的衣服撕為兩片」。這在表明破碎自己，從今不再為自己活，要效法以利亞

的作為。於是「他拾起以利亞身上掉下來的外衣，回去站在約但河邊，……打水之後，水也左右分開，以利沙就過來了。」這在表顯他有死而復活的經驗，以進入死而復活的生命與生活。這段經文是以利沙新工作的開始，共記了三件事：

A. 第一件事（2：15-18）　以利沙准許先知門徒派五十個人去尋找以利亞。

為什麼許他們去呢？這乃是在糾正他們信仰的偏差。那些先知門徒口裡雖說以利亞要被提，但心裡卻不相信，以為「或者耶和華的靈將他提起來，投在某山某谷。」他們口是心非，一定要派人去找。以利沙只好讓他們去，找了三天未曾找到。然後以利沙對他們說，「我豈沒有告訴你們，不必去麼？」那些人就不得不承認自己的錯誤，從此相信他、尊敬他。

B. 第二件事（2：19-22）　在耶利哥將苦水變甜。

耶利哥城人來把困難告訴以利沙，說「這城的地勢美好，我主看見了。只是水惡劣，土產不熟而落」。耶利哥是當年約書亞咒詛之城（書 6：26），遭患子孫。他們認為水不好，以致「土產不熟而落」，原文是流產之意，可指婦女流產，請求先知醫治惡水。以利沙就使水變甜，這是先知以利沙第一次正式行的神蹟。這也在表明他一生的事工，都是要使苦水變甜。無論國家、社會、家庭，每個人心內，都有苦水，都有難處，都可因先知的事工，變成甜水。因消除了苦因，就變為甜了。以利沙的事工，與主耶穌的事工相似。主耶穌第一次行神蹟是變水為酒（約 2：1-11），把淡而無味的水，化為甜美有味的酒。他們工作在指出人若悔改歸向神，就可得新生命。以利沙使死水產生活水，使不能生產的能生產，這是得生命。使苦難變成祝福，這在表救恩於人的關係。以利沙對耶利哥城的人說，「你們拿一個新瓶來裝鹽給我，……將鹽倒在水中。」這其間的三個步驟：

(1) 一個新瓶　新瓶是未曾用過的，潔淨的，是空的。這也是基甸擊敗米甸人的武器之一（士 7：20），這也是保羅勸勉提摩太的「人若自潔，脫離卑賤的事，就必作貴重的器皿，成為聖潔，合乎主用，預備行各樣的善事。」（提後 2：21）基督徒常時要成為新瓶、空器皿，才會被聖靈充滿，才被主所用。

(2) 瓶中裝鹽　鹽是與神立約之意，稱鹽約。古時獻素祭，都要用鹽調

和。利2：13「在素祭上不可缺了你神立約的鹽」；民18：19「……這是給你和你的後裔，在耶和華面前作為永遠的鹽約」。聖經小字鹽即不廢壞的意思。耶穌在登山寶訓裡教訓我們，「你們是世上的鹽」（太5：13）。主耶穌沒有說，你們去作世上的鹽，你們像世上的鹽；而是說，你們是世上的鹽。鹽能防腐；鹽能潔淨；鹽能殺菌；鹽能作調味，這是基督徒生命的表現。

(3) 倒於水源　水源清，流出的水自清。倒鹽於水源是治本，人若用心靈和誠實接受主耶穌為你人生的主，苦水就會變成甜水，那死水就變成活水；那敗壞的水就變成能結果子的水。人的心靈若不是根本的改變，只是表面上的悔改，苦水是不能變甜的。世界本是一池惡水，人生又是一池苦水。除了主耶穌，還有什麼是改變生命的鹽？

以利沙「將鹽倒在水中，說，耶和華如此說，我治好了這水，從此必不再使人死，也不再使地土不生產。於是那水治好了，直到今日。」這苦水變甜的結果，不是以利沙有本事，乃是說「耶和華治好了這水。」只有耶和華上帝才能使水變甜；產生新生命，不再使土地不生產，也不再使人不生育。以利沙的工作，也正是傳道人工作的目的。不但使靈性有病的醫好，且使那死在罪中的得生命。

C. 第三件事　咒詛頑童被母熊撕裂（2：22-25）。

列王紀下前十章，以利沙所行的神蹟不下十七個。連他在墳墓中的那一次，就整整有廿個了。還有多少神蹟沒有記在聖經內，我們不知道。但所記的神蹟中，只有兩次是審判，其餘都是恩典的神蹟。這一次審判的神蹟，從字面看，是一段很難明白的經文。先知怎可對著無知的童子幾句話，就咒詛他們，使林中出來兩頭凶猛的母熊，撕裂他們當中的四十二個呢？這樣不是小題大作嗎？一點愛心也沒有。但要明白當時的伯特利，是拜金牛犢的地方，道德墮落。他們對耶和華的先知任意戲笑侮慢，以利沙對他們的咒詛，正是顯出先知職任的神聖與尊嚴。

舊約裡的「童子」，並不是全指兒童，乃是十二歲到十六、七歲的青少年。這是最叛逆的時期，既懂事，又反叛。天天成群結黨；恣意橫行；目無法紀；反抗禮教；反對傳統；反對約束，反正未成年犯法無所謂。他們這一群不良少年，人多勢眾；膽大妄為。他們的父母也可惡，不加管教，

放縱這群少年，故意的來辱罵先知，「禿頭的上去吧，禿頭的上去吧！」以色列人很少禿頭，以利沙正當英年，並非禿頭，「禿頭」是痲瘋病患者的別名。律法規定痲瘋是不潔的，痲瘋病人是被隔離的，是被社會所摒棄的。他們視先知是應被棄絕的，禿頭是個極侮辱的名稱。「上去吧」的意思是「你和你師父都升天去吧！」你上去了，我們就可以不必聽你天天叫人悔改了。今天我們這個時代的青少年，囂張、叛逆、犯罪，比以利沙時代真有過之而無不及。教會的責任，就是如何輔導他們認識真神，也認識自己的本相。我們基督徒作父母的更是責任重大，箴言 22：6 告訴我們，「教養孩童，使他走當行的道，就是到老他也不偏離。」青少年以為犯罪是兒戲，可以不接受法律的制裁。尤其是美國，過份愛護兒童，不教他們走正道，以為他小應該寬容。父母管教嚴一點，就得吃上虐待兒童的官司。神雖慈愛，但祂絕不容忍罪。無論大罪小罪，在神看來都是罪。無論大罪人小罪人，在神看來都是罪人，都應該受罰。神不縱容罪惡，神是輕慢不得的。以利沙「就奉耶和華的名咒詛他們」，就是求神施行公義的審判。果然有兩隻母熊從林中出來，母熊是奉神命出來撕裂他們中間四十二個童子。他們這一群人很多，其中四十二個被撕裂。「撕裂」原文只是加以傷害，這是不尊重神僕的後果，以警告世上對神不敬的人。

　　之後，以利沙從伯特利上迦密山去退修，為前面的工作做準備。

第三講　空谷與空器　3：1~4：7

這兩件神蹟，都是在表現屬靈的恩賜：一是挖溝盛水；一是空瓶倒油。對我們追求屬靈恩賜的，大有教訓：

1. 空谷

3：1-10　北國亞哈謝王死了，沒有兒子，由他的弟弟約蘭繼位，「他行耶和華眼中看為惡的事」。他雖除掉巴力柱像，但仍行惡去拜金牛犢。摩押王背叛，不向他繳納貢物，約蘭欲興師問罪。征討摩押，原有兩條路線，一是向東過約但河攻摩押之北，但怕北方亞蘭國救援，所以選擇向南經猶大、以東，攻摩押之南。因此必須求助猶大王與以東王，於是三國聯軍去合擊摩押。

猶大王約沙法本是個好王，專心尋求耶和華。但有一樣不好，喜歡與人聯軍。上次跟亞哈聯軍攻基列拉末，幾乎送掉老命。這次又與亞哈的兒子聯軍，行軍七日，奔走二百多哩曠野路。天候炎熱，曠野無水，甚為乾渴，這是兵家之大忌。1991 年波灣戰爭，美軍在沙漠作戰，武裝配備，水就佔了一半以上，所以戰鬥力大受影響。「水」，人畜不可缺少。人體 60% 是水；血液中 83% 是水；肌肉 76% 是水；腦子 75% 是水；骨頭裡 22% 是水，沒有水，人畜就活不了。炎熱天流汗、呼吸、排泄、消化，都會大量消耗水，如果失水 10%，人就會死掉。幾個禮拜不吃東西還不致死，幾天不喝水，就非死不可。他們的聯軍、人畜無水，只有死路一條。

約蘭王本不敬拜耶和華，出兵打仗，他不求問神；走那條路，他不求問神，及至繞行七天沒有水喝，沒辦法了，就埋怨神，「哀哉，耶和華招聚我們這三王，乃要交在摩押人的手裡。」耶和華何曾招聚他們三王？耶和華何曾想害他們？這就是世人的寫照：災難都歸於上帝；功績都歸於自己。

今天許多基督徒的生活也是這樣，事先不求問主，及至弄得一塌糊塗，反倒埋怨神。到了走投無路時，才來求問主。雖然主愛我們，拯救我們像拯救約沙法王他們一樣。但我們要學到功課：在一切事上都要尋求神的旨意，順服神的引導。怎麼知道神的旨意，怎麼得曉神的引導呢？(1)讀經、禱告，容易知道神的旨意。(2)靜思、默想，給神機會，讓神用微小的聲音

對你說話。⑶神引導人，是神為你開門、關門。你要留心觀察週遭環境，神在那裡開門，你就進去，就會順利通達。神在那裡關門，到處會碰壁，你就別硬闖。⑷神會預備你的心，神要你往何處去，神要你做什麼事，神就會使你的心願意去，歡喜做。否則就別勉強，再等候。⑸最好多請教屬靈人為你代禱，「義人祈禱所發的力量，是大有功效的」（雅5：16）。

3：11-20　約沙法的靈性還是有根基，急難時就想起神，說「這裡不是有耶和華的先知麼？我們可以託他求問耶和華。」於是三王一起去見以利沙。他們極其謙卑，以利沙卻毫不客氣的對以色列王說，「我與你何干？去問你父親的先知，和你母親的先知吧！」以色列王聽了不生氣，卻說「不要這樣說。」他確實謙卑下來了，人在神面前有真謙卑，神才會施恩。

以利沙說，「我若不看猶大王約沙法的情面，必不理你；不顧你。」以利沙要他們找一個彈琴的來，當彈琴的時候，想必是聖樂、聖靈就降在以利沙身上。以利沙說，「耶和華如此說，你們要在這谷中滿處挖溝。……你們雖不見風，不見雨，這谷必滿了水，使你們，和牲畜有水喝。」這谷，指死海南之亞拉巴，東邊是摩押地的高原；西邊是猶大地的丘陵。神叫他們在空谷中滿處挖溝，這給我們有最深的屬靈教訓：

⑴滿處挖溝　空谷是低下之地，人在低處挖溝，再向下挖，在表人要自卑、省察，深深的挖出罪惡，挖得要徹底。

⑵湧出活水　空谷不見風，不見雨，無聲無響，在安然寂靜的夜裡，活水就蓋滿了全谷，使人畜滿足。挖溝盛水是信心的問題，神作工是要人的信心來配合，只要信而順服，神蹟就顯出來了。雖說活水是從以東流來，別處無水，只盛滿了所挖的溝中。水在聖經裡是預表聖靈，這正表明人的信心容量有多大，聖靈就充滿多少。我們在內心裡挖了多少溝，挖了多深，聖靈就充滿多少，就充滿多深。

⑶谷中滿水　在耶和華看這還算為小事，什麼是大事？「祂也必將摩押人交在你們手中，你們必攻破一切堅城美邑。」人畜喝足了，在表示聖靈充滿了，聖靈充滿就事無不成，戰無不勝。惟有被聖靈充滿的人，才能攻破仇敵堅固的營壘，才能打那美好的仗。

3：21-27　摩押人敗逃，以色列人窮追，「拆毀摩押的城邑。各人拋石填滿一切美田；塞住一切水泉，砍伐各種佳樹。」這是堅壁清野。「只剩下

吉珥哈列設」，這是摩押首都，眼看也難保了。摩押王米沙認為這三王攻擊，是因他們得罪了神基抹，他們的神不保佑他們了。在絕望中，當著以色列人，「便將那應當接續他作王的長子，在城上獻為燔祭。」殺人獻祭，希望他的神明搭救，這是很殘忍的，「以色列人遭遇耶和華的大怒。」經文旁，「耶和華的」這幾個字有虛線（……），表示原文裡沒有的，是翻譯者加上去的。「啟導本」的解釋，「大怒」有「噁心」、「驚愕」之意，可以解作以色列人見此情景，既驚愕又噁心。目的雖未全達，仍決定班師回國。

　　2. 空器

　　4：1-7　「有一個先知門徒的妻，哀求以利沙說，你僕人我丈夫死了。」這個先知門徒，可能就是在耶洗別殺害先知時，未曾向巴力屈膝的那七千人中的一個。他的妻向以利沙說，「他（丈夫）敬畏耶和華是你所知道的」，但是他現在死了。當然，敬畏耶和華的，也有難處；也有苦難；也有死亡；也有貧窮欠債的。尤其在那個農牧社會，大凡作先知傳道的，多靠信心生活。無論中外，古往今來，靠信心傳道的，大多是困苦貧窮的。中國內地有句俗話：「十條黃狗九條兒；十個先生九個窮」，他們把傳道的叫先生。一般信徒總認為傳道人應該窮，越窮越屬靈，越苦越夠資格進天國。因此有的窮傳道人就有此屬靈的驕傲，以此誇口。那個先知門徒卻不是這樣的人，他貧窮卻閉口不言，不但窮而且欠了債，他熬不住死了。他死了，債並沒有完了。這寡婦說，「現在有債主來，要取我兩個兒子作奴僕。」奴僕就是奴隸。債主沒有同情心，沒愛心，無力還債就要把他們兩個兒子取去作奴隸抵債。這寡婦償債無力，告貸無門，眼看這兩個孤兒落得如此下場，走投無路，於是來求以利沙。說也奇怪，籌錢該去找有錢的朋友，她卻來找窮先知以利沙。我們不得不佩服這位師母的屬靈智慧，她知弟兄縱然有餘力，有愛心，中國人說「救急救不了窮」。她現在不單是急，她的根本問題是窮。往後的窮日子還遙遙得很，愛心救窮，沒有負責一輩子的。

　　以利沙是個窮傳道，他能幫助這窮寡婦什麼？彼得曾對瘸腿乞討的說，「金銀我都沒有，只把我所有的給你。」（徒 3：6）彼得所有的，是把從神那裡得來的能力和愛心都給他。以利沙也誠心的想幫助她，於是問她，「我可以為你作什麼呢？你告訴我。」這是多麼情辭懇切的關懷，不是只說「我為你禱告，願你吃得飽，穿得暖，神會為你預備，平平安安的回家

去吧！」這樣惠而不實。接著以利沙再問，「你家裡有什麼？」我們常聽一句話，「自助、人助、天助」。要求幫助，先要盡自己的力量，把自己所有的先擺上，神就會使用你擺上的來賜福。

那個師母答道，「婢女家中，除了一瓶油之外，沒有什麼。」也就是說，除了一瓶油之外，家徒四壁，再也沒有其他有價值的東西了。這瓶油是什麼油，聖經沒說，有多少量也沒說，這都無關緊要。神要使用它並不在乎瓶裡有多少，乃在寡婦的信心有多少。同樣，今天，神要使用你，也不在乎你有多少學問；有多少錢財；有多大才幹，乃在於你願意為祂擺上多少。

以利沙看她實在可憐，告訴她「你去，向你眾鄰舍借空器皿，不要少借。」一個窮寡婦，又是被逼債的，能向鄰舍借器皿，也是一件不容易的事。雖是空器皿，瓶瓶罐罐罈罈碗碗都要錢買呀，若不是這位師母平日有好見證、好行為，給人有好感，是得不到人家回應的。這天人家借給她大大小小的空器皿真不少，器皿是用來裝東西的，如果裝滿了世界的東西，神的恩賜就裝不進去了。師母借來許多空器皿，先知說，「回到家裡，關上門，你和你兒子在裡面，將油倒在所有的器皿裡。」回家關上門是什麼意思？與世隔別，不受外界干擾，可以安靜的在密室中去親近神。荒漠甘泉裡說，「這裡就是神課程中的一段，每個信徒在隔離密室中，操練禱告和信心是非常有果效的……，讓我們像這寡婦一樣，外面與世隔離，裡面與神親近。這樣，我們就會看見神的神蹟了。」

奇妙的是，那一小瓶油倒進大器皿裡，再倒進許多的大器皿裡，卻是越倒越多。他們母子在室內關上門倒油，所倒的油不是外來的，還是那個瓶裡的油。這是把信心的管子，接在儲油庫的源頭上了，所以越倒越多，好像取之不盡。我們可以想像到一幅極生動的倒油圖畫，母子三人關在屋裡，地上擺滿了借來的大大小小空器皿。母親手握那小瓶油，將瓶裡的油，倒進大器皿裡。這個器皿裝滿了，大兒子把它捧去擺在一邊，於是小兒子立刻將另一個空器皿搬過來接上。如此三人合作，工作順利又快樂。這是教會各個肢體配搭事奉的好榜樣。如果小兒子說，我總是搬空器皿，搬來搬去都是空的，怪沒意思。好了，我不搬了！那麼，油就立刻無處可倒了。如果一個肢體在教會裡配搭久了，老是作那無足輕重的事，算了，不幹了。要知道神的整個計劃中，就是你那份工作最重要，任何工作都不可缺。這

三母子的配搭，從頭到尾都沒問題。奇妙的是，那瓶裡的油好像越流越猛。這裡我們可以得到一個屬靈的教訓，油之所以越倒越多，那是它不停的用。屬靈的原則，就是恩賜越用越多。神的恩賜，不要擔心用完了怎麼辦？你能越給人，神就越加給你。研究員的腦子，越用越新；彈琴的手指，越用越靈巧；籃球員的投籃，越投命中率越高；工人的技巧，越來越熟練。因此我們的恩賜是越用越多，就如五餅二魚，如果主不分給人，還是五個餅兩條小魚，只夠一人一餐之用。主耶穌把它拿來擘開分了，居然給五千人吃飽，還剩下十二籃子。我們所得的恩賜如果把它埋藏起來，那從上而來的靈恩就會停止了。

4：6　現在他們把借來的空器皿都裝滿了，媽媽對兒子說，再給我拿空器皿來。小兒子說，沒有了。這時經上說，「油就止住了」。有多少容量，就有多少油。我們容量有多大，聖靈的恩也就充滿多少。有多大的屬靈空間，就充滿多少屬靈的恩賜，神是照著各人信心大小蒙恩的。神的大恩會受我們的小容器限制的，神的祝福是根據人的限量而賜下的。幾時人的容量沒了，幾時神的恩也就止住了。止住的原因不是油沒有了，而是器皿的容量沒有了；也就是神恩的停止，不在神的那一頭，而在人的這一頭。小心眼，自己認為了不起的人，是受到虧損的。

婦人去告訴神人，神人說，「你去賣油還債，所剩的，你和你兒子可以靠著度日。」神人叫她首先去還債，我們只看到她欠債，卻沒有看到我們欠的債。欠人的債有數目，看得到；欠神的債看不到，是無法數計的。神救贖我們，又讓我們豐衣足食、自由平安、健康喜樂，這恩典數算不盡。我們欠的福音債，何日能償還？時不我予，今天就開始吧！

第四講　先知樓與先知院　4：8~44

1. 先知樓　（4：8-37）先知樓上發生了三件大事：生、死、復活。

(1)從無而生

4：8-17　「書念」意即「安息所」、「休息地」。在北國以薩迦支派境內（書 19：18），靠近耶斯列平原，是當時交通要道。以利沙去迦密山常從此經過，「一日以利沙走到書念，在那裡有一個大戶的婦人，強留他吃飯。」大戶，意即財主，家境富饒。最特出的是她居住在拜金牛犢和拜巴力的北國，而有一顆敬重耶和華先知的心。「此後，以利沙每從那裡經過，就進去吃飯。」書念婦人不僅有愛心，而且有智慧。因為她「看出那常從我們這裡經過的，是聖潔的神人。」於是在他們住家的頂上，又為先知蓋了一間小樓，室內放置了床、椅、燈台，以便神僕休息和靈修之用。

先知蒙受書念婦人如此厚待，心裡過意不去，以為她必有所求，就想報答她。不像有的神僕，接受平信徒的愛心接待，一個謝字也沒有，認為是理所當然的。一日以利沙來到那樓休息，即命僕人基哈西叫婦人來問她說，「你既為我們費了許多心思，可以為你作什麼呢？你向王，或元帥，有所求的沒有？」我能幫你什麼呢？書念婦人卻回答說，「我在我本鄉安居無事。」意思是說，我接待你完全出於誠心接待神的僕人，發於愛心，並沒任何要求。雖然如此，但以利沙心中總覺對她虧欠，於是叫了基哈西來商量，「究竟當為她作什麼呢？」基哈西對書念婦人的家庭情形比較了解，就建議說，「她沒有兒子，她丈夫也老了」。舊約時代，婦人無子是羞恥，是受人欺侮的，像撒母耳的母親哈拿；像約瑟的母親拉結。雖然書念婦人並沒有向以利沙這樣求，以利沙卻再叫她來對她說，「明年到這時候，你必抱一個兒子。」這是天大的喜訊，婦人有點不敢相信，怎麼可能呢？於是對神人說，不要跟我開玩笑！「神人，我主阿，不要那樣欺哄婢女」。出人意外，「婦人果然懷孕，到了那時候，生了一個兒子，正如以利沙所說的。」這不是以利沙有賜生命的能力，說生就能生。乃是神透過他的口，宣告神的應許。神的話沒有一句不帶能力的，如撒拉生以撒；瑪挪亞生參孫；伊利沙伯生施洗約翰。

書念婦人因接待神的僕人，就得了這麼大的賞賜。今天我們用愛心接待神的僕人（真僕人），也必得神的賞賜。接待神的僕人，不是他講道有口才，有能力。他是個受誇耀的傳道人，乃因他是個屬神的器皿；屬神的工人，真心作神工的人。

(2) 由生而死

4：18-31　孩子是神應許生的，由神恩而生的。「孩子漸漸長大，一日到他父親和收割的人那裡。」田間收割是在盛暑之際，全家最忙碌的時候，孩子也到田間玩耍。不知是因中暑或腦炎，孩子抱著頭直叫「我的頭阿！我的頭阿！」抱到母親那裡，晌午就死了。這婦人因信而得這孩子，現在孩子卻死去，她的信心受到考驗了。面對此巨變，她沒有號哭，沒有埋怨，只悄悄的把死孩子放在先知樓的先知床上。關上門，叫僕人牽一匹驢來，要快快的去見神人。她瞞著家人，甚至對丈夫都說「平安無事」。她非常鎮靜，和僕人急奔迦密山去。孩子既是神人的應許而生，現在又遽然死去，她又憑著信心去求見神人。抱著神人的腳，婦人說，「我何嘗向我主求過兒子呢？我豈沒有說過，不要欺哄我麼？」是的，神既施恩賜給她一個兒子，現在卻又收回去，難道神後悔了麼？怎麼說呢？主耶穌曾看見一個生來瞎眼的，門徒就問，這是誰犯了罪，是他自己，還是他父母？耶穌的答覆是，「也不是這人犯了罪，也不是他父母犯了罪，是要在他身上顯出上帝的作為來。」（約 9：3）主既賜給她一個孩子，又讓他死去，是要在他身上顯出上帝的作為來。以利沙命僕人基哈西拿自己的杖立刻前去，放在孩子身上。「杖」沒有復甦的魔力，它只是代表一個形式，它作不了什麼，唯有神同在才能成事。婦人堅持要神人同去，於是，以利沙隨著她去了。

(3) 死人復活

4：32-37　以利沙見孩子放在自己床上，就關上門，與外界隔絕，懇切祈禱耶和華。又「伏在孩子身上，口對口，眼對眼，手對手」，這好像現今的急救法。但急救是人還有點呼吸；還有點體溫；還有點心跳，脈搏還未完全停止的情況下，用電極棒震動，或用人工呼吸來讓病人恢復心跳，恢復呼吸。但這孩子已經死了多時，婦人從書念騎驢奔赴迦密山，單邊行程有 40 公里，往返有 80 多公里。再加上一些談話耽擱，這中間豈碼也有六、七個小時以上，這孩子已死透了，已不是急救可以辦得到的。以利沙伏在

孩子冰冷的身上，使孩子漸漸得體溫。這一定是體力和精力消耗大的工作，所以他必須起來走一走，又再繼續。如此伏在孩子身上七次，直到有生命能力運行在孩子身上，「孩子打了七個噴嚏，就睜開眼睛了。」這是心跳恢復了；氣通順了；血脈循環正常了，孩子死裡復活了，就將活孩子交還給他的母親。這是一個大神蹟，醫生作不到，華陀救不了，也不是以利沙有什麼驚人的能力，乃是神藉袖僕人「是要在他身上顯出上帝的作為來」（約9：3）。這是神作的事，神的作為就是神蹟。使死人復活是最大的神蹟，神蹟是由先知在樓上不住的祈禱，迫切的祈求所發生的能力。由此可見祈禱是生命的發源地。今天我們要學以利沙，為那些死在罪惡過犯中的人，不住的在你密室中為他們祈求。神也能使那些將淪亡的世人，出死入生，重獲新生命。

2.先知院　（4：38-44）先知學院裡發生了兩件神蹟，都是與生命有關。

(1)消除致死的毒物

4：38-41　以利沙又來到吉甲的先知學院，「那地正有飢荒」，可能是8：1 所說的七年飢荒。那時先知門徒都坐在他面前受教，想必該用餐的時候了，卻沒有餅。他吩咐僕人將大鍋放在火上，給先知門徒們熬湯，可見那時食物窮乏。「有一個人去到田野掐菜，遇見一棵野瓜藤，就摘了一兜野瓜，回來切了，擱在熬湯的鍋中。」飢荒遍地，食物缺乏，那個人可能是好意替大家尋食，誰知尋來的卻是致死的毒物。他沒有科學常識，不會分辨有毒無毒，因此好意變成惡意，把充飢養生的湯，變成致死的毒藥。所摘的一兜野瓜，外表並無奇形怪狀，只是食之味苦，吃後腹痛下瀉，乃致於死。及至大家「吃的時候，都喊叫說，神人哪，鍋中有致死的毒物。」野瓜慣有的苦味提醒他們吃了毒物了，眾人一陣驚叫；慌亂，失望的眼睛望著以利沙，於是以利沙立即叫人拿點麵來。他曾用鹽治好耶利哥的惡水，現在又把麵粉撒在鍋裡。奇怪！毒就沒有了。食品中有毒物，能致人於死。先知的本份，就是要將毒物除去，使人得著潔淨的食物，以致於生。

今天，神學院林立，目的是造就一些擔任先知職責的工人，去除一切信仰的毒素。二千年前，使徒彼得早就警告過我們（彼後 2：1），「從前在百姓中有假先知起來，將來在你們中間，也必有假師傅，私自引進陷害人的異端，連買他們的主他們也不承認。」異端不是異教，這是「在我們中

間」的東西。現在許多異端神學，像野瓜藤的野瓜，滲入教會的屬靈糧食中，有毒也看不出來。他們打著基督徒的名號，他們的聖經外表看來和我們差不多。他們口口聲聲哈里路亞，他們是借用基督教的招牌，卻把裡面的本質去掉了。基督教的整本聖經都是以耶穌基督為中心，但他們卻否認聖經的權威。他們不承認全部聖經都是神的話；他們不承認耶穌是童女所生；他們不承認十字架上耶穌的死是替人贖罪；他們不承認聖經裡的神蹟，不承認耶穌死後復活，他們更不承認耶穌會再來，他們「連買他們主也不承認」。他們把教義、真理扭曲了，謬解了，隨意刪去一些，又隨意加上一些，誘人入彀，致人於死。偏偏有些信徒像那個採野瓜的人一樣，有愛心而沒有知識，把毒瓜擱在靈糧食物中，使人中毒。不純淨的教義；偏離真道的哲理，使人靈命受傷比食物中毒更危險。今天在這個靈性的大荒年中，我們都應效法以利沙，有責任把信仰中的毒素除去，使信徒能過一個健康的屬靈生活。

(2) 二十餅飽百人

4：42-44　這又是一個神蹟，還在那荒年的時候，「有一個人從巴力沙利沙來，帶著初熟大麥作的餅二十個，並新穗子，裝在口袋裡，送給神人。」這個人不知姓甚名誰，巴力沙利沙也不是一個出名的地方。生活在拜金牛犢和拜巴力的北國，能有這樣一個敬畏耶和華的人給先知供奉，真是不容易。他帶來的初熟大麥作的餅並新穗子，按律法這初熟之物是用來作逾越節第三天獻搖祭的（利 23：5-6，9-11），是作初熟之物的素祭的（利 2：14）。此外這些初熟的果子和五穀是給祭司和利未人享用的，而這個人將這些分別為聖的東西從老遠送來給以利沙享用，這是特別敬重耶和華的先知。這時以利沙確實也正需要這些食物，但他收到這些禮物之後，即刻交僕人「給眾人吃！」這口吻有些像耶穌對門徒說的（路 9：13）。「僕人說，這一點豈可擺給一百人吃呢？」這也正像腓力回答耶穌的話，「就是二十兩銀子的餅，叫他們各人吃一點，也是不夠的！」（約 6：7）二十個餅，一定不會很大。在人看來，怎能夠一百人吃呢？但以利沙說，「你只管給眾人吃吧！」何等大的信心。但信心不是自信，信自己的人就會信口開河，炫耀自己。信心是建立在神的話語上，「因為耶和華如此說，眾人必吃了，還剩下」。先知只傳神的話，而不需任何其他手續，麥餅便量增，像五餅二魚，給五

千人吃飽還剩下十二籃子。像撒勒法寡婦家的一把麵、一點油，吃了二、三年，麵不減少，油也不短缺。因為「神的話語沒有一句不帶能力的」，在神沒有難成的事。

　　以利沙行了這兩個神蹟，都是關於食物的。一個是質的問題；一個是量的問題。質的問題是把原來致人於死有毒的湯，改變成無毒的湯，質改變了。量的問題是把人家送給他少量的二十個餅，變成夠一百人吃飽還有剩下，量增加了。這給我們很好的教導：一個是叫我們不單自己在真道上站立得住，質純、質真就好了。更要使那些在信仰上中毒的，能改變他們的質，使有毒變為無毒。另一個是我們固然希望靈糧飽足，這還不夠，更要謙卑在主的面前，把自己所有的，都放在神的手中，蒙神祝福，雖少變多，使多人得益處。以利沙是我們的好榜樣。

第五講　得潔淨與得痲瘋　第5章

「痲瘋」在聖經裡都是預表罪，雖然不能用現代科學去證明與罪有完全直接的關係，但大痲瘋的特點卻與罪的特點完全相同。

(1) 它是無藥可救的。當時患大痲瘋有如現代的癌症、愛滋病一樣，都是絕症，死路一條。人的罪也是如此無藥可救，「罪的工價就是死」。基督徒有福了，靠著耶穌的寶血就能潔淨。

(2) 它是容易擴散的傳染病。罪人容易引誘、教導、脅迫別人和他一樣，學壞容易。

(3) 它會使人神經中樞痲痺，失去知覺。罪也是叫人良心痲痺；不辨是非；混亂真假；顛倒黑白；倒果為因；靈性失去知覺。

(4) 在新約裡嚴重的，叫人臉孔變樣；面目全非；猙獰可怕，沒有半點神造人的形像。

(5) 它只等候死亡，不過時間遲早而已。人陷在罪裡，越陷越深，越來越壞。不肯悔改；沒有盼望，只有走近死亡，接受神的審判，永受地獄之苦。

1. 乃縵得潔淨

5：1-3　這乃縵是亞蘭國（敘利亞）的元帥，英勇善戰，是大能的勇士，有如項羽「力拔山兮氣蓋世」之慨。在國王面前為尊為大，「只是長了大痲瘋」。「只是」這個字真可惜，他什麼都好，美中不足的只是長了大痲瘋。這病給他帶來精神和身體上很大的痛苦，遍求名醫無效，因為罪不是用人的方法可以解決的。神的答案只有一個，就是十字架上上帝兒子耶穌基督。「除祂以外，別無拯救。因為在天下人間，沒有賜下別的名，我們可以靠著得救。」（徒 4：12）但要乃縵相信上帝是何等的難。但他曾率軍攻打過撒瑪利亞，「因耶和華曾藉他使亞蘭人得勝」，擄去一個小女孩，可能只十二、三歲，因她很乖巧，就服侍乃縵的妻。看來這小女子是生長在一個敬拜上帝的家庭，雖家破人亡，淪為奴婢，但她相信靠上帝的心一點不減。這就看出家庭的宗教教育多麼重要，信心的根，深植在她小小的心中。她眼看主人如此苦惱，她便勇敢的對主母說，「巴不得我主人去見撒瑪利亞的

先知，必能治好他的大痲瘋」。她不是說盼望能治好，乃是說必能治好。她的信心如此之大，真要使以色列國朝中的王公大臣慚愧死了，因以色列國的人，都已不信耶和華是他們的上帝。

5：4-8　乃縵聽了這小女子的建議產生了信心，於是去見亞蘭王，求了王的推介信，又帶了「銀子十他連得、金子六千舍客勒、衣裳十套，就去了。」十他連得的銀子是一萬五千兩；六千舍客勒的金子是三千兩（助讀本）。這是一筆龐大的酬金，但以色列王看了亞蘭王的信便大發雷霆，誤以為是亞蘭王來尋隙攻擊。

5：9-14　以利沙聽見這事，就告訴王，「可使那人到我這裡來」。於是乃縵帶著滿載金銀的車馬，浩浩蕩蕩的到了以利沙的家門。他滿以為以利沙聽見他這個濶老來到會倒屣相迎，事實使乃縵大大的洩氣。以利沙不但沒親自出迎，而且只打發一個佣人出來對他說，「你去在約但河中沐浴七回，你的肉就必復原，而得潔淨」。這是何等的怠慢，以乃縵的地位、財勢，本可打發一兩個僕人來召以利沙去亞蘭醫治他的。今天他親顧茅廬，屈尊就教，想不到以利沙竟如此的怠慢他，簡直氣瘋了。「乃縵卻發怒」，他想我是何等的人物，「我想他必定出來見我」。乃縵的毛病，就出在「我想」，以人的想法去預定神的作為。我想他要「站著求告耶和華他上帝的名」；我想他要像我們亞蘭國的巫師作法，「在患處以上搖手，治好這大痲瘋」。但都不是，以利沙只派個佣人叫我自己去約但河裡去洗一洗，而且要洗七次，真是豈有此理！我們大馬色的兩條河不比約但河的水清麼？罷了！我回自己國去洗吧。乃縵「於是氣忿忿的轉身去了。」如果他真的一氣回去了，他的問題永得不到解決，他的驕傲自大對他一點好處也沒有。今天有許多人聽我們邀請他，信耶穌就可得救，他們就是說不，因為他們的驕傲任性，自以為是，自己是何等的人物。這樣，他靈性上的大痲瘋，就永遠得不到解決。

乃縵有他的短處，也有他的長處，他的長處就是聽僕婢的勸告。先是聽小女子勸他到神的先知這裡來，現在又聽僕人的勸告。我父阿，不要這樣，「先知若吩咐你作一件大事，你豈不作麼？何況說你去沐浴，而得潔淨呢？」傲慢是他的缺點，但他也有優點。他的優點就是能接納別人的意見，他就乖乖地去約但河沐浴七次。大痲瘋是不能見水的，越洗越爛。乃縵沐

浴了六次，還不見效，就如約書亞攻打耶利哥，繞城六天，第七天又繞城
七次，城就倒塌了。又像以利亞在迦密山，一連禱告七次，第七次僕人才
見有一小片雲從海裡上來，雲時間風雲變色，就大雨傾盆。「七」在聖經裡
是一個完滿數字，作七次就作完全了。乃縵沐浴很有耐心，順服到底。第
七次上來，「他的肉復原，好像小孩子的肉，他就潔淨了。」這完全由於他
信靠順服的結果。

我們從乃縵身上學到什麼功課？

　(1)乃縵在一人之下，萬人之上，驕氣橫溢，目中無人。聽了小女子的
　　話，竟能謙卑下來，親來戰敗國尋求耶和華的先知，因而得救。耶
　　和華「賜恩給謙卑的人」（箴3：34）。

　(2)乃縵在盛怒之下，能聽僕人的話，憑著信心，順從先知吩咐去約但
　　河沐浴。於是神就因了他信，在有信心人的身上顯出神奇妙的作為
　　來。

　(3)乃縵能順服到底，完成七次沐浴。如果他耐心不夠，便功虧一簣。

　5：15-19　乃縵不單把驕傲的病治好了，身上的大痲瘋治好了，並且他
靈性中的大痲瘋，就是他的罪也治好了。從此他不再憑他的「我想」，而是
憑他在這次約但河的經驗，說「我知」。「如今我知道，除了以色列之外，
普天下沒有上帝」。約但河的經歷是叫人作新人，主耶穌從約但河上來，聖
靈就如鴿子降在祂身上；以色列人過約但河，從約但河上來，就進了迦南
得勝地；以利亞過了約但河，就乘旋風升天；以利沙從約但河上來，就作
了大先知；乃縵從約但河上來，就作了敬畏耶和華上帝的新人。我們從靈
裡的約但河受洗上來，經歷過與主同死；同埋葬；同復活，就成為新造的
人。

　乃縵不是個壞人，是個知恩感恩的人。他再來到以利沙那裡，不單承
認約但河水勝過大馬色河的水，並且承認撒瑪利亞的土，也勝過亞蘭國的
土，他要帶回兩個騾子馱的土回去築壇獻祭。從今後，他決意要敬拜這位
真神，並且認罪悔改說，「我主人進臨門廟叩拜的時候，我用手攙他在臨門
廟，我也屈身。」臨門是亞蘭人的風暴之神，即雷神，是他們的國神。按
禮儀他隨王進臨門廟參拜，他也要拜的。為此他認罪悔改，「我在臨門廟屈
身的這事，願耶和華饒恕我。」以利沙沒有直接答覆，約一1：9「我們若

認自己的罪，神是信實的，是公義的，必要赦免我們的罪，洗淨我們一切的不義。」最後乃縵將所帶來的禮物都送給以利沙，但以利沙不肯接受，因為得潔淨是神的恩典，恩典是白白的禮物，代價無限，不是用金銀交換的。

2. 基哈西得痲瘋

5：20-27　基哈西不單是以利沙的貼身僕人，也是他親信的門徒。以利沙很器重他，有事找他商量（王下 4：14）。他如能潔身自愛，緊緊跟隨老師，像以利沙跟隨以利亞那樣，何愁不是第二個以利沙？可惜他像賣主的猶大一樣的失敗了。

基哈西本來沒有大痲瘋，但他的心靈裡已染上了靈性的大痲瘋，就是看見乃縵帶來這麼多的財富，師父竟一文不收，太固執；太僵硬；太可惜了。於是心裡起了貪心，按奈不住這股衝動，就去追趕乃縵。保羅對提摩太說，「貪財是萬惡之根。」（提前 6：10）因起貪心，於是就起假誓，「我指著永生的耶和華起誓」。怎敢為貪財物指著神起誓犯罪呢？既追上了乃縵，又說一套謊話，「我主人打發我來說……」。他編造的美麗的謊言真是動聽，開口要一他連得的銀子和兩套衣服，自己裝得道學樣子。乃縵為了感恩，就「請受二他連得」，而且再三請受，他才扭扭捏捏勉強同意。二他連得是多少？當年暗利就以二他連得的銀子，買了一座美麗撒瑪利亞山，建成以色列的首都（王上 16：24）。此外又取兩套衣服，交僕人抬到基哈西的屋子裡。他收藏好了，然後來見老師，站在以利沙面前，若無其事，把罪惡隱藏得天衣無縫。聖經告訴我們，罪是隱藏不住的。當年約書亞在耶利哥大勝，亞干卻在奪取的財物中，拿了一件美好的示拿衣服和二百舍客勒的銀子、一條金子，把它們藏在帳棚的地底下。他以為神不知鬼不覺，卻被用抽籤的方法查出來。亞干就被石頭打死，埋在亞割谷（書 7：16-26）。掃羅奉神命去絕滅亞瑪力人和其所有的，「卻憐惜亞甲，也愛惜上好的牛、羊、牛犢、羊羔，並一切美物，不肯滅絕」，把牠們藏了。但在掃羅答覆撒母耳「耶和華的命令我已遵守了」時，那些牛羊早不叫遲不叫，偏偏這時大叫起來，因此耶和華就厭棄他作王（撒上 15：1-23）。基哈西到老師面前，以利沙問，「你從那裡來？」就是給他一個悔改的機會。這時他又不得不撒謊，回答說，「僕人沒有往那裡去。」這是罪上加罪。罪豈能瞞得過神呢？

罪會結果子，犯罪的一定要吃自己罪的果子。基哈西犯的罪，是從乃縵那裡接受了財物，於是他也就接受了乃縵的大痲瘋。以利沙說，「這豈是受銀子、衣裳，買橄欖園、葡萄園、牛羊、僕婢的時候呢？」你既不誠實，又把神的恩典當貨品，就不配作先知的僕人。「因此乃縵的大痲瘋必沾染你，和你的後裔，直到永遠。」多可怕的咒詛啊！「基哈西從以利沙面前退出去，就長了大痲瘋。」

我們從基哈西身上看到什麼教訓？罪多可怕，一個聖徒如果起了貪念，罪就抓住他。因貪而起假誓，因不誠實而編造謊言，一步一步的越陷越深，最可悲的會禍延子孫。

乃縵與基哈西，一個是有大痲瘋得潔淨，一個卻是潔淨的得了大痲瘋。那有大痲瘋的不單身體得潔淨，連心靈也得了潔淨。那沒有大痲瘋的，不單身體染了大痲瘋，連心靈也染了大痲瘋，對我們是何等的警訊呢？

第六講　斧頭漂起與火車火馬　6：1~23

1. 斧頭浮起

6：1-7　先知以利沙的名氣很大，因有神蹟奇事隨著他，於是申請入先知學院就讀的學子越來越多。校舍容不下了，有先知門徒向以利沙建議，學員們願意去約但河伐木擴建房屋。他們這種刻苦自勵的精神；自力更生的意願；建教合一的工作，以利沙非常讚賞，說，「你們去吧！」又有人提議，請老師同去指導更保險些，以利沙也欣然同意，就和他們去了。

他們伐木的地方是「往約但河去。」約但河在聖經裡有一個特別的預表，那是舊人死的地方。當初約書亞帶領以色列人進迦南的時候，是約但河水漲的季節。抬約櫃的祭司，只憑信心腳踏入水，那「從上往下流的水，便在極遠之地，撒拉但旁的亞當城那裡停住，立起成壘。……下流的水，全然斷絕。」（書3：14-16）這在表明一個真理，信徒過約但河時，那從亞當流來的舊生命水就會斷絕，那從亞當城來的舊生命源頭就停止了。亞當城在撒拉但旁，而撒拉但又是戶蘭給所羅門製造聖殿銅器的地方（王上7：45-46）。銅又是代表審判，故經過約但河，舊生命就經過審判死了。舊生命死了，才能作建造靈宮的材料。

當他們大夥兒正熱心高興工作的時候，忽然有一個人不小心，在砍樹的時候，斧子的鐵頭掉到水裡去了。即向老師呼叫，不好了！「哀哉，我主阿，這斧子是借的。」怎麼還人家呢？當時是鐵器時代的初期，斧頭是鐵的，是鋒利的先進工具，自然價格昂貴。先知門徒大都是貧困子弟，無力購買，這個先知門徒便去向人家借了一個斧頭，想不到掉到約但河裡去了。

斧頭是代表作工的能力，斧頭丟掉了，就是作工的能力失去了。沒有斧頭只有斧柄，是無能為力的。這正代表當時一些先知門徒們，自己沒有屬靈的能力，只好向人家去借。這也表今天一些屬靈工作，只去借用些學理、技巧、別人成功的範例、作工的能力，只是靠借來的東西。雖然也可以作工，但生命得不到充分的供應，所以屬靈的景況仍然荒涼。

這個先知門徒借來的斧頭掉落在約但河中，河水那麼深，這河水又是

從亞當城流出來的舊生命水，把斧頭淹沒了。既然「過」約但河是表舊人經過死，從約但河上來才代表新生，可是這斧頭卻沉沒在那舊生命的水流裡。一個得救的基督徒，如果仍沉沒在舊生命裡，仍活在舊老我裡，活在肉體之中，那就危險極了。在亞當被造的時候，神賜福給他們，叫他們管理海裡的魚、空中的鳥和地上各樣行動的活物（創 1：28）。多麼大的權柄？但後來他隨從了肉體的私慾吃了禁果，便失去了能力。參孫是第一個大力的，勝大敵；殺猛獅，卻在情慾上失掉了能力。掃羅的能力也是因他體貼肉體，愛惜亞瑪力王亞甲和上好的牛羊而失去的。所羅門也是因了戀愛許多外邦女子，失去了屬靈的能力。他們都是把斧頭丟在約但河裡了。我們在服事當中要特別小心，約但河是權力、財富、美色的三大陷阱。掉進裡面就沉淪到底，掉在裡面就失去能力，必須要從約但河水中上來。

　　所幸這個先知門徒有以利沙同在，他就向神人呼叫求救。以利沙問他，「掉在那裡了？」斧頭從那裡掉落下去，只有他自己知道，所以「他將那地方指給以利沙看。」這也在教訓我們，你的斧頭丟掉了，就當立刻向神呼求。你知道能力在那裡失去了，就快把失落的地方指給神看。你在什麼事上犯了罪，就要清楚承認自己的罪。人從那裡墮落，應該從那裡興起。大衛之所以失敗後能重新得力，就是他立刻認罪悔改。跌倒不要緊，要緊的是能記取跌倒的教訓，不再重蹈覆轍，這樣才能在什麼事上跌倒，在什麼事上起來。

　　這先知門徒指出失斧的地方，「以利沙砍了一根木頭，拋在水裡，斧頭就漂上來了。」好奇怪，斧頭那麼沈重，沉於水底，居然漂浮上來。斧頭不是木頭把它撈上來，乃是它自己漂起來，在今日的科學知識是解不通的。鐵斧怎麼失去重量？地心怎麼失去吸力？木頭沒有磁力，不能把斧子從水底吸上來。但這又是一樁歷史事實，如果不是事實，這段紀錄就不可能保存在聖經裡流傳幾千年。正因為人的頭腦想不通，所以它才是神蹟。神蹟是神在作事，神作的事是超自然的，祂改變物質性能，改變物理定律，是人作不到，想不到的。那是神藉著一根木頭，木頭只是一個象徵，象徵基督的十字架。當日以色列人出埃及，在曠野途中無水。到了瑪拉，遇到的又是苦水，眾人就發怨言。摩西不也把一根樹丟在水中，苦水就變甜水了麼（出 15：23-25）。這樹當然不是任何一根樹，這木也不是任何一根木，

乃是耶和華上帝所指示的，都在預表十字架的大能。它能勝過世界的吸力；勝過地心的吸力；勝過物理定律；勝過魔鬼的權勢。十字架大愛的能力，把我們這些沉在水底的廢鐵，從舊生命水中漂浮上來，讓我們重生得救。

斧頭一漂上來，「以利沙說，拿起來吧。那人就伸手，拿起來了。」於是能力就復原了。能力復原，就憑那根木，這是重生得救基督徒的屬靈經歷。在十字架下，把你失力之處指認出來，十字架就能醫治你的失敗，叫你重新得力。

2. 火車火馬

6：8-17　亞蘭與以色列經常有爭戰，這次戰鬥並不是全面宣戰，乃是便哈達二世在邊境上的一些小衝突。亞蘭王發現他每次的軍事計劃、機密，都被洩漏了，是不是有內奸？有一個臣僕說，「我主，我王，無人幫助他，只有以色列中的先知以利沙，將王在臥房所說的話，告訴以色列王了」。以利沙是神重用的器皿，被神的靈充滿，能參透萬事。亞蘭王不知懼怕，反調軍兵去多坍捉拿他。「多坍」在小山上，位於京城撒瑪利亞之北約十六公里。亞蘭軍能長驅直入，一夜之間將多坍城團團圍住，就可知兩國的軍力的懸殊了。

「神人的僕人清早起來出去，看見車馬軍兵圍困了城。」這僕人可能是接替基哈西的，就立刻慌慌張張的去向以利沙報告說，不好了，「哀哉，我主阿！我們怎樣行才好呢？」這正像「耶穌睡著了，湖上忽然起了暴風，船將滿了水，甚是危險。門徒來叫醒了祂，說，夫子！夫子！我們喪命喇！」（路 8：23-24）他那麼驚惶失措，那是只往下看，往左右前後看，看見周圍的環境多麼可怕。他沒有用信心往上看，「那坐在天上的必發笑」。「神人說，不要懼怕，與我們同在的，比與他們同在的更多。」以利沙靈眼看到了，「耶和華的使者，在敬畏祂的人四圍安營，搭救他們。」（詩 34：7）但僕人沒有屬靈的眼光，看不見。「以利沙禱告說，耶和華阿，求你開這少年人的眼目，使他能看見。」神蹟出現了，這少年人的靈眼開了，「他就看見滿山有火車、火馬圍繞以利沙」。是的，神已差派保護他們的火車、火馬，比亞蘭的軍馬更多，更勇。僕人看見這麼多的天使天軍，心就安了。如大衛所說的，「雖有軍兵安營攻擊我，我的心也不害怕」（詩 27：3）。

6：18-19　亞蘭的一隊軍兵衝到以利沙面前，以利沙是個禱告的先知，

凡事禱告，神就顯出神蹟。這時以利沙禱告耶和華使那些人眼睛昏迷，神蹟就出現了，那些人眼就看不清，不知該作什麼。正如當年所多瑪那些匪徒團團圍住羅得的屋子，二天使「使門外的人，無論老少，眼都昏迷。他們摸來摸去，總尋不著房門」（創 19：11）。以利沙方才求神蹟叫僕人看不見而能看見，現在又求神蹟使能看見的亞蘭軍視而不見。他們只能聽以利沙的指引，說「這不是那道，也不是那城，你們跟我去。」軍兵認不出身邊這人就是他們要捉拿的，也分辨不出方向，便迷迷糊糊跟著以利沙一口氣走了十六公里，到了撒瑪利亞城。

6：20-23　撒瑪利亞是北國的首都，城高池深。他們進了城，以利沙又禱告耶和華叫這些人能看見，神蹟又出現了，那些人就看見了，自己站在敵人的京城中。以色列王看見這些亞蘭軍自投羅網，便想一口氣殲滅他們，但以利沙阻止不可。神在這裡啟示我們對待仇敵的方法，不是擊殺，而是用愛心化解。以利沙建議，不單不殺害他們，且為他們擺設筵席，讓他們吃喝之後，放他們回去。這是以利沙屬天的智慧，是屬神的方法。中國孫子兵法也說，「攻心為上，攻城為下」。今天的戰爭，不能只拼高科技鬥勇，戰爭總是勝敗俱傷，故最高明的戰術是打心戰，柔性訴求，收取人心。這些亞蘭軍兵吃了；喝了，放他們回去稟報他們的王。以色列這樣作，是懦弱嗎？是吃虧了嗎？不！聖經說，「從此，亞蘭軍不再犯以色列境了」。

後來保羅也教導我們，不要以惡報怨，「親愛的弟兄，不要自己伸冤，寧可讓步，聽憑主怒。因為經上記著，『主說，伸冤在我，我必報應』。所以『你的仇敵若餓了，就給他吃。若渴了，就給他喝。因為你這樣行，就是把炭火堆在他的頭上』。你不可為惡所勝，反要以善勝惡。」（羅 12：19-21）

第七講　被圍與解圍　6：24~7：20

上 23 節才說過，「從此，亞蘭軍不再犯以色列境了。」為什麼又來攻撒瑪利亞？6：24-25「此後」，就是他們經過一段休養生息之後，便哈達的復仇心態又激動了。於是大軍來將撒瑪利亞城團團圍住，時間一久，城內絕了糧，食物缺乏極了。一個無肉又是律法規定不潔淨，不可吃的驢頭，竟賣八十舍客勒（助讀本折合 40 兩銀子）；二升鴿糞也要賣五舍客勒，值二兩多銀子。鴿糞本不是人吃的東西，這時也奇貨可居。啟導本說，猶太歷史家約瑟夫記載後來耶路撒冷被圍時，人連牛糞都拿來吃，這不是誇張。廿世紀初期國內軍閥混戰連年，又加上天災，流離饑民像蝗蟲樣把地上所有綠色植物都吃光了，連樹皮草根都吃盡了。許多饑民吃一種叫觀音土的白色泥土，他們只顧填充饑餓的肚子，但不能消化，因之脹死的也不少。這是筆者所親見。圍城中易子而食，中外古今都有，甚至有活人吃死人肉的，這也是筆者目睹的事實。戰爭之禍，慘絕人寰，都是由於人的罪孽。阿摩司書 8：11 說，「主耶和華說，日子將到，我必命饑荒降在地上。人饑餓非因無餅，乾渴非因無水，乃因不聽耶和華的話」。因人拒絕神；背棄了神；不聽神的話，所以天災人禍臨到他們。過去如此，現在如此，將來也是如此。他們若能像尼尼微人那樣，從最大到至小的，從王到牲畜都禁食、披麻、蒙灰、認罪悔改，神就施恩拯救他們（參約拿書）。

6：26-33　一日以色列王聽見一個婦人向他申訴，兩個婦人協議先後殺子交換而食，但另一婦人事後卻不守信用。王聽了這麼殘忍的話，就把易子而食的罪歸在以利沙身上。他就撕裂衣服，露出貼身穿的麻衣，外表裝出悔改，他卻不自己審查這禍患的根本原因，是他離棄了耶和華他們的神去拜金牛犢，不知悔改。相反的他埋怨神說，「這災禍是從耶和華那裡來的，我何必再仰望耶和華呢？」今天人類受苦的根本原因，也是離棄了創造天地萬物的上帝，愚蠢地去拜偶像，去犯罪作惡，不知悔改，只知埋怨。以色列王真膽大，他將一腔怒火發在耶和華先知身上，要去砍掉以利沙的頭。「那時以利沙正坐在家中，長老也與他同坐。」長老不去與王同坐，來與以利沙同坐，是要想聽主的恩言。

　　7：1-2　王和使者來到以利沙家要斬先知的頭了，以利沙起來當眾大聲宣告耶和華的話，「明日約到這時候，在撒瑪利亞城門口，一細亞細麵要賣銀一舍客勒，二細亞大麥也要賣銀一舍客勒」。一細亞約合二十公升，一細亞細麵價格才一舍客勒。大麥比麵粉便宜些，二細亞大麥才賣一舍客勒銀子。這在說，有食物可買了，而且數量很多。雖然價格比往常仍偏高一點點，但已不是物資缺乏到餓死的地步。這是先知信心的宣告，若不是先知聽了神的話，怎敢如此大膽說 24 小時就要兌現的事？要在 24 小時短短的時間中，從一個無肉的驢頭賣八十舍客勒，二升鴿糞賣五舍客勒，到一細亞麵粉賣一舍客勒，二細亞大麥也才賣一舍客勒，相差何等懸殊，誰能相信？人的信心本就微弱，就是我們身處那個光景，也難相信，我們的信心實在也不夠。「有一個攙扶王的軍長，對神人說，即便耶和華使天開了窗戶，也不能有這事」。這軍長何等的冒失，他輕看神的作為，他藐視神蹟。如今也有些冒失鬼，也是信口開河的說，人定勝天，那有神蹟，命運是掌握在自己的手中，聖經裡的神蹟都是些神話，沒有科學根據，和這個軍長一樣。「以利沙說，你必親眼看見，卻不得吃。」他要看見神的作為，卻得不到神的恩典。果然，在眾人出去搶亞蘭軍營裡所丟棄的物資，一細亞細麵賣銀一舍客勒，二細亞大麥賣銀一舍客勒時，這軍長去維持秩序，便被人踐踏死了（：16-17）。愚人的下場就是這樣。

　　7：3-5　這神蹟不是以利沙行的，乃是神藉四個長大痲瘋的人發現的。這四個被人厭棄的大痲瘋患者，居然成為神的工具。大痲瘋患者，摩西律法規定，他們不得與人接近，必須隔離，獨居營外，只接受善心人士的施捨。在這兵荒馬亂，遍地饑荒，易子而食，自顧不暇的情況下，誰還去關懷痲瘋患者？「在城門那裡有四個長大痲瘋的人，他們彼此說，我們為何坐在這裡等死呢？我們若說，進城去吧，城裡有饑荒，必死在那裡。若在這裡坐著不動，也必是死。」沒有人關心我們，好吧，好死不如賴活，我們去投降亞蘭軍隊吧，或者可得點殘湯剩飯。即或不然，被殺死與被餓死，反正都是死，走吧。於是黃昏時候，他們就往亞蘭營慢慢走去。奇怪！靜悄悄不見一人，怎麼回事？

　　7：6-7　神的方法叫人無法測度，當這四個長大痲瘋的，從遠遠的城門向亞蘭軍營慢慢走來，主卻使得亞蘭軍隊聽見有如千軍萬馬飛奔的聲音。

他們大大驚惶說，這必是以色列人用錢去賄買來北方的赫人諸王，和南方埃及的諸王，他們的聯軍來攻擊我們了。實在是耶和華的天軍親來干預，勢不可擋，這使得亞蘭軍膽戰心驚，於是全軍在黃昏時候，撇下輜重，丟盔棄甲，兵敗如山倒，倉惶而逃，留下幾十座大營。神作事是人心想不到的。

7：8-9　四個長大痲瘋的到了亞蘭營中，只見遍地食物，散亂的金銀衣物，他們就吃飽了，喝足了，又拿了一些金銀衣服去藏好了。然後回來，又進了一座帳棚，拿了一些金銀衣服回去藏了。這些天上掉下來的賞賜，使他們心滿意足。但當他們坐下來想一想，彼此說，「我們所作的不好。今日是有好信息的日子，我們竟不作聲。若等到天亮，罪必臨到我們。來吧，我們與王家報信去。」有人說這四個長大痲瘋的是基哈西和他三個兒子，因貪財被以利沙咒詛，出去就生了大痲瘋（王下 5：26-27），竟落到如此地步。神使用他們，他們並不忘恩，坐下來想一想，立刻想到撒瑪利亞城中那些在饑餓死亡邊緣上的人。昏暗的眼神，多麼盼望看到的是救命的食物；把那軟弱無力的手舉起，多麼希望能拿到一片麵包。那垂死掙扎的幻影，使他們的心大受感動，於是彼此說，「我們作的不好。」他們不是偷，不是搶，是神的恩典。白白得來，但只滿足自己，不管別人的死活，確是不好。「今日是有好信息的日子，我們竟不作聲。」確實不好，「若等到天亮，罪必臨到我們。來吧，我們與王家報信去」。他們這幾句話，給我們基督徒是多麼大的警訊：

(1)「今日是有好信息的日子」。

我們今天得恩典，蒙救贖，因信稱義了，與神和好了，享有永生了，這是福音，這是好信息。但我們把這好消息埋藏在心裡，不傳出去，確是不好。那四個長大痲瘋的尚且不敢獨享，何況我們？保羅曾說，「若不傳福音，我便有禍了。」（林前 9：16）

(2)「我們竟不作聲」。

這四個長大痲瘋的既吃了，喝了，又拿了，儘可以逃之夭夭，自己去吃喝快樂吧。但他們良心自責，「我們竟不作聲」，不去報這好消息，心裡就不得平安。今天我們享受神的恩典，豐衣足食，平安喜樂，竟不去報這喜訊，傳這福音，為主作見證，難道會心安理得？

(3)「若等到天亮，罪必臨到我們」。

如果我們不趁著現在，及時的把這好消息傳給靈裡饑渴的人、靈魂快餓死的人，任憑他們沉淪，任憑他們死在過犯罪惡中，一旦天一亮，主再來，我們站在基督台前如何交帳？兩手空空就有罪了。

(4)「來吧，我們與王家報信去」。

我們基督徒難道不如四個長大痲瘋的？來吧！我們快快去，「報福音傳喜信的人，他們的腳蹤何等佳美。」（羅 10：15）

這四個長大痲瘋的果然即刻動身，行夜路到城中去報信，因此撒瑪利亞城中的饑民，立時得到解救。這四個人可能是基哈西和他的三個兒子，因他們一念為善，解救了全城的人，神就憐憫他，醫治他，所以後來在第八章裡看見他出現在王前為以利沙作見證。神愛世人，無論再污穢的罪人，像長大痲瘋的一樣，只要他一念為善，歸向基督，神就會拯救他，不致滅亡，反得永生。

7：10-20　四個長大痲瘋的乘夜去叫守城門的，告訴他們說亞蘭人丟下食物財物已經逃走了。以色列王約蘭仍不信，以為是亞蘭人的誘敵之計。經臣僕們勸，於是取了兩輛車和五匹瘦馬前去偵探。果然如此，眾民就一擁出城，擄掠亞蘭人的營盤、食物、衣服無數。先掠者就賣一細亞細麵價銀一舍客勒，二細亞大麥價銀一舍客勒。那攙扶王的軍長卻被人潮踩死，他親眼看見這事，卻不得吃，正如先知以利沙所說的。神的話一句也不落空，必定應驗。有的話要等幾百年，幾千年才應驗，有時說過即驗，現在都應驗了。以利沙預言的應驗，再次要那陷在罪中的以色列人清醒明白，他們能從強敵手中得解救，完全是神的恩典。不信神說的話，必定招致刑罰。這又何嘗不是在警戒我們？

第八講　耶和華使用的三把刀　第 8~12 章

曾記得當年以利亞逃避耶洗別的追殺，逃去何烈山躲在洞中。耶和華的聲音叫他出來，吩咐他去作三件事：到大馬色膏哈薛作亞蘭王；膏耶戶作以色列王；膏以利沙作先知，並說「將來躲避哈薛之刀的，必被耶戶所殺。躲避耶戶之刀的，必被以利沙所殺。」（王上 19：15-17）這三把刀就是神對待惡王亞哈家所用的工具。

1. 以利沙的刀

以利沙作先知經過北國四個王，從暗利王朝的最後一個王約蘭，到耶戶王朝，經耶戶、約哈斯、約阿施，為期約五十年。以利沙這把刀是屬靈的刀，他在吉甲、伯特利和耶利哥三地的先知學院，訓練了一批年輕獻身的先知，按著以利亞和他自己的方式，執行真先知的任務。在那個金牛犢敬拜和巴力敬拜的以色列國中，傳講遵守耶和華的律法，作潔淨人民的心靈工作。這把刀如保羅所說的，「我們爭戰的兵器，本不是屬血氣的，乃是在神面前有能力，可以攻破堅固的營壘，將各樣的計謀，各樣攔阻人認識上帝的那些自高之事，一概攻破了，又將人所有的心意奪回，使他都順服基督。」（林後 10：4-5）以利沙這把屬靈的刀，雖極有能力，卻未能將約蘭王等心中的營壘攻破，把他們的心意奪回。但這把刀卻已審判了亞哈家，把那敬拜巴力；辜負神恩；違背真道的國位奪回，永遠從世界上消滅了。他的那把刀是神的道，希伯來書 4：12，「神的道是活潑的，是有功效的，比一切兩刃的劍更快，甚至魂與靈、骨節與骨髓，都能刺入剖開，連心中的思念和主意，都能辨明」。他的刀是兩刃的劍，一刃屬於恩典；一刃屬於審判。恩典的刃刺入人的心靈，就使人知罪、認罪、悔罪，就必得救。一刃屬於律法，律法是定人罪的，有罪不改，就當受審判。亞哈家就接受了這種審判。

2. 哈薛的刀——外敵來懲罰的刀

8：7-15　以利沙去大馬色，是去完成他老師以利亞未完成的三大任務之一。以利亞只作了一件膏以利沙為先知，就被接升天了（王上 19：15-16）。這時亞蘭王便哈達正害病，他聽到神人來了，就吩咐他的臣子哈薛帶著四

十個駱駝馱的禮物，去見神人求問能好不能好。先知的答覆很奇怪，說「他的病必能好，但必要死」。以利沙定睛看著哈薛，甚至他覺得羞愧，先知就大哭，哈薛莫名其妙，問「為什麼哭？」以利沙回答說，「因為我知道你必苦害以色列人，用火焚燒他們的保障，用刀殺死他們的壯丁，摔死他們的嬰孩，剖開他們的孕婦」。哈薛說，「你僕人算什麼，不過是一條狗，焉能行這大事呢？」狗是不潔的動物，這是自卑之詞。他不承認，他還不認識自己的本相。以利沙說，「耶和華指示我，你必作亞蘭王。」以利沙並未如膏立一國之君那樣，隆重的將膏油倒在他頭上，只是把神的指示宣佈出來。神用惡人去審判惡人，是神命定的一種方法。這哈薛就回去「拿被窩，浸在水中，蒙住王的臉，王就死了」，哈薛就作了亞蘭國的王。他手段之殘忍，和他以後向以色列人的暴行，就是他的罪性。

8：16-19　北國以色列暗利王朝最後一個王叫約蘭，稍後猶大王約沙法的兒子登基也叫約蘭。這約蘭與那約蘭雖是兩個不同國家的王，但兩人的行徑卻一樣。因為猶大王約蘭娶了以色列王亞哈的女兒亞他利雅為妻，拜巴力的惡行，就在南國猶大盛行起來了。亞他利雅尤勝於耶洗別之於亞哈王，雖然如此，耶和華因大衛之約「永遠賜燈光與他的子孫」，所以仍不肯絕滅猶大國。

8：20-29　約蘭作惡，他也沒有好日子過。接著南方以東人背叛獨立，自立為王。約蘭親率大軍討伐，卻又大敗而歸。西邊立拿也背叛了，使他鬱鬱以終，他兒子亞哈謝接續他作王。亞哈謝也不是個好東西，因他有個壞母親，是惡王亞哈的女兒亞他利雅。亞哈耶洗別已經壞透了，這個寶貝女兒也和他們一樣壞。亞哈謝年紀雖輕，卻與他外祖父亞哈一樣，是個好戰份子。與他舅父約蘭狼狽為奸，一同去攻打哈薛奪去的基列拉末。這一戰，哈薛就打傷了以色列王約蘭，約蘭便回耶斯列療傷。

3. 耶戶的刀

第9章　亞哈家的約蘭王沒有為以利沙真理的刀所勝，革面洗心。「躲避哈薛之刀的，必被耶戶所殺。」（王上 19：17）他雖然沒有死於哈薛之刀，卻為耶戶無情的刀所毀滅。以利沙差遣一個少年先知門徒，手拿一瓶膏油去基列拉末前線軍中，找到寧示的孫子，約沙法的兒子耶戶。他可能正在主持軍事會議，先知門徒把他叫到另一個屋子裡，將膏油倒在他頭上，說

「耶和華… 膏你作耶和華民以色列的王。你要擊殺……亞哈的全家，……耶洗別必在耶斯列田裡被狗所吃」，少年人說完就逃跑了。耶戶是個騎兵的統領，早年跟隨亞哈。當亞哈強奪拿伯葡萄園時，曾聽到以利亞預言，「狗在何處餂拿伯的血，也必在何處餂你的血。」（王上 21：19，21-24）部屬擁護耶戶，他們便急行軍 72 公里，直到耶斯列。正在療傷的約蘭王，見來勢洶洶，便和猶大王亞哈謝分別坐車逃跑。耶戶開滿了弓向約蘭射去，一箭穿心，便死在車上，把他屍體拋在拿伯的田裡。這葡萄園是約蘭父親亞哈陷害拿伯奪得的，後來亞哈悔悟，神的刑罰乃降在他兒子身上，正應驗了耶和華藉以利亞所說的話。

耶戶馬不停蹄，一路追殺猶大王，亞哈謝就死在米吉多。耶戶迅速入城進入耶斯列，耶洗別見大勢已去，就擦粉；梳頭，打扮得像腓尼基王后一樣，向耶戶招呼，「殺主人的心利阿，平安麼？」這話極盡諷刺，心利是 44 年前弒君篡位之臣，但只作王七天，意即你也要像他麼？耶戶即命太監把她從樓上扔下來，她的血濺在牆上和馬上，耶戶進王宮吃喝完了，才吩咐人去把耶洗別埋葬。可是耶洗別已屍骨無存，只尋得頭骨和腳並手掌。這是應驗了以利亞的咒詛，「狗必吃耶洗別的肉」。耶洗別一生陰險、淫惡、強悍、操控政權、役使丈夫、迷信巴力，在以色列各處建築邱壇，倡導敬拜巴力，致使以色列墮落，陷在罪裡。以利亞雖在迦密山殺了 450 個巴力先知，有導正敬拜耶和華的作用，但耶洗別利用王權，謀殺先知。今日惡貫滿盈，屍體被野狗所吃，這就是「種的是什麼，收的也是什麼」。

10：1-14　耶戶在耶斯列寫信通知撒瑪利亞城中的首領和長老，叫他們交出亞哈眾子的首級。因為撒瑪利亞是一座固若金湯不易攻破的城，耶戶就用心戰喊話，威嚇城中的「家宰」，即宮廷行政官；「邑宰」，即首都軍事指揮官；「長老」，即民眾代表；「教養亞哈眾子的人」，即王室太傅們，他們都驚惶害怕，只得照辦。「就把王的七十個兒子」，包括孫子曾孫盡都殺了。「將首級裝在筐裡，送到耶斯列耶戶那裡，……在城門口堆作兩堆，擱到明日」。這是公開示眾，以儆異心。但這種手法十分殘忍恐怖，亞哈的全家，盡被剿滅。此外「凡亞哈家在耶斯列所剩下的人，和他的大臣、密友、祭司，耶戶盡都殺了，沒有留下一個。」這已超出了神給他滅亞哈家族的範圍了，這純粹是為了鞏固政權，憑自己的好惡借機剷除異己。不但如此，

耶戶起身往撒瑪利亞去，在路上遇到 42 個自稱是猶大王亞哈謝弟兄的人。這些親戚從猶大來，尚不知已政變，也被耶戶盡都殺了。耶戶這把刀實在是殘忍又無情的刀，不單剿滅以色列國的亞哈家，也延及到猶大家。

10：15-28　耶戶在路上遇見利甲的兒子約拿達，就請他同坐車上。利甲是個敬虔的遊牧家族，屬摩西岳父基尼族人。約拿達是以色列民中一個保守派領袖，強力反對巴力敬拜。200 多年後，他的子孫仍堅守先人的教訓，稱為利甲族（耶利米書 35：6-10）。耶戶請他同坐車上說，「你和我同去，看我為耶和華怎樣熱心」。到了撒瑪利亞，將一切事奉巴力的人，誘來巴力廟中，屠殺盡淨，並以巴力廟為廁所。耶戶剷除巴力極其徹底，這是刑罰亞哈家領百姓敬拜巴力的罪。

10：29-31　神對耶戶的賞罰，28 節說，「耶戶在以色列中滅了巴力」，因此就得到耶和華的獎賞。「因你辦好我眼中看為正的事，照我的心意待亞哈家，你的子孫必接續你坐以色列的國位，直到四代。」神沒有虧待他，他的朝代要比北國任何一朝都長，共五王前後 89 年。31 節，「只是耶戶不盡心遵守耶和華以色列上帝的律法。」我們讀到這裡，最惹人注意是這個「只是」。如果沒有這個「只是」，耶戶該多好！他肅清巴力最徹底，「只是」這個不好。耶戶遵行了一部份神的律法，只是沒有完全遵守。更糟糕的是，他「不離開耶羅波安使以色列人陷在罪裡的那罪」。他不是無神，只是在耶和華之外，還有別神。他不是不事奉耶和華，乃是在他事奉耶和華之外，還事奉金牛犢。神在他心目中沒有整個的地位。這給我們一個很大的教訓，我們事奉主，就要全心的事奉主。我們跟隨耶穌，就得全人的跟隨耶穌，不要又事奉基督，又去事奉瑪門；不要又跟隨耶穌，又去跟隨金牛，耶戶就是這樣失敗受罰的。

4. 亞哈的餘孽

第 11 章　南國猶大王亞哈謝，深受他母親的影響，他母親就是亞哈耶洗別的女兒亞他利雅。「因為他母親給他主謀，使他行惡」（代下 22：3）。亞哈謝執政不到一年，因北上去探望受傷的舅父約蘭王，為耶戶所殺。亞他利雅就趁機篡位，殺盡王室眾子，自立為王。她與她母親耶洗別一樣，手段毒辣，屠盡王室。依人看，大衛的後裔完了，大衛的子孫永遠坐他王位的那個應許就落空了？不！「人心多有計謀。惟有耶和華的籌算，才能

立定」（箴 19：21）。第 2 節開頭，「但約蘭王的女兒，亞哈謝的妹子約示巴，將亞哈謝的兒子約阿施從那被殺的王子中偷出來，……免得被殺」，開頭那個「但」字就是耶和華的籌算。偏偏約示巴又是大祭司耶何耶大的妻子，他們就把嬰兒約阿施藏在聖殿中六年，時候到了，大祭司耶何耶大起義，率領王子出來膏他為王，群眾就把亞他利雅在王宮裡殺了。

5. 約阿施被弒

第 12 章　約阿施登基年方七歲，作王 40 年。聖經批論他說，他「在祭司耶何耶大教訓他的時候，就行耶和華眼中看為正的事。」換句話說，他的德行、信仰不能自立，完全依賴長者耶何耶大的輔佐。那位年長的祭司還在的時候，他就行耶和華眼中看為正的事。耶何耶大一死，約阿施就壞了。關於約阿施王後來敗壞去事奉亞舍拉和偶像的事，記載在歷代志下 24：17-26。他壞在不能自立，要依賴屬靈長者扶持。有如活在溫室裡的花朵，只願作屬靈的嬰兒，不能吃飯，只能喝奶。這又何嘗不是在教導我們，不要效法約阿施，只依賴人，自己不去追求屬靈的事，當人一離開就跌倒了。

約阿施倒行逆施，晚年去事奉亞舍拉偶像。耶何耶大的兒子，祭司撒迦利亞來責備他，他竟叫人在耶和華殿的內院，用石頭把他打死。約阿施忘恩負義，不記念撒迦利亞的父親母親，如何冒生命危險救他脫離亞他利雅的刀，也不記念在聖殿裡撫養他六年，更不記念耶何耶大輔政幾十年，使他的國位堅立，他竟在聖殿內殺死忠於他的恩人後裔。他的臣僕們不滿此舉，就起來背叛他，把他殺了。他的兒子亞瑪謝接續他作猶大王。

第九講　撒瑪利亞傾覆了　第 13~17 章

13：1-9　北國以色列約哈斯繼承了亞哈的王位，也繼承了亞哈的惡行。作王十七年，聖經沒有提到他的政績，只說「耶和華的怒氣向以色列人發作，將他們屢次交在亞蘭王哈薛和他兒子便哈達手裡。……亞蘭王滅絕約哈斯的民，踐踏他們如禾場上的塵沙。只給約哈斯留下五十馬兵、十輛戰車、一萬步兵。」這等於解除武裝，使他無力反抗，作個可憐的順臣。約哈斯懇求耶和華，神就賜給以色列人一位拯救者，對抗哈薛。這位拯救者是誰？聖經沒有明說，可能是亞述王亞達尼拿里三世。此王在約哈斯年間攻打大馬色，讓以色列人得到喘息的機會，恢復國力，也收回一些國土。約哈斯死了，他兒子約阿施繼位為以色列王。

13：10-25　約阿施也不是個好東西，作王十六年同樣作惡。以利沙現已八十多歲了，他蒙召作先知迄今，經過約蘭、耶戶、約哈斯、約阿施四個王，工作了約六十年。他現在得了必死的病，約阿施王來看他，伏在他臉上哭泣說，「我父阿，以色列的戰車馬兵阿！」以利沙真是以色列的國寶、國之干城。約阿施叫以利沙「以色列的戰車馬兵」，以利沙確有這份重要性。以利沙還有餘力對王說，「你取弓箭來。……以利沙按手在王的手上，說，你開朝東的窗戶。」東面是指外約但，亞蘭人控制的地方。「說，射箭吧。……這是耶和華的得勝箭，就是戰勝亞蘭人的箭。」之後以利沙又說，「取幾枝箭來。… 打地吧！」王也許以為老人家糊塗了，怎麼叫他打地呢？他便只意思意思的打了三次就停了。這不是老人家糊塗了，是他自己糊塗。這是何等重要的事？於是「神人向他發怒，說，應當擊打五六次，就能攻打亞蘭人，直到滅盡。現在只能打敗亞蘭人三次」，機會盡失。這雖是一個寓意，但也是神的預示。神人口中豈有戲言？亞蘭人一直是以色列人的外患，如果約阿施在神人面前慎重其事，以色列的子子孫孫，便會受惠無窮。可惜人的思想限制了神的恩典，豈不是人「自稱為聰明，反成了愚拙」麼？（羅1：22）

「死」，是人類始祖犯罪所承受的咒詛。人人都有一死，以利沙死了，埋葬了。新年摩押人犯境，有人正埋葬死人的時候，就拋下死人愴惶逃跑

了。誰知死人一碰到以利沙的骸骨，就復活站起來了。這個神蹟更奇，其他神蹟都是以利沙活著的時候行的，這個神蹟卻是他死後行的。這神蹟給我們說明了什麼真理？以利沙是預表基督，滿了神生命的能力。這生命發出能力，就使人得生命。這在預表基督的死，是叫我們活。凡摸著耶穌基督的十字架，就能使人得生命。

　　第十四章記載南國猶大一連出現了四位合神心意的王，就是約阿施、亞瑪謝、烏西雅、約坦。約阿施的宗教改革合神心意，但晚年墮落被殺。他兒子亞瑪謝效法父親「行耶和華眼中看為正的事。… 只是邱壇還沒有廢去，百姓仍在那裡獻祭燒香」。亞瑪謝最大的政績是戰勝了以東，「在鹽谷殺了以東人一萬，又攻取了西拉。」西拉就是彼得拉（Petra），是一處整座磐石所琢成的石城，方圓數十哩，入口狹窄，有一夫擋關，萬夫莫入之勢。雄偉氣派，天下少見。早是米所不大米的亞蘭人被逐來此所建的都，後以東人據之為首都。亞瑪謝攻取了西拉，以為不世之功，遂差使者去見以色列王約阿施說，「你來，我們二人相見於戰場。」這是下戰書挑釁，以色列王約阿施見亞瑪謝心高氣傲，就用寓言把自己比作香柏樹，把亞瑪謝比作微不足道的蒺藜，任何人都可踐踏（士 9：8-15）。亞瑪謝不服氣，兩軍在耶路撒冷以西 24 公里的伯示麥一戰，猶大全軍潰散，亞瑪謝也被以色列擒去。又拆毀了耶路撒冷城牆 600 呎，劫掠聖殿王宮的金銀，真是喪權辱國。亞瑪謝在約阿施死後又活了 15 年，後來回耶路撒冷復位作王，不久政變，他在逃亡中被殺。他的兒子亞撒利雅，又名烏西雅接續他作猶大王。

　　15：1-7　烏西雅是個好王，在位 52 年。神說「亞撒利雅（烏西雅）行耶和華眼中看為正的事，… 只是邱壇還沒有廢去，百姓仍在那裡獻祭燒香。」因他僭越祭司職份，強行去獻祭燒香，耶和華就降災，「使他長大痲瘋，直到死日。」這裡說得很簡單，詳情在代下 26：17-21。他死後，兒子約坦作猶大王。

　　15：32-38　約坦繼承父親烏西雅作王 16 年，他是第四個相繼較合神心意的王，「行耶和華眼中看為正的事」。因此他統治的時期，不斷蒙神祝福，又能維持國勢歷久不衰。「只是邱壇還沒有廢去，百姓仍在那裡獻祭燒香。」從先知以賽亞奔走呼喊中，可見百姓因舒適而生驕傲自私罪，又不肯悔改，刑罰就會來到。事實上在約坦逝世時，刑罰已在眼前了。

第十六章，約坦的兒子亞哈斯登基作猶大王，他沒有跟隨前四王的佳美腳蹤，「不像他祖大衛行耶和華他上帝眼中看為正的事，卻效法以色列諸王所行的」，建巴力像，在欣嫩子谷獻嬰為祭，使他兒子經火，又在邱壇膜拜，無惡不作。他行親亞述政策，因此以色列王比加和亞蘭王利汛聯軍包圍耶路撒冷，強迫猶大參加反亞述聯盟。亞哈斯不從，求助亞述王，他卑躬屈膝對亞述王說，「我是你的僕人、你的兒子，現在亞蘭王和以色列王攻擊我，求你來救我脫離他們的手。亞哈斯將耶和華殿裡和王宮府庫裡所有的金銀，都送給亞述王為禮物。」亞哈斯真不爭氣，猶大國豈不是神的子民麼？亞哈斯豈不是大衛的子孫麼？他真糊塗，不求神，偏去求人。亞哈斯是我們的一面鏡子，你我幾多時候遇到困難、挫折，不也是先求人，不求神麼？等到求人不成，走投無路，最後才去求神。亞哈斯看那些敵人多可怕，但先知以賽亞對王說，亞蘭王和以色列王，只不過是「兩個冒煙的火把頭」，外強中乾，真正可怕的是亞述（賽：7-8章）。

亞述王亡了亞蘭之後，亞哈斯親去大馬色迎見亞述王致賀。他見大馬色亞述人所用的祭壇，就甚歡喜，畫了圖樣在耶和華殿中照樣築了一座外邦人的壇，代替聖殿的銅祭壇。亞哈斯就在上面獻祭，如此混亂了聖殿中的陳設擺置。亞哈斯又擅自將聖殿物件打碎，又將殿廊拆掉，取下金銀裝飾，好給亞述王納貢。三年前以賽亞的話，果然應驗了。

15：8-16　現在我們再轉過來看北國，本章記載了以色列國四朝五王的歷史。耶羅波安第二的兒子撒迦利雅作以色列王六個月，雅比的兒子沙龍就殺了他。這就應驗了從前耶和華對耶戶說的，「你的子孫必接續你坐以色列的國位，直到四代」，連耶戶自己共五代。神的話一句也不落空，自耶戶王朝敗亡後，北國的政治變得極不穩定。北國最後的五個王中，除米拿現、何細亞外，其餘都是以弒君始，以被弒終。這沙龍登王位只不過一個月，又被部下米拿現所殺。

15：17-22　米拿現在撒瑪利亞作王十年，他「攻打提斐薩和其四境，擊殺城中一切的人，剖開其中所有的孕婦」，作惡多端。亞述王普勒，就是提革拉毘列色三世來攻擊以色列，米拿現即進貢一千他連得銀子，即一百萬舍客勒。這筆龐大的貢銀，向每一富戶徵收五十舍客勒，差不多要六千戶來分攤，也可能因此激起一股反亞述的暗流。米拿現死後，由他兒子比

加轄繼位。

15：23-26　比加轄只作王二年，不離開拜金牛犢的惡。他的將軍比加在王宮裡刺殺了他，這是北國第七次篡位，建立了一代而亡的「比加王朝」。

15：27-31　比加作王，照樣行耶和華眼中看為惡的事。與亞蘭王聯盟，對抗亞述，並威迫猶大加盟。猶大王亞哈斯求助亞述，提革拉毘列色即揮軍以色列，掃蕩了全加利利和約但河東的基列城邑。大軍所至，廬舍成墟，並擄去那地的居民。主前 732 年大軍進迫大馬色，殺了亞蘭王利汛，亞蘭遂亡。

15：30　「以拉的兒子何細亞背叛利瑪利的兒子比加，擊殺他，篡了他的位。」這是北國第八次篡位，建立的第九代王朝，也是最後一個王朝。

第十七章　何細亞是藉亞述幫助登基的，因此他成為亞述的附庸，但他又不安份。第六年聽了埃及的遊說，與埃及結盟背叛亞述。於是亞述王撒縵以色五世提兵前來，何細亞去迎接，便「把他鎖禁，囚在監裡」。撒瑪利亞群龍無首，但城堅池深，極難攻破。城內繼續抵抗了約三年，城破；國亡；人被擄。這一章告訴我們兩件大事：

第一、以色列國為何滅亡？

17：7-18 特別詳細說明以色列亡國的原因，以為後人的鑑戒：(1)「因以色列人得罪那領他們出埃及地，脫離埃及王法老手的耶和華他們的神，去敬畏別神，隨從耶和華在他們面前所趕出外邦人的風俗」。他們去敬拜別神，去隨從外邦人的風俗，背棄與耶和華所立的約，是神對不信不義的刑罰。讓他為外邦人所滅，被擄去外邦作亡國奴隸。(2)「但耶和華藉眾先知、先見，勸戒以色列人……。他們卻不聽從，竟硬著頸項，效法他們列祖，不信服耶和華他們的神。厭棄他的律例，和他與他們列祖所立的約，並勸戒他們的話。」可見神有恩典和嚴厲，有公義和憐憫。我們的神不輕易發怒，總是先恩典後嚴厲。憐憫仍不悔改，隨之公義的刑罰來到。神藉先知警告、勸戒，人不聽從，奈何？

第二、什麼是「撒瑪利亞人」？

以色列人被擄，不等於北國十個支派完全消滅。：18 說，「只剩下猶大一個支派」。南國不單代表猶大一個支派，分裂時包括了猶大、西緬和其他十個支派定居在耶路撒冷各地的居民。當耶羅波安背叛時，他們都支持大

衛王朝，便雅憫支派更為羅波安效忠（王上 12：21）。在北國動盪時和被亞述擄去前，十個支派都有人歸向大衛家，支持猶大國抵禦外患，有若「一個支派」。因此南國猶大可以說包括了以色列的十二個支派。這次以色列人被擄是第二次，據亞述文獻所記，擄去 27，290 人。第一次被擄去加利利和約但河外的人更多（見 15：29）。此次擄去的人，亞述把他們安置在哈博河邊的歌散與哈臘；就是幼發拉底河支流亞述的省會，及瑪代的城邑；就是裡海南邊底格里斯河東北區域的城鎮。其後他們都被同化，永沒再回神的應許地。同時亞述又將巴比倫、古他、亞瓦、哈馬和西瓦音人，就是幼發拉底河流域和亞蘭城鎮的居民，強迫移入。尼希米記 2：19 和 4：7 告訴我們還有和倫人、亞捫人、亞拉伯人、亞實突人，即非利士城的人，他們移入撒瑪利亞各城邑居住。這些外邦新移民的文化、信仰、風俗各有不同，不久他們就與本地以色列人混合，血統混合，宗教信仰混合。聖經說，「這些民又懼怕耶和華，又事奉他們的偶像。他們子子孫孫也都照樣行，效法他們的祖宗，直到今日。」這就是新約裡的「撒瑪利亞人」。他們的血統、信仰混雜不純，故約翰福音說，「猶太人和撒瑪利亞人沒有來往」（約 4：9）。但主耶穌不輕視撒瑪利亞人，在敘加的雅各井旁和撒瑪利亞婦人談道，那城裡好些人信了耶穌，耶穌也稱讚一個好撒瑪利亞人。這就看出罪惡使人分裂，救主使人聯合。主耶穌在十字架上滅了冤仇，成就了和睦，不分猶太人外邦人，因信都同蒙恩典。

第十講　敬畏神的希西家　第 18~21 章

第十八章　希西家是猶大國自所羅門以來最好的一個王。他登基才 25 歲，神對他的評語是，「希西家行耶和華眼中看為正的事，效法他祖大衛一切所行的。」在猶大八個好王中，只有希西家和約西亞得到神這樣的評價。「他廢去邱壇」，這邱壇是分散各處敬拜耶和華的地方，效法迦南人拜偶像的陋習，是律法所嚴禁的。諸王雖廢而無功，希西家「廢去邱壇，毀壞柱像，砍下木偶。」就是徹底廢除巴力、亞舍拉。又「打碎摩西所造的銅蛇」，這個特殊的紀念物，以色列人又當作偶像崇拜，打碎以消除迷信。最值得稱讚的，他登基第一件事，就是重開他父親亞哈斯關閉封鎖，禁止進入崇拜的耶和華殿門。重修，潔淨後，率領百官敬拜上帝，造成全國一次空前的靈性大復興（見代下 29 章）。所以，神說「希西家倚靠耶和華以色列的神，在他前後的猶大列王中沒有一個及他的。」他是一個模範君王。他和父王亞哈斯共同執政期間，北國就被亞述滅亡，民被擄去亞述，正是國際風雲驚濤駭浪之時。但希西家卻倚靠耶和華，耶和華就與他同在。

希西家十四年，北國亡後第八年，改變他父親的親亞述政策，於是亞述王撒珥根第二的兒子西拿基立就揮軍攻擊猶大，直搗西南邊疆要塞拉吉。猶大軍崩潰，希西家在無力抗禦下就去與亞述乞和，說「我有罪了，求你離開我。凡你罰我的，我必承當。」希西家委屈承受賠款納貢銀子三百他連得、金子三十他連得。國庫的銀子不夠，只得把聖殿裡的銀子拿出來填補。金子不夠，竟把耶和華殿門上和他自己包柱子的金子刮下來作貢銀。考古學家發現石碑記錄這次貢物包括金子、銀子、寶石、大象的皮革、象牙的床椅和希西家自己生的女兒、妃嬪與樂師，又擄去百姓 150,200 人。

亞述王西拿基立得到這許多心仍不足，再第二次差遣他珥探、拉伯撒利和拉伯沙基率領大軍包圍耶路撒冷。這三個名字不是人名而是官銜，「他珥探」是總司令；「拉伯撒利」是太監長；「拉伯沙基」可能是個文官首長。拉伯沙基代表展開心戰喊話，他不用當日近東的國際語言亞蘭話而用希伯來話，極盡諷刺、侮辱，弄得希西家王坐立不安，懼怕敵人的武力戰，更怕他們的口水戰。拉伯沙基的心戰中有這麼一句話，「你所倚靠的，有什麼

可仗賴的呢？……你到底倚靠誰？」這可讓我們默想，基督徒天天在靈界戰場上，如保羅所說：「我們並不是與屬血氣的爭戰，乃是與……天空屬靈氣的惡魔爭戰。」（弗6：12）「因為情慾和聖靈相爭，聖靈和情慾相爭。這兩個是彼此相敵，使你們不能作所願意作的。」（加5：17）在內心爭戰上，我們是倚靠什麼呢？有什麼可仗賴的呢？我們到底依靠誰呢？會不會天天悲嘆：「我真是苦阿！誰能救我脫離這取死的身體呢？」掙扎之後，是否也會歡歡喜喜的說，「感謝神！靠著我們的主耶穌基督就能脫離了。」（羅7：24-25）希西家的代表要求拉伯沙基用亞蘭話，不要用猶大人的土話煽動百姓。他們偏偏故意用猶太人的希伯來話大聲喊叫，極盡侮篾，要他們投降，態度十分傲慢。這樣反激起了上下同仇敵愾的心，百姓靜默不言，君臣上下，更願意仰賴耶和華。去談判的家宰、書記、史官回來氣忿的撕裂衣服，將拉伯沙基侮辱神的話，告訴了希西家。

　　第十九章　希西家聽到報告就撕裂衣服，披麻進了聖殿。差家宰、書記、祭司中的長老披上麻布去見亞摩斯的兒子先知以賽亞。在列王記中這是第一次提到以賽亞，以賽亞一生在南國猶大事奉，歷經烏西雅、約坦、亞哈斯到希西家，是王室信任的四朝元老先知，他的話很有影響力。以賽亞對來人說，「耶和華如此說，你聽見亞述王的僕人褻瀆我的話，不要懼怕，我必驚動他的心。他要聽見風聲，就歸回本地，我必使他在那裡倒在刀下。」風聲，有的學者認為是埃及的援軍，有的說是西拿基立本國政變的訊息傳來。在此進退為難的時候，再一次打發使者去虛張聲勢恐嚇希西家，並致書與他，要他立刻投降，極盡褻瀆藐視耶和華的話。希西家看了，欲哭無淚，他就上到耶和華的殿，將書信在耶和華面前展開，跪下禱告說，「耶和華阿，求你側耳而聽。耶和華阿，求你睜眼而看。」這給我們留下最好的處理危機方法的範本。當我們遭遇困難，就把難處帶到神面前，求神為我們解決。耶和華藉以賽亞答覆希西家說，「我已聽見了。耶和華論他（亞述）這樣說，……因你向我發烈怒，又因你狂傲的話達到我耳中，我就要用鈎子鈎上你的鼻子，把嚼環放在你口裡，使你從你來的路轉回去。」用鈎子鈎住鼻子，是亞述人對待俘虜和奴隸的方法，極其殘忍。先知如此宣告，神也要以其人之道，還治其人之身。神說，亞述「必不得來到這城，也不在這裡射箭，……他從那條路來，必從那條路回去。」希西家信靠神，神

就藉著人的信心產生神蹟，這是千古不變的真理。「當夜耶和華的使者出去，在亞述營中殺了十八萬五千人」。代下 32：21 說，「耶和華就差遣一個使者，進入亞述王營中，把所有大能的勇士，和官長、將帥，盡都滅了」。有人說是瘟疫，從現代生化武器看，各種毒氣、細菌都有可能。有的注釋，歷史家希羅多德記埃及傳說，神毀滅西拿基立大軍的方法是「老鼠吞吃大軍」，很可能是鼠疫，鼠疫病毒早在軍中潛伏了。這個使者來到，有如一個卓越的樂團指揮，他只用手上的指揮棒一揮，各種樂器就齊鳴。使者的手一揮，各人身上預感的鼠疫就都發作了，一夜之間在夢中就死了十八萬五千人。清早有人起來一看，都是死屍了。這是個大神蹟，神作事使人無法測度。列王記上、歷代志下和以賽亞書都記了這件事，證明神很重視這件事，要我們學習裡面的教訓。

亞述王西拿基立的傲氣洩盡，他狂言褻瀆真神，就徹底失敗了。立刻拔營逃到尼尼微，不知悔改，仍去求他的尼斯洛偶像，就在廟裡被他親生的兒子用刀殺了他。這正應驗了先知以賽亞的預言，「我必使他在那裡倒在刀下」。

20：1-11　希西家這麼一個好王，他病了，病得要死。這給我們幾點教訓：

(1) 他 39 歲正當英年，國家中興方股，卻病得要死。什麼病？看來是毒瘡或毒瘤。先知以賽亞奉命來對他說，「耶和華如此說，你當留遺命與你的家，因你必死，不能活了。」如今醫生查出癌症末期病人，總是說不得活了，何況是神說的？那是死定了。上帝叫他留遺命，免得人亡政息。照理他應召顧命大臣安排後事，好嚥下最後一口氣，可是希西家卻不如此。雖不能起床，但他轉臉臨牆向神禱告，「耶和華阿！求你記念我在你面前怎樣存完全的心，按誠實行事，又作你眼中看為善的。」現代本聖經新譯作「上帝阿，求你憐憫我對你有一顆虔敬的心，一心一意的事奉你。你要我作什麼，我就作什麼。」他這樣禱告後，就痛哭了。禱告是表現你倚靠神的信心；痛哭是表現痛悔。他痛悔什麼？在健康的歲月沒有把握神給他們的時間，好好為神盡力工作。我們呢？是否也白白的浪費神給我們寶貴的光陰？

⑵要重視禱告的果效。不信上帝的人總認為禱告是宗教形式，靈性不成熟的基督徒也認為禱告是例行公式。他們不知禱告是與神面對面講話，無論你開口不開口，無論你有聲或無聲，神都聽得到。以賽亞剛去傳達了這個不幸的信息，還沒出宮，上帝又叫他再回去宣佈一個喜訊，對希西家說，「我聽見了你的禱告，看見了你的眼淚，我必醫治你！」上帝的心腸就是這麼體恤、憐憫、慈愛，說「第三日，你必上到耶和華的殿，我必加增你十五年的壽數。」希西家病成這個樣子，第三天怎能上耶和華的殿去？什麼叫做上耶和華的殿？王上 10：5 說，示巴女王「見他（所羅門）上耶和華殿的台階，就詫異得神不守舍」。台階有多少？以西結書 40 章記耶和華殿的異象，外院有七階，內院有八階，共有十五台階。詩篇 120 至 134 這十五篇叫上行之詩，其後供職的祭司，每上一層台階就唱一首詩，登上十五台階才能到耶和華的殿。在健康的人不太費力，在重病的人是件難事，無怪希西家要問有什麼兆頭呢？兆頭就是徵兆、憑據。有何憑據我第三天能上耶和華的殿呢？這是他信心不夠。

⑶很多人不信神蹟，說太不科學。但聽神藉以賽亞對希西家說，「這是他（耶和華）給你的兆頭，你要日影向前進十度呢，是要往後退十度呢？」這是什麼意思？古時的計時器叫「日晷」，建在王宮外院的台階上，用來測量時間。它是向西塑立的，太陽偏西，日晷的日影就拉長。跟我們站在太陽下的身影一樣，影子就會向台階前移，叫日影前進，這是自然率。日影退後就違反了自然定律，違反自然率的事就是神蹟，只有神作得到。「希西家回答說，日影向前進十度容易（正常的），我要日影往後退十度。」經上說，「耶和華就使亞哈斯的日晷向前進的日影，往後退了十度。」不信聖經的人說，日晷向後退了十度，豈不把宇宙自然律攪亂了？我們不知神怎麼把地軸斜度調整的，但這是一椿歷史事實，在神的手中沒有難成的事。有個記載，一位天文學家計算地球的運轉時數，算來算去發現少了 24 小時。一天和一個基督徒談到這事，基督徒說，創 1：14 說「神說，天上要有光體，可以分晝夜；作記號；定節令、日子、年歲」。時間是上帝定的，你去查聖經吧。天文學家查到約書亞記

10：12-13 約書亞禱告，「日頭阿，你要停在基遍。月亮阿，你要止在亞雅崙谷。於是日頭停留，月亮止住，……約有一日之久。」約有，差不多有一天之久。天文學家再計算，只有 23 小時 20 分鐘，還差 40 分鐘。一天又遇到那基督徒告訴他這件事，基督徒叫他再去查經，於是他讀到王下 20：11，亞哈斯的日晷往後退了十度。一度是 4 分，十度是 40 分鐘，兩處聖經合起來恰是 24 小時。

有人會懷疑歷史真有這回事嗎？大歷史學家希羅多德說，他發現一個埃及祭司曾記有一天白日特長好似兩日，中國古史在商湯之時也有一長日，相當約書亞時代。還有墨西哥記錄一天太陽好似終日停留，那正是約書亞戰爭的那一年。在神凡事都能。

20：12-21 「那時巴比倫王……比羅達巴拉但聽見希西家病而痊癒，就送書信和禮物給他。」這時是亞述霸強時代，巴比倫只是附庸，比羅達巴拉但可能是想和猶大國建立反亞述聯盟故來示好。這時希西家又犯了一個錯誤，他「就把他寶庫的金子、銀子……，並他所有的財寶，都給他們看」。神差先知來見他，問他一個緊要的問題，「他們在你家裡看見了什麼？」希西家說，「凡我家中所有的，他們都看見了。」但他家中那最珍貴的寶貝，就是從亞伯拉罕、以撒雅各歷代傳下來的傳家之寶「耶和華信仰」，卻沒有給人家看。今天主也問我們，他們（非基督徒）在你家裡看見了什麼？是否只看到佈置豪華的房子？還是叫人看到基督？

英國牧師名聖經註釋家坎伯·摩根，剛結婚後，他父親到他家去各處查看，評論說：「人若到你家裡來，看不出你是屬神的，還是屬鬼的；也看不出你是基督徒，是非基督徒。」這幾句話給他影響很大，此後他家的陳設裝飾，都叫人一進去就看出他是屬神的。今天人家進到我們的家，能不能看到這家是屬神的，叫人能聞到基督的香氣？

希西家給人看到的一切，耶和華斥責他說，「日子必到，凡你家裡所有的，並你列祖積蓄到如今的，都要被擄到巴比倫去，不留下一樣。……你本身所生的眾子，其中必有被擄去，在巴比倫王宮裡當太監的。」希西家的虛榮心是猶大失敗的樣板，而猶大就是亡在虛榮和缺乏信心之下。115 年後這預言就應驗了。

第十一講　猶大兩個最惡的王　第21章

（一）瑪拿西

21：1-2　瑪拿西是猶大國歷史中最壞的一個王，他作王55年，是南北國列王中統治最長的一個王。他行耶和華眼中看為惡的事，效法那被耶和華趕出的外邦人所行的。故意倒行逆施，他父親所建設的善，他偏破壞無遺；他父親所毀壞的惡，他偏變本加厲的重新建立起來。在這一章裡，對我們的教訓很多：

1. 在宗教上的失敗

21：3-9　他的父親希西家敬畏耶和華，毀壞了所有的邱壇，拆除了所有的巴力、亞舍拉偶像，造成全國一次宗教大復興。因此蒙神喜悅，得神稱讚。而瑪拿西卻不效法他父親，反倒去效法他祖父亞哈斯所行的，實行迦南化的耶和華崇拜。恢復希西家所毀滅的，可憎的宗教東西。並且他又引入亞述、迦勒底的星象敬拜，在聖殿的前後院築壇事奉天上的萬象，推行多神主義。又特別尊崇亞捫的神祇摩洛，居然使他自己的兒子經火。就是將親兒在欣嫩子谷用火焚燒獻給摩洛為祭。又推行觀兆；用法術；交鬼；行巫術等惡行。這些邪術盛行於埃及、巴比倫、亞述和迦南各地，唯獨耶和華在以色列民中嚴厲禁止（出22：18，利19：31，申18：9-12）。因為這些都是耶和華眼中看為惡；為可憎的事。他更大膽將亞述、迦南人所拜邪淫女神亞舍拉雕刻像，立於聖殿之內。耶和華曾對大衛和所羅門說過，「我……選擇的耶路撒冷，和這殿，必立我的名，直到永遠。」這是分別為聖的地方，這城是聖城，這殿是聖殿，瑪拿西卻將它褻瀆污穢了。他不但學列國的惡，他比列國的惡更惡。

2. 先知宣佈亡國禍

21：10-15　瑪拿西故意犯罪行惡，比先前亞摩利人更甚。亞摩利人是指以色列人入迦南前的全體迦南人，他們都是神要滅絕的族類。瑪拿西引誘他們作惡，使猶大人拜他們的偶像，陷在罪裡，惹耶和華發怒。故神藉先知宣佈猶大將要亡國，人民將要被擄，這「叫一切聽見的人，無不耳鳴」。就是凡聽見的就心驚膽顫，心神不安，但他們卻又不悔改。神因大衛的緣

故，雖不忍刑罰，但瑪拿西作惡多端，神說，「我必用量撒瑪利亞的準繩，和亞哈家的線鉈，拉在耶路撒冷上。」這意思是耶路撒冷將要和撒瑪利亞及亞哈家的遭遇相同。「準繩」是建築房屋的丈量工具；「線鉈」是建築師測試水平的工具。神用義來度量撒瑪利亞和它的君王，沒有達到神所定的標準，故判定亡國。現在神又同樣用義來度量南國，也遠遠達不到神的標準，因此判定它也要像北國一樣的命運。有一天，我們都要站在基督台前，我們的主也要用祂的準繩和線鉈來量我們一生的作為。但願我們都能聽到主說，「好，你這又良善又忠心的僕人。」（參路 19：11-27）

　　神說祂對猶大的審判，「必擦淨耶路撒冷，如人擦盤將盤倒扣。」神要像清洗碗盤一樣，把猶大擦淨。「盤子倒扣」就是盤底朝天，這是完全傾覆，無一人可以倖免。「我必棄掉所剩餘的子民」，棄掉只是受審判，而非神廢約丟棄他們。「子民」聖經小字作「產業」，以色列人是神的產業，北國亡後，猶大就成為耶和華剩餘的產業。神要把所剩餘的產業也交在仇敵手中，使他們成為擄物。以色列的歷史是一部連串背約的史實，尤其瑪拿西的惡行，使神忿怒不已，故以色列終逃不過被趕離應許之地的審判。

　　3. 瑪拿西流無辜人的血

　　21：16　瑪拿西背叛神，尤其在宗教上倒行逆施，引起一些敬畏耶和華的人抗議反對，先知們更是直言責備。瑪拿西那能接受忠言逆耳，他鐵了心腸，瘋狂的殺害忤逆他的人，流了許多無辜人的血。殉道者的血，充滿了耶路撒冷，從這邊到那邊。根據猶大傳統，大先知以賽亞就是在瑪拿西作王期間慘遭鋸刑，身體被鋸成兩半而死。（參來 11：37）

　　4. 瑪拿西其餘的事

　　21：17-18　瑪拿西罪大惡極，神的刑罰並不遲延。據代下 33：10-17記載，瑪拿西統治末期，被亞述王擄去。這次被擄實情不詳，可能是西拿基立的孫子巴尼帕王，這時是亞述的巔峰期。他們「用鐃鉤鉤住瑪拿西，用銅鍊鎖住他，帶到巴比倫去。」巴比倫可能是尼尼微之誤，瑪拿西被鉤鉤住嘴唇，銅鍊鎖住手腳，受盡屈辱和身心痛苦。他在被囚期間，深深懊悔，在神面前認罪悔改，懇切禱告，神就憐憫他。事隔不久，瑪拿西獲准返國，重掌王權。他就立即尋求補救罪行的方法，除掉外邦人的偶像，拆毀祭偶像的壇，清除異教崇拜的餘毒，恢復聖殿崇拜。瑪拿西死後，「葬在

自己宮院烏撒的園內」，因為他不配與列王同埋。「他兒子亞們接續他作王」，又一個最壞的王。

5. 禱告應遵神的意旨

21：1　「瑪拿西登基的時候年十二歲」。在前一章裡他的父親希西家病了，神向他傳達旨意，他該死，快留遺命，不能活了。這是神在他身上的計劃，如果照神的意旨把他接去，那他留下的榜樣更是美好，就不會發生 20：12-15 的事了。但他向神求醫治，神憐憫他，給他增加壽數十五年，這時他就生了這個忤逆不孝的兒子，將他一生所成就的事業破壞淨盡。可見我們的祈求禱告，不要超出神的意旨，總要學主在客西馬尼園的禱告，「不要成就我的意思，只要成就你的意思。」不少人為兒女苦苦求神，要這樣，要那樣。神也尊重人的主權，如同聽了希西家的禱告，後來這小子卻傷透了父母的心。

6. 養子不教父之過

希西家失職，沒有嚴格教育自己的孩子。小孩在十二歲前可塑性極大，如果自幼溺愛，不管不教，任他自由發展，就害了他一生。瑪拿西是希西家增壽後才生的頭一個兒子，不免驕寵溺愛，這小祖宗就無法無天了。十二至十八歲是青少年最叛逆的時期，瑪拿西十二歲登基作王五十五年。前十年他與父王希西家共同執政的，向父王學習（主前 697-686）。希西家在這十年中，竟沒有將兒子誘入正軌，尤其沒有引領兒子認識以色列立國的宗教信仰，和他自己對信仰的見證。當他一死，瑪拿西竟 180 度的大轉變。當然，這罪瑪拿西要全部承擔責任，但希西家教養無方，輔導無力，也脫不了干係。

7. 瑪拿西犯罪作惡，不能不歸咎是希西家變法不夠徹底的反映。理當改革先革心，變法先變俗。希西家推動宗教改革，潔淨聖殿，重新守節獻祭。但國民陋習已深，積重難返。他的教育工作似乎沒有收到成效，大多只是唯唯諾諾，內心沒有更新，生命沒有改變。故人存政舉；人亡政息。當希西家一死，瑪拿西的宗教政策就立刻一個大翻轉，國民也都響應，這就證明希西家的宗教改革不夠徹底，沒有生根。我們讀基督教歷史，最令人扼腕長嘆的是第四世紀羅馬皇帝康士坦丁定基督教為國教，教會的人數迅速大增，看似神勝利了，其實是政策以勢逼人，以利誘人。受洗的人多，

得救的人少。這是用魔鬼的方法，想達成神的目的。如今仍有教會沒有學到這個功課。

（二）亞們

21：19-26　瑪拿西死後，他的兒子亞們繼位為王。他是猶大國第二個最惡的王，在耶路撒冷只作王二年。他沒有他父親瑪拿西晚年悔改之心，也放棄了他父親晚年悔改後的宗教改革措施。竟恢復他父親從前推行的偶像崇拜，「行耶和華眼中看為惡的事，與他父親瑪拿西所行的一樣。行他父親一切所行的，敬奉他父親所敬奉的偶像。」拜偶像；行邪術；流無辜人的血，包括親亞述政策，「離棄耶和華他列祖的上帝，不遵行耶和華的道」。耶和華就厭棄他，甚至他的臣僕也厭惡他的所作所為。於是發生一場宮廷政變，其原因究竟是宗教的，政治的，或外國勢力介入，不得而知。「亞們王的臣僕背叛他，在宮裡殺了他。」但另一股勢力並不贊成，於是「國民殺了那些背叛亞們王的人」。雖然政變弒君，但卻未發生像北國那種篡位改朝換代的事。國民擁立亞們八歲大的兒子約西亞作王。

亞們死後和他父親一樣葬在烏撒的園內，沒有葬在大衛城他列祖的墳地裡，因他也不配。

（三）瑪拿西

21：1-2　瑪拿西是猶大國歷史中最壞的一個王，他作王 55 年，是南北國列王中統治最長的一個王。他行耶和華眼中看為惡的事，效法那被耶和華趕出的外邦人所行的。故意倒行逆施，他父親所建設的善，他偏破壞無遺；他父親所毀壞的惡，他偏變本加厲的重新建立起來。在這一章裡，對我們的教訓很多：

1. 在宗教上的失敗

21：3-9　他的父親希西家敬畏耶和華，毀壞了所有的邱壇，拆除了所有的巴力、亞舍拉偶像，造成全國一次宗教大復興。因此蒙神喜悅，得神稱讚。而瑪拿西卻不效法他父親，反倒去效法他祖父亞哈斯所行的，實行迦南化的耶和華崇拜。恢復希西家所毀滅的，可憎的宗教東西。並且他又引入亞述、迦勒底的星象敬拜，在聖殿的前後院築壇事奉天上的萬象，推行多神主義。又特別尊崇亞捫的神祇摩洛，居然使他自己的兒子經火。就是將親兒在欣嫩子谷用火焚燒獻給摩洛為祭。又推行觀兆；用法術；交鬼；

行巫術等惡行。這些邪術盛行於埃及、巴比倫、亞述和迦南各地，唯獨耶和華在以色列民中嚴厲禁止（出 22：18；利 19：31；申 18：9-12）。因為這些都是耶和華眼中看為惡，為可憎的事。他更大膽將亞述、迦南人所拜邪淫女神亞舍拉雕刻像，立於聖殿之內。耶和華曾對大衛和所羅門說過，「我……選擇的耶路撒冷，和這殿，必立我的名，直到永遠。」這是分別為聖的地方，這城是聖城，這殿是聖殿，瑪拿西卻將它褻瀆污穢了。他不但學列國的惡，他比列國的惡更惡。

2. 先知宣佈亡國禍

21：10-15　瑪拿西故意犯罪行惡，比先前亞摩利人更甚。亞摩利人是指以色列人入迦南前的全體迦南人，他們都是神要滅絕的族類。瑪拿西引誘他們作惡，使猶大人拜他們的偶像，陷在罪裡，惹耶和華發怒。故神藉先知宣佈猶大將要亡國，人民將要被擄，這「叫一切聽見的人，無不耳鳴」。就是凡聽見的就心驚膽顫，心神不安，但他們卻又不悔改。神因大衛的緣故，雖不忍刑罰，但瑪拿西作惡多端，神說，「我必用量撒瑪利亞的準繩，和亞哈家的線鉈，拉在耶路撒冷上。」這意思是耶路撒冷將要和撒瑪利亞及亞哈家的遭遇相同。「準繩」是建築房屋的丈量工具；「線鉈」是建築師測試水平的工具。神用義來度量撒瑪利亞和它的君王，沒有達到神所定的標準，故判定亡國。現在神又同樣用義來度量南國，也遠遠達不到神的標準，因此判定它也要像北國一樣的命運。有一天，我們都要站在基督台前，我們的主也要用祂的準繩和線鉈來量我們一生的作為。但願我們都能聽到主說，「好，你這又良善又忠心的僕人」（參路 19：11-27）。

神說祂對猶大的審判，「必擦淨耶路撒冷，如人擦盤將盤倒扣。」神要像清洗碗盤一樣，把猶大擦淨。「盤子倒扣」就是盤底朝天，這是完全傾覆，無一人可以倖免。「我必棄掉所剩餘的子民」，棄掉只是受審判，而非神廢約丟棄他們。「子民」聖經小字作「產業」，以色列人是神的產業，北國亡後，猶大就成為耶和華剩餘的產業。神要把所剩餘的產業也交在仇敵手中，使他們成為擄物。以色列的歷史是一部連串背約的史實，尤其瑪拿西的惡行，使神忿怒不已，故以色列終逃不過被趕離應許之地的審判。

3. 瑪拿西流無辜人的血

21：16　瑪拿西背叛神，尤其在宗教上倒行逆施，引起一些敬畏耶和

華的人抗議反對，先知們更是直言責備。瑪拿西那能接受忠言逆耳，他鐵
了心腸，瘋狂的殺害忤逆他的人，流了許多無辜人的血。殉道者的血，充
滿了耶路撒冷，從這邊到那邊。根據猶大傳統，大先知以賽亞就是在瑪拿
西作王期間慘遭鋸刑，身體被鋸成兩半而死（參來 11：37）。

4. 瑪拿西其餘的事

21：17-18　瑪拿西罪大惡極，神的刑罰並不遲延。據代下 33：10-17
記載，瑪拿西統治末期，被亞述王擄去。這次被擄實情不詳，可能是西拿
基立的孫子巴尼帕王，這時是亞述的巔峰期。他們「用鐃鉤鉤住瑪拿西，
用銅鍊鎖住他，帶到巴比倫去」。巴比倫可能是尼尼微之誤，瑪拿西被鉤鉤
住嘴唇，銅鍊鎖住手腳，受盡屈辱和身心痛苦。他在被囚期間，深深懊悔，
在神面前認罪悔改，懇切禱告，神就憐憫他。事隔不久，瑪拿西獲准返國，
重掌王權。他就立即尋求補救罪行的方法，除掉外邦人的偶像，拆毀祭偶
像的壇，清除異教崇拜的餘毒，恢復聖殿崇拜。瑪拿西死後，「葬在自己宮
院烏撒的園內」，因為他不配與列王同埋。「他兒子亞們接續他作王」，又一
個最壞的王。

5. 禱告應遵神的意旨

21：1　「瑪拿西登基的時候年十二歲」。在前一章裡他的父親希西家
病了，神向他傳達旨意，他該死，快留遺命，不能活了。這是神在他身上
的計劃，如果照神的意旨把他接去，那他留下的榜樣更是美好，就不會發
生 20：12-15 的事了。但他向神求醫治，神憐憫他，給他增加壽數十五年，
這時他就生了這個忤逆不孝的兒子，將他一生所成就的事業破壞淨盡。可
見我們的祈求禱告，不要超出神的意旨，總要學主在客西馬尼園的禱告，「不
要成就我的意思，只要成就你的意思。」不少人為兒女苦苦求神，要這樣，
要那樣。神也尊重人的主權，如同聽了希西家的禱告，後來這小子卻傷透
了父母的心。

6. 養子不教父之過

希西家失職，沒有嚴格教育自己的孩子。小孩在十二歲前可塑性極大，
如果自幼溺愛，不管不教，任他自由發展，就害了他一生。瑪拿西是希西
家增壽後才生的頭一個兒子，不免驕寵溺愛，這小祖宗就無法無天了。十
二至十八歲是青少年最叛逆的時期，瑪拿西十二歲登基作王五十五年。前

十年他與父王希西家共同執政的，向父王學習（主前 697-686）。希西家在
這十年中，竟沒有將兒子誘入正軌，尤其沒有引領兒子認識以色列立國的
宗教信仰，和他自己對信仰的見證。當他一死，瑪拿西竟180度的大轉變。
當然，這罪瑪拿西要全部承擔責任，但希西家教養無方，輔導無力，也脫
不了干係。

　　7. 瑪拿西犯罪作惡，不能不歸咎是希西家變法不夠徹底的反映。理當
改革先革心，變法先變俗。希西家推動宗教改革，潔淨聖殿，重新守節獻
祭。但國民陋習已深，積重難返。他的教育工作似乎沒有收到成效，大多
只是唯唯諾諾，內心沒有更新，生命沒有改變。故人存政舉；人亡政息。
當希西家一死，瑪拿西的宗教政策就立刻一個大翻轉，國民也都響應，這
就證明希西家的宗教改革不夠徹底，沒有生根。我們讀基督教歷史，最令
人扼腕長嘆的是第四世紀羅馬皇帝康士坦丁訂基督教為國教，教會的人數
迅速大增，看似神勝利了，甚實是政策以勢逼人，以利誘人。受洗的人多，
得救的人少。這是用魔鬼的方法，想達成神的目的。如今仍有教會沒有學
到這個功課。

　　（四）亞們

　　21：19-26　瑪拿西死後，他的兒子亞們繼位為王。他是猶大國第二個
最惡的王，在耶路撒冷只作王二年。他沒有他父親瑪拿西晚年悔改之心，
也放棄了他父親晚年悔改後的宗教改革措施。竟恢復他父親從前推行的偶
像崇拜，「行耶和華眼中看為惡的事，與他父親瑪拿西所行的一樣。行他父
親一切所行的，敬奉他父親所敬奉的偶像。」拜偶像；行邪術；流無辜人
的血，包括親亞述政策，「離棄耶和華他列祖的上帝，不遵行耶和華的道」。
耶和華就厭棄他，甚至他的臣僕也厭惡他的所作所為。於是發生一場宮廷
政變，其原因究竟是宗教的，政治的，或外國勢力介入，不得而知。「亞們
王的臣僕背叛他，在宮裡殺了他。」但另一股勢力並不贊成，於是「國民
殺了那些背叛亞們王的人」。雖然政變弒君，但卻未發生像北國那種篡位改
朝換代的事。國民擁立亞們八歲大的兒子約西亞作王。

　　亞們死後和他父親一樣葬在烏撒的園內，沒有葬在大衛城他列祖的墳
地裡，因他也不配。

第十二講　約西亞王的改革　第 22~23 章

22：1　「約西亞登基的時候年八歲。」三百年前耶羅波安在示劍立國，鑄造了兩個金牛犢，一個安放在但；一個安放在伯特利。任用了一些凡民作祭司，又私定八月十五日為節期。就在這天他自己正在伯特利金牛犢壇上獻祭燒香時，一個從猶大奉差遣的無名小先知來到，向壇呼叫說，「壇哪！壇哪！耶和華如此說，大衛家裡必生一個兒子，名叫約西亞。他必將邱壇的祭司，……殺在你上面，人的骨頭也必燒在你上面。」（王上 13：2）現在約西亞在猶大國登基作王了，年方八歲。他作王 31 年，大力從事宗教改革，可惜時不我予。他 39 歲就戰死，沒有足夠的時間拔除全國根深蒂固的罪惡。猶大仍不免於北國悲慘的命運。

22：2-7　約西亞是大衛王朝被擄前最後一個最敬畏神的君王。聖經說，「約西亞行耶和華眼中看為正的事，行他祖大衛一切所行的，不偏左右」。他登基太年輕，他父王亞們所恢復瑪拿西早期的偶像敬拜之風甚為猖獗。當他十六歲時（在位第八年），就開始尋求他祖大衛的神。當他廿歲時（在位十二年），已掌握朝政，展開改革運動，潔淨猶大和耶路撒冷境內拜偶像的惡習（代下 34：3）。他作王第十八年，他正廿六歲，就帶來猶大歷史中號稱最徹底的改革。他在位功業彪炳，不但在宗教上掀起另一次大復興，且在政治上也顯出一派中興氣象。在他治下的卅年，是猶大國所享受過最好的日子之一。因為這時亞述王巴尼帕去世，亞述這頭雄獅已失去了它銳利的牙齒，失去兩百年來的威勢，強弩之末，對外少有用兵。故約西亞能以在國內清除亞述神祇，勢力伸入北國，亞述統治權已名存實亡了。

22：8-13　約西亞的改革，是因大祭司希勒家修殿時，在聖殿裡得了一本律法書。可能是當初瑪拿西銷毀律法書時，被敬虔的人冒生命危險暗藏至今的。書記沙番帶回王宮唸給王聽，可能唸的是利未記第 26 章或申命記第 28 章，內容是不遵守神的約，背約的下場很悲慘。約西亞聽了，發現當時國家所行的，與書卷所規定，所要求的，正好是背道而馳。他心中極其煩憂，就「撕裂衣服」，吩咐人去找先知求問耶和華。「因為我們列祖沒有聽從這書上的言語，沒有遵著書上所吩咐我們的去行，耶和華就（要）向

我們大發烈怒。

　　這本書為什麼會有這麼大的震撼力？因為它是神的話，只有神的話能憾動人；能激勵人；能影響人，叫人脫離偶像，歸向真神。只有神的話，才能使人心敬服，在神面前謙卑。神的話語，何等有力！

　　22：14-20　約西亞受神的話語感動，就吩咐人去求問耶和華，他們就去見女先知戶勒大。舊約裡除了戶勒大以外，還提到摩西姐姐米利暗（出15：20）、士師底波拉（士4：4）是女先知。戶勒大說，「耶和華如此說，我必照著猶大王所讀那書上的一切話，降禍與這地，和其上的居民。因為他們離棄我，向別神燒香，用他們手所作的惹我發怒。所以我的忿怒必向這地發作，總不止息。」但戶勒大卻預言約西亞死時，不會見到耶路撒冷淪陷的悲慘下場。「我必使你平平安安的歸到墳墓，到你列祖那裡。我要降與這地的一切災禍，你也不至親眼看見」。約西亞雖戰死沙場，並無抵觸。神保證猶大和耶路撒冷所遭遇的最後審判，在他有生之年，不會來到，確是如此。

　　約西亞實行宗教改革的步驟：

　　〈第一步〉　實施心理建設

　　23：1-2　那時猶大國和耶路撒冷的祭司、先知、長老、眾百姓都隨從外邦人的風俗，敬拜事奉巴力、亞舍拉。他們原是神的選民，卻悖逆了神與他們所立的約，建邱壇；造偶像，甚至也在欣嫩子谷把自己的兒女經火，向摩洛獻祭，惹耶和華忿怒，要將猶大人趕出應許之地。因此王招聚他們都上到耶和華的殿，把耶和華殿所得的約書，唸給他們聽。

　　〈第二步〉　要他們從心底做起

　　「心」在希伯來人思想中是行為之本（箴4：23），所以王要這些屬靈的當權者、各階層的人，無論大小，都要在耶和華殿裡向神重新立約。大家都要盡心盡性的順從耶和華，遵守祂的誡命、法度、律例，成就這書上所記的約言。這樣，眾人都從心裡真的服從了。

　　〈第三步〉　約西亞的改革行動

　　身體力行，劍及履及。23：4-20

　　(1)：4　清除猶大偶像。「將那為巴力，和亞舍拉，並天上萬象所造的器皿，都從耶和華殿裡搬出來，在耶路撒冷外汲淪溪旁的田間燒了。」汲

淪溪似乎是專銷毀偶像之物的地，而且燒成灰拿到北國去污穢伯特利拜金
牛犢的壇。

（2）：5　約西亞把從前「猶大列王所立拜偶像的祭司」，這是指將瑪拿
西、亞們和亞哈斯所立拜偶像的祭司革職，又將向巴力和日月行星並天上
萬象燒香的大臣首領撤職。

（3）：6　又從耶和華殿裡將亞舍拉像搬到耶路撒冷城外汲淪溪邊打碎
焚燒成灰。這是瑪拿西作的惡事（21：7），其後瑪拿西悔改可能廢去，可
惜亞們又繼續作惡，再把這偶像放進殿裡去。這次約西亞不但把它燒成灰，
且把灰撒在平民的墳上，褻瀆這女神。

（4）：7　拆除變童房子。變童是男廟妓，在拜巴力亞舍拉儀式中，與
女廟妓表演淫行，這是律法絕對禁止的。（申 23：17）

（5）：8-9　「從猶大的城邑帶眾祭司來……」這些是邱壇的利未祭司，
從南國的北界到南界帶來，可能接受改造，不准他們任祭司職務，但卻不
剝奪他們的生活供應。

（6）：10　「又污穢欣嫩子谷的陀斐特」。欣嫩子谷在耶路撒冷南邊，
陀斐特是其高皋，亞哈斯、瑪拿西在這上面築壇，使兒女在上面經火，獻
與摩洛。

（7）：11　又將列王在耶和華殿旁向日頭所獻的馬廢去，除去拜日神的
東西。

（8）：12　「亞哈斯樓頂上所築的壇，和瑪拿西在耶和華殿兩院中所築
的壇」，就是敬拜天上萬象的壇，都打碎，把灰倒在汲淪溪中。

（9）：13-14　又將所羅門晚年在邪僻山，就是橄欖山右邊，又稱毀滅山，
為外邦女子建立的邱壇，徹底清除。將三百多年前留下來的罪跡完全掃除。

（10）：15-20　約西亞這次的罪污大掃除，不單推行在猶大，且直推行
到三百年前北國耶羅波安開始拜金牛犢的伯特利。那地方是罪根禍首，約
西亞將拜金牛犢的壇拆毀焚燒。回頭看見山上的墳墓，就將死人骸骨取出
燒在壇上，污穢那壇。這正是三百年前那小先知所傳神的話。約西亞又看
見一座墳，問「我所看見的是什麼碑？」當地人回答說，這是三百年前那
神人小先知的墓碑。「約西亞說，由他罷，不要挪移他的骸骨。」連他旁邊
從撒瑪利亞來那欺哄小先知的老先知骸骨也沒有動（參王上 13：29-32）。

約西亞又將拜金牛犢的祭司都殺在壇上，並且在壇上燒死人的骨頭，這完全應驗了神人的話（王上 13：1-2）。這裡只說壇，未提到金牛犢，可能早已給亞述擄去了。

〈第四步〉　約西亞的改革

最有意義的可能是守逾越節了。23：21-23「自從士師治理以色列人，和以色列王猶大王的時候，直到如今，實在沒有守過這樣的逾越節。」歷代志下 30 章說，希西家也守過逾越節，但卻沒有嚴格遵守律法的規定。以色列人從士師時代起就沒有守逾越節了，因為他們進了迦南之後，就用迦南化的方式敬拜耶和華，主要是守住棚節。這是秋季收藏節，是個大自然的節。他們把耶和華看作是大自然的神。但逾越節的意義，是要他們認識耶和華是領他們出埃及的神，是在西乃山與他們立約的神，獨一的真神，不是大自然的神。約西亞嚴謹的教國人守逾越節，是提醒他們耶和華是與他們立約的神。只有約西亞十八年的這一次既盛大又合乎神的規定，最特出的是獻祭的羊，全由利未人宰殺（代下 35 章）。

約西亞又除去一切交鬼的；行巫術的與家中的神像、偶像，得神稱讚。25 節「在約西亞以前，沒有王像他盡心盡性盡力的歸向耶和華，遵行摩西的一切律法。在他以後，也沒有興起一個王像他。」讀到這裡，我們應該有所回應了：

(1)基督徒應該自己省察，是否像約西亞有這樣的盡心；盡性；盡力的歸向神，遵守祂的話？

(2)聖經說，我們的身體是聖靈的殿，基督徒應該常常自潔。在我們的殿裡還有什麼偶像、邱壇、金牛犢？若有，就當搬出來求聖靈的火將它焚燒；打碎。

雖然約西亞如此作為，但也不能挽救猶大的命運。因神的怒氣不止息，離棄耶和華的結果，就是耶路撒冷淪亡，必應驗王下 20：17-18 的預言。

23：28-30　約西亞之死。約西亞是個有智慧；有魄力；有才幹的好王，但國際局勢丕變，巴比倫崛起，尼布甲尼撒王征服了亞述帝國。主前 610-612 年亞述城和尼尼微首都陷於巴比倫和瑪代手中，殘軍退到幼發拉底河西。這時埃及王法老尼哥出兵攻擊亞述，而新國際版譯作「幫助亞述王」，共同抵抗新興的巴比倫勢力，欲重振埃及霸權。但「約西亞王去抵擋他」，兩軍

相會於米吉多，約西亞不敵，中箭而亡。國人為他哀哭，先知耶利米為他作哀歌。

　　23：31-33　約西亞有四個兒子（代上 3：15），國民立 23 歲最小的兒子為王。他名沙龍（代上 3：15；耶 22：11），改名約哈斯。他行耶和華眼中看為惡的事，在位僅三個月。因約西亞兵敗，法老尼哥就控制猶大，把不是他立的約哈斯廢了，囚禁，擄去埃及就死在那裡。法老尼哥便立他哥哥以利雅敬為猶大王，給他改名叫約雅敬。他是埃及所立的傀儡，庸碌無能，作王十一年，「行耶和華眼中看為惡的事」。猶大已是油盡燈殘了。

第十三講　猶大國亡人被擄　第 24~25 章

　　這是列王紀中最淒慘最傷心的最後兩章，讀之令人酸鼻。猶大是神揀選屬祂的子民；耶路撒冷是神選擇之城；聖殿是神立名的居所。如今猶大國亡，君王被擄；神的子民離開故土去作亡國奴；聖城被毀；聖殿被焚。為什麼會這樣呢？聖經說，這事出於耶和華的命令。又說，正如耶和華所說的。神為什麼讓祂的城、祂的殿、祂的產業（子民）這樣呢？神說，「是因瑪拿西所犯的一切罪。又因他流無辜人的血，充滿了耶路撒冷，耶和華決不肯赦免。」（24：3）又說，「西底家行耶和華眼中看為惡的事，是照約雅敬一切所行的。因此耶和華的怒氣在耶路撒冷和猶大發作，以致將人民從自己面前趕出。」（24：19）這是因為他們不斷的犯罪得罪神，自作自受，吃自己罪惡的苦果。縱觀猶大立國 346 年中，一共出現了二十個王，其中五分之三是作惡的。尤其瑪拿西、亞們，罪大惡極。最後四個王都是怙惡不悛，不聽神僕人的警告，不肯悔改。神已忍無可忍，祂的怒氣發作，刑罰就不可挽回。這兩章記述猶大被擄共三次。

　　第一次被擄　尼布甲尼撒元年　24：1-7

　　「約雅敬年間」是指約雅敬在位第三年（但 1：1），「巴比倫王尼布甲尼撒上到猶大」。尼布甲尼撒是巴比倫王拿布波拉撒的兒子，這時拿布波拿撒正臥病在床。主前 605 年尼布甲尼撒代父領軍與埃及法老尼哥在幼發拉底河北部迦基米施大戰，埃及全軍潰敗，尼布甲尼撒乘勝追擊直到埃及邊境。因約雅敬是埃及法老尼哥所立的王，故尼布甲尼撒圍困耶路撒冷。代下 36：6 記「巴比倫王尼布甲尼撒上來攻擊他，用銅鍊鎖著他，要將他帶到巴比倫去」。「要」將他帶到巴比倫去，事實上沒有帶去，因為約雅敬向尼布甲尼撒立誓降服他。這時尼布甲尼撒卻將耶和華殿裡的器皿，帶到巴比倫放在他神的廟裡作戰利品。又從猶大擄去一批最優秀的青年，其中有但以理和他的三位朋友，哈拿尼雅、米沙利和亞撒利雅（但 1：1-6）。就在這一年拿布波拉撒死，尼布甲尼撒返回巴比倫接受迦勒底王位。迦勒底是指那個地方，巴比倫是京城，通稱巴比倫。

　　「約亞敬服事他（尼布甲尼撒）三年」。主前 601 年尼布甲尼撒率軍進

攻埃及，軍事受挫。約雅敬就聽信國內親埃及派的聳動，背叛巴比倫，不聽先知耶利米的反對和警告（耶 27：9-11）。於是，迦勒底軍在主前 598 年捲土重來，並徵集附庸亞蘭軍、摩押軍和亞捫軍共同攻擊猶大。約雅敬王就在巴比倫兵臨城下，耶路撒冷失守之際死了，他十八歲的兒子約雅斤接續他作王。

第二次被擄　24：8-17

約雅斤別名叫哥尼雅，又叫尼哥尼雅（耶 22：24），作王一百天，效法他父親作惡。尼布甲尼撒第八年，即主前 597 年三月，巴比倫大軍圍困耶路撒冷，尼布甲尼撒御駕親征，約雅斤只得出城投降。隨行的有太后、臣僕、首領、太監。巴比倫王拿住他，將耶和華殿裡的寶物，能拿走的，被洗劫精光；拿不走的大件金器，都被毀壞了。將太后、百官、百姓、首領及著名的祭司，後作先知的以西結，並優秀人才一萬名，包括木匠、鐵匠、勇士，除國中極貧窮的以外，沒有剩下的，都擄到巴比倫去了。應驗了耶利米書 22：24-27 的預言，必死在那裡，想歸回之地不得歸回。尼布甲尼撒立約雅斤的叔叔，就是約西亞的第三個兒子瑪探雅作王，給他取名西底家。

第三次被擄　24：18-25：21

西底家在耶路撒冷作王十一年，行耶和華眼中看為惡的事。他庸碌懦弱，無才無德。在此期間，拜偶像之風有增無減（代下 36：14），變本加厲，行惡不止。西底家「作王第九年，十月初十日，巴比倫王尼布甲尼撒率領全軍來攻擊耶路撒冷，……直到西底家王十一年。」經過十八個月的抵抗，到「四月初九日，……城被攻破」，西底家王及他的戰士乘夜逃走，卻在耶利哥平原被追上拿住，被帶到利比拉巴比倫王那裡。王在西底家眼前殺了他的眾子，這是叫他眼中所看見最後的一件事，就是他的眾子被殺。他眾子慘死的印象，就永留在他心中。以後又剜了西底家的眼睛，又用銅鍊鎖著他，帶到巴比倫去。人所受的刑罰，沒有比這再慘痛的了。

耶路撒冷被掠，就如用水沖洗過一樣。一切值錢的東西都成為擄物，聖殿中一切的金器銀器半件不留。又把耶路撒冷四圍的城牆都拆掉，又用火將那雄偉的聖殿焚燒，昔日顯赫的聖殿成了一片廢墟。我們讀到這裡，再讀王上第八章，倍覺悽慘。所羅門奉神命修建聖殿，耶和華的榮光充滿了殿。如今卻被外邦人焚燒成一片焦土，聖殿內的一切陳設器皿都被擄去。

聖殿是神的居所，是神與人相會的地方，是選民尊崇的象徵。現在被焚燬了，不單是物質和文化的損失，也是表示神離開了選民。原為賜福立名的殿，神亦不惜放棄。這給我們顯示一個真理，只要人在神前不忠時，一切屬靈的事物，都失去了它的意義和功用。聖殿是猶太人的國魂，聖殿焚燬，不只是國亡了，連國魂也亡了；國魂不亡，還可立國；國魂亡了，民就飄流四方沒有依歸。耶路撒冷之慘象，與約雅斤一同被擄，遠在幾萬里外的先知以西結在迦巴魯河邊見異象告訴我們，圍城日子滿了時，聖民要三分之一死於瘟疫；三分之一死於刀下；三分之一被趕散列國（結5：1-4）。剩下最窮的人留在耶路撒冷，使他們修理葡萄園，耕種田地（25：11-12）。

25：18-21　巴比倫王的護衛長清剿餘孽，又拿住大祭司西萊雅。這西萊雅就是以斯拉記的作者祭司以斯拉的父親（拉7：1）。又拿住副祭司西番亞和三個把門的，這是警衛隊長，每殿門一位；和城中管理兵丁的官，即一個指揮官；並常見王面的五個人，即王室重要的五個官員；和檢點國民軍長書記；及國民六十個人。這些人都是死硬派的領袖、極端份子，王就把他們一齊處決了。

25：22-26　巴比倫沒有學亞述在主前722年把以色列人擄去後，又將外邦人移入，把血統、宗教都混合了。他只將猶大變作巴比倫的一個省份，立了一個傀儡政府，委派基大利作省長。基大利是親巴比倫的，是耶利米的朋友（耶39：14），在米斯巴設立首府。他管理的是戰火中殘存的最貧窮的人，他任職僅兩個月。一些因戰火逃離猶大的人都回來了，包括王室裡的以實瑪利。他心有不甘，嫉妒基大利，在外表示向新政府效忠，但在背後陰謀篡位。基大利的軍事副手約哈難警告基大利小心以實瑪利的虛偽，可惜基大利不信，就遭以實瑪利殺害。以實瑪利又殺害部份巴比倫的駐軍和一些猶大的援兵，便投到亞捫去了。眾軍長和百姓因懼怕迦勒底人的報復，不聽耶利米的勸告，都逃到埃及去了（耶43：5-6）。這些人自始至終對神不忠貞，所以神不容許他們歸回猶大（耶44：12-14），他們真也沒有一人能回去。

列王紀研讀完了，我們學到了什麼功課？研究他們亡國的原因，不是政治的功課，乃是屬靈的功課。

1. 歷史告訴我們，人會失敗，神不會失敗。地上的寶座坍塌了，耶和

華仍在天上坐著為王。神的子民在地上失敗了，天上神的旨意卻運行不息。聖經中所有偉大的先知預言，都記在列王紀下的時代裡。雖然以色列和猶大都因罪受懲罰，國亡；人擄，但神多次提醒我們，祂與大衛所立的約，不會終止。大衛的後裔必作王直到永遠，這預言終必應驗。

2. 一個如日中天的以色列王國，不再合一，分裂為二。他們外鬥外行，內鬥內行，相互傾軋，相互殘殺，內力耗盡，很快就如星殞落，先後淪為外邦人的附庸。繼之國破；家亡；人被擄。如此悲慘下場，是我們的殷鑑。無論國家、教會，合則百利；分則百害。尤其基督的教會，聖經教導我們要在靈裡合一，在基督裡合一，分裂是撒但的勝利。

3. 利未記 26 章和申命記 28 章是屬靈生活的定律。凡敬奉耶和華，遵守祂的法度，就必蒙福。違背祂去敬拜偶像，就必遭禍。列王之初，以色列王國何等榮耀、豐美。其後他們不再專一敬拜那拯救他們，揀選他們，領他們出埃及進迦南的耶和華上帝。北國以色列去拜金牛犢，又從外國引進巴力、亞舍拉。他們崇尚新宗教，於是神的審判臨到，在王下 17 章裡，以色列就因此國亡；人擄。不幸猶大又步上以色列的後塵，靈性更加墮落。祭偶像；拜星宿；行邪術。先知耶利米就警告他們，「你們怎樣離棄耶和華，在你們的地上，事奉外邦神，也必照樣在不屬你們的地上，事奉外邦人。」（耶 5：19）因為他們事奉外邦神，所以就亡國去事奉外邦人。於是猶大也遭國亡人擄之禍。那違背耶和華上帝去崇尚國外新潮流的多神、無神，必淹沒在新潮流裡。

4. 北國一開始，耶羅波安就錯了。他鑄造了兩個金牛犢，引百姓陷在罪裡。接著亞哈又娶了耶洗別，引進巴力、亞舍拉，這是失敗的主因。猶大之禍，始於約沙法與以色列王結親，使他兒子約蘭娶了亞哈、耶洗別的女兒亞他利雅為后，把北國的偶像帶進猶大，失敗就注定了。這教訓還不夠麼？「你們和不信的原不相配，不要同負一軛。」（林後 6：14）基督徒的婚姻要特別謹慎。

5. 國中的君王、祭司、先知、領袖們放棄了職守，只在追求自己的名

利富貴，不顧百姓疾苦。先知以西結就責備他們，「禍哉！以色列的牧人，只知牧養自己。……你們吃脂油，穿羊毛，宰肥壯的，卻不牧養群羊。」（結 34：2-3）醉生夢死，苟且偷安，能不滅亡？基督徒若不遵行聖經教訓，一味去追求名利、貪婪、世俗，與罪惡合流，生命就會向下沉淪。

6. 神曾命以色列人當守安息年，六年耕種，第七年當守安息年，讓地安息（利 25：1-17）。然而以色列人約有五百年沒有守過安息年了，計算起來有七十個安息年未守。所以，神就從約雅敬第三年，即主前 606 年第一次被擄算起，到波斯王古列元年，約主前 536 年，猶太人在古列諭旨下，第一批隨所羅巴伯回耶路撒冷，其間有七十年令地荒涼，使地安息。這是他們不遵守神吩咐，罪有應得。這不是教導我們重回舊約去守安息年，乃在教導我們要遵守神所有的話。「聖經都是神所默示的，於教訓；督責；使人歸正；教導人學義，都是有益的。叫屬上帝的人得以完全，預備行各樣的善事。」（提後 3：16）

我們研讀了以色列、猶大的失敗，前車之鑑，免蹈覆轍。

卷八　歷代志上、下

第一講　歷代志 上 下介紹

　　研讀過撒母耳紀上下，和列王紀上下後，再來讀歷代志就發覺它與前面那四本書所記的時、事、人、物都是大同小異。既然如此，為什麼還要把它放在聖經正典中呢？因為這本書和撒母耳、列王紀的性質與目的不同。猶如耶穌生平，用四本福音，從各個不同的角度來描寫，才把主的福音啟示得完全。同樣，舊約歷史系列書中若沒有歷代志上、下，就不完全，它是不可或缺的。神把這兩本書留給後人研讀，不是沒有意義的，乃是叫當時失敗的選民，緬懷歷史去更認識神的救贖，更信靠神的信實，更盼望神的應許。這兩本書實在對後世人有警惕和鼓勵兩方面的教訓。什麼時候離開神；背逆神去拜偶像，他們的下場是如此的悲慘。什麼時候回歸神；順服神；依靠神；去除心中的偶像，便可得神的恩眷。

　　這兩本書我們把它放在一季來研讀，在希伯來文原是一卷，名叫 dibrê hay-yãmîm，可譯作「那些日子的事」，意即「大事記」或「編年史」。在主前三世紀末葉，舊約譯成希臘文的「七十士譯本」，才把它分成上下兩卷，但名稱不能完全代表這本書的性質和目的。到了主後 420 年，教父耶柔米（Jerome）將原文譯成拉丁文，叫「武加大譯本」，才給它用了一個合適的

名字，叫「歷代志」上下。改教家馬丁路德也使用這個名字，後人繼續沿用直到如今。這本書所記載的事情遠約主前 536 年，那是波斯王古列頒詔准許被擄去巴比倫的猶大人，可以回國建殿之時，故這兩卷書是介於被擄與歸回的中間時段。據歷代學者相傳，這本書是以斯拉記尼希米記的作者，文士以斯拉寫的。雖然尼希米記一部份是尼希米自己寫的，但另一部份則是由文士以斯拉寫的。再沒有比以斯拉更稱職了，他是祭司又是文士，他有一切資料可作參考。他根據以色列和猶大的列王記和列王傳，並許多先知書和先知的預言書、默示書、族譜書、注釋書等編著而成。因為這三卷書內有許多相似之處，如歷代志下最後兩節寫著，「波斯王古列元年，耶和華為要應驗藉耶利米口所說的話，就激動波斯王古列的心，使他下詔通告全國，說，波斯王古列如此說，耶和華天上的神，已將天下萬國賜給我，又囑咐我在猶大的耶路撒冷為祂建造殿宇。你們中間凡作祂子民的，可以上去，願耶和華他的神與他同在」。這是一百年前耶利米的預言，現在應驗了。接著下一卷以斯拉記的開頭兩節也是這樣寫的。這三卷書中多處不單用詞相似，且書中有關族譜、禮儀、節期、聖殿司職人員的工作、音樂等等都很相似。因此以斯拉以祭司立場寫這書，無庸置疑。

　　歷代志是專記猶大國之事，非不得已才提到有關以色列國之事。因他們已背離了拯救他們的神，去事奉外邦偶像，他們已不是屬神的人了。歷代志上的中心信息：

　　1. 是以神揀選為中心

　　1~9 章　讓那些被擄回歸，受過流亡異鄉之痛的餘民重建信心。讓他們知道，凡歸回之民仍是被揀選的族類，是屬神的人。在族譜章中指出，從亞當那棵大樹上，伸出三大枝幹，就是閃、含、雅弗，神揀選了閃。從閃這一枝，神揀選了亞伯拉罕；從亞伯拉罕的後裔中，神揀選了以撒；從以撒的雙生子中，神揀選了雅各；雅各的十二個兒子後裔，都是被神揀選，從萬民中分別出來，成為神國度的子民。從雅各的十二支派，神特別揀選了猶大這一支派，從耶西到大衛，神的救恩便從大衛這一系而出。

　　2. 以大衛為中心

　　10~12 章　大衛是神膏立的君王，在歷代志裡，大部份（代上 11-29 章）都是論及大衛及他的兒子所羅門（代下 1-9 章）。歷代志把大衛和所羅門理

想化，凡有可能污染這理想形象的，都被略去。王國統一前，大衛在希伯崙作王那七年半，和掃羅家與大衛家爭戰的事都沒有提及，只說大衛在掃羅死後立即被膏立為全以色列的王（11 章），得到全以色列民的同心擁戴。至於其後大衛犯罪；暗嫩被殺；押沙龍叛變，那些可能令光輝的大衛王朝蒙上污點的，都未提及。揭示書中的大衛是完美的，他是個得勝的君王。神所指定繼承他的所羅門，也沒有提到元帥約押和祭司亞比亞他與亞多尼雅同謀爭奪王位的事。也沒提到所羅門登基後，處死兄長亞多尼雅、元帥約押及示每；放逐祭司亞比亞他，這些不愉快的事也完全不提。其後所羅門多置妻妾嬪妃，又多寵愛外邦女子，被她們引誘去拜偶像，這些失敗、跌倒的事，都被省略不記，只記他富足豐樂的一面。他是平安王，與大衛得勝王媲美。歷代志所描述的大衛、所羅門，不只是歷史上的偉大人物，也是理想中彌賽亞的預表。

3. 以約櫃為中心

13~16 章　作者以斯拉是祭司，他特別對大衛生平宗教信仰之熱忱，尤以表現在迎約櫃入耶路撒冷的那一天已達沸點。大衛強烈的感覺到，一個國家之能否蒙福，完全在乎神是否與百姓同住。約櫃在曠野是神與民同在的標記。約櫃上有金蓋板，叫施恩座。兩頭有噎路啪以翅膀罩住施恩座，那就是神與人相會的地方。約櫃是象徵神與人同在。士師時代，約櫃在示羅，以利時被非利士人擄去，歸還後在基列耶琳亞比拿達家中放了廿年。這時大衛用牛車來迎，在拿艮禾場因牛失前蹄，駕車的烏撒用手去扶，以致觸怒上帝而死。大衛便改放在俄別以東家三個月，見神不斷賜福，於是大衛就依律法將約櫃由利未人抬入大衛城。大衛是個有信心又有屬靈洞察力的王。他很快就使約櫃成為國民生活的中心，神就因此厚厚的恩待他和他的國。

4. 以盟約為中心

17~21 章　被擄歸國的以色列人心裡要問，我們國亡家破，異鄉歸回，究竟耶和華上帝與我們祖先所立的約，是否仍然有效？神是信實的，提摩太後書 2：13 說，「我們縱然失信，祂仍是可信的，因為祂不能背乎自己」。神對以色列人祖先的盟約不會失效，不會的。盟約應許彌賽亞從大衛的子孫而出，一定應驗。歷代志上再把奇妙的盟約記在第十七章裡，隨後又屢

次提到這些事，是要把大衛、所羅門、亞撒、約沙法、希西家和約西亞描繪成理想人物。這些君王雖非完美無瑕，卻是最佳的彌賽亞預表。因為他們都是以僕人身份來治國，引導全國人民敬虔又忠心來守約，讓歸回的以色列民，在一片沮喪、失望之中，想起他們這些君王，就能重拾盼望。

5. 是以聖殿為中心

22~29章　他們看見了聖殿，就重溫自己民族的歷史。他們明白過去的罪行，就努力現今的建造，冀望將來的應許。故自23章之後，多是關於聖殿中的事。大衛因是個戰士，一生縱橫沙場，所以，神不讓他建殿。但大衛卻預備材料（22章），囑咐所羅門為主建殿。又數點利未人，分配他們的職任（23章）。又將亞倫的子孫分作廿四班，在耶和華面前獻祭；燒香；管理聖物；看守會幕和聖所。接著歷代志下2~7章所羅門就「照耶和華所說的，又為耶和華以色列上帝的名建造殿宇」。用七年的時間將聖殿建成，「耶和華的榮光充滿了殿」。那時王國是何等的榮耀，選民是何等的蒙福。那是以色列歷史中最光輝燦爛的黃金歲月。這在說明一個真理，所羅門三千年前所建的宏偉建築物，原是在表示新約的教會，基督是基督徒信仰生活的中心。教會是基督的身體，基督是教會的頭，教會就是所有有基督生命的人的生命共同體。我們讀到後來以色列人只把聖殿當作儀文、形式，聖殿對他們就失去了效用。他們離開了聖殿的內涵，結果便很悽慘。同樣，基督徒若不住在基督裡，只把基督教當作宗教，行禮如儀，甚至混入時代潮流，把教會世俗化，在裡面的基督生命不成長反枯萎，那就比世人更可憐。

6. 以律法先知為生活的中心

以色列人在大衛、所羅門統治之下，不但有聖殿、約櫃，更有律法和先知為他們生活的重心。能使他們蒙福的，並不在大衛王朝諸王，也不在聖殿那幢建築，乃在他們是否遵守律法的吩咐和先知的訓誡。作者記述每一位君王時，總在說明一個真理：罪惡必定常帶來災禍的審判，相反地，悔改、順從、信靠則帶來平安、勝利和豐足。

7. 歷代志強調神對「全以色列」的關注

雖然北國被亞述滅亡了，將十個支派的選民擄去巴比倫。他們終其一生及後裔都沒有回國，這不是十個支派都消失了，事實上被擄歸回的，都是「全以色列」的遺民。因為在南北國分裂初期，南國羅波安已推有猶大、

西緬和南方便雅憫支派及住在猶大各城及耶路撒冷的「以色列人」，這就是各支派都有擁護羅波安的。而北國耶羅波安教民拜金牛犢，立凡民為祭司時，利未支派的人都移到南國猶大（代下 11：14）。在南國亞撒王朝期間，有許多以法蓮、瑪拿西、西緬並許多「以色列人」來歸降亞撒（代下 15：9）。在亞述吞滅北國之初，在南國希西家王的邀請下，許多國破家亡的「以色列人」去猶大建立家園（代下 30 章）。約西亞王年間，「瑪拿西、以法蓮，和一切以色列剩下的人，以及猶大、便雅憫眾人，並耶路撒冷的居民」，各支派的人都有合力奉獻銀子修理聖殿（代下 34：9）。可見猶大國多年來已經收納了許多北國十個支派的民眾。因此回歸之民，是包括了全以色列各支派的人，所以羅馬書 11：25-26 說，「等到外邦人的數目添滿了，於是以色列全家都要得救。」啟示錄中天使拿著永生上帝的印，印在頭上的以色列每個支派都有一萬兩千人，十二個支派共有十四萬四千人（啟 7：2-8）；又新耶路撒冷有十二個城門，門上寫著以色列十二個支派的名字（啟 21：12）。因此，神對歸回之民視為揀選之民的整體，他們現在沒有國，沒有王，他們是地上神國度的代表。

歷代志上、下，是我們不可不讀的書。

第二講　耶和華揀選的族類　代上第 1~9 章

聖經的中心就是神的兒子耶穌基督，整本聖經都在見證耶穌。主耶穌自己也說，「給我作見證的就是這經」。讀聖經最感枯燥無味的，就是讀族譜。每每讀到族譜，都會跳越過去，其中某人生某人，對我有什麼意思？尤其歷代志上 1-9 章統統都記的是族譜，都是誰生誰，簡直像走進了沙漠曠野，空曠一片。但聖靈對這點絕不放過，不憚其煩的叫作者詳細寫出來，目的在見證耶穌是歷史上的真實人物。因為歷代都有不信聖經的學者，千方百計想打倒基督教。他們認為能致基督教於死命的，就是叫人不承認耶穌是歷史上的人物，是杜撰的。因此聖靈特別寫下這一系列族譜，就是要我們知道耶穌基督的譜系。

我們讀族譜有幾個原則：(1)族譜中誰生誰的「生」字，有時並不是他自己生的兒子。有些中間可能隔了好幾代，不能據此來推算年代。(2)有時為求數目上的完整，多只記「七」和「七」的倍數。如馬太福音記耶穌的家譜，從亞伯拉罕到大衛是十四代；從大衛到被擄是十四代；從擄去巴比倫到耶穌又是十四代。因「七」在聖經中是個圓滿數字，故其中有些人名未記。(3)這些盤根錯節的族系中，密密麻麻的人名，如何取捨，都是以耶穌基督為中心。凡屬耶穌直線嫡系的，都清楚詳細的錄取。至於旁系，不是神特選或與耶穌基督無關的，就缺遺不詳。我們研讀這九章，更要濃縮，只提出有關耶穌基督的系統和有關耶穌基督的事件。(4)這些人名，後來發展成為地名、國名或族名。

這九章譜系最重要的分三大部份：(1)從亞當到以色列（雅各）；(2)以色列十二支派的家系；(3)記被擄去巴比倫回歸巴勒斯坦重建以色列社會的那些人。

第一章　族長時代

亞當的兒子只記塞特，這是被揀選的族系。因挪亞、亞伯拉罕、以撒、雅各都是塞特的後裔。挪亞是個關鍵人物，洪水之後，得救的全世界只有挪亞一家八口人。挪亞有三個兒子：閃、含、雅弗。雅弗的後裔分佈在歐洲和亞洲北部；含的後裔佔據非洲東北及迦南（巴勒斯坦）；閃的後裔聚居

在亞洲中部與人類發源地靠得最近，閃族多住在幼發拉底與底格里斯兩河流域。24 節閃生亞法撒，亞法撒生沙拉，沙拉生希伯，希伯就是希伯來人的祖先。亞伯蘭就是閃的後裔，是希伯的子孫，稱希伯來人。

亞伯蘭就是亞伯拉罕，他的後裔分成三大系：(1)使女夏甲生的以實瑪利；(2)妾基土拉生的六個兒子，他們的後裔都是現今的阿拉伯人，不是神的子民；(3)只有元配撒拉按應許生的獨生子以撒是神所揀選的一系。以撒生了雙生子，先出來的以掃，就是以東，他的後裔都是遊牧民族，即現今的阿拉伯人的總稱；後出來的叫雅各，就是以色列，這是神親自揀選的族系。

第二章　雅各生子十二個兒子，就是十二支派，都是耶和華的選民。

猶大是顯著的一系，儘管猶大在十二子中排名第四，但神仍以猶大居首。因耶穌基督是從猶大支派出來的。猶大有五個兒子，本章專記四子法勒斯。法勒斯的兒子希斯崙又是個關鍵人物，因他生蘭，蘭的子孫中生了大衛的祖先波阿斯，波阿斯生俄備得，俄備得生耶西，耶西生了七個兒子（撒上 16：11 記八個，可能一個已死了），大衛是最小的一個，耶穌就出在大衛這一系。

第三章　專寫王室家譜

大衛是主前 1010 年神所膏立的全以色列王，家譜直推到主前 536 年被擄回國時期，其間相隔約四百年。大衛在希伯崙生了六個兒子，在耶路撒冷和拔示巴（拔書亞）生了四個兒子，另外又生了九個兒子，共十九個兒子（妃嬪的兒子不在其內）。所羅門是拔示巴生的，是神揀選繼承大衛王位的王族系統。馬太福音的耶穌家譜是以王室系統寫的。拿單也是拔示巴生的，路加福音的耶穌家譜是從馬利亞上溯到拿單系統。大衛的王位，由所羅門的兒子羅波安傳到主前 586 年亡國。這 346 年猶大王國中，都是由大衛的子孫坐在王位上，只有女后亞他利雅篡國六年。但她仍是大衛家族，不像北國王權旁落。

末期約西亞王位由四子沙龍，就是約哈斯繼承。他只作王三個月便被擄去，由次子約雅敬繼位。約雅敬的兒子耶哥尼雅，又叫哥尼雅，就是約雅斤，他只作王一百天也被擄去。他有七子，無一人得繼他的王位，正如耶利米所預言的（耶 22：30）。約雅斤被擄，他叔父西底家代替作王，他是

猶大國末代君王。約雅斤和他七個兒子被擄去巴比倫，他的兒子是撒拉鐵、毘大雅。毘大雅的兒子是所羅巴伯，這所羅巴伯就是主前 536 年被擄歸回的猶大領袖，他有王族血統。

第四章　前面補記猶大支派法勒斯的家譜

法勒斯是猶大支派的嫡系，他後裔中最出色的是 13 節基納斯的兒子俄陀聶，作了以色列第一位士師（書 15：17，士 1：13，3：9）。還有 15 節耶孚尼的兒子迦勒，他是信心探子（民 13：6，14：6，14：30）。這一章後面是西緬支派。西緬與利未因在示劍大屠殺而後裔分散於其他支派中（創 34：24-30，49：5-7）。西緬雖分得巴勒斯坦西南部，事實上已與猶大合併了。王國分裂後，部份去北國（代下 15：9），其他卻孤立過著半遊牧生活。

第五章　在攻打迦南前，摩西應流便、迦得、瑪拿西半支派的請求，將約但河東亞摩利王、巴珊王之地賜給他們（民 32 章）。流便是長子，但因污穢了父親的床（創 35：22，49：4）而失去長子名份，長子名份就歸了約瑟。河東兩個半支派悖逆神去拜外邦偶像，神就激動亞述王普勒・提革拉毘尼色在主前 733 年將他們擄去。普勒是提革拉毘尼色作王之前的名字。

第六章　猶大是最尊貴的支派，因他們是王族。利未是最蒙恩的支派，因他們是特選事奉神的一族。古時希伯來人原無祭司，家長即為家獻祭。當以色列在曠野時，神特選了利未支派任聖職。因出埃及時逾越節羊羔替代長子不死，故凡首生的都應獻與神。神選利未支派，替代各支派的長子事奉神，因之以色列會中才有專任祭司。歸回的猶大社會中，都以聖殿事奉為中心，以斯拉就是利未支派的祭司。今天教會中有特選的聖職，雖名位不一，卻都是事奉神的。彼得告訴我們，「你們是被揀選的族類，是有君尊的祭司。」（彼前 2：9）現今基督徒都是祭司，古時只有祭司能進入聖所，今天基督徒都可天天進入聖所朝見神，為人代求。

這章利未支派後裔分三族：革順、哥轄、米拉利。摩西、亞倫都是哥轄的子孫，故凡為祭司的，都是哥轄族，是亞倫的後裔，這是神規定的。

哥轄的後裔亞倫的兩個兒子拿答、亞比戶因獻凡火而死（利 10：1-2）。另兩個兒子以利亞撒和以他瑪是繼承祭司職任的。以利亞撒生非尼哈，是亞倫之後的正統大祭司，大衛所羅門時的祭司撒督就出自這一系。撒督是大衛兩個大祭司之一，當另一大祭司亞比亞他（以他瑪系統）支持亞多尼

雅謀奪王位失敗後，所羅門廢掉亞比亞他，撒督獨任大祭司，且將祭司系統延續下去。撒督的後裔西萊雅在南國淪亡時被巴比倫所殺，文士以斯拉就是西萊雅這一支。歸回時的大祭司耶書亞是與西底家同被擄去的約薩達的兒子（拉 5：2，該 1：1）。

亞倫第四子以他瑪也是大祭司宗系，他的後裔出名的是以利。他在示羅充任大祭司又兼士師四十年，可惜二子作惡，死於非命。遺腹子之後就是亞比亞他，被所羅門廢了，這一系的祭司職任遂告終。

大衛將約櫃運入耶路撒冷，設立歌唱職事。三個利未家族的人都被選中，哥轄家的希幔、革順家的亞薩、米拉利家的以探。希幔是撒母耳的後裔，為歌唱班的首領，是詩篇 88 篇的作者。

第七章

撒瑪利亞淪陷前，北國許多逃亡到猶大去的人，有些也在主前 586 年一同被擄。如今六個支派也有人在所羅巴伯、以斯拉的領導下，歸回重新成為神的百姓。所謂失散的十個支派，歸回的只是其中的一些人而已。

第八章　特別再記便雅憫支派的譜系，最重要的，自然是掃羅的家譜。

第九章　這是個轉捩點，總結了以色列的家譜

9：1「以色列人」應作「全以色列人」，包括譜系中各支派的人。這裡說明選民被擄的原因，不是出於因戰爭失利，乃是「猶大人因犯罪就被擄到巴比倫」。罪孽是使人被擄的最大原因，羅馬書 7：21-23 保羅說，「我覺得有個律，就是我願意為善的時候，便有惡與我同在。因為按著我裡面的人，我是喜歡上帝的律。但我覺得肢體中另有個律，和我心中的律交戰，把我擄去叫我附從那肢體中犯罪的律。」世界上能有幾個「裡面人」不被罪擄去？被罪擄去的人就「立志為善由得我，我只是行出來由不得我」。個人、種族、國家都一樣。不過我們的神，大有慈愛憐憫。那何時知罪悔改的，就何時歸回。被擄的子民知罪悔改，被擄的子民就歸回。：2「先從」可能指第一批歸國的人，可分四大類：(1)各支派的平民；(2)祭司；(3)利未人；(4)尼提寧人即殿役，可能是九百年前的基遍人，他們都是永遠作上帝殿中劈柴挑水的人（書 9：23）。尼提寧人本是外邦人，後來納入利未人中。歷代志是猶大國的宗教史，這些被擄歸回的急於重建一個以聖殿事奉為中心的社會，故祭司利未人就顯出他們的特出地位。

　　17-21 節記載了四位守門人的名字。聖殿有四扇大門（24 節），「朝東的王門」是君王進殿的門，由守門衛隊的隊長沙龍駐守。沙龍是可拉的後裔，就是反抗摩西領導的那個被地吞滅的可拉後裔（民 16：31-32）。守門者的家譜可追溯到非尼哈。守門者全日分三班，日夜看守聖殿，在廿四處站崗輪值，每七天換班一次。如此每一輪班需 72 人，三班計需 212 名。這些人住在村莊，每人隔兩週輪班一次。這些在 22 節說「當這緊要職任」。

　　28-34 節論到利未人，他們有「管理使用器皿的，按著數目拿出拿入」。又有管理器具和聖所的器皿，有管理陳設餅的，每安息日預備陳列。有歌唱的「晝夜供職，不作別樣的工」。讀到此給我們留下的教訓是，神所安排的工作都是緊要的職任，無論守門開門；管倉庫；管盤中的烤物；掃地的；點燈的；焚香的；歌唱的，都是緊要的職任。後來使徒時代在教會裡管理飯食的資格，也要具備：(1) 有好名聲；(2) 被聖靈充滿；(3) 智慧充足。管理飯食，不是俗事，不是俗人，也是聖工，也是屬靈的人。因此我們在教會中無論所作何事，凡作在耶穌基督身上的，都是神聖的。即如日常在工廠；在商店；在學校；在辦公室；在家中，一言一行，一舉一動，是為基督而作，為基督而活。能彰顯基督生命的，都是聖的。

第三講　耶和華的受膏者　代上第 10~12 章

從歷代志上第十章到代下第九章，都是記以色列王國未分裂前的史實。第十章的內容和撒母耳記上 31：1-12 幾乎相同，記的是掃羅被非利士人殺了，掃羅的屍體懸掛在伯珊的城頭，盔甲放在亞斯他錄的廟中（撒上 31：10），頭顱掛在大袞的廟裡，大袞是非利士人最崇拜的神。非利士人是含的後裔，並非迦南人。但他們在亞伯拉罕之前就下到巴勒斯坦，約書亞進迦南並沒有征服他們（書 13：1-3，士 3：3），相反地他們先後三次進侵以色列，幾乎把以色列人傾覆。第一次是主前 1110-1070 年（士 10：7，13：1，撒上 4 章），後被撒母耳在以便以謝第二次之役擊敗（撒上 7：12-13）。第二次約於主前 1055-1048 年被掃羅敗於密抹（撒上 13：5-6，14：13-23）。第三次是代上 10 章約在主前 1010 年進犯，也是最後一次大進犯，「掃羅和他三個兒子，並他的全家都一同死亡。」但撒上 31：6 卻說是「跟隨他的人」，並非全家的人，因為掃羅還有其他兒孫。（撒下 2：8，21：8）

掃羅失敗，神定他的罪是「干犯耶和華，沒有遵守耶和華的命。又因他求問交鬼的婦人，沒有求問耶和華。」這罪不可饒恕，所以耶和華刑罰他，「使他被殺，把國歸於耶西的兒子大衛。」大衛作王，先後有三次受膏。第一次是在伯利恆，當掃羅被神厭棄的時候，神就對撒母耳說，「你將膏油盛滿了角，我差遣你往伯利恆人耶西那裡去，因為我在他眾子之內，預定一個作王的。……耶西就打發人去叫了他來。他面色光紅，雙目清秀，容貌俊美。耶和華說，這就是他，你起來膏他。撒母耳就用角裡的膏油，在他諸兄中膏了他。從這日起，耶和華的靈就大大感動大衛。」（撒上 16：1-13）這段史實與歌利亞之戰及逃亡生活，卻一字不提。第二次在希伯崙為猶大家的王。當掃羅死後，大衛特蒙神指示上希伯崙去，「猶大人來到希伯崙，在那裡膏大衛作猶大家的王。」（撒下 2：1-4）歷代志上把在希伯崙作猶大王七年半那段與掃羅家爭王內戰不榮耀的日子，也略而不提（參撒下 3、4 章），直接記述大衛被擁立登基作全以色列的王。

11：1-3　這時以色列眾支派的長老一同聚集在希伯崙來見大衛，大衛就在耶和華面前與他們立約，他們就膏大衛作以色列的王。他們的理由是：

(1)「我們原是你的骨肉」；(2)從前率領以色列人出入的（打勝仗的）是你；
(3)照著應許，「耶和華你的神也曾應許你說，你必牧養我的民以色列，作
以色列的君」。所以，以色列眾支派的長老就遵照神的旨意膏大衛作全以色
列的王。

大衛被膏為王之後，同以色列眾人到了耶路撒冷，就攻取了錫安保障，
作為政治首都，叫大衛城。大衛在耶路撒冷作王較比掃羅不同凡響，因為
他是神所立的王，其意義：

1. 他是預表耶路撒冷王。創 14：17-19 當「亞伯蘭殺敗基大老瑪，和
   與他同盟的王回來的時候，……又有撒冷王麥基洗德，帶著餅和酒，
   出來迎接，他是至高上帝的祭司。他為亞伯蘭祝福」。「他頭一個名
   繙出來，就是仁義王，他又名撒冷王，就是平安王的意思。他無父、
   無母、無族譜、無生之始、無命之終，乃是與神的兒子相似」（來 7：
   1-3）。撒冷王就是耶路撒冷王，預表的是那天上新耶路撒冷的王，
   就是耶穌基督。

2. 實現的耶路撒冷王，就是萬王之王。「世上的國，成了我主和主基督
   的國。祂要作王，直到永永遠遠。」（啟 11：15）

耶路撒冷簡稱耶冷，原為耶布斯城。大衛定都後，稱耶路撒冷。聖經
中有的稱神的城、聖城、錫安、郇 zion 就是大衛城。

11：10～12：40 神膏立大衛作王，又給他勇士和致勝的軍隊。大衛代
表耶穌是得勝的王，大衛得勝可分三方面：(1)他勝過代表「自我」的掃羅
和掃羅家，這在教導基督徒要勝過自我。勝過自我的方法，加拉太書 5：24
告訴我們，要將自我同釘十字架。(2)他勝過迦南各族，代表罪惡。這在教
導我們要勝過罪惡，根除心裡頭的迦南人。(3)他勝過亞瑪力人、非利士人，
這是代表肉體。「凡屬基督耶穌的人，是已經把肉體，連肉體的邪情私慾，
同釘在十字架上了。」（加 5：24）

12：22 「那時，天天有人來幫助大衛，以致成了大軍，如上帝的軍
一樣。」這是何等稀奇的事，大衛收納的散兵游勇，竟成了上帝的大軍一
樣。因為大衛為王既是代表耶穌為王，所以他的軍隊也就如基督的大軍。
這些兵士：

(1)不是用金錢招募來的，都是個人心甘情願自我投效的

當大衛在亞杜蘭洞時，「凡受窘迫的，欠債的，心裡苦惱的，都聚集到大衛那裡。」（撒上 22：1-2）

(2)四方英雄豪傑來歸

12：8-22　「迦得支派中，有人到曠野的山寨投奔大衛，都是大能的勇士。」（12：8）「便雅憫和猶大人到山寨大衛那裡，……上帝的靈感動那三十個勇士的首領亞瑪撒，他就說，……大衛阿，我們是歸於你的，耶西的兒子阿，我們是幫助你的。願你平平安安，願幫助你的，也都平安，因為你的神幫助你。」（12：16-18）「大衛從前與非利士人同去，要與掃羅爭戰。有些瑪拿西人來投奔大衛，……大衛往洗革拉去的時候，有瑪拿西人的千夫長……都來投奔他。這些人幫助大衛攻擊群賊，他們都是大能的勇士，且作軍長。那時，天天有人來幫助大衛，以致成了大軍，如上帝的軍一樣。」（12：19-22）

(3)是耶和華招募來的

12：23-37　大衛在希伯崙為王時，各支派的戰士紛紛來歸。猶大支派有 6,800 人；西緬支派 7,100 人；利未支派 4,600 人；耶何耶大率亞倫家的有 3,700 人；少年勇士撒督（祭司）同來的有族長 22 人；便雅憫支派有 3,000 人；以法蓮大能的勇士有 20,800 人；瑪拿西半支派有 18,000 人，西布倫支派有 50,000 人；拿弗他利有 37,000 人；但支派有 28,600 人；亞設支派有 40,000 人；約但河東兩個半支派有 120,000 人。他們是全以色列十二個支派的人，總數 340,822 人，都誠心來到希伯崙立大衛為全以色列的王，甘心情願投效。他們不是人招來的，乃是受了神的靈感召，他們是神召募來的。這給我們一次光照，今天我們投效基督的大軍，是否也是因聖靈感召，自願獻身，像大衛的兵士委身，誠心歸服，作十字架下的精兵呢？

觀察大衛的兵士，有四樣特色（12：8-37）：(1)能上陣，都是大有能力的勇士；(2)能用各樣的兵器打仗；(3)行伍整齊；(4)不生二心。

(1)能上陣，他們都是大能的勇士（12：8、21、28）

我們作基督徒的，每天都會在靈界中爭戰。有幾多是大能的勇士？能上陣與罪惡爭戰？與世俗爭戰？與魔鬼爭戰？又有幾多是得勝的？不免有許多人因懼怕而退縮，不敢上陣，不敢爭戰，屢戰屢敗。有的躺臥在傷兵醫院，更有的作了俘虜。求主天天加添我們屬靈的力量，讓我們各個都能

成為大能的勇士，能上陣；敢爭戰，靠著我們得勝的主，成為一支得勝軍。

(2)能用各樣的兵器打仗

作基督的軍兵，要能善用「上帝所賜的全副軍裝，就能抵擋魔鬼的詭計。⋯ 用真理當作帶子束腰，用公義當作護心鏡遮胸。又用平安的福音，當作預備走路的鞋穿在腳上。此外又拿著信德當作籐牌，可以滅盡那惡者一切的火箭。並戴上救恩的頭盔，拿著聖靈的寶劍，就是神的道。」（弗 6：11-17）這些各樣的兵器，我們都能用，那就戰無不勝，攻無不克。

(3)行伍整齊

軍隊是一個有組織；有訓練；有紀律的戰鬥群，不可特立獨行，需要與眾人同心同步。基督的軍隊要「彼此相愛」；「合而為一」，這是主給軍兵的守則，不可任意而行。如果不同心；不合一；不相愛，教會的行伍（隊伍）就不整齊，那就如散兵游勇，那就不能上陣作戰。

(4)不生二心，全心歸順

基督是教會的頭，基督的軍兵要全心歸服基督，不生二心。猶大出賣了耶穌，是他心生二心。耶穌說，「人的仇敵，就是自己家裡的人。」（太 10：36）可怕！我們作基督的軍兵，只有不生二心，忠心到底，才能得到主的稱讚。記著主的話，「一個僕人不能事奉兩個主。」（路 16：13）這是頂要緊的真理。

第四講　耶和華的約櫃　代上第 13~16 章

　　約櫃是什麼？約櫃是神與人和好；神與人同在；神與人交通的象徵。約櫃是神吩咐摩西造的一口箱子，裡面放的是神與人立的約。叫人常常想起與他們立約的神，來敬拜祂；事奉祂。主耶穌對撒瑪利亞婦人說，「那真正拜父的，要用心靈和誠實拜祂，因為父要這樣的人拜祂。」（約 4：23）那個「要」字，原文裡有尋找、追求、羨慕、如饑如渴的意思。這是何等稀奇的事。世界上所有的宗教，都是人去尋找神，唯獨基督教的天父，是神來尋找人。主耶穌道成了肉身，祂說，「人子來，為要尋找拯救失喪的人。」（路 19：10）全能的神，萬有的主，在尋找人來歸向祂，敬拜祂。只要人用心靈和誠實敬拜祂，祂就心滿意足。所以神吩咐摩西建造會幕；安置約櫃，表示約櫃在那裡，神就在那裡。約櫃上有一塊精金的蓋版，叫施恩座。施恩座的兩端有兩個𠎀㕐兒展翅遮蓋施恩座，神就在那裡與人相會。約櫃是象徵神要與人相會；和人來往。約櫃是最神聖之物，象徵神與人同在。但以色列人後來把它當作偶像，迷信，以為神在櫃中，故神特別容許約櫃在主前 1090 年以便以謝第一戰役被非利士人擄去。神顯大能讓非利士人和伯示麥人因約櫃帶來災禍而懼怕，有八十年之久，約櫃停放在基列耶琳亞比拿達的家中（撒上第七章）。

　　以斯拉寫歷代志最重要的目的，乃是引導百姓熱心遵守神的約。故13-16 章就詳細說明大衛作了以色列王之後，第一件事，便是想到耶和華的約櫃，並且預備為神建殿。

　　13：1-4　大衛就差人走遍全以色列地，與全以色列人商議，並得祭司和利未人的同心支持。「我們要把神的約櫃運到我們這裡來，因為在掃羅年間，我們沒有在約櫃前求問神。」這在暗示掃羅之所以敗給非利士人的最大原因，是他沒有在約櫃前求問神，全會眾的人都同意大衛的意見。

　　13：5-14　於是大衛招聚了從南到北的全以色列人來，要把約櫃從基列耶琳運來大衛城。大衛第一次運約櫃的經歷記在撒下 6：1-14，大衛發動三萬人去迎約櫃，從巴拉，就是屬猶大的基列耶琳，用牛車運出。駕車的烏撒因在拿艮禾場牛失前蹄，用手去扶約櫃遭神擊殺，因錯誤發生了悲劇。

　　⑴因約櫃應由利未人扛抬，不該用牛車搬運（民4：15）。非利士人用牛車運送，是因外邦人不明神的事。

　　⑵約櫃即如扛抬的人也不可用手摸，摸者必死（民4：15）。

　　⑶烏撒失職，擅自作主駕車。

　　⑷烏撒在人面前不尊耶和華為聖，因他自己有罪，牛失前蹄是他的過錯。

　　在這個尷尬場面，大衛懼怕，不敢將約櫃運入大衛城，卻運到迦特人俄別以東的家中。其實並非不可將約櫃運到大衛城中，乃是他們運的方法錯了。俄別以東是迦特可拉族利未人，符合照顧約櫃的條件。「神的約櫃在俄別以東家中三個月，耶和華賜福給俄別以東的家，和他一切所有的」。這給我們一個例子，每個基督徒的家庭裡，應當有神的約櫃。換句話說，我們應當迎接神到我們的家中和我們同在，在家裡應有家庭祭壇敬拜神，與神交通。約櫃不是只在禮拜堂裡，我們只去禮拜堂禱告，在禮拜堂裡敬拜；家庭沒有禱告，沒有敬拜。若神的約櫃不在他家中，神也不能賜福給他的家，俄別以東就是個好例子。神賜福給他的家和他一切所有的，就是賜福夫妻和睦；賜福兒女順服；賜福身體健康；賜福平安、喜樂；賜福罈裡的麵必不減少，瓶裡的油必不短缺。萬事都互相效力，叫愛神的人得益處。

　　14：8-17　這段經文與撒下5：17-25大同小異。大衛逃避掃羅追殺期間，曾作非利士人的藩屬（撒上27：1~28：2）。當他在希伯崙時，正是非利士人對以色列第三次大壓迫，那時大衛仍受非利士人的保護。可是現在大衛登基作全以色列的王了，對非利士人的安全構成威脅，這是不能容忍的，於是非利士人就迅速出兵來攻。大衛是個聽從神率領的人，遇事求神引導。這給我們看見，人怎樣求神引導，神就怎樣一步一步的引導。大衛出兵打仗之前先問神，「我可以上去攻打非利士人麼？」神就回答，「你可以上去，我必將他們交在你手裡」。果然大勝，非利士人慘敗，連他們隨身的神像也一路逃，一路丟。大衛按照律法申命記7：5、25規定，把它們燒了。非利士人不甘心，第二次又來進攻。大衛又求問神，神在第二次的引導卻與第一次不同。神說，「不要一直的上去，要轉到他們後頭。」並且指定從一桑樹林對面，向前攻打。又吩咐他們等候，到聽見桑樹上有腳步的聲音，就要出戰。桑樹梢上有腳步的聲音是什麼聲音？是耶和華軍隊前進

的聲音。不是自然風，乃是靈風，如五旬節那天一陣大風吹過一樣。神的軍隊先去前面爭戰，這次又得勝了。「從基遍直到基色」，等於把非利士人徹底的擊潰了。由此可見大衛承認神是主，他只是僕人。凡事求神引導，順服神，道路就亨通，凡事都順利。

第 15 章　在以斯拉時代，耶路撒冷在宗教上的地位比政治上的地位更重要，約櫃使大衛的新首都成為以色列宗教的永久中心地。15 至 16 這兩章是更詳細的記載了撒下 6：12-20 的經過。

15：1-15　大衛為了避免重蹈覆轍，完全按申命記 10：8，18：5 的規定，召集祭司利未人的三個家族：哥轄、革順和米拉利，及哥轄族中的三支，以斯哈及希伯崙和烏薛（出 6：18、22）的子孫共 862 人，要他們自潔，準備用扛肩抬約櫃，不再用車。

這時大衛任用了兩個大祭司，亞比亞他在耶路撒冷事奉，因約櫃要移入這城。另一大祭司撒督在基遍事奉，因會幕及祭壇仍在那裡。

15：16-24　大衛又吩咐利未人組織唱詩班、音樂隊，任用基拿尼雅作首領，一共十八個歌唱的弟兄，用琴、瑟和鈸作樂，歡歡喜喜的大聲歌頌。利未人除了在約櫃前事奉，還須擔任音樂敬拜的事奉工作。大衛將約櫃安放在耶路撒冷後，便在殿裡設立詩歌班，日夜謳歌讚美神。

大衛精於音樂，又是個詩人，他組織的唱詩班，十八個人的聲音，大小高低不同，但卻調和得宜。有敲銅鈸的大發響聲-；有鼓瑟的調用女音，可能是童女的女高音；有彈琴的調用第八，可能是男低音，或低八度的音，彼此聯絡得非常和諧的合唱團，如此歡歡喜喜的歌頌神。叫聽見的人也都心被恩感，一同讚美神。直到如今，教會敬拜都有唱詩班頌讚神，乃沿於大衛的制度。

15：20-29　大衛和以色列人歡歡喜喜將約櫃從俄別以東家中抬進大衛城裡。似乎為此事大衛撰寫了詩篇 24 篇，「眾城門哪！你們要抬起頭來。永久的門戶，你們要被舉起。那榮耀的王將要進來。」他們獻上七隻公牛、七隻公羊，在這次盛典中，大衛和利未人穿著一樣的細麻布白長袍，又另外加穿一件祭司的服飾，細麻布的以弗得。歷代志作者筆下的大衛是君王又是祭司，在預表那將要來的彌賽亞。故作者略去撒下 6：16-23 米甲的反應，不願損及大衛正面的形象。

　　16：1-7　約櫃安放在帳幕裡，大衛就親自獻平安祭，和祝福並分餅和
肉之後，即派定在神的約櫃前供職的人員。又將 8-36 節頌神之詩交與亞薩
和他的弟兄，天天以此讚美神。大衛之詩，是他的禱告，也是教導人禱告；
學習事奉；學習真理。用唱詩來禱告，容易記住神的話。這頌神之詩實際
是由三篇詩篇合成的，分為三段：

　　第一段　稱謝之詩（16：8-22）

　　即引自詩篇 105：1-15，「你們要稱謝耶和華，求告祂的名，在萬民中
傳揚祂的作為。要向祂唱詩歌頌，談論祂一切奇妙的作為。」基督徒除了
應當天天稱謝之外，最重要的就是向萬民傳揚祂的作為，談論祂一切奇妙
的事。

　　第二段　榮耀之詩（16：23-33）

　　引自詩篇 96：1-13，「要向耶和華唱新歌，……天天傳揚祂的救恩。在
列邦中述說祂的榮耀，……要將耶和華的名所當得的榮耀歸給祂，……以
聖潔的裝飾，敬拜耶和華。」聖潔是敬拜神必須的條件，我們往往會將榮
耀歸給自己，在聖潔的裝飾上多有虧缺，不能榮耀主。

　　第三段　讚美之詩（16：34-36）

　　引自詩篇 106：1，47-48，「要稱謝耶和華，因祂本為善，祂的慈愛永
遠長存。……從亙古直到永遠。願眾民都說，阿們」。阿們，是希伯崙土語
的譯音，意即真實、可靠，誠心所願。基督徒禱告完畢都要說「阿們」，就
是誠心所願，但願如此，就是這樣的意思。

　　16：37-43　這時約櫃已進入大衛城，而獻祭的事仍在基遍，因摩西所
造的會幕在那裡。唱詩班則在耶路撒冷事奉，由亞薩統領；基遍會幕中的
事奉由祭司撒督主理。等到所羅門造的聖殿完成，將會幕搬進聖殿後，祭
司和歌唱者就不再分開了。

第五講　耶和華的盟約　代上第 17~21 章

　　耶和華從五洲萬國中，揀選了亞伯拉罕這一族。亞伯拉罕生以撒，以撒生雅各（以色列）。耶和華又從以色列的兒子中，選出了一個支派，就是猶大。從猶大支派中選出一家，就是大衛家。神就與他立下永遠的約（撒下 23：5），平行的經文記在撒母耳記下 7：11-16，歷代志則記在代上 17章，通稱「大衛之約」。大衛之約乃是歷代志的高潮，由此解釋了大衛的功業為何具有永久性的意義。

　　17：1-10　大衛把心事告訴密友先知拿單，說「看哪！我住在香柏木的宮中，耶和華的約櫃反在幔子裡……。」幔子，指大衛為約櫃支搭的帳幕。這裡沒提撒下 7：1 說的，「耶和華使他安靖，不被四圍的仇敵擾亂」，實在他並不安靖。因大衛是戰士，一生縱橫沙場，南征北討，直到晚年才不受仇敵困擾。就時間先後而言，本章應在十八章戰事之後。作者先記這事，是與約櫃和建殿有關。拿單回答說，「你可以照你的心意而行，因為耶和華與你同在」。拿單雖為先知，也會犯錯。他這時並未得聖靈的默示，只按照人的眼光和熱心來看這件事，這是美事，當然應該作，神一定會與他同在。然而拿單錯了，神有神的立場，神有神的旨意。所以「當夜神的話臨到拿單，說，你去告訴我僕人大衛說，耶和華如此說，你不可建造殿宇給我居住。自從我領以色列人出埃及，直到今日，我未曾住過殿宇，乃從這會幕到那會幕，從這帳幕到那帳幕。」這節經文後段應照撒下 7：6 說的，「常在會幕和帳幕中行走」，比較正確。神說，「我何曾向以色列……牧養我民的，說，你為何不給我建造香柏木的殿宇呢？」所以叫拿單去給大衛說，不可建殿。幾個鐘頭前，拿單才肯定的向他說「可以」，這時神又叫他去說「不可」，在一般人來說，這是很難出口的。先知說話怎麼可以反反覆覆？多麼丟人，面子拉不下來。這是承認前面說的是錯誤的，顏面無光。但拿單卻與眾不同，他照樣去傳神的話，他不顧面子；他願自卑；他願丟臉，寧可自己丟臉叫神得榮耀。雖然知道大衛想要建殿的心是何等的迫切，這時去對他說「不」，多麼傷他的心。但他要忠於神的話，仍然去對大衛說，你不可為我建殿，「萬軍之耶和華如此說，我從羊圈中將你召來，……立你

作我民以色列的君。你無論往那裡去，我常與你同在，剪除你的一切仇敵。」下面 18 至 20 章立刻就看見神的盟約為大衛帶來了何等的福氣與繁盛。

又說，「並且我耶和華應許你，必為你建立家室。」家室，並不是一間「屋宇」，像大衛為神建造的，乃指大衛的「王朝」說的。

17：11-15　這是神和大衛家室立約的記述，平行經文記在撒母耳記下 7：12-17。神的旨意是指所羅門必為祂建成聖殿。但那應許「我必堅定他的國位直到永遠」，這不是指以色列王國會到永遠，乃是應驗在大衛終極的繼承者耶穌基督身上（路 1：32-33）。基督第一次道成肉身來時，就在人的心裡建立了祂的國度。祂還要再來（路 17：24，但 2：44 下），那是建立一個永遠屬神的國度。「我要作他的父，他要作我的子」，這句經文不是指所羅門，乃是指主耶穌基督的神性（來 1：5，徒 13：33）。道成肉身的基督，因具有神人二性，所以才能為人贖罪。歷代志作者略去了撒下 7：14 下的「他若犯了罪，我必用人的杖責打他，用人的鞭責罰他。」這些懲戒所羅門的字眼，是要把所羅門理想化為彌賽亞的預表。「並不使我的慈愛離開他」，拿單再轉到大衛的繼承人，祂不會像離開以前的掃羅一樣。

17：16-27　是大衛感恩的祈禱。平行經文記在撒下 7：18-29，「於是大衛王進去，坐在耶和華面前」，就是坐在他為耶和華支搭的帳幕裡，放置的約櫃面前，如嬰孩之單純無邪，親切倚靠著祈禱。「坐」不是坐在椅凳上，乃是他禱告的姿勢。這也是舊約唯一提到以坐姿來禱告的經節。

「求你……照你所說的而行。願人永遠尊你的名為大。」大衛這樣的禱告，給我們留下了模範，他是抓住神所說的應許。許多時候，我們禱告所求的並不是按神的應許，所以往往失望。大衛在這裡的禱告告訴我們，他深信他所求的，憑信心就必得著。因為是合乎神旨意的，那是神自己說出的話；是神的應許。我們的禱告也要像這樣帶著信心，用手指著那個應許，向神求說，「求你照你所說的而行」。這是最有把握的禱告，神不會說「不」。所以不用著急，也用不著苦求，也用不著痛苦的掙扎，我們只要拿出神開出來的支票去兌現就是了。聖經中每一個應許，都是經過神親筆簽過名的，我們只需「求你照你所說的而行」就是了，因為神不會欺騙祂的孩子。

神每一個應許都建立在四個根基上：神的公義、神的聖潔、神的恩典、

神的真實。神的公義不讓祂失信；神的聖潔不讓祂欺騙；神的恩典不讓祂遺忘；神的真實不讓祂改變（荒漠甘泉）。這是禱告的祕訣。

18~20 章　作者記的都是大衛南征北討的戰功，和撒母耳下 8-21 章大致類同。這是確立「大衛無論往那裡去，耶和華都使他得勝」。憑著這句應驗，大衛西攻非利士人；東征摩押；北伐亞蘭；南擊以東，戰無不勝，攻無不克。在立的約上，神多麼賜福他的國度。

以東與以色列原是弟兄，但兩族人常相廝殺。以掃就是以東，他只顧一時的情慾，因一碗紅湯而喪失了長子的名份，故以東在聖經裡是代表肉體。以東與以色列常相爭戰，就是羅馬書第七章裡所說的靈與肉之戰。一個已經因信稱義的人，還未成聖，他走在成聖的道路上，他的意志與肉體常相交戰，如保羅所說，「我也知道，在我裡頭，就是我肉體之中，沒有良善。因為立志為善由得我，只是行出來由不得我。故此，我所願意的善，我反不作；我所不願意的惡，我倒去作」（羅 7：18-19）。這就是「裡面人」，神的律與肉體的律常常在心裡交戰。就如以東與以色列，有時以色列得勝，以東人屈服；有時以東人興起，而且制服以色列人。但大衛在鹽谷擊殺以東一萬八千人後，以東人就歸服了他。

我們的主比大衛更大，祂是得勝的王，祂在十字架上戰勝了死神；戰勝了魔鬼；戰勝了罪惡和世界。祂的得勝是屬我們的，我們靠著祂就得勝以東；就得勝肉體；就得勝世界和罪惡。

19：1~20：3　這期間大衛兩次與約但河西的亞捫人爭戰，亞捫乃亞伯拉罕的侄兒羅得的後裔，在士師時代曾多次蹂躪以色列（士 3：13，10-11章）。這次大衛是為了報恩，派大員赴亞捫去悼拿轄王之喪。幼王糊塗，竟差辱來使，致使大衛派軍大敗亞捫和結合的亞蘭諸國聯軍。過了一年到列王出戰的時候，元帥約押再次圍攻亞捫首都拉巴，這次「大衛仍住在耶路撒冷」。歷代志作者沒有提起大衛與拔示巴犯罪的事，但用了一個「仍」字，就含有貶責之意，說大衛當戰事吃緊的時候，不該「仍住在耶路撒冷」。因為當人正圖享受安逸無事可做的時候，魔鬼就會替他找事做，大衛因此就失敗了。前線的大軍攻下拉巴（今約旦國首都安曼），奪得王的金冠冕和許多財物，又俘擄城裡的人從事鋸下，鐵耙下或斧下的各種勞工。

21 章　在這章裡，以斯拉寫書的目的，是要把大衛黃金時代所表現的

敬虔品德，灌輸給他那時代的人。像撒下 11-19 章裡所記那些敗壞行徑，則隻字不提，連 20 章示巴叛變也沒記載，把這段不光榮的日子跳過，就開始記述大衛晚年核點民數的事。這件事的平行經文記載在撒下 24 章裡。歷代志記數點民數是大衛唯一的過犯，大衛數點百姓本身並沒有什麼錯，錯在大衛這時依靠他的軍力而非倚靠神的應許，這就是罪。撒但去激動大衛，撒但只不過是神的工具，牠的破壞作為，正藉以成就神的旨意。但記此的目的不同，在撒母耳下 24 章說是因以色列王的作為（撒下 21 章掃羅的作為；撒下 24 章大衛的作為），神就對以色列發怒，重點放在神的怒氣和刑罰上。歷代志的重點則放在神的智慧和權能超越了人的愚昧和軟弱，使大衛因這過錯而決定了將來建造聖殿的基地。

　　大衛用六百舍客勒的金子，買下耶布斯人阿珥楠禾場的那塊地，不是撒下 24：24 記的，用五十舍客勒的銀子買禾場與牛的價錢，乃是買下「那塊地」，一塊比禾場更大的地。這塊地，不久所羅門就在上面建造了以色列人永久信仰中心的聖殿。

第六講　耶和華的聖殿　代上第 22~29 章

大衛因為是戰士，一生縱橫沙場，多流人血，耶和華不讓他親手蓋聖殿，甚至也不讓他在有生之日看見聖殿動工。但大衛卻一心繫念耶和華的殿，從此他盡心竭力地為建神的殿作預備。有關建殿的預備是多方面的：

1. 建殿所需（22 章）

大衛買下耶布斯人阿珥楠的禾場，就是亞伯拉罕獻以撒的摩利亞山上，在那裡獻祭。21：31 大衛說，「這就是耶和華上帝的殿」，果然後來所羅門就在這裡建聖殿（代下 3：1）。

22：1-4 「大衛吩咐聚集住以色列地的外邦人」，就是被征服地的居民，他們雖有自由之身，但無政治權利。大衛征集其中的石匠鑿聖殿的石頭，又「預備許多鐵」。那時正是鐵器時代的初期，鐵本是非利士人的專有，但非利士人已被大衛征服，故可任意征用。「又預備許多銅」，銅是大衛征戰的戰利品（參 18：8、：10-11），這些供建設的金屬，「多得無法可稱」。「又預備無數的香柏木」，這名貴的建築材料，是黎巴嫩山的特產，價格昂貴。大衛為他年幼嬌嫩的兒子所羅門—實則所羅門登基時已廿多歲了—要這樣一個少年人擔負起這偉大的建殿工作，勢必要為他充分預備。

22：5-15 大衛本想為耶和華建殿，但神不許，於是他囑咐所羅門說，「耶和華的話臨到我說」。這是在所羅門未出生前，神藉先知拿單對大衛說的話（17：4），「你……打了多次大仗，你不可為我的名建造殿宇，……你要生一個兒子，他必作太平的人，我必使他安靜，不被四圍的仇敵擾亂。他的名要叫所羅門，……他必為我的名建造殿宇。」太平的人；四境平靜；國泰民安，方可大興土木。

22：13 大衛說，「我在困難之中」。大衛盡心為神建殿作準備，所有奪得的戰利品，都歸耶和華為聖。積得金子十萬他連得，即一億二千萬兩；銀子一百萬他連得，相當十六億到十七億美元之價值（助讀本）；「銅和鐵，多得無法可稱」。金、銀、銅、鐵無數，和木、石，並匠人，大衛預備真是週到。

2. 利未人在聖殿中事奉的職位（23 章）

　　大衛熱心建殿，在他看來，聖殿不單是敬拜神的地方，更是國民生活的中心，立國之本。他不但預備建殿的材料，他也為殿內的行政與敬拜事奉作了完整的規劃。這是神權治國的組織，歷代志作者十分重視這個問題，宗教、祭祀比民事俗務重要，這是歸國之民應遵行的基礎。

　　大衛遵照民數記第四章的規定，數點利未人凡三十歲以上的，由於將來聖殿事奉需要人手很多，後來大衛將事奉的年齡從三十歲降到二十歲，可見動員人力之大。大衛將利未人分了班次，本章特別記載利未人的職任，將那三萬八千個利未人分成四組（23：3-5）：(1)兩萬四千人管理耶和華殿的事，協助祭司管理倉庫、器具、陳設餅與材料。(2)六千人作官長和士師，這是教導和審理民間紛爭之事。(3)四千人作守門的，維持秩序和殿院的安全。(4)四千人擔任唱詩班、音樂隊，用大衛所作的樂器，早晚頌讚耶和華。這是大衛的治國理想，主權屬乎神，王和臣民全都順服在神權之下，這是立國之本。歷代志作者對此特別強調，讓歸國之民緬懷先哲。

　　3. 祭司之職任（24 章）

　　亞倫和他兒子的祭司職份是神所立的。亞倫有四個兒子：拿答、亞比戶、以利亞撒、以他瑪。其中拿答、亞比戶因獻凡火早死，沒有留後。以利亞撒和以他瑪就繼承祭司職任。這時以利亞撒的子孫中有十六個族長，以他瑪子孫中有八個族長，大衛就將他們分作廿四班，每班一千人，按掣籤分班，輪流服事。一年有五十二個禮拜，減去逾越節、五旬節及住棚節三個大節日，是祭司共同事奉的四個禮拜外，餘下的四十八個禮拜，就由這廿四班平均分配，每年輪班事奉二個禮拜。這制度直到新約仍然沿用。其中第八班是亞比雅，施洗約翰的父親撒迦利亞就屬這一班（路 1：5）。至於利未的其他子孫，也跟著分班，協助祭司的聖殿工作。大概每班次有一千人，與祭司的班次相稱。

　　4. 聖殿的服事（25-27 章）

　　25：1　「大衛和眾首領分派亞薩、希幔並耶杜頓的子孫……。」他們分別屬於利未家族的革順、哥轄、米拉利三個宗族，叫他們在約櫃前任詩班班長。這三個家庭很可愛，亞薩有四個兒子；耶杜頓有六個兒子；希幔有十四個兒子、三個女兒。這三家的兒女，都歸他們的父親指教，遵主的旨意彈琴、鼓瑟、敲鈸、唱歌。「唱歌」聖經小字註原文作預言。舊約的

預言，許多是以詩歌體裁表達的，有許多詩歌包含預言的成份，特別是亞薩及其後裔所作的詩篇第 50、73-83 篇。這三個可愛的家庭都是全家擺上，快樂同心的服事神。每早晚唱詩、彈琴、鼓瑟、敲鈸，和樂融融，一心一意地愛神，也彼此相愛，多值得我們羨慕。有一幅中國對聯，對他們再合適也沒有了。對聯是「夫夫、婦婦、父父、子子、兄兄、弟弟，完斯人道」；「平平、安安、快快、樂樂、親親、熱熱，勝似天堂」。這才是榮耀神的家庭，但願我們也能如此擺上，成為美好的見證。

26：1-19　大衛分派分屬三個利未人的家族。可拉族的米施利米雅（：1-2）、米拉利族的何薩（：10）、俄別以東家族作守門的共九十三名成為四千名守門的班長，也是掣籤分班值勤的。不過他們掣籤不是決定事奉的時間，乃是決定事奉的地方。東門是王的進口，有六個守衛站；其他的門只有四個（26：17），第 8 節特別提到他們「都是善於辦事的壯士」。舊約的聖殿，是不許自由出入的，有的地方不許外邦人進去。耶穌時代的聖殿，牆上仍有許多石碑，是用希臘文和拉丁文寫的「不許外邦人進入，違者必死」。聖殿的門不許殘廢的人進去，不許不潔的人進去，守門的人要認真執行，就非得「壯士」不可。今天教會的監督、牧師、長老、執事，就是新約聖殿守門的人。他們的職任，就是要保持教會的聖潔，不許麵酵在教會裡去發酵；不許異端進來混亂教會的信仰，要有膽量維護真理，就需要善於辦事的壯士守門不可。

「利未子孫中有亞希雅，掌管上帝殿的府庫，和聖物的府庫」。上帝殿的府庫，是收集保管奉獻的出納金庫；聖物的府庫，是收藏保管從各處獲得的戰利品。

大衛的政府組織，反映大衛時代的蓬勃興盛，與以斯拉時代作人家的附庸與貧窮有天淵之別。這光榮的歷史，對那些歸回的人而言，卻有奮興的作用。

27 章是大衛治理以色列的方式，可分四部份：⑴大衛的國防軍有十二支軍隊，班長都是顯赫人物，多是卅勇士中的勇士。每支軍隊有戰鬥員兩萬四千人，輪流服役，一年服役一個月（：1-15）。⑵地方行政組織，設管理各支派的首領（：16-24）。⑶中央大臣分別管理王的財產府庫，也就是國家經濟、財政、國庫官員（：25-31）。⑷王的幕僚，即國策顧問、軍事

元帥，他們都分職負責。

　　5.聖殿的模式（28-29章）

　　大衛自從奠都耶路撒冷，就一心惦念著為耶和華建聖殿，而且一直為這件大事盡心盡力的作準備。當他快要與世長辭的時候，覺得對神的殿尚有未竟之功，所以「招聚以色列各支派的首領，和輪班服事王的軍長，與千夫長、百夫長……，都到耶路撒冷來」，對他們說明。

　　28：2　「我心裡本想建造殿宇，安放耶和華的約櫃，作為我上帝的腳凳。」腳凳，大概指施恩座，用來遮蓋約櫃，其上代表神與人相會的地方（出 25：20-21）。但作戰的手不能建殿，即使有組織和行政恩賜，也不定能建殿，建殿人是主的揀選。立國和立殿是兩回事，主要交付給兩個人。28：6「耶和華對我說，你兒子所羅門必建造我的殿和院宇」，故大衛除了預備材料之外，他並且照著神所指示他的，畫了詳細的聖殿圖形，以及一切陳設和器皿的圖形，並且將各物的樣式和分兩都清楚的指示出來。據他說，28：19「這一切工作的樣式，都是耶和華用手劃出來，使我明白的」。聖殿的樣式正如摩西的會幕，是來自天上神所默示的（出 25：9、40）。至於設備的項目及安排，乃救恩的預表，最後由基督所成就（來 8：5）。主親手劃給大衛，叫他知道他的本份，他這一生，乃是行完主託付他的旨意，不是他要作主的一切旨意。大衛的地位有若摩西，而所羅門是繼承大任的約書亞。他囑咐年幼嬌嫩的所羅門，28：20 說，「你當剛強壯膽去行，不要懼怕，也不要驚惶，因為耶和華上帝，就是我的上帝，與你同在。他必不撇下你，也不丟棄你，直到耶和華殿的工作都完畢了。」基督徒一生也是「各盡其職，建立基督的身體」（弗 4：12 下），建造靈宮。在少年時，開始建造就應當謹慎，立穩根基，凡事順服主。中年如建造聖殿，容易半途失落起初的愛心。中年也是最危險的時期，掃羅、大衛、所羅門都是在中年跌倒的。所以需要剛強壯膽去行，不要懼怕。老年人如同建殿快要完功，須要忍耐到底，要記得神與你同在，祂必不撇下你，也不丟棄你，直到耶和華殿的工作都完畢了。

　　大衛為建殿所預備的工程款，除國庫預備的金銀之外（22：13），他又把他私人一生的積蓄獻上。俄斐金三千他連得、銀子七千他連得，約分別值十一億加上一億六百萬美元。這樣龐大的數字，在古時社會的購買力而

言，實在太大了。又眾族長和各支派領袖，心被恩感，也獻上金子五千他連得，約值美金一億八千五百萬元（威克里夫註解）。還有一萬達利克，是波斯金幣，約等於四萬五千五百兩；銀子一萬他連得，約等於一千兩百萬兩；銅約等於一百三十五萬磅；鐵約等於七百五十萬磅，合三千七百五十噸（助讀本資料）。29：9 說，「因這些人誠心樂意獻給耶和華，百姓就歡喜，大衛王也大大歡喜」。

大衛回顧他一生，將一切榮耀權柄尊貴都歸給耶和華。大衛的人生觀是 29：15，「我們在你面前（神前）是客旅，是寄居的，與我們列祖一樣。我們在世的日子如影兒，不能長存。」那不朽壞的，是在天上。

「他們奉耶和華的命，再膏大衛的兒子所羅門作王」，正式登基。大衛作王四十年，歷史家用一句話總論他，29：28「他年紀老邁，日子滿足，享受豐富、尊榮，就死了。」我們可以用荀子的話評論他，「生則天下歌；死則天下哭」。也如保羅提後 4：7-8，「那美好的仗我已經打過了，當跑的路我已經跑盡了，所信的道我已經守住了。從此以後，有公義的冠冕為我存留。」他一生成功的祕訣，從年少到年老是信神；認識神；敬畏神；依靠神；順從神；服事神。大衛是我們的好榜樣。

第七講　所羅門的榮華　代下第 1~9 章

所羅門繼大衛作王，他的國力是最富足的，疆土是最廣大的，所建的聖殿是空前的，他在以色列歷史上最光輝閃耀。歷代志下 1-9 章所論所羅門的生平，在列王紀上 1-11 章我們已經討論過了。歷代志主要在記述他建殿的盛事，凡與聖殿無關和一些不光采的事，都被刪去，這對以斯拉時代歸回的百姓是最重要的。

歷代志下 1-9 章是記所羅門作王四十年的治績：

1. 所羅門在基遍見異象（第 1 章）

所羅門登基，深覺責任重大，自己能力微弱，故謙卑的先去基遍耶和華會幕朝見神。當夜神向他在夢中顯現，他向神求智慧聰明，好判斷眾民的是非，神收納他的祈求，應許不單賜他智慧聰明，並且賜他貲財豐富，尊榮且是空前絕後的。他從神那裡得了應許和能力，然後才回到耶路撒冷，治理以色列人，他成為最豐榮的王。這給我們一個教訓，聖經所記一些成功的僕人，都是在工作之前必須先朝見神。在神面前預備好了，工作才有能力。不要以為自己有學問；有聰明；有才幹；有經驗；有理想，就可以為神作大事。除非先在神前謙卑祈求，得到應許，不然就不能勝任。

2. 所羅門建聖殿（2-4 章）

所羅門最大的貢獻有兩方面：(1)是靈感的書，箴言、雅歌、傳道書。(2)是建造了宏偉的聖殿。今天對我們最重要的是那靈感的書，對以斯拉時代而言，聖殿是他們最憧憬的，有如曠野的會幕，故在前九章中，用了六章的篇幅來記述他建聖殿的事。

甲、預備（第 2 章）　建殿是神所指定的，主要的設計、樣式、材料、人才，是大衛已預備好了的，剩下來的，有待所羅門的組織推行。他徵召寄居境內的外籍勞工 153,600 人，後又徵召以色列人 30,000 人，工程之大可謂空前。又情商推羅王希蘭，禮聘戶蘭為總工程師，並繼續供應香柏木以供建殿。利巴嫩的香柏木自古著名，不會腐朽，遠勝以色列國土的木料，至今留存不多。2：5-6 所羅門說，「我所要建造的殿宇甚大，因為我們的上帝至大，超乎諸神。天和天上的天，尚且不足祂居住的。」所羅門對神的

觀念，他知道神的偉大，絕不會限制在聖殿裡。他看聖殿不過是神與人相會的地方，向人顯現的地方，是人敬拜、讚美、稱頌、感謝的地方。正如主對撒瑪利亞婦人所說，「你們拜父不在這山上，也不在耶路撒冷。」聖殿與禮拜堂只是同心敬拜；同聲讚美的地方，最重要的是「要用心靈和誠實拜祂」，因為祂是無所不在的。

　　所羅門對聖殿工程的理想標準很高，標準高的人，才能知道自己的缺少。所以他說，「誰能為祂建造殿宇呢？我是誰？能為祂建造殿宇麼？不過在祂面前燒香而已。」推羅王希蘭很合作，預備的工作完成了，建殿工作就開始了。

　　乙、建殿（3-4章）　3：1「所羅門就在耶路撒冷，耶和華向他父大衛顯現的摩利亞山上，就是耶布斯人阿珥楠的禾場上，大衛所指定的地方，預備好了，開工建造耶和華的殿。」阿珥楠禾場，是耶和華秉公施行審判的地方，在那裡「大衛舉目，看見耶和華的使者站在天地間，手裡有拔出來的刀。」（代上21：16）在那裡大衛穿麻衣俯伏在地，在神面前認罪求恩；在那裡神聽了大衛的禱告，收納了他的祭祀。那是一塊神聖的地方，在那上面建聖殿，就是將殿建在神的公義和慈愛基礎上，缺一不可。聖殿在歷史上幾經變易，現在那裡是回教奧瑪金頂回教寺，寺內除了一塊大石之外，什麼也沒有。基督教猶太教認那裡是主前2000年前亞伯拉罕獻以撒的地方，是他們的聖地。回教徒認為是亞伯拉罕獻以實瑪利的地方，是他們的聖地。一千多年來為這聖殿的地址，阿拉伯回教徒和猶太教基督徒相爭不下，從十字軍東征到現在，巴勒斯坦與以色列糾纏不清的爭執，都為這塊聖地。更可怕的，會因此演變成一次宗教大戰，把歷史推向世界末日。

　　這禾場給人一個美麗的傳說：有弟兄二人，兄有妻室兒女，弟尚未娶。兄則一心想助弟娶妻，弟卻想助兄養家。在夜裡兄將自己的禾捆偷偷地撒些去弟的禾倉中，弟也暗暗的將自己的禾捆投入兄的禾倉中，經常如此。因之兄弟的禾捆量都沒有減少，二人好生奇怪。一夜兄弟二人正相互暗送禾捆的時候，不期而遇，這才恍然大悟，二人抱頭大哭。這是彼此相愛的典範，聖殿就是建立在這基礎上。

　　所羅門建的聖殿與摩西的會幕相同，都是神的默示，是照天上的樣式。天有三層天，「天和天上的天」，第三層天是神的居所。聖殿亦分三進，第

三進是至聖所，神與人相會的地方；第二進是聖所；第一進是院子。主耶穌即從聖所出到院子，在院子的壇上為人獻祭犧牲。殿中所有物器都有預表「皆為美事的影像」，都有屬靈的意義。殿中的聖器與會幕不盡相同，所羅門的殿廊前，特別作了兩根銅柱，左右各一，右稱雅斤；左稱波阿斯（3：15-17）。銅柱分三部：(1)柱身；(2)柱頂；(3)柱的裝飾。柱身高，據王上7：15說，「每根高十八肘」，這裡說是兩根桐柱共高卅五肘。柱的周圍十二肘，中空，厚約三吋。柱頂是球形（王上 7：41），高五肘，柱頂柱身加起來約高四十肘。柱頂有網，上面刻有兩行石榴環繞，每行石榴一百個。右柱名雅斤，意即神要建設，堅固引導；左柱名波阿斯，意思是神是能力，或靠神得力。兩柱都有它的屬靈意義：

(1)它是紀念柱 記念古時神在曠野的雲柱火柱，如何帶領他們的祖先出埃及；過紅海；走曠野，四十年衣未破，腳未腫。雲柱起，即起行；雲柱停，即住下。柱左即往左，柱右即向右行，雲柱火柱是他們最大的倚靠，是他們信仰和能力的來源。現在建聖殿不得不記念神歷來的引導和所賜的能力。

(2)它是見證柱 大衛囑咐所羅門說，「這一切工作的樣式，都是耶和華用手劃出來，使我明白的。」（代上 28：19）聖殿的樣式都是照神所指示的樣式，在於表道成肉身的主耶穌，完全按照神的旨意完成了救贖大功，這是神的計劃。右邊雅斤柱在見證聖殿也是完全按照神的旨意完成的；左邊波阿斯柱就是見證殿是神的能力建成的。建殿不單完全按照神的計劃，且完全靠著神的能力。「若不是耶和華建造房屋，建造的人就枉然勞力。」（詩 127：1 上）

(3)它是行事為人的標準柱 銅是經過鍛鍊的，它是中空虛心的；它是立起來的不是躺下的；它是正直的；它是硬的；它是多結果子的。每柱頂網上有兩百個石榴，石榴是多子的。

(4)它是教會工作的指標柱 a. 不用人的方法；人的主意，專憑神的旨意服事。b. 不靠人的才能、聰明，要靠神的力量去建立教會。

4：1-5 他又製造一座大壇，這是人進入聖殿院內第一件接觸到的，是贖罪祭壇，就是基督代贖和立約的壇。殿門口又鑄一個銅海，是專為祭司沐浴用的，這是啟示人進殿朝見神；服事神，必須先潔淨。在新約裡這是

表重生，成聖的洗（多 3：5-7）。「人若自潔，脫離卑賤的事，就必作貴重的器皿，成為聖潔，合乎主用。」（提後 2：21）神的秩序是先聖潔，成為器皿，然後才得能力合乎主用，神絕不賜能力給不聖潔的人。

3. 獻殿（5-7章）

聖殿落成，將基遍的會幕、銅壇，又將約櫃搬進去，就將這殿獻給神，所有祭司、利未人都出來事奉。歌唱讚美的時候，5：13-14「那時耶和華的殿有雲充滿，甚至祭司不能站立供職，因為耶和華的榮光充滿了上帝的殿。」

(1) 這是一座榮美的殿（第5章）　所用的材料都極其華美，神的榮光充滿了殿，是神與同在。主耶穌是新約的聖殿，主的名字叫「以馬內利」，即神與人同在，所以約 1：14 告訴我們，「道成了肉身，住在我們中間，充充滿滿的有恩典有真理。我們也見過祂的榮光，正是父獨生子的榮光。」

(2) 這是一座禱告的殿（第6章）　6：21「你僕人和你民以色列向此處祈禱的時候，求你從天上你的居所垂聽。」不論人得罪了人，或你的民得罪了你，你懲罰他們。神因人有罪懲罰人，非不得已，神不願意懲罰。下面接著有七個請願（：22-39），可用約一 1：9 總括起來，「我們若認自己的罪，神是信實的，……必要赦免，……洗淨我們。」只要真心禱告，認罪悔改，神就赦免。這是禱告的殿，主耶穌潔淨聖殿時也說，「我的殿必作禱告的殿」，祈求就必得著。

(3) 榮光充滿的殿　獻殿時「有雲充滿，甚至祭司不能站立供職，因為耶和華的榮光充滿了上帝的殿」。7：1「所羅門祈禱已畢，就有火從天上降下來，燒盡燔祭和別的祭。」人有誠心，神有感應；人認罪，神赦免；人奉獻，神收納；人祈禱，神聽允。所羅門祈禱完畢，就有火從天上降下：a. 這火表神同在，燒盡祭物，神悅納了。b. 火象徵聖潔，燒盡祭物，就是燒盡我們的罪污。c. 火表與神相交，燒盡祭物，神享受了我們的祭物。d. 火表神的能力，五旬節聖靈降下，就有舌頭如火焰落在門徒們頭上，他們就被聖靈充滿，一天佈道就有三千人歸主。基督徒「豈不知你們是上帝的殿，上帝的靈住在你們裡頭麼。」（林前 3：16）我們幾時完全奉獻，幾時就可被聖靈完全充滿。幾時被聖靈充滿，幾時神的榮光就充滿。唯有被聖靈充滿

的人，方可顯出神的榮光來。

4. 所羅門的成就（8-9章）

所羅門四十年昇平之治，光耀奪目，豐富無比。主耶穌也曾說，「所羅門極榮華的時候」（太 6：29）。第九章示巴女王來訪，「見所羅門的智慧，和他所建造的宮室，席上的珍饈美味，群臣分列而坐，僕人兩旁侍立，以及他們的衣服裝飾，……又見他上耶和華殿的臺階，就詫異得神不守舍。」（9：3-4）這段經文表達出歷代志作者的信息，不單是看見王國的光華亮麗，乃在告訴歸回的百姓，以色列的國位，就是神的國位，以色列王乃是為神治國。9：26-27「所羅門統管諸王，從大河（北界）到非利士地（西界）直到埃及的邊界（南界）。王在耶路撒冷使銀子多如石頭，香柏木多如高原的桑樹。」這是所羅門王朝的總結，是美好的，值得歸回之民懷念。其他如華麗的王宮；奢侈的享受；荒唐的生活；嬪妃之眾多；去敬拜偶像，導致晚年的災禍，凡此有損於以斯拉神權政治目的的，一概沒有記入。一個完全遵行神旨意的王，是不應該有這些違背律法行為的。

我們讀了所羅門生平，得到些什麼教訓？

1. 他的表像

掃羅王的身材高大；大衛王的靈力壯大，所羅門則是頭腦很大。他大有聰明智慧，「在你以前的列王沒有，在你以後也沒有像你的。」

2. 他靈性的地位

掃羅是屬體的；大衛是屬靈的，所羅門則是屬魂的。他善於處理事務，也善於應付人際關係。連他在基遍的禱告也是屬魂的，他所求的智慧聰明是「我好在這民前出入，不然，誰能判斷這麼眾多的民呢。」（1：10）。

3. 他的宗教生活

掃羅是社會的；大衛是生命的，所羅門則是儀文的。

4. 他對人的態度

掃羅是自私的，只知為我；大衛是自制的，凡事求神旨意，所羅門則是自大的。他有過人的聰明，權大又位尊，自視為大，故中途失敗了。所幸暮年悔改，終於從屬魂的地步，進到屬靈的境地，給後世留下箴言、雅歌，和傳道書，以警後生。

第八講　第一次衰敗與復興　代下第 10~20 章

　　猶大國的歷史，像海浪般的起伏推進。從所羅門以下，大衛王朝由十九位男子一位女子統治。他們的個性不一，國家的命運禍福，大都決定於這些領導者。其中有六次衰敗，衰敗後又有復興。統一的王國分裂了，在人看來是人為的因素，但歷史的背後，卻是神在掌管一切。萬事之發生，也是神所允許的，最終要達成神的旨意。

　　1. 猶大國第一次失敗的兩個王：

甲、羅波安（10-12 章）　　他是所羅門之子，不是治國之料。生活在王宮，錦衣玉食，不知民間疾苦。登基雖已四十一歲，但幼稚得可憐，他是個失敗的王。因聽信惡少之言，口出狂妄的話回答人民代表，以致十個支派分裂出去立耶羅波安為王，另成立以色列國。10：15 說，「王不肯依從百姓，這事乃出於上帝，為要應驗耶和華藉示羅人亞希雅對尼八兒子耶羅波安所說的話。」這是一個歷代神學家、哲學家爭論不休的問題，一個是人的自由；一個是神的預定。舊約新約都告訴我們許多事實，一方面是人在自由行事，一方面又是神預先知道就預先決定，使萬事都互相效力，完成神的旨意，實現神的計劃。但聖經只宣佈事實，並不加以解釋。神能利用仇敵的忿怒，也能利用撒但的詭計，成就祂的計劃。如猶大之賣耶穌；祭司長們的嫉妒忿怒；彼拉多的懦弱不敢釋放耶穌，這都是出於人的自由，當時誰也不能解釋這樣的結果。但五旬節彼得被聖靈充滿，就明白了這個真理，於是告訴大眾說，主耶穌「既按著上帝的定旨先見（預知預定），被交與人，你們就……把祂釘在十字架上殺了（人的自由行事）。」（徒 2：23）。後來彼得在所羅門廊下又對眾人說，「上帝曾藉眾先知的口，預言基督將要受害，就這樣應驗了。」（徒 3：18）歷代志作者在新的亮光下，看見統一的王國分裂，也是神所預知預定以達成神的旨意，背後是由神掌管。猶大歷史的基本模式，就是宗教不斷的變質腐敗，罪惡不斷的根深蒂固，「以致耶和華的忿怒向祂的百姓發作，無法

可救。」（代下 36：16）

羅波安不只作了這椿蠢事，三年後又離棄他祖大衛的道，去學他母親拜偶像，「在各高岡上，各青翠樹下築壇，立柱像，和木偶。國中也有變童。」（王上 14：21-24）這樣觸動耶和華的憤怒，「羅波安王第五年，埃及王示撒上來攻打耶路撒冷，因為王和民得罪了耶和華。」（12：2）大軍壓境，猶大國危如纍卵，神差「先知示瑪雅去見羅波安，和眾首領，對他們說，耶和華如此說，你們離棄了我，所以我使你們落在示撒手裡。」所幸王和眾首領立刻自卑認罪悔改。屬靈的原則，就是人犯罪，神懲罰；人認罪，神赦免；人自卑，神拯救。神的愛是出於祂所立的約，神是信實的神。神見羅波安自卑，怒氣轉消，就說「我必不滅絕他們，必使他們略得拯救。」罪也不是輕易放過，「他們必作示撒的僕人，好叫他們知道服事我，與服事外邦人有何分別。」「於是埃及王示撒上來，……奪了耶和華殿和王宮裡的寶物，盡都帶走。又奪去所羅門製造的金盾牌……。」（12：9-12）可憐聖殿及王宮裡一切寶物，因羅波安離棄了他祖的神，就被敵人擄去。經此，羅波安雖然自強，作王十七年，但他的蓋棺定是「羅波安行惡，因他不立定心意尋求耶和華。」可嘆！

乙、亞比雅（13 章） 羅波安之子亞比雅，列王紀上稱他「亞比央」，在位三年，列王紀上說，「亞比央行他父親……行的一切惡，他的心不……順服耶和華他的上帝」。他是一個惡王，「然而耶和華他的上帝，因大衛的緣故，仍使他在耶路撒冷有燈光。」因此歷代志作者記他的事比列王紀上多三倍，但是有褒無貶。主要是一次與北國爭戰之前，兵力相差懸殊，因他在洗瑪臉山的一篇演說（13：4-12），大聲疾呼這是聖戰。一篇講演當然不能退敵，耶羅波安來勢洶洶，前陣軍勇，後設伏兵。「猶大人回頭觀看，見前後都有敵兵，就呼求耶和華，祭司也吹號。」猶大人同聲吶喊，當他們「吶喊的時候，神就使耶羅波安，和以色列眾人，敗在亞比雅與猶大人面前。……神將他們交在猶大人手裡。」這是一次奇異的勝利，他們呼求耶和華，「主啊！救我們。」祭司又吹號，猶大人齊聲吶喊，天上的神就伸出拯救的膀臂。那聲吶喊是信心的吶喊，有如耶利哥繞城第七天第七次完畢的一聲吶喊，他們就得

勝了。不是他們得勝，乃是神勝利了。

2. 第一次衰敗後兩個復興的王：

甲、亞撒（14-16 章）　亞撒是亞比雅之子，在位四十一年，他是第一個復興的王。亞撒即位，「國中太平十年」。依歷代志作者的觀察，太平盛事與秉公治國是因果的關係。因「亞撒行耶和華他上帝眼中看為善為正的事」，所以「國中太平十年」，這是神給他行第一次改革的時間（14：5-7）。他就盡除國內的一切偶像，因此神在：6，「國中太平數年，沒有戰爭，因為耶和華賜他平安。」：7 又說，「我們既尋求祂，祂就賜我們四境平安。」由此可見，國中太平；四境平安乃神的恩賜。神是萬有的主宰，祂掌管一切，因此，國之盛衰，都在乎君王和國人對神的態度，歷代志就在證實這個道理。猶大人何時尋求神；倚靠神；順從神，何時國家就享太平。何時背叛神，去拜偶像，何時內憂外患就紛至沓來。今天也是這樣，真理是不變的。

14：9-15　在亞撒去迎戰古實大軍之時，「亞撒呼求耶和華他的上帝，說，耶和華阿，惟有你能幫助……」。讓我們也提醒神，「惟有你能幫助」。當日攻擊亞撒的是軍兵百萬，戰車三百。亞撒和猶大人要抵抗古實大軍，有如螳臂當車，又無外援，所以他唯一的盼望就是神。可能你我需要或已有這種經歷，當各種難處蜂擁而來，屋漏偏逢連夜雨時，人的辦法已到盡頭了，只有專一投靠神。亞撒就是這樣，憑信心呼求，憑信心倚靠，果然古實人就敗在耶和華和祂軍隊面前，猶大人只要跟在後面揀拾掠物就是了。我們的神是活神，相信祂站在你我的難處中間，無論什麼困難，都會在祂面前逃跑。

15：1-6 上帝的靈感動亞撒利雅出來迎接亞撒王，對他說，「你們若順從耶和華，耶和華必與你們同在。你們若尋求祂，就必尋見。你們若離棄祂，祂必離棄你們」。這原是大衛勸告所羅門的（代上 28：9），亞撒利雅是從以色列的歷史印證這真理，「我若順從主，主必與我同在」；「我們若離棄了神，神也必離棄我們」。那時的人聽了神的話，就覺悟，就悔改，就順服了。「他們是盡心起誓，盡意尋求耶和華，耶和華就被他們尋見，且賜他們四境平安」。這段歷史在告訴我們，如何由亂世進到太平，全在乎通國上下

痛心悔改，去惡從善，除偶像；去強暴；歸向真神。

　　亞撒領受這話，就壯膽施行第二次宗教改革。從他在位十五年到卅五年，又有廿年的太平改革時間。他們立約盡心尋求耶和華，又貶他倡拜偶像的瑪迦太后的位。他雖有魄力和決心，「只是邱壇還沒有從以色列中廢去」。這是從所羅門以來，拜偶像的積習已深，雖除掉邱壇，總會死灰復燃。雖如此改革，但未竟全功。

　　亞撒雖是好王，可惜年老愚昧，他倚賴神卅五年，到了第卅六年，他卻變了。以色列王巴沙來攻，他不再求神卻去求人。他去求亞蘭王幫助，這是引狼入室，自取禍患。神差先知哈拿尼來警告他，提醒他，16：7-9「因你仰賴亞蘭王，沒有仰賴耶和華你的上帝，所以亞蘭王的軍兵脫離了你的手。……耶和華的眼目遍察全地，要顯大能幫助向祂心存誠實的人。你這事行得愚昧，此後，你必有爭戰的事」，不得平安了，不得太平了。他不單不懺悔求赦，自責求恩，反惱怒先知，把他收在監裡。其後亞撒腳痛甚重，他也只去求醫生不求神（16：11-14），因此死亡，至死不悟。這件事在教導我們，要終生倚靠主，不要學亞撒晚節不保，功虧一簣。

　　乙、約沙法（17-20章）　約沙法是亞撒的兒子，作王廿五年。亞撒完成了初步宗教改革，約沙法則更進一步除掉邱壇和木偶，並差遣大臣、祭司、利未人遍行各城，召集會眾，宣讀律法，教訓百姓，因此國勢尤盛於亞撒。17：3 說，「耶和華與約沙法同在，因為他行他祖大衛初行的道，不尋求巴力，只尋求他父親的神」。主耶穌也教導我們，「一個人不能事奉兩個主」，約沙法單單「遵行祂的誡命，不效法以色列人的行為」。所以耶和華堅定他的國，四圍列國都甚懼怕（：10），外族納貢（：11）。

　　約沙法是個好王，唯一的過失是與北國亞哈結盟。這是重蹈乃父與不潔的結盟的覆轍，又給他兒子約蘭娶了亞哈王的女兒亞他利雅為妻，後來幾乎給大衛家帶來覆亡（22：10，23：21）。亞哈又與約沙法結盟，發動基列的拉末戰爭，亞哈陣亡，約沙法幾乎陪葬。有此經歷，約沙法更進一步領民向善。

　　一件值得我們深受感動的事，當摩押、亞捫、米烏尼人（以東西珥山之一族）來攻，在眾寡懸殊之下，約沙法單單倚靠神的拯救。在國家遭受

危難時，若能在神面前自卑，悔改，完全倚靠神，必獲拯救。這一章是個典範的例子。歷代志作者特別給歸國，社區正遭受這些民族後裔威脅的以色列人，莫大的鼓勵。當時摩押、亞捫、米烏尼人的大軍，如蝗蟲般來，約沙法即宣告全國禁食。禁食表示倚靠神過於倚靠食物，使靈與內腑都得潔淨，好與主親近。

他們禁食先在聖殿的院子裡，抓住神的應許祈禱（20：5-9）說，「我們無力抵擋這來攻擊我們的大軍，我們也不知道怎樣行，我們的眼目，單仰望你」（：12）。這次參加祈禱的有「猶大眾人，和他們的嬰孩、妻子、兒女」，男女老幼甚至嬰孩，神不能不聽。

更奇怪的是約沙法出戰，不用武器，不靠兵力，「約法沙既與民商議了，就設立歌唱的人，頌讚耶和華，使他們穿上聖潔的禮服，走在軍前讚美耶和華」（20：20-21）。這是什麼戰術呀！因為耶和華的靈臨到利未人雅哈悉宣告，「因為勝敗不在乎你們，乃在乎上帝。……這次你們不要爭戰，要擺陣站著，看耶和華為你們施行拯救」（：15-17）。神在作事，人只要安靜觀看神的作為。當你安息在神的懷中，果然，奇異的事就發生了。「眾人方唱歌讚美的時候，耶和華就派伏兵擊殺那來攻擊猶大人的亞捫人、摩押人、和西珥山人，他們就被打敗了。因為亞捫人和摩押人起來，擊殺住西珥山的人，將他們滅盡，……之後，他們又彼此自相擊殺」（：22-23）。於是這支讚美的軍隊，就不戰而勝了。百姓不單靠主得勝，而且去收取戰利品，「珍寶……，多得不可攜帶，……直收取了三日」。因耶和華使他們戰勝仇敵，「這樣，約沙法的國，得享太平，因為上帝賜他四境平安」（：30）。

約沙因在陣前讚美神而得勝，這是我們的典範。今日我們的屬靈戰爭，何嘗不是憑信心頌讚神，靜靜觀看神的作為就得勝呢？約沙法一生行耶和華眼中看為正的事。所可惜的，與亞哈修陸，又為子約蘭娶了亞哈耶西別之女為后，又與亞哈同夥作生意，與不屬神的人同夥是何等的危險呢？保羅教導我們，「你們和不信的原不相配，不要同負一軛。義和不義有什麼相交呢？光明和黑暗有什麼相通呢？……你們務要從他們中間出來，與他們分別……」（林後 6：16-14）。

第九講　第二次衰敗與恢復　代下第 21~24 章

第一次復興的王約沙法，雖熱心宗教，戰勝列國，使衰敗的猶大國復興。但他作錯一件事，就是與亞哈結親，為其子約蘭娶了惡王亞哈的女兒亞他利雅為妻，於是種下了第二次衰敗的禍根。

1. 衰敗的王　約蘭、亞哈謝

21 章　約沙法有七個兒子，約蘭居長，因此王位由他繼承。約蘭作王八年，21：6「他行以色列諸王的道，與亞哈家一樣。」無惡不作，登基之初就先殺了他所有的同胞手足。約蘭的惡，與他的婚姻有關，「因他娶了亞哈的女兒為妻。」這事約沙法也要負責任，一事之差，後果可怕。但耶和華因大衛之約的緣故，「永遠賜燈光與大衛和他的子孫」。燈光指其血統、寶座、恩典、慈愛、看顧與憐憫。神有慈愛也有公義，因約蘭行耶和華眼中看為惡的事，四境就不得平安了。那時進貢屬國紛紛背叛，以東背叛，連立拿人也背叛。聖經的判語「因為約蘭離棄耶和華他列祖的神」。歷史教訓我們，神是萬有的主宰，一切權柄都從神而來。人若服從神，他以下的人也就服從他；人若叛逆神，在他以下的人也就背叛他。約蘭王離棄耶和華以後，以東、立拿人也離棄他，他的臣僕、人民也背叛他。這個真理叫我們看見，人服在神的權下，就得恩惠、平安、尊榮、豐足；若不服神權的管理、支配，就是動亂、恐怖、暴力、衰敗。

約蘭與妻亞哈女兒狼狽為奸，在猶大諸山建築邱壇，就是建巴力廟，「使耶路撒冷的居民行邪淫」。行邪淫有兩個意思：(1)外邦宗教常在廟中設男妓女妓，行宗教儀式時，就表演一些淫穢不堪的動作。(2)屬主的人，去拜偶像，就是不忠貞；行邪淫。約蘭誘惑猶大人，二者內容兼備。雖以利亞送信給他，預言不順服神會遭到即刻報應的後果，(1)戰敗；(2)妻兒被殺；(3)自己患病腸子墜落而死。但約蘭不肯悔改。於是，神激起非利士人和亞拉伯人來攻破耶路撒冷，擄掠王宮所有的財物，殺其嬪妃，戳其諸子，只剩下一個小兒子約哈斯，又名亞哈謝。還不止此，耶和華懲罰的手不縮，使約蘭腸子患病。可能是腸炎；可能是潰瘍；可能是癌症，日加沈重，最後脫肛而死。這個背棄神的惡王，他沒有留下什麼，他死了，聖經蓋棺論

定「他去世無人思慕」。可憐，沒有人記念他；沒有人懷念他；沒有人佩服他；沒有人愛慕他，連埋葬都沒有把他葬在列王的墳墓裡。

22 章　惡王約蘭死了，他的兒子都被亞拉伯人殺了。他殺人的兒子，人也殺他的兒子，只剩下小兒子亞哈謝，於是亞哈謝就作了王，「登基的時候年四十二歲」。這是抄寫的小錯誤，王下 8：26 說他是廿二歲，有抄本也是廿二歲作王，是正確的，否則比他父親還大了。他在耶路撒冷作王一年，他也是個壞胚子，壞樹結不出好果子來。因為他的母親亞他利雅是暗嫩的孫女，亞哈耶洗別的女兒。她太后的勢力極大，宗教學北國，與北國親密，因此「亞哈謝也行亞哈家的道，因為他母親給他主謀，使他行惡」。這就完了，5 節「他聽從亞哈家的計謀，同以色列王亞哈的兒子約蘭往基列的拉末去，與亞蘭王哈薛爭戰。」約蘭王受傷回耶斯列，亞哈謝去探舅父約蘭的病，結果被耶戶殺了。聖經說，「這是出乎神」。

這一章成了歷史的鑑戒，說明神在掌管歷史，犯罪就帶來嚴重的刑罰。

22：10　「亞哈謝的母親亞他利雅見他兒子死了，就起來剿滅猶大王室。」「亞他利雅篡了國位」，自立為王，以確立其母耶洗別信奉的巴力為猶大的國教。在猶大國悠久的歷史上，一直是大衛的子孫作王，亞他利雅是唯一中斷大衛王朝的人，威脅到大衛王朝的延續。但神是歷史的掌管者，她只作王六年。在這六年中，她不但將猶大家殺戮殆盡，且拆毀了聖殿，將神殿的柱石等物，為巴力建廟，且以聖器去供奉邪神，比她母親耶洗別更惡。她若真達到目的，猶大國就會為北國的暗利王朝所吞滅了。

神的道路高過人的道路，神的意念高過人的意念。在亞他利雅剿滅王室的關鍵時刻，約蘭的女兒，亞哈斯的妹子約示巴將亞哈斯唯一留存的一歲嬰兒約阿施從那被殺的王子中，冒死偷抱出來，把他和他的乳母都藏在臥房裡。這約示巴因是大祭司耶何耶大的妻子，因此能把這剛一歲的嬰兒約阿施藏在聖殿裡六年，使神給大衛所應許的不致落空。

2. 中興王約阿施

23：1　「第七年耶何耶大奮勇自強……」，他策動一次革命，密謀連絡，精心策劃，用迅雷不及掩耳的手段，擁護七歲的王子約阿施，「給他戴上冠冕，將律法書交給他，立他作王。」推翻亞他利雅政權，於是「國民都歡樂」，革命成功了。研究世界革命歷史的都注意到一件事，偉大的革命

領袖，如耶何耶大、英國的格林威爾、美國的華盛頓、中國的孫中山，他們都有堅強的宗教信仰，都是禱告敬拜神的人。他們的成功不是偶然巧合，正因為他們信靠神，神就藉他們成就大事。「耶何耶大，與眾民，和王立約，都要作耶和華的民。」耶和耶大忠心輔佐幼王，恢復神權政治，於是眾民都拆毀巴力廟，打碎壇和像，殺了巴力祭司，向耶和華獻祭，照大衛所訂立詩班歌頌神。

約阿施作王四十年，「行耶和華眼中看為正的事」，因而國政與宗教為之復興。

約阿施四十年的統治就是猶大歷史的縮影，早期約阿施在耶何耶大輔佐下行公義，服事耶和華，重修聖殿，獻祭。然而後期卻離開耶和華和祂的殿，又殺害責備他的先知，可想結局是招來刑罰了。

約阿施重修聖殿，是他最大的功績，正是我們服事教會的教訓。聖殿破壞之原因，一是天然的因素；一是人為的因素。天然的原因，自所羅門建殿至此，已 150 年了，時日已久，難免有破損之處，如不及時修理，會越來越嚴重。人為的因素是「因為那惡婦亞他利雅的眾子曾拆毀神的殿，又用耶和華殿中分別為聖的物供奉巴力」（24：7），使得聖殿必須修理。不但有形的殿如此，那無形的殿亦如此，需要及時修補破口，「只是利未人不急速辦理」，是他們怠忽職務。今天的教會，也時遭人為的摧殘。我們這些君尊的祭司們，眼看教會屬靈的景況荒涼，教會被世俗侵蝕；教會被異端破壞，能不急起「各盡其職，建立基督的身體」（弗 4：11-12）？

約阿施不因乃父乃祖惡行之影響，竟出令重修聖殿，值得我們喝采。但他後面的動力，則出於一位老成的顧問耶何耶大。他自幼住在聖殿裡受他教養，其後又受他輔佐朝政，建議他；勉勵他；警告他，使他時時以神的事為念。所以當「耶何耶大在世的時候，約阿施行耶和華眼中看為正的事。」神殿修復，正表明宗教與國家復興。所以，約阿施是個好王。

惜乎約阿施的善政，完全依賴人的佐力，而不是發自獨立的善行。所以大祭司耶何耶大死後，他的佐力消失，就受惡人的引誘，離棄耶和華他們列祖上帝的殿，去事奉亞舍拉和偶像去了。

歷史的印證，凡離棄耶和華上帝的，神的忿怒就會臨到。不過，神仍會差遣先知去警告他；引導他，無奈他卻不聽。以色列不聽從耶和華的先

知，最終就導致滅亡。

24：20　「那時上帝的靈感動祭司耶何耶大的兒子撒迦利亞」，照原文直譯是「神的靈穿著撒迦利亞」。撒迦利亞如同一套衣服，為聖靈穿上，外面看著是撒迦利亞，裡面主持一切的，卻是聖靈。因為撒迦利亞那麼絕對順服聖靈，聖靈使用他的口說話；使用他的腳走路；使用他的手辦事，可以說他活著就是聖靈，因為聖靈在他裡面活著。聖靈藉撒迦利亞對眾民說，「上帝如此說，你們為何干犯耶和華的誡命，以致不得亨通呢？因為你們離棄耶和華，所以祂也離棄你們。」這是審判的預言。那些叛逆的人怎聽得進去？這是講直話；說真理，是些得罪人的話，果然激起頑硬之人的忿怒，就如耶穌時代的情景。因此，「眾民同心謀害撒迦利亞」。於是，眾人「就照王的吩咐，在耶和華殿的院內，用石頭打死他」了，這是被聖靈穿上所付出的代價。後來耶穌在馬太福音 23：35 對法利賽人說，「叫世上所流義人的血，⋯⋯從義人亞伯的血起，直到你們在殿和壇中間所殺的巴拉加的兒子撒迦利亞的血為止。」這撒迦利亞不是撒迦利亞書的作者。歷代志在希伯來聖經內是最後的一卷，撒迦利亞是舊約先知，最後殉道的一位。主說從創世紀的約伯到撒迦利亞為止，包括了舊約中一切被殺的義人。巴拉加可能是耶何耶大的另一名字，耶何耶大也可能是祖父，死時已 130 歲了，巴拉加可能是撒迦利亞的父親（參 John A. Broadus 包德士馬可福音註釋　浸信會出版部）。聖靈穿在撒迦利亞身上，撒迦利亞就為神所用。我們願不意聖靈穿在我們身上？我們作基督徒，就是作神的僕人，你是願意使用聖靈？還是願意聖靈用你？

約阿施不念曾冒死救他性命的姑姑約示巴和姑丈耶何耶大養育輔佐的恩情，竟然將他們的兒子在聖殿裡用石頭打死了，何其忘恩負義？他既離棄了神，神也離棄了他。一年之後，神藉亞蘭一小隊軍兵來攻破耶路撒冷，殺了民中那一批引誘約阿施作惡的首領，又擄掠了許多財物。臣僕對約阿施殺恩人的兒子撒迦利亞非常不滿，也背叛了他，把他殺了。「撒迦利亞臨死的時候，說，願耶和華鑒察伸冤。」這豈不是神為撒迦利亞伸冤了？天網恢恢，疏而不漏。

第十講 第三次衰敗與恢復 代下第 25~27 章

1. 亞瑪謝王的衰敗（25 章）

亞瑪謝算是個好王，但他是個無誠心的王，因驕傲而失敗了。這章歷史與列王紀上 14：2-20 大體相同，中心部份是兩場戰爭，我們可以從其中學到教訓。第一場戰爭大勝以東，是因他順服神的緣故（：5-16）；第二場戰爭被北國打敗，是因他戰勝以東後，竟把他們的神像帶回國敬拜。

亞瑪謝登基年廿五歲，登位之初，表現出一個好王的模樣。歷史家評定說，「亞瑪謝行耶和華眼中看為正的事，只是心不專誠。」心不專誠，就會變樣；心不專誠，就會變調，就會變質。他的一生，初登位時也遵守律法，聽從先知的話。不久就驕傲自大，倒行逆施，被殺以終。他的一生可分三個階段：

(1) 初期勉遵神旨

a. 他為父報仇，把殺他父王的臣僕殺了，卻沒有治死他們的兒子。「是照摩西律法書上耶和華所吩咐的，說，不可因子殺父，也不可因父殺子，各人要為本身的罪而死。」（參申 24：16）看來中規中矩。b. 他召集猶大軍兵 30 萬人，覺得還不夠，又用銀子 100 他連得（等於 12 萬兩）從以色列中召募了 10 萬傭兵，都是大能的勇士，預備作戰。這時，神差遣先知來傳神的話，說：「不要使以色列的軍兵與你同去，因為耶和華不與……以法蓮的後裔同在。」以法蓮指北國以色列，因為他們是去拜金牛犢和巴力、亞舍拉的。並且警告他，「你若一定要去，……上帝必使你敗在敵人面前。」亞瑪謝當時遲疑不決，是因為他已花了 100 他連得的銀子，若不用他們，所投的資就泡湯了。這是一筆很大的損失呀！先知的回答，也正是給我們基督徒在生活上應遵守的原則，說「耶和華能把更多的賜給你」。因此亞瑪謝遵守神的吩咐，不計損失，遣散了那 10 萬勇士。他出去與西珥人作戰，殺了以東人一萬，又生擒了一萬，把他們甩在崖下，他果然得勝了。

這給我們一個教訓，許多基督徒遇到的難處和亞瑪謝相同。明知當守主日放下工作去教會敬拜神，如此就必須停止作生意，不能去加班，金錢上就要受到損失，於是就遲疑不決了。你應當記取這個原則，「神能把更多

的賜給你」。我認識一對基督徒夫婦，他們開餐館，為了主日敬拜神，就高掛今日停業。他們發現，神開出的支票，真的兌現。一個禮拜只作六天生意，收入比七天還好。神是信實的。

(2)可惜亞瑪謝不久就背離神

最愚昧的是征服了西珥人（以東人），奪了以東人的首都西拉，即彼得拉，「殺了以東人回來，就把西珥的神像帶回，立為自己的神，在他面前叩拜燒香。」燒香就是獻祭。亞瑪謝為什麼這麼愚昧？他的思想錯誤，與現今有些人的錯誤思想一樣。他承認耶和華是至高的神，但只是眾神明中的一位神。他勝過以東，就是耶和華勝過以東的神。以東的神被打敗了，但他認它們仍然是神明之一，因此把它們神像帶回耶路撒冷，等於剝奪了以東人的幫助。在亞瑪謝看來，即使被擄的神明也是神明，還是應受尊敬。這和有些初接受福音的人，他們信耶穌，信仰還膚淺的時候，仍然沒有完全丟掉從前他們所拜的偶像，這是非常危險的。十誡的第一誡就是「除我以外，不可有別的神。」主耶穌也教訓我們，「一個人不能事奉兩個主，不是惡這個愛那個，就是重這個輕那個。」（太 6：24）這是絕對不可以的。因此，耶和華的怒氣向亞瑪謝發作。慈愛的神仍然差先知去警告他，說：「這些神不能救它的民脫離你的手，你為何尋求它呢？」詩篇 115：4-7 也警告世人，「他們的偶像，是金的銀的，是人手所造的。有口卻不能言，有眼卻不能看。有耳卻不能聽，有鼻卻不能聞。有手卻不能摸，有腳卻不能走。」它不過是個偶像而已，為何糊塗去拜它們呢？無奈亞瑪謝不但不聽，不知悔改，反而斥責先知，這是愚昧透頂了，國家、宗教、道德，能不衰敗？

(3)亞瑪謝無故向以色列國挑釁

25：17　亞瑪謝殺敗以東，洋洋得意，以為舉世無匹，就差使者去見「以色列王約阿施說，你來，我們二人相見於戰場」，這是下戰書。約阿施也差人來對亞瑪謝極盡羞辱的說了一個比喻，（：18-19）「利巴嫩的蒺藜，差遣使者去見利巴嫩的香柏樹，說，將你的女兒給我兒子為妻。」這是門不當，戶不對。香柏樹高大、高貴，蒺藜是長刺的矮樹叢，沒有使用的價值，居然想高攀，娶香柏木女兒，意即自不量力，是自取羞辱。你以為「打敗了以東人，你就心高氣傲，以致矜誇」，算了，還是在家裡安靜安靜吧，「為何要惹禍使自己和猶大國一同敗亡呢？」這比喻的中心教訓，就是「驕

傲在敗壞以先」（箴言 16：18）。聖經說，「亞瑪謝卻不肯聽從，這是出乎上帝。」果然，一戰亞瑪謝大敗，自己被俘，又被拆毀了耶路撒冷城牆六百公尺，又將聖殿的金銀和器皿並王宮的財寶都拿去了，這真是自取其辱。最後臣僕背叛了他，在拉吉把他殺了。這是亞瑪謝拜偶像受到的懲罰。

　2. 烏西雅的復興（26 章）

　烏西雅是猶大國中屈指可數的好王之一，他十六歲登基，在猶大作王五十二年，多行善政，且有智能。作者將他歸納為兩個階段，蒙福與盛興；犯罪與敗亡。

　在前面很長的一段時間裡，他都行耶和華眼中看為正的事。因有通曉神默示的撒迦利雅輔佐他，他就定意尋求耶和華，耶和華神就使他亨通。他戰勝敵國非利士、亞拉伯人、米烏尼人（：6-7），他的名聲遠播，傳到埃及，亞捫人也向他進貢（：8）。他大興土木，在耶路撒冷建築城樓，又在曠野與高原建望樓（：9-10）。他振興畜牧和農業（：10），他積極建軍共307,500 人，都是大能的勇士。又改良軍備，有盾牌、鎗、盔甲、弓，和甩石的機弦，又發明射箭發石的機器。在這第一階段裡，猶大國和以色列國（耶羅波安第二統治）的疆土，幾乎像所羅門時代一樣，「因為他得了非常的幫助，甚是強盛。」

　26：16　聖經說，「他既強盛，就心高氣傲，以致行事邪僻」，邪僻就是行事不正當，「干犯耶和華他的上帝」。可惜，這麼一個好王，前半生「因為他得了非常的幫助，甚是強盛」，及至後半生末了，卻「心高氣傲」。他的強盛是因「得了非常的幫助」，就是神的幫助，他卻自以為了不起，勝利沖昏了頭；名氣沖昏了頭；成就感沖昏了頭，就心高氣傲，不將榮耀歸給神。這給我們很嚴重的警告，許多人都是這樣失敗的，烏西雅是我們的鑑戒。

　烏西雅因驕傲忘了自己的身份，就進殿去要燒香，這是不可以的。神給君王的職務是治國牧民；神給祭司的職務是事奉祂，君王與祭司的職務一直是分開的，不能僭越，到基督身上才合而為一。聖殿香爐前燒香是祭司的事，烏西雅要強行燒香，雖有大祭司撒利雅率領八十位勇敢的耶和華祭司阻擋他，他手拿香爐向祭司發怒。他向神的僕人無理發怒，神必不緘默，按摩西律法，擅自進殿的必被治死。就在這個時候，神就刑罰他，「額

上忽然發出大痲瘋」，他長了大痲瘋，而不是患別的病。因為大痲瘋是表罪污，是人人最憎惡的病。長大痲瘋的，無論尊卑都必須與人隔離，不准與人來往，因此烏西雅就被獨居在別的宮裡，直到死時。死後也沒有葬在列王的墳地裡，而是另外埋在「王陵的田間」，因為他染了大痲瘋，似乎死後也要隔離，真是一失足成千古恨了。

3. 平安的王約坦（27 章）

他是烏西雅的兒子，廿五歲登基，作猶大王十六年。他是蒙神喜悅的，他「行耶和華眼中看為正的事，效法他父親烏西雅一切所行的，只是不入耶和華的殿。」烏西雅入殿燒香之前，所行的都是善。人往往對一個成功的人崇拜，所取法的只見其長，不見其短。效法他的長處，也效法他的短處。約坦則不然，他很有智慧，只效法他父王的長處，不效法他父的短處，故他「只是不入耶和華的殿」。他很守分際，從他父親學到教訓，不再重蹈覆轍，所以約坦是一個少有瑕疵的好王。但「百姓還行邪僻的事」，約坦雖自己在耶和華跟前行正道，可是百姓還在邱壇獻祭燒香，他沒有強力禁止，這是他一生唯一的一點瑕疵。往往待己雖嚴，而待人過寬，不能糾正其錯誤，也不是美事。

約坦的人生是成功的，勝利的。本章補充列王紀下 15：32-38：(1)特別提到他的建築（：3-4）。耶和華殿的上門，是殿的北門。在俄斐勒城上多有建造，俄斐勒在聖殿之南和部份舊大衛城北部。(2)戰勝亞捫人（：5）。亞捫人進貢 100 他連得銀子，約等於 12 萬兩；「小麥一萬歌珥，大麥一萬歌珥」，一萬歌珥等於 220 萬公升，這是一筆很大的財富，三年都是如此，所以約坦是平安王。他能有這樣的成就，都是：6 告訴我們，「約坦在耶和華他上帝面前行正道，以致日漸強盛。」所可惜的，他年僅四十一歲而中道崩殂，沒有能大展其才貢獻國家，也沒有在宗教上大有作為。

第十一講　第四次衰敗與復興　代下第 28~32 章

天下事，使我們最困惑的是父子祖孫之間，善善惡惡有如天壤之別。以最善的烏西雅、約坦，竟生出最惡的亞哈斯；以最惡的亞哈斯，又生出極善的希西家；以極善的希西家，又生出極惡的瑪拿西、亞們；以極惡的亞們，又生出最最善的約西亞。以現代人類有限的生理學知識解釋，細胞中的脫氧核糖核酸 Deoxyribonucleic Acid，簡稱 DNA，裡面有許許多多遺傳單位，叫基因。這許許多多的基因，經生殖細胞傳遞給下一代，有的承繼於父系；有的承繼於母系；有的隔代遺傳，因此才會發生善惡不同的血係。因人類基因共同的遺傳就是罪，都承繼了亞當的罪性，想必只是顯性與隱性的區別而已。

1. 亞哈斯的衰敗（28 章）

亞哈斯是最好王約坦的兒子，登基才廿歲，在耶路撒冷作王十六年，聖經說，「不像他祖大衛行耶和華眼中看為正的事，卻行以色列諸王的道」。他根本的失敗是背叛神，「造巴力的像，……並在邱壇上，山岡上，各青翠樹下獻祭燒香」，又「將神殿裡的器皿都聚了來，毀壞了，且封鎖耶和華殿的門。……又在猶大各城建立邱壇，與別神燒香。」他的心也很殘忍，竟「在欣嫩子谷燒香，用火焚燒他的兒女。」欣嫩子谷在耶路撒冷城西南，與汲淪溪相連。燒香就是獻祭，焚燒兒女叫「經火」，就是將自己的兒子用火活活燒死，向亞捫的神摩洛獻祭。這殘忍拜邪神之地，後來約西亞將它污穢，改為垃圾場（王下 23：10），每天那焚燒垃圾的永不熄滅之火，就成為地獄的象徵（可 9：44-48）。

亞哈斯一生作惡多端，按照歷代志作者對「即時賞罰」的看法，「所以耶和華他的上帝將他交在亞蘭王手裡，……打敗他，擄了他許多的民，帶到大馬色去。」接著，「上帝又將他交在以色列王手裡，以色列王向他大行殺戮。」殺了猶大人十二萬，並擄去廿萬，「又掠了許多的財物，帶到撒瑪利亞去了。」戰敗是神的刑罰，神不同在就會失敗。以色列與猶大雖是同胞，但南北國百餘年來彼此為敵，以色列人本可藉此報仇，以猶大俘虜為奴婢，但有先知俄德出來傳神的話，不能以同胞為奴，要釋放他們。以色

列人就遵神的話，見「其中有赤身的，就⋯ 拿出衣服和鞋來，給他們穿。又給他們吃喝，用膏抹他們。其中有軟弱的，就使他們騎驢，送到棕樹城耶利哥他們弟兄那裡。」有解經家認為，這就是主耶穌說好撒瑪利亞人比喻的背景，這是實踐愛仇敵的教訓，「若餓了就給他飯吃，若渴了就給他水喝。」（箴 25：21）這給我們上了一課，當我們遇到與你作對的人時，是抓住機會以眼還眼，以牙還牙呢？還是不報復，也不還手，也不理他，也不為他禱告呢？基督徒更可趁機向他行善，為他禱告。當然這不會是樂意做的，但這是基督徒的本份，可以勉力去作，主會幫助我們融化對頭的心，自己就會得到喜樂。

「因為以色列王亞哈斯在猶大放肆，大大干犯耶和華，所以⋯⋯」，就國勢日衰，以東人、非利士人趁火打劫，四面皆敵，只得向亞述求救。這是引狼入室。亞述王提革拉毘尼色不但「沒有幫助他，反倒欺凌他」，奪去耶和華殿裡和王宮中並首領家內的財物，這都是「因為他們離棄了耶和華他們列祖的神」所招來的禍。亞哈斯死了，他是繼約蘭、約阿施，未能葬入以色列諸王墳墓中得哀榮的王。

2. 希西家的復興（29-32 章）

希西家是個中興的明主。歷代志作者對希西家王的事蹟記述，佔了整整四章。除了大衛、所羅門外，他是最多的。比列王記下 18-20 三章要長，二書的平行經文不多，各記重點不同。列王紀下偏重希西家的政治豐功偉績，而歷代志下則將重點放在宗教改革。單記他的宗教革新、全國靈性大復興，就佔了整整三章。尤其使全以色列民代表都到耶路撒冷一起守逾越節一事，是所羅門王以來的第一次，因此歷代志作者看他的地位有若所羅門第二。這時北國已亡於亞述，歷代志把讀者帶到國家未分裂前的景況，幫助歸回之民重睹以色列統一之局，和一個欣欣向榮重生了的國家。

（1）先開殿門（29 章）

「希西家登基的時候，年二十五歲。」一個剛成熟的青年，竟未受父王亞哈斯的惡行污染。王下 18：5 說他「倚靠耶和華⋯⋯在他前後的猶大列王中沒有一個及他的。」他「行耶和華眼中看為正的事，效法他祖大衛一切所行的。」

29：3-5　希西家作王的第一年第一月第一件事，就開了叛徒亞哈斯封

閉了的耶和華殿的門，重新修理破損之處，包括覆上金子，又召眾祭司和利未人來，激勵他們先要潔淨自己，然後才能潔淨聖殿。教會的復興是先求聖靈復興我，「從聖所中除去污穢之物」，指那些拜偶像之物、所獻的祭品、所用的器具，凡不應放在聖殿中的物件，都是不潔，都應當除去。又說明宗教復興之重要：「我們列祖犯了罪，行耶和華我們上帝眼中看為惡的事，離棄祂，轉臉背向祂的居所，封鎖廊門，吹滅燈火，不在聖所中向以色列上帝燒香，或獻燔祭。」「轉臉背向祂的居所」指那些列王惡行悖逆神；「封鎖廊門」是不與神交通；「吹滅燈火」得不到神的光照；「不燒香」即不禱告；「不獻祭」是不屬於神，這是腐敗透頂了。作基督徒若也是這樣光景，背向神，不去教會敬拜；不祈禱；不讀經；不得神光照，他還算是個基督徒嗎？

(2)動人的屬靈演講

29：8-11 「因此，耶和華的忿怒臨到猶大和耶路撒冷，將其中的人拋來拋去，令人驚駭，嗤笑，正如你們親眼所見的。所以，我們的祖宗倒在刀下，我們的妻子兒女也被擄掠。」過去的罪孽帶來如此的悲慘、苦難，但若回轉，重新歸向神，對神盡忠，這些苦難必轉為祝福。如領袖悔改，教會就不怕不復興了。這是作者勸勉歸回之民要革面洗心，重新出發。

29：12-19 於是利未三大宗族：哥轄、革順、米拉利的子孫；以利撒反（摩西時是哥轄的孫子，民3：30）的子孫；司歌唱的亞薩、希幔和耶杜頓的子孫，便起來先潔淨自己，然後進去潔淨耶和華的殿，將亞哈斯的偶像和污穢的器皿搬到汲淪溪邊去。他們用了七天清理外院，又用八天清潔正殿。於是希西家就上殿去為國為殿為猶大人獻贖罪祭，又吩咐在壇上獻燔祭。「燔祭一獻，就唱讚美耶和華的歌，用號，並用以色列王大衛的樂器相合。會眾都敬拜，歌唱的歌唱；吹號的吹號，如此直到燔祭獻完了。」（：27-28）

這一段古史，可以作我們今日的教訓。古人獻燔祭，是獻牛羊，要完全燒掉。祭物擺上焚燒，大家並不感到可惜，又損失了幾隻牛羊。乃是燔祭一獻，大家就唱歌作樂，歡欣鼓舞。現今獻祭之禮已廢，但祭禮的原則卻永遠常存。我們今天獻的燔祭，就是保羅勸我們的，「將身體獻上，當作活祭，是聖潔的；是上帝所喜悅的。你們如此事奉，乃是理所當然的。」（羅

12：1）我們將全人獻身歸給神就是獻燔祭，不要把獻身作燔祭當作是基督徒的義務，它也是一種權利。是權利就要甘心，就要樂意，無論遭遇何事，沒有怨言；沒有後悔；沒有眼淚；沒有勉強，才是主喜悅的。

（3）全國大復興（30 章）守逾越節

「希西家差遣人去見以色列和猶大眾人」，這時北國已被亞述滅亡了，大批以色列人被擄去亞述，未被擄的人仍留在以色列境內。希西家「又寫信給以法蓮和瑪拿西人，叫他們到耶路撒冷」來守逾越節，這是北國歷史上史無前例的。這封信充滿了同胞愛，滿了同胞的關懷，親筆寫信有一種特別感人的力量，他勸那離家的浪子回到神的家吧。

30：7-9 「你們不要效法你們列祖，和你們的弟兄，他們干犯耶和華他們列祖的神，以致耶和華丟棄他們，使他們敗亡，……你們若轉向耶和華，你們的弟兄和兒女，必在擄掠他們的人面前蒙憐恤，得以歸回這地。」逾越節是一年三大朝聖節之首，應當是亞筆月（被擄歸回後叫尼撒月）正月十四日，現在為了籌備充裕，和旅行時間充分，特別訂在二月，延遲了一個月，也是律法允許的（民 9：10-11）。

30：13 「二月，有許多人在耶路撒冷聚集，成為大會，要守除酵節。」「除酵節，又名逾越節。」（路 22：1）除酵，顧名思義是將酵除盡，酵在聖經裡代表罪、不義、不潔、敗壞。在吃逾越節羊羔之前，必須將所有的罪除去，但參加的人中有些（可能來自北國）沒有做到禮儀上的潔淨，也吃了逾越節筵席，希西家就為他們禱告求神饒恕，「耶和華垂聽希西家的禱告，就饒恕百姓。」因為聽命勝於獻祭，百姓在耶路撒冷大大喜樂，守節七日又延了七日。

30：25-26 猶大全會眾及以色列各地來的會眾，盡都喜樂。「這樣，在耶路撒冷大有喜樂，自從以色列王大衛兒子所羅門的時候，在耶路撒冷沒有這樣的喜樂。」

（4）恢復宗教常例（31 章）

宗教定例已多年廢掉，此時再恢復。希西家派定祭司利未人的班次，按職獻祭，重建大衛所設立的敬拜禮制。至於這些專職事奉人員的生活，希西家「又吩咐……百姓，將祭司利未人所應得的分給他們，使他們專心遵守耶和華的律法。」於是以色列人就遵守律法的什一奉獻（利 27：30-32，

民 18：21-24），「把初熟的五穀、新酒、油、蜜，和田地的出產，多多送來，又把各物的十分之一，送來的極多。……也將牛羊的十分之一，並分別為聖歸耶和華……之物，……盡都送來積成堆壘。從三月（相當於陽曆五、六月割小麥季節）積起，到七月（住棚節相當於陽曆九、十月收藏果實的時候）才完。」這次靈性大復興，眾民都甘心奉獻，祭司們「不但吃飽，且剩下的甚多，因為耶和華賜福與祂的民，所剩下的才這樣豐盛。」

31：21　聖靈告訴我們，希西家一生成功的祕訣，就是「凡他所行的，無論是辦上帝殿的事，是遵律法守誡命，是尋求他的上帝，都是盡心去行，無不亨通。」

這給我們留下教訓，教會不怕教友不奉獻，只要教會復興，奉獻就會成堆壘。幾時教會復興，幾時就沒有經濟困難了。

(5) 希西家王朝的事蹟（32 章）

a.「這虔誠的事以後，亞述王西拿基立，來侵入猶大，圍困一切堅固城，想要攻破佔據。」這段史實記在列王紀下 18：13~19：37，和以賽亞書 36-37 章（請參本講章卷七王下第十講，敬畏神的希西家）。我們初讀這節經文，上下似乎有矛盾，不合理。在希西家虔誠的敬拜神之後，應當神大大賜福，國中太平才是，怎麼會遭亞述王西拿基立來侵略呢？中國人說道高一尺，魔高一丈，這意思是說，那裡有靈性復興，那裡就有撒但的破壞工作；那裡有聖靈作工，那裡就有邪靈的拆毀。越有奮興，就越有仇敵的侵擾，因為魔鬼不甘聖靈來強奪牠的掠物。這時西拿基立兵臨城下，誹謗以色列的神，希西家與以賽亞就撕裂衣服進耶和華殿去禱告。這給我們留下榜樣，急難唯一得救之法，即同心合一的向神禱告（：20），神就有回應了。「耶和華差遣一個使者，進入亞述王營中。」王下 19：35 說，「當夜……，殺了十八萬五千人。清早有人起來，一看，都是死屍了。」亞述王滿面羞慚的回去，就被他的親生兒子殺了。

b. 得勝亞述之後，「那時希西家病得要死」，就流淚禱告耶和華，耶和華就「應允他，賜給他一個兆頭。」（請參本講章卷七王下第十講敬畏神的希西家）神不但醫治了他，且增加他壽命十五年。這是莫大的恩典，但希西家沒有榮耀祂。之後巴比倫派特使來賀病癒，並問國中所顯的神蹟，希西家卻將國中宮中所有的都炫耀地指給使者觀看。因此以賽亞指責他：「日

子必到，凡你家裡所有的，並你列祖積蓄到如今的，都要被擄到巴比倫去，不留下一樣。」（王下 20：17，賽 39：6）聖靈說，　：31「惟有……這件事上帝離開他，要試驗他，好知道他心內如何。」這試驗，希西家失敗了。基督徒最容易像希西家，有時得到神特別的恩賜，就引起屬靈的驕傲。　：25「希西家卻沒有照他所蒙的恩，報答耶和華，因他心裡驕傲。」感恩是得恩之路；不感恩，所以神的忿怒就要臨到他和猶大。事後希西家在神面前謙卑，耶和華的忿怒便在他有生的日子，沒有臨到。

　　c.「希西家大有尊榮貲財」，歷代志作者藉此將希西家比成所羅門第二。

　　d.　：30「這希西家也塞住基訓的上源，引水直下，流在大衛城的西邊」，這是著名的希西家水道。主後 1880 年在西羅亞水道入口處石壁上發現古希伯來文碑，專記這水道全長 1200 肘，約合 510 公尺，高約 1-3 公尺半，平均寬度約 0.6 公尺的偉大工程。他們從兩頭堅硬的磐石開鑿，而能準確的相遇，工程師的計算精密，即今之工程師亦嘆為觀止。

　　希西家死後，「葬在大衛子孫的高陵上」，意思是得到很高的尊敬。

第十二講　第五次衰敗與復興　代下第 33~35 章

1. 衰敗至極的瑪拿西和亞們（33 章）

(1) 33：1-20　瑪拿西是猶大國中最惡的一個王，他是敬虔王的後裔，卻是罪惡之子，又是猶大國和以色列國中作王最久的一個。他的惡行，幾乎是導致猶大國滅亡被擄的主因。列王紀下 21：1-18 裡，道盡了他的惡行。而歷代志下作者獨記他被亞述人擄往巴比倫後，深深痛悔，求神赦免，因之獲釋回國重登王位，除去國中偶像，教民敬拜耶和華。

我們讀了這一章，看到一個真理，無論什麼罪人，不用灰心，都有希望得到神的憐憫。幾乎沒有一條誡命，瑪拿西沒有犯過；幾乎沒有那一椿大惡，瑪拿西沒有作過。他作王五十五年，行耶和華眼中看為惡的事，「重新建築他父希西家所拆毀的邱壇，又為巴力築壇、作木偶」，這些都是以色列王亞哈引進來的。「且敬拜事奉天上的萬象」，這是亞述、巴比倫一些有天文學知識的人特有的罪。他又斗膽「在耶和華的兩院中，為天上的萬象築壇。……又在上帝殿內立雕刻的偶像」，就是亞舍拉女神（王下 21：7）。他膽大包天，不單如此，且推行觀兆；用法術；行邪術；立交鬼的和行巫術的，甚至將自己的兒女在欣嫩子谷經火，獻給摩洛，他在耶和華面前真是罪大惡極。神也差遣先知們去警告他，他卻不聽。所以，神的刑杖，使用亞述王的將帥來攻擊他們，「用鐃鈎鈎住瑪拿西，用銅鍊鎖住他，帶到巴比倫去」。這次俘擄的實情不詳，可能與亞述王宮廷權力鬥爭有關，疑瑪拿西支持巴比倫對亞述反叛有份。瑪拿西受俘虜虐待，用鐃鈎鈎住他的鼻子，瑪拿西就如此受辱的帶去巴比倫，下在監裡。

瑪拿西經此巨變，幡然悔悟，他在監裡，聖靈感動他，「他在急難的時候，就懇求耶和華他的上帝，且在他列祖的上帝面前極其自卑」，哭泣認罪、憂傷痛悔，憐憫的神就允准他的祈求。神使亞述對瑪拿西的干預查無實據，便放他回國重登王位。「瑪拿西這才知道惟獨耶和華是上帝」，從此悔改，結出善果來。他除掉一切的偶像，重修耶和華的祭壇，在壇上獻祭。他從前怎樣引誘百姓去敬拜偶像，如今也怎樣吩咐百姓專心事奉耶和華。我們

神的心腸，充滿了憐憫和慈愛。祂廣行赦免，收納那些悔改回頭的浪子。這不是從新約才開始，神就是愛，道成肉身的耶穌，將那不可見的上帝表明出來，表明上帝的聖潔、公義和無限的愛。耶穌甘心樂意的上十字架，更把上帝的愛表顯到了極點，讓那接受祂（信祂）的人出死入生，罪得赦免，與神和好了。所以，有些人雖然墮落、悖逆，傷透了神的心；褻瀆神，使神難過，即如瑪拿西，只要醒悟過來；只要悔改；只要呼求神，神還是張開雙臂擁抱他。但是，最好不要像瑪拿西，等到急難的時候才自卑認罪。現時就是悔改的時候，今天就是拯救的日子，浪子回頭金不換。瑪拿西死了，「葬在自己的宮院裡」，他兒子亞們接續他作王。

　　(2) 33：21-25　亞們「行耶和華眼中看為惡的事，效法他父瑪拿西所行的，祭祀事奉他父瑪拿西所雕刻的偶像」。歷代志作者特別指出一點不一樣，「不在耶和華面前像他父瑪拿西自卑」，不像乃父那樣肯悔改，所以他是個惡王，神不會放過他。二年後亞們死在臣僕的手上。

　2. 約西亞的大復興（34-35 章）　約西亞是猶大最後一個好王，他登基年八歲，作王卅一年，「效法他祖大衛所行的，不偏左右。」他熱心律法，因此「以前沒有王像他盡心盡性盡力的歸向耶和華。……在他以後，也沒有興起一個王像他。」（王下 23：25）在他治理期間，是猶大國享受過最美好的日子之一。

　　這兩章與列王紀下 22-23 章大致相同（請參本講章卷七王下第十二講、約西亞的改革），論及約西亞三方面的事：a. 他在位第十八年推行那重大改革，是因在修聖殿時發現了一卷很重要的律法書（34：8-33）；b. 以色列全民共守逾越節（35：1-19）；c. 約西亞戰死（35：25-27）。歷代志作者特別詳細記述了全以色列民在耶路撒冷共守逾越節和約西亞的戰死。

　　(1) 約西亞的宗教改革　他作王第八年，才十六歲，便獨自「尋求他祖大衛的神」。作王十二年，年方廿歲，就「潔淨猶大和耶路撒冷，除掉邱壇、木偶、雕刻的像，和鑄造的像。……拆毀巴力的壇，砍斷壇上高高的日像，又把木偶和雕刻的像，並鑄造的像打碎成灰，撒在祭偶像人的墳上。」清除他父親與祖父自國外引進的異教物件，並將改革推行到北方的以色列國。

　　約西亞十八年，他廿六歲的時候，帶給猶大歷史中號稱最徹底的改革。
主要因為當工作人員修補聖殿的時候，大祭司希勒家「偶然得了摩西所傳
耶和華的律法書」，交由書記沙番帶到王面前誦讀。有說是出埃及記 19-20
章，也有說是利未記 26 章及申命記 27-28 章，這裡面都嚴格宣示福與禍。
王聽見律法中的話，就發現先王所行的，與書卷所規定的是背道而馳，就
心甚憂傷，差人去請教女先知戶勒大。戶勒大傳神的話，「我必照著在猶大
王面前所讀那書上的一切咒詛，降禍與這地，和其上的居民。因為他們離
棄我。」（34：24）然而在約西亞的日子，刑罰不會來臨，因為你「在我面
前自卑，撕裂衣服，向我哭泣」。

　　於是王召聚眾民，「王就把殿裡所得的約書，念給他們聽。」又「在耶
和華面前立約，要盡心盡性的順從耶和華，遵守祂的誡命、法度、律例，
成就這書上所記的約言。」這樣，大改革就開始了。在主前 622 年，相當
於我國春秋時代，齊楚爭霸時期，展開全國徹底宗教革新運動。雷厲風行，
掃除全國一切邱壇偶像；罷黜異教祭司；將獻火祭的欣嫩子谷改為垃圾焚
燒場；連所羅門晚年在邪僻山設立的一些異教敬拜中心都被拆除了（參王
下 23：4-14）。不單如此，更乘北國亞述無力，便將改革計劃伸入北國各地。
最使人注目的，是上到拜金牛犢中心的伯特利，實現了三百年前從猶大來
的那個無名小先知的預言，「壇哪！壇哪！……大衛家裡必生一個兒子，名
叫約西亞。他必將邱壇的祭司……殺在你上面，人的骨頭也必燒在你上面。」
（王上 13：2）這個預言如今應驗了。約西亞在耶羅波安所立的壇上殺了拜
金牛犢的祭司，又將墳中死人的骸骨燒在壇上，然後拆毀了那壇，並焚燒
打碎成灰（王下 23：15）。

　(2)約西亞召全以色列民共守逾越節　這次守節完全遵照律法的規
　　　定，正月十四日，是以色列的宗教曆，又稱聖曆，相當於陽曆的四
　　　月。在被擄以前叫亞華月；被擄後叫尼散月。歷代志記這次守逾越
　　　節比列王紀下 23：21-23 要詳盡得多，宰殺羊羔完全由利未人宰殺
　　　與剝皮。聖靈說，「自從先知撒母耳以來，在以色列中沒有守過這
　　　樣的逾越節，以色列諸王也沒有守過。」守逾越節是紀念神帶領以
　　　色列人出埃及蒙救贖，王下 23：22 說，「自從士師治理以色列人，
　　　和以色列王猶大王的時候，直到如今，實在沒有守過這樣的逾越

節」。也就是說，約西亞守逾越節是自以色列人出埃及以來，除摩西和約書亞外，他是最合聖經的標準了。

(3) 約西亞之死（35：20-25）　這樣一位有膽量；有擔當；有魄力；有才幹的中興明主，他掃蕩式的宗教改革不僅限於猶大，且推廣至北以色列國境內各地，使全以色列民族再次歸向神。「這事以後」，國際局勢改變，雄霸世界兩百多年的亞述衰微了，新崛起的強權巴比倫如日東昇。主前 612 年亞述首都尼尼微被巴比倫攻陷，帝國瓦解，亞述的殘兵敗將逃到哈蘭力圖掙扎。巴比倫王拿布波拉撒（尼布甲尼撒之父）即率軍攻下哈蘭，結束了一世稱雄的亞述帝國。這時埃及新王野心勃勃，率軍去援助亞述殘軍，共同抵抗拿布波拉撒，以爭取世界的領導地位。於是揮軍北上，要求假道以色列西岸。這時猶大國面臨國際新形勢，舉棋不定，朝中大臣的外交政策分兩派，一派主張親埃及；一派主張親巴比倫。此時諸先知異口同聲指責兩派都錯，應該倚靠耶和華才是。約西亞採親巴政策，於主前 609 年出兵阻止埃及大軍北上，相遇於米吉多平原。法老尼哥差使者來見約西亞說：「我今日來不是要攻擊你，乃是要攻擊與我爭戰之家（指拿布波拉撒），並且上帝吩咐我速行，你不要干預上帝的事，免得祂毀滅你，因為上帝是與我同在。」尼哥是誰？不是先知，不是猶太人，乃是埃及的王。奇怪！神竟藉他對神的選民說話，並且神用事實證明他說的，實在是神藉他說的。由此可見，神是萬有的主宰，統管萬邦萬民。祂要用誰就用誰，即如埃及王尼哥，神也使用他。他說神吩咐他速行；神與他同在，這話是真的嗎？怎麼知道尼哥的話是真的出於神？凡神所傳達的話，必有根據，是可以印證的。在約西亞來說很明顯，他不該出兵幫助巴比倫，神早已藉先知警告過他了。所以埃及王尼哥所說的話是可信的，與他得的警告相合。這就是一個標準，叫我們學到一個功課，凡與神在聖經裡的啟示相衝突，相矛盾的，就不是出於神；凡與神的啟示相合的，是真理，就是出於神。有時神會在我們料想不到的時候，藉某人的口向你講話。不要輕視，可以考查印證到底是神傳來的話不是。

約西亞不聽神藉尼哥所說的話，來到米吉多平原兵戎相見，便陣亡了。

米吉多是聖經中著名的戰場，這位中興之主，全以色列人的盼望，在主前609 年陣亡了。此後猶大政治一蹶不振，亡國的喪鐘已經敲響了。

第十三講　最後衰敗被擄　代下第 36 章

讀這一章，不禁令人黯然神傷。三百多年的王國，開頭是光明璀燦的。先是北國以色列民被擄去亞述，接著猶大國民也被擄去巴比倫，結尾是悲慘極了。神的選民何故如此？大衛、所羅門的光輝何故碩落？這都是國王與民一再背離救他們出埃及的神。歷代志記猶大三次被擄的經過十分簡略，在列王紀下 23：31-25：21 記得詳盡（請參本講章卷七王下第十三講，猶大國亡人被擄）。

約西亞與埃及王尼哥在米吉多大戰中陣亡後，國人就立他的次子約哈斯作王。約西亞有三個兒子和一個孫子都先後作王，他們完全與乃父乃祖背道而馳，多行不義，終至國亡人擄。約哈斯甫作王三個月，埃及法老尼哥挾戰勝國之威勢，就來廢了他，把他帶到埃及去了，後來死在埃及。約哈斯短暫的治國，歷代志未下評語，但列王紀下 23：32 說，「約哈斯行耶和華眼中看為惡的事，效法他列祖一切所行的。」法老尼哥改立約西亞的長子以利雅敬為王，給他取個猶大宗教的名字，叫約雅敬，以圖籠絡猶大人心。

約雅敬作王十一年，庸碌無能，「行耶和華眼中看為惡的事」，迫害先知，不聽警告。他割破並燒毀耶利米的書卷，又奢侈享樂；耗費國帑；勞役百姓，為自己建造宮殿。耶利米輕視他，宣告他將被埋葬，好像埋葬驢一樣（耶 22：13-19）。

主前 605 年巴比倫尼布甲尼撒代父出征，與埃及法老尼哥決戰於幼發拉底河北部的迦基米施。埃及全軍一敗塗地，巴比倫乘勝追擊直到埃及，耶路撒冷亦落入巴比倫手中。尼布甲尼撒元年，約雅敬被尼布甲尼撒用銅鍊鎖著，「要將他帶到巴比倫去」。這時約雅敬即向尼布甲尼撒發誓效忠，才沒被帶走。「尼布甲尼撒又將耶和華殿裡的器皿帶到巴比倫，放在他神的廟裡」，又從猶大擄去一批人才，其中有但以理和他三個朋友，哈拿尼亞、米利沙、亞撒利雅（但 1：1-6）。這是第一次被擄。

三年後約雅敬不聽耶利米的警告，背叛了巴比倫，徵重稅去進貢法老尼哥（王下 23：35）。於是在主前 597 年，尼布甲尼撒第八年，巴比倫大軍

捲土重來，約雅敬就在巴比倫軍抵達之前死去，他十八歲的兒子約雅斤繼位。約雅斤作王甫一百天，尼布甲尼撒大軍兵臨城下，約雅斤只得出城請降。隨行的有太后、王宮大員，全被擄去。又擄去精英萬名，包括後來作先知的以西結。並將耶和華殿裡的寶物洗劫一空，一同帶到巴比倫去了。這是第二次被擄。

尼布甲尼撒再立約西亞的第三個兒子瑪探雅作王，改名叫西底家。他是末代王，在耶路撒冷作王十一年，繼續「行耶和華眼中看為惡的事」。先知耶利米屢次警告他，勸他，他仍不自卑悔改。尼布甲尼撒曾使他指著耶和華起誓，他卻聽那些假先知的鼓動，背叛巴比倫，不聽耶利米的忠告，強項硬心，這是亡國之因。

這最後一章，看到神的忍耐已到極限了。曾三番四次差遣先知去警告，勸勉，但人都照樣背叛，強項硬心，不歸服神。國中屬靈的領袖，「眾祭司長和百姓也大大犯罪，效法外邦人一切可憎的事，污穢耶和華……的殿。耶和華他們列祖的上帝因為愛惜自己的民，和祂的居所，從早起來差遣使者去警戒他們。」這是擬人化的形容詞，太感動人了。好像神為他們憂傷焦急，長夜失眠，等到清晨一早起來便差遣使者去設法挽救。我們的神為了救人，憂心如焚，但人怎樣對待神呢？聖經說，「他們卻嬉笑神的使者，藐視祂的言語，譏誚祂的先知。」我們聽了真是欲哭無淚，人是這樣的去頂撞神，「以致耶和華的忿怒向祂的百姓發作，無法可救。」無法可救，是多麼傷心的話，也就是他們已敗壞到無藥可救了。一個無藥可救的人結果是怎樣呢？好比一個母親眼看自己的愛兒，病勢一天比一天沉重，她不惜代價各方去求醫，就像那個患了十二年血漏的女人，為了醫病花盡了他一切養生的，還是醫不好（路 8：43）。那孩子躺在醫院的加護病房，母親眼見孩子漸漸斷氣。「無法可治」是最傷心的了，神對祂的選民就是這樣傷心，這樣痛苦。因為無所不能的神，對祂選民自甘墮落，自招禍害也無法可救。現今我們的神，仍然愛惜世上所有失落的人。祂憂心，祂焦急，從早起來就差遣許多宣教士，把得救的福音傳到各處各方，但聽福音的人多，接受的人少。甚至仍有許多人嬉笑傳道人；藐視福音；譏誚宣教士。神雖然屢次用天災、人禍、困難，管教責罰他們，他們還是強項硬心，心中無神，目中無人。不接受；不悔改，眼看無法可救，神對他們是何等的痛心呢？

有如路加福音十章裡的那個父親，天天倚門遠望，夜夜聲聲呼喚那浪子回家吧！回家吧！他們就是不理，還是往地獄的路上亂跑。「以致耶和華的忿怒向祂的百姓發作，……所以耶和華使迦勒底人的王來攻擊他們。」迦勒底是指那個地區，巴比倫是其中的首都。這巴比倫王尼布甲尼撒就於第十八年，西底家王第九年十月初十圍攻耶路撒冷。艱苦的抵抗了十八個月，終於在主前 586 年四月初九日城破，巴比倫的軍兵「在他們聖殿裡用刀殺了他們的壯丁，不憐恤他們的少男處女，老人白叟。」西底家不聽耶利米的勸告，乘亂逃亡，但在耶利哥附近被捕。巴比倫王在西底家眼前殺了他的眾子，然後又剜了他的雙眼，用銅鍊鎖著與眾百姓被擄到巴比倫去。尼布甲尼撒的屬下尼布撒拉旦就將「上帝殿裡的大小器皿，與耶和華殿裡的財寶，並王和眾首領的財寶，都帶到巴比倫去了。迦勒底人焚燒上帝的殿，拆毀耶路撒冷的城牆，用火燒了城裡的宮殿，毀壞了城裡的寶貴的器皿。凡脫離刀劍的，迦勒底王都擄到巴比倫去，作他和他子孫的僕婢。」

　　猶大國的歷史就這樣悲慘的結束了。但人的失敗，永不能改變神的旨意，神的應許也永不落空。早在一百年前以賽亞先知就預言有個古列說，「他是我的牧人，……必下令建造耶路撒冷，發命立穩聖殿的根基。」（賽 44：28）又在 45：13 說，「我憑公義興起古列，……他必建造我的城，釋放我被擄的民，……這是萬軍之耶和華說的。」經過了約五十年的沉寂暗淡期，讓回歸之民深切反思，看見一些屬靈的亮光。

　　1. 為什麼神的選民會有如此悲慘的命運？

　　這就應驗耶利米預言（耶 25：8-11），「……我必召北方的眾族，和我僕人巴比倫王尼布甲尼撒來攻擊這地，……這全地必然荒涼，令人驚駭。這些國民要服事巴比倫王七十年」，使聖地安息。地要安息是神吩咐摩西曉諭以色列民，「六年要耕種田地，……第七年地要守聖安息，……不可耕種田地，也不可修理葡萄園。……不可收割，……也不可摘取葡萄。這年，地要守聖安息。」（利 25：1-7）然而以色列人約有五百年沒有守過安息年了。耶利米說人民被擄，土地荒涼，便守安息直滿七十年。這七十年是從主前 606 年約雅敬被擄算起，到古列王元年主前 538 年下詔，第一批被擄之民歸國，其間有七十年，人去地荒，使地安息。

　　2. 選民被擄，是神的審判，還是神的恩典？

神的救贖計劃不變，選民被擄，是使百姓經過精煉，成為重建國家的精英。被擄並不是永遠的失敗，歷史也不是個逐漸瓦解的過程，而是篩別和精選的過程。當一些渣滓被篩掉後，剩下的就是有信心的餘民了。

3. 選民被擄，我們學到了什麼功課？

(1)國之盛衰，不在乎她的政治經濟、科技發展如何，乃在乎她的道德及屬靈的境況如何。翻開猶大國列王歷史，把歷代志上下聯起來讀，整個大衛王朝的興衰過程，都是由盛而衰。自羅波安開始，除了中間幾個王有宗教改革復興外，整體看神的子民都是離經背道的，情勢一代不如一代。國之興衰全在乎對神的態度，全國上下一心尋求神時，神就祝福他們強盛；全國上下若離開神的真道，就遭致敗亡。我們如能明白這歷史公式，讀歷代志就得到教訓了。

(2)經過這次被擄，以色列人永不拜外邦偶像了。巴比倫，就是示拿地，遠古是建巴別塔的地方，是個反叛神的地方，是個拜偶像的大本營。以色列人在那地受苦受辱，經此苦煉，至今不拜偶像，因而可以保全宗教。

(3)永不與外邦人聯姻。「你們和不信的原不相配，不要同負一軛。義和不義有什麼相交呢？光明和黑暗有什麼相通呢。」（林後6：14）他們從耶洗別和亞他利雅並撒瑪利亞學到功課，不再與外邦人聯姻，因而可以保全他們的純全血統，不致被外邦感化和同化。

(4)他們遵崇律法和先知。全部舊約就是由摩西律法和先知的書組成，因列祖摧殘律法，殺害先知，以致招禍。自此，猶太人崇敬律法和先知書。接著，以斯拉時代，社會興起一批文士階級，他們專門從事抄寫；講解；教導，及經文的監督工作，將舊約聖經毫無錯誤的保存下來，給我們今天能夠讀到神純淨的話語。

(5)歷代志研讀完了，所看到的大衛有形的寶座傾覆了，聖殿也被火焚燒了。事實上猶太人對聖殿的污辱已到極點，巴比倫用火焚燒聖殿，也只是叫聖殿不再繼續受辱。有形的國位聖殿過去了，而無形的國位與聖殿卻正在建立。四百年後基督降世，要坐大衛的寶座，建立祂的國度。只是猶太人不信，把祂釘死在十字架上。而五旬節祂差遣的聖靈降臨，祂就在地上建立了一個屬靈的國度，就是教

會。末了基督二次降臨時，聖靈說，「世上的國，成了我主和主基督的國。祂要作王，直到永永遠遠。」（啟 11：15）阿們。

卷九　以斯拉記

第一講　以斯拉記介紹

早期的以斯拉記和尼希米本為一卷，稱「以斯拉記」。首先由二世紀亞力山大的教父俄利根（185-253）把它分成上下，直到 1448 年希伯來文舊約才根據耶柔米的拉丁文「武加大譯本」分為以斯拉和尼希米記。它們和以斯帖記成為被擄之後最後的三卷猶太歷史書，在其中顯明了神對選民的意旨與作為。從以斯拉記看出神是如何的恩待猶太人；尼希米記看出神是如何的眷顧猶太人；以斯帖記看出神是如何保存猶太人。讀這三卷書，必須參看最後三卷先知書哈該書、撒迦利亞書和瑪拉基書，才能了解回歸之時以色列人的屬靈爭戰和道德重建的情形。

這三卷猶太人歸國的相連歷史書，都發生在波斯王 92 年之間。一共記了擄民三次回國，第一次在波斯王古列元年（主前 536 年）；第二次在亞達薛西第七年（主前 458 年）；第三次在亞達薛西第廿年（主前 444 年），故我們可合併用兩季來研讀它。

第一次回歸（主前 536 年）約有五萬猶太人在波斯王古列元年的諭旨下，隨所羅巴伯從巴比倫回到耶路撒冷。八十年後（主前 456 年）又第二批住在巴比倫的猶太人在波斯王亞達薛西的命令下，隨著文士以斯拉回耶

路撒冷，這次回去的男丁約有二千人（總計男女小孩約五千人）。第一次回國記在以斯拉記 1-6 章，其間歷時廿年；第二次回國記在以斯拉記 7-10 章。但第六章與第七章中間，相隔六十年（主前 516 年聖殿完工到 456 年以斯拉出發），以斯帖的故事就在這期間發生。

以斯拉記裡的兩個中心人物：

1. 所羅巴伯　是第二次被擄的王約雅斤的後代（代上 3：17-19），撒拉鐵的孫子，有王室血統。所羅巴伯的意思是「巴比倫的後裔」，他是被擄去巴比倫才出生的。另有個名字以斯拉叫他「設巴薩」（1：8），這也是個巴比倫的名字。又叫鐵夏扎（Tirshatha），這是波斯的官名，中文本照意譯作「省長」。古列元年他帶領約五萬從被擄去巴比倫之地的猶太人，跋涉七百哩路，回到素不相識的祖國聖城耶路撒冷，完成了重建聖殿的工作。

2. 以斯拉　他也是被擄之後在巴比倫出生的，相距第一次被擄已一百五十年了。他是大祭司亞倫的直系後裔（參 7：1-5），他的曾祖父或曾曾祖父西萊雅是被尼布甲尼撒殺在利比拉的（王下 25：18-21）。他的血統就是祭司，也是一個文士，是個「敏捷的文士，通達耶和華以色列神所賜摩西的律法書。」他在波斯王亞達薛西一世第七年（主前 456 年，距所羅巴伯回國已八十年了），賜詔書准他帶領男女老少約五千人歸國，宣揚律法；重振人心；更正陋習；悉除偶像，更重要的是與外邦人婚姻劃清界線，與外邦妻分離，分別為聖。

讀以斯拉記必須明白：

1. 猶太人被擄七十年是神的刑罰，也是神的恩典。先知不單預言猶太人被擄，更預言他們要歸回。七十年被巴比倫統治後刑罰的日期滿足，於是 1：1「波斯王古列元年，耶和華為要應驗藉耶利米口所說的話。」先知耶利米說什麼？耶利米書 25：11-12 說，「這全地必然荒涼，令人驚駭，這些國民要服事巴比倫王七十年。七十年滿了以後，我必刑罰巴比倫……。」果然，巴比倫帝國滿了七十年就被波斯所滅。猶太人被擄去巴比倫，從主前 606 年約雅敬時第一次被擄，到主前 536 年從巴比倫歸回耶路撒冷，其間足足有七十年，猶太人就得到解放了。

2. 三個國際超強帝國：亞述、巴比倫、波斯。在列王紀、歷代志、以斯拉記、尼希米記和以斯帖記的歷史，都和這三個超強帝國發生密切的關係。

(1) 亞述帝國　很早很早約在主前二千年，就掙脫古巴比倫的轄制而佔領了整個幼發拉底河流域。自提革拉毘列色王三世崛起，勢力東侵，於主前 734 年就將以色列北部之民擄去。此後亞述如日中天，成為當時世界超級強國。十二年後，撒珥根王二世於主前 722 年攻下撒瑪利亞，把以色列國傾覆，將人民全擄去亞述（王下 18：11）。歷史循環總是由盛而衰，一百一十年後就亡於巴比倫了。

(2) 巴比倫帝國　更古老的巴比倫於主前 625 年出現了一個強人拿布波拉撒，他是尼布甲尼撒的父親，掙脫亞述而獨立。與同時獨立的瑪代聯盟，於主前 605 年攻陷亞述首都尼尼微，亞述帝國就從地球上永遠消失了。

隨著尼尼微的倒塌，巴比倫就取代亞述而稱霸。主前 606 年，尼布甲尼撒繼承父志，成為最偉大的君王。在主前 586 年把猶大國亡了；耶路撒冷毀了；聖殿燒了；猶太人全被擄到巴比倫去了。尼布甲尼撒在位四十五年，使得巴比倫成為歷史上罕見的超級強國，勢力幾至當時世界的每個角落。京城建築之華美，設計之奇妙，尤其它的空中花園，成為世界七大奇觀之一。然而好景不長，只七十年的風光，便於主前 538 年亡於波斯。

(3) 波斯帝國　早在 150 年前，先知以賽亞書 44：28 和 45：1 就提名預言古列征服世界且拯救猶太人。果然，古列先吞併了獨立的鄰國瑪代而成為一個新興的國家瑪代波斯。古列是一位雄才大略的英明君王，在主前 538 年滅了超強的巴比倫帝國而獨霸天下。鐵蹄東及印度，西至希臘，國勢歷二百年不衰。他行王道，准戰俘重回家園，他讓猶太人歸回重建聖殿。波斯帝國直到主前 330 年才亡於希臘。

3. 最容易混淆的幾個君王的名字

(1) 大利烏有兩個，但以理書 5：31 的大利烏是巴比倫王伯沙撒死後繼位為王的瑪代人，與古列同時，更可能是古列大帝在巴比倫所設的總督古巴魯 Gobaru。他立總督一百廿人治理全國，又立總長，但以理為三總長之一。而以斯拉記 4：5 的大利烏則是波斯的第四個王

（主前 521-486），他推翻篡位者而被立為波斯第二王朝的王。是他下令准許在耶路撒冷停工已十六年的聖殿可以繼續重建，直到完工。主前 490 年遠征希臘，在馬拉松戰役中失敗。

(2)亞哈隨魯與亞達薛西這兩個王，以斯拉第 4 章裡的亞達薛西與 7：1 的亞達薛西不是同一個人，在時間上相隔了六十年。第 4 章裡的亞達薛西是指亞哈隨魯，他是波斯王大利烏的兒子（主前 485-464）。他是以斯帖的丈夫，希臘名字叫薛西斯 Xerxes，七十士希臘文譯本將以斯帖書中之亞哈隨魯譯作亞達薛西。在位二十年，曾率水陸大軍伐希臘無功而返。

7：1 的亞達薛西一世是亞哈隨魯的兒子（主前 465-424），他是聖殿建成後五十年登基的。他善待猶太人，第七年即主前 458 年准許以斯拉回國。亞達薛西第 20 年，即主前 444 年，又准許尼希米回國建城牆（拉 7：1-8，尼 2：1-8，5：14）。

4. 以斯拉記裡的波斯諸王年表（年代參巴斯德著聖經研究卷二及聖經新釋）

古列 Cyrus

　　主前 538-529　　（拉第 1 章）

客比色斯 Cambyses

　　主前 529-521　　（拉 4：6）曾令聖殿停工

高默他 Gaumata

　　（篡位者）作王七個月

大利烏一世　名舒斯他伯斯 Hystaspis

　　主前 521-486　他准許聖殿重建而至竣工（主前 516 年）

亞哈隨魯

　　主前 485-464　以斯帖的丈夫

亞達薛西一世

　　主前 465-424　第七年（主前 458 年）准以斯拉回國，第廿年（主前 444）准尼希米回國建城牆（拉 7：1，尼 2：1）

5. 中心信息──重建工作

(1)神所使用的工具　無論以色列人外邦人，都是神可用的工具。神用

外邦君王古列、大利烏、亞哈隨魯、亞達薛西；神也使用以色列人以斯拉、所羅巴伯、尼希米，同是完成神重建的計劃。

(2)神的權能　人類歷史是神在掌權，無論認識不認識主的人，上自君王下及小民，主的權能都統管他們。以色列民被擄的日子，在悲痛失望中呼求神，神就使被擄之民，重回聖地；重修祭壇；重建聖殿；重造城牆；重拾盼望。

(3)神的百姓　迦南對以色列人來說，並不只是地球上的一小片土地，乃是神的應許之地，是神按亞伯拉罕之約賜給他們的。離開迦南就無幸福可言，離開耶和華就吃苦果。所以歸回之民，包括十二支派，從此建立了一個一神教的信仰，獨尊耶和華是唯一的真神，不再敬拜別神了。

(4)神的作為　從此揀選了一個純一的民族，不再與外族聯姻，不再與外族血統混合，遵行律法，分別為聖，法利賽人即因此而生。

這些屬靈的原則，也是我們這一代信徒的重要信息。

第二講　重回舊地　第 1~2 章

　　神的子民飽嘗被擄的滋味，經歷了七十年的奴隸生活，自由的鐘聲響起，他們終於得到解放了。

　　1:1-4　「波斯王古列元年，耶和華為要應驗藉耶利米口中所說的話，就激動波斯王古列的心，使他下詔……。」古列早在主前 559 年，以一個藉藉無名小邦以攔的王，勢力向外擴展。二十年之間，囊括鄰邦瑪代、波斯、呂底亞、亞述。最後於主前 538 年征服巴比倫，接收了巴比倫所有屬地的轄制權，包括巴勒斯坦，而成為一個超強大帝國。古列是波斯帝國的創建者，他在擊潰巴比倫的那一年（主前 538 年）就稱「波斯古列元年」。「耶和華為要應驗藉耶利米口所說的話」（主前 606 年），耶利米的預言重要的兩點，一是以色列人要被擄去巴比倫七十年（耶 25：11）已經應驗了；二是猶太人得解放（耶 25：12）必要應驗，神「就激動波斯王古列的心」。神的靈常激動外邦君王的心，上帝曾激動亞述王普勒和亞述王提革拉毘尼色的心（代上 5：26），耶和華也曾激動非利士人、亞拉伯人的心（代下 21：16），神的靈也激動古列王的心。無論誰的心，都在耶和華手中。箴言 21：1 說，「王的心在耶和華手中，好像隴溝的水，隨意流轉。」神在古時激動波斯王古列的心，主要的原因是由於但以理的禱告。在大利烏元年「我但以理從書上得知，耶和華的話臨到先知耶利米，論耶路撒冷荒涼的年數，七十年為滿。我便禁食，披麻蒙灰，定意向主上帝祈禱懇求。」（但 9：1-3）耶穌教訓門徒說，「你們禱告，無論求什麼，只要信，就必得著。」（太 21：22）祈禱的果效能改變世界大事，是人夢想不到的。但以理祈禱天上的上帝，神就激動波斯王古列的心，使他通告全國，准許猶太人回國建殿。第一世紀猶太歷史家約瑟弗寫道，古列是因年高德劭的但以理將二百年前以賽亞書 45：1-13 的預言指給他看，書中提名論古列說，「我耶和華所膏的古列，我攙扶他的右手，使列國降伏在他面前……。」又說，「我憑公義興起古列，又要修直他一切道路。他必建造我的城，釋放我被擄的民……。」古列心中不勝驚異，他本不認識神，生長於多神的波斯，遂下詔命猶太人自由返國。他詔書卻如此說，「耶和華天上的神」（1：2）；「只有祂是神」（1：

3）；「耶和華天上的神，已將天下萬國賜給我，又囑咐我在猶大的耶路撒冷，為祂建造殿宇。」他在神的靈激動下詔告全國，凡神的子民，皆可上耶路撒冷去重建聖殿。這也在教導我們建立教會是每個基督徒的天職。「凡剩下的人」即所有在被擄期間仍然生存的人（該 1：14），包括了十二支派，無論在帝國境內任何地方居住的人。「那地的人」作他們的鄰居的人，都要予以協助。

1：5-6　以色列會眾歡呼鼓舞，但返回故土頗為不易。其中許多人已生於斯；長於斯；習於斯；置產立業於斯，怎能割捨，攜妻帶兒歷經七百多哩，歷時四個多月的長途跋涉？但神的靈仍然激動猶大、便雅憫兩個南國主要的支派，和祭司利未人，並一切被神激動他心的人（包括其他十個支派）約五萬人，「都起來要上耶路撒冷去建造耶和華的殿」。「四圍的人」就是第 3 節所說的「那地的人」，都資助他們，並送禮物。

1：7-11　古列也把尼布甲尼撒從聖殿中所擄來放在他自己神廟中的器皿拿出來，「按數交給猶大的首領」。神殿中的器皿能在外邦保存七十年之久，沒有失落；沒有損壞；沒有被鎔化；沒有被改造，完全是神的保全。同樣，我們今日成了神的器皿，祂也會如此保全。這些器皿被擄去放在不潔的神廟中，凡屬神的祂會潔淨。正如我們本住在不潔的民中玷染不潔，但凡屬神的，神不會丟棄，祂用基督的血潔淨了我們這些器皿。神殿中器皿的數目，在 9-10 節裡列舉共有 2,499 件，但 11 節又說是共 5,400 件。其中的差額，可能是些小件、零件，這張清單之所以重要，不在物件的數目，而在聖器得以「按數交出」。神的器皿無論大小，皆被神數點過的，不會忘記。這些聖器是「被擄的人從巴比倫上耶路撒冷的時候，設巴薩將這一切都帶上來」的。

2：1-2　他們回國的經過，記得很簡略，只說「從前擄到巴比倫之猶大省的人，現在他們的子孫從被擄到之地，回耶路撒冷……是同著所羅巴伯……回來的。」這段經文中有兩句話很重要，它們是「從前被擄」而「現在從被擄之地出來了」。這就是救恩的初步。「從前被擄」是指我們從前都是被撒但、世俗、情慾所擄去作罪的奴僕，那就是「我所願意的，我並不作；我所恨惡的，我倒去作了」（羅 7：15），和以色列人被擄為奴一樣。現在以色列人隨著耶書亞、所羅巴伯都「從被擄到之地」出來了，神的救

恩就如保羅所說，「靠著我們的主耶穌基督就能脫離了。」（羅 7：25）跟從耶穌基督從罪奴之地出來，就不再為奴受壓制了。所負的重軛已經脫除，已經出死入生了。

以色列人的目標是耶路撒冷，耶路撒冷是聖地；是福地；是神施恩之地；是屬靈的家鄉。今天我們脫離了為奴之地，我們的目標是奔天路向那屬靈的耶路撒冷標桿直奔。

所羅巴伯有個巴比倫的名字叫設巴薩，是王族系統，也列在耶穌基督的先祖譜系中（太 1：12，路 3：27）。第一次「他們是同著所羅巴伯、耶書亞、……回來的」。耶書亞是亞蘭文，希伯來文叫約書亞，希臘文叫耶穌，他是哈該書 1：1 的約書亞，是大祭司。一同回國的還有尼希米，不是尼希米記裡的那個作酒政的尼希米。另一個叫末底改，也不是以斯帖的義父。像尼希米、末底改是當時很普通的名字。

第一次歸國的人一共有多少？這一章裡告訴我們第一組有三十三個家族，一共有 24,144 人。第二組是祭司，約 4,289 人。第三組是利未人 74 人（沒有特定工作的），回國的奇少，可能在被擄期中無事可作，多改俗業去了。歌唱的 128 名，亞薩是大衛詩歌班裡的三領袖之一（代上 25：1），詩篇第 50、73-83 篇是亞薩的作品。利未人中守門的 139 名，他們是專司聖殿各門的安全責任的。第四組尼提寧人，這是基遍人的後裔（書 9：21）。還有所羅門的僕役，他們原是投降的迦南人，所羅門派任作苦役，低於尼提寧人，都是在聖殿世世代代擔任粗重工作的，後已併入利未人系統了。第五組有三家人不能指明他們的宗族譜系，不能證明他們是以色列人的有 652 名。第六組祭司中也有三家的人在愁苦中尋查不到自己的譜系。神的規定，只有利未支派亞倫的子孫才能當祭司，他們尋不著譜系，就算為不潔，不能供祭司的職任。「省長對他們說，不可吃至聖的物，直到有用烏陵和土明決疑的祭司興起來。」省長指所羅巴伯。烏陵、土明是在大祭司以弗得胸牌內，用以求問神旨決疑的（出 28：30，撒上 28：6）。但後來失傳，因此這三家人的身份從此無法證實。他們雖說出些理由來，卻不算數，別人也可能為他們證明，也不被採用，只有烏陵土明才可決定。換句話說，非要得到神的承認不可。新約的基督徒，彼前 2：9 說，「惟有你們是被揀選的族類，是有君尊的祭司。」我們作神的兒女，才有祭司的身份。成為神的

兒女，非藉聖靈重生不可，非有證據不可。我們的證據，保羅說，「聖靈與我們的心同證我們是神的兒女。」（羅8：16）可惜有些基督徒內在沒有這見證，對重生的了解很模糊，只知受洗，卻不清楚重生。沒有靈洗的證據，這就如祭司中「在族譜中尋查自己的譜系，卻尋不著。」沒有重生，生命冊上就沒有名字。重生是當你真心接受耶穌的那一刻，那一霎那，聖靈就住進你裡面，潔淨你的靈，成為神的殿，就得救了；就稱義了；就重生了；就得到一個新生命了；就有永生了；就已出死入生了。惟有確實知道重生的人，有重生經歷的人，聖靈就與他的心同作見證，他確是神的兒女，是君尊的祭司。

這一次隨耶書亞和所羅巴伯回歸的人數加起來是 29,818 人，這數目全是指男丁。2：64-65 又說，「會眾共有四萬二千三百六十名。此外，還有他們的僕婢七千三百三十七名，又有歌唱的男女二百名。」這歌唱的男女不是聖殿裡的歌唱班裡的成員，而是民間的樂師，為喜慶哀哭服務的。總計回國人數應是 49,897 人，籠統稱作五萬人。但這五萬人在被擄的全民中只是一個小數目，其他的人呢？七十年幾乎是三代，一些新生代都是生於斯；長於斯；教於斯，對寄人籬下的羞辱感，自然淡薄得多。相反的對故土的認同，就陌生得多，就如今天僑居國外的第二代、第三代一樣。

尤其在波斯帝國的寬厚待遇下，危機意識過去了，人心就鬆懈下來。悲憤之情隨境而逝，代之而起的是融入主流社會，營建自己的安樂窩。事業財富使他們不能像那五萬憧憬應許之地的猶太人，他們仰望錫安大道，登耶和華的山，豪邁的步上歸途重回舊地。

讀到這裡，我們的感想如何呢？如果我們已離開巴比倫為奴之地，在人生的旅途中，遭遇到艱難、挫折；或在天路歷程中，使我們跌倒、軟弱、退後、冷淡、灰心喪志時，要恢復自己的屬靈生命，重回舊地永遠是第一步。只有認罪悔改，重新回到神那裡，進到施恩寶座前，才能得憐恤，蒙恩惠作隨時的幫助，領受神的祝福。

第三講　築壇、建殿　第3章

　　一大批滿懷興奮的餘民，於主前 537 年春，跟隨耶書亞、所羅巴伯，歷經千辛萬苦，跋涉 700 多哩，費時四個多月，終於到了耶路撒冷。初回故土，眼見一片荒涼，城牆拆毀殘破；聖殿餘燼猶存，田園荒蕪；房舍支離，真是百廢待興。如何開始，何者為先？

　　1. 築壇

　　3：1-6　「七月」猶太聖曆叫以他念月，即今陽曆的九、十月之間，他們已到猶大地約三個月了。猶太人在這月有三個節日，初一是吹角節；初十是大贖罪日；十五到廿二日是住棚節。這時他們的心如同一人，聚集在耶路撒冷，商議決定的結果，第一件事都起來建築以色列上帝的壇。就在昔日原有的根基上築壇，不只是方便，也有承先啟後之意，更有屬靈的遠景。這壇是基督獻身的預表，除祂以外別無根基，所以他們在舊壇遺址上建造。「壇」是唯一獻祭的地方，是神所立的，是神與罪人相會的地方；是人與神靈交的處所。人與神交通，是靈命生活中最要緊的事；如與神交通隔斷，靈命就枯萎。這給我們一個重要的屬靈教訓，若要靈性復興，就必須先建壇。在我們心中重建祭壇，把自己重新獻給基督，重新對祂效忠，把自己生命的主權再次擺上，任祂差遣，任祂使用。基督徒應在自己的家中，先建立起家庭祭壇。基督成為我家之主，這是第一件容易作的事，也是應該作的事。耶穌說，「你們要先求祂的國，和祂的義。這些東西（日用所需）都要加給你們了。」（太 6：33）只因建殿的工程浩大，非短期可成，他們在未能建殿之先，首築祭壇，這是他們與神靈交有急迫感，不能做大的，先做小的，是人的本份。不可好高騖遠，大事不成，小事不做。主稱那在最小事上有忠心的是良善的僕人（路 19：16-17）。他們首先築一座壇，這是在他們眼中看祭壇為第一要緊的事。同樣，我們的祭壇重立之日，就是我們與神恢復靈交之日。以色列人的始祖亞伯拉罕，無論到何處支搭帳棚，他必築一座壇。他的平生，從未離開過祭壇，這「祭壇」二字，正是表明他的信仰。信仰既深純，靈交必密切，所以神稱亞伯拉罕是祂的朋友（賽 41：8，雅 2：23）。

2. 獻燔祭

3：2　他們築好壇，就在上面照摩西律法（利未記第一章）獻燔祭。燔祭是五祭之首，是血祭中最重要的。「若不流血，罪就不得赦免了。」（來9：22）燔祭是火焚祭，將祭牲切成塊子，燒在壇上，獻與耶和華為馨香的火祭。這馨香不是指氣味馨香，乃是使神歡喜悅納。因為這祭是完全奉獻的，這在預表基督「將自己無瑕無疵獻給神」（來9：14）。今天我們也當將身、心、靈，完全獻上，因為「基督愛我們，為我們捨了自己，當作馨香的供物和祭物，獻與神。」（弗5：2）我們從這火焚祭可以看見基督將自己完全獻與神，連我們也因基督的奉獻，同蒙神的悅納了。

3. 獻甘心祭

3：7　甘心祭就是平安祭，平安祭分三種，一是因感恩而獻上，叫感恩祭，或酬恩祭；二是因還願而獻上；三是出於甘心，叫甘心祭。乃是過節的時候；喜樂的日子，隨心所願，表明在神前快樂。這種祭是神人分享的祭，牠的脂油、腰子擺在祭壇上燒了獻給神。牠的胸部及右腿要歸與祭司，其餘的肉都歸給獻祭的人，他就和他的親友共食。人在神前得平安，與神共享宴樂，這是平安祭，也叫甘心祭，也叫酬恩祭。感恩祭，是甘心樂意獻上的。平安祭是預表耶穌成就了神人之間的和平，祂「在十字架上滅了冤仇，便藉這十字架，使兩下歸為一體，與神和好了。」（弗2：15-17）

4. 守住棚節

3：4　住棚節又稱構蘆節，這是一年最後的一個節日，也是最歡樂的日子。從七月十五日到二十二日一連八天，慶祝禾稼收聚完畢，向神感恩，又叫收成節（陽曆的九、十月間）。律法規定，一年三大節期，就是逾越節、五旬節和住棚節。凡住在耶路撒冷方圓十五哩以內的男丁，都必須上耶路撒冷去守節。旅居遠地，如歐洲、亞洲、美洲的猶太僑民，不能每年三節回去，他們能在一生之中，回耶路撒冷守節一次，於願足矣。住棚節必須在屋外搭棚，住在棕櫚枝、柳樹和其他樹枝搭的棚中七日。一是記念神領先祖出埃及時，行在曠野住在帳棚裡；二是預表在千禧年國度裡，猶太人大得榮耀，神要與人同住，無盡快樂。

3：8-9　「第二年二月」，猶太人隨所羅巴伯、耶書亞回到耶路撒冷是主前537年，第二年應是主前536年的陽曆四、五月間。他們籌劃的工料

齊備，重建聖殿就開始了。由所羅巴伯和大祭司耶書亞領導，「和其餘的弟兄，就是祭司、利未人……。又派利未人，從二十歲以外的，督理建造……。」早期利未的服事年齡是卅歲開始（民4：3），後又降到必須超過廿五歲（民8：24）。大衛招聚利未人，從廿歲起都可辦耶和華殿的事務（代上23：24）。希西家宗教復興時，也分派廿歲以外的利未人任職（代下 31：17）。「於是猶大的後裔，就是耶書亞…甲篾…希拿達…」，猶大小字注釋作何達威雅、耶書亞，不是約薩達的兒子大祭司耶書亞。就是何達威雅與耶書亞、甲篾、希拿達共同負責管理在神殿作工的人，他們都出於利未家。這些領袖們，都先在祭壇上獻了燔祭，先把自己全人奉獻給神，然後開始作神的工。建立聖殿是作神的工，就必須先經過奉獻。這一章所記，完全合乎屬靈的法則，所以蒙神賜福。同樣，我們作神的工，也必須先完全奉獻，才蒙神賜福。

3：10-11　奠基典禮是很隆重的，當「匠人立耶和華殿根基的時候」，這不是重新另立根基，而是在原殿舊址的根基上建造。原文「立」殿的根基，為「恢復」、「整修」之意。因為所羅門所建的聖殿根基穩固，據說基地的大石長達十幾公尺。巴比倫人只焚燬了建築物，難於連根拔起，而且也沒有必要。雖然在舊址上奠基，「祭司皆穿禮服吹號，亞薩的子孫利未人敲鈸，照以色列王大衛所定的例，都站著讚美耶和華。」這是憑信心開始，當安放第一塊石頭時，猶如看到全殿已經落成了。所以大聲讚美，歸榮耀於神。他們深信，那動了善工的，必成全這工（腓1：6）。

3：12-13　在奠基時，祭司吹號，利未人敲鈸，彼此唱和，有如一個千人大詩班獻詩，稱謝讚美耶和華。這時「眾人大聲呼喊……」，興奮之情如潮潰堤。「然而有許多祭司、利未人、族長，就是見過舊殿的老年人，現在親眼看見立這殿的根基，便大聲哭號」。這些人睹物思舊，他們被神懲治，人被擄；殿被焚，今又見神的恩典，聖殿重建，不覺悲喜交集。他們都是主前 586 年隨西底家王第三次被擄的，都是親眼見過所羅門聖殿的輝煌壯麗。若那時他們才廿歲左右的青年，距今時隔五十年，這時他們都是七十開外的老年人了。見如今的荒涼景象，遠不及前，故觸景生情，悲從中來，不覺放聲大哭。「也有許多人大聲歡呼」，這些人都是回歸的第二代、第三代的新生代，他們都是出生在巴比倫、亞述，從未見過舊殿的宏偉華美，

但都得自上代的傳講，切切渴慕重建聖殿。一旦看見聖殿立了根基，激情奔放，不竟歡聲雷動。甚至百姓不能分辨歡呼的聲音和哭泣的聲音，「因為眾人大聲呼喊，聲音聽到遠處。」哭號的哭號；歡呼的歡呼，交織在一起，使遠處難以分辨。

　　這卻是神喜歡聽的聲音。神愛聽祂兒女的感恩歡呼讚美聲，神更滿意聽到祂兒女的認罪痛哭聲。因為「上帝所要的祭，就是憂傷的靈。上帝阿，憂傷痛悔的心，你必不輕看。」（詩 51：17）

第四講　仇敵阻擾　第4章

女人的後裔與蛇的後裔，從伊甸園開始，就彼此為仇。神的選民從巴比倫回耶路撒冷建殿，殿基剛立定，撒但就吼叫了，猶太人的麻煩就來了。

研讀這一章必須弄清楚作者選記了三個不同時段的史實：

〈第一時段〉　4：1-5　發生在波斯王古列年間，猶太人啟程回耶路撒冷開始建殿，即發生仇敵撒瑪利亞人想混入的糾紛，使建殿的工程停止了十六年。

〈第二時段〉　4：6-23　這是插入五十年後在亞哈隨魯王和亞達薛西王年間所發生的仇敵控告事件。

〈第三時段〉　4：24　又回到3：5的大利烏王第二年的時候。

1. 第一時段　4：1-5

「猶大和便雅憫的敵人」，猶大和便雅憫是被擄前南國的核心支派，在此是代表全以色列族。他們是屬神的子民，他們不屬巴比倫，不屬迦南，不屬這世界。所以仇敵就來反對他們，設計破壞他們的工作。別以為我們雄心萬丈投入神的工作，仇敵撒但就視若無睹。撒但絕不容許我們的工作一帆風順，牠總要千方百計的來破壞。破壞的方法，一是要求合作；二是恐嚇；三是控告。

甲、合作

4：2　仇敵合作的手段狡猾無比，令人難防。仇敵來見所羅巴伯和族長說，「請容我們與你們一同建造，因為我們尋求你們的神，與你們一樣。」他們說「你們的神」，當然不承認是我們的神。他們既不是神的子民，怎麼能建造神的殿呢？他們說「我們和你們一樣」，他們和神的子民一樣嗎？他們自己說「自從亞述王以撒哈頓帶我們上這地以來。」早在主前 734 年，先知以賽亞就預言北國的十個支派在六十五年內，不再成為選民（賽 7：8）。果然在主前 669 年這預言就應驗了。在亞述統治期內，以撒哈頓王（主前680-668 年）就將一些外邦民族，從巴比倫、古他、亞瓦、哈馬，和西法瓦音，一些幼發拉底河流域的各地民族，大量移入撒瑪利亞（王下 17：24）。還有和倫人、亞捫人、亞拉伯人、亞實突人，即非利士人（尼 2：19，4：7），

和那些逃脫亞述刀劍的以色列人，就在北國各處混合相處。這些人的信仰是「又懼怕耶和華，又事奉他們的偶像。」（王下 17：41）百多年來他們彼此通婚，於是血統混合；宗教混合；風俗習慣混合。新約稱他們為「撒瑪利亞人」。他們怎能和神的子民一樣呢？他們自認已來百多年了，是地頭蛇，在我們這塊土地上，一切事工都與我們有份。若讓他們混進來，就會把純一的血統和純淨的信仰混亂了。今天的教會裡，也有這樣的撒瑪利亞人。他們自稱是基督徒，不分宗派大家合作來建造教會吧！不妥協就沒有愛心；不合作就太頑固了。我們不是和你們一樣嗎？真的一樣嗎？當心！一旦讓他們混進來，他們建的不是教會，不是神的殿，他們要建的是「科學館」，是「五臟廟」。教會變質了，教會科學化；教會世俗化了。真理改變了，扭曲了，他們的目的是要「去聖經化」，要我們與他們合流。他們認為聖經裡有些是神的話，不全是神的話，不是沒有錯誤的。耶穌童女所生很不合科學，神蹟不可信，因為不合科學；十字架只是顯示上帝的愛，不必相信是救贖的代價；復活只是精神不死，耶穌再來只是象徵正義征服罪惡而已。這樣，許多教會的屬靈光景怎不荒涼，怎不世俗？

我們應為所羅巴伯、耶書亞和族長們喝采，他們立加拒絕，（4：3）「我們建造上帝的殿與你們無干」，阿們。真理要堅持，今日各教會的屬靈領袖要能像所羅巴伯、耶書亞那樣的守望者。保羅特別囑咐教會要禁止六個「相」，「你們和不信的原不『相』配，不要同負一軛。義和不義有什麼『相』交呢？光明和黑暗有什麼『相』通呢？基督和彼列有什麼『相』和呢？信主的和不信主的有什麼『相』干呢？神的殿和偶像有什麼『相』同呢？」（林後 6：14-16）。

乙、恐嚇

4：4-5 仇敵的合作陰謀既失敗，他們就花錢賄買謀士，立刻上奏於王，誣告猶太人圖謀不軌，以致在波斯第二個王客比色斯年間，曾令聖殿停工。這樣，敵人就「使他們的手發軟」，於是建殿的工程就停止了。直到如今，撒但還是慣用這種手段來破壞神的工作，牠要使我們的手軟。手一軟，工作就會停止下來。他們賄買謀士就是要敗壞所羅巴伯的謀算，此時但以理已去世，在波斯朝中，再沒有替猶太人說說話的人了。「從…古列年間，直到…大利烏登基的時候」（4：5），這一時期包括主前 536 年到 520 年大利

烏第二年，聖殿因此停工了十六年。

　　2. 第二時段　控告　4：6-23

　　作者在此介紹仇敵另外兩個反對的例子，時間是在回歸五十年後的亞哈隨魯和他的繼承人亞達薛西一世年間（主前486-424年）。「比施蘭、米特利達、他別，和他們的同黨」，這些大概都是些撒瑪利亞人，他們賄賂了兩個波斯高級官員，省長利宏和書記伸帥上本奏告波斯王亞達薛西。這個亞達薛西是指大利烏王的兒子亞哈隨魯，希臘名為薛西斯 Xerxes，在主前486年12月登基。他的王后就是以斯帖，他的繼承人就是亞達薛西一世。新王上任是最好上本控告的時候，他們控告的主旨不是建造聖殿，那時重建的聖殿已完工卅年了。他們控告的主旨，乃是指控猶太人在耶路撒冷非法建造城牆，同謀不軌。這控狀「是用亞蘭文字亞蘭方言」寫成。亞蘭文是主前1000年米所不大米，即兩河流域的商業語言，就是當時的國際語言，直到新約時代希臘語言取代了它。同時省長利宏、書記伸帥也聯合那些來自兩河流域的巴比倫、波斯和瑪代各地的移民，上本控告耶路撒冷人。就是4：11-16的控狀，說「尊大的亞斯那巴」，即偉大的亞述王巴尼帕（主前668-626年）。他完成了以撒哈頓的移民政策，將他們移入撒瑪利亞。第9節所列的那些外來移民，雖已近二百年了，但他們仍認同本土，相當排外。這些猶太人的敵人，就聯合上奏說，猶太人若建造這城完畢，就不會再與王「進貢」了。進貢是半強迫半自願獻給王的禮物；「交課」是繳交課徵的固定稅，如土地稅、房屋稅；「納稅」包括關稅、營業稅、牌照稅等。這些上繳的金銀，都是存於王庫，很少用於地方建設。他們在奏本裡向王表現效忠，說「我們既食御鹽」。歷史上許多地方的食鹽都是國家專賣，「食御鹽」的意思是既食君祿，當分君憂。他們都是王的忠僕，故將事情上奏，這些猶太人的反叛紀錄，王查考先王「實錄」便可知曉。先王實錄就是王家歷史檔案，亞哈隨魯王即吩咐人唸歷史給他聽，即亞述、巴比倫、波斯的重要檔案。這些檔案往往保存幾百年，從波斯王的覆文中，可以看出朝廷檔案就有遠及大衛時代的紀錄。由於這次省政府官員的干預，亞達薛西王果然查出「此城古來果然背叛列王，其中常有反叛悖逆的事」，曾先後反抗過亞述、巴比倫，於是命令他們停止重建耶路撒冷城牆。王諭中說，「等我降旨」（：21），這是為王留了後路，因為他在作王第廿年，即主前444年又准尼希米

回國建城牆。本來瑪代波斯的法律是不可變更的,「等我降旨」這句話實在是出於神的意思,在尼希米記 1:2-3 所記,他聽到「猶大省遭大難,受凌辱,……城牆拆毀,城門被火焚燒。」這就是省府方面的人「急忙往耶路撒冷去見猶大人,用勢力強迫他們停工」的結果。他們使用軍事武力,藉機報復,強迫他們停工。這事件發生在主前 445 年之前。

3. 第三時段　4:24

這節經文又回到九十年前的時代,繼續第 5 節重建聖殿時,仇敵誣告猶太人圖謀不軌。於是建殿的工程就停止了,一停就停了十六年,「直停到波斯王大利烏第二年。」大利烏王於主前 521 年登基,第二年即主前 520 年,又下令聖殿重建工作復工。於大利烏王第六年,即主前 516 年完成(拉第 6 章)。

這一章叫我們看到神允許仇敵來打擊他們;阻擾他們;控告他們,無非是在磨鍊他們的信心。撒但的勢力雖然猖狂,但「得勝乃在乎耶和華。」(箴 21:31)

第五講　重建聖殿　第5~6章

5：1-2　「那時」，就是 4：24 說的，波斯王大利烏第二年的那個時候，即主前 520 年。因仇敵使他們的手發軟，聖殿的工程就停頓了十六年。直到如今，那時先知哈該來到耶路撒冷，眼見聖殿荒涼，聖工仍然停頓，會眾各自經營自己的事業。見此情此景，憂心如焚。於 8 月 29 日開始（該 1：1 先知書上是記猶太聖曆），激勵領袖恢復建殿工程，又斥責百姓：「這殿仍然荒涼，你們自己還住天花板的房屋麼。」（該 1：4）神的話就激動了領袖和眾百姓的心，不過三週，聖殿的工程就恢復了。那時是主前 520 年 9 月 20 日，（該 1：14-15）哈該第一篇信息之後約二個月，另一位先知撒迦利亞也加入來說勸勉的話（亞 1：1）。

古時的先知使徒都過去了，傳神話語的責任就落在今天傳道人身上。傳道人應忠實傳神的話語，就能激動建殿工作。從前建聖殿因為先知勸勉的話，就激起眾人起來動手建殿；如今教會的復興工作，神也使用歷代傳道人來說激勵的話。如十八世紀英國的懷特菲、衛斯理；十九世紀英國的喬治慕勒、司布真、美國的慕迪；二十世紀美國的叨雷、葛理翰。在我們中國，神也興起一批傳道人，用神的話激勵那些靈裡沉睡的人，起來建立教會。如王明道、宋尚節、計志文、倪柝聲、趙世光、王載、楊紹唐、趙君影等，和從英國來華的戴德生、賴恩融；從加拿大來的瞿輔民，還有舒邦鐸等外來的宣教士們，用神的話掀起二十世紀三、四十代中國教會靈性大復興運動，像哈該、撒迦利亞一樣。

在大利烏第二年，這兩位先知用神的話語激動猶太人，於是所羅巴伯、耶書亞和眾百姓都起來動手建造耶路撒冷上帝的殿（5：2）。因此就驚動了四圍的仇敵們，立即呈報河西總督達乃。

5：3-5　達乃是波斯委任的河西總督，是大河以西，就是幼發拉底河以西整個區域的最高行政長官。管轄敍利亞、亞拉伯、埃及、腓尼基、撒瑪利亞和猶大。河西各省長都由他統屬，示他波斯乃是達乃的書記或行政助理，正如伸帥與利宏一樣（4：9）。同黨就是同僚，他們聽到報告，就立刻去查問「誰降旨讓你們建造這殿，修成這牆呢？」這牆是指聖殿的外牆（：

8），不是耶路撒冷的城牆。猶太的領袖們便據實以告，聖經說因「上帝的眼目看顧猶大的長老，以致總督等，沒有叫他們停工。」神的眼睛一直看顧祂的選民，同樣神也用祂慈愛的眼睛看顧我們，好像母親的眼不住的注視小兒一樣。當時猶太人恢復聖殿的重建工作，雖又遭遇難處，但因神的眼睛看顧，仇敵雖欲強加阻止，仍無能為力。「以致總督等，沒有叫他們停工。」達乃一行，不敢造次，需要等到大利烏的指示，才敢採取行動，但時間需要一年。在此調查期中，故沒有阻止他們的工程進行。

5：6-17　重建聖殿原是出於神的旨意，無論任何攔阻，終必失敗。河西總督達乃立刻上奏大利烏王，報告他去調查猶太人恢復建殿的原因，和猶太人的答覆，請求王的判決。這奏章完全關乎聖殿重建的事，文中自稱「我們往猶大省去，到了至大上帝的殿」，看他們「工作甚速，他們手下亨通」。我們所提出的問題，他們都答覆了：

(1) 猶大的長老自稱「我們是天地之上帝的僕人」，建殿是奉天地之上帝之命而作，僕人怎敢不遵？

(2) 這「重建前多年所建造的殿，就是以色列的一位大君王建造修成的。」（：11）前多年，就提到這聖殿的歷史。是一位大君王，指所羅門王，他在位第四年，主前 967 年開始建造，花了七年的時間才建成的。

(3) 「只因我們列祖惹天上的上帝發怒，上帝把他們交在迦勒底人巴比倫王尼布甲尼撒的手中，他就拆毀這殿，又將百姓擄到巴比倫。」（：12）這一段說明了神對他們的刑罰，所羅門的殿就在主前 586 年被毀了，是因列祖罪的代價。

(4) 「然而巴比倫王古列元年，他降旨允准建造……。」因波斯取代了巴比倫，故稱巴比倫王，又稱亞述王（6：22）。長老說是古列王降旨重建天上神的聖殿，且將「神殿中的金銀、器皿，……交給派為省長的，名叫設巴薩……放在耶路撒冷的殿中，……於是這設巴薩來建立耶路撒冷神殿的根基。這殿，從那時直到如今，尚未造成。」（：13-16）

達乃一行本是接獲撒瑪利亞人的控告，氣勢洶洶的來審判猶太人不法之事。聽了猶大長老們委婉誠實的陳述事實後，覺得茲事體大，只有據實

奏告大利烏王，請王查實，等候降旨定奪。

　　第一次所羅門建造聖殿，處處須照著神的樣式，固屬不易。第二次重
建聖殿，遭受四圍仇敵多方攔阻，更是不易。但神的眼睛時刻看顧他們，
就將危機化為轉機。河西總督達乃和示他波斯乃一夥，上奏大利烏本是替
撒馬利亞人控告，但神卻將控告變成了求告，人的心在耶和華手中也是隨
意流轉。

　　6：1-5　「於是大利烏王降旨，要尋察典籍庫內……。」典籍庫是王都
的圖書館，專門儲存國家檔案的地方。「在瑪代省，亞馬他城的宮內，尋得
一卷。」亞馬他城是古瑪代國的故都，即今伊朗的哈馬丹城，當時很可能
是波斯王的夏宮。波斯王有四個王都，亞馬他、波斯波立、巴比倫和書珊。
在亞馬他宮內找著的那一卷中，記明古列元年降旨的內容，准猶太人回去
重修耶路撒冷神的聖殿，經費是由王庫供給的，且歸還尼布甲尼撒從殿中
所掠奪的所有聖物等事，確實無誤。

　　6：6-7　大利烏王既已查明猶太人回去重建聖殿確是出於古列王的詔
諭，於是叫河西總督達乃一夥要速速離開猶太會眾，就照古列原詔，「不要
攔阻上帝殿的工作，任憑猶大人……在原處建造上帝的這殿。」仇敵原想
攔阻，那知神在天上，祂的眼睛看顧祂的子民。祂若不准，「人能把我怎麼
樣呢？」（詩 56：11）。

　　6：8-10　大利烏不僅警告達乃，自己又下命令，這道命令，一定叫達
乃一夥的人目瞪口呆。「吩咐你們向猶大人的長老為建造上帝的殿，……從
河西的款項中，急速撥取貢銀作他們的經費，免得耽誤工作。」這是要掏
達乃一夥的腰包了，因為他們的一些費用，也是來自貢銀。波斯帝國的宗
教政策與巴比倫相反，他容許國內各民族的宗教存在，並用公帑幫助他們
重建廟宇。大利烏在詔書內特別再吩咐達乃一夥，還要供給猶太人天天為
天上上帝獻燔祭需用的牛、羊、麥子、鹽酒等物，「好叫他們獻馨香的祭給
天上的上帝，又為王，和王眾子的壽命祈禱。」這使那些仇敵超乎想像。
神要作事，無人能阻擋。

　　6：11-12　在諭旨的結尾，大利烏再嚴重的警告，「無論誰更改這命令，
必從他房屋中拆出一根梁來，把他舉起，懸在其上。」「懸在」新國版譯作
「刺穿在」，根據希臘歷史家希羅多德的記載，大利烏一世（非此大利烏，

那是與古列同時攻取巴比倫的瑪代人）攻取巴比倫城後，曾將三千巴比倫人綁在椿上被刺穿致死，因此這警告絕非空言。「使他的房屋成為糞堆」，即將房子拆毀成為廢堆。「若有王和民伸手更改這命令，拆毀這殿，願那使耶路撒冷的殿作為他名居所的上帝，將他們滅絕。」這諭旨何等嚴厲，誰敢更改一字，誰敢不遵呢？敵人控告的惡意，竟成全了神的旨意。從此會眾重建聖殿的工作，暢通無阻了。

6：13-15　河西總督達乃一夥遵行王命，大力協助下，又在先知哈該、撒迦利亞的勸勉下，歷時約四年半，就在大利烏王第六年亞達月初三，即主前 516 年 3 月 12 日終於完成了，約在第一殿被毀的七十年。

：14 說他們遵照古列、大利烏、亞達薛西的旨意。這裡提到亞達薛西，實在對建殿並無貢獻，因他是聖殿建成後五十年才登基的（主前 464-424 年）。這裡加上他的名字，可能記念他日後資助以斯拉回國的功勞（7：21-24）。

6：16-18　多年所希望的殿已建成，便行獻殿禮。有人說詩篇 146-150 篇就是為此獻殿禮而作的，這獻殿禮的場面比所羅門時差多了，不但人數不如，財力不如，所獻的牛羊從一百至四百頭不等。與希西家、約西亞時代動輒成千上萬相比，也遜色得多。但它在靈性復興的意義上，卻毫不遜色。它雖不如第一座聖殿宏偉，卻維持了更長的時間。其設計與所羅門的聖殿相似，不過至聖所內卻是空的，因為約櫃在巴比倫焚燬聖殿時遺失了。聖所裡的金燈台和陳設餅桌只各有一個，不像所羅門的殿各有十個。

6：19-22　他們守逾越節，自約西亞王率領會眾守逾越節以來，已過一百年了。此時是主前 516 年 4 月 21 日，獻殿之後的第五個星期。這是猶太人歸國後第一次守節。：21 提到兩類猶太人可以守節，一類是從巴比倫回歸的；另一類是未被擄，留在巴勒斯坦故土與外邦人混雜的。不過必須不再拜外邦人的偶像，並撒瑪利亞半耶和華崇拜的。這就是所說「除掉所染外邦人污穢」之意，這就沒有禮儀上的不潔，可以吃逾越節的筵席。

：22「因為耶和華使他們歡喜，又使亞述王的心轉向他們，堅固他們的手，作以色列上帝殿的工程。」這裡稱亞述王，波斯帝國統治範圍包括了前亞述領土，故稱大利烏王是亞述王，猶如稱古列是巴比倫王一樣。這節經文提醒我們一件重要的事，就是人的心在耶和華上帝的手中，隨神轉移。聖經裡的事例很多，神叫約瑟在法老面前蒙恩。神又叫法老的女兒聽

見蒲草箱裡的小摩西一哭，就收養他。神又轉移巴比倫王的心，傾向但以理。神也感動波斯王的心，幫助建殿。這些都是藉著禱告，求神轉移他們的心。運用在我們的生活上，無論是在家庭；在公司；在機關；在事業，有關你各種的事上，如遭遇到攔阻、對立、破壞、打擊，只要你虔心的禱告，一個重生了的人，就成為神的兒女。成為神的兒女才有權利向神祈求，神也才會聽他的禱告。神的時候到了，神作事能改變人的心，將危機化為轉機，阻力變作助力。

第六講　文士以斯拉　第 7 章

7：1-5　「這事以後」，是指第六章聖殿重建完工的事以後。在第六章與第七章之間，相隔了 60 年，中間發生了以斯帖記的故事。到了第七章波斯王亞達薛西年間，就是他在位的第七年（主前 456 年），他准以斯拉回國教導律法。

以斯拉生於祭司家，「他是西萊雅的兒子」。希伯來人稱兒子，常是用來指後裔。西萊雅是西底家王朝的大祭司，西底家在主前 586 年亡國，猶太人被擄，西萊雅也被尼布甲尼撒的護衛長所殺，距今已 130 年了。因此西萊雅是以斯拉的先祖，而非他的父親。以斯拉是在被擄去巴比倫以後才出生的，他是亞倫的後裔，本身就是祭司。

7：6-9　「這以斯拉……是敏捷的文士」。文士早期是君王的「文書」、「書記」，如約西亞王的沙番。希伯來文 Soper 原意為「祕書」。在被擄前，也有文士擔任抄寫；記錄工作的，如巴錄寫下耶利米口中的話（耶 36：32）。在被擄後，文士就成為精通摩西律法和教導聖經的學者、教師，負起過去祭司教導律法的責任。這是一個新興的制度。文士制度從被擄開始，繼續延長了 400 年之久，到主耶穌時代，文士人數最多，叫「拉比」。文士制度與先知不同，先知是直接由神默示，傳神的信息；文士是解釋舊約律法，教導百姓遵守。聖經說，以斯拉是個「敏捷的文士」。敏捷就是對神的話語反應敏銳；「通達耶和華以色列上帝所賜摩西的律法書」，就是精通摩西律法。聖經說，「王允准他一切所求的」。王既不是敬拜耶和華上帝的人，為何允准以斯拉一切所求的？他在波斯宮廷中從事祕書工作，又可能經辦猶大事務。雖然如此，而以斯拉卻說「是因耶和華他上帝的手幫助他」。上帝有手嗎？主耶穌對撒瑪利亞婦人說，「上帝是個靈」（約 4：24）。上帝是靈，怎麼有手可以幫助人呢？聖經不但說上帝有手，還有腳，「地是我的腳凳」（賽 66：1）。也有眼，「主的眼看顧義人」（彼前 3：12）。又說，「祂的耳朵聽他們的呼求」（詩 34：15）；「祂用膀臂施展大能」（路 1：51）。難道上帝真和我們一樣有手；有腳；有眼；有耳嗎？這只不過是藉人類有限的知識語言，來表達神是無所不知；無所不在；無所不能，時刻在幫助人。以

斯拉說是上帝的手在幫助他，是擬人化的描述。主耶穌說，「誰也不能從我
父手裡把他們奪去」（約 10：29）；「耶和華用手攙扶他」（詩 37：24），也
都是擬人化的描述。雖然如此，以斯拉確實是上帝的手在幫助他；引領他。

　　「正月初一日，他從巴比倫起程」。那是亞達薛西王在位第七年正月初
一（猶太聖曆是尼散月初一，即主前 458 年 4 月 8 日），「五月初一日（聖
曆埃波月初一，即主前 458 年 8 月 4 日）就到了耶路撒冷」（：9）。其間旅
程約九百多哩，以斯拉帶領這一大群以色列人、祭司、利未人、歌唱的；
守門的、尼提寧人（：7），包括他們的眷屬，歷經山川險阻，仇敵出沒，
他們又是扶老攜幼，拖男帶女，歷時四個月。在這一趟陌生的旅程中，若
不是上帝的恩手帶領；幫助，何來如此的順利，平安抵達目的地？

　　7：10　「以斯拉定志考究遵行耶和華的律法，又將律例典章教訓以色
列人」。這說明了以斯拉終生所行的三件事：

(1) 考究律法：就是用心抄寫；細心校對；專心研究語文的正確性，總
　　要得著正意真理。以色列國既亡；人被擄；聖殿被毀，歷代流傳下
　　來的經卷史書，不免散失，急待整理。且被擄回歸時，舊約各卷，
　　尚未歸類集冊。以斯拉回國便收集各卷，審勘核訂，編輯成冊。不
　　但有益於當時的以色列會眾，更有益於歷代教會。

(2) 遵行律法：「要行道，不要單單聽道」（雅各書 1：22）。研究聖經只
　　會增加知識，遵行才能得益處。主耶穌說，「你們既知道這事，若
　　是去行就有福了」（約 13：17）。聖經的真理是行了多少，才知多少；
　　不行就不算知。

(3) 又將律例典章教訓人：律例是有關群體生活的規範，如民法、刑法、
　　人際關係、國際關係。典章是有關宗教生活，諸如敬拜禮儀、獻祭、
　　守安息日和節期等。此外還有誡命，是有關道德生活的。三者合起
　　來稱之為律法。以斯拉將這些所知、所行的去教訓人。欲教訓人知，
　　必先自知；教訓人行，必先自行。以斯拉是傳道人的模範，他定志
　　考究、遵行，又去教訓人。

　　7：11-26　亞達薛西王降旨與以斯拉，「住在我國中的以色列人、祭司、
利未人，凡甘心上耶路撒冷去的，我降旨准他們與你同去。王與七個謀士
既然差你去……。」七個謀士是國王最高決策機構，樞密院的高級顧問，

有波斯人也有瑪代人（參以斯帖記 1：14）。他們都同意差派以斯拉前往猶大視察，王在諭旨中明示了幾點：

(1) 派以斯拉帶著王和謀士為上帝奉獻的金銀，和巴勒斯坦以外居住的猶太人的奉獻，去耶路撒冷購辦獻祭的牛羊和素祭之物，好在聖殿獻祭。這些金銀都交以斯拉全權處理，要遵照上帝的旨意辦成聖殿的事。

(2) 亞達薛西又將殿中所使用的器皿，可能是還有些尼布甲尼撒擄掠聖殿中的器皿，仍歸還聖殿。

(3) 上帝的殿若有所需，有權隨時向河西各地王的府庫請求撥款支應。

(4) 且王已降旨與河西的一切庫官，可讓以斯拉為聖殿的事最高支取 100 他連得的銀子（一他連得等於 96 磅，約 10,000 磅）。這是一筆龐大的數目，用於購買向上帝獻祭用的牛羊。和麥子 100 柯珥（約等於 22,500 公升），酒、油各 100 罷特（一罷特約等於 9 加侖，即酒、油各 1,000 加侖），並鹽不計其數。這是供應聖殿獻素祭之用的。波斯王並不信奉耶和華獨一的真神，但波斯的宗教政策是尊重國內各民族的宗教神明。他對耶路撒冷如此尊重，是見於上帝的神聖和祂向人所行的奇事，獻祭為王和王的眾子祈福；增壽；保平安。

(5) 王特准凡在聖殿任職的神職人員，一律免稅。

(6) 王又賜給以斯拉宗教以外的權力，以斯拉可以委任行政官員、士師、審判官治理河西所有的猶太人，叫猶太人都要依照律法行事。由此可知亞達薛西對律法有相當的認識。

(7) 王更付與以斯拉有生殺予奪之權，「凡不遵行你上帝律法，和王命令的人，就當速速定他的罪，或治死、或充軍、或抄家、或囚禁」。但上帝給以斯拉回國的託付並非如此，他與第一次所羅巴伯和第三次尼希米回國的任務不同。不是與建土木，乃是重整人心，從社會方面與靈性方面建造百姓。百姓的靈性需要更新，有更新，才能討神的喜悅。這是真理，至今亦復如此。

7：27 到第 9 章都是以斯拉的回憶錄，「我」成了第一人稱。以斯拉回憶神的作為是應當稱頌的，「王的心在耶和華手中，好像隴溝的水，隨意流轉。」（箴 21：1）神使王的心轉向祂的百姓，聖殿重建起來，敬拜中心再

次確立起來。以斯拉教導百姓遵守律法，人的心再次歸向神，靈性再次復興。這都是「因耶和華我上帝的手幫助我，我就得以堅強」。以斯拉再次不忘耶和華的手，是一支導引他的手；是一支扶持他的手；是一支幫助他的手。以斯拉承認，他能作以色列的領袖；能帶這一隊人順利歸國；能使會眾樂意順服，不是他能作什麼，乃是因為神的手引導他；扶持他；幫助他，使他堅強有力。同樣，神也時時對我們伸出引導的手、扶持的手、幫助的手，只要我們接受祂手的指引，「僕人的眼睛怎樣望主人的手，使女的眼睛怎樣望主母的手，我們的眼睛也照樣望耶和華我們的上帝」的手（詩 123：2）。祂的手就扶持我們；幫助我們，叫我們下垂的手、發酸的腿再次挺立起來，軟弱變為剛強。

第七講　以斯拉回歸　第 8 章

8：1-14　八十年前第一次所羅巴伯回耶路撒冷，被擄之民起而響應的男丁有 29,818 人（加婦孺僕婢總計 49,897 人）。八十年後第二次以斯拉回耶路撒冷，響應的只有十五個家族的後裔，男丁 1,496 人（婦孺未計）比上次少得很多。

8：15-20　「我招聚這些人在流入亞哈瓦的河邊」。亞哈瓦的位置不詳，它可能是一條流入幼發拉底河或底格里斯河的運河。以斯拉一行於亞達薛西王在位第七年（主前 456 年）正月初一日從巴比倫出發，走了九天，到了亞哈瓦的河邊。「我們在那裡住了三日」，發現沒有利未人。利未人在聖殿裡做的都是些粗重的工作，被擄去巴比倫後，他們失去了聖殿的工作，便都改業。幾十年來他們久已習慣於過那比較舒適的世俗生活，所以沒有人來應徵，於是以斯拉打發人去迦西斐雅。迦西斐雅的地理位置不詳，可能那裡是利未人和尼提寧人的大殖民區。找到他們的首領易多，拜託他去說服他們，為上帝的殿再次獻身。以斯拉事後感謝神說，「蒙我們上帝施恩的手幫助我們」。有耶和華施恩的手幫助他，於是就有 38 個利未人和 220 個當助手的尼提寧人（殿役）願意加入他們的行列。這給我們留下教訓，我們熱心想為神作點事，如果只舉起個人的手，是毫無果效的，除非有神向你舉起施恩的手。只要神施恩的手向我們伸出來，就夠了。除此之外別無幫助；別無倚靠，也別無盼望。

啊！主的手！「坐在天上的主阿！我向你舉目。看哪！僕人的眼睛怎樣望主人的手，使女的眼睛怎樣望主母的手，我們的眼睛也照樣望耶和華我們的上帝。」（詩 123：1-2）單單要望主施恩的手，在我們人生路的行程裡，只要去望主的手指導我們，如行曠野只望雲柱火柱一樣。在我們的生活裡，只要望主的手眷顧我們，家中「罈內的麵必不減少，瓶裡的油必不短缺。」（王上 17：14）在我們遇到苦難時，惟願有主的手來護蔽我們，「雖然行過死蔭的幽谷，也不怕遭害。」（詩 23：4）在我們的工作上，只求主大能的手自己作工，我們就知足了，真的知足了。

8：21-22　「那時我在亞哈瓦河邊宣告禁食」。禁食，一方面是刻苦自

己，以屬靈的事大於身體的享受，倚靠神過於倚靠食物；一方面使靈與內腑都得潔淨，好誠心的向神禱告。舊約中禁食禱告成功的例子很多，如士20：26，以色列人連續敗於便雅憫人，他們就上伯特利禁食直到晚上而得勝。又如約沙法使全地禁食禱告，勝了亞捫摩押和西珥山的敵人（代下20：3）。基督徒遭遇難事，無法自處，禱告無力，痛苦加深，最好的辦法就是禁食禱告。禁食禱告是大有果效的，可以搖動神的手，神的慈愛和憐憫往往就因此在你身上成就超過你所求所想的。一些屬靈的見證是絕對可信的，你有試過嗎？

以斯拉身當大任，率領這許多歸國之民，攜家帶眷，扶老攜幼，並帶著巨量的金銀寶器，長途跋涉，道路險阻，強人出沒。他本可求王派步兵馬兵一路保護，幫助他們抵擋路上的仇敵，但他的信心堅強，以求人助為羞恥。因他曾對王說，我們的神是萬能的，也是無所不在的，「我們上帝施恩的手，必幫助一切尋求祂的」。因此他以請兵保護為恥，只靠禁食。於是會眾禁食同心祈禱，他們不靠人，只靠神，靠信心，倚賴神前行。果然，神不叫信祂的人羞愧，以斯拉給教會留下美好的見證。十三年後尼希米第三次回國，同行的人數不詳，也走同樣的路。尼希米也是個大有信心的偉人，但他說「王派了軍長，和馬兵護送我。」（尼2：9），尼希米心安理得的接受了。這給我們看見，神眷顧人的方式各有不同。今天神的兒女，也有以斯拉和尼希米不同的模式。有的以請兵保護為恥，不肯倚靠人，只依靠神，這是以斯拉模式，如此可以榮耀神。也有的如尼希米模式，他接受王派兵保護，不是他不信靠神，因尼希米貴為王宮酒政，王最信任的大臣，他本有軍兵隨扈，這是他應有的權利。神給他這種尊榮的特權，他若不這樣做，那就不是榮耀神了。

8：24-30　以斯拉辦事認真，分層負責，手續清楚。他分派祭司十二人，「就是示利比、哈沙比雅，和他們的弟兄十人」，這些都是利未人，他們的名字寫在8：18-19上。因此以斯拉所派的是十二個利未人和十二個祭司，要他們秤準了登記點收王和謀士軍長並那些以色列人所奉獻的金銀，要儆醒看守，到耶路撒冷要如數點交給聖殿的負責人，以清手續。這些銀子有650他連得，合計62,400磅；銀器重100他連得，即9,600磅，共計有72,000磅。又有金子100他連得，即153,600盎司。單單金子就超過3,500萬美元，

還有金碗 20 個，重 1,000 達利克（波斯衡制）。上等光銅的器皿兩個，寶貴如金。這光銅器是銅合金，色澤如金，非常寶貴，要分別為聖。這是一筆龐大的資財，所以以斯拉要宣告禁食，求神保守他們的旅程了。

8：31-34　「正月十二日，我們從亞哈瓦河邊起行，要往耶路撒冷去」。即主前 458 年 4 月 18 日，從亞哈瓦河邊再出發（他們於 4 月 8 日從巴比倫起行到亞哈瓦河邊，住了三日，共計延宕了十一天），於 8 月 4 日到達耶路撒冷。四個月走完全程九百多哩，拖家帶眷，扶老攜幼，又帶著極多的金銀和寶器，終於平安到達目的地了。以斯拉不得不感謝說，「我們上帝的手保佑我們，救我們脫離仇敵，和路上埋伏之人的手。」

「到了耶路撒冷，在那裡住了三日。第四日，……。」休息三日之後，第四日就在上帝的殿裡，把金銀和器皿都秤了，點交給耶路撒冷聖殿祭司的負責人米利末手中。在場的見證人有以利亞撒、約撒拔、挪亞底等，他們數點無誤，就「按著分量寫在冊上」。這份財物簽收清單，以斯拉可能需要呈送亞達薛西王，證明所交付他們的使命已經完成了。這是今天教會處理財物的好榜樣，手續清清楚楚，有根有據。

保羅也在提後 1：12 教導我們，「知道我所信的是誰，也深信祂能保全（看守）我所交付祂的。」聖經小字註「或作祂所交託我的」。神所交付保羅的，是將純正的福音當寄託物交託給祂的管家，也可以說是使命。而保羅卻將這純淨的福音傳播出去了，使命完成了，把結果交付給上帝。有如亞達薛西王將奉獻祭物的金銀交託給以斯拉，以斯拉也將完成使命的結果交付給王一樣。

神也將許多寶器交託我們，如聖經（提後 3：16-17）、得救的福音（帖前 2：4）、純正的信仰（多 1：9，2：1）和好的道理（林後 5：19）。我們要學以斯拉儆醒看守，當回天家的那一天，我們也要向主交帳。願聽到主溫柔的慈聲說，「好！你這又良善又忠心的僕人。」

第八講　心靈改造　第9章

以斯拉對以色列民族最大的貢獻，是實行了一次心靈大改革。從不潔之民中出來，分別為聖，保持了聖潔的種類。若無以斯拉時代的大復興，神選民可能早已被其他民族同化了。和別國之民一樣，沒有耶和華一神信仰；沒有律法道德規範；沒有道成肉身；也沒有現在的猶太人了。

9：1-5　「這事作完了，……」就是從五月到了耶路撒冷，將帶來的獻金、聖器，如數點交清楚了，又獻祭，又作了8：36所記的，「他們將王的諭旨交給王所派的總督，與河西的省長，他們就幫助百姓，又供給上帝殿裡所需用的。」作完這些事，總共用了四個月的時間，因為那正是九月（10：9）。「眾首領來見我，說，以色列民和祭司，並利未人，沒有離絕迦南人……，仍效法這些國的民，行可憎的事。……娶了這些外邦女子為妻，以致聖潔的種類和這些國的民混雜。」這些首領大概是普通百姓的族長來檢舉，他們列舉了五個迦南族，只是代表以色列人進迦南之前所有的原住民。另舉摩押、亞捫、埃及人，是亞述把以色列人擄去北方之後，強迫移入的一些外邦民族的代表。以色列人與這些外族通婚，竟是「首領和官長，在這事上為罪魁」。這些罪魁就是祭司、利未人、官長、殿中的職員（10：24）。那還了得？以斯拉說，「我一聽見這事，就撕裂衣服和外袍」，撕裂衣服和外袍一般表示憂傷哀痛至極。「拔了頭髮和鬍鬚」，這是聖經中唯一的例子，其他記載只是剃頭剃鬍鬚，或拔掉罪人的頭髮（尼13：25）。這是出於震怒；憤慨，簡直氣昏了。「驚懼憂悶而坐，直到獻晚祭的時候」，表示一整天的時間都在驚懼憂悶當中。

9：6-15　以斯拉為何如此驚懼憂悶？他深知神的聖潔不容罪污，現在聖潔的種類，又被污染了，這嚴重的罪行，只會帶來再一次「交在外邦列王的手中，殺害、擄掠、搶奪、臉上蒙羞。」他心中愁苦，雙膝跪下向神舉手禱告。他這篇禱告，堪與但9：4-19但以理的禁食禱告，及尼希米九章的禁食認罪禱告媲美。「說，我的上帝阿，我抱愧蒙羞，不敢向我上帝仰面。」這是為百姓所犯的罪抱愧，為敬虔而蒙羞。「因為我們的罪孽滅頂，我們的罪惡滔天。」百姓官長犯下的這些罪行，與以斯拉何干？他卻在神前認罪

禱告。因他是以色列中的領袖，是以色列中之一員。「若一個肢體受苦，所有的肢體就一同受苦。」（林前 12：26）同樣，若一個肢體不潔，所有的肢體也不潔；若一個肢體受責打，所有的肢體也一同受痛苦。故以斯拉先為那些犯這罪的祭司、利未人、官長認罪。他是抱著求主奮興教會先奮興我的心志，從來教會奮興的靈火都是先由少數領袖，或少數會眾心中焚燒起，然後遍及到全教會。這次以斯拉在以色列中成就的民族復興大會就是這樣。

我們今天研讀這一章聖經，很難領會娶外邦女子為妻，算得什麼大罪，值得如此大驚小怪？乃至一個大領袖以斯拉為此撕裂衣服外袍，拔掉自己的頭髮、鬍鬚，承認這是滅頂的滔天大罪。有這麼嚴重嗎？以斯拉為何如此？請看第四節經文，「為以色列上帝言語戰兢」。以斯拉是敏捷的文士，精通神的話語，知道這是嚴重的罪行，只會帶來另一次災難。因為上帝在申命記 7：3-4 斬金截鐵的說，「不可與他們結親，不可將你的女兒嫁他們的兒子，也不可叫你的兒子娶他們的女兒。因為他必使你兒子轉離不跟從主，去事奉別神，以致耶和華的怒氣向你們發作，就速速的將你們滅絕。」多可怕的誡律，但「從我們列祖直到今日，我們的罪惡甚重」，就是異族通婚拜偶像的罪。北國以色列和南國猶大的滅亡；人被擄，這是前車之鑑。如果重蹈覆轍，難道還要再來一次妻離子散，擄去外邦，流亡異鄉嗎？能不驚懼？如今，神也藉著保羅教導我們，「你們和不信的原不相配，不要同負一軛。……基督和彼列有甚麼相和呢？信主的和不信主的有甚麼相干呢？」（林後 6：14-15）「又說，『你們務要從他們中間出來，與他們分別，不要沾不潔淨的物，我就收納你們。我要作你們的父，你們要作我的兒女』，這是全能的主說的。」（林後 6：17-18）神的話安定在天，永不改變，摩西、以斯拉時代如此；保羅時代如此；如今仍是如此。

歷史見證，那被擄歸國餘民唯一的盼望，乃是信仰純一。過去與現在的經歷證明，與異邦雜婚會破壞這純一的信仰。去拜偶像，為神所棄。這是以色列之痛，之後尼希米也斥責咒詛這事（尼 13：23-28）。為什麼神對雜婚這麼在意？與以斯拉同時作工的先知瑪拉基就解釋得清楚。瑪 2：15，「雖然上帝有靈的餘力，能造多人，祂不是單造一人麼？為何只造一人呢？乃是祂願人得虔誠的後裔。」上帝的靈雖可造許多的人，但上帝只單單造了亞當一人，夏娃也是從亞當而出。上帝為什麼這樣作呢？目的是願人得

虔誠的後裔，就是使子女成為聖潔。現在神的選民與不潔之民雜婚了，其子女也就不潔，這是神最憎惡的。所以以斯拉看離棄神命令的，罪孽滅頂；罪惡滔天。如今許多教會領袖，或基督徒的兒子去娶外邦女子為妻，是司空見慣，見怪不怪。照樣參加婚禮；照樣穿上禮服；照樣宴請賓客；照樣接受教友道賀。沒有見過誰撕裂衣服，拔掉頭髮，驚懼而坐的。研讀過這一章後，我們基督徒要特別警惕，應教導兒女遵守神的命令，神才要作我們的父，我們也才能作祂的兒女。

:8 「現在耶和華我們的上帝暫且施恩於我們，給我們留些逃脫的人。」逃脫的人即這些回歸的餘民，在神的保護之下安居穩妥。「使我們在受轄制之中稍微復興」。以色列餘民歸回猶大，但不是獨立建國，猶大仍屬波斯統治的一省，不過人身得到自由，宗教得到復興，這是神沒有丟棄他們的明證。「使我們在猶大和耶路撒冷有牆垣。」牆垣不是城牆，這時尼希米還未回歸建城牆。牆垣只是個比喻，像聖所的釘子一樣，牆垣意即保障，希伯來文中是指葡萄園的牆或籬笆作保護之用（賽 5：5）。「在波斯王眼前向我們施恩」，就像牆垣一樣。「波斯王」自古列元年降旨釋放被擄為奴的以色列人，可以自由回國，到大利烏一世重申古列詔諭，恢復耶路撒冷停工十六年的聖殿重建完工，到他兒子亞哈隨魯給猶大人特權並保護他們（見以斯帖記 8-10 章），亞哈隨魯之子亞達薛西一世授權以斯拉歸回從事心靈重建工作，這都是耶和華嚴中有慈，藉波斯王施恩叫他們復興。上帝是公義的，上帝也樂意饒恕人。祂有恩典，有憐憫，不輕易發怒，且有豐盛的慈愛，祂恩待回歸的餘民。但「我們豈可再違背你的命令，與這行可憎之事的民結親呢？」可憎之事，是指那些民祭拜他們傳統所信的偶像，且在儀式中行淫穢的肢體動作。「若這樣行，你豈不向我們發怒，將我們滅絕，以致沒有一個剩下逃脫的人麼？」我們理當受重罰的，但主沒有照我們的罪孽報應我們。以斯拉刻骨銘心的如此俯伏在上帝殿前哭泣；認罪；禱告完畢，佇立在四週的百姓深受感動，承認自己的罪，都起而自願解除違背神令的婚約。這是一次很成功的潔淨運動。

第九講　復興大會　第 10 章

10：1　先有個人的奮興，以後才看見教會的奮興。以斯拉腑伏長跪在上帝的殿前不起，禱告；認罪；哭泣。這哭泣並非哽咽；飲泣，乃是痛心疾首的放聲大哭。他說，「我抱愧蒙羞，不敢向我神仰面。」（9：6）以斯拉並沒有犯這樣的罪，他乃是在代替同胞認罪。全本聖經多稱代替的道理，人類最初的家庭悲劇，該隱殺了弟弟亞伯，神又使亞當生一個兒子名叫塞特，「意思說，上帝另給我立了一個兒子代替亞伯。」（創 4：25）信心之父亞伯拉罕遵命去摩利亞山獻以撒為祭，神止住他殺童子，「亞伯拉罕舉目觀看，不料，有一隻公羊來，……代替他的兒子。」（創 22：13）聖經中最寶貴的代替，是主耶穌被釘在十字架上，是代替我們的罪受死。「就是義的代替不義的」（彼前 3：18）。神叫那無罪的為我們成為罪，「祂被掛在木頭上親身擔當了我們的罪，使我們既然在罪上死，就得以在義上活。」（彼前 2：24）代替的果效何其大，基督徒應當常常為人代禱；代求。保羅也對提摩太說，「我勸你第一要為萬人懇求；禱告；代求；祝謝。」（提前 2：1）雅各也囑咐我們，「你們要彼此認罪，互相代求。」（雅 5：16）

以斯拉代替同胞在神面前痛哭流涕認罪的時候，「有以色列中的男女孩童，聚集到以斯拉那裡，成了大會，眾民無不痛哭。」「成了大會」就是成了民族復興大會，這正是歷代以來各教會奮興大會的模式。教會要奮興，當先從領袖開始。奮興的火就燒著起來，這火就燒著前後左右，越燒越大，越燒越猛，不久就可使全體奮然而興了。奮興的祕訣，首先要認罪。奮興家宋尚節說，「奮興叫人沒有什麼可誇的，所有顯現的奮興完美，全仗認罪代禱的人們」。以斯拉痛哭流涕的認罪禱告，就「有以色列中的男女孩童，聚集到以斯拉那裡。」眾民無不痛哭，教會的奮興大會，常是如此。

10：2-4　「屬以攔的子孫……」，聖經說，示迦尼的父親是耶歇，可能就是 10：26 中的那個耶歇。如果真是他，無疑示迦尼為他父親又去娶了非猶太女子而悲哀。且看出以攔的家族中有六個與異族通婚的人。示迦尼是與以斯拉一同自巴比倫回國的，他建議以斯拉，只有決心休掉外邦之妻，就是解除婚約，你那傷痛的禱告才能落實。「現在當與我們的上帝立約，休

這一切的妻，離絕他們所生的，照著我主和那因上帝命令戰兢之人所議定的，按律法而行。你起來！這是你當辦的事。」這是領袖的責任，叫會眾用立約的決心，來執行這件事。「離絕他們所生的」，婚姻破裂，孩子的歸屬問題，當時是歸母親養育。1500 年前，當夏甲被趕走時，以實瑪利也與她一同離開（創 21：14）。所以說，「休這一切的妻，離絕他們所生的」，以免種族混雜。

10：5-8　於是「以斯拉便起來，使祭司長，和利未人，並以色列眾人起誓，說，必照這話去行。」以色列人起誓是一件很嚴重的事，絕不反悔。以色列眾人當即起了誓，「以斯拉從上帝殿前起來，進入以利亞實的兒子約哈難的屋裡。」約哈難可能也是當時的祭司，所以住在聖殿祭司的屋子裡。以斯拉去到他家，不吃也不喝，通常禁食只是不吃食物（撒上 1：7，撒下 3：35），而以斯拉禁食卻是不吃也不喝，這是罕見的。摩西曾這樣禁食兩次（出 34：28，申 9：18），尼尼微人也曾如此禁食過（拿 3：7）。以斯拉如此禁食，「因為被擄歸回之人所犯的罪，心裡悲傷。」悲傷這個希伯來字，通常形容人在體會到即將來臨的審判而發出的反應，這是很嚴重的。「他們通告猶大和耶路撒冷被擄歸回的人，叫他們在耶路撒冷聚集，凡不遵首領和長老所議定三日之內不來的，就必抄他的家，使他離開被擄歸回之人的會。」那時猶大的疆界已大為縮小，三天之內，綽綽有餘。若不遵行，故意不來，就要抄他的家。抄家，就是將他的家產充公，歸入聖殿使用。而且被驅逐出聖會，就是開除教籍，這是很嚴重的事。當時他們都是靠著猶大社團而生存，他們的宗教生活、社會生活與個人家庭生活都是結成一個生命共同體的，一旦被驅逐，就失去了生計、生活的依靠。這是一道很嚴屬的命令，但這不是以斯拉在使用特權，而是他以身作則的結果，影響眾首領長老共同商議，起而推行的運動。

10：9　教會奮興必須先有悔改；認罪，然後才有潔淨；赦罪。以色列會眾既已認罪悔罪，「於是猶大和便雅憫眾人，三日之內都聚集在耶路撒冷。」這是被擄去巴比倫猶大國的兩個大支派，代表全以色列人，在 9 月 20 日（主前 457 年 12 月 8 日）都到齊了。由於城內房屋稀少，已無立足之處（參尼 7：4），都坐在上帝殿前的寬闊處聽以斯拉的信息。「因這事，又因下大雨，就都戰兢。」這時正是陽曆的十二月天，巴勒斯坦的雨，聖經

常稱秋雨、春雨，實際上一年有三季雨，即秋雨、冬雨、春雨。秋雨自 10 至 11 月上，細雨紛飛。這雨使燥土鬆潤，可供播冬季作物種籽。春雨在 4 月中旬，最為可貴，可使農作物豐收。至於冬雨，則在 12 月到 1、2 月間，經常大雨連綿，又冷又濕。若雨過量，就被視為是一種懲罰。「因這事，又因下大雨，就都戰兢」。一是怕神刑罰，眾人在殿院中，沛雨大降，眾人震驚，覺得是神在發怒，所以戰兢。二則水在聖經裡多表聖靈，正在會眾認罪悔改時降此大雨，有如聖靈澆灌下來。人幾時悔罪離罪，神就幾時靈恩沛降。

10：10-12　「祭司以斯拉站起來，對他們說，你們有罪了，因你們娶了外邦的女子為妻，增添以色列人的罪惡。」罪惡與失敗遭致被擄，已經夠慘痛了，現在你們又娶外邦女子，這不是個人的事，乃是更增添以色列人的罪惡。「現在當向耶和華你們列祖的神認罪，遵行祂的旨意，離絕這些國的民，和外邦的女子。會眾都大聲回答說，我們必照著你的話行。」

10：13-15　其中有人建議，「只是百姓眾多，又逢大雨的時令，我們不能站在外頭。」這是眼前的困難，「這也不是一兩天辦完的事，……不如為全會眾派首領辦理」。讓本城的長老、士師先去調查登記，好按名處理。這個建議很好，很合理，又切實際。但也有反對的，「惟有……約拿單、……雅哈謝，阻擋這事」（和合本聖經翻譯「阻擋」適當）。但值得注意的是那支持反對意見的有米書蘭，這個人是與以斯拉一同回國的領袖（8：16），和一個利未人沙比太支持。他們為什麼支持反對意見，不得而知。如果這個米書蘭就是 10：29 裡的那個米書蘭，他也娶有外族女子為妻，那就是為了自私。他們屬靈的景況荒涼了，肉體的情慾重於神的命令，太危險了。幸而他們的反對都告失敗。

10：16-44　審查自 10 月 1 日，即提比月，今之 12 月與 1 月間，直到正月尼散月，今之 3、4 月間，花了三個月時間才清查完畢（即主前 456 年）。距以斯拉離開亞哈瓦河邊，約有一年。發現有 17 位祭司、10 個利未人和 86 個以色列人共 113 人犯了這罪。他們在獻上公綿羊贖罪後（利 5：14-16），便休了所娶外邦的妻子。

：44　最後這句話，希伯來原文意義不易領悟，多數聖經學者就根據次經「以斯得拉前書 9：36」解為「這些人都娶了外邦女子為妻，但是他們都

把妻子和兒女打發走了。」

　　自摩西時代神的律法已不斷要求百姓分別為聖，否則全被誘惑牽引遠離神，去崇拜外邦的偶像，會導致嚴重的後果，以色列歷史就是映證。以斯拉掀起這次休異族妻子的民族潔淨運動，是一次非常成功的潔淨運動。可惜人性的敗壞，沒有持久，30 年後，雜婚問題又再次發生了（參尼 13：23-24）。

卷一〇　尼希米記

第一講　尼希米記介紹

　　舊約歷史書的最後三卷，以斯拉、尼希米、以斯帖都是記述猶太人由巴比倫歸國，重建聖殿，再造耶路撒冷城牆，與保存了猶太民族延續的故事，前後時間約有一百年。最後的三位先知哈該、撒迦利亞、瑪拉基，都是在這個時代工作，參與猶太民族的復興運動。

　　有學者認為尼希米記應先於以斯拉記，他們的論點是建城比建殿更難。古時城無城垣就不能生存，若不先建好城牆，就不能建聖殿。尤其被擄回歸的猶太人所處的環境極其惡劣，四圍仇敵虎視眈眈。因此他們認為是尼希米先回國將城牆建好了，然後才有以斯拉記回歸建殿的事。還有學者認為這三卷書中，以斯帖記應在最先。若無以斯帖肯付代價保存了各地的猶太人，哈曼的詭計得逞，在一夜之間猶太人都會被外族殲滅淨盡，再無剩下的餘種，就無所羅巴伯、以斯拉、尼希米的餘民歸回了。他們有想像的空間，但我們仍然按照聖經次序研讀。讀歷史最頭痛的是年代問題，只要今天我們將這三卷書發生的年代弄清楚了，就可以接受聖經所排的順序是正確的。

　　第一次歸國是發生在波斯帝國第一個王古列第三年（主前536年），所

羅巴伯帶領了被擄得自由的猶太人 42,360 人，僕婢 7,337 人和歌唱的 200 人，共計 49,897 人，號稱 50,000 人，攜帶著尼布甲尼撒自耶路撒冷擄掠去的金器銀器計 5,400 件，回到耶路撒冷開始重建聖殿。當奠基後，即遭遇到仇敵們的攔阻，以致停工了十六年。直到波斯帝國第四任王大利烏（舒斯他伯斯）第二年（主前 520 年），准許那停工的建殿工程復工，於是在大利烏王第六年（主前 516 年），重建的聖殿落成了。

第二次回國的時間是在聖殿完工的六十年後，波斯帝國第六任王亞達薛西一世第七年，即主前 456 年，准以斯拉帶領了男丁 1,754 人（婦女、孩童未計），並攜帶金子 100 他連得、銀子 750 他連得回國教導律法，作猶太民族的心靈改造工作，重振人心，與異族妻子離絕，作個分別為聖的選民。

以斯帖的故事就介於第一次所羅巴伯回國與第二次以斯拉回國中間的那六十年裡，發生在波斯帝國第五任王亞哈隨魯（主前 485-464）年間。

第三次回國發生在以斯拉回國的十三年，尼希米在波斯帝國第六任王亞達薛西一世第二十年（主前 445 年），由武裝衛隊護送回到耶路撒冷。在他週密的計劃及高效率的動員下，只花了 52 天的時間，再造城牆的工程就全部竣工了。我們明白了年代發生的順序，再來研讀尼希米記，就不致困惑了。

尼希米記的歷史背景：

尼希米是在主前 445 年回國的，與第一次所羅巴伯回國的時間相隔九十年。第一次回國的那些人，早已老成凋謝，在這九十年中又發生了些什麼大事呢？

(1)耶路撒冷的聖殿重建落成了。雖然不及所羅門建造的聖殿宏偉，在歸國的餘民心中，已建立了生活中心。建殿從開始到落成，經過了廿年的歲月，其中停工了十六年，真正建殿的時間只不過四年五個月另十天而已。哈該書 1：15 告訴我們，在大利烏第二年六月廿四日重啟工程。以斯拉記 6：15 告訴我們，所建聖殿是在大利烏王第六年亞達月即十二月初三完工的。聖曆每月都以 30 日計算，如此，建築工程共用了四年五個月另十天新聖殿就落成了。

(2)新聖殿落成後六十年，文士以斯拉奉准回國教導律法，使猶大民族在靈性上一次大復興。又與異族妻子離婚，保存了民族的純淨，全

國上下都悔改歸向神。

(3)再十三年後，尼希米奉准回耶路撒冷。這時猶大的光景悽涼，「猶
大省遭大難，受凌辱，並且耶路撒冷的城牆拆毀，城門被火焚燒」
（尼1：3），這是神的子民受外族的欺負。而國內又是民生窮困，「百
姓和他們的妻大大呼號，……人口眾多，要去得糧食度命。……典
了田地、葡萄園、房屋，要得糧食充飢。……使兒女作人的僕婢，……
無力拯救……」（尼 5：1-5）。更可惡的是官僚貪婪腐化，「……貴
冑，和官長，……各人向弟兄取利」（尼5：7）。而會眾卻繼續再犯
與外族通婚的罪，「猶大人娶了亞實突、亞捫、摩押的女子為妻。
他們的兒女說話，……是照著各族的方言」（尼 13：23-24），漸漸
被外族同化了。在這樣一個內憂外患，混亂腐敗的情況下，尼希米
回國了。

尼希米這個人：尼希米是波斯帝國亞達薛西王前最信任的重臣，官拜
酒政。他是個堅強、勇敢、熱誠而十分敬虔的人。他棄官回到悽涼的耶路
撒冷，不畏萬難，謹慎應付外來的攻擊和陰謀。仇敵笑臉來邀請他去共商
大事，「我現在辦理大工，不能下去，為能停工，下去見你們呢」（6：3）。
他拒絕引誘，在艱苦危險中，建城的工程終於完成了。他對罪惡滲入聖殿
不能容忍；他對以色列人又與異族通婚不能容忍，只在神面前獻上無愧的
良心。他不懼強權對付罪惡，因此他把大祭司以利亞實為他的姻親，亞捫
人多比雅在聖殿儲存聖物的大屋子裡安放的「一切家具，從屋裡都拋出去」
（13：8）。又把大祭司以利亞實的孫子，參巴拉的女婿驅逐出境（13：28）。
他又拔掉那些與外邦人混婚的人的頭髮，刮他們的耳光（13：25）。尼希米
就是這樣一個剛毅正直，坦誠無私的巨人。

尼希米記的中心信息：以斯拉記的中心信息是重建聖殿，尼希米記的
中心信息是再造聖城。聖殿是表明教會，建立聖殿的經過，正是表明建立
教會的工作。神給以斯拉的託付是重建教會，以斯拉完成了。神給尼希米
的託付是再造聖城，聖城是預表天國，再造聖城正是表明主的僕人所承受
的使命。尼希米再造聖城的史實，就告訴我們怎樣才能參與天國的建設，
就是屬靈的事奉。歷代教會同工都從尼希米的經歷中，學到不少的屬靈教
訓。尼希米不但有一顆熾熱的愛國心，更有付上一切代價的行動。因有尼

希米，不但耶路撒冷聖城被建立，而且猶太民族也得到大大的復興。

　　尼希米記的屬靈教訓：尼希米記在屬靈真理的啟示上，真叫我們一生享用不盡，這卷書是基督徒委身事奉的範本。尼希米向弟兄哈拿尼主動問起猶大的光景，就禁食祈禱，面帶愁容，激起他去耶路撒冷事奉的心志。尼希米是個大有行政恩賜又實際行動的人，也是個大有信心的屬靈領袖，他是個大有才幹又是個專心祈禱的人。他在亞達薛西王面前服侍面帶愁容，但他並未因屬靈的事而放下應作的事。當王問他，「為什麼面帶愁容？」又問，「你要求什麼？」再問，「你去要多少日子？」似乎他早已胸有成竹，謹慎一一作答。這就是彼得教導我們的，「有人問你們心中盼望的緣由，就要常作準備」（彼前3：15）。從他向王要求的通行證、詔書、通管王園林的亞薩供應建城的木料等等，王都一一准了，這就是他一面禱告一面策劃的結果。他實在是一個行事與屬靈平衡的領袖，他不是一個只禱告而不行動的人，也不是個自負才幹而不尋求神旨意的人。

　　尼希米是朝中重臣，他願放棄高官厚祿，看為糞土，為了使命，回去耶路撒冷重建那被拆毀的城牆。古時城沒有城牆，顯得分外悽涼。這正是一些社會化的教會，內裡屬靈的景況悽涼。住在沒有城牆的城中，毫無保障，那些被世俗擄去的基督徒就是這樣。尼希米的感召，人人起而響應。正表明凡天國子民盡都有份，各盡其職，將身體獻上。聖城的城牆建築完工之後，他又發動一次新的人口登記，以色列各按宗族支派報名上冊。這在表明凡重生的神國子民，皆已入生命冊了。誰是否已入生命冊，就取決於是否已真正重生。重生的人，是否也參與再造聖城，就是參與屬靈的事奉。

　　舊約聖經中，沒有一本書比尼希米記更能激發我們擺上自己服事神。這本書的屬靈教訓，對我們的生命就會產生強力的改變作用。尼希米那熱切的榜樣，他對神真理的熱愛，不計一切後果和代價，正是我們的典範。今天人心中的聖城需要我們去建造，研讀了這卷書，你是否立志作為今日的尼希米？

第二講　尼希米回耶路撒冷　第 1~2 章

1：1　「尼希米的言語如下」，這是尼希米的日記，是他晚年整理出來的回憶錄。從 1-7 章，又 12：27~13：31，凡用第一人稱的都是尼希米寫的。中間部份 8：1~12：26，許多聖經學者同意是以斯拉寫的。

「亞達薛西王二十年，基斯流月」，基斯流月是聖曆的九月。這波斯王亞達薛西一世是亞哈隨魯王的兒子，他善待猶太人，在位第七年（主前 458 年）准許以斯拉回國。這是他在位第廿年（主前 445 年），基斯流月即今曆 12 月所發生的事。「我在書珊城的宮中」，書珊城是波斯四都之一。波斯王有四個王都，亞馬他、波斯波立、巴比倫和書珊。書珊城是波斯王的冬宮，主前 478 年以斯帖在這裡成為亞哈隨魯的王后（斯 2：8-18）；主前 550 年，但以理在異象中被帶到這裡（但 8：2）。亞達薛西住在這裡，尼希米在宮中作王的酒政（1：11）。

尼希米屬猶大支派，從他在 2：3 回答王的詢問，「我列祖墳墓所在的那城」這話看來，他可能有大衛王族的血統。他生於異邦，長於異邦，和以斯拉都是波斯王朝重用的被擄猶太人之一。官拜亞達薛西王及達瑪斯比亞皇后的酒政，這是一個倍受信任的高官，是王朝第二個重要的職位。他的職責是選擇與品嚐王的用酒，證明其中沒有下過毒。由此可知，他是王的親信侍從，因宮廷不斷發生政變，他的父親亞哈隨魯便是在自己宮中被暗殺的。

1：2-3　「那時，有我一個弟兄哈拿尼，……從猶大來」。哈拿尼可能是尼希米的同胞兄弟，後來奉派管理耶路撒冷城。尼希米回波斯述職期間，他可能代行省長職務。哈拿尼等一行為甚從猶大回來，聖經未記，尼希米即主動詢問猶大省和耶路撒冷的光景。他們告訴他，「那些被擄歸回剩下的人，在猶大省遭大難，受凌辱，並且耶路撒冷的城牆拆毀，城門被火焚燒」。這城牆何時被拆毀？應不是主前 586 年尼布甲尼撒的鐵蹄蹂躪，那距今已 140 年了，尼希米不可能因緬懷歷史而如此激動哀傷。顯然是指最近發生的事，被撒瑪利亞省長利宏和書記伸帥，在亞達薛西初即位時，控告猶太人在耶路撒冷非法建造城牆，圖謀不軌。王即命令重建城牆停工，「等我降

旨」。於是那省府人員便伇恃王命,「急忙往耶路撒冷去見猶大人,用勢力
強迫他們停工」(拉 4:21-23)。就是用武力手段報復,使耶路撒冷遭大患
難,受凌辱,城牆被拆毀,城門被火焚燒了。古時有城無牆不能防範外來
攻擊;有城牆而無城門,也不能防止仇敵長驅直入,沒有安全感。被擄歸
回的餘民,就在這城牆被拆毀,城門被焚燒,城無牆,城無門敞露之下遭
大難受凌辱。尼希米聽到如此光景,不禁萬分激動。

1:4-11 尼希米雖然在波斯王朝做了大官,心中不忘聖城和被擄歸回
的同胞。聽說城牆拆毀;同胞遭大難受凌辱,他就坐下哭泣悲哀,在神面
前禁食;禱告;認罪。尼希米在處理行政,推動事奉方面,都是先用禁食
和禱告安靜在神面前。猶太人禁食禱告出現最多的是在被擄以後,尼希米
在神前晝夜為同胞禁食;禱告;認罪。

全書第一段記載尼希米的祈禱,最末一段也是記尼希米的祈禱。聖城
建造是以祈禱開始,再以祈禱完工。祈禱是建城能力的源頭。

2:1-5 「亞達薛西王二十年尼散月,在王面前擺酒」。聖曆尼散月即
正月,這是主前 445 年的三、四月間,與 1:1 相隔四個月。在這四個月中,
尼希米不斷的哭泣;禁食向天上的上帝禱告。這時,神的時候到了。

臣僕在王面前,伴君如伴虎。無論遭遇如何痛苦,必須強顏歡笑,否
則後果難測。尼希米這時舉杯奉酒給王時,無法抑制內心的愁苦,被王看
出。於是王問,「為什麼面帶愁容呢?」這時他必須回答,又怕自己的要求
會惹王怒,心中甚是懼怕。他很技巧的說,「我列祖墳墓所在的那城荒涼,
城門被火焚燒,我豈能面無愁容麼」。東方人是最重視祖宗的墳墓,他未提
耶路撒冷只說那城荒涼,是免得引起王的不快。他也未提重修城牆的事,
因為這是省長利宏、書記伸帥當年抗議重建城牆,上奏朝廷的主題,當時
王也降旨命令停工(拉4:21)。這時王再問,「你要求什麼?」他要說出真
情,與王的諭令抵觸,那還了得?這時他的生死只在一線之間。尼希米在
未答之先,卻默禱天上的神,求神啟示,如何作答?只在這一問一答短短
的一、二十秒鐘之內,他也與神一問一答,得到啟示對王說,「僕人若在王
眼前蒙恩,王若喜歡,求王差遣我往猶大,到我列祖墳墓所在的那城去,
我好重新建造」。尼希米多有智慧,而這智慧是從禱告而來。尼希米是個經
常在室內長禱的人,這時最短的默禱,也能收到神的回應。因此有屬靈人

說，在人面前的公禱宜短；在密室內的私禱宜長。在眾人面前公禱長的人，可能是在密室中私禱短的人，這是教導我們禱告的原則。

2：6-8　「那時王后坐在王的旁邊」。這次擺酒可能是個小型私宴，因為王后亦在座。她的名字叫達瑪斯比亞，史家筆下的亞達薛西特別嬌寵后妃。雖然她在聖經裡未發一言，她一定是很有影響力的，像以斯帖一樣。王問，「你去要多少日子，幾時回來？我就定了日期」。這時真是「王的心在神的手中，如隴溝的水，隨意流轉」了。這時王不但一口答應，而且准了他所有一切的要求。尼希米請求二件事，一是「求王賜我詔書，通知大河西的省長，准我經過，直到猶大」。這大概是要求派他為猶大省長（5：14），大河西各省長，即幼發拉底河以外，指米所波大米，包括亞蘭、腓尼基、巴勒斯坦。二是「又賜詔書，通知管理王園林的亞薩，使他給我木料，作屬殿營樓之門的橫梁和城牆」。園林有人說在耶路撒冷城南約九公里。叫亞薩供應木料建聖殿營樓之門的梁和城牆。這營樓可能就是希律後來所建的安東尼堡之處，在聖殿之北（徒21：34）。這些要求王都批准了，尼希米說這都是「因我上帝施恩的手幫助我」。尼希米回國建城牆，我們就看見先有神施恩的手為祂的聖工伸出來。神張開祂施恩的手，還有什麼事不能成就呢？但還要人的手去拉著神的手，如果單靠人自己的手，便徒勞無益。「若不是耶和華建造房屋，建造的人就枉然勞力」（詩127：1）。尼希米和會眾為了重建聖城，投入事工都拉著神的手，各盡本份；各盡其職；共同建造。想不到52天就將這艱巨的工程完成了。這是神與人聯合，人的手拉著神的手；神的手利用人的手。軟弱的手抓著那強壯的手，就有能力作聖工了。我們的神，常常伸出祂施恩的手，你不去抓著它，那你就枉然勞力了。

2：9-10　尼希米在王派了軍長和馬兵武裝的護衛下到了河西的省長那裡，立刻就遭到反對。首先是和倫人參巴拉，他是撒瑪利亞的省長，他是為自己的政治利益而反對。他企圖對猶大擴展影響力，後來他將女兒與耶路撒冷的大祭司以利亞實的孫子為妻（尼13：28）。其次是「為奴的亞捫人多比雅」，這人與參巴拉狼狽為奸，他早先可能是亞捫人的奴隸，這時可能是亞捫省長。看他的名字大概是個敬畏耶和華的人，多比雅的意思是「耶和華美善」。他給兒子取的名字叫約哈難，意即「耶和華是恩慈的」。後來這約哈難又娶了比利迦兒子米書蘭的女兒（6：18），米書蘭是當時一組修

建城牆者的領袖（3：30）。多比雅也和祭司以利亞實結親（13：4-7）。他們對尼希米到來甚是惱怒，於是他們聯合起來。不是出於宗教原因，乃是出於政治利益。尼希米對他們撒瑪利亞的政治利益威脅太大了，所以都反對他。

2：11-16 尼希米到了耶路撒冷住了三日，人馬稍事歇息。正當敵人四伏之際，他自己卻乘夜帶了幾個扈從，祕密出巡，視察城牆損壞情形。他騎牲口，侍從步行，從城西南角落的谷門開始，是欣嫩子谷與汲淪溪之間。「往野狗井去」，是欣嫩子谷井之一，在谷門與糞廠門之間。「到了糞廠門」，這門可能是運垃圾穢物出入之門。「到了泉門和王池」，泉門可能位於城東南，王池即西羅亞池。牲口不能過去了，便步行乘夜色沿溪而上，完成了祕密視察，就轉谷門回去了，沒有告訴其他的人。

2：17-20 尼希米察看完畢，胸有腹案，然後招集猶大平民、祭司、貴胄、官長和其餘工作的人來對他們說，「我們所遭的難，耶路撒冷怎樣荒涼，城門被火焚燒，你們都看見了」。耶路撒冷荒涼，自從主前 586 年尼布甲尼撒將城摧毀以來，城牆與城門經多次嘗試重建都失敗了。尤其最近撒瑪利亞省政府用武力拆除城牆，火燒城門之後，耶路撒冷更荒涼了。因此激起同仇敵愾之心，說「來罷！我們重建耶路撒冷的城牆，免得再受凌辱」。大家勇敢的站出來吧！「上帝施恩的手怎樣幫助我，並王對我所說的話」，就是王給我的諭旨，難道你們不相信麼？尼希米見證上帝施恩的手怎樣幫助他，又感動王委派他來到耶路撒冷作省長，又授他權柄，足見我們所信的上帝是活神。這見證何等有力，試想亞達薛西王能推翻自己不久前所頒的詔令（拉 4：23），沒有一個以色列人可以否認神的信實和神的權能。因此所有的人熱烈的回應說，「我們起來建造吧」。於是萬眾一心，都奮勇起來作這善工。這是主前 444 年 8 月 1 日，不久城牆就在 52 天內，即 9 月 21 日修建完成了（尼 6：15）。

在工程開始，猶太人的仇敵們「和倫人參巴拉，並為奴的亞捫人多比雅，和亞拉伯人基善，聽見就嗤笑我們」。這時亞拉伯人基善也參加反對陣營了，基善可能是底但的省長，管治亞拉伯以東，猶大以南之地。他也加入參巴拉的政治聯盟，因懼怕尼希米勢力一旦建立，他們的政治利益和經濟利益都會受損。他們譏笑說，「你們作什麼呢？要背叛王麼？」在此四面

受敵下，任何人都會喪膽，但尼希米卻屹立不倒。這批人雖給他們扣上反動的帽子，尼希米並不退縮，嚴詞的回答他們說，「天上的神必使我們亨通，……你們卻在耶路撒冷無分、無權、無記念」。天上的神是萬有的主宰，祂幫助我們，我們就必能作成。你們卻與耶路撒冷無分；無權；無記念。因為耶路撒冷是神立名的居所，在這裡與祂的子民同在。神因記念祂與祂子民立的約，所以施慈愛給猶太人。如今聖城被仇敵拆毀了，神的子民來重新建造，是神子民的責任。你們不是神的子民，和倫人、亞捫人、亞拉伯人都是外邦人，建立神居所的事，你們「無分」，就是與神立約的福分無權分享；「無權」，事奉神的事是神子民應盡的本分，神不允許，你們就無權參與，也無權過問；「無記念」，你們對聖工從未付過代價，沒有可記念的，過去沒有，現在沒有，將來也無人記念。

第三講　修建城牆　第3章

讀這一章，許多人會感到枯燥乏味。裡面記的都是誰的子孫建造什麼門，接著就是，其次誰的兒子修造，其次誰的兒子修造，就是修造拆毀了的城牆。這對屬靈有什麼關係？但聖靈既然不厭其煩的特別寫下這一章，一定有祂的目的，在於幫助後人確定當時耶路撒冷的輪廓，及地形地貌。

耶路撒冷位於巴勒斯坦山脊的最高處，是一片傾斜的小平原。西北高而東南稍低，北接高原，高於海平面 2,400 呎；西南有欣嫩子谷；東有汲淪溪谷，汲淪溪谷東面即有名的橄欖山。歷經許多世紀至今，因人事的變遷，戰爭的蹂躪及自然的變動，地之高者多已剷平，低谷亦多填塞。在尼希米修造耶路撒冷城牆時代，城有十二道門，即羊門、魚門、古門、谷門、糞廠門、泉門、水門、馬門、東門及哈米弗甲門。另外還有兩處重要的門未記，一是角門；一是以法蓮門，可能這兩處城門完整無損不須修建。以法蓮門位於城北，回歸後又稱便雅憫門，即赴以法蓮、便雅憫所經之門。

這一章聖靈只留給我們這些地理的知識嗎？不！祂給我們留下些什麼重要的教訓呢？

1. 領袖的品質：

一個領袖應具有行政能力，有如升火待發的火車頭，他要帶動整體事工奔向標竿。他不單具有深思熟慮的頭腦，且要有寬廣的胸懷。不單要有精密的計劃，且要有堅強的信心。他在帶動事工上要柔和謙卑，力求合一；他在屬靈事奉上要堅守原則而不合流。尼希米就扮演了這個角色，他推動的建城計劃，是由城的東北角開始，循逆時針方向進行。

3：1　「大祭司以利亞實和他的弟兄眾祭司，起來建立羊門」。大祭司是亞倫的子孫，是神所膏立的職份。他是會眾的首領，位份尊貴。尼希米動員他親自下手建城，先起帶頭作用，會眾必然跟從。「羊門」或因獻祭之羊市場而得名，羊門在新約裡靠近畢士大池（約 5：2）。他們安立門扇，又築城牆到哈米亞樓。哈米亞樓有譯作「百樓」，可能指它樓高百肘，或有百級階梯。「和哈楠業樓」，兩座樓是防守耶路撒冷東北的軍事據點。

3：3　「哈西拿的子孫建立魚門」。從羊門向西移動就是魚門，「魚門」

位於城之正北，可能是現在的大馬色門場地，也許因魚市場而得名。那時推羅、加利利的魚商來此作集散地。

3：6　「耶何耶大與……米書蘭修造古門」。古門位於耶城西北角，有譯作「通往耶沙拿之門」。耶沙拿介乎猶大與撒瑪利亞之間。

3：13　「哈嫩和撒挪亞的居民修造谷門」。這是從西北角的古門向南走，在城之西南是「谷門」，門外即欣嫩子谷。尼希米夜巡城牆察看城牆損毀情形，即由此乘騎而出，經欣嫩子谷而至西羅亞（2：13）。

3：14　「管理伯哈基琳，利甲的兒子瑪基雅修造糞廠門」。「糞廠門」在城之南方，西羅亞池旁，這是因城中垃圾、糞便運出而得名。城外欣嫩子谷就是垃圾焚燒場。

3：15　「管理米斯巴，各荷西的兒子沙崙修造泉門」。「泉門」在城之東南，西向隱羅結，近西羅亞池。

3：26　「水門」即耶路撒冷東方，名字是因它通往耶城的主要水源基訓泉而來，近俄斐勒。

3：28　「馬門」是耶城最東之門，接近聖殿，出此門便去汲淪溪。

3：29　「東門」可能是現今之金門前身，在聖殿之東，是入聖殿之門，對面就是橄欖山。主耶穌騎驢進耶路撒冷，即由此門而入（參太 21：10）。此門常關閉，因彌賽亞要從東門而入。現今東門外已墳棺遍地，許多猶太人爭葬於此，當彌賽亞來時，可優先見主。許多亞拉伯人亦葬於此，因骸骨污穢，可阻彌賽亞入城。

3：31　「哈米弗甲門」在東門以北，有譯作「檢閱門」，也可能是 12：39 的護衛門。如再北上就與羊門相接，環城一週，又回到出發點了。

耶路撒冷被巴比倫軍攻陷之後，五十多年來各城門雖經多次修建，橫遭外力攔阻，終告失敗。尤其不久前更受撒瑪利亞省長強制拆除，現在尼希米要將這殘破的城牆和城門重建，委實艱巨萬分。但尼希米是個大有信心又有政治才幹的領袖，他藉組織能力，在萬難中完成了神託付他的歷史任務。他建城思想慎密，會眾同心，分工合作，各盡其職，這是我們今天建立教會的模式。

2. 天然才幹與屬靈的恩賜：尼希米使用他組織管理才幹事奉，並非不屬靈。只要將天然的才幹，依屬靈的原則，用於屬靈的事工上，神

就會將天然的才幹轉變為屬靈的恩賜。什麼是屬靈的恩賜？藉著神的恩典，聖靈給人的特殊才能，使他在神的事工上（基督的身體內）發揮功用。尼希米就是這樣，他本是個政治人物，他有組織管理的才幹，聖靈就改變他運用在這巨大的聖工上。藉用分工合作來協力建造，就完成了神託付他的大使命。

尼希米如何分工？

(1)尼希米動員大祭司率先響應。大祭司以利亞實是聖品人員，他卻與反對造城的參巴拉、多比亞親密，且與他們結親。他能響應尼希米的建城計劃而且親自參與，以身作則，和他的弟兄眾祭司起來建立羊門和城牆，足證尼希米的政治才華，讓心懷二意的也能誠心配合。作神的工作，不能只顧清除異己，乃在說服不同見解的人，能為神甘心擺上。

(2)尼希米組織地區人員投入。2 節「其次是耶利哥人建造」；5 節「其次是提哥亞人修造」，提哥亞在耶城南十哩，是先知阿摩斯的家鄉；7 節「其次是基遍人……」，基遍在便雅憫境內，他們不是猶太人。「河西總督所管的米斯巴人」，米斯巴也在便雅憫境內。尼希米分配他們的工作，他們也投入。

(3)尼希米感動各行各業人員投入。8 節「銀匠」是打造金、銀，鑲嵌飾物的高級技師；「作香的」是製造聖香的專業人員；31-32 節還有「商人」都願意擺上。

(4)尼希米也說服一些管理人員投入聖工。9、12、14、16-19 節都提到「管理」，他們是有權柄的官員，他們也投入神聖的修城牆工作。

(5)尼希米也歡迎婦女參加聖工。12 節「沙龍和他的女兒們修造」。當時婦女投入聖工的很少，尤其修城牆的粗工。今天各教會的姐妹都很熱情，更有信心投入事奉。一個教會復興和迅速成長，姐妹的貢獻很大。

尼希米能把不同階層；不同區域；不同行業；不同性別的人動員起來，組織分工，於是耶路撒冷四圍的城牆就連結起來了。但其中也有兩個特殊的例子，5 節「提哥亞人修造，但是他們的貴冑不用肩擔他們主的工作」。提哥亞這些貴族，平日養尊處優，不肯用肩擔，不肯用勞力，接到通知又

不得不來，他們只是敷衍。現今各教會裡也有提哥亞貴胄，君子動口不動手，說得多；作得少，沒有完全投入。而 19 節說，「巴錄竭力修造一段」。因是修城，只有巴錄，尼希米特別加上「竭力」兩個字，想必他一人本不能修一段，就因為他「竭力」，他就一人獨修了一段，這是我們效法的好榜樣。

　　3. 尼希米分工建城牆給我們的教訓：

　　這是我們建立教會事奉的範本。保羅在哥林多前書十二章論到屬靈的恩賜，說，身子是一個，卻有許多的肢體。腳是腳的用途，不能代替手；眼是眼的用途，不能代替耳。上帝把我們安排在一個身子上（基督的教會），肢體雖多，身子卻是一個（教會是基督的身體），總要肢體彼此相顧，互相配搭。怎樣互相配搭呢？這一章裡有五次用「對著自己的房屋修造」這麼一句話，23 節「便雅憫與哈述對著自己的房屋修造」，「亞撒利雅在靠近自己的房屋修造」。28 節「眾祭司各對著自己的房屋修造」；29 節「撒督對著自己的房屋修造」；30 節「米書蘭對著自己的房屋修造」。尼希米要各家修造他自己房屋對面的一段城牆，在於提醒他們自己應當要盡自己的責任。修城牆是在保護自家的安全，是切身的事。對著自己的房屋，是自己份內的事，自己不盡本份，寄望別人來代替是靠不住的，也是不應該的。這人修一小段，那人修一小段，目的是一個。各人在聖城的大工程上作一小段，盡上自己小小的本份，各盡其職，連絡得合式，聖城就建成了。各人所盡力修的那一小部份，事工雖不多，但教會卻需要你這一小部份，神也看重你擺上的這一小部份。

　　如何擺上那一小部份？各對自己的門戶建造一段，這人修造這一小段，那人修造那一小段。你善於教主日學，你就投入這一小段；你可以帶查經，你就服事那一小段；你善於關懷人，你就投入服事這一小段；你有恩賜傳福音，你就服事那一小段。但這不是各作各的，不是你作你的，我作我的，乃是各按秩序進行。聖經說「其次」，「其次」重複說了三十幾次其次。雖然各作各的工，乃是按著計劃，照著各體的功用，彼此相助，互相聯絡。聖工需要通力合作，不但需要神人合作，也需要肢體與肢體合作。尼希米建城給我們留下了建立教會的模式。今天基督徒投入事奉，也當傚效尼希米模式，大家都在主內連合為一，為真理站在一條戰線上，建立那

看不見的屬靈聖城。不久那救恩的牆，那讚美的門，都會向人顯明出來了。

第四講　外來仇敵攔阻　第4章

尼希米的仇敵是些什麼人？(1)參巴拉，他是撒瑪利亞人。撒瑪利亞人是亞述傾覆北國以色列後，將以色列人擄去亞述，又將兩河流域及附近的外邦人移入北國，與那些逃脫刀劍的以色列人混合而成為所謂的猶太人。(2)多比雅，他是亞捫人。亞捫人是亞伯拉罕侄兒羅得的後裔，與猶大人是堂兄弟。(3)基善，他是亞拉伯人。亞拉伯人是亞伯拉罕之妾夏甲和後妻基土拉所生的後裔，這都是從情慾生的，可代表教會裡屬血氣的。(4)那些靠近仇敵地區居住的猶大人，他們是一批靈性軟弱，想與仇敵妥協求苟安的，在教會裡就是些屬世俗的信徒。這些敵人都不是外人，他們都是變相的猶太人，不是亞伯拉罕的真子孫，他們在教會只是掛名的基督徒。按靈性說，亞捫人是堂兄弟；亞拉伯人是屬血氣的；撒瑪利亞人是信仰不純正的；那些靈性軟弱的猶大人是屬世的。平時他們彼此沒有什麼關係，當反對尼希米建城的時候，就聯合起來了。像撒都該人與法利賽人的哲學和宗教思想平素不合，但為了反對耶穌，他們就聯合起來高喊「釘祂十字架，釘祂十字架」。彼拉多與希律平素不睦，但為了處死耶穌，二人化干戈為玉帛，成為朋友了。

4：1-3　「參巴拉聽見我們修造城牆，就發怒，大大惱恨」，參巴拉是建城的頭號仇敵和最大的攔阻。凡為神作工的，也常會遭遇反對和攔阻。以色列人修造城牆，干他甚事？為何如此發怒？為何用如此刻薄的話攻擊？說穿了是為他的政治利益。他們「嗤笑猶大人，……這些軟弱的猶大人作什麼呢」。這正是那些新潮派對教會作屬靈裝備工作的嗤笑。你們這些軟弱的人想作什麼呢？蓋禮拜堂嗎？開佈道會嗎？差派短宣隊去傳福音嗎？那有我們講科學，講社會關懷有效？「要保護自己麼」，多比雅就說，狐狸爬上去都會把牆踩倒，能保護自己麼？「要獻祭麼」，想要求你們的神幫助麼？祂能麼？「要一日成功麼」，你們有多大的本領，一日能作什麼呢？「要從土堆裡拿出火燒的石頭再立牆麼」，石灰石經火燒過，就鬆散碎裂，不能再用了。他們如此的嗤笑，藐視猶大人，目的是要他們洩氣，知難停工。亞捫人多比雅在旁立即附和說，「他們所修造的石牆，就是狐狸上去也

必跌倒」。狐狸是小動物，體小身輕，狐狸爬上他們修的牆頭，都會把它踩倒，這牆還有用麼？這都是極其輕視、嘲弄的話。

4：4-6　尼希米聽了這些話，雖然受不了，但沒反唇相譏。「我們雖然在血氣中行事，卻不憑著血氣爭戰」（林後 10：3）。他只將這難處帶到神的面前，這是我們應該努力學習的功課。尼希米怎樣對付仇敵的譏諷呢？他即向神禱告說，「我們的上帝阿，求你垂聽，因為我們被藐視，求你使他們的毀謗歸於他們的頭上。」神的大能可以改變一切，求神將他們所毀謗的話都歸在他們自己頭上。「不要遮掩他們的罪孽」，就是不要使他們的罪惡從你面前塗抹，不要讓他們逃過你的懲罰，因為他們在修造聖城的人面前嘲諷神的無能，以挫修造人的銳氣。屬靈的工作和爭戰，都是靠祈禱得勝。「當將你的事交託耶和華，並倚靠他，他就必成全」（詩 37：5）神不會袖手不管的。尼希米靠祈禱，不理會仇敵的譏諷，繼續率領會眾修造城牆。各段城牆就都連絡，而且高至一半，參巴拉、多比雅的譏諷就成為幼稚可笑。

4：7-9　仇敵見譏笑無用，而且工程進度很快，各家所修的那段城牆，都已連接起來，高至一半了，他們更加惱怒。於是又去連合猶大四週的仇敵、同謀進攻耶路撒冷，「使城內擾亂」。這時北有撒瑪利亞人；東有亞捫人；南有亞拉伯人；西有亞實突人，亞實突是非利士地的非利士人。如此四面風聲鶴唳，草木皆兵。魔鬼對付我們為神工作的人也是這樣，若是空談計劃；會而不議；議而不決；決而不行，魔鬼才不理你，仇敵也不會反對你。一旦你要實事求是的認真工作，牠就會找機會譏誚你；擾亂你；毀謗你；找你的麻煩。倘若你仍不停止，牠會起而攻擊你；若你仍不倒下，牠更會聯合你四週的仇敵一齊同謀來攻擊你。魔鬼常常告訴人，你多作多錯；少作少錯；不作就不會錯。這樣你就作個平庸的人吧，不做事情，就沒有人罵你；沒人反對你；沒人攻擊你了。

這時尼希米的應敵方法，一方面是禱告他的神，向神求助，並倚靠祂；一方面儆醒，派人看守防備。神作工是要人用行為去配合的，禱告和儆醒是處理危機最好的搭擋，將信心與行動聯合起來，神就作工了。有的人只禱告而不盡人力，天上的嗎哪不會掉到口裡來的。也有人只圖盡人力，難道撒但害怕我們肉身的能力嗎？不要想以工作能力去代替神，若不禱告，

縱然晝夜不息的作工，結果也是徒然的。

4：10-14　戰爭最怕流言，敵軍未到，流言四起，會使士氣低落，兵家之大忌。這時那些居住在城外軟弱的百姓來說，我們的「力氣已經衰敗，所以我們不能建造城牆。我們的敵人且說，趁他們不知；不見，我們進入他們中間，殺他們，使工作止住」。敵人的氣勢，會叫人喪膽；無力；懼怕。這群怕事的人，十次從各處來，要求尼希米，停工吧！不要再建這城了，妥協換取和平吧。但尼希米是個堅強守原則的領袖，他立刻叫全民武裝起來，又召集官長、族長們來激勵他們必須堅持下去，不要怕。屬靈的事工與爭戰，唯一的倚靠就是大能的神，「我們的神必為我們爭戰」。你們「當記念主是大而可畏的」，驅逐恐懼最好的方法就是記念主，唯獨祂才是可畏的。「可畏」是祂必審判仇敵，祂是我們的保障。你們為了自己、妻子、兒女的生存，也當一面建造，一面防守，既可保家，又可護城。於是他們繼續建造，繼續禱告。

4：15　「仇敵聽見我們知道他們的心意，見上帝也破壞他們的計謀，就不來了」。敵人也知道神在破壞他們的計謀，神的手加入，他們怕了，不敢造次。這是主聽了祂子民的呼求，打退了他們。

4：16-20　「從那日起，我的僕人一半作工，一半拿槍，拿盾牌，拿弓，穿鎧甲」。這些僕人，就是省長的衛隊，他們一半作工，一半穿戴上陣的軍裝，手拿上陣的武器，站在築城的眾工後面掠陣，負責守望和保護。尼希米的衛兵不多，故把築城工人都全部武裝起來。「修造城牆的，扛抬材料的，都一手作工，一手拿兵器」。作工本是用雙手，一隻手怎能作工呢？這是指那些扛抬材料的工人，他們是用肩扛抬，可用一隻手作工，一隻手拿兵器。而「修造的人，都腰間佩刀修造」。修造的工人，必須要用雙手，所以他要腰間佩刀，隨時可以放下工作拔刀迎戰。「吹角的人……」，在危險時，以吹角示警。那裡出現敵人，那裡便響起號角，附近工人便聚集抗敵。這和中國古時烽火台的意義一樣。這種爭戰，不是憑我們的血氣，乃是「我們的上帝必為我們爭戰」。

4：21-23　「於是我們作工，一半拿兵器，從天亮直到星宿出現的時候」。這時是聖曆的埃波月和以祿月（6：15），即今曆的八、九月間。晝長夜短之時，「從天亮」約五點多鐘，到「星宿出現」，約八、九點鐘，其間長達

十六、七個小時。不可能一人的精力能作十幾個小時，更不可能日復一日連續下去。工程浩大，為了爭取時間不讓仇敵有可乘之機，可能是分班工作，這半人作早班，從天亮開始；那半人作晚班，直到星宿出現。這班作工建城；那班拿槍護衛。那些從周圍地區來作工的，都留在城中住宿，不僅為了他們自己的安全，也為了增強值夜看守的人，保護已完成的工程。而尼希米自己和「僕人」，即他的猶大衛兵，「跟從我的護兵」，即波斯士兵，都衣不解帶與會眾同勞同苦，日夜警戒。這樣同心協力，工程進度更加快速了。

尼希米帶領會眾修建聖城的城牆，給我們留下了豐富又寶貴的教訓，這是靈界戰士的好模範。基督徒是天國的工人，也是天國的戰士，要一面作工，一面預備作戰。作工之時，就是爭戰之時。我們的手要善於作工，也要善於爭戰。今天我們蒙揀選成為基督的精兵，是身兼作工與爭戰，是工人，也是戰士。作工人，當按著聖靈所賜的屬靈恩賜，「各盡其職，建立基督的身體」（弗 4：12）。作兵士，「要穿戴上帝所賜的全副軍裝，就能抵擋魔鬼的詭計。……與……天空屬靈氣的惡魔爭戰」（弗 6：11-12）。

這一章告訴我們，一切像要置我們於死地的危難，完全都是在再生我們，熬煉我們，叫我們更當堅強，更能為祂的國度負責。我們與魔鬼對壘，魔鬼只怕一樣，我們在禱告上及屬靈的爭戰上的負擔。從這一章的模式看，禱告、儆醒、工作、爭戰，是多麼和諧的一幅圖畫，讓我們去觀摩，去學習。

第五講　城垣竣工　第5~6章

抵禦外侮的措施剛安排就緒，想不到內政的憂患接踵而來。

5：1-5　「百姓和他們的妻大大呼號」，這可能是在修築城牆的52天內所發生的事。那些百姓陸續回到殘破荒涼的故土，本是篳路藍縷，又屢遭惡鄰侵奪，一般百姓生活困苦。正值修造城牆聖事之際，人人參與義不容辭，可能大都是義工，無什麼收入可言。在此危急存亡期間，工人又不許離開耶城，因此正常的工商活動停頓，農家無人耕作，出現經濟危機。影響所及，物資缺乏；糧食短缺；物價飛漲；民不聊生。窮人瀕臨飢餓，情況嚴重極了。以致引起百姓和他們的妻一同走上街頭，大聲呼號。這些人代表了三種階層，(1)2節「我們和兒女人口眾多，要去得糧食度命」。這是無產階級，無錢；無糧來養活家人，只好賣兒女換糧食活命，這是最慘的一群。(2)3節「典了田地、葡萄園、房屋，要得糧食充飢」。這是有產階級，為得糧食，將他們的產業抵押，借錢購買糧食養生。(3)：4-5「我們已經指著田地、葡萄園，借了錢，給王納稅」。這是小康階級，為了給王納稅無錢，將田產、葡萄園抵押了。因無力償還而被迫賣祖產賣兒女為僕婢，僕婢就是奴隸。他們大大呼號；埋怨的對象，不是外邦掌權的，而是自己富裕的同胞，這班人是猶大的貴冑、官長。因為當時的一切資源都為修建防衛城牆而投入了，那些富裕的貴冑、官長就趁機榨取窮乏的弟兄。這些受榨的人走上街頭抗議，他們怒吼，「我們的身體，與我們弟兄的身體一樣，我們的兒女，與他們的兒女一般」。同作神的子民，身份與富貴的弟兄相同，並無分別，但我們的兒女都成為他們的僕婢，我們的田地、葡萄園都成了他們的產業。依摩西律法，這是不應該有的，所抵押的田產在禧年時都要歸還賣主（利 25：25-34）。弟兄來借貸，不可取利，也不可取他們的兒女為僕婢，僕婢在安息年時也應恢復自由（出 21：2，22：25-26）。然而為了食物，我們這些都失去了。

5：7-13　撒但不能用譏諷、威嚇、攻擊、懼怕來敗壞神的工作，牠就會發動人內心的貪婪、私慾來腐蝕神的工作，結果那些所謂愛神的人，和那些有恩賜的人，就失去了他們的能力。尼希米聽見這樣的呼喊，心痛難

過。建城本是保障百姓能安居樂業，而今社會發生如此現象，動搖了安居樂業的本意，他必須立即處理這個危機。他的方法就是招聚大會，斥責貴冑和官長向借款的弟兄取利，即高利貸。根據 11 節所說的百分之一的利息，這是指月息，年息即達百分之十二。聖經教導，並沒有禁止人借錢取利，借錢取利並不為罪（申 23：19-20，太 25：27），但卻禁止以色列人之間如此行（出 22：25），你的損失神會補償的。但如果為了作生意賺錢而去向人借款，取利是應當的，但不應高利貸。尤其是窮人借錢都是救急，他們不是拿去作生意賺錢。尼希米責備他們說，我們遵守律法，盡力設法把賣給外邦人的同胞贖回來。而你們這些自稱事奉的人，卻放高利貸，等同胞還不出來的時候，就把同胞取去為奴，這是違背律法的（利 25：39-42）。賣給外邦人更不可以（出 21：8），難道還要叫我們去贖回來麼？「他們就靜默不語，無話可答」。

10 節「我和我的弟兄，與僕人，也將銀錢、糧食借給百姓」，但我們並不收取利息，我以身作則，「我們大家都當免去利息」好嗎？尼希米要求富有的猶太人把別人抵押的產業和已收的利息一併歸還，並且向借錢的同胞免去月息百分之一的利息，如此那些弟兄才可以有能力償還本金，並且要眾人當著祭司起誓同意。他即象徵性的抖著胸前的衣襟，古人胸前的衣襟是用來放錢的，他抖衣襟就象徵將裡面的東西抖出來。對他們說，「凡不成就這應許的，願上帝照樣抖他離開家產和他勞碌得來的，直到抖空了」，直到一無所有，這是何等嚴重的咒詛。這時就看到聖靈動工了，「會眾都說，阿們」。阿們就是誠我所願，我領受了的意思。大家又讚美耶和華，於是百姓就照著應許去行了。

5：14-19　這段經文是尼希米在猶大作省長十二年的回憶（亞達薛西王 20 年到 32 年，即主前 445-432 年）。由於百姓長期陷於窮困，且稅徵甚重，故他和他的家人都沒有向百姓收取稅金作應得的薪酬。他是個有錢人，卻來到這個窮乏荒涼又鬥爭的城市耶路撒冷，這是他何等大的犧牲。尼希米之所以能做大事，正是因為有些事他不做。他不乘人之危放債取利；他不急人之難剝削百姓，相反的他捐出自己的積蓄，供給人用，他是一個清官、廉官、愛民的官。他以身作則，所以他有能力責備人不該向弟兄取利，人服他。他勸人將利息歸還，人順從他。他是以身教人，所以說「以身教者

從，以言教者訟」。就是說，以身教教人的，人就順從；只以口教人的人，就是將「難擔的擔子，放在人身上，自己一個指頭卻不肯動」（路 11：46）的人，人就不服，且會引起反彈。尼希米為什麼不使用自己的權力徵稅，享受他應得的報酬？他說，「我因敬畏上帝，不這樣行」。他不貪財，不乘人之危，肯克己為人，是因為他敬畏神。他給我們留下好榜樣，今天我們重生了的基督徒，既已成為神的兒女，我們都是敬愛神的人。試問尼希米敬畏神所不作的，我們敬愛神的基督徒豈可行麼？有些事非基督徒可以作，但基督徒則不可作，因為基督徒與非基督徒不一樣。

　　尼希米因敬畏神一心一意的只為了修造聖城的城牆，並沒有購買田地。並不是購買田地不好，乃是因第四章見百姓窮困，不增百姓的稅負。不但十二年沒有支領薪津，而且每日款待為建城從四方外邦中歸來的猶大人，和城裡的平民、官長 150 人，這些支出都是他自掏腰包。他為百姓作了不少的事，尼希米只向神禱告說，「我的上帝阿，求你記念我為這百姓所行的一切事，施恩與我」。這是他在回憶錄中，所作的記念性的禱告。

　　6：1-4　「參巴拉……和我們其餘的仇敵，聽見我已經修完了城牆，其中沒有破裂之處，（那時我還沒有安門扇）」。城牆修完，只差沒有安裝城門，安了門就可以關鎖了。這些敵人見譏誚攔阻無效，於是就針對尼希米個人。他們請尼希米來阿挪平原的一個村莊相會，要他來談判。阿挪在耶路撒冷西北 19 哩處，直接由河西總督管轄，是中立地帶，好叫他以為很安全。這是個調虎離山計，一旦尼希米前來，他們即在途中殺害或綁架。

　　尼希米的答覆是，「我現在辦理大工，不能下去，焉能停工，下去見你們呢」。這不是傲慢，乃是洞悉其奸計，不能放下大工去自投羅網。尼希米看這工是大工，無論聖工的類別如何，都是大工。重建聖城是聖工，是大工，不但與猶大有關，也與全世界、萬國有關。因為全世界，全人類的救主，是與猶大民族、國家的存亡有關。「他們這樣四次打發人來見我，我都如此回答」。

　　6：5-9　「參巴拉第五次打發僕人來見我，手裡拿著未封的信」。當時的信是寫在蒲草紙或皮片上，然後捲起，用繩綁上，再用泥印蓋印封好。未封的信，就是可以公告大眾的信。這是一封公開的恐嚇信，內說，「你和猶大人謀反，修造城牆，你要作他們的王」，這是扣上反動帽子。「你又派

先知……指著你宣稱，說，在猶大有王」。這可能是先知瑪拉基傳講主要來的話，敵人故意扭曲彌賽亞的預言，以羅織罪名。如此恫嚇，目的在叫尼希米害怕，一害怕手必發軟，好使工作不能成就，逼使他來談判。

尼希米可不去上當，指明這些都是謊言，一方面他可能已派使者稟奏亞達薛西王，重申自己的忠誠；一方面禱告神，「上帝阿，求你堅固我的手」。

6：10-14　示瑪雅這個人為虎作倀，尼希米去他家，正需要他支持的時候，他卻「閉門不出」，假裝害怕參巴拉的樣子，要尼希米與他一同逃到聖殿裡去躲藏。他是好意嗎？如果他真為好朋友著想，就應該為朋友安排逃到聖殿外院的祭壇尋求庇護，祭壇的角是最後的避難所（王上 1：50-51，2：28）。他卻要尼希米去上帝的殿裡會面，上帝的殿就是聖所，律法規定，聖所只容許祭司進入事奉，凡外人進入者死（民 18：7）。示瑪雅能進入聖所，他一定是祭司，難道祭司不知外人進入聖殿的後果？這是陷阱，他已被參巴拉收買了。如尼希米不察，聽從了他的話，就中計了。因為這樣就犯了律法，給仇敵抓著把柄了。以此攻擊，會動搖百姓對尼希米的信任，這樣建城的工作就癱瘓了。可是尼希米已「看明神沒有差遣他」，便說，「像我這樣的人，豈要逃跑呢？像我這樣的人，豈能進入殿裡保全生命呢？」正大光明，仰不愧於天，俯不怍於人，何懼之有？最使他痛心的，就是自己的朋友，也被仇敵收買了，卻去為虎傅翼。還有女先知挪亞底和其餘的先知也助紂為虐，這些不肖的猶大人，卻大大的傷了他的心。

今天我們都是同心合一修建城牆的團隊，不是修建地上屬物質的，乃是修建天上的城邑。說來也會叫人傷心，許多教會裡像示瑪雅、挪亞底這類的人，屢見不鮮。他們也是祭司（基督徒），有的也是先知（傳神話語的人），在人前口頭上彼此相愛，同心合一，但卻在背後以數算弟兄的罪過為樂。教會受損了，弟兄跌倒了，他們卻在「順服空中掌權者的首領」（弗 2：2），被仇敵撒但利用了。

尼希米面對如此凶險的環境，敵人收買了他的朋友示瑪雅使他懼怕，懼怕就中計了，但尼希米絕不懼怕，他的依靠就是神。他向神禱告，「我的上帝阿，多比雅、參巴拉、女先知挪亞底，和其餘的先知，要叫我懼怕，求你記念他們所行的這些事」。記念，是將他的問題，帶到神的面前，求公義的神來處理。

　　6：15-16　　這是得勝的凱歌，荒廢了一個半世紀的城牆，在他們同心工作，共用了 52 天的時間，城牆就在以祿月 25 日完成了，這是主前 445 年 10 月 2 日的那天。凡出於主的，就無人能攔阻。他們的一切，仇敵「聽見了便懼怕，愁眉不展」。直到如今，那天空屬靈氣的惡魔（弗 6：12），仍然用那些老手段，想盡各樣方法，要使神的僕人們懼怕，信靠神是解除懼怕的唯一方法。像尼希米，信靠神就不懼怕，工作完成了，仇敵反倒懼怕，愁眉不展，這是得勝的秘訣。

　　6：17-19　　如果就在這裡停住，那該多美？然而，「在那些日子」猶大的不肖子，那些貴冑們，仍常與敵人勾結。「許多人與多比雅結盟」，而且多比雅又與猶大中一個有勢力的家族結了親，「他的兒子約哈難娶了… 米書蘭的女兒為妻」，這米書蘭就是建城牆的領袖之一。多比雅自己又娶了示迦尼的女兒，這示迦尼就是亞拉的兒子，亞拉是第一批隨所羅巴伯回國的族長之一（拉 2：5），示迦尼和米書蘭又是耶路撒冷的望族。這樣，多比雅就成為猶太人的女婿和猶太人的老爺了。

　　這種盤根錯節的關係，使得多比雅成為耶路撒冷有勢力、有權、有影響力的人物，似乎遠勝於參巴拉。從尼希米祈禱中看見，多比雅的名字置於參巴拉之前，並訴說他恫嚇事，求主記念（6：14，參 6：12，13：4-5）。主耶穌說，「人的仇敵，就是自己家裡的人」（太 10：36）。

第六講　物質建設和心靈建設　第 7~8 章

7：1-4　耶路撒冷城牆在仇敵多方阻擾下，終於修建完工了，目下首要的任務是安全的維護。尼希米即分派各部安全人員到位。首先他委派他的兄弟哈拿尼出任保安總司令管理耶路撒冷，多數學者認為下面那個哈拿尼雅就是哈拿尼「是忠信的，又敬畏上帝過於眾人」。他是「營樓的宰官」，就是耶城城堡的司令官。又派利未支派歌唱的和守門的，他們是專門在聖殿值勤，通常擔任敬拜事奉和負責聖殿的安全人員，這時都調到各城門協助守衛。尼希米嚴格規定「等到太陽上昇，才可開耶路撒冷的城門，人尚看守的時候，就要關門，上閂」，這是實施戒嚴。城門通常是天亮，即日出前便開啟，現在要等到太陽高昇後才開門，即晚開早閉，以防止突襲。並且城中居民「各按班次，看守自己房屋對面之處」。這些是輪班守夜，分區巡邏，幾乎每條街、每段城牆都有警戒，如此嚴密防守。「城是廣大，其中的民卻稀少，房屋還沒有建造」。居民都不肯在攻擊目標，又沒城牆防禦的城裡居住，所以耶路撒冷城內人煙稀少，也沒有什麼建築。因此尼希米籌劃如何使百姓回流，重現已往繁榮的聖京。

7：5-73　尼希米計劃為耶路撒冷城招聚居民。耶路撒冷是聖城，是神立名的居所，居住耶路撒冷的民，應是純粹的猶大血統，是神立約的子民。因此他與貴冑、官長、百姓計議，就從第一次與所羅巴伯回國的家譜中稽核。7：6-73 的家譜，基本上與以斯拉記 2：1-70 相同。家譜中的家室人名，都是清潔的家世，才可決定誰可住在耶路撒冷城中，特別是當祭司的，需要譜系清楚，證明確實是亞倫的後裔，才合資格。但 7：63-65，有「三家的人在族譜之中，尋查自己的譜系，卻尋不著，因此算為不潔，不准供祭司的職任。省長對他們說，不可吃至聖的物，直到有用烏陵和土明決疑的祭司興起來」。

同樣，今天我們這些被稱為君尊祭司的，還有在殿裡任職的，無論職稱是什麼，有一天也會尋查自己的譜系，就是有沒有重生經歷的紀錄，這是記在生命冊上的譜系。如巴希萊的子孫，從前曾經是重生了的，是與神和好了的，可惜後來又與世俗為友，因罪離神很遠，失去了 與神的交通。

又如以掃因貪圖一時快樂，失去了長子的名份，與神的交通隔絕，失落了祭司的權利，在生命冊上就尋不著自己的譜系。

感謝神的恩典，我們今天都活在新約恩典時代中，那沒有重生的，可以重生；那已經重生了又在中途墮落喪失祭司權利的，可以恢復。因為我們有一位大祭司，祂有烏陵土明在手中，現在祂坐在高天至大者的右邊，作尊榮的大祭司，就是神子耶穌基督。主耶穌等候接納我們，只要認罪悔改，十字架上流下的寶血，就遮蓋了罪，如此就可恢復我們君尊祭司的職份，將來也可住進新耶路撒冷聖城中。

尼希米的回憶錄到第七章就暫時結束，從 8：1-9：38 是以斯拉的回憶錄，故事是接在以斯拉記第十章之後。

8：1　尼希米是個大有恩賜的民政領袖，他能容納一個大有學問的屬靈領袖以斯拉來教導律法，從事心理建設，是為了完成神的旨意，使百姓親近神。「到了七月，以色列人住在自己的城裡。那時，他們如同一人聚集在水門前的寬闊處，請文士以斯拉，將……律法書帶來」。七月是以色列民曆的正月，即今曆的九、十月間，是農家收完莊稼之節日。收藏之後，民息勞苦，享受快樂的時間。他們「聚集在水門前的寬闊處」，水門在耶路撒冷東南，是通往汲淪溪的水源地基訓泉的城門。在城門的寬闊處聚集，要聽以斯拉宣讀講解律法書。律法書指的是摩西五經。前面七章未見以斯拉身影，是否回巴比倫去了，不得而知，但此時以斯拉重現，他仍是最受尊崇的人物。

8：2-8　「七月初一日」，七月是猶太人最重要的月份，七月初一是吹角節；七月初十是大贖罪日；七月十五到二十二是住棚節。初一是月朔，月朔也要吹角，七月初一吹角節是為記念猶太新年的第一天。希伯來民曆是以秋為一年之始（出 23：16，34：22），全民停工，熱烈慶祝。祭司以斯拉將律法書「帶到聽了能明白的男女會眾面前」，就是向十二歲以上的男女誦讀和宣講。猶太人的孩子，十二歲的男孩叫「律法之子」，男孩十二歲以後的屬靈追求，就要自己獨立負責。「從清早到晌午」，其間約五、六小時，眾民都側耳而聽。有講台，文士以斯拉站在木台上面，這是聖經中第一次提到有講台。右邊站了六個人，左邊站了七個人，他們作什麼，聖經未講明，可能他們都是祭司和利未人。當以斯拉在台上展開書卷時，「眾民就都

站起來」。後來的拉比據此規定，聆聽誦讀律法書時，應當站立。東正教的
傳統，在整個崇拜中都是站立的。如今有些教會禱告齊聲讀經，都是站立。
以斯拉在台上禱告稱頌上帝時，「眾民都舉手應聲說，阿們，阿們」。連續
說阿們，阿們，在表示強烈的認信，即「是的，是的」，或「我信，我信」。
於是眾人就低頭俯伏敬拜。「耶書亞、巴尼、……和利未人」，這節所列的
十三個名字之後，「和」字原來的意思是「就是」。就是利未人，他們是配
搭的助講員。利未人是被神揀選代各族之長子事奉神的，除負責管理聖所
之事，襄助祭司外，也作教導工作（申 33：10，代下 17：9，35：3）。當
以斯拉將律法在台上朗聲宣讀之後，這些助講員就分析講解，使百姓明白
律法。「百姓都站在自己的地方」，似乎分為一些小組，這些助講員「他們
清清楚楚的念上帝的律法書，講明意思，使百姓明白所念的」。因為那些回
歸之民，生於外邦；長於外邦，習於說亞蘭話，希伯來話已聽不懂了，像
僑居美國的 A.B.C.。所以需要由助講員翻譯成亞蘭話，邊念，邊講，使百
姓明白意思。

　　8：9-12　「神的話，沒有一句不帶能力的」（路 1：37）。當時，「眾民
聽見律法書上的話都哭了」。他們為什麼哭？「律法本是叫人知罪」（羅 3：
20），神的話開了他們心中的眼睛，叫他們看見自己所作所為完全與神的話
背道而馳。神的話叫他們悔恨自己沒有珍惜神的恩，竟蹧踏了神的愛，使
神痛心。神的話「比一切兩刃的劍更快，甚至魂與靈，骨節與骨髓，都能
刺入剖開」（來 4：12）。因為他們中間，仍有與外邦人勾結；與外邦人結親；
與外邦人合流，他們受不了聖靈的責備，就都哭了。可見經上的話大有能
力，這也是我們今天奮興會中常見的事。

　　省長尼希米和祭司以斯拉並助講員都勸眾民說，「今日是耶和華你們上
帝的聖日，不要悲哀哭泣」。神只規定每年有一天是哀愁哭泣的日子，就是
七月初十日的大贖罪日。七月初一是吹角節，神定為聖日，是歡樂的日子，
你們都當快樂吃喝呀，如有窮乏的，就分給他，大家一齊享受歡樂。「因靠
耶和華而得（賜）的喜樂是你們的力量」。有喜樂，才有力量。我們作工，
若以作工為苦，就作工無力；惟有以作工為樂的，才會熱愛工作。救火隊
員以救火為樂，才會勇於救火；救生隊員以救人為樂，才會捨己救人。以
教書為樂的，才會教書；以傳道為樂的，才會傳道。這種力量，都是因靠

著神而賜的喜樂。神成了他們的喜樂，耶和華的喜樂，是我們的力量。於是「眾民都去吃喝，也分給人，大大快樂，因為他們明白所教訓他們的話」。

　　8：13-18　查經最大的效果，在於教導會眾行出經上的教訓，聽道要行道。今天我們參加查經班，參加查經團契，主要在於知道神要我們作什麼，知之而後行，善莫大焉。耶路撒冷的族長、祭司、利未人，當他們仔細的讀；聽，明白了神律法上的話之後，才知七月十五到二十二日（利 23：33-44）當守住棚節。住棚節的意義，一是為了記念他們的先祖脫離埃及束縛後，行在曠野，並無永久居所，只能住在棚裡。二是在表明神在人間與他們一同快樂。三是表明將來在千禧年中神與人同住的喜樂。但因他們被擄去外國年日長久，以致停止了許多這樣的活動。新生代已不知有此節慶，於是他們令各城和耶路撒冷的人，「當上山，將橄欖樹、野橄欖樹、番石榴樹、棕樹，和各樣茂密樹的枝子取來，照著所寫的搭棚」。直到如今，住巴勒斯坦的以色列人仍然照律法一年守三節，即逾越節、五旬節和住棚節。在耶穌時代，凡年滿十二歲的男子，住在耶路撒冷方圓 20 哩以內的，按照律法都要到耶路撒冷守節。住棚節則多在自己的房頂上、院內、街邊、山腳下，寬闊處搭棚，棚頂要能透月光，住在其中七日，大大歡樂。第八日有嚴肅會，嚴肅會就是敬拜；禱告；認罪的聚會。「從嫩的兒子約書亞的時候，直到這日，以色列人沒有這樣行」。這並不是說從約書亞進迦南以來，就沒有守過住棚節。據我們所知，所羅門王獻殿是在七月，獻殿後即守節，就是住棚節（代下 7：8-10）。以斯拉記 3：4 記第一批回歸的人，也守住棚節。只不過自嫩的兒子約書亞進迦南以來，沒有像今天這樣都住在棚裡，也從來沒有像今天這樣喜樂過。

第七講　奮興大會　第9~10章

八、九、十三章都是記建城完工之後，民族復興的盛況。它的次序是：(1)第八章文士以斯拉和他的同工宣讀神的律法，並清清楚楚的講解，使會眾都明白所念的。(2)於是聖靈就在眾人心中動工，使人良心大大不安，自己責備自己。(3)然後就進到第九章，他們在神面前承認自己的罪惡和列祖的罪孽。(4)於是進入第十章會眾都立約簽名，發誓遵守神的一切誡命、典章、律例，「這樣，我們就不離棄我們上帝的殿」了。

9：1-4　「這月二十四日」，猶太宗教曆的七月十五到二十一是七天的住棚節，第八天二十二日有嚴肅會。「這月二十四日」即剛過完住棚節兩天，接著就是奮興大會，因為聽了律法書上的話，會民心靈傷痛，於是「以色列人聚集禁食」。禁食是表示克苦己心，不但發於內，也形於外。他們「身穿麻衣」，麻衣是粗糙的衣服，表示悔罪。「頭蒙灰塵」，將塵土撒在頭上表示悲痛。「以色列人（種類）就與一切外邦人離絕」，因為參加住棚節是包括外邦寄居的和歸化的人（民15：15，申29：10-12）。但這裡禁食認的罪，是以色列人和他們列祖的罪，與外邦人無關，故說「與一切外邦人離絕」。他們站著承認自己的罪惡，和列祖的罪孽。「那日的四分之一」，就是那日的頭三個小時是誦讀神的話語，接著三個小時是利未人帶領會眾向神認罪禱告。

9：5-37　這一篇禱詞，許多解經家都認為是詩篇以外最美麗的禱文之一，它重溫神從創世到現在對以色列族所表現的恩典與能力。6節「你，惟獨你，是耶和華」。這是摩西在申命記6：4嚴格重申以色列人是一神信仰，首先在禱告中讚美神創造的偉大。「你造了天，和天上的天，並天上的萬象，地和地上的萬物，海和海中所有的」，這是述說創世記第一章的撮要，然後進入歷史的幾個重要階段：

(1)神的揀選（7-8節）　在歷史中神曾揀選了亞伯蘭，「領他出迦勒底的吾珥，給他改名叫亞伯拉罕，……與他立約」。這約是人類歷史中最重要的事件之一（加3：8-29）。

(2)神的救贖（9-11節）神為了救贖曾施神蹟帶領以色列人出埃及。

(3) 曠野時代（12 節）神在曠野「白晝用雲柱引導他們，黑夜用火柱照亮他們當行的路」。

(4) 西乃山頒律法（13-15 節）神在西乃山傳誡命、條例、律法，教導他們真理，又使他們知道安息聖日。神又養育他們，賜嗎哪給他們充飢，從磐石使水流出為他們解渴。

(5) 先祖的回應（16-21 節）神如此施恩，所得的答覆則是「但我們的列祖行事狂傲」，明裡暗裡背叛神。「硬著頸項」，就是牛不肯負軛，不肯聽從，然而神施憐憫不丟棄他們，又賜下「良善的靈」（聖靈）教訓他們。在曠野飄泊的四十年中，神使「他們就一無所缺，衣服沒有穿破，腳也沒有腫」。

(6) 神帶領進迦南（22-25 節）神仍將列國的地賜給他們的列祖，領他們進了迦南，「得了堅固的城邑、肥美的土地、充滿各樣美物的房屋、鑿成的水井、葡萄園、橄欖園，並許多果木樹，他們就吃而得飽，身體肥胖」。吃飽身體肥胖的原意，常用來指身體肥壯，靈性遲鈍。多處證明，物質享受太豐富，靈性就貧窮了。

(7) 士師時代（26-31 節）多次蒙恩，又多次背叛。「他們遭難的時候，哀求你，……你的大憐憫賜給他們拯救者，救他們脫離敵人的手。但他們得平安之後，又在你面前行惡」。神曾多年寬容他們，又用靈藉先知勸勉他們，他們仍不聽從，你也不丟棄他們。

(8) 回歸認罪（32-38 節）如今他們認罪禱告，「從亞述列王的時候」。這些亞述列王是指主前 733 年亞述王提革拉毘尼色三世，又名普勒，首次將約但河東的兩個半支派，即流便、迦得，瑪拿西半支派的人擄到哈臘、哈博、哈拉與歌散河邊去了（代上 5：26）。其後撒縵以色五世在主前 722 年攻北國撒瑪利亞，亡其國；囚其君；擄其民安置在哈臘與歌散的哈博河邊（王下 17：5-6）。又西拿基立攻猶大拉吉，希西家王求和，除金銀寶石，自己女兒、妃嬪、樂師外，又擄去百姓 150,200 人（王下 18：13，請參本講章卷七王下第十講、敬畏神的希西家）。其後以撒哈頓將一些外邦民族從巴比倫、古他、亞瓦、哈馬和西法瓦音大量移入撒瑪利亞（王下 17：24，參本講章卷七王下第九講、撒瑪利亞傾覆了——什麼是撒瑪利亞人；尼 2：

19，4：7），和亞斯那巴，即亞述王巴尼帕完成了以撒哈頓的移民政策，將那些外邦人移入撒瑪利亞（拉 4：10，參本講章卷九拉第四講、仇敵阻擾），都因列祖背叛神，讓這些亞述列王加諸於以色列人的苦難，直到今日。害我們作了奴僕，失去了自由。這苦難「他們任意轄制我們的身體」，就是強徵服兵役，服勞役。有些猶太人可能被徵去隨亞哈隨魯，於主前 480 年攻打希臘而喪失性命。利未人的長禱完畢，會眾心有迫切感。

　　9：38　「因這一切的事，我們立確實的約，……都簽了名。」會中領袖就率領會眾，立約；發誓，此後須遵行律法，謹守一切誡命、律例、典章，以求神恩。

　　10：1「簽名的，是……省長尼希米，和西底家」。前章祈禱認罪之後，他們便在神面前立約。第一個簽約的是省長尼希米，繼之是西底家，他可能是王族中一份子，因此列在名單之首；2-8 節是大祭司西萊雅帶頭共有廿一個祭司簽名；9-13 節是利未人耶書亞等十七個人；14-27 節是民間領袖巴錄等四十四人簽名，共有八十四個，這些人大概都是家族首領。

　　10：28-31　「其餘的民，祭司、利未人、守門的、歌唱的、尼提寧，和一切離絕鄰邦居民歸服上帝律法的」，即歸化猶太教之外邦人，他們的妻子、兒女都發咒起誓，謹守遵行耶和華的一切誡命、律例、典章。他們誓言中特別立下三點意願：(1)不與異族通婚；(2)謹守安息日和安息年；(3)捐獻十分之一和初熟的果物，維持聖殿常年的經費。如此「立約」與「誓言」，正如兩條鎖鍊，使大家與神聯繫起來，可以保守他們在神的面前，不失去聖民的資格。

(1)他們立誓不與外族通婚。這是摩西在申命記中傳達的命令，「不可與他們（外邦人）結親，不可將你的女兒嫁他們的兒子，也不可叫你的兒子娶他們的女兒，因為他必使你兒子轉離不跟從主，去事奉別神」（申 7：3-4），歷史證明他們在這方面確實失敗了。現在他們誓願不重蹈覆轍，以保留選民的純潔。

(2)守安息日。雖在出 20：8-11、申 5：12-15 並沒有明文禁止安息日不可作買賣，但他們誓願如此遵守。「每逢第七年必不耕種，凡欠我們債的必不追討」。這是守安息年，讓地休息（出 23：10-11），也

是豁免年，施行豁免（申 15：1-2）。

(3) 10：32-33「我們又為自己定例」。為適應目前環境，這規定可能與律法有出入，「每年各人捐銀一舍客勒三分之一，為我們上帝殿的使用」。出 30：13-16 律法規定，從廿歲以外的，每年要奉上禮物，象徵贖生命的價銀半舍客勒的人丁稅。新約時代，各地的猶太男丁每年都要為耶路撒冷的聖殿奉獻半舍客勒的銀子（太 17：24）。這個時代新定捐獻較少，可能因修城之後，民眾窮困，所以稅率調低了。這捐獻是用於聖殿中的陳設餅和常獻的素祭和燔祭，安息日、月朔、節期、贖罪祭等等費用。

34 節　至於家族捐獻聖殿所需之物料，則按抽籤決定，這是律法上沒有規定的。律法上只規定「在壇上必有常常燒著的火，不可熄滅」（利 6：12-13），所需木柴，可能因聖殿財政狀況不佳，故硬性規定由各族抽籤，按順序供奉。

10：35-36　又定每年的「地上初熟的土產，和各樣樹上初熟的果子，……頭胎的兒子，和首生的牛羊，都奉到我們神的殿」。初熟之物原是屬神的（出 23：19，利 19：23-24），不可竊為已有。

10：37-38　什一奉獻，什一原屬神的份，神收此份歸與利未人（民 18：21-24），因利未人在以色列中不可有產業。另一特別規定，利未人收什一奉獻時，須有祭司在旁。這是因為利未人得十分之一的奉獻，須從其中取十分之一供給祭司（民 18：26-28），祭司有權知道實際情形。

這次奮興大會，奮興了會眾的靈性，故將多年來未奉獻的物品、捐銀、初熟物、什一捐，都照例送到神的府庫。這給我們看見，教會幾時奮興，會眾幾時就會踴躍奉獻。教會經濟困難，都是因為沒有奮興的緣故。約阿施時代，會眾大奮興，奉獻的銀子修殿有餘，用來製造聖殿的器具（代下 24：5-14）。希西家時代，會眾得了奮興，百姓「就把初熟的五穀、新酒、油、蜜、和田地的出產，多多送來，又把各物的十分之一，送來的極多。……積成堆壘」（代下 31：4-8）。尼希米這次奮興大會完畢，大家踴躍奉獻，利未人則將收入其中的十分之一存放在「收存聖所器皿的屋子」裡，供事奉的祭司、守門的、歌唱的生活之用。尼希米也催促會眾上聖殿去敬拜神。

39 節末後，「這樣，我們就不離棄我們上帝的殿」。今天我們來禮拜堂

敬拜神，雖然不能給神增添什麼，但我們必須要來敬拜。有位傳道人教導說，主耶穌對撒瑪利亞婦人說，神「『要』用心靈和誠實拜祂，因為父『要』這樣的人拜祂」（約 4：23）。這個「要」，就將神對於人的敬拜意義表明出來了。這個「要」字，原文有尋找；羨慕；追求；需要的意思。就如猶太人「尋找」耶穌是「要」求餅得飽。保羅說，「你沒有妻子纏著呢，就不要『求』妻子」（林前 7：27）。其中「尋找」、「要」、「求」，原文都是一個字。奇妙呀，神要你我這些卑微不配的人敬拜祂，如同祂要尋找追求我們，如飢者求餅。至尊偉大的神，要這些比灰塵還微小的人敬拜祂，如同丈夫求妻子一般。請問，我們可曾想到上禮拜堂來敬拜神，對神有這麼大的關係麼？我們進禮拜堂，多是聽人講道；唱詩；與人相會。幾乎沒有想到我們是去朝見神，是去禮拜神，是去頌讚感謝神，讓神滿意，被神得著。神在那裡等候要見我們，我們卻懶洋洋地藉故不去。即如去了，也沒有與神發生關係，只是見了人，卻沒有見到神；只去聽了人的聲音，卻沒有聽到神的聲音，神該多麼失望呢？當日以色列人說，「我們就不離棄我們神的殿」，我們呢？

第八講　奉獻城牆　第 11~12 章

從十一到十三，這最後的三章，就是舊約歷史的終結。其後緘默了四百年，直到新約，神對選民的歷史才又繼續。

十一、十二章都是記載尼希米怎樣安置百姓進入耶路撒冷居住。7：4告訴我們「城是廣大，其中的民卻稀少，房屋還沒有建造」。耶路撒冷是行政中心，可是人口稀少，稀少的主要原因，是沒有城牆保護，居民沒有安全感。尼希米在修造城牆完工之後，又把握奮興大會的機會，設法使居民回流，恢復耶路撒冷舊京的繁榮。

11：1　這時城中只住有一些官員和當職者，缺乏平民。此時因聖殿在其中，耶路撒冷開始稱為「聖城」，這樣鼓勵住進來的是一種榮譽。很可能自願遷入的平民不多，故用掣籤的方法，十人抽一，如此將全境人口的十分之一移入城中，其餘的則分住在別的城邑。顯然這十分之一的人，是勉強住進來的。但也有少數的人，是因責任感而自願遷入。他們願意為神的榮耀，無懼於國難，他們為愛國情懷，願冒險進住，因之「凡甘心樂意住在耶路撒冷的，百姓都為他們祝福」。自己不敢冒險，不肯犧牲，但他們心的深處，卻尊敬佩服這些英雄，所以都為他們祝福。

11：3-19　這是一些住在耶路撒冷的名單，其中(1)4-9 節是平民，猶大人有 468 名，便雅憫人有 928 名，這兩個支派是猶大國的主要支派。(2)10-14節是祭司，共 1,192 名。（內包含 12 節的 822 名，加上 13 節的 242 名，加上 14 節的 128 名）。(3)13-18 節利未人共 284 名。(4)19 節守門的 172 名。總計住進耶路撒冷的人數除尼希米外，有 3,044 名，這都是男丁，眷屬未計。

11：20　「其餘的的以色列人、祭司、利未人，都住在猶大的一切城邑，各在自己的地業中」。地業，是祖傳的產業，最早約書亞進迦南時分給各支派的土地。

11：22-24　利未人管理聖殿的職務也分配妥當，「王為歌唱的出命令，每日供給他們必有一定之糧」。這大概是古時大衛王的命令，直到此時仍舊有效，歌唱的是在聖殿全職事奉神的，應該供給他們生活的需要，讓他們無後顧之憂。

11：25-36　這是一張猶大和便雅憫人所住鄉村的清單，都是昔日的猶大地區和便雅憫人地區。不能住進聖城的人，就散居在這些村莊中。利未人也分居在這些鄉村中，利未人本無地業，約書亞時全境共分得 48 座城（書21：41）。但這時猶大境以北，約但河以東都不屬猶大省管轄，故利未人便散居在猶大和便雅憫地區的各鄉村中。便雅憫人居住在便雅憫地區的鄉鎮，猶大人「所住的地方是從別是巴直到欣嫩谷」（30 節），即約書亞分配給猶大的最南端，直到猶大北方的邊界。

十二章裡列舉了一張祭司和利未人的名單，12：1-9 這一段記載了隨所羅巴伯回來的 22 位祭司，其中有個以斯拉，他不是寫以斯拉記的那個以斯拉，他是 80 年前的人物。「這些人在耶書亞的時候作祭司，和他們弟兄的首領」。祭司在大衛王朝時是分為 24 班，輪流進入聖殿事奉（代上 24：3、7-19）。8-9 節列了八位利未人，他們「管理稱謝的事」，也就是管理唱詩班的事。「照自己的班次，與他們相對」。古時歌唱是以應答對唱方式，當輪到他們值班的時候，就一班一班的相對唱和。

12：10-11　這裡列出隨所羅巴伯歸國的大祭司，從耶書亞、約雅金到以利亞實。這以利亞實是協助修建城門城牆的領袖之一。耶何耶大、約拿單到大利烏三世時的押杜亞，一系列大祭司的名單。

12：12-26　這是列舉在約雅金時代及其後作祭司和利未人族長的名單，16 節中「易多族，有撒迦利亞」。他可能就是與哈該族一同出現的有名的先知撒迦利亞（拉 5：1）。

12：27-43　這是尼希米回憶錄中奉獻城牆的記錄。尼希米書的中心信息就是重建聖城，尼希米平生的事工，就是重建城牆。重建聖城城牆的工程艱巨，多遭阻攔，尼希米能排除萬難終於完工（6：15）。將城分別為聖。這時舉行奉獻典禮，城牆既已修建完成，就應當分別為聖。

(1)成聖歸主：因為聖城原是表國家；城中有聖殿，原是表宗教，耶路撒冷不僅代表國家，也代表國家與宗教。聖城傾倒，城門焚毀，不但以色列人失去了有形的保障，神的子民也失去了屬靈的保障。耶路撒冷傾倒了，好像神國的根基動搖了，神的子民在靈性上失去了神的護衛，所以聖城必須重建。重建是大事，建成必須分別為聖奉獻與神。雖然這只是地上有形的城，實乃代表那天上的新耶路撒

冷，那永生的城邑。當那日新耶路撒冷自天而降，在新天新地中，它是那永不動搖的城。

(2) 獻城歡樂：「稱謝、歌唱、敲鈸、鼓瑟、彈琴，歡歡喜喜的行告成之禮」。這是聖城當有的榮耀，當受的讚美。

  a. 因它是拯救的牆：「你必稱你的牆為拯救」（賽 60：18）。城牆建好，住在其中的百姓就得拯救；蒙蔭庇；享平安，不再受外來的襲擊侵凌。城中有聖殿，是神住在其中，與人同在，作了堅固的保障。故這牆稱為拯救牆，是預表千禧年「你地上不再聽見強暴的事，境內不再聽見荒涼毀滅的事」（賽 60：18）。

  b. 它是讚美之門：人也必「稱你的門為讚美」（賽 60：18）。31 節尼希米是個大政治家，不單有細密的組織力，也有豐富的屬靈洞察力，獻城禮是他回國事奉的最高潮。他為了獻城典禮，就「帶猶大的首領上城」，大家在城之西南—大概是谷門集合，「使稱謝的人分為兩大隊，排列而行」。他們分兩路繞行，經糞廠門再轉向北，經泉門而至水門。這一隊由歌唱的利未人前導，接著是首領（32-34 節），然後是吹號的祭司（35 節），最後是拿絃樂器的利未人（36 節）。第二隊稱謝的人由尼希米殿後，他們的隊伍是從谷門向北行至以法蓮門（又名大馬色門），再經古門轉向東行，過魚門、羊門，到護衛門，聖殿的所在。兩隊匯合進入聖殿獻大祭（43 節），「那日眾人獻大祭而歡樂，因為上帝使他們大大歡樂，連婦女帶孩童也都歡樂，甚至耶路撒冷中的歡聲聽到遠處」。這是一個偉大的紀念日，這亡國之民餘下的少數，俘虜的後裔，能回到應許之地，神揀選的地方，重修聖殿，重建家園，重建城牆，這是一件多麼大的歡樂事。自從神揀選他們的祖先亞伯拉罕、以撒、雅各，神的計劃要他們實現，因為大衛的子孫，神子耶穌，那全世界的救主，要從他們當中產生出來。這一個重大的民族責任，尼希米和當時的領袖都明白。像尼希米這樣屬靈的領袖，當然知道神的旨意，於是就引導同胞遵守神的律法，潔淨自己，使神滿意，讓神快樂，因此神也使他們快樂。耶和華的喜樂，就成為他們的力量。因上帝使他們大大歡樂，連婦女帶孩童也都歡樂。他們的歡樂聲，

當時聽到遠處。同樣現在全世界也都聽到了，因為從猶大的支派裡，亞伯拉罕的後裔，大衛的子孫耶穌基督降世了，這福音傳遍天下，叫聽見的人都大大歡樂。

12：44-47　「當日」，即當那個時候，就是當獻城禮後在尼希米擔任省長的那段期間，尼希米的政績，使百姓將什一奉獻和實物十分之一都存入聖殿的庫房，指派專人管理，豐富供應聖殿的獻祭需要，及祭司、利未人的生活所需。在那個時候，整個社會都歡樂了。祭司、利未人都「守潔淨的禮」。關於祭司、利未人的潔淨之禮，是指親近上帝；祈禱；獻祭時，先要洗浴使身體潔淨。律法規定洗浴的方法有三，即洗手；洗手腳；洗全身。摩西每入聖所或亞倫與祭司親近聖壇，都必須先洗手洗腳。「亞倫和他的兒子，要在這盆裡洗手洗腳。他們進會幕，或是就近壇前供職，……必用水洗濯，免得死亡。……」（出 30：19-21）。盆指聖所與祭壇中間的銅洗濯盆（出 40：30-31）。至於潔淨禮的屬靈意義，希伯來書解釋得很清楚，「若山羊和公牛的血，並母牛犢的灰（依民 19 章製成的去污水），灑在不潔的人身上，尚且叫人成聖，身體潔淨，何況基督藉著永遠的靈，將自己無瑕無疵獻給上帝，祂的血豈不更能洗淨你們的心，除去你們的死行，使你們事奉那永生上帝麼？」（來 9：13-14，18-22）

祭司、利未人都是神揀選代替各支派長子專職事奉神的（民 3：11-12），所以那個時候的百姓，都將應納的十分之一供給利未人，而利未人又將其中的十分之一供給祭司。於是猶大人因祭司、利未人供職，就歡樂了。

第九講　對付罪惡　第 13 章

13：1　「當日」，這個當日可能是 12：44 的「當日」，即獻城典禮的那日。「人念摩西的律法書，給百姓聽」。所念的是申命記 23：3-5 寫著，「亞捫人，或是摩押人，不可入耶和華的會，他們的子孫雖過十代，也永不可入耶和華的會」。舊約所說入耶和華的會，是指入以色列社團，作會員可享受會員的一切權利。亞捫、摩押的子孫永不可入以色列社團，作以色列人。2 節　因為當年以色列人飄流曠野，「他們沒有拿食物和水來，迎接以色列人，且雇了巴蘭咒詛他們」（參民 22：2-6）。查民數記所記，雇用外邦先知巴蘭來咒詛以色列人的是摩押王巴勒。3 節　「以色列民聽見這律法，就與一切閑雜人絕交」。所謂閑雜人，早在以色列人出埃及，從蘭塞起行時，就有許多閑雜人跟隨他們同行（出 12：38，民 11：4）。這些閑雜人，即非以色列的外族人，包括在埃及為奴的外族人，他們希望與以色列人一同掙脫為奴生活，便隨以色列人走。還有一些可能是埃及奴隸，這些閑雜人經過十幾個世紀的混雜相處，通婚。這時以色列民就與他們一體絕交，這又可能因熱心過度，就超越律法的規定。因律法規定，與以東人、埃及人通婚的，生下來的後代，「他們第三代子孫可以入耶和華的會」（參申命記 23：7-8）。

13：4-5　「先是」，這個「先是」是指 6 節尼希米回憶他不在耶路撒冷的那段時期所發生的事，當他再回到耶路撒冷，就看出四件不可原諒的弊病：

(1) 大祭司以利亞實與多比雅結了親。多比雅是亞捫人，第一世紀歷史家約瑟夫說，他可能任外約但的省長。當尼希米不在猶大省時，多比雅的影響力，遍及猶大高層人物，以利亞實就與多比雅打得火熱。他就為多比雅預備了一間大屋子，位於聖殿的前院給多比雅住。這屋子「就是從前收存素祭、乳香、器皿」，和儲藏全國的什一奉獻和祭司用的谷物的庫房。多比雅每次到耶路撒冷就住在這兒，這兒有他的傢俱，顯然是一組套房。這是違反律法的，因為聖殿的房屋只限祭司住，更何況多比雅是亞捫人。

　　13：6-9　「那時，我不在耶路撒冷」。尼希米在猶大作省長十二年後，奉召於亞達薛西王 32 年回到書珊述職（主前 432 年）。「過了多日」，這段時間不算太短，由於亞達薛西王死於主前 423 年，尼希米大約在主前 425 年請准再回到耶路撒冷，約有七年之久。這段時間由他兄弟哈拿尼代理省長，當他回來時，一見這些惡事，就怒不可遏，「就把多比雅的一切傢具，從屋裡都拋出去，吩咐人潔淨這屋子」。這使我們想到主耶穌進了聖殿，「看見殿裡有賣牛、羊、鴿子的，並有兌換銀錢的人，坐在那裡，耶穌就拿繩子作成鞭子，把牛、羊都趕出殿去，倒出兌換銀錢之人的銀錢，推翻他們的桌子」（約 2：14-15），那種義憤填膺的情景。

(2)13：10-14　「我見利未人所當得的分，無人供給他們，⋯⋯俱各奔回自己的田地去了」。尼希米建城完工後，接著七月初一就有一次奮興大會。百姓都痛哭；認罪，又守住棚節，簽名遵守律法，實行什一奉獻歸給利未人，利未人再將十分之一供給祭司。當尼希米離開猶大的這段期間，官長、百姓又墮落了，屬靈的事又荒廢了，無視於 10：35-39 的誓言（參 12：27，44）。因此利未人當得的分，也包括祭司當得的分，都無人供給他們。按摩西律法，利未人無固定地業，但接受應得的供應。現在百姓沒有供應他們，迫得他們丟下聖殿的工作，奔回自己的田地，即自己住的地方作工謀生糊口去了。尼希米見此情景，就責斥官長。官長是監察什一奉獻按期送到聖殿的，他們不該離棄神的殿。尼希米又重新吩咐猶大人把五穀新酒和油什一奉獻送入庫房，又派四位忠信的庫官管理；一位祭司、一位利未人、一位文士、一位民間領袖擔任分配工作，於是祭司、利未人再回聖殿，恢復聖殿的祭祀事奉。

(3)13：15-22　尼希米巡視猶大省，看見在安息日有人作工；做買賣，褻瀆了安息日，就警戒他們。又見推羅人在耶路撒冷城內設有貿易公司，安息日他們就把魚和各樣的貨品運出運進，賣給耶路撒冷四鄰的猶太人。魚是猶太人的日用食物，推羅人運來的是乾魚、鹹魚，鮮魚則來自加利利。尼希米就責斥貴冑，因他們是百姓的領袖，他們允許安息日百姓犯罪，「你們怎麼行這惡事，犯了安息日呢？從前你們列祖，豈不是這樣行，以致我們上帝使一切災禍臨到我們和

這城麼」。於是尼希米就規定在安息日的前一日,「城門有黑影的時候」。黑影,指日落之時,這是猶太人一日的開始。猶太人計日,不是我們從午夜零時到午夜十二點為一日,他們是以日落到日落為一日,故日落是他們第二日的開始。尼希米規定日落時關閉城門安息,不許出入。所謂道高一尺,魔高一丈;上面有政策,下面有對策。那些作生意的,便在城外搭棚設攤,就地住宿,照常作生意。這時尼希米不得不動用公權力了,要開始抓人,從此他們在安息日就不敢再來了。尼希米調派利未人守城,使安息日分別為聖。

(4) 13:23-29　卅年前以斯拉曾經在復興大會中雷厲風行的令以色列人與外邦女子離絕,那時他們都把外邦妻子和兒女打發走了(拉10:10-14),惜乎人性敗壞,卅年後的猶大社會雜婚問題又很嚴重,特別是有些娶了亞實突人,這是非利士城的非利士人,和亞捫、摩押女子。這些人的兒女有些甚至不會講希伯來話,不懂希伯來文字。語言文字是與民族文化不可分,長此下去,危及民族的生存,以色列民族會被外邦同化了。尼希米就斥責那些與外邦混婚的,「咒詛他們,打了他們幾個人,拔下他們的頭髮,叫他們指著上帝起誓」。要他們立即離棄外邦妻子和兒女,不再與外邦人通婚。他沉痛的引用所羅門娶外邦女子的後果,使他偏離神,以致王國分裂;滅亡。「如此,我豈聽你們行這大惡,娶外邦女子干犯我們的上帝呢」。那時大祭司以利亞實的孫子,耶何耶大的兒子,因娶了外邦人參巴拉的女兒為妻,作了仇敵參巴拉的女婿,尼希米不畏強權就把他驅逐出境了。這裡特別提到這件事,因為所記的主角是高幹子弟,特權階級。以利亞實、耶何耶大是祭司系統,公然違抗了神與亞倫祭司體系所立的約,「只可娶本民中的處女」(利21:14),所以被驅逐。

第一世紀猶太史學家約瑟夫的「猶太古史」中,記了一件幾乎相同的事,提到大祭司押杜亞的兄弟,名叫瑪拿西。從12:22-23知道,大祭司以利亞實的兒子是耶何耶大,耶何耶大的兒子是約哈難,約哈難的兒子是押杜亞。那個大祭司家族瑪拿西娶了參巴拉的女兒,作了參巴拉的愛婿,被尼希米驅逐了。參巴拉一氣之下,就在撒瑪利亞的基利心山上,為瑪拿西

另建了一個聖殿，成為撒瑪利亞人的崇拜中心。這就是約翰福音 4：20 撒瑪利亞婦人問耶穌的，「我們的祖宗在這山上禮拜，你們倒說，應當禮拜的地方是在耶路撒冷」。因為這殿與耶路撒冷的聖殿對立，這就是約翰福音 4：9 說的，「原來猶太人和撒瑪利亞人沒有來往」的歷史原因。但約瑟夫的這個故事，可能把時間弄錯了。據學者考證，這故事應是發生在約一個世紀之後，在希臘亞歷山大時代。

　　最使我們敬佩的，尼希米每辦一件大事，心裡一定會經過一番屬靈的爭戰。當他辦完第一件痛心的事，把以利亞實的親家多比雅在聖殿裡的傢俱憤怒的拋出殿外，又吩咐人潔淨那屋子，再將上帝殿的器皿和素祭又搬進去。再處理好利未人的什一奉獻，讓祭司、利未人再回去聖殿供職之後，他就禱告說，「我的上帝阿，求你因這事記念我，不要塗抹我為上帝的殿，與其中的禮節，所行的善」（13：14）。當他辦完安息日的潔淨工作之後，又禱告說，「我的上帝阿，求你因這事記念我，照你的大慈愛憐恤我」（13：22）。當他辦完那些與外族妻和子女離絕後，又因此驅逐了大祭司以利亞實的孫子，如此潔淨了猶太民族之後，又禱告說，「我的上帝阿，求你記念我，施恩與我」（13：31）。雖然尼希米為神作了許多大事，但他認識神的意念高過人的意念；神的道路高過人的道路，也知道神的標準與理想很高很高，自己所作的，無論如何都達不到神的標準、神的理想，得承認自己多麼無能，自己多麼不配，只求神施憐憫和恩惠。主耶穌也告訴我們，「你們作完了一切所吩咐的，只當說，我們是無用的僕人，所作的本是我們應分作的」（路 17：10）。是的，我們蒙召被揀選，不是我們有什麼好；有什麼配；有什麼能，完全是神的憐憫和恩惠。我們要學尼希米，把自己完全獻在祭壇上，所作的本是我們應分作的，只求「行事為人就當與蒙召的恩相稱」（弗 4：1）。

卷一一　以斯帖記

第一講　以斯帖記介紹

這卷書和以斯拉、尼希米記同是猶太人被擄後的三卷歷史書。以斯拉、尼希米是記神的子民被擄去巴比倫後，得波斯王准許他們回國重建聖殿，重修聖城的歷史。而以斯帖則是記述當時所有留在國外的猶太人幾遭滅族災禍，卻轉危為安；轉哭號為歡樂的歷史。

這卷書在說到神在隱秘中如何的護理保佑祂的子民，全書沒有提到一次神的名字，但我們處處可以看到全能的神在掌管我們的明天，在掌管人類的前途。神在人類歷史中，在我們的生活上，不管遭遇到任何巨變，或危機重重，祂在天上有絕對的控制權，而且祂會介入歷史，導引人類照著祂的旨意行。祂給人有自由意志，但世人的自由意志終不能越過神的旨意之外。無論書中的亞哈隨魯王、哈曼、末底改、以斯帖，雖都出於各人的自由意志行動，但卻隱藏有神的美旨。而且，神亦利用人的自由意志，成就祂的美旨。

這卷書是記述一個猶太女子，作了波斯國王的王后，因之解救了猶太民族一場滅族之禍的故事。

時間：發生在大約主前 483-473 這十年期間，與所羅巴伯帶領自由猶太

人回國遲了約 55 年，故事落幕又早於以斯拉回國 15 年。

地點：書珊城。在波斯灣北約 150 哩，是波斯王的冬宮，帝國四首都
之一。

人物：

亞哈隨魯——第五位波斯王。

瓦實提——亞哈隨魯的王后，因違命被廢。

哈曼——憎恨猶太人的寵臣。

末底改——在宮中為官的猶太人領袖。

以斯帖——選立為后的猶太嬌美女子。

1. 亞哈隨魯　是大利烏王的長子，希臘文叫薛西斯（Xerxes），他作王
的時間是主前 486-465 年。他是個暴君，驕奢淫佚；殘忍專制，他
作王 20 年，其事蹟：

(1) 第一章裡，他作王第三年（主前 483 年）為文武大臣擺設筵席，作
出征希臘前的準備。在大筵席上，因王后瓦實提拒絕他無理的命令
而被廢除。

(2) 他在主前 480 年率水陸大軍百萬遠征希臘，水陸都大敗。他垂頭喪
氣回國，就廣納後宮，慰勞自己。就在此時，以斯帖被選入宮立為
王后。

(3) 他曾下令建跨海大橋，建成後因風浪倒塌。他令人鞭海 300 下，並
擲腳鐐於海，把建橋的工程師斬頭。

(4) 他遠征希臘，長子陣亡。怒極，令人將屍斬為兩半，讓大軍從上馳
過。

(5) 他也創造波斯成為當代的超級強國，領土遠及印度、古實。

(6) 他在位 20 年，主前 465 年在宮中被二臣所謀殺。

2. 哈曼　他是亞瑪力人中的亞甲族人。亞瑪力人是以掃的後裔（創 36：
12），是雅各後裔的世仇。哈曼得寵後，王下令朝中一切臣僕都要跪
拜哈曼，只有末底改不跪不拜。因為波斯人以王為神，跪拜哈曼就
是跪拜王，就是在跪拜神。末底改是猶太人，獨尊耶和華為神，不
跪拜偶像，所以不跪拜哈曼。那時末底改在王宮作個守門的小官，

雖是官小，但他是給王守門的，是御林軍小頭目，所以哈曼也不敢
立刻抓他。當他知道末底改是猶太人之後，他就遷怒到住在波斯各
地所有的幾百萬猶太人。他奏請王下旨，讓他在十二月十三日一天
之間殺盡全國所有的猶太男女老幼，一個也不留。那個暴虐昏庸的
亞哈隨魯王居然准他去進行。哈曼恨透了末底改，所以在他自己的
院子裡立了一根五丈高的木頭，準備時間一到就把末底改掛在上
面。可是人算不如天算，最後這根木頭竟作了哈曼自己的葬身處。
他想殺盡猶太人全族，反而哈曼全家和他十個心愛的兒子，都被猶
太人殺了。

3. 末底改　是猶太人中便雅憫支派的人。主前 586 年尼布甲尼撒大擄
以色列人去巴比倫時，末底改的父母也在被擄之內。他是在巴比倫
出生的，他們都住在巴比倫，沒有隨所羅巴伯回去。他撫養了他叔
叔的女兒，希伯來名叫哈大沙，後改成波斯名字叫「以斯帖」。末底
改見她尚幼，就收她為女兒。末底改在朝中作小官，「坐在朝門」，
相當於安全官。他在前曾經檢舉過兩個想謀殺亞哈隨魯的宦官，救
過王一命，但是沒有得到任何獎賞。哈曼並不知道以斯帖是末底改
的女兒，也不知道以斯帖是猶太人。因為末底改深思熟慮，早就不
讓以斯帖透露身份，直到哈曼所定除滅猶太人的日期已近，末底改
就號召全城猶太人禁食，並向以斯帖求助，這時我們就看見神的手
伸出來了。末底改有句話是整卷書的鑰節，也在說明人生萬事都是
神在預備。他對以斯帖說，「焉知你得了王后的位分，不是為現今的
機會麼」（4：14）。如果神為我們預備了機會，我們不用，就如末底
改向她說，「此時你若閉口不言，猶大人必從別處得解脫，蒙拯救。」
（4：14）就是說神給你預備一個事奉機會，我們棄而不用，神還是
會興起別人來作，因為神的計劃不會落空。末底改就披麻蒙灰在城
中行走，痛哭哀號，猶大人大大悲哀，哭泣哀號。這是認罪悔改的
表示，神的恩典總是在人認罪悔改時賜下，認罪悔改是蒙恩的先決
條件。末底改的誠心悔改，神就開始作工了。那夜亞哈隨魯王輾轉
不能入睡，心血來潮，叫人來唸王宮記錄給他聽。當唸到末底改檢
舉兩個謀殺他的宦官救他命時，王很愧疚，因為沒有給末底改任何

賞賜，太虧欠他了。因此天明，王特別在哈曼面前高舉末底改，比高舉哈曼更甚，這是神將他升為至高。哈曼死後，末底改就作了波斯王朝的宰相。

4. 以斯帖　這是這卷書的中心人物。神的計劃是人所猜不透的，因為瓦實提王后受不了王無理的命令，她拒絕了，王的顏面掛不住，一怒之下，就把她王后的位份廢去了。正因如此，以斯帖有機會進入宮中，被立為王后，而且獨得王的寵愛。當哈曼的計劃一天一天的接近實現了，末底改叫她去見王求恩解救住在波斯全國各地的幾百萬猶太人的滅族之禍時，波斯有個規矩沒有得到王的宣召擅自進去見王的，無論何人都要賜死，除非王向他伸出金杖。那時以斯帖已經一個多月沒有見過王了，她對末底改說，「你當去招聚書珊城所有的猶大人，為我禁食三晝三夜，不吃不喝，……然後我違例進去見王，我若死就死吧。」（4：16）她去見王，站在朝門。奇怪，王見了她居然伸出金杖，而且問她，「你要什麼，你求什麼，就是國的一半，也必賜給你。」（5：3）若不是那支看不見的手這樣安排，怎能有這樣的結果？

這本書總共十章，以三次大筵席為中心：

1. 王的大筵席

這個王好大的排場，他為全國權貴設席半載 180 天，極盡奢侈。不過他確實富有，當時的版圖是波斯帝國最大，從印度直到古實，即今印度之巴基斯坦旁遮普；古實指今蘇丹之南，管轄 127 省。在這個筵席中，王后瓦實提因未遵王命去叫那些醉眼惺忪的粗人欣賞，忍受他們輕薄的品頭論足，竟被那昏君糊里糊塗的下旨廢了。因此以斯帖之後得以被選進宮為后。

2. 以斯帖排下筵席

以斯帖兩次筵席，揭發了哈曼的陰謀，為猶太人請命。王怒哈曼，哈曼因之敗亡。

3. 普珥節的筵席

普珥原是波斯人卜卦的籤名。哈曼卻謀殺滅盡猶太人全族，命人去掣普珥籤以決定吉日，籤示亞達月（十二月）十三日為吉。結果神的手介入，

哈曼伏誅，猶太人得救，便定於每年亞達月十四、十五（即陽曆二、三月間）為普珥節，記念神恩。是救他們脫離仇敵；得享平安；轉悲為喜的日子，設筵歡樂，彼此贈送禮物，賑濟窮人。

這本書的屬靈預表：

1. 波斯古列王元年，下詔准被擄為奴的猶太人可以自由之身回國。當時隨所羅巴伯回去的只有五萬人，願意留在波斯地的猶太人卻有幾百萬。這些沒回應許之地的，是預表那些屬世的基督徒。先知耶利米曾預言七十年刑罰期滿，應回到自己的國家去。先知以賽亞也說過，古列要放他們回去建殿建城。這些他們不是不知道，但他們卻留戀波斯地。因為在那裡他們有事業；有房地產；有投資；有財富，本應回錫安，卻留戀物質生活安定的波斯地。一方面知道應回猶大地；另一方面又捨不得波斯這個安樂窩。既不願回去面對頹垣敗壁，更難完全割捨那蒙福之地。這是屬世基督徒的預表，自稱重生得救，但又不肯與世界割離。一方面要作神的兒女；一方面又要作世界的養子。

2. 瓦實提預表猶太人違背神命被棄，失去了榮耀。

3. 哈曼預表罪惡之子，7：6以斯帖稱他為「惡人哈曼」。希伯來文每個字母都代表一個數字，若把這個名字的數字相加，剛好是 666，這是敵基督的數字（啟 13：18），他的陰謀要猶太人受大患難，最終他的結局卻是滅亡。

4. 以斯帖預表教會。以斯帖的先祖早亡，猶如基督教出於猶太教，律法早亡，正如以斯帖的先祖早亡。她容貌俊美，勝過當時的人。教會以基督的義為義，又被祂用寶血將教會洗淨，作將來的新婦。以斯帖升高作了當時最顯赫波斯王的妻子，就如教會將被提升作萬王之王的新婦。

5. 末底改預表在大災難中仍存留的猶太人。他拒絕向哈曼（敵基督）下拜，預表末後猶太人拒絕向獸下拜一樣。他們禁食哭泣，猶如末後猶太人要仰望「他們所扎的」，各歸各家禁食；禱告；認罪；哭泣；悲哀（亞 12：10-11）。波斯全國的猶太人得救了，末後雅各家也必得救。末底改升為至高為相，末後，萬民要以耶路撒冷為中心，大

衛的子孫要作王管理列國。

　　為什麼全卷從頭到尾沒有提到神的名字，也沒有提聖殿、獻祭、律法？這可能是寫於某一非常時期，不容許明目張膽的提這些敏感的字眼。但全書經過都是神隱藏在後面。我們若不知這位隱秘處的神常與我們同在，常施恩於我們，如何能知隨時隨地從神而來的平安與護佑？祂默然愛我們，雖然我們沒見祂的手，但祂那能力的手；施恩的手仍然時時為我們舉起，圍繞在你、我身邊。因為，祂是我們的避難所，是我們倚靠的神。

第二講　大筵席　第 1 章

1：1　亞哈隨魯（即薛西斯 Xerxes，主前 489-465）是大利烏王的兒子，母親是古列王的女兒，名叫阿托薩（Atossa）。他在他父親馬拉松戰敗後五年登基，他的王朝疆土超前，「從印度直到古實」。印度指今巴基斯坦和印度北邊的旁遮普（Punjab）；古實指非洲的蘇丹，管轄 127 省，他是個強權的統治者。他在位第三年，在「書珊城」，波斯有四都，亞馬他、波斯波立、巴比倫和書珊。「書珊城的宮」，是京城中的特區，如北京的紫禁城。書珊的宮是王的冬宮，王就在此設宴。這次大筵席（主前 483 年）可能是討論遠征希臘的戰略會議，訂定攻打希臘的作戰計劃。接著他就在主前 481 年出發遠征希臘。第二年他所統率的龐大海軍艦隊，被希臘在撒拉米海灣打得落花流水潰不成軍。他所驕傲的強大陸軍，也在主前 479 年遭到普拉提亞的慘敗。他的偉大幻夢粉碎了，主前 478 年他垂頭喪氣的回到波斯。此後，除了縱情酒色及殘暴嗜殺之外，沒有什麼特別作為。他在主前 465 年被人在宮中暗殺了，結束了 20 年獨裁統治者的生命。

以斯帖記是從筵席開始到筵席結束。第一個筵席是王的筵席，王的筵席有三種，一為各大臣各省臣僕擺設的；二為人民擺設的；三為婦女擺設的。

1：2-4　為群臣擺設筵席：王在宮中請了全國 127 省的首領臣僕，宴樂了 180 天，半年之久，享盡了人間的口福。當然事實上不可能 127 省的首領臣僕都在 180 天內放下公事不辦，治安不顧，就來赴宴享樂。總之這次大筵席，可以想像是豐盛；奢侈；豪華；排場空前的。這是王在炫耀他的榮耀、偉大和富有。

1：5-9　為人民擺設筵席：為臣僕筵宴 180 天還未盡興，王再為書珊城的大小人民擺設筵席七日，與民同樂。人民來白吃白喝的太多，王宮不夠地方，還在御園的院子裡設擺筵席。「御園的院子」就是王宮四週的花園，在那些地方支搭起帳子。白色、藍色是波斯王室的顏色。支搭起白色、綠色、藍色的帳棚，真是別緻，滿有情調。「用細麻繩、紫色繩從銀環內繫在白玉石柱上，有金銀的床榻」。這是吃飯臥用的，實在不舒服。「擺在紅、

白、黃、黑玉石鋪的石地上」，真是奢侈到極點。可惜這座富麗傲人的宮殿，在他兒子亞達薛西王統治的末期，約在主前 435 年被火焚燒成一片瓦礫了。

　　1：9　王后在後宮擺設女宴：王的豪華筵宴，即如當今的石油王國如科威特國王、沙烏地阿拉伯的國王也沒有他這樣的排場。不單如此，他還要王后在後宮設宴單獨款待婦女界七日，當時書珊城內無論男女老少皆快樂無比。

　　國王很大方，筵宴都是用各樣的金器皿喝酒，把王的御酒讓大家盡情享用。這筵宴有幾點好處：(1)沒有不道德的行為，沒有艷舞淫蕩的舉動。(2)沒有犯聖的舉動，像伯沙撒王用聖器與嬪妃喝酒。(3)「不准勉強人」乾杯，讓人各隨己意喝酒。但這筵席也有缺點：(1)筵宴最後（第三節與第五節可能同指一個宴會）王酒後一時興起，不顧禮法叫王后出來出醜。(2)王后抗命。(3)大臣的建議更是荒謬自私。

　　1：10-12　「王后瓦實提」，有希臘歷史家希羅多德說她的名字叫亞美斯提絲（Amestris），是個著名的殘酷和淫蕩的婦人。瓦實提是國王賜給她的波斯名字，意即美麗。她的被廢只是暫時性的，後來她的第三個兒子亞達薛西繼承王位後，她東山再起，成為幕後黑手，影響朝政。這是希羅多德的記述。聖經上：10 說，「第七日，亞哈隨魯王飲酒心中快樂，就吩咐在他面前侍立的七個太監」傳命。王展示了他的財富、榮耀還不過癮，還想要展示他王后的花容月貌，這就是在展現他今生的驕傲。他吩咐七個太監，波斯人與希伯來人一樣認為「7」是個聖數，這七個太監都不是波斯名字，可能從別處擄來為奴的。他們去傳王命，瓦實提認為叫她去到那些半醉的男人中給人家品頭論足，簡直不成體統，於是她勇敢的拒絕了。波斯的習俗，丈夫可常在宴會中帶妻子陪伴，其實坐在王的身邊，也正好顯示自己的榮耀、神氣、滿足、驕傲。這正是「鬼使神差」，瓦實提卻拒絕了。但她卻忽略了，這是王命，拒絕王命的後果是很嚴重的。這時王的面子掛不住了，王權與女權起了衝突，王的命令連一個女子都可以反抗，那還了得，所以王很生氣。

　　1：13-22　「國中坐高位的」七個大臣「都是達時務的明哲人」。達時務的，也許是星相家、術士，可能是七個大家族的族長，成為王的首席顧

問，立后也在他們家族中挑選。他們懂法律，懂皇家規矩，王就詢問他們說，「王后瓦實提不遵太監所傳的王命，照例應當怎樣辦理呢？」你看這些人都是揣摩上意，抓著機會公報私仇。這瓦實提果真如希臘史家希羅多德所寫，是個殘酷淫蕩的婦人，當然在權力的爭奪中，不免樹立了許多政敵。這七大臣可能趁此機會，報一箭之仇，叫政敵永不翻身。不但抓著報私仇的機會，而且大男人主義抬頭，要定一個永遠的規矩，夫權至上。這個米母干說，「王后瓦實提，這事不但得罪王，並且有害於王各省的臣民。因為王后這事必傳到眾婦人的耳中，說，亞哈隨魯王吩咐王后瓦實提到王面前，他卻不來」，他們就可以上行下效，藐視自己的丈夫。今日波斯和瑪代的眾夫人（即命婦）「聽見王后這事，必向王的大臣照樣行」。這是他們要鞏固自己在家中的權威地位，假藉王命就是合法了，所以請王降旨，成為法律，永不改變。這些顧問採取的步驟是釜底抽薪，預防王意氣用事，等到感情衝動一過去，又會撤銷，收回成命。如果演變到那個情形，瓦實提再掌權，秋後算帳，清算鬥爭的第一波，就是他們七個大臣了。那時吃不消兜著走。不但如此，家有母老虎的，那就有得罪受了。所以他們要王廢王后，並記在王室史冊上，永不更改。

　　這本書一次也不提神的名字，但每一件事，都使我們看見不是自然的。這是上帝在人類歷史中掌權，使這事成為事實。利用人類邪惡的心術，彼此鬥爭，成就神的美旨。這就是神預備以斯帖進宮的道路。這些大臣還說，「將他王后的位分賜給比他還好的人」。把聖旨傳遍全國，所有的婦人必尊敬他的丈夫，無論貴賤，使為丈夫的在家中作王。人說清官難斷家務事，這七個大臣真是老謀深算，使每個男人靠著王命，可以在家橫行霸道，肆無忌憚。這不是聖經的教導，神的心意並不允許他們這樣作。這是因了他們自私的利益，想切斷瓦實提回宮之路。神的心意原是夫妻二人成為一體，妻子是丈夫胸前肋骨造成的，彼此平等尊重。妻是幫助者，而不是附屬者，「愛」才是家庭和睦的根基。他們以為靠著王命就有福了，殊不知波斯為希臘滅後，這個永不更改的王命，也就風吹雲散，成為廢紙一張了。

　　王發詔書是「用各省的文字，各族的方言，通知各省。」當時通行的文字是亞蘭文，官方文件都是用亞蘭文。波斯政策是尊重各族的宗教信仰，尊重各族的文字方言。當時從外國擄來的人，很多成為波斯家庭的眷屬，

所以王發詔書用各省的文字，各族的語言，通令全國各省。無論是外國人、瑪代人、巴比倫人、波斯人，政府規定各個家庭都必須以丈夫為一家之主，「各說本地的方言」。這也明示，一家之內應按父家的語言說話，家庭成員雖複雜，語言簡化後，也可以促成家庭的融合。

　　我們讀了這一章，好像戲劇上演了第一幕，看戲的人卻不去注意幕後的導演。如果只看劇情表演，那就與讀小說無異。我們看歷史，就知道幕後的導演是那位眼睛看不見的上帝。祂是萬有的主宰，掌管人類歷史的神。祂利用各國的政治、軍事，甚至暴君的昏庸；奸臣的貪殘，都不知不覺的實現了神的計劃。歷史的事實不斷發生，都不是巧合，不是機遇，而是全智全能神的計劃，上帝一連串拯救計劃的實現。

第三講　兩個機會　第2章

以斯帖記最使人奇怪的是，全書沒有提過一次神的名字，但全書都充滿了神的作為，顯出神的手在掌管人類歷史。一切發生的事，都在祂旨意的計劃中。神子民的仇敵在發動謀害攻擊之前，神的救護計劃預備得更早。本章所論以斯帖被選入宮為后，和末底改救王性命的兩件事，都是神更早的籌劃。神的作為永遠在魔鬼之前，絕沒有神預料不到的事。這個真理，應常記在心中，就能給我們隨時的安慰和力量。

第一個機會，以斯帖被立為后：

2：1-4　「這事以後」，據希臘史家希羅多德記載，此事發生在主前479年12月，亞哈隨魯王遠征希臘大敗而歸的這事以後。他遭此不順意的事情之後，可能叫他想念到瓦實提，後悔處置過份，太無情了，這時他可能向大臣們提到迎回瓦實提的想法。

若讓瓦實提恢復后位，對那些倒閣的人物，簡直是一個惡咒。七大臣和近侍太監首當其衝，絕對放不過。一場血腥鬥爭展開，他們無力自保。此時他們願意放棄他們的特權，因為選王后的傳統制度，是由他們七族中選出。現在他們不再堅持從他們家族中選出，願意公開從全國徵選美麗的處女，甚至不去嚴格調查候選人的家族背景。「王的侍臣」指近侍，建議只以美貌為主，派官在各省招聚美貌處女到書珊宮的女院，交太監希該專責訓練。女院只有太監才可進入，由太監「給她們當用的香品」，就是教她們盡量用化粧品，這樣好從其中選一位王所喜愛的女子代替瓦實提。王的龍心大悅，以這事為美。

2：5-6　現在介紹書中兩位主角，以斯帖和末底改。末底改是便雅憫人，從他的家譜看，末底改和以斯帖很可能屬掃羅王家族。照猶太人傳統，基士是掃羅的父親（撒上9：1-2），示每就是咒詛大衛的那一位（撒下16：5）。他是「猶大人」，因為後來便雅憫依附猶大國（王上12：21），當猶大國在主前597年第二次被擄時，約雅斤（耶哥尼雅）被擄去（王下24：8-16），「末底改也在其內」。這事發生已將近120年了，這個末底改卻沒有那麼老，更不會有20歲的堂妹。「末底改也在其內」，這句經文，原文無末底改，而

是「他也在其內」。這個「他」，很可能是指末底改的父親，或祖父、曾祖父，不是這個中年的末底改。

2：7　「哈大沙」希伯來名的意思是「番石榴」；「以斯帖」是被選入宮後改的波斯名字，意即波斯之「星」。有人認為是取自巴比倫女神天后「伊絲他爾」。她是末底改叔叔的女兒，父母早亡，「這女子又容貌俊美」。「俊」意即體態優美；「美」指外在容貌美麗。末底改收她為自己的女兒，撫育長大。

2：8-11　以斯帖也在這時被選入王宮，交給太監希該。希該很喜悅她，急忙給她需用的香品和當得的分，又派所當得的七個宮女服事她，又給她搬進女院上好的房屋，如此恩待她。末底改在宮中已感受到當時人反猶太人的壓力，末底改囑咐她不可將籍貫宗族告訴人，如果暴露身份，(1)她是猶太人；(2)她是被擄的奴隸；(3)她是孤兒，這都是欺君之罪，對以斯帖絕對不利。又可能末底改從神特別得到預感，知道以色列將面臨大災難，她可以解救，故叫她不要將籍貫宗族告訴人。以斯帖自小就很聽末底改的話，所以以斯帖一直沒有暴露身份。因此以斯帖似乎不像但以理，她隨從波斯的習俗吃猶太人禁止的食物，而那些波斯貴冑們，也不深究她的事。可能故意為她隱瞞一些，因為他們所關心的，只是如何讓國王稱心如意，好忘掉瓦實提。

2：12-15　這是當時被選進宮女子一生最佳的機會，為王寵幸或白頭終老冷宮。十二個月的潔淨，六個月用沒藥油。沒藥是一種高級香料，為製聖香之用料，沒藥油為婦女們最喜愛的高級化粧品（歌5：5）。所有去見王的，「六個月用沒藥油，六個月用香料和潔身之物，滿了日期，然後挨次進去見亞哈隨魯」，這是反映出王宮的奢侈。去見王的時候，「凡她所要的，都必給她」，就是衣服、珠寶首飾、香料等物。因為也許王只接見一次，夜裡進來，早上出去，作一夜皇后的太多，這一輩子就此完了，所以女子要為她所付出的代價預求報償。當一夜過去，「次日回到女子第二院」，這是為妃嬪居住的女院，與專供訓練的女院不同，除非王再提名召她。

當「以斯帖，按次序當進去見王的時候，除了掌管女子的太監希該所派定給她的，她別無所求。」在此表現了她獨特的氣質，她並不在物質上

求報償。以斯帖的謙卑，正反映瓦實提的倨傲。所以「凡看見以斯帖的都喜悅她。」這就是自高的必降為卑；自卑的必升為高，是神從卑微灰塵中把她抬舉起來。

2：16-18　「亞哈隨魯王第七年十月，就是提別月」，猶太宗教曆十月即主前 479 年，相當陽曆的十二月。「以斯帖被引入宮見王」，這是王從遠征希臘回來，距廢瓦實提已四年之久。「王愛以斯帖過於愛眾女，她在王眼前蒙寵愛比眾處女更甚」，這是積三千寵愛於一身。「立她為王后，代替瓦實提」。她被立為王后，這是神在事前為祂子民預備道路。她作王后，是神給她一個拯救以色列人的機會。這時王有以斯帖，龍心大悅，就「給眾首領和臣僕設擺大筵席」，大赦天下，「又豁免各省的租稅」。租稅二字，聖經旁有「…」，這是原本沒有的，是翻譯的人加上去的。原文或作「立為假日」或「釋放囚犯」，王就大頒賞賜。

第二個機會，末底改救駕立功：

2：19-22　亞哈隨魯王真是荒淫無道，王后雖已冊立，但向全國選美卻不斷。「第二次招聚處女的時候，末底改坐在朝門」，他的職務顯然是個把守朝門的安全官。考古家發現書珊朝門很大，西側還有辦公室，相當氣派。就在這第二次招女的時候，末底改發現了一個謀刺王的陰謀，「王的太監中有兩個守門的辟探和提列惱恨亞哈隨魯王。」經上只說「惱恨」，有些學者認為這是舊后瓦實提的支持者，惱恨王廢了瓦實提，趁王沉湎於酒色的時候，發動恐怖攻擊，將王刺殺。人生禍福難測，王的親信，當侍立在他面前的護衛、太監，竟是要殺害他的兇手，誰能預知？多少集權暴君的結局都是這樣，古今皆然。亞哈隨魯雖逃過了這一劫，但十三年後，果然被一位護衛兵的軍官和一位太監所謀殺。

這次的刺殺行動，經末底改察知，通報王后以斯帖，以斯帖就將末底改的密告呈報於王。經查屬實，二叛服誅，救了王一命。因此他的功勞，被記在王室歷史中，這正是神為他預備了一個好機會，以待不久的將來，民族遇難時，拯救同胞的機會（6：1-3）。

第四講　靈與肉交戰　第3~4章

3：1-2　「這事以後」，這事發生在 474 年以斯帖立為王后四年多，其間又發生叛徒謀殺王未果的事以後。「亞哈隨魯王抬舉亞甲族哈米大他的兒子哈曼，使他高升。」哈曼父親的名字，顯然是波斯名，可能他先祖是亞甲地的人，但猶太人遺傳說，他是亞瑪力王亞甲的後代。亞瑪力人是以掃之孫（創 36：12）的後裔，與雅各子孫世代為仇。希伯來書 12：16 說，「有貪戀世俗如以掃的，他因一點食物把自己長子的名份賣了。」在聖經裡，以掃、亞瑪力是代表肉體的；雅各的子孫末底改是代表屬靈的，靈與肉是常有爭戰的。一千年前以色列人逃離埃及後，在曠野最早遇到的敵人便是亞瑪力人（出 17：8）。上帝說，「必世世代代和亞瑪力人爭戰」（出 17：16）；「你要將亞瑪力的名號，從天下塗抹。」（申 25：17-19）撒母耳上 15 章記耶和華要掃羅王去滅絕犯罪的亞瑪力人，掃羅「生擒了亞瑪力王亞甲，卻憐惜亞甲，也愛惜上好的牛羊，……不肯滅絕」（撒上 15：8-9），偷偷地藏起來。掃羅如此容讓亞瑪力人，正表明一個容讓肉體；順從肉體，不肯將肉體除滅的人，所以，神把掃羅的王位去掉了。一個容讓肉體的人，就是被神棄絕的人。

五百年後，又是便雅憫支派的末底改遇上了亞甲族的哈曼，又是一場靈與肉的爭戰。這哈曼正紅得發紫，朝中一切臣僕都向哈曼跪拜，惟獨末底改不向他跪拜。「跪拜」的原文是「鞠躬」，猶太宗教並不禁止向上司鞠躬（撒上 24：8；撒下 14：4，18：28；王上 1：16），這與但以理拒絕向偶像跪拜不同。末底改為什麼不向他跪拜？可能第四節是他不跪拜的理由，「因他是猶太人」，不能向曾壓迫過神子民的亞甲族下拜；不能向神子民的仇敵亞瑪力人下拜。

歷來在信徒心中，最激烈的交戰就是靈與肉的交戰。大使徒保羅在羅馬書 7 章裡也坦承靈與肉交戰，因肉體強大，他說，「我也知道，在我裡頭，就是我肉體之中，沒有良善，……按著我裡面意思，我是喜歡神的律，但我覺得肢體中另有個律，和我心中的律交戰，把我擄去叫我附從那肢體中犯罪的律。我真是苦阿，誰能救我脫離這取死的身體呢？」（羅 7：18-24）

3：3-4　在朝中的臣僕們，正是一幅官場現形記的嘴臉。先是向末底改

善意規勸，叫他為了前途，總得放低身段，逢迎上司是為官之道。他們見末底改非常堅持，大家怕以後受到連累，還是名哲保身吧。於是大家就去哈曼那裡告密，「要看末底改的事站得住站不住」。末底改的事，就是他所說的話，是不是能站得住。

哈曼見末底改不來跪拜，怒氣填胸。那批官場勢利份子，正好落井下石；傷口撒鹽，就將末底改本族的隱密抖出來。哈曼一聽他是猶太人，惡向膽邊生，一不做二不休，他一個猶太俘虜，有幸在波斯王朝作個芝麻大的小官，竟敢不向我屈膝。好吧，殺你一個不算英雄，我要除滅全國所有的猶太人，以雪先人之恥。而末底改官卑職微，敢反對一人之下，萬人之上的哈曼，不是他吃了熊心豹膽，凡事不在乎能不能反對，乃在應不應該反對，這就是我們作基督徒的原則。

3：7　「亞哈隨魯王十二年正月」，以斯帖被立為后是亞哈隨魯王第七年，現在以斯帖為后已五個年頭了。「尼散月」是猶太聖曆的正月，在被擄以前，摩西五經中叫亞筆月，被擄後習用波斯曆法叫尼散月，相當於陽曆的三、四月間。哈曼定意要殺盡全國的猶太人，就請占星家、術士來掣籤以訂殺猶太人的黃道吉日。古人對星相家、占卜極為看重，卻不知道「籤放在懷裡，定事由耶和華。」（箴16：33）普珥是亞述文，就是抽籤，哈曼抽得普珥籤的結果，以十二月十三日為吉日，就是亞達月，相當於陽曆一、二月間。從正月到十二月，相隔了十一個月，神的權能，在這件事上又特別顯明了。在這十一個月的長遠日子中，就給了猶太人有充份的時間禱告；認罪；尋求救贖。

3：8　哈曼先把日子定了才去見亞哈隨魯王，他把王的心摸得一清二楚。他的話非常狡猾，說「有一種民」應當趕盡殺絕。他舉出三大罪狀：(1)散居國內深入民間，有很大的影響力；(2)有與其他民族不同的習俗，「律例」應作習俗解；(3)不守波斯王所頒的法律。這一條完全是誣告，而這個無道的昏君，他有腦子卻不去想哈曼說的是什麼民，有那麼大的影響力；他有眼也不去察看那種民是不是守王法；他有口也不去問那種民的習俗有什麼不同，該趕盡殺絕；他雖有心，卻不想去保護他的子民，這就是昏庸無道。猶太人被擄去巴比倫前後幾十年，波斯取代巴比倫後，他們的政策是容許各民族共存。故古列允許猶太人自由回國，主前537年第一批同所

羅巴伯回去的約五萬人；八十年後第二批於主前 457 年由以斯拉帶領了約
一千五百人回國，其餘絕大部份都留在波斯國內。他們棄農牧從商，學得
經營之道，大都有產有業。哈曼要絕滅全猶太人，一方面在消心中之恨，
將猶太人的名號從天下塗抹，報祖先之仇；一方面想因此可得那些猶太人
的產業。為了這龐大的利益，他不得不大量投資，投個賭注在王身上。他
知道王征希臘之後，國庫空虛，王又窮凶極侈，因此他提出條件，如果王
准他這樣作，他願捐出一萬他連得的銀子，這不是個小數目。希臘史家希
羅多德記載，波斯王大利烏時代，帝國全年的總稅收是 14,560 他連得。哈
曼提出的賄賂 10,000 他連得，佔了全國一年國庫的總收入的三分之二，這
給那昏君的心樂透了。

　　3：10　王也不深究，就糊里糊塗把戒子摘下來交給亞甲族的哈曼。古
時戒子上刻有名字，就是印章，王的戒子就是玉璽，叫他代王行事。真是
有錢能使鬼推磨，世俗政治就是如此骯髒。王且對這個奸臣哈曼說，「這銀
子仍賜給你」，這可能是一句客套話，當面接受賄賂總不大好意思。這銀子
一定收了，從後來 4：7 末底改告訴以斯帖的事實真象證明，王是收了，這
一大筆銀子，當然撼動了王的心。王繼續說，「這民也交給你，你可以隨意
待他們」。這也就是說，你殺盡他們之後，財產也歸你。古時絕滅了仇人，
仇人的財產都歸勝者所有。

　　「正月十三日就召了王的書記來，照著哈曼一切所吩咐的，用各省的
文字，各族的方言」行文各省省長，叫驛馬快傳各省。古時驛站傳聖旨，
像接力賽跑一樣。希臘人記念火神海菲斯托斯（Hephaestus）所舉行的傳遞
火炬競跑也是這樣。一站換傳一站，驛站聖旨，如是欽差，是換馬不換人。
如只傳聖旨，由下一站的人馬接著往下傳。哈曼的目的在等待十二月，亞
達月十三日那天將全國猶太人無論男女老少都趕盡殺絕，雞犬不留。與先
前神要絕滅亞瑪力的命令（撒上 15：3）一樣，然後那些龐大的遺產都成為
囊中之物。然而暗中有一支有權柄的手，叫哈曼抽的普珥籤吉日卻在十一
個月以後，這時間足夠給猶太人披麻蒙灰在神面前認罪悔改，使哈曼的吉
日變成凶日。而昏庸的人，竟高枕無憂的在等待那吉凶未卜的日子。書珊
城裡猶太人的朋友聽到這令諭都慌亂成一團，昏君奸臣卻得意洋洋的飲酒

作樂。

4：1-3　「末底改知道，……就撕裂衣服，穿麻衣，蒙灰塵在城中行走，痛哭哀號。」但他相信以斯帖的王后位份，就是神為祂子民預備的救贖，可讓以色列絕處逢生。全章未提神，卻處處表露神的手在人類歷史中指揮一切。各省猶太人知末日快到，都禁食哭泣，穿麻衣，躺灰中，禁食是猶太教的重要祈禱儀式。

4：4-10　這事傳到宮中，顯然太監和宮女知道以斯帖是猶太人了，也知道她與末底改的關係，只瞞著王和哈曼一黨的人。她們把這事告訴王后，以斯帖很著急，差人送衣給末底改更換，可能希望他進宮來商量，但末底改不接受。一天民族未得救，一天不脫下來。於是以斯帖派王給她伺候的太監「哈他革」去找末底改，哈他革顯然是個猶太人。哈他革帶回末底改的口信，又抄錄了哈曼寫的王詔，這時以斯帖不能再隱瞞她的身份了，為了全族的性命，她就不顧自己的性命。

4：11-12　問題在王室「有一個定例」，這律法是瑪代第一個王所立，被波斯諸王採用。就是未經批准，任何人不得見王，否則治死。這是嚴密的安全措施，王現沉於女色，夜夜新歡，而以斯帖已三十天未見王了，可能王已不很寵愛她了，此時進去求情，一點把握也沒有。然而情勢緊急，除她以外，再沒有第二條路。

4：13-14　末底改聽了她的難處，但為了救民族，叫她去冒險一試，置生死於度外。對她說，「你莫想在王宮裡強過一切猶大人，得免這禍。此時你若閉口不言，猶大人必從別處得解脫，蒙拯救；你和你父家，必至滅亡。焉知你得了王后的位分，不是為現今的機會麼。」無疑的，末底改是想到神對以色列的應許，和歷史上多次得拯救的見證，要以斯帖不要忘記神的恩典。「焉知你得了王后的位分，不是為現今的機會麼。」你之有今日，不是出於神的預備麼？試想，我們之所以有今日，難道不是神為我們預備的事奉機會麼？以斯帖能挺身而出救同胞，難道我們不肯學效以斯帖，挺身而出，作救同胞靈魂的工作麼？

4：16-17　以斯帖下定決心孤注一擲，要求書珊全城的猶太人為她禁食三晝夜，她自己和宮女也禁食三晝夜，不吃不喝。這是宗教禱告，藉此祈求倚靠神，不倚靠自己的美貌。這禁食禱告的目的，是求神幫助她去見王

時，不致失敗，免得死而達不到目的。所以她派人去告訴末底改，三日後冒險去見王，若不成功就成仁。她說，「我若死就死罷」，義無反顧的去執行這個計劃。一個弱女子的表現是何等的勇敢，末底改對以斯帖說過一句話，「你莫想在王宮裡強過一切猶大人，得免這禍。」假若以斯帖自以為是王后，住在深宮，殺猶大人的時候，她可倖免，那就錯了。因為殺盡猶太人，她一人也不能獨存，她與同胞是生命共同體，休戚相關，利害相倚，禍福與共。我們在教會裡也不能獨善其身，自認為屬靈，而不參與事奉；不參與團契；不參與配搭，這樣別想強過眾人先進天國去享福。神給我們許多機會，要我們抓住去使用，作榮神益人的事。

第五講　以斯帖的筵席　第5~6章

5：1-4　「第三日」即禁食的第三日，以斯帖準備拼死去見王，穿戴整齊，進到王宮的「內院」。本書雖然沒有一次提到神，但處處可見神的作為。往往在人看來，已是無望了，但只要神的手在其中，立刻就改觀了。王見以斯帖站在院內，居然向她伸出金杖，這就如中國帝王一句恩言，「恕爾無罪」。以斯帖因此就跨過危險的關口了。而且王開金口說，「你要甚麼，你求甚麼，就是國的一半，也必賜給你。」這是誇大其詞，意思是「你儘管要求吧，我會讓你滿意」。

以斯帖真有智慧，有理性，她在禁食三晝夜中已思考好了，她的要求很簡單，「王若以為美，就請王帶著哈曼今日赴我所預備的筵席。」亞哈隨魯很開心，立刻吩咐哈曼一同去赴宴吧。

5：6-8　「在酒席筵前，王又問以斯帖說，你要甚麼，我必賜給你，你求甚麼，就是國的一半，也必為你成就。」這是第二次王的應許，絕不會讓她失望。通常向王求的，多是升官；封爵；賜地，希羅多德說，王確實有意賜她采邑，卻想不到王后以斯帖的答覆還是「請王帶著哈曼（明天）再赴我所要預備的筵席。」以斯帖一再延遲揭發哈曼的毒計，聖經也沒有說明理由。人們猜想，她已卅天沒有和王在一起了，不可冒失，但絕不是她沒有勇氣，而是要給這個荒淫善變的王一點心理準備時間。就在這遲延的時間中，神的權柄就決定了明天的結果，因為祂是掌管我們明天的神。

5：9　「那日哈曼心中快樂」，得如此的恩寵，真是心滿意足了。「歡歡喜喜的出來，但見末底改在朝門不站起來，連身也不動」，怒火中燒。這口氣怎吞得下去？他對末底改恨入骨髓，必要把他碎屍萬段而後快。

這卷書給我們說明了七個真理：

第一個真理，我們得承認宇宙間有一個難解的謎，為什麼好人會受苦，惡人反倒享福，似乎沒有公義，也不公平。神若真是公義的神，主宰一切，王后瓦實提並沒有錯，反倒被廢；末底改公正，又敬神，又忠於王，反遭滅族之禍；亞哈隨魯是個昏君，反倒享盡人間大福；哈曼這種小人，居然升官得寵。這些事，放眼古今中外，比比皆是，這是個難解的奧祕。因此

許多人心懷不平，說，沒有上帝，無神。

5：10-13　哈曼回到家裡，一肚子的氣，叫人請了他的朋友和他妻子細利斯來，將他在王和王后面前得抬舉，受寵幸，多麼榮耀，大大的誇耀了一番。並且得意的說，「王后以斯帖預備筵席，除了我之外不許別人隨王赴席」。這是多麼大的榮耀，多麼稱心的樂事。「只是我見猶大人末底改坐在朝門，雖有這一切榮耀，也與我無益。」榮耀不完全，就快樂不起來，你們給我出個好主意，如何對付那個末底改？

5：14　一個人在順境時，最喜歡聽人的奉承話。大家要使他的心快樂，就建議一個最毒的辦法，這樣做才能使哈曼消除心頭恨。他們建議「不如立一個五丈高的木架，明早求王將末底改挂在其上，然後你可以歡歡喜喜的隨王赴席。」「木架」五丈高，原文是五十肘，通常一肘大約是一呎半，五十肘就有七十五呎高。要把那個不懂事的頑固份子，高高吊死。本來他請王諭旨是在十二月十三日將全地約六百萬猶太人全都殺光，以洩心中之恨。這時他等不及了，他有把握王會批准他的請求，明早就可除掉那個眼中釘末底改。於是他吩咐人在夜裡趕製那麼高的木架，以便可以從遠處，甚至可以從宮中筵席上看見。這又顯出──

第二個真理，謀事在人，成事在天。冥冥中的主宰，豈容惡人橫行到底呢？大衛的詩「不要為作惡的，心懷不平；也不要向那行不義的，生出嫉妒。因為他們如草快被割下，又如青菜快要枯乾」（詩 37：1-2）；「惡人設謀害義人，又向他咬牙。主要笑他，因見他受罰的日子將要來到」（詩 37：12-13）。明天就是報應的日子，哈曼所預備的木架，他何曾想到，作夢也想不到，就是他明天自己亡命之處。

6：1　本章在於說明神大能的手在掌管歷史。奇怪波斯王亞哈隨魯那晚長夜失眠了，誰叫他睡不著覺？那是萬王之王，神。神就特別藉此感動他的心，成為以色列民得救的機會。失眠是很痛苦的，忽然他想要聽聽歷史，吩咐人取歷史書來念給他聽。這歷史不是上古史、中古史、外國史，而是專門記錄宮廷中王身邊所發生的事，或王所說的話。我們中國帝王的宮中也有記錄王的一舉一動，一言一行，這就是宮廷日誌。亞哈隨魯心煩，要聽聽這歷史，書記拿來一翻，剛巧翻到五年前的一段往事。書記何以恰

恰翻到末底改救駕那段呢？有位解經家說，為王讀歷史的人，因與猶太人沒關係，原不想讀這一段，所以就將這段跳越過去。不料一展開，還是這一段；再重新展開，還是這一段。這不是神在控制嗎？他不得不挨次念給王聽。讀的歷史為什麼這麼湊巧？王為什麼想聽歷史？這又引出——

第三個真理，無論亞哈隨魯王、王后瓦實提、大臣米母干、太監希該、宰相哈曼，以及末底改、以斯帖，都是在使用個人的自由意志。但各人的作為，都成就了神的計劃，要應驗先知的預言，讓耶穌基督降世的計劃不受影響。如果沒有以斯帖和末底改肯捨身救民族，不單書珊城的猶太人，波斯全國一百廿七省的猶太人，就是已經隨所羅巴伯回國的五萬猶太人，都要在十二月十三那天，殺得雞犬不留。猶太人可能就此絕種了，大衛的苗裔也就斷絕了，亞伯拉罕的後裔、大衛的子孫耶穌基督道成肉身的救贖計劃也就落空了。

6：2-5 神的安排就是這麼奇妙：王那夜睡不著覺，就吩咐人來念歷史。恰巧念到王的太監中有兩個守門的辟探和提列想刺殺王，末底改知道了，就將這事告訴王后，因此王就得免於難。王聽了往事，就問，「末底改行了這事，賜他甚麼尊榮爵位沒有？伺候王的臣僕回答說，沒有賜他甚麼。」王的心裡一夜為此過意不去，想找個人來商量商量。恰巧清晨哈曼興沖沖的進到王宮的外院，想求王准許他將末底改吊在他連夜所預備的木架上。

這時王發覺院外有人，王問，「誰在院子裡」。臣僕說，「哈曼站在院內。王說，叫他進來。」這就顯出——

第四個真理，神不但管大事，神也管小事。不但指揮群眾，也引導個人。王那夜睡不著覺想聽歷史，聽了過去的事，覺得對末底改太虧欠了，救命之恩如何報答，想和人商量，恰巧哈曼來了。這些都是神的引導，把一些小事，變成大事。哈曼聽到王叫他進去，樂不可支，興奮極了。正想上奏處決末底改之事，想不到王比他更急，不等哈曼開口，王劈頭就問，「王所喜悅尊榮的人，當如何待他呢。」哈曼心中狂喜，立刻想到「王所喜悅尊榮的不是我是誰？」哈曼自信，蒙王寵愛，捨我其誰？他很自負，於是哈曼建議將東方人認為莫大的榮譽，就是賜給他王所常穿的朝服，這是代表尊榮和權力，直譯為「王常穿的朝服，和戴冠的御馬」。東方人為了炫耀高貴與財富，在馬的頭上戴些珍貴裝飾。「都交給王極尊貴的一個大臣，

命他將衣服給王所喜悅尊榮的人穿上，使他騎上馬走遍城裡的街市，在他面前宣告說，王所喜悅尊榮的人，就如此待他。」這是約瑟在埃及王面前獨享的尊榮（創 41：40-44），哈曼陶醉在他將得到尊榮的幻境中，正在心花怒放。

6：10　古往今來每有出人意料之外的事，但少有像哈曼對末底改這麼戲劇化的出現。哈曼的話一完，誰知王即對哈曼說，「你速速將這衣服和馬，照你所說的，向坐在朝門的猶太人末底改去行，凡你所說的，一樣不可缺。」什麼？沒聽錯吧！這是王命，哈曼那敢違抗，只得照樣去行。遊街示眾，親手牽馬，「在他面前宣告說，王所喜悅尊榮的人，就如此待他。」這好像當年的約瑟（創 41：41-43）。有人會覺得亞哈隨魯王這樣加榮於一位他諭旨想滅絕的猶太人，實在極其矛盾。其實東方人善變，尤其亞哈隨魯王的品格善變，不足為奇。

6：12　末底改遊罷歸來，「仍回到朝門」去安守自己的本份。而哈曼卻灰頭土臉，悶悶不樂，蒙著頭（遮羞）急忙回家，和朋友家人將遇到的事述說一番。他們都意識到情勢逆轉，要特別小心。其妻警告，「你在末底改面前始而敗落」，開始就失敗了。一步錯，全盤輸。哈曼的朋友，先前還是他的謀士，這時一變而為智慧人（Magi）了，他們預言說，「他如果是猶大人，你必不能勝他，終必在他面前敗落」。是的，哈曼因為逼迫猶太人，逼迫神的選民，一天之內就在他們面前敗落了。神的報應不爽，這是逼迫神子民失敗的樣板。從古列以來，可以看出神是如可保守祂的子民。凡恩待神選民的，必蒙恩待；逼迫神選民的，終必敗落。歷史教訓我們，反猶太主義的人和逼迫教會，逼迫基督徒的人，都終必在他們面前敗落。如尼羅王、希特拉、史大林、無神論的蘇聯，不都是歷史的見證？

6：14　神的工作不會耽延，「他們還與哈曼說話的時候，王的太監來催哈曼快去赴以斯帖所預備的筵席」，他差點崩潰了。這如一紙招魂令，又如豬被牽到屠宰場，他終必在他們面前敗落。

第六講　朝服與木架　第 7 章

7：1-4　第二天，王帶哈曼再次去參加以斯帖的宴會，吃喝的時候，王又問，王后以斯帖阿，現在你告訴我，「你要甚麼，我必賜給你，你求甚麼，就是國的一半，也必為你成就。」這是王第三次親口的應許。此時，以斯帖所求的，真出乎王意料之外。她所求的「願王將我的性命賜給我」，就是願你救我性命。妻子在丈夫面前求救命，丈夫焉有袖手不管之理？「求王將我的本族賜給我」，以斯帖這時承認了她的民族，求王保存她的民族免於滅亡。「因我和我的本族被賣了」，顯然在指哈曼對王的賄賂，「要剪除殺戮滅絕我們」。這就指出兩個月前哈曼矯詔全國，在十二月十三日要絕滅住在波斯全國的猶太人。如果我們只是被賣作奴隸，我就不會開口為這事煩擾你。可是問題太嚴重，我們要遭滅種之禍了。但這件事對王的損失太大了，絕不是敵人的那點賄賂可以補足的。

7：5-6　王問，「擅敢起意如此行的是誰，這人在那裡呢？」這正是以斯帖和末底改訴求的回應。可能這是王第一次知道王后是猶太人，他想到他的妻家和她的同胞將有滅族之禍，心裡也很難過。但卻令人難以置信的，他竟不知兩個月前主謀大屠殺的人是誰，也可能是他想對王后表白與這件惡事無關。

這時以斯帖的勇氣大增，直指哈曼說，「仇人敵人就是這惡人哈曼！」亞瑪力人是神的仇人，也是以色列的敵人。神親口曾藉摩西說，「你要記念你們出埃及的時候，亞瑪力人在路上怎樣待你。他們在路上遇見你，趁你疲乏困倦，擊殺你儘後邊軟弱的人，並不敬畏上帝。所以……你要將亞瑪力的名號，從天下塗抹了，不可忘記。」（申 25：17-19）

7：7　王一聽王后指的「仇人敵人就是這惡人哈曼」，王便憤怒的站起來離開酒席往外面御花園去，想安靜片刻，冷靜一點，自我控制。哈曼這時已嚇得魂不附體。他明白話從王后口出，解鈴人還是繫鈴人，現在只有跪在王后的金榻前抱著王后的腳求玉口施恩，饒他一命。他何曾料到一個權傾一時的宰相，昨天才為一個他看不起的猶太人牽馬遊遍大街小巷，今天卻又跪在一個嬌弱的猶太女子腳前求免一死。這就是善有善報；惡有惡

報，神的時候到了，逃也逃不掉。

　　:8　不巧這時「王從御園回到酒席之處，見哈曼伏在以斯帖所靠的榻上。」當時人吃筵席的習慣和我們中國大不一樣，波斯人、希臘人、羅馬人在用膳時，都採取斜倚的姿勢。不是坐著吃，而是斜臥著吃，猶太人後來在希臘時代也學會了。耶穌在與門徒吃最後逾越節筵席時，耶穌說，「你們中間有一個人要賣我了。門徒彼此對看，……有一個門徒，是耶穌所愛的（約翰），……就勢靠著耶穌的胸膛，問……主阿，是誰呢？」（約 13：21-23）。那靠著胸膛，就是斜臥在耶穌的前面。這時以斯帖倚臥在錦繡的金榻上，哈曼求救心切，顧不得禮節，伏在王后倚臥的牀榻前，這是大不敬。恰巧王怒未息，又從御花園回來，看見這一幕，更是火上加油。哈曼有失臣節，那還了得。王怒吼，這個人「竟敢在宮內，在我面前，凌辱王后麼？」這是最嚴厲的指控，「凌辱王后」罪大惡極。「這話一出王口，人就蒙了哈曼的臉」。那些奴僕們深明王的話是什麼意思，這是處決的命令，於是人就將哈曼的臉用黑布蒙住。在古代希臘人、羅馬人，這都是在執行死刑前的預備動作。

　　:9-10　「伺候王的一個太監，名叫哈波拿」，這個哈波拿就是王當日在盛宴中，差去召喚瓦實提的七個太監之一（1：10），就乘機對王說，「哈曼為那救王有功的末底改，作了五丈高的木架，現今立在哈曼家裡。」這群太監對哈曼平日那耀武揚威，不可一世，瘋狂的惡行，大概早已厭惡透了，這時就順著王后以斯帖的指控，再給他捅上一刀。指著那從王宮可見屹立在哈曼院中那七十五呎高的絞架，看哪！那就是，為此再加添王對哈曼的怒火。果然王下令「把哈曼掛在其上」。這又指出──

　　第五個真理，神的先知、預定，絕不侵犯人的自由選擇權。這個道理極其神秘莫測，人知其然，卻不知其所以然。亞哈隨魯王、末底改、以斯帖、哈曼，他們的一言一行，都是出自他的自由意志；出於他們的自由選擇；出於他們的自由行動，神從不加以干涉。但是他們的言行，卻都在神的掌握中，最後都實現了神的計劃。哈曼狂妄自大；恃寵而驕，咎由自取；自作自受。他竟然妄想穿王的朝服，榮上加榮；末底改雖有功，哈曼卻為他連夜趕製了一個高架，好絞死他，這似乎沒有天理。其實人的後面，乃

是神在掌權。神就將朝服與木架換了方位，那受迫害的末底改，神將朝服為他穿在身上；而哈曼最滿意的那高立的木架，將末底改挂在上面就心暢快了，卻不知這正在掘井自陷。詩人說，「他掘了坑，又挖深了，竟掉在自己所挖的阱裡。他的毒害，必臨到他自己的頭上。他的強暴必落到他自己的腦袋上。」（詩篇 7：15-16）就如主耶穌被釘十字架，是因猶大貪財賣主，也因祭司長們的嫉妒、彼拉多的軟弱。群眾瘋狂的吼叫釘他十字架，釘他十字架，「他們的聲音就得了勝」（路 23：23）。這些似乎都是出於他們的自由意志、自由行動，然而都回到神的掌握中，成全了神的計劃。而他們各個所行的自由意志，都自負責任，自食其果。

人所得的報應，大都是自己作成的。他們所作的，不知不覺就進入了神的預定計劃中。哈曼若不為末底改作絞架，亞哈隨魯也未必把他挂在木架上。惡人惡貫滿盈，終會自食惡果。這又顯出──

第六個真理，神的報應，如影隨形。哈曼進見王是要求達到絞死末底改的目的，王卻先問他，王所喜愛尊貴的人應當如何的榮耀他。而哈曼卻錯會了意，以為王所喜悅尊榮的是他自己，因之特別誇大其詞，誰知這些都是為人作嫁，結果是尊榮了末底改。而他所做的木架特別高，誰知卻成為自己的刑架，這時耶和華就顯出來了。所以我們不要對作惡的人心懷不平，也不要對那不義的心生嫉妒。我們的神是公義的，是信實的，祂忍耐罪人的時限一到，刑罰就臨到了。有些事我們確實不懂，但神告訴我們要曉得「萬事都互相效力，叫愛神的人得益處。」

第七講　復仇記　8：1~9：16

8：1-2　惡人哈曼已死，哈曼的家產依例該沒收歸給王室，但亞哈隨魯卻賜給了以斯帖，以斯帖也趁機為王引見她的義父末底改。之前，王和哈曼顯然都被蒙在鼓裡，這時王才知道那曾救他一命的末底改，原來就是國丈，於是龍心大悅。「王摘下自己的戒指，……給了末底改。」這戒指就是先前曾給哈曼，哈曼藉此頒旨滅盡帝國所有猶太人的。現在王又將這代表王權的戒指授與末底改，和當年法老把戒指給了約瑟，賦與他權榮一樣（創41：42）。

8：3-6　以斯帖的主要任務，並非只除掉那惡人哈曼，也不是為了使末底改高升，乃是要拯救全國的猶太人。雖然王把哈曼的家財權位已給了以斯帖、末底改，然而先前所頒絕滅全國猶太人的詔令效力仍在，猶太人仍處在滅族的威脅下。因此「以斯帖又俯伏在王腳前，流淚哀告，求他除掉亞甲族哈曼害猶大人的惡謀。」這是一個不情之請，因為王的詔諭已發出去了，不能廢除。王怎能自食其言，出爾反爾呢？以斯帖之請，又是冒著違抗王權的危險。這時「王向以斯帖伸出金杖」，前一次伸出金杖，是赦她違例的死罪；這次伸出金杖，是表示愛她，願答應她的請求。這時以斯帖趁機再求，「王若以為美，若喜悅我，請王另下旨意廢除哈曼所傳的那旨意。」她很有智慧的避免觸及王的責任，乃說「哈曼所傳的」。那旨意若行了，受害的都是忠於王的子民，這是王的損失。他們都是我的同胞，骨肉之親，他們都死了，我也不想獨活了。

8：7-8　王對以斯帖和末底改說，我已把害你們的哈曼殺了，又將他的家產賜給你，可是王的諭旨「人都不能廢除」。即使是王自己，也不能廢除瑪代波斯的律例。廢除先前所下的諭旨這件事，是行不通的。這樣吧，我既將戒指給末底改戴上，那就是上方寶劍，如朕親臨。「現在你們可以隨意奉王的名寫諭旨給猶大人，用王的戒指蓋印。因為奉王名所寫用王戒指蓋印的諭旨，人都不能廢除。」也就是給他們暗示一個解決的辦法，是另寫一道諭旨。之前哈曼的諭旨是給全國非猶大人，而另寫一道諭旨，是寫給全國的猶太人。哈曼寫的諭旨是殺戮猶大人，新諭旨是叫猶大人可以自衛

自保，兩不衝突。

　　8：9-10　「三月，就是西彎月」，即陽曆的五、六月（主前 474 年 6 月 25 日），恰好是哈曼頒佈剿滅全國猶大人的詔諭發出後的兩個月另十天。末底改也和哈曼一樣，「將王的書記召來，按著末底改所吩咐的用各省的文字，各族的方言」，這都和哈曼所作的一樣。但是他多加了一種文字，「並猶大人的文字方言，寫諭旨」，可見這時末底改的威權如日中天。這諭旨傳給那從印度直到古實的 127 省官民，就「交給騎御馬圈快馬的驛卒傳到各處」。火速送達，其迅速程度比傳遞哈曼的王諭要快得多，在有些少數省份中，可能還趕過哈曼所發的。

　　8：11-14　末底改所發出的詔書，內容可分為四點：⑴准許猶大人在十二月十三日聚集一起；⑵准許猶大人可以武裝自衛保護性命；⑶准許他們可以殺戮那些來攻擊他們的人；⑷准許他們可以掠奪那些攻擊者的財產。這乃是神給末底改一些智慧，在文字上玩些遊戲。他並沒有更改哈曼所寫王諭旨的文字內容，那些憎恨猶大人和企圖奪取猶大人財物的人，仍可合法進行，並不禁止。但新詔命卻准許猶太人武裝自衛，這樣一來，就把殺戮的對象換成了「那要攻擊猶大人的一切仇敵」了。末底改寫好新諭令，「於是騎快馬的驛卒，被王命催促，急忙起行」，把諭旨速速傳遍各地。這給我們提醒，今天傳福音；報喜訊的使者，豈不是這樣麼？之前，神已向全人類宣佈「眾人都犯了罪」（羅 5：12）；「罪的工價乃是死」（羅 6：23）；「按著定命，人人都有一死，死後且有審判」（來 9：27）。但神也催促我們急忙起行，快把救恩的福音，傳遍各處，叫那些知道而且順從第二份詔令的，才可免除第一份詔令可怕的後果。

　　8：15-17　「末底改穿著藍色白色的朝服」，這不是他之前巡遊時欽賜王穿過的朝服，這大概是他就任首相的官服。藍、白色是波斯王朝的表徵，象徵末底改在波斯王朝的爵位。「頭戴大金冠冕」，這不是王冠，是宰相威權的標誌。「又穿紫色細麻布的外袍」，紫色即深紅色，是聖經時代最高貴顏色；細麻布是高貴的衣料。「從王面前出來」，這時真是威風十足。他與哈曼不同的是，「書珊城的人民，都歡呼快樂」。書珊城的民族很雜，大家都一致歡呼擁戴他，他這時的榮耀，不是國王給他的，也不是他對人民有什麼好處，乃是那主宰萬事的神在高舉他。正如約瑟當年在埃及被神高舉，

但以理在巴比倫被神高舉一樣，不但末底改，甚至連「猶大人有光榮歡喜快樂而得尊貴」。這又展示了——

第七個真理：「神最後必要得勝」。神似乎不作事，其實神不住的在作事。雖然本書沒有提到神的名字，也沒有一次說到神在作事，甚至他們禁食三晝夜都不明說是禱告神。這本書卻告訴了我們一個最緊要的真理，神的名字雖不提出，神的行事雖不看見，然而神卻在暗中管理一切；運行一切。正如演一場戲，雖然各個角色在各自表演，但後台卻有一個看不見的導演在支配一切。又如去欣賞一場交響樂團演奏會，我們只見台上各人吹奏各人的樂器；各人敲打各人的樂器，似乎雜亂無章，亂成一團。卻不知台下有個人在揮舞著指揮棒，快慢揚抑，團員都是順從那人指揮一切。而聽音樂的人卻看不見那個人的面，也看不見那人的手，只看見那人揮舞的指揮棒。這樣看來，沒有什麼事是偶然的，是碰巧的，也沒有什麼運氣、晦氣。箴言書16：1說，「心中的謀算在乎人。舌頭的應對，由於耶和華」。又說「人心籌算自己的道路，惟耶和華指引他的腳步。」（箴 16：9）哈曼抽普珥籤決定殺滅猶太人，但「籤放在懷裡，定事由耶和華。」（箴16：33）在這卷書裡，就清楚的顯明給我們看了。

「那國的人民，有許多因懼怕猶大人」，他們為什麼懼怕？不是懼怕末底改有權威，不是懼怕在猶太人手中被殺，只要他們不去招惹猶大人，都可平安無事。他們懼怕的乃是神與猶太人同在，像當年迦南人一樣。像妓女喇合對探子所說的，「耶和華你們的上帝，本是上天下地的上帝。」（書2：11）於是他們當中許多人「就入了猶大籍」，入猶大籍就是接受了猶太人的宗教信仰，這是一個福音大爆炸時期，神這樣的安排，使許多波斯人歸向上帝，化敵為友了。我們勝仇敵的方法有二：一是滅了他；一是化了他。從前敵對的，現在入了猶大籍與猶大人和好了。

9：1-10　「十二月，乃亞達月，十三日」，這是哈曼所定殺絕猶太人的日子。「猶大人反倒轄制恨他們的人」，這個「反倒」明顯又是出於神的作為。猶太人接到王的詔令，在波斯帝國各城聚集武裝自衛，擊殺那些要來害他們的人。因為神幫助他們，所以「無人能敵擋他們」。「各省的首領…，因懼怕末底改，就都幫助猶大人。」這是官場現象，西瓜偎大邊。第二道

諭旨的效力，壓倒了第一道諭旨，因它顯然表示王寵愛猶太人，因此官員都願意幫助他們。那一日在書珊京城裡，猶太人就殺了五百人，又殺了哈曼的十個兒子。這裡提到「猶太人卻沒有下手奪取財物」，新頒王詔是准許猶太人奪取仇敵財物的，這是他們的權利，但他們沒有使用。為什麼？這可能記得五百年前掃羅王奪取了亞瑪力人的財物而失去了王位（撒上 15：17、19），他們記取古人的教訓，他們的目的只是復仇，而不是貪圖財物。這也給我們留下教訓，作神的工，眼睛不要注視財物；心裡不要貪圖財物。有名的神僕規勸同工，作神的工作有三戒：(1)權；(2)財；(3)色，多少有名的傳道人因此失去了能力。猶太人這次為復仇而不去奪取仇敵的財物，不去作初進迦南的亞干，因此得到神很大的祝福。

9：10-16　王對以斯帖說，「現在你要什麼，我必賜給你，你還求什麼，也必為你成就。」以斯帖趁勢再要求王，在書珊城延長猶太人自衛一天，也許哈曼的餘黨勢力還大，也就是十三日延長到十四日，王也准了。於是猶大人又在書珊城殺了三百人。帝國各省在十三日這天，猶太人就殺了恨他們的七萬五千人，卻沒有奪取他們的財物，於是他們在危難中得到平安。

有人認為猶太人太殘忍了，殺了這麼多的人。在舊約裡都是彰顯公義，有罪必罰；有仇必報，那是以眼還眼；以牙還牙的時代。今天我們新約裡的教訓則是愛，不去冤冤相報，沒完沒了。主耶穌教導我們以愛去饒恕；寬容，要愛人如己，甚至愛人捨己。祂給我們立下榜樣，我們負祂的軛；學祂的樣式，就能與不可愛的人和睦同居，與仇敵平安相處，這就是主的國度。

國家圖書館出版品預行編目資料

歷史的教訓：舊約歷史書系列研讀：.
約書亞記到以斯帖記 / 劉先康 主編-- 初版. -- 臺北市
：蘭臺, 2010[民 99]面； 公分. --參考書目：面

ISBN 978-986-6231-02-5（平裝）

1. 舊約歷史書 2.聖經研究

241.2 99007444

世界史叢書 (1)

歷史的教訓

舊約歷史書系列研讀：約書亞記到以斯帖記

編 著 者：劉先康
編 輯：張加君
美 編：林育雯
出 版 者：蘭臺出版社
發 行：博客思出版社
地 址：台北市中正區開封街一段 20 號 4 樓
電 話：(02)2331-1675 傳真：(02)2382-6225
總 經 銷：蘭臺網路出版商務股份有限公司 劃撥帳號：18995335
網 路 書 店：http://www.5w.com.tw e-mail：lt5w.lu@msa.hinet.net
網 路 書 店：博客來網路書店 http://www.books.com.tw
中美書街 http://chung-mei.biz
總 經 銷：成信文化事業股份有限公司
香港總代理：香港聯合零售有限公司
地 址：香港新界大蒲汀麗路 36 號中華商務印刷大樓
C&C Building, 36, Ting Lai Road, Tai Po,New Territories
電 話：(852)2150-2100 傳真：(852)2356-0735
出 版 日 期：2010 年 7 月初版
定 價：新臺幣 580 元

ISBN 978-986-6231-02-5